中国县域文化史

· 湖 北 ·

郧 县 卷

（先秦时期—公元2014年）

柳长毅　主修

WUHAN UNIVERSITY PRESS

武汉大学出版社

图书在版编目（CIP）数据

中国县域文化史.湖北.郧县卷.先秦时期—公元2014年/傅广典总主修；柳长毅主修. —武汉：武汉大学出版社，2023.3
ISBN 978-7-307-23610-3

Ⅰ.中… Ⅱ.①傅… ②柳… Ⅲ.县—文化史—郧阳区—先秦时期-2014 Ⅳ.K29

中国国家版本馆 CIP 数据核字（2023）第 034593 号

责任编辑：聂勇军　　　责任校对：李孟潇　　　版式设计：马　佳

出版发行：**武汉大学出版社**　　（430072　武昌　珞珈山）
（电子邮箱：cbs22@whu.edu.cn 网址：www.wdp.com.cn）
印刷：武汉市金港彩印有限公司
开本：787×1092　1/16　印张：31.5　字数：578 千字　插页：4
版次：2023 年 3 月第 1 版　　2023 年 3 月第 1 次印刷
ISBN 978-7-307-23610-3　　　定价：126.00 元

此书为郧县2600余年丰富历史文化的全面记述。

编纂委员会

主 任 委 员：柳长毅

执行主任委员：傅广典

副 主 任 委 员：潘彦文　李占富　杨郧生　蓝善清

编　　　　委：(以姓氏笔画为序)

　　　　　　　王　涛　王贤九　王贤文　王诗礼　冰　客

　　　　　　　邢方贵　杨郧生　李占富　李显友　李茂勇

　　　　　　　张海彦　周兴明　柳长毅　赵天奎　袁长宏

　　　　　　　徐生坤　徐堂根　高存彦　黄忠富　常奎林

　　　　　　　傅广典　蓝云军　蓝善清　潘彦文

主　　　　修：柳长毅

总　编　审：傅广典

统　　　稿：柳长毅　李占富　蓝善清

编 撰 协 调：徐堂根

编　　　辑：蓝云军　赵天奎

县域文化史的泓涵与纂修

（总　序）

傅广典

纂修中国县域文化史是盘存县域历史文化遗产、构建国家历史文化资源大数据体系和健全史学内涵的系统工程，是对中华文明探源工程的源头叙事，是诠释国家文明的起源动力、基础结构、品性特质和有机形态以及演进路径的文献撰写。

文化是人类生存状态。这一论断是纂修文化史的理论基石和学术依据。所谓文化史，是文化产生与演化的历史，是文化动力学范畴的社会形成与演进的历史。所谓县域文化史，是县域的文化产生与演化的历史，是县域的文化动力学范畴的社会形成与演进的历史。县域文化史，既有自身的独立系统，又以自身系统为组分而实现国家文化史的集腋成裘，较之迄今为止的诸多"中国文化史"著述，具有显著的体例优势和原创特质。这对于社会治理和国家建设日益趋向网格模式区域化的今天，无疑是有时代意义的。

一

县是国家结构的基本单元，也是国家政权的基础层级。县最早出现在春秋时期的楚国，楚国将吞并的权国降国为县，称权县。战国时期，楚国吞并随国，又将随国降国为县称随县。其时县直属于国。秦国统一六国后，将秦国实行的郡制与楚国实行的县制融合为郡县制，在国与县之间设郡，自此国家结构体系和政权体系分为朝廷、郡、县3个层级单元。县以下是乡村自治。这种自治具有先赋性，依靠宗族的宗法与伦理予以管理。此后在不同朝代虽有变更，但县一直是国家结构的基本单元，是国家政权的基础层级，故而历来有"皇权不下县"之说。虽然现今乡镇也设立人民代表大会，也是地方国家权力机关，但只有县以上的地方各级人民代表大会设立常务委员会，乡镇行政在本质上属于县政范畴。由于县可在国家宪法规定前提下根据社情制定和施行因地制宜的规章制度，建立本县域的治理方式和发展模式，创新社区理念，塑建意识形态，从而形成本县域的独特文化。无论从地理面积还是社区文化上看，县域文化都是具有个性品质的同国家文化构成点与面关系的文化板块，是国家文化的质点。因此，历来又有"县治则国治"之说。至此，本书可以郑重申明，纂修中国县域文化史，正基于县政是国家政权之根、国家行政之基的政府体系。这是以县立卷纂修国家文化史的现实依据和创新理由。

我国有修史传统，其文化根脉在于氏族部落的父系社会所建立的宗法制度。宗法制度以血统、嫡庶建立家族统治，尊祖重本，进而以庙堂文化建立君主世袭制度的家天下。为了宗族之序而建立宗谱，为了世袭之秩而建立世系，口传史随之出现。这种宗法制度发展到了五帝时期，记世袭之事的史官开始出现，史官以口传记事作为记忆方式，后来发明符号记事，并设有教育场所"成均"。黄帝的史官仓颉被传为造字第一人。夏朝设置专职记事史官，称之为太史，终古是夏桀王朝的太史。殷商时期官学产生，春秋时期私学兴起，此后学、校、庠、序广泛建立，文字水平日益提高，史官书于竹帛、镂于金石、琢于盘盂，三坟五典、八索九丘，史有文迹墨辙，文字史诞生。但史官之称太史的史不指代历史，训诂学考证其时史吏同源、通假，史即吏，太史是记事之吏。后世将历经史官记录和撰写的内容称作历史，此前的现代人类产生与进化的历史称作史前史。所以，史学在学理上分为史官学和历史学两个部分，在发展上分为口传史和文字史（信史）两个阶段。而今不作专门研究只作一般陈述，史学是包含了史官学和史前史的历史学。商周两代史官之职有了很大提升，职能全面，职责细化。春秋时期施行"君举必书"的记君言君事制度，通常设有大小、内外、左右等六史，分工明确，各司其职。如左史记言，右史记事（一说反之）。后称《尚书》为记言之作，《春秋》为记事之作，由此形成我国修史的君举史学模式。

君举史学模式一经立定，"君举必书"的记言和记事便更加规范化、制度化，史学部门遂成为国家体制的建构部分，不断完善、一以贯之。时至秦朝，史官职责由御史大夫府担任，汉朝则由御史府直接修史。唐朝政事堂宰相撰写《时政记》，中书省史官记录皇帝言行并撰写《起居注》，专设的史馆以《时政记》和《起居注》修史，此做法一直延续到清朝。修史传统保证了自五帝时期起文脉世代传承，易经文化、儒家文化、道家文化，春秋战国时期的齐、楚、燕、韩、赵、魏、秦等列国文化和历朝历代的朝代文化都得以承继与弘扬。

因此，我国多有名垂千古彪炳千秋的史学家和历史纂修家，如孔子、司马迁、刘向、班固、陈寿、司马光、魏徵、张廷玉等。他们纂修的《春秋》《史记》《战国策》《汉书》《三国志》《资治通鉴》《隋书》《明史》等史籍，对于中华文化的历史传承，对于中华文明史学的原创研究，有着重大的经典价值和深远的学科意义。

二

记宗族之序演变为家谱，纂世袭之秩演变为国史，修家国之间的地方秩序演变为方志，故而国史、方志、家谱同为史学的有机构成，史、志、谱，是历史的文本承载样式和传承方式，是史学系统的三位一体的组分。所以修史、修志、修谱，三者应相互贯通、相互借鉴、相互补正。修史在于鉴今，治国者以史为鉴，治郡者以志为鉴，治家者以谱为鉴。修史、读史、鉴史，以史启民智，以史昌国运，是史学的文化担当。

然而，所修的史、志、谱，与当时的记录者和后来的修纂者的水平、素养、偏好等种种因素相关。尤其是修史，从一开始就受制于史官的思想境界、认知水平和价值观念，即使"君举必书"也是见仁见智，取舍有异。同时，虽有君主不得查看史官之书的规章，但君主既重眼前之尊，又重身后之名，依然能够对史官施加各种影响以求一己欲念。因而史官为尊者饰，为贤者讳，记事歪曲事实、隐瞒真相的行为也就在所难免。为还原史实，抑或出于民间好恶，相对于官修正史的民修私史出现。私史包括别史、野史、杂史和秘史等，其中的记言记事真真假假、虚虚实实，与正史杂陈。西方许多人文学者认同中国的文化传承是连续的，同时又认为中国的历史记忆是断裂的。此说并非妄断，"一朝天子一朝臣""窃钩者诛，窃国者侯"和"指鹿为马"的"强者书写"，正是中国历史记忆断裂的国体原因。还有一个外部干预的原因，就是殖民文化的强行植入。1840年鸦片战争爆发，东学西渐戛然而止，西学东侵骤然而至，中国的世界话语权被剥夺，中国自身也出现中风式失语，膜拜西学，妄自菲薄，甚至至今还唱着西方殖民文化的歌谣。这条文化断痕是中华民族的痛，可命名为"1840文化断痕"以便永记。惟其如此，寻根志源，话说从头，是纂修县域文化史显著的叙事特征。

修史要实，史笔如铁，这是历史正义。诬古必误今。修史者，既是任事者，又是建言者。任事应置身于利害之外，建言当设身于利害之中。故而修史者应当是正直坦荡守道无私之人，忠诚于史，坚守历史正义，秉笔直书，不曲笔阿时附势隐讳，以迈往之气，行正大之言。这是自古以来史官和史学工作者的职务规范和职业操守。无论修前朝史，还是修当朝史，惟有坚守历史正义，还原历史面貌，才会有真正的正史，历史才会有完整的记忆，有真正的镜鉴与承继的史学功用。

在已有的史籍文献中，通史和断代史成为主流形制。"通史"是有史以来的历史，纵向贯通，王朝谱系，世世代代。通也是"统"，横向通联，分门别类，方方面面，所以通史本意应上下贯通，左右联通。然而多数通史之作厚纵薄横。"断代史"是特定朝代的历史。断代史，也还是通史形制，既谓史，就是一个时序轴，定然要"通"。然而无论是通史还是断代史，都是立足于国家政权体系的上端点，是以朝廷为原点的政治学视域的历史。而县域文化史，是国家政权体系下端点的以县域为质点的文化动力学范畴的县域社会史。相对而言，政治学是规行矩步的，文化学是发散多维的，在文化学视域里没有政治学视域里那么多的忌讳与羁绊，视域不同，语境也就不同，对史实的记叙还原概率高。故而纂修县域文化史既可使史学厚纵薄横的状况得以宏观改善，又可使史学获益于历史正义。

历史有源有流，发生学和传承学是修史不可或缺的应用学科，事件的原发地域和滥觞意义是修史的重要记事。"源"在发生学里就是原发性和原创性，"流"在传承学里就是流变性和接续性。源与域有着对应的时空关系，任何一种本土文化，其原发都对应着具体的区域，学界多以县域界定。例如：河北省阳原县是200多万年前远古人类文化发祥地，湖南省道县是稻作文化发源地，甘肃省秦安县是粟作文化发源地，内蒙古敖汉旗是原始宗教文化发祥地，山东省曲阜市是儒家文化发祥地，河南省登封市是朝代文化开启地，如此等等。还有河图洛书、程朱理学的创始也对应着其时的或后称的县域。即使域外文化的植入，也有其初始的发生地，如先秦时期楚国的秦文化自然融入在秦头楚尾的区域，再例如阿拉伯文化植入中国的发生地在汉代张骞前往西域的丝绸之路上。历史的源与流本身就是文化现象，其生成与流变、原创与整合，皆归于文化动力学。

社会的历史可以是两分法的，分为古代和现代；可以是三分法的，在古代与现代之间设定一个承转期，称之为近代。在中国，这个承转期非常独特，是社会形态的半封建半殖民地，因而现在普遍认同三分法。古代史从五帝时期(甚至可延伸到远古人类时期)直至鸦片战争，近代史从鸦片战争到新中国成立，现代史自新中国成立以来至今。就社会学和文化人类学而言，近代和现代的历史大事变对当代国家体制与意识形态的影响最为直接、最为深刻。特别是鸦片战争、辛亥革命、新文化运动、新中国成立、"文化大革命"和改革开放，堪称国家近现代史上的 6 个转捩点。鸦片战争、辛亥革命、新中国成立可谓之国体转捩点，改革开放可谓之国政转捩点，新文化运动、"文化大革命"可谓之国学转捩点。这 6 次捩转对当代国家体制和意识形态的诸多方面产生了决定性影响。对于纂修文化史而言，6 次捩转的文化成因、6 次捩转的文化影响和 6 次捩转的文化效应是笔墨重点阐发处，因为历史在转捩点上不仅是活跃的、嬗变的，而且记忆也是容易断裂的。例如 1915 年兴起的新文化运动，以白话为正宗，视提倡白话文为"绝对之是"，批判大于继承、否定大于肯定，因而未能完成好文言文与白话文的文白对接，造成经学记忆断裂。

史形成一种记事、一种观念，也就成为一种记录程式和文化习惯，修史的文体也多种多样，如编年体、纪传体、纪事本末体等，所修史籍汗牛充栋，成为经、史、子、集四部典籍的乙部。

诚然，君举史学模式以其特定的运作规程记录了国家重大事件、政权更替和朝代纪年，勾勒了国家历史的主轴面貌，但其历史局限与生俱来。君举史学模式聚焦于顶层权力，致力于君举的记言与记事，使君王成为国家历史的轴心人物，从而君王世系、王室兴衰，成了国家历史纂修的核心内容，将国家史修成帝王史、王朝史，少了历史学应有的内涵和社会学应有的维度，弱化了史学的学科意义。

本编"文化史"在总体上是依照地域文化 NSY 结构学模型纂修，N 为王朝极，S 为民间极，Y 为本域极。王朝极和民间极像地磁的南北两极，而且磁力线方向也是恰合的，从外部看是从 N 极到 S 极，从内部看是从 S 极到 N 极。任何地域文化，都可以在结构学上分离出 3 个部分：特定的王朝文化部分，既定的民间文化部分，特殊的本域文化部分。依照 NSY 结构学模型纂修，其视域、主旨、体例，不同于记世的史、记事的志、记序的谱，而是由经学入史学，贯通思想学术史、治学方法史和理论创建史，注重用文化学或文化人类学审视人类社会史，既描述历史的自在性，更揭示历史的自为性，不拘泥于朝纲文化，以领域文化构建社会学的多维度，揭露史学泓涵，诠释中华文化和文明的基础结构、本质特征和原发价值，这是与历朝历代的修史的最大不同，也是中国县域文化史纂修的思想基础和学术纲领。

<h2 style="text-align:center">三</h2>

中国县域文化史的纂修兼容国史、方志和家谱的相关信息，具有完备的纂修体系。纵向的历史深度，横向的现实广度，不同历史阶段的文化特质，不同现实层面的文化板块，纵横交错，异同兼备。同中有异，个性所使；异中有同，共性所然。以个性见品质，以共性见格局，故而县域文化史纂修具有鲜明的个性，具有自身的特色、品质和内涵。例如湖北省的武穴市原为广济县，广济之名源于佛教，取"广施佛法，普济众生"之意，县内佛院庙宇上千座。但广济的佛教不同于印度佛教，也不同于中国佛教，它是在儒家文化基础上吸收佛教教义精髓，以济世、济国、济民、济家为其核心内涵。若以宗教而论，则是西汉将儒家学说尊奉为国教称之为儒教两百年后的儒佛合一，是佛教中国化方向的典型代表。这是武穴县域文化最大最鲜明的特色，自然也是武穴文化史的显著特征之一。

自秦朝以来，全国的县由最初的数百个增至今天的近两千个，这意味着所纂修的中国县域文化史将近两千卷，其蕴涵的文化学、社会学和历史学能量之巨是不言而喻的。

县域文化同国家文化一样，是一个完整系统，有若干子系统。在文化学上，一个子系统就是一个维度，一个维度就是一个文化域。纂修中国县域文化史设有统一的体例，拟以 10 个文化域分述以文化动力学为特征的整体社会史：聚落文化域、产业文化域、商贸文化域、国学文化域、科教文化域、医药文化域、法德文化域、宗教文化域、民俗文化域、国政文化域。十域一体，独立成篇，形同专史，可直接以此为基托撰写县域的 10 个领域的 10 部文化史。

起首为聚落文化域，暗示社会文化史起始于定居。社会文化对应着定居之前的原始文化。定居之前本域的人类活动，以文化遗址的考古成果加以延伸与追述。聚落出现，必有制度产生，从而社会形成，所以聚落出现是人类发展的重大拐点，是人类历史的关键节点。聚落是社会文化之源、社会形态之初。初始聚落是血缘聚落，是家庭分爨的结果。进而是非血缘的部落聚落，聚落内房屋、陶窑、窖穴、墓地等设施趋于健全。最终是社区聚落，人类联系越来越紧密，交集越来越多，公益需要产生，公共设施出现，公平观念形成，环壕、城垣、祭坛、乡约、公投、法典等社区建构和社区体系日臻完善。本篇的主旨是表述本域的社群生产方式和生存样态，其中以人口、婚姻和土田为聚落内核，以家庭伦理、庙堂文化、社区法度、社会公德等为聚落叙事基托，以现代化社区建设为聚落终端叙事。

产业文化域纂修要坚守3个认知：一、稻作和粟作是农耕文化之根、农耕文明之本。二、青铜冶炼和青铜器铸造是工业文化之根、工业文明之本，认为中国工业文明肇始于鸦片战争时期，是历史性错误。三、产业是实业。产业概念必须有严格的定义，产业是有实在的物质产出和文化产出的实业。产业注重产出的实在性，虽然也注重标识产出价值总量的产值，但不注重增值，增值之"值"是产品作为商品在流转过程中其价值发生增益的部分，通常折算为货币值。货币值既有助于将实业做实，也会左右产业价值取向而将实业做虚。现在产业概念泛化，尤其是没有实在的物质和文化产出的行业，也称之为产业。在严格意义上，根植于和服务于产业部门的是行业。把服务行业归类于产业，会引起产业分类的巨大混乱。因为在经济关系中，一切经济活动都可以视为服务活动，大到提供航天服务，小到提供修脚服务。若仅以服务论产业，连掮客也是产业工人了。至于有言论把消费行业说成产业，那纯粹是信口开河。生产业态分类学的混乱，必然引起经济统计学的混乱，在大数据时代，这是难以容忍的。

国学文化域是文化史纂修的基础部分。国学是国故学的简称，核心内容是语言、文字、典籍和文化习俗与传统。春秋战国时期，私人讲学，处士横议，诸子立说，百家争鸣，奠定了国学宏阔特质形成的基础。至今我们习惯将春秋战国时期的大国文化，作为中华传统文化的构成板块和成分，如齐文化、楚文化、秦文化、燕赵文化、吴越文化、巴蜀文化等。中国民族众多，各民族都有自己的语言，绝大多数有自己的文字。无论有没有自己的文字，都有自己的思维方式、认知习惯、思想学术和文化习俗与传统。不同地域还有不同的地方语言，形成官话和方言两大语系。方言、习俗、行为方式和文化传统是县域最具鲜明特色的国学文化。

　　法德文化域的纂修具有社会本质意义。人类群体生存的根本维系靠秩序，秩序的内涵是道、法、权、德。道是逻辑，法是规则，权是制衡，德是本分。法德是社会秩序的关键词。法包括法理、法度、法制。法理是法的原理与学理，法度是法的范畴与尺度，法制是法的制定与施行。法的最高原则是正义，社会正义、国家正义、人民正义。人类群居之初是法的滥觞期，部落、方国，都有自己的法。夏代的井田制，是我国第一部土地法。德与法一样，在人类群居伊始便孕育而成了。守住本分，是德的最高境界。把老子的《道德经》视为德的初始是短视的，《道德经》是老子对道与德的阐释和综述。五帝时期尧的禅让，可视为大德初成，正可谓"圣人之道，为而不争"。本篇旨意在于纂修法德在县域的建设史，以察国家历代法德之基。

　　宗教文化域的叙事由自然崇拜、图腾崇拜和民间信仰等史前宗教开启。宗教是人类认识世界、解释世界的最初的思想方法和思维方式，至今在社会领域、思想领域和文化领域产生着重大影响。在本篇神是主角。神有两个文化时期：在人类游牧生存时期，神是动物体貌；在人类农耕生存时期，神是人类体貌。神从动物体貌到人类体貌的演化，正是人类生存样态的进化。在对宗教认知上，存有一神论与多神论的分野，然而宗教的迷乱是被政治操弄。从君权神授，到社稷神佑，宗教无不被政治化的迷雾所笼罩。宗教政治化，是对宗教原教旨的蓄意扭曲。本篇的旨意是撰写宗教文化对县域文化面貌和人文精神构建的影响。

　　国政文化域的叙事在主体上要把握君主与民主、君举与民举、国政与社情、国法与家规的辩证关系。《中华人民共和国宪法》指出：人民行使国家权力的机关是全国人民代表大会和地方各级人民代表大会。国政之"政"，是人民行使国家权力的全部内涵，民主、共和，是国政的出发点和归宿点。以古鉴今，历史学和现代学是国政两大必修学科，诚如清末史学家陈澹然所言："不谋万世者，不足谋一时；不谋全局者，不足谋一域。"国政在概率学上的要义是从零到一、从一到零、从零到零、从一到一的方略。从零到一是创造，从一到零是消除，从零到零是规避，从一到一是传承。归于哲学表达，是从可能到现实的概率，包括国内、国际、政治、经济、军事、文化等领域。县政是国政的落点，要深刻表述历朝历代国体和政体以及国之大政对县域文化的影响。在国政文化中，家国文化是重要一项。家国文化的本质是家与国共同的文化观念和价值取向，是家与国共同的思想体系和法德范式，同构、一体，是家国的本质特征，是家国文化的本源。本篇侧重在比较学意义上记叙不同历史时期、不同国体和政体里的家国关系。建立正确的家国关系，是富民强国之大端。

中国县域文化史的纂修，立足于起用县域的文化学者和史志工作者。他们大多是生于斯长于斯的地方学人，接地气，谙社情，具有地域文化学的社会资质和自然法权。我们国家各政权层级单元都有修史或修志机构，这是我们国家体制和文化制度的优势。20世纪80年代前后，全国各县重新修志，这是很好的社会基础；起码自唐代以来，全国各县都著有不同历史时期和不同年代的志类史籍，这是很重要的历史资料。

县域历史文化系统也是省、市历史文化系统的组分。许多县域文化史对于创建省、市独立独特的文化史学体系具有架构意义。以湖北省为例：十堰市郧阳区以两具100万年前的人类头骨化石证明汉江中上游流域是现代人类起源地；房县是诗经文化发祥地、帝王流放地；随县是炎帝故里，农耕文明和医药文明发祥地；江陵县古为楚国郢都、荆州治所，是荆楚文化和三国文化中心区域；天门市是石家河文化发祥地，竟陵文学诞生地；红安县是鄂豫皖革命老区，将军县，两位国家主席的故乡。这些县域的文化史对于创建湖北省大纵深、宽领域的文化史学体系具有架构意义。在我国，史学发展一直受制于古学水平。而古学自明末近四百年来，多经学家而少思想家，多史校而少史家，多注作而少原著。基于这种双重考虑，建议省、市两级设立县域文化史纂修指导委员会，指导县域文化史纂修工作，以历史纂修提升古学，以古学提振史学，以"中国县域文化史"为范例，纂修出具有倡导意义的史书。

为了保障全国的纂修工作顺利进行，编纂委员会率先在湖北的十堰市郧阳区和随州市随县试点，做出示范本。经沟通与磋商，决定采取两种运作模式：郧阳区是社会资助模式，由纂修委员会主导；随县是政府项目模式，由政府主导。以这样两种模式运作，契合国家的运行机制，有很大的机动性，可因地制宜地以最实际最有效的方式做好纂修工作。

虽然中国县域文化史的纂修不囿于学科，但纂修的动议仍基于学科意义。宁夏人说黄河向北流，陕西和山西人说黄河向南流。都没错，却又都不对，黄河是向东流。认知差异在于站立点和地理格局。经济社会，人们习惯于急功近利的短期行为，凡站立点高的长远规划，很难找到擅于长线投资的甲方。动机与目的不同，匹配是一件非常难的事，共识仅仅是那么一点点利益的或趣味的交集而已。尽管如此，立足要高，规划要远，格局要大，思维要有超塑性，否则，我们何以放言文化古国、文化大国、文化强国？我们何以高论文化自觉和文化自信？世界有东方和西方两个文化圈，时至19世纪中华文化一直是东方文化圈的核心圈层，19世纪以后，西方文化以工业文明冲击着我们国家的农业文明，西学东侵，国学式微，我们的文化自觉和文化自信被弱化了，甚至自我矮化崇洋媚外。惟其如此，复兴国学，强化中华文化的东方文化核心圈层的文化地位，成为全球化时代中华文化自我救赎的新使命。这需要站立点高的文化大战略和历史大格局。显然，这也正是纂修中国县域文化史最高的文化海拔站立点，纂修县域文化史的历史意义和现实意义正在于羽化与复兴国学。

　　纂修中国县域文化史动议中还有一个政权进化论的愿景。社会文明的本质标识不是科技、不是经济，而是政权。政权从野蛮到文明的进化，在根本上依靠的不是政治学动力，而是文化学动力。政权没有文化学维度，执政就没有文化学内涵，权力就是牧人手中的牧鞭。作为国家政权体系的基底层级的县政权，是中央、省、市三级政权意旨的最终执行者，能在终极意义上达成中央政权的人文关怀。因此，县有国与民两侧：对于国家的执行侧，对于人民的决策侧。强化县政权的文化学维度，提振县政权执政的文化学内涵，直接关乎整个国家政权体系的文明政权建设。

　　就历史学本身而言，历史虽然是过去式，但历史是活的，活在当代，活向未来。历史与未来有着族系的血缘关系，有着天然的对话机制。历史与未来的对话，是历史对未来的期许，是未来对历史的承诺。纂修县域文化史，是从国家基底上实现历史与未来的有机对接。有机对接，活向未来，借北宋思想家张载的《横渠四句》括之：为天地立心，为生民立命，为往圣继绝学，为万世开太平。这是历史理学的终极法则。

2022 年 6 月 25 日于武昌东湖

为了不能忘却的纪念

——写在《中国县域文化史·湖北·郧县卷(先秦时期—公元2014年)》出版之际

（代　序）

柳长毅

2022年11月15日夜，我再次将此书稿阅审完毕最后一个章节，心情久久不能平静，思绪一直还沉浸在郧县几千年的历史长河里，沉浸在21世纪初期近十年里与63万郧县父老乡亲一起奋斗的那段难忘岁月……

一

2022年春的一天，中国地域文化研究会主任傅广典先生约我见面。本来由于武汉的疫情总是起起伏伏，我也早就辞掉了退休后兼任的所有社会职务，很少出门参加社会活动，连一些研究机构邀请我讲学或参与课题研究的事情都被我婉拒了。但是傅广典先生的约见我是一定要见的，不仅仅是因为他在我任职郧县县委书记期间，十分热情地全力支持我的工作，更重要的是这位老大哥的人品和学识令我对他尊敬有加，所以我就主动安排了一个交通方便的小茶馆，与傅先生快乐相聚。

老朋友相见，自然是倍感亲切、相谈甚欢。在交谈之中，傅先生谈到自从他于2009年至2012年在郧县做了3年多的地方文化调查研究之后，被郧县悠久的历史、丰厚的文化所深深感动，因此做出了郧县"历史没有断代，文化没有断层，人类没有断线"的论断，至今他依然对亲眼所见的郧县优秀历史文化和新世纪头十年那种激情火热、天翻地覆的建设场面记忆犹新。因此，他建议由我牵头，编纂《中国县域文化史》的郧县卷，把数千年来郧县的历史、灿烂的文明以及郧县人民对汉江流域历史文化和现代发展所作的突出贡献记载下来、展示出来，既给后人留下一部可研可鉴的典籍，也让郧县丰厚的文化传播出去，发扬光大。

对傅先生的建议，一开始我是犹豫的，或者说是有顾虑的。我的顾虑点主要在三个方面：第一，我已经离开郧县十年有余了，虽然"她"天天让我魂牵梦萦，但毕竟我是"前任的前任"，牵头做这个项目，现在郧阳区的干部和有关人士还会一如既往地支持我吗？第二，这种文化项目属于公益活动，不会有什么经济收益。而组织作者、复印资料、汇总编辑、出版发行，无论哪个环节都需要经费。这些资金不能指望地方政府拿钱，靠社会赞助能不能拉得来足够的资金呢？我心里是没底的。第三，编纂这种历史文化丛书，做主修的除了对这个地方有深入透彻的了解以外，还得有深厚的史学修养和扎实的国学功底。我个人虽然是大学本科毕业生，但读的是医科大学；虽然也在 20 世纪 80 年代后期脱产三年读了研究生，但研究的是马克思主义。所以我既不是学历史的，也不是学国学的，唯一的优势是在郧县当主职领导干部近十年，对这块热土十分了解也十分热爱。

傅先生见我犹豫，就一再鼓励我，并分析由我当主修的几个优势：一是我对郧县历史文化和现代发展都非常熟悉，二是据他了解原郧县的干部群众至今都对我非常尊重，三是在编纂过程中他可以全力帮助。他并且很动情地说：依他对郧县的了解，其历史文化丰富程度在全国都是很少见的，是很值得研究的，而且郧县撤县改区已经将近八年，一些了解郧县历史的专家年纪逐渐都大了，多数已经退休了，现在将他们组织起来，对郧县历史文化进行"抢救性"发掘正是最佳时机。这次错过了，今后组织类似活动可能难度会更大。到那时，我们这一代可能就会给历史、给后人留下一种无法弥补的遗憾。

傅先生的肺腑之言着实感动了我，激发了我内心的一种责任感——我既然已经把自己最好的第二青春献给了郧县，那就再为"她"献一次人生的余热吧！以此来面对我所挚爱的这片红色热土、面对曾经给予我倾心支持的全县父老乡亲，更重要的是要通过我们的努力，把延续了 2600 多年光辉历史的郧县载入史册，让她成为悠久灿烂的中华文明史册中浓墨重彩的一页，成为鄂西北子孙后代永恒的记忆。

于是，我就当面答复傅先生：容我有一个试探着筹资的过程，一旦筹措到足够的资金，我们就可以邀请现在十堰市和郧阳区的文化名人分工合作，开展这项具有特别意义的重大文化工程。之后的一个月，我一边在琢磨邀请哪些文化人，一边通过某些渠道寻问开办公司的朋友能否赞助这项公益项目。没想到，拉赞助这件事出乎意料地顺利，郧阳绿稻公司的苏刚总经理和湖北中和电力科技公司的汪均董事长对此事都给予了热情的支持，前期所需要的资金迅速到位。接着中国地域文化研究会正式向郧阳区委、区政府出具了公函，我也与现任郧阳区区委、区政府主要负责同志和分管同志通了电话、发了信息，通报了此项工作的计划和安排，得到了他们一致的热情支持。我又请原郧县县委宣传部副部长徐堂根同志帮助组建了编辑部，并请他邀请了原郧县各方面的专家。我还亲自出面联系了现十堰市文联主席李占富同志、原十堰市地方志办公室主任潘彦文同志和原十堰市作协主席杨郧生同志，他们都热情支持此项目。傅广典先生又不辞劳苦列出了全书各篇的撰写提纲。各项准备工作基本就绪后，我和傅先生专程到十堰，由我主持召开了全体编纂人员的见面会，给大家分发了撰写提纲，傅先生讲了有关要求和注意事项。至此，这项工程就正式"动工"了，通过大家几个月的艰辛努力，现在终于可以付梓出版了。

近一个多月来，我在阅审 50 余万字的书稿过程中，一方面被各位撰稿专家的学识水平、治学态度和认真刻苦的精神所感动，另一方面又全面复习了郧县以及以郧县为中心的汉江中上游地区的历史文化知识，对郧县悠久的历史、丰厚的文化有了更全面、更深刻的认识，更增加了对郧县这片热土及其历史文化的热爱。

二

郧县(2014 年底改为十堰市郧阳区)，地处汉江上游下段，系秦岭、巴山东延余脉，版图面积 3863 平方公里，人口 60 余万人。位于鄂、豫、陕三省交界的鄂西北地区，东接丹江口市，北连河南省淅川县，西及西北与本省郧西县及陕西省商南县、白河县相邻，西南和本省竹山县、房县接壤，南接十堰市茅箭区、张湾区。与十堰主城区形成了"蛋清包蛋黄"似的地域关系。

郧县，古号"岩疆"，夏属麇锡，楚置锡县，汉改长利，晋称郧乡，元改郧县，明清设府，民国废府，直隶于省，又隶襄阳，再隶郧阳行政区；从 1948 年元月起，郧县曾经隶属于中共陕南公署、两郧专署、郧阳公署、襄阳公署、郧阳行署等，归属地数次变迁，但大多数时间是行(公)署所在地，一直是鄂西北政治、经济、文化的中心，所以它在各个历史阶段的文明成果，都对鄂西北地区乃至汉江中上游地区的历史文化有着巨大影响。

郧县这块热土对共和国的贡献也是无与伦比的。土地革命与抗日战争时期，这里一直是共产党军队的游击区，从这里走出去参加革命队伍的有志青年无法统计，仅牺牲的有名有姓的烈士就有3000多人；1947年12月30日郧县解放，建立新生的民主政权后，这里就成了解放战争的后方根据地，人民群众踊跃支前，为全国解放做出了重要贡献；共和国建设时期，国家几大重点工程(黄龙滩水库、襄渝铁路、丹江口水库、第二汽车制造厂、南水北调中线工程等)都在郧县境内实施，为此，郧县在几十年共和国建设时期，为国家重点项目建设先后无偿支援劳动力达百万人次、牺牲民工近万人、淹没和征用好田好地近百万亩、内安外迁人口共计40万人、划出版图面积1000余平方公里……

所以，我个人认为，郧县的历史特别悠久，郧县的文化特别丰富，郧县人民的牺牲和贡献特别巨大！为此，我们这一代人和后人都应当予以特别的尊敬、特别的热爱、特别的纪念！

三

2002年9月，我从十堰市委宣传部副部长兼市社科联党组书记位置上调到郧县任县委副书记、代县长，2003年元月任县长，2008年7月任县委书记兼县长，2009年元月任县委书记兼县人大主任，一直到2011年10月离开郧县，我在郧县担任主职领导干部长达十个年头。在21世纪初期的头十年里，郧县既遇上了市场经济改革深化、国家南水北调中线工程启动、"十漫""十白""郧十"等高速公路修建等发展机遇，也遇上了政策性关停烟厂、关闭纸厂、关停小矿山小水泥厂和小钢铁厂及关停黄姜厂等近百家各种企业以及6万多人库区二期移民外迁内安、近千名体制内人员裁员、公务人员"裸体"工资经常欠发以及抗击"非典""禽流感"等巨大的挑战。2003年春我曾经归纳说：郧县面临的困难是"好厂要关，好田要淹，官员要减，还防非典"，"其他县区所有的困难我们都有，其他县区没有的困难我们也有"，用"挑战叠加、困难重重、压力巨大"形容当时的严峻形势一点也不为过。

在这种艰难困苦的形势面前，我和郧县党政一班人紧紧依靠上级党委政府，紧紧依靠全县广大干部群众，团结一致、迎难而上、顽强拼搏、克难奋进，坚持以经济建设为中心，坚持"谋全局、谋万世，打基础、管长远"的指导方针，坚持"送一库清水到北京，兴一方经济富百姓，打一个基础给后任，留一片青山给子孙"的执政理念，发扬"5+2、白+黑"（没有星期天、没有节假日、晚上加班加点）的拼搏精神，找准定位理思路，科学设计定规划，系统谋划抓改革，全力招商抓工业，突出特色抓农业，倾心尽力抓移民，经营城市抓融资，提高品位抓城建，结合文化抓旅游，创新体制抓执法，毫不松懈抓稳定，"两手都硬"抓党建……闯过了一个又一个难关，经受了一个又一个考验，取得了一个又一个成就，在不长的时间内使郧县的城乡面貌和群众生活水平发生了巨大变化。先后被授予全国和全省南水北调工程移民工作先进县、全国体育先进县、全省双拥模范县、全省抗灾救灾工作先进县等荣誉称号。2011年经济总量、工业增加值、财政收入、社会消费品零售总额、居民可支配收入、招商引资额度、外贸出口交易额等主要经济指标，与2002年相比，都增加了十倍左右，外资外贸的数据甚至增加几十倍。2009年和2010年，连续两年在全省各县区综合经济实力考核排位时，跳跃式前进了40位，连续两次被省委省政府表彰为"县域经济发展进位先进县"。2011年春，全省县域经济现场会在十堰和郧县召开，与会省领导和全体代表集体参观了郧县经济技术开发区现场，时任省委、省政府主要负责同志在会议上用"震撼"两个字给予郧县很高的评价，称其为"山区县域经济快速发展的成功典范"。

四

从2002年到2011年，我和郧县一班志同道合的同志，在抓好改革、发展、稳定和移民等各项繁重工作的同时，始终突出一个经济工作主题，那就是"依托十堰、发展郧县，努力提高郧县和十堰市的经济融合度，最终实现一体化发展"。这是我担任代县长和县长早期，通过对郧县历史和现状的充分调查研究，运用历史唯物主义和地缘经济学的观点，分析郧县存在的主要矛盾即"经济落后、发展不够"的问题，"跳出郧县看郧县"而得出的基本结论和指导思想。

当时，我接任县长，成了郧县经济工作的"总管"。如何带领郧县摆脱贫困、加快发展，这是我所担负的历史性责任。站在中西接合部的高度上看鄂西北发展的趋势和整体布局，我认为郧县曾经是鄂西北的领军县，也曾经是第二汽车制造厂的摇篮，在"她"的土地上崛起了一座现代化的汽车城，"她"对鄂西北的建设发展是有巨大贡献的。但是由于 20 世纪七八十年代体制限制和一些干部思想理念落后等原因，造成了人为的城乡阻隔，在十堰市高速发展的年代里，郧县"近水楼台少得月"，错过了"搭上"十堰这列"快车"的机遇。新世纪之初，郧县的建设现状、生产力发展水平、城乡居民收入以及人们的思想理念等方面，都落后于十堰城区 10 年到 20 年。

但是，郧县和十堰有着 2000 多年天然的"血缘"关系，在鄂西北各县中，只有郧县与十堰之间，空间距离最近、民众交流最多、文化认同感最广，因此，市县之间实现无缝对接、经济融合、一体化发展的可能性最大。站在郧县的角度，"她"需要十堰市这个工业化城市的辐射和拉动；站在十堰的角度，它需要扩展地域空间、实现全面发展；站在中西接合部的高度，秦巴区域需要一个二三产业全面发展的现代化大城市，作为这个区域的政治、经济、文化、科技中心城市起到领军作用。所以，郧县的发展方向就是努力向十堰市靠近，依托十堰，发展郧县，同时也在这个过程中为十堰市发展成为大城市做出贡献。

有了正确的认识，还得有整体的谋划和具体的行动。在"对接发展"这个战略课题上，我在内心策划了一个"三步走"的方案：第一步，依托十堰拉动郧县，用 3 年到 5 年的时间，将郧县与十堰市的经济融合度提高到 80% 以上，同时也逐渐转变全县干部的思想观念；第二步，市县对接，一体化发展，将郧县与十堰市作为一个整体进行规划建设和项目共享；第三步，市县申报、省里支持、国家批准，彻底实现撤县改区目标。当时我用一个通俗形象的说法："争取通过 10 年左右的努力，把全县 63 万人民集体调进十堰市区。"

由此，我在 2003 年元月初郧县人民代表大会上作《政府工作报告》时，旗帜鲜明地提出：今后全县经济工作的指导思想是"依托十堰城区，依托东风公司，依托本地资源，优先发展二三产业，优先发展特色农业，优先发展外向型经济"；工业上突出发展汽车及其配套产业、建筑建材产业、生物医药产业、民用化工产业等；农业上突出发展木瓜、柑橘、药材、蔬菜、畜牧等特色产业；三产上突出发展商贸、物流、餐饮、旅游等重点行业；在城市规划建设上重点建设高等级公路、桥梁，新的供电、供水设施以及老城街道的高标准改造；县域经济要走"市郊型城镇经济、生态型库区经济、外向型招商经济"发展之路。2003年在修订郧县城市建设总体规划时，我提出了"一江二桥三镇"的城市布局，重点发展江南区域的茶店长岭和柳陂的郧阳岛和新集镇，实现跨过江南、贴近十堰发展的战略目标；2004年在制定《郧县经济社会发展战略》时，我强调要抓住南水北调的历史性机遇，按照以生态经济为主体，以工业制造业和绿色产业为两翼的"一主两翼"思路进行生产力布局；同年6月，我主持县政府常务会议，正式向十堰市政府和东风汽车公司总部提出申请，要求将郧县经济社会发展规划纳入十堰市和东风公司的发展规划之中；2008年9月，我再次主持党政联席会议，向十堰市委市政府提出"将郧县发展规划纳入十堰市区发展规划之中"的建议；2009年5月我主持召开县委十二届六次全会，要求全县各乡镇、各部门主动与十堰市对接融合，提出郧县的发展定位是"十堰地区现代制造业聚集区、生态经济示范区、文化旅游开发区、鄂西北最佳滨江人居区，最终成为大十堰的新城区"。

理论是实践的先导。在这些正确观点、规划和指导思想引领下，全县从2003年春季，开始了轰轰烈烈的大规划、大改革、大招商、大建设、大移民、大发展的奋斗过程。在这个过程中，我日以继夜、用心用情，既谋划策划，又身先士卒，尤其是集中精力突出抓好"三个一"战略工程的实施。这就是：新建一座汉江二桥；与十堰之间打通一条高等级快速通道；在江南茶店长岭区域建成一个经济技术开发区。为了这三大工程，尤其是为了争取汉江二桥这个事关郧县发展方向的控制性工程能得到国家审批，我50多次到武汉、20多次到北京；为了招商还东到上海、浙江，西到云南、四川，走访了10多个省市。9年多的时间，熬过了千日百夜、拜访过千人百家、采取了千方百计、道尽了千言万语、受尽了千辛万苦，终于把人们普遍认为不可能的"梦想"变成了现实、把图纸上的规划变成了落地项目。2004年长岭经济开发区开始入驻招商项目，2006年开发区升格为省管经济技术开发区，2007年起开始自筹资金修建高标准的"汉江大道"（县改区时更名为十堰大道）一期工程，2008年9月投资2.7亿元的汉江二桥正式动工，2009年7月动工修建汉江大道二期工程（立项时起名为"郧十"一级路）；还投资50多亿元，动工修建了长岭新水厂、陕西商南到郧县的高压输变电线路及数个变电站、开发区"四纵五横"的路网建设以及10余平方公里土地的征地、拆迁、场平等工程。

2010年10月双向六车道的汉江大道（郧县段）全线贯通；2011年底开发区有60多

家工商企业入驻，总投资额近70亿元；2012年5月汉江二桥建成通车，至此三大战略性重点工程全面建成。2014年丹江口库区为南水北调工程蓄水供水后，随着水位的升高，一个烟波浩渺、湖光山色、两桥连接、车水马龙的全新郧县城的三个镇区崛起在青山绿水之间，古老的郧县天地翻覆，焕发出勃勃生机。

郧县干群坚韧不拔的努力得到十堰市委、市政府高度认同和充分肯定。2009年4月22日，中共十堰市委书记陈天会同志在郧县主持召开专题会议，他热情赞扬了郧县通过数年如一日的不懈努力、主动作为，走出了一条"以县促市，以下促上，推动市县对接，发展县域经济"具有郧县特色的发展之路；明确表态十堰两区和市属各部门要积极行动，加快推进市县之间的规划、交通、项目、产业、市场等"五大对接"工程，实现一体化发展。市委主要领导的重要意见为郧县撤县改区打下了良好基础。2009年5月，郧县县委召开全会，做出《关于加快与十堰城区对接发展，将郧县打造成十堰区域性中心城市重要支撑的决定》，动员全县干部群众进一步统一思想、转变观念，积极投入到市县对接、一体化发展上来。2009年7月初，十堰市委政策研究室向市委、市政府提交了《关于郧县县改区的调研报告》。

2010年7月7日，十堰市委、市政府在郧县召开市县对接发展工作会议，对相关工作进行安排部署；2010年7月28日，郧县县委再次召开全委(扩大)会议，研究出台了《关于落实市县对接发展会议精神，切实抓好市县对接发展相关工作的意见》，对具体工作和项目推进做出全面安排；2010年8月23日，十堰市委、市政府正式出台《关于加快推进市县对接发展的意见》，提出了"优先实施规划一体化、加快城市基础设施一体化、加快推进产业一体化"的对接发展工作重点；市委市政府成立"市县对接工作领导小组"，市委常委、市委秘书长陈家义为组长、我为副组长，办公室设在十堰市发改委，具体负责五大对接项目的规划与落实。同时，郧县县委、县政府在十堰城区举办了市县对接发展高峰论坛。

2011年9月至2011年底，市县两级党委组成联合调研组，先后赴湖南长沙、湖北宜昌及襄阳等地考察，撰写了一系列关于"县改区"的专题考察报告、调研报告和人大议案。此后，撤县改区的工作全面启动并进入快车道：2012年市县共同向省政府申报县改区，2013年省政府向国务院提出申请，2014年9月国务院批复，2014年11月省政府正式发文撤销郧县，行政区划归属十堰市，改名为"郧阳区"。2014年12月，郧阳区委、区人大、区政府、区政协以及各部门正式挂牌、顺利运行。至此，存在了2600多年的郧县成为历史，郧县这块热土彻底融入了现代化工业城——十堰市城区的发展之中。

郧县成功撤县改区，不仅仅使郧县"凤凰涅槃"，有了新的对外形象、新的发展平台和新的发展动能，更重要的是"她"为十堰市的提档升级和转型拓展，做出了"空间资源、人力资源、农副产品资源、江河水利资源、历史文化资源"等五大贡献。因为郧县的整体融入，彻底改变了十堰市的城市空间布局、生态文明布局和经济文化发展格局，为把十堰建成鄂西北乃至中西接合部的区域性中心城市奠定了坚实的基础。

五

一个地方的发展，必然与文化的支撑作用和地方文化自身的发展相辅相成。2008年7月我担任县委书记后，在抓好大改革、大移民、大发展各项工作的同时，高度重视地方文化的发掘、传承、宣传和弘扬等方面的工作。2008年秋在研究郧县旅游工作时，我鲜明地提出"旅游是文化的载体，文化是旅游的灵魂"，要求把全县文化与旅游工作结合起来全面规划、统筹布局；2009年县委县政府成立文化旅游发展领导小组，县委召开全会，出台了《关于加快发展郧县生态文化旅游产业发展的意见》《关于郧阳文化发掘保护开发发展工作的若干意见》；同年，在全国率先整合行政资源，成立了县级"文化旅游发展委员会"（文旅委），着手研究制定《郧县文化旅游产业发展纲要（2010—2020）》；2010年县委、县政府又出台了《关于实施"文化立县、旅游兴县"战略的若干意见》，将文旅委改为"文化体育旅游局"，成为当时全国唯一的县级政府文化旅游管理职能部门；同时积极整合资源，启动和推进郧县文化建设十大工程（包括府学宫复建和博物馆迁建等），举办了一、二、三届调水源头"龙舟节"、"郧县人"头盖骨化石发现20周年国际学术研讨会、"中国郧阳文化高峰论坛"等文化活动，并组织力量编辑出版五卷本的《郧阳文库》丛书，亲自主抓其中《郧阳文化论纲》的撰写和出版发行。从此，郧县的地方文化研究和建设达到了一个新的高度。

代序　为了不能忘却的纪念

回顾并记载这一段激情燃烧、荡气回肠的奋斗岁月，一方面是为了纪念当时郧县广大干部群众为发展郧县经济文化和撤县改区所做出的牺牲贡献，另一方面也是对存在了两千多年的"郧县"消失有所"交代"。这里自楚国置县以来，在跨过20多个世纪的漫长岁月里，郧县人民筚路蓝缕、接续奋斗、生生不息，为秦巴地区的文明发展、为汉江文化的世代传承做出了特别突出的贡献。当代郧县的60万父老乡亲和从这里撤到全国、走向世界的成千上万郧县籍人士，对"郧县"怀有深厚的情感。我们这些曾经生活于斯、热爱于斯、奋斗于斯的人们，有责任有义务把郧县光辉的历史记录下来、整理出来、展示出来，以此对历史、对后人有一个客观的交代。这大概就是人们常说的"为了不能忘却的纪念"，也算是我们这个编纂团队呕心沥血、熬更守夜、不讲报酬、费心写作的初衷吧！

"凤凰再生火气旺，欢畅光明狂翱翔。""郧县"这个地名消失了，"她"已经成为了历史，在这片土地上，留下了亿万年前恐龙繁衍的遗迹，留下了百万年以来古人类生活的足迹，留下了几千年华夏文明发展的痕迹；几百年前，这里诞生了统领八府九州的郧阳抚治；几十年前，这里诞生了一个世界闻名的商用车生产基地——东风汽车公司和一个全国著名的现代化工业城市——十堰市；如今又诞生了一个在全国范围内区域版图面积最大、城区水域面积最大、生态环境最好的市辖区——郧阳区。古老的郧县如同涅槃的凤凰，经洗礼而再造，浴水火而重生，跨入了现代化发展的新时代！特别是汉江流域几千年文明史在这块热土上积淀的丰厚历史文化，作为历代郧县人留给后人最为珍贵的精神财富和文化遗产，将持久地发挥其社会灵魂与精神支撑作用，并将伴随社会的进步而获得更加全面、更加深入的发展，不断推动着新的郧阳区走向更加辉煌的未来！

以此再次衷心感谢当年郧县的63万父老乡亲和所有关心、关怀、帮助、支持过我本人工作的同志、朋友及各界人士！

感谢傅广典先生、潘彦文同志、李占富同志、杨郧生同志、徐堂根同志以及所有为此书编纂无偿付出了大量心血和汗水的各位老同事、老朋友！

感谢郧阳绿稻公司和湖北中和电力科技公司对此项目的热情支持！

2022年11月16日于武汉

目　　录

第四篇　国学文化域

第五篇　医药文化域

第十篇　国政文化域

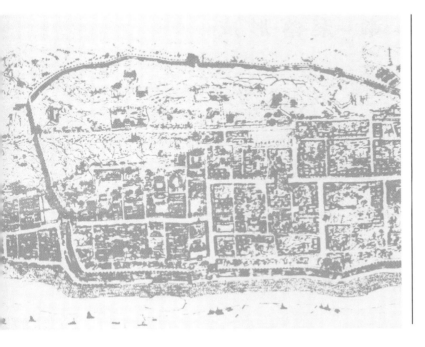

第一篇

聚落文化域

第一章 聚 落 形 成

聚落，本义是指村落，泛指人群聚居的地方，按生产生活需要、居民集聚的特点，分为城市聚落、城镇聚落和乡村聚落。它是人类进化发展到一定阶段后，互相发生社会活动和社会关系的地域，是由固定的人群组成的相对独立的地域社会。它是一种空间系统，一种复杂的经济、文化现象和发展过程，是在特定的地理环境和社会经济背景中人类活动与自然相互作用的综合结果。

本篇将从聚落的形成、聚落的发展、聚落生态三个方面阐述郧县聚落的形成发展过程。

第一节 郧县聚落形成的年代

聚落，是人类活动包括居住、生活、休息的区域，是人们进行各种生产劳动、社会活动的场所，也包括人死亡之后归葬大地之场所。《史记·五帝本纪》云："一年而所居成聚，二年成邑，三年成都。"《汉书·沟洫志》也说："或久无害，稍筑室宅，遂成聚落。"可见在古代中国，聚落本意是人类的居住场所，之后逐渐扩展为人们居住、进行生产活动及社会活动的场所。这是进入历史时期人们对"聚落"的认识与总结。聚落可分为雏形聚落、原始聚落、中心聚落、城市聚落。

聚落有一个漫长发展的过程，是社会生产力发展引起人类生存方式不断变化的结果。采集与渔猎阶段，人类为获得食物需要不断迁徙变换住所，洞穴、树巢、临水宽阔的高台地，是原始人类的简单住处，成为最原始聚落。此阶段的人类基本为自然所奴役，生存能力极其微弱，生活没有保障。风雪雷电、洪水猛兽都对人的生命构成直接威胁，此时"家园"是防护性的，是庇护所，因而封闭性成其主要特征。

在采集经济和游牧生产方式下，相对稳定的、按氏族血缘关系形成的"聚"，是原始生产与生活相结合的社会组织基本单位，也是组成定居点的基本单元。一般一个氏族的成员组成一个"聚"。空间结构上，"聚"的中央是公共的"大房子"，是聚的中心，周围不规则地环布着各家居室，内向性是"聚"的基本特征。若干个有血缘关系的家组合在一块，即是最初的"聚"，若干个"聚"组合在一块即是"聚落"。

"邑"是聚落的最初形态。资料显示，"邑"的空间布局也具有内聚、向心性之特征。《尔雅》云："邑外为之郊，郊外为之牧，牧外为之野，野外为之林"，清楚说明了邑外部的空间构成。社会生产力的不断发展和人口数量的增加，使得聚落规模与数量不断扩张，这是聚落演变的轨迹之一。过去人类无法到达的区域，因为技术的进步，也成为人类的活动或生存空间。聚落的量变表现为规模扩大和数量的增多，究其原因主要是人口的增长。聚落在扩张的同时，基于安全、军事乃至政治的需求，逐步演变为"城（都）"，城的出现催生了"市"的诞生。聚落于是有了城市聚落和乡村聚落的分别与内涵。

郧县聚落的形成应该从旧石器时代开始，新石器时代早期渐趋成熟，到新石器时代晚期进入快速发展阶段。

一、雏形聚落

学堂梁子"郧县人"文化遗址位于临近汉江的四级台地，当时的人们需依水捕捞且需防止水患，聚落需有利于狩猎且利于较多成员长期居住活动，学堂梁子文化遗址较好地满足了这三种条件。该遗址发现了两具完整的人类头骨化石、一定数量的石制品，伴生动物化石的保存堆积也相当多，遗址面积很大，年代距今为100万年。

郧县梅铺镇龙骨洞是"梅铺猿人"活动的地方，位于汉水支流丹江及丹江支流滔河南岸、距水面高25米至30米的三级台地洞穴内，考古发现这里有四枚古人类牙齿化石，即左上内侧门齿、左上第二前臼齿和左上第一臼齿，另一枚为下外侧门齿，同时发现大量伴生动物化石及一定数量的石制品，年代距今75万年，龙骨洞遗址仍是郧阳聚落萌芽时期的雏形聚落。

旧石器时代古汉江区域内，与现郧县邻近的郧西县安家乡神雾岭白龙洞郧西猿人遗址，通过一次拣选和两次发掘，得到8枚古人类牙齿化石，其中前臼齿5枚。在洞内地表下2.5米处相当于中层的砂质黏土中发现石制品200多件，伴生的动物化石与郧县梅铺龙骨洞哺乳动物化石相同，年代晚于梅铺猿人，与北京人同期。

郧西黄龙洞遗址地处郧西县香口乡李师关村六组，考古人员发现有人类牙齿化石5枚，及石制品、骨、角制品、伴生动物化石和植物遗存，测年为距今10万年，属晚期智人。这些聚落遗址均为萌芽时期的雏形聚落，为真正意义上的聚落出现奠定了基础。

二、原始聚落

从新石器时代开始出现真正意义上的聚落，其显著标志是在距今 9000—7000 年时原始农业出现，由于农作物从种植到收成需要很多工序，加之农业需要的石制工具与狩猎工具相比，不仅种类多、数量大而且比较重，因而从事农业的人们逐渐考虑建造可供长期居住的固定住所。母系氏族的产生导致出现了相对稳定的、按氏族进行定居的聚落。农业的发展，聚落逐渐发展壮大。以血缘氏族为纽带的族类聚落，千百年来总是相对稳定地居住于某一个经过自然选择的地点，其居住之地一般缘水而居，取水方便且便于农事生产活动，居住之地附近有丰富的动植物资源，能维持生活之需，地处一定高度的丘陵地带，免受猛兽侵袭和风雨雷电的危害。此时的聚落形态是聚落的原始形态。

郧县范围内此阶段发现的遗址，主要有三明寺遗址、胡家窝遗址、刘湾遗址和店子河遗址。西阴、朱家台和乱石滩等遗址的早期仰韶文化层，是本区域最早的新石器时期文化遗存。刘湾遗址位于汉江北岸的杨溪铺镇，在遗址中心发现了大型环壕，由东南向西北延伸，将遗址分为两部分，构成典型的双聚落遗址。

三、中心聚落

自新石器时代开始，人类历史出现了第一次大分工，畜牧业从农业中分离出来，氏族制度逐渐由母系氏族转变为父系氏族，聚落内部与外部发生分化，向初步分层与分化的中心聚落转化。生产工具的改进、人口的增加，使得聚落规模明显扩大。氏族内部不再平等，家庭财富差距拉大与财富的继承，导致富有家庭出现。公共权力的集中与继承而出现贵族家庭和贵族宗族。聚落的发展使聚落的功能得到重新整合与集中，普通聚落所具有的祭祀、管理、防护等功能逐渐成为中心聚落的特有功能。防卫不再以单个聚落进行，而是在中心聚落统领下成为全群落的共同行为。中心聚落的社会结构也发生了很大变化：较少的富有者、大量的中间群体和一定量的贫穷阶层。

大寺遗址最能体现中心聚落的特点。该遗址位于现汉江左岸与堵河的交汇处、郧县城关镇后殿村。南水北调二期文物保护工程中，考古人员发掘仰韶文化时期房址 11 处，均为地面建筑，其建筑过程是先铺垫好多层垫土，挖基槽于垫土中，基槽内再挖柱洞以立柱，有的柱洞底部有柱础石，立好柱后，再砌木骨泥墙。房屋由垫土、墙基、柱洞、火塘组成，基坑平面呈圆角长方形，房屋建筑室内面积不等。房屋以居住为主要功能。大寺遗址内房屋大小的差别、墓地规模差异、墓葬规格和随葬品差异，充分反映了家庭的贫富和聚落的差别。经过科学测年，大寺仰韶文化时期的绝对年代在公元前4200年至前3600年之间。

青龙泉遗址也保存有仰韶文化村落痕迹。这个村落有房屋遗址七座，其中圆形房址五座，长方形房址两座，均为木架结构。这些房屋一家一户相对独立，一个屋址类似于现在的一个小家庭，各家都有灶坑。七个家庭相聚在一起，显得颇有规模。这个村落既有社会群体属性，又具备血缘家庭的相对独立性，已经呈现出了原始社会的基本结构形式。

郧县青龙泉遗址、店子河遗址、庹家州遗址皆为中心聚落遗址类。

四、城市聚落

在考古人员发现龙山文化或者石家河文化后，城市聚落开始出现。中心聚落在不断拉大同普通聚落差别的同时，也开始了其自身的变异，从中心聚落逐步向"城邑"或城市聚落转变。邵望平、杜正胜认为，中国早期城市的出现不是商业发达的后果和动因，此时的城市不具备商贸中心的性质。一直到秦汉乃至魏晋，城市都是作为政治中心存在，因此用"城邑"表达早期的城市是贴切的。城邑是与方国同时出现和联系在一起的。郧县境内具有早期城市聚落特征的是辽瓦店子遗址，其具有以城壕、城墙为特征的巨大规模，延续不断的居住生产生活历史，分工明确的行业特性。

先民从居无定所，到利用近水台地、树巢、洞穴居住，是在漫长的旧石器时代中进行的，受洞穴居住启发进而发展到半地穴式居住，这一过程的起始时间目前尚不完全清楚，可以肯定的是，在旧石器时代向新石器时代的过渡阶段，地面建筑的出现一定是在半地穴式房屋的基础上实现的。

第二节　郧县聚落形成的自然地理环境

自然地理环境是对社会文化产生影响的重要因素，因此研究郧县聚落的文化属性必须全面研究郧县聚落的自然地理环境。

郧县位于湖北省西北部，地处秦岭南坡和大巴山东延余脉，汉水上游下段的武当山、神农架与沧浪山之间，纵贯东经110度零7分至111度16分，横跨北纬32度25分至33度15分。东与河南省淅川、西峡县及十堰市丹江口市接壤，西、北与陕西省商南、山阳、白河县交界，南与今十堰市的茅箭、张湾两区及白浪开发区、竹山县相毗邻，自古有"鄂之门户，豫之屏障，陕之咽喉"之称。

汉水（又称为汉江）自陕西省白河县熊家坡东进入郧县，将郧县分为郧北郧南两部分。郧北属秦岭地槽东部末梢，为秦岭纬向构造带东段南缘次级构造；郧南处于新华夏第二隆起带与秦岭纬向构造带东段和大巴山东延余脉相交一带。属于以丘陵、低山为主，山谷相间的山区类型，区域内盆地、岗地、丘陵、低山、中山、高山6种类型并存。版图面积3863平方千米。南北西三面为高山，地势向中部汉江河谷倾斜。汉江及其堵河、滔河、曲远河、将军河、神定河、泗河等支流共计766条，均属长江水系。区域内土地、矿产、动植物资源丰富，气候温润，生态环境优良。

一、地质地貌

地质构造分郧北秦岭纬向构造带和郧南S型构造带；境内地层岩性以汉水为界，分为南北两部分，郧北有震旦纪、寒武纪、第三纪、第四纪地层出露；郧南有元古代武当山群、震旦纪、寒武纪和第三纪、第四纪地层出露。

地貌特征表现为四种类型：西南部中低山区：为武当山脉西延部分，南之沧浪山，北之迷魂嶂，中间为河谷地带，山势陡峭，切割较深，多呈 V 形山谷，地貌属构造侵蚀山地；汉水河谷丘陵区：为汉水沿岸海拔500米以下的低缓地带，主要是汉江河谷；滔河外缘中低山区：多为岩溶山地；滔河盆谷丘陵区：地层主要为碳酸岩，上覆红色砂岩。

山峰主要有：西南海拔1824.7米的沧浪山、1673米的大佛山、906米的云盖寺山，西北1086.4米的铁佛寺山和东北958米的玉皇山。此外西南的迷魂嶂、南边的圆岭山等也有一定的高度。

河流：主要有汉江及主要支流堵河、滔河。汉江自陕西省宁强县潘崇山发源，自陕西省白河县熊家坡入境郧阳，至远河口入丹江口市，在本区域流域长度达147.6千米，流域面积3084.87平方千米。干流可分三段：熊家坡—红椿沟—城关镇—远河口。汉江最大水位期在8—9月，最低水位期在2—4月，年最大径流量656.4亿立方米，最小径流量210亿立方米。堵河发源于陕西省镇坪县，从竹山县两河口至郧阳堵河口段称堵河。自南向北流入汉江，郧阳境内长34.4千米，流域面积327.2平方千米。滔河发源于陕西省商南县孤岭山大竹园黑龙洞，长129千米，本区域流长86.18千米。区域内超过10千米的河流还有将军河(65.1)、曲远河(59.16)、巨家河(51.42)、赵河(40.48)、泗河(37.39)、后河(33.84)、仙人河(31.39)、南沟河(24.8)、大峡河(21.24)。

二、自然资源

郧县自然资源主要包括土地资源、水资源、矿产资源、植物资源、动物资源和食用菌资源六大类。

(一)土地资源

调查显示全域土地面积382635公顷(2006年数据),其中农用地337834公顷、建设用地11855公顷、未利用土地32946公顷。土地资源可分为3个一级地类、10个二级地类和47个三级地类。

(二)水资源

水资源种类包括降水、地表水、地下水和客水4种。全区年降水量在750~875毫米之间,年平均地表水资源量为10.17亿立方米,地下水资源量为4.12亿立方米,年客水总量为334.51亿立方米,汉水是主要客水来源,占总量的81.1%。

(三)矿产资源

郧县全域有各种矿产5类48种(2006年数据),已探明储量矿产20种,矿田、矿点、矿化点220处。金属矿产主要有铁矿、钛矿、银矿、金矿、铜矿等;非金属矿产主要有重金石矿、蓝石棉矿、绿松石矿、石墨矿、滑石矿、明矾石矿等;建材原料有石灰石矿、大理石矿、石英石矿、涂料土矿、硅石矿、白云岩矿等。能源矿产主要为石煤、地热资源。

(四)植物资源

常见种类有:用材植物40科83属160余种;食用植物有25科79属;园林观赏植物89科198属4个亚属236种,15个变种;药用植物429种。分类(分布)有:栎类林、马尾松林、杉木林、柏木林、桦木林、油桐林、乌桕林、油茶林等。

(五)动物资源

动物资源大致有4类。

野生动物：1999 年调查数据显示，常见鸟类有 85 种，兽类 28 种。全域有国家级、省级保护野生动物 99 种，其中国家一级保护动物 4 种。

家养动物：郧县的驯养动物分为畜、禽、虫、鱼四类。

水产动物：鱼类 5 目 9 科 41 种；虾类以河虾为主。

病虫害天敌：1999 年统计显示，作物病虫害天敌有 7 纲 46 科 186 种。

（六）食用菌资源

野生或人工栽培食用菌有蘑菇、香菇、黑木耳、银耳、松菇、平菇、猴头菌、羊肚菌、美味牛肝菌、毛柄金钱菌等。子囊菌纲和担子菌纲共计 7 目 20 科 31 属 62 种。

三、气候

郧县地处中国北亚热带季风气候分区北端，夏季以东风为主导风向，冬季以西风为主导风向。四季分明，气候湿润，光照充足，气温年差较小，年平均无霜期日数为 245 天。境内山地起伏明显，海拔高度相差悬殊，北有秦岭山脉阻挡，削弱北方冷空气进入；南有大巴山系阻隔，影响西南暖湿气流进入。丹江口库区水体气候效应及众多散落分布的山涧河谷、盆地地形效应，构成郧县亚热带季风气候典型特征，有别于同类气候区域内其他地区。年均气温 15.9 度，年均日照时数为 2005.19 小时。

地质地貌、自然资源和气候构成自然地理，奠定了聚落发展的物质基础。两山一水的格局是郧县聚落形成的基本地理环境。

第三节　郧县聚落形成的文化地理环境

秦岭、巴山、汉江所形成的"两山一江"的地形地貌和北亚热带季风气候特征，构成了郧县地理环境的基本格局。优越的环境孕育诞生了人类的祖先——"郧县人"，进而发展演化出梅铺猿人、白龙洞人、后房人、尖滩坪人、黄龙洞人和滴水岩人，古人类演进的链条连贯清晰，是"汉江及郧县人类"族群 100 万年至 1 万年前就生活在秦巴谷地汉江流域的证明，以此成为郧县地域文化、汉水文化乃至中华文化的发端；古麇国的建立和繁荣是郧县地域有史以来的第一次辉煌，古麇文化奠定了郧县文化发育、发展和演化的坚实厚重之基。郧县文化是以"汉江及郧县人类"和古麇国为不同起点反映远古人类和现代人类在郧县大地上生产和生活历史进程的完整生存状态，成为郧县聚落形成的文化地理环境。郧县聚落文化在此背景下保持自身特色，根植于中华民族文化主体，广泛吸纳周边文化精髓，并在发展过程中不断融合，生生不息。

一、完整的古人类发展链条

学堂梁子(郧县人)文化遗址位于郧阳区青曲镇弥陀寺村。1989 年 5 月 18 日，文物复查活动中，在学堂梁子上发现一具基本完整的远古人类颅骨化石——郧县人一号头骨。1990 年 6 月 15 日，经过正式发掘，在地层中出土了一具更为完整的远古人类头骨化石——郧县人二号头骨，同时出土一批伴生动物化石和石制品，科学测年距今 100 万年。关于郧县人头骨的价值，中科院院士吴新智的定位是：在中国古人类遗址中，"郧县人"遗址地位仅次于"北京人"遗址。同时进一步强调，对"郧县人"遗址不能孤立地看，其周边还分布着郧县猿人遗址(梅铺猿人文化遗址)、郧西猿人遗址、郧西人遗址(附近还有陕西蓝田人遗址)，这些集中分布在这片范围内的古人类遗址反映出迁徙衍化的链条，这方面的独特价值是周口店不能比拟的。

旧石器时代晚期在郧县周围还有尖滩坪旧石器点、肖沟旧石器点、余嘴旧石器点、滴水岩旧石器点等，年代大约在旧石器时代中晚期向新石器时代过渡时期，都在 10 万年至 1 万年之间，构成了郧县古人类发展链条上的完整节点，以郧县人为核心的不同年代的古人类遗址具有不可替代的人类学价值。

二、完整的史前文化脉络

以打制石器为特色的旧石器时代经过几百万年的发展，在距今 1.2 万年至 1 万年时，进入新石器时代，其显著标志是石制品以磨制为主、陶器出现。郧县聚落的文化面貌随着考古发掘的深入，逐步清晰起来：仰韶文化、屈家岭文化、石家河文化遗存，以及新石器时代末期，晚于石家河文化的文化因素大量存在，体现了南北文化在此地碰撞、融合的地域特色。

三、辉煌绵长的麇国历史

麇国最早出现于春秋《左传》的记载："文公十年(公元前 617 年)……冬，遂及蔡侯次于厥貉(今河南省项城市境)，将以伐宋……厥貉之会，麇子逃归。""文公十一年(公元前 616 年)，楚子伐麇，成大心败麇师于房渚。潘崇复伐麇，至于锡穴。"(清)江永《春秋地理考实》载：麇，国名，在今湖北省郧县，即古麇国。锡穴在今郧阳五峰乡的东峰、肖家河一带。春秋时期麇国都邑在锡穴地。据考，麇子国自公元前 1065 年受封，成为周土南疆的一个属国，到公元前 606 年被楚国所灭，经历 460 年。

文献记载麇国资料无几，历几世？王者何人？留下了千古之谜。但在麇国故地多次出土的铭文铜器，见证了麇国同多国的交往。一座贵族墓葬出土盘、匜铜器，铸有"子中瀕"的铭文，现代学者潘彦文考证，铭文中的"子"，应厘定为"锡子"，古文献中的锡国（正名），也就是麇国（俗名）。此说解决了锡穴数批青铜器出土的原因：历史悠久的麇子国，坚守周礼，不逾矩，即使强大富庶，仍以"子"自称。疆域内具有青铜资源和汉水舟楫之利，创造了灿烂的青铜文化，是郧县人文历史发展的起点，也是"郧关"、郧乡县、郧县、郧阳府发展的文化内核所在。

四、文化通史地域

郧县聚落里，能称为通史地域的代表性遗址非辽瓦店子莫属。辽瓦店子遗址位于郧县柳陂镇辽瓦村汉江南岸的二级台地上。海拔 153～156 米，面积 12 万平方米。经过抢救性发掘清理出自新石器时代、夏、商、周、汉、唐、明、清各个时期的各种遗迹遗物。

夏代：房址、墓葬、灰坑均有发现。房址有地穴式和半地穴式，多为圆形，面积多在 10 平方米以下。墓葬与房址交叉分布，竖形土坑墓，无葬具，仰身直肢、屈肢、侧身屈肢均有。另有瓮棺葬。灰坑内遗迹丰富。商代：发现灰坑、墓葬，器物时代与二里岗上层一致。清理出卜甲、卜骨，由龟腹甲和牛之胛骨制成。西周：发现房址、墓葬和灰坑。陶器多为泥质，器形有鬲、盂、罐等，形制融合了中原周文化和南方楚文化的风格。出土的卜甲、卜骨与商代差异较大。东周：主要器类转化为鬲、盂、罐、鼎组合，带有明显的楚文化色彩。辽瓦旧称窑瓦，其地势平坦，取土取水便利，长期以来是一处集中的陶器生产地，也是本地出土陶器数量种类丰富的原因之一。多座不同时期的陶窑发现，自新石器开始延续到明清，成为研究陶窑形制变化的重要材料。

郧县聚落及其周边区域里链条完整的人类发展史、完整不断层的史前文化史、古麇国辉煌的发展史、以辽瓦店子为核心的不断代的文明史，成为郧县聚落文化的背景、基础、内核与骨架，成为郧县聚落形成的文化地理环境。

第四节　郧县旧石器时代人类聚落遗址的形成

郧县旧石器时代的古人类遗址众多，已发掘出土的遗址年代从 100 万年到 1 万年的古人类材料、动物化石和石制品非常丰富，是研究古人类生存、演化、迁徙、发展的宝库。从 20 世纪 80 年代开始，国际学术界流行起现代人起源于非洲的学说。虽然有些学者较肯定地支持现代人多地区起源说，但人们一直期盼着来自新材料的直接证据。郧西黄龙洞人牙齿化石，郧县后房、尖滩坪、黄家窝、滴水岩、后房、刘湾、肖沟、韩家洲、余嘴等众多的旧石器时代中晚期 10 万~1 万年古人类文化遗址的发现和发掘，为世界古人类学界，文化、科学界提供了现代人多地区起源说和中国古人类连续演化观点的实物材料，证明了郧县及汉江流域是人类起源、演化、迁徙、发展的重要区域。

一、学堂梁子(郧县人)文化遗址

该遗址位于原郧县青曲镇弥陀寺村曲远河口学堂梁子，曲远河自北向南在遗址东侧汇入汉江，由于遗址所处山梁之上原有一座弥陀寺小学，因此这道山梁又称为学堂梁子。1989 年和 1990 年，此地因先后出土了两具完整的远古人类颅骨化石而闻名于世。

"郧县人"头骨化石：1989 年 5 月 18 日，在第二次全国文物普查期间，原郧县博物馆干部王正华、郧西县文管所工作人员屈胜民组成的普查小组，在青曲镇弥陀寺村曲远河口学堂梁子处发现了一件钙质结核沉积物，经简单清理后，初步认定是一具较为完整的远古动物化石，后经湖北省文物考古研究所报省文化厅同意，由李天元负责送到中国科学院古脊椎动物与古人类研究所检验，经鉴定为一件古人类头骨化石，中国科学院院士、著名的古人类学家贾兰坡先生将其命名为"郧县人"，其为"郧县人"第一具头骨化石。

1990 年 5 月，由湖北省文物考古研究所、原郧阳地区博物馆、郧县博物馆组成联合考古队，对学堂梁子发现第一具古人类头骨化石地点进行了首次试掘工作。6 月 10 日，在第一具古人类头骨化石发现的同一地点，发掘面积 100 平方米，出土了一具更为完整的远古人类头骨化石——郧县人 2 号头骨化石，以后又先后进行 3 次发掘工作，发掘面积 500 平方米，获取了一大批伴生哺乳动物化石和石制品。2006 年 12 月至 2007 年 8 月，为配合南水北调中线工程，湖北省文物考古研究所、十堰市博物馆、郧县博物馆组成郧县人遗址考古队对遗址进行了第五次发掘，本次发掘面积达 2500 平方米。

地貌特征及地层堆积：曲远河口一带是由汉水侵蚀形成的基座阶地组成的。第一级阶地是高河漫滩，高出水面5~8米，在野外仅看到黄褐色粉砂层，是丹江口水库水面涨落处。第二级阶地高出水面15米，上覆黄褐色砂层，钙质胶结；下面是灰色沙砾层，砂质胶结。第三级阶地高出河面25米，其上覆黄色砂质黏土，厚9~11米。第四级阶地是含郧县人及伴生的哺乳动物化石、石制品的遗址。发掘中发现包含石制品和动物化石的底层堆积厚达9米。

伴生动物化石：该遗址Ⅰ区早年考古发掘的哺乳动物较多，经初步鉴定大致为：竹鼠、蓝田金丝猴、无颈鬃豪猪、虎、豹、裴氏猫、爪哇豺、似狗獾、西藏黑熊、桑氏鬣狗、大熊猫武陵山亚种、剑齿虎未定种、东方剑齿象、三门马、中国貘、中国犀、李氏野猪、小猪、秀丽黑鹿、云南水鹿、麂未定种、大角鹿未定种、短角丽牛、水牛未定种。这些伴生动物化石中既有华北动物群中的典型种类三门马、李氏野猪、短角丽牛及大角鹿等，又有属于华南的大熊猫—剑齿象动物群种类的大熊猫、中国貘、中国犀、小猪及麂等，这说明郧县动物群具有南、北混合过渡地区动物群的特点。同时动物群中有少数第三纪的残留种，如剑齿虎，以及第四纪早期典型种，如云南水鹿、秀丽黑鹿、桑氏鬣狗等，显示这个动物群在时代上较早的特点。

石制品：该遗址2006年以前共发现石制品291件，其中发掘出土的有207件，扰土层中发现14件，地表采集70件。2006年12月以后的第五次发掘中，Ⅱ区出土标本992件，Ⅲ区出土标本700件，Ⅳ区出土标本349件，五次发掘共获得石制品2332件。石制品中有石核、石片、砍砸器、刮削器、石锤、手镐、手斧、碎片和有打击痕迹的石块（砾石）等，其中有许多加工精美的手镐和手斧。碎片和有打击痕迹的石块出土数量最大。学堂梁子文化遗址发掘出土的石制品原料来源于河滩砾石。石质以石英为最多，次为砂岩和灰岩。有关专家对学堂梁子文化遗址发掘出土的石制品经研究后发现，郧县人遗址的石制品同南方广大地区发现的石制品有较多共同点：锤击法以打片为主，砾石石器多而石片石器少，有一定数量的两面器，缺乏尖状器、典型的端刮器等石片石器。从现有材料看，遗址发现的石制品比较接近南方地区，可以归于同一文化传统。

学堂梁子（郧县人）文化遗址保存的堆积物十分丰富，地层关系清楚，出土的两具人类颅骨化石相当完整，伴生动物化石、石制品数量可观，手斧的发现打破了中国没有手斧的学说，并且有一定的测年数据，为进一步发掘、寻找更多的材料和探讨有关学术问题提供了良好的条件。从材料的全面性、丰富程度、可能解决的学术问题可持续性等方面衡量，郧县学堂梁子文化遗址的重要性仅次于周口店北京人遗址，而且其形态特征为探讨中国远古人类的演化模式提供了又一重要例证。学堂梁子文化遗址发现的石制品技术类型兼具南方和北方的特色，为探讨南方砾石文化的起源、发展及南方和北方旧石器时代早期文化关系提供了重要信息。

学堂梁子（郧县人）文化遗址两具保存完好的古人类头骨化石的发现，曾一度轰动了世界古人类学界，被认为是"南方古猿"化石材料。从其形态上看既有直立人的原始性，又有智人的进化特征，被认定为直立人，其时代为距今 100 万年左右。它对人类的起源、演化、繁衍、迁徙与发展具有很高的学术价值。Ⅰ 号头骨化石的发现在 1989 年底被《科技日报》评选为全国十大科技新闻，1990 年被《中国文物报》选为"七五"期间全国考古发现和全国当年十大考古发现重大事项。

二、梅铺猿人文化遗址

遗址位于郧县梅铺镇西寺沟口村，西寺沟口梅铺水库南岸的岩头坡（煞头坡）北麓，邻近梅铺公路的龙骨洞内，洞穴的北面 100 米有滔河。遗址处在三级阶地上，属旧石器时代洞穴遗址。洞内容积约 200 立方米，堆积厚约 3.4 米，其中含化石堆积厚约 0.5~2.5 米。梅铺猿人文化遗址发现于 20 世纪六七十年代，20 世纪 60 年代末，郧县梅铺镇西寺沟口村农民经常在附近挖到一种叫"龙骨"的物质，发现该物质碾碎后可做"红伤药"，因此大家都把挖龙骨的地方称为龙骨洞。这个发现很快引起中国科学院古脊椎动物与古人类研究所领导的高度重视，立即派专业人员调查，调查队员在公交车上，发现一位村民挑了一担化石样骨头，说到淅川卖"龙骨"换钱买盐，问之后得知卖龙骨的人是来自邻省湖北郧阳梅铺西寺沟口的人，龙骨出自附近的龙骨洞。调查员经过对龙骨洞的现场勘查，确认这是一处天然古洞穴遗址，保存有较丰富的哺乳动物化石。1975 年经国家文物局批准，中国科学院古脊椎动物与古人类研究所在郧县文化文物部门配合下开始进行发掘，采集 1 枚人牙化石，发掘出土 3 枚人牙化石，有上内侧门齿、下外侧门齿、上第二前臼齿和上第一臼齿，总的形态与北京人的牙齿相似，只是尺寸要大些；同时还出土了一件打击痕迹清晰的人工打制石器及 20 多种哺乳动物化石，这些动物化石有大熊猫、剑齿象，共生的哺乳动物化石有嵌齿象、桑氏鬣狗和小猪等，还有距今一百万年至六十万年的更新世的桑氏鬣狗。

梅铺猿人文化遗址发现的人类牙齿化石所显示的形态特征，与北京猿人以及爪哇猿人的牙齿特征相类似，是研究亚洲直立人的珍贵标本。其伴出的哺乳动物化石也说明所代表的地质时代较早。经测算，梅铺猿人时代早于北京人，比郧县人略晚。

三、尖滩坪文化遗址

尖滩坪文化遗址位于郧县青山镇白果树村，处于汉水流域中上游右岸的第二级阶地上。其在南水北调中线工程的前期调查中被发现，为配合南水北调工程，中国科学院古脊椎动物与古人类研究所与郧阳博物馆于 2006 年 2 月至 2007 年 2 月联合对该遗址进行抢救性发掘，调查面积大于 200 万平方米，发掘揭露面积 1000 平方米，地层分为 7 层，其中，第 2~3 层为文化层，出土的遗物中除石核、石片外，有手斧、薄刃斧等重型工具类型，还有刮削器、锯齿刃器、凹缺器等轻型工具类型，共计出土工具石制品 822 件。（同时有极少数破碎难以鉴定种属的化石和采集的石制品暂没列入本书讨论范围。）

北京大学城市与环境学院进行年代测定后认为，测定结果与地层序列对应良好，遗址的年代为距今 8 万~7 万年，最早不到距今 9 万年，处于晚更新世初期，填补了汉水流域这个时期的空白。

四、黄家窝旧石器时代文化遗址

遗址位于郧县长岭经济开发区（原茶店镇）黄家窝村七组，处于汉江与支流神定河交汇处的一道岗岭前端二级阶地上。2004 年 10 月 16 日，中国科学院古脊椎动物与古人类研究所在丹江口库区调查时发现该遗址，2010 年湖北省武汉市考古研究所和中国科学院大学（原中国科学院研究生院）对该遗址进行了发掘，发掘面积为 600 平方米，同时对遗址周边进行了调查，发掘出土和采集遗物共计 576 件，全部是打制石制品，分为三大类：原料、素材、加工工具和石器。原料及素材主要指加工的对象，如砾石、石核、石片、碎片、碎块、断块等。加工工具主要指石锤、石砧及其他用来加工石器的工具。576 件石制品中，以石片、碎片为素材的石器有 508 件。发现打制石器 45 件，其中以砾石石核为素材的石器有 35 件，石片石器 10 件。根据河流阶地的发育情况，以及丹江口库区其他类似遗址情况，推测黄家窝旧石器时代文化遗址的年代为距今 10 万~5 万年。

黄家窝旧石器时代文化遗址的发掘与研究，为全面完整真实地认识中国南方旧石器时代文化面貌提供了重要的材料，也证实了汉江远古文化是土生土长的文化，在其发展的过程中不断地吸收外来文化，从而形成了具有自己特色的远古文明。

五、后房旧石器时代文化遗址

遗址位于郧县青曲镇王家山村，1994年由中国科学院古脊椎动物与古人类研究所南水北调野外考察时发现，2004年复查确认，2010年10—12月武汉大学历史学院、南京大学地理与海洋科学学院、郧县博物馆联合组队对该遗址进行了抢救性发掘，发掘面积400平方米。共出土石制品162件，其中石核35件，石片38件，砾石5件，断块和碎屑43件，砾石备料41件。石制品类型有：石核、石片，工具有：砍砸器、两面器等。初步推断其年代为中更新世晚期至晚更新世初期，测年为距今118万年。

六、滴水岩文化遗址

遗址位于郧县青曲镇弥陀寺村一组，埋藏于汉江支流曲远河右岸的二级阶地上，是汉江上游地区一处重要的旧石器时代晚期遗址。2012年10月，北京联合大学文理学院、十堰市博物馆先后对该遗址进行了发掘工作，总发掘面积2100平方米。

南京大学采用光释光测年（OSL）和回授光释光测年（TT-OSL）两种方法对滴水岩上（T1）、中（T2）、下（T3）三个探方采集的样品进行测年分析和比较，测得的年代为距今8万~1万年。

第二章　郧县聚落发展

从旧石器时代晚期到新石器时代是人类聚落形成和发展的重要时期，我国代表性聚落遗址有西阴文化遗址、大地湾文化遗址、仰韶文化遗址、半坡文化遗址、屈家岭文化遗址、龙山文化遗址等。而郧阳的聚落形成和发展主要以三明寺文化遗址、刘湾文化遗址、店子河文化遗址、青龙泉文化遗址、大寺文化遗址、郭家道子文化遗址等聚落文化遗址为代表。

第一节　初　期　聚　落

随着冰河期后期的到来，人类社会出现了飞速的发展，从旧石器时代跨入了新石器时代，通过考古发掘，郧县从旧石器时代晚期的尖滩坪文化遗址，到新石器早期郧县三明寺文化遗址共存在四个不同考古学文化时期的新石器时代遗存。

一、新石器时代早期原始聚落出现

青龙泉文化遗址出现了在相对固定土地上获取生产资料的生产方式——农耕、饲养、渔猎、制陶、加工、建房、纺织等生产方式，距今大约 8000 年。7000 年前农业出现。由于农作物从种植到收获需要很多工序，加之农业需要的石器工具与狩猎工具相比，不仅种类多、数量大而且比较重，因而从事农业的先人逐渐考虑建造固定的可以长期使用的居所。在母系氏族社会，随着原始农业的诞生，出现了相对稳定、按氏族血缘关系组织定居的"聚"。

随着农业的发展，人口逐渐增多，聚落不断扩大。以血缘氏族为纽带的族类，千百年来总是相对稳定地居住在某一经过自然选择的地点上。根据已有的考古发掘，我国史前时期的聚落分布均有以下特点：(1)靠近水源，不仅取水方便，而且有利于开展农业生产活动。(2)位于河流交汇处，交通便利。(3)地处河流阶地上，此处不仅有肥沃的耕作土壤，而且能免受洪水袭击。(4)若在山坡处，则较多处于阳坡。

二、原始聚落也是公共权力的萌发之地

从人类居住环境的发展史看，从巢居、穴居野处到筑室成居，人类经历了百万年的漫长过程。《易经》的"系辞"称："昔者先王未有宫室，冬则居营窟，夏则居橧巢。"可见在人类进化的早期阶段，居住处于一种原始状态。随着生产力的发展，产品的交换日益频繁，出现了村落，这时候人类已经能够挖掘横穴和竖穴并加盖简单的屋顶以供居住，这一阶段为有组织的原始聚落阶段。为此，人类公共权力就显得尤为重要。公共权力在旧石器时代中晚期就已经出现。

第二节　五帝时期聚落

随着人类的快速发展，人类生存需求的增长，光靠渔猎、采集的生活方式已不能完全满足人类生存的需求，原始农业、养殖业、手工业逐渐发展成熟起来，渔猎、农耕、驯养、纺织、建造、埋藏等需要群体共同来完成。三明寺、店子河、大寺、青龙泉等一大批大型聚落文化遗址的发掘，揭开了郧县早期聚落文化的面貌。

一、青龙泉大型聚落

青龙泉文化遗址地处汉江中上游的郧县杨溪铺镇财神庙村，遗址坐落在汉江北岸，位于玉钱山南麓的二级台地上，为丹江口水库的河漫滩，青龙泉遗址总面积达 30 万平方米，分三个遗址片区，即青龙泉、梅子园、王家堡三部分，先后已经过多次发掘，实际发掘面积达 3.5 万平方米。

1959 年至 1962 年，为配合丹江口水库建设工程，中国社会科学院考古研究所对此进行了重点考古发掘，将其定为古代大型聚落文化遗址。

2005 年至 2015 年，为配合南水北调中线工程，湖北省文物考古研究所、武汉大学历史学院、中国社会科学院考古研究所在郧县博物馆的配合下，进行了长达 10 年的考古发掘和修复整理工作，出土有大型房屋聚落基址、壕沟、灰坑、灶、窑、水井、火塘、墓葬、制陶等多层叠压的文化遗迹，文物及考古标本一万余件。特别值得一提的是在房屋基址发现了稻谷遗存，证明汉江流域的郧县在新石器时代中期就掌握了水稻栽培技术，开始了原始渔猎、纺织、农耕、圈养技术了。

青龙泉文化遗址可分为青龙泉仰韶文化、青龙泉屈家岭文化、青龙泉三期文化遗存。前期发掘中在该遗址发现的文化遗迹，有圆形和长方形房址 11 座（均为木架结构建筑），灰坑 11 座，陶窑 2 座，墓葬 44 座（其中瓮棺葬 14 座）。陶器最具代表性的器物是敛口带流罐、敞口尖唇薄胎红顶碗、圈足盉、蛋壳彩陶杯、花瓣形纽器盖和喇叭口澄滤器等。

发掘的生产工具有石、骨、角器以及陶器等，以石器为主，多为磨制。主要器形有斧、铲、锛、圭形凿、矛、刀、镞、镰、杵、叉、磨石、锥和针等。装饰品有陶杯、石环、骨环、骨笄、象牙梳子等。

二、大寺大型聚落

大寺文化遗址位于郧县城关镇后殿村，坐落在汉江与堰河交汇处的二级阶地上，遗址地势东高西低，呈阶梯形，汉江自西向东从遗址南侧流过，遗址被汉江河水冲刷成三角形台地。

1958 年襄阳行署文化局在文物普查时发现该遗址。1958 年 2 月至 1964 年 4 月，中国社会科学院考古研究所和郧县文教局对遗址先后进行过五次发掘，发掘面积约为 5000 平方米，文化堆积层厚 3.4 米。大寺文化遗址发现的文化遗迹有灰坑 27 座、墓葬 18 座。

主要文化遗迹以陶器为主，其次是石器和骨、角器。陶器是主要的日常生活用具，有夹砂红陶、灰陶和细泥红、灰、黑陶。具有代表性的器物有彩陶钵和盆、红顶碗、尖底瓶、夹砂罐、蛋壳彩陶杯、罐形鼎和水口篮纹大瓮等。

生产工具主要是石器，其次有骨角器、蚌器和陶器。主要器形有斧、铲、锛、凿、穿孔刀、矛、镞、锄、网坠、鱼钩、锥、陶纺轮、针等。装饰品有陶环、骨笄等。

大寺遗址文化内涵丰富，包含新石器时代的仰韶文化、屈家岭文化、龙山文化和周代、汉代、唐、宋及明清等时期的文化遗存，文化年代距今 4000 年至 5800 年。

三、店子河大型聚落

店子河文化遗址位于郧县青曲镇店子河村，文化堆积主要分布于汉江北岸的二三级台地上，遗址堆积丰富，最厚达 5 米，其中东周文化遗存灰坑 28 个，出土陶器以夹砂灰陶、夹砂红褐陶为主，纹饰以间隔绳纹为主。

汉代文化遗存在发掘区分布普遍。发现陶窑 6 座，瓮棺葬 13 座，灰坑 50 个，灰沟 12 条。陶窑规模较大，最大的长 7 米，由操作坑、火塘、窑室、烟囱四部分组成。

瓮棺葬葬具均为陶罐，有的在罐上扣一陶盆、器盖或板瓦，有的扣器盖和盆，有的无随葬品。汉代文化遗存出土有铜器、陶器等。铜器有弩机、镞、铜钱、盆等。陶器以泥质灰陶为主，纹饰以绳纹为主，素面次之。器型有盆、罐、瓮、器盖、支座、纺轮、网坠等，另外出土大量瓦当，以卷云纹瓦当为主。

有六朝墓葬2座，唐代墓葬4座，为砖室墓。六朝墓葬出土有陶壶、陶碗和五铢铜钱等。唐代墓葬出土有开元通宝铜钱、铜带扣、银簪等。

四、三明寺大型聚落文化遗址

三明寺文化遗址位于郧县青山镇万家坪村，遗址地处汉江支流泗水西北岸的二级台地上，东南部距主河道约30米，西北部约150米处有一东西走向的长条形土丘。为配合南水北调中线工程，武汉大学历史学院、十堰市博物馆、郧县博物馆于2012年6月至9月对该遗址进行考古发掘，发掘面积3300平方米，发现了比较丰富的明清、东周、新石器时代等时期的遗存。

三明寺文化遗存反映了郧县及汉江中上游文化的连续性，填补了新石器时代早期的缺环，反映出郧县新石器时代早期至夏商周，到明清的政治、经济和文化发展状态。

第三节　夏商周时期聚落

郧县夏商周时期的大型聚落遗址较多，具有代表性的有辽瓦店子、李营、乔家院、店子河、郭家道子等文化遗址。

一、辽瓦店子大型聚落

辽瓦店子遗址位于郧县柳陂镇辽瓦村汉水南岸的二级阶地上，海拔153～156米，中心遗址总面积有12万平方米，遗址总面积超过20万平方米。

考古人员清理出新石器时代以来各时期的灰坑近400座，墓葬50多座，以及环壕、房址、陶窑等遗迹，获得大量的夏、商、周、唐、宋及明清时期的遗迹。灰坑开口形状分为圆形和不规则形，均为斜壁平底。墓葬均为土坑竖穴、仰身直肢葬，随葬品有石器等。窑址窑床、火塘部分保存较好，为圆形生焰式，"十"字形火孔。出土器物有陶器、石器和骨器。陶器以泥质红陶为主，器型有方扁足盆形鼎、镂孔圈足盘、小高领罐、红陶杯、纺轮等。石器和骨器有生产工具类的斧、锛、凿、镞。石器多为卵石制成，分打制和磨制两类。

夏代遗迹数量丰富，发现大量的房屋、灰坑、墓葬和窑址。房屋有地穴和半地穴两种形式，房屋平面分方形和圆形两种，方形房屋边长多为4米，平地建筑，墙基挖沟槽埋柱，屋中心有一圆形灶坑。圆形房屋为半地穴式，直径3米，部分房屋发现斜坡门道，地面有白灰面或较硬的踩踏面，其上多置数件陶器。共发现268座灰坑，坑壁多经过修整，坑内遗物丰富。墓葬有土坑竖穴的成人墓和婴儿瓮棺，前者无葬具，葬式有仰身直肢、侧身屈肢和仰身屈肢，随葬品多置于头部或腰下，葬品有釜、罐、圈足盘、鼎、单把罐等。婴儿瓮棺墓为2个釜口对接或下釜上面用圈足盘做盖，瓮棺内都发现有婴儿骨架。陶窑比新石器时代有较大的改进，个体增大，上有多个圆形火孔。陶器以夹砂红陶为主，也有少量灰陶和黑皮陶，器表多施以粗绳纹。器形有釜、罐、盆、圈足盘、罐（釜）形鼎等，另有一定数量的双耳杯、单耳杯等器物出土。

商代遗迹也很丰富，发现5座墓葬和数十座灰坑，墓葬形制与夏代差别不大，都是小型竖穴土坑墓，随葬品很少。器物多出自灰坑，这时期的灰陶器数量增加，主要纹饰种类包括绳纹、交错绳纹、弦纹、附加堆纹，也有不少器物为素面。主要器类有鬲、罐、簋、圈足盘、大口尊等，器物个体大，制作精细。商代灰坑中还出土多枚卜甲和卜骨残片，采用龟的腹甲和牛的胛骨制成，上有排列整齐的清晰的凿孔和火烧的痕迹。

此地有一定数量的西周时期房址、墓葬和灰坑。出土器物多为泥质，器型有鬲、盂、罐等，形制与中原地区同类器物相似，也出土有卜甲和卜骨，形制与商代没有明显差别。还出土一组西周中期兼具周、楚风格的器物群，以陶、鬲最为典型。东周时期是遗址又一个繁荣期，文化堆积厚度平均约1米，发现大量的灰坑、水井和陶窑。

汉代的遗存因遭近现代建筑的破坏而保存不多，有水井、灰坑、墓葬和环壕。

在几座商代的灰坑里，考古工作者还清理出多枚卜骨和卜甲残片。这些卜骨和卜甲的年代为距今约3600年的商代和西周时期，在当时主要是用于占卜之用。古代大凡有出猎、征战、祭祀、婚丧、疾灾诸事，都想预知吉凶，便采用卜甲和卜骨的形式来进行占卜。占卜前，将甲或骨整修，并在背面（亦有少量牛胛骨在正面）施以钻、凿。占卜时，先于甲骨背面钻凿处用火烧炙，正面即现"卜"字形裂纹，以此定吉凶。占卜后，将所卜事项记刻于甲骨之上。古代有卜巫，又称巫师，是专门从事占卜事务的人，还设有官员专管此事。所有大事举行前，都要占卜是否吉利，由卜巫（巫师）来解释卜卦的含义，传达上天的意志。

二、李营大型聚落

李营遗址位于郧县安阳镇李营村四组，处于汉江北岸的一级阶地上，遗址东为郧丹公路，南为何家院，西、北小河环绕，遗址现为水田，地势较为平坦。海拔 168～170 米。

李营遗址的典型器物组合和器物主要特征都与中原二里头遗址保持一致，文化性质属二里头文化，但也表现出一些自身特色：陶器器类和纹饰都较为单一，不见二里头遗址中常见的鬲、三足盘，也不见盉、爵一类酒器；纹饰常见的只有绳纹、附加堆纹、弦纹等，极少蓝纹，基本不见方格纹和各种压印花纹。敛口鼎和瓮口沿没有小折沿，鼎、尊等器类没有明显的折肩。

李营遗址地处鄂西北地区，是南北文化的交汇地带，文化面貌表现出与中原二里头文化一致性又具有一定的地方特色，这对了解二里头文化在鄂西北地区的文化面貌，二里头文化向西南边延伸和发展提供了重要的考古学材料。

三、乔家院大型聚落

乔家院大型聚落位于郧县五峰乡肖家河村，坐落在汉江上游南岸的四级阶地上，濒临汉江南岸，北与郧西县的天河口隔江相望。1990 年，郧阳地区博物馆在五峰乡肖家河村乔家院征集文物时发现两件铜簠，簠的盖与底上均有 19 字铭文："缰王之孙叔姜，自作□□，其眉寿无期，永保之用。"从铭文可知，缰国是一个姜姓方国。1994 年湖北省文物考古研究所会同市、县博物馆在此进行专项调查时发现一件蟠虺纹铜顶盖。2001 年 3 月五峰肖家河村出土的唐子墓，随葬的 5 件青铜礼器中 3 件有铭文，3 件铭文中皆有"唐子中濒倪"，专家认定其为古唐国君侯墓。古唐国是诸侯小国，春秋时即依附楚国。

2006 年 3 月至 12 月，湖北省文物考古研究所、郧县博物馆再次对乔家院墓地进行大规模的考古勘探和发掘。发现春秋至明清墓葬 64 座，发掘了其中的 8 座（春秋墓 4 座、东汉墓 4 座），4 座春秋墓中不仅出土了一批青铜礼器，而且皆有殉人。2008 年发掘的 6 座春秋楚国墓葬，都无一例外地发现了殉人。在所出铜戈上有"钖子斨之用"铭文，其中的"斨"当为兵器的主人名，"钖"应为国属。2001 年郧县博物馆曾在此地发掘过一座残墓，其中的铜盘、铜匜上皆有铭文，其国属也为"牛昜（唐）"，学者曾将此字释读为"唐"。过去有"钖子中濒儿"，此次为"钖子斨"。可以确证，出土于同一墓地的

"锡子中濒儿"和"牛易(唐)锡子斨"应有亲缘关系。

据相关文献记载,乔家院墓地为古麇国的都城"锡穴"所在地。春秋中期,麇、楚关系极为密切,麇国曾一度为楚之盟国。但在"厥貉之会"后,麇、楚分离,麇被楚国多次讨伐,并最终在春秋晚期为楚所灭。这里的楚墓,应是灭麇后楚人入主麇地后的楚墓。

第四节　秦汉时期聚落

郧阳秦汉聚落遗址丰富,基本充斥汉江沿岸。具有代表性的大型聚落遗址有刘家洼、幸福院、龙门堂、上庄、上宝盖等文化遗址。

一、刘家洼大型聚落

刘家洼聚落遗址地属郧县五峰乡小石沟村八组,位于汉江南岸二级台地上,地势由南向北呈缓坡状。经调查,在台地北边沿断崖处,暴露有瓦片、陶片、石块等,基本为汉代遗迹,也见有鬲、豆等属于东周时代的遗物。遗迹有房屋基址、烧烤坑、储藏坑、灰坑、墓葬等。除1座瓮棺葬为唐代外,其余皆为汉代遗迹。

房屋基址有3座。其规模较大,顺地势面江背坡并排而建,平面皆为长方形,设有回廊。两座基址之间被一条冲沟隔断,两建筑相距很近。东边基本保持原状,西部边缘被破坏,大致保存完整。西部由于后世水流冲刷,受到一定程度破坏。根据地层情况,两座建筑应为同时期所建。现存遗迹复原面积约230平方米,三开间,面阔基本相等,东西宽约6.8米。墙基内垫有大小不等的石块和石片,北边即前檐墙基的石块较小,南边即靠山坡一侧墙基的石块、石片大而数量多,这样做除了具有承接屋檐雨水的功能外,还有加固屋廊、阻止山体对房屋破坏之作用。

该遗址总面积超过5000平方米,可认为是一处较大规模的聚落遗址。该遗址的时代,据出土器物分析,应在西汉至王莽稍后。遗址中出土的陶纺轮、陶网坠、陶罐、陶釜等生产及生活用具,为了解当时人们的生产、生活环境和生活习俗等,提供了宝贵的实物资料。

二、龙门堂大型聚落

龙门堂汉代大型聚落文化遗址位于郧县安阳镇龙门堂村一组,这里是郧县与丹江口市交界处。龙门堂一带属于汉水河谷中的支流宽谷，其地势平坦。

龙门堂汉代文化遗址，分为中心区与东、西、南、北区，各区与中心区相距均在150米左右。东侧为山坡地，主要为墓葬区。南、北区的遗址面积小于中心区，为4000～20000平方米。西区的遗址发现有砖室墓。中心区东西长500余米，南北宽约200米，面积约10万平方米，是汉晋时代庄园。

在遗址内还发现了包括院落墙、栅栏沟及汉晋时期的房址、窑址、窖穴、水井、灰坑、墓葬。其中一个较大的院落南北长70余米，东西宽85米左右，院落西墙保存完好，在院落墙体上发现了有规律的柱洞。此外，在西墙北段以西，还清理出了多道沟槽遗迹，这是墙体外的栅栏，因为经过多次的修筑，遗迹呈现出多道交错的形态，这说明该院落曾经长期得到使用。从发掘出的大量瓦砾堆积和柱础石看，遗址内存在大量房屋遗迹。遗址区内的房址以大型房址为主，单个房址的全长一般在20米左右，进深在6～7米，多数为七开间的大屋，它们与院落共同构成一个整体。

遗址中有烧制陶器的陶窑和烧炭的炭窑。遗址中陶窑可见瓢形和长方形两种。火塘、窑床、窑壁、烟道均保存完好。其中，一个陶窑内还出土了有泥印的陶钵。炭窑的形态与灰坑相似，一般为船形。窑壁一般为1厘米左右厚的红烧土，窑内多见炭渣或炭灰。

遗址中有两个窖穴，其中一个窖穴有陶质绳纹窖圈。窖分为三层，最上层窖圈为厚方唇敛口、折肩、直壁，与下部窖圈相合。窖圈口部均匀分布有6个大孔，便于拴套绳索之用。窖穴底部铺有少量瓦片。

水井的形制各有不同。水井与当时居民的生活息息相关，其分布与院落内的建筑布局相关。

在少数保存尚好的墓葬中，还发现了婴幼儿的头骨和肢骨，随葬有少量五铢钱。这类墓葬一般是在院落内，而且绝大多数分布在房址的转角处。

灰坑的形状多样，以圆形或不规则圆形为主。灰坑多为弧壁、平底，坑直径一般在1米至2米。灰坑内出土了一定数量的绳纹瓦片、灰陶、黄陶片等，可见器形有陶盆、瓿、罐、双耳罐、瓮等。

三、上庄大型聚落

上庄遗址位于郧县五峰乡西峰村三组。遗址地处西峰梁子东坡山前平缓的台地上，地势略呈缓坡状。

从上庄遗址的勘探情况分析，该遗址文化层分布在长 200 米、宽 200 米的台地上，面积约 40000 平方米。根据出土器物特征的对比分析，郧县上庄遗址汉代遗存的年代分属于西汉晚期、东汉早期两个阶段。

上庄遗址有一高台式包台建筑，南北长 53 米、东西宽 14.7 米，规模宏大，结构较为特殊，这种高台式包台建筑极其少见，为研究汉代建筑技术和建筑风格提供了重要的考古资料。

汉代是瓦当艺术登峰造极的时代，将天空自然变幻的云朵、大地上的动植物等自然景观展现到瓦当之上，体现出一个时代的雕塑艺术成就和文化精神风貌。上庄遗址发掘出土的瓦当，当面纹饰以云纹为主，既有属于西汉时期的瓦当，又有属于东汉时期的瓦当。

第五节　隋唐宋时期聚落

隋唐宋时期郧县文化特色鲜明，以李泰家族墓地为代表的唐代宫廷文化独具特色。隋唐宋时期遗迹在全县很多遗址中都有出土，典型的遗址有前房隋唐聚落遗址、大坪大型聚落文化遗址等。

一、前房聚落

前房聚落遗址位于青曲镇王家山村，在汉江北岸的二级台地上，较之周围地区，这里的地势相对平缓。东西长约 200 米、南北宽约 100 米，面积约 2 万平方米，主要有房屋基址、窖穴、灰坑、沟和红烧土堆积等。

在遗址的外围发现两处早期墓地和不同时期崖墓群。墓葬多为砖室墓。随葬品有陶盘口壶、假圈足碗、瓷碗和"五铢钱""开元通宝""熙宁元宝"等。

二、大坪大型聚落

大坪聚落遗址位于郧县柳陂镇五门村，地处汉江南岸台地缓坡上，目前发掘出房址 9 座、路 1 条、窑址 5 座。出土石器、骨器、蚌器、铜器、铁器、陶器、瓷器等不同种类的器物百余件。

大坪聚落遗址是一个文化内涵丰富、前后延续时间较长的遗址，包含从东周到明清各个时期的堆积，其主要的遗迹、遗物发现于东周、唐宋、明清的文化层中。发掘清理的不同时期墓葬多达 80 座，并且墓葬间叠压关系复杂，随葬器物丰富，这对了解该地区各时代埋葬制度、社会习俗和早期社会文化面貌具有重要意义。

第六节　明清时期聚落

明清时代的郧县聚落已呈非常稳定的聚落形态。明中期特别是成化年间，土地兼并严重，失地农民成为流民，导致流民与官府对抗。郧阳地域的特殊性，使其成为流民的集聚地。因对流民治理而诞生了郧阳府、郧阳抚治，郧县城从此发展成为全国赫赫有名的巨藩重镇。

一、郧县(郧阳)城

郧县原本无城，明天顺八年(1464 年)，知县戴琰筑土墙以之御寇，始建县城，此为兴城之始。明成化十二年(1476 年)，朝廷在郧县城内设郧阳府后，遂沿旧基恢拓成城，城墙方圆 800 丈、高 2.4 丈。东南西北依次分建宣和(大东门)、迎熏(大南门)、平理(大西门)、拱辰(大北门)，并于西南各附一小门(小西门、小南门)，共为六门。弘治年间，在东大街居中建一谯楼，内设钟鼓，向全城报时，正德九年(1514 年)更名为镇远楼。明嘉靖三十六年(1557 年)，都御史章焕于东北开筑城墙 200 丈，北修拱辰门，东增时雨门(小东门)，共七门。45 年后东南城墙垮塌，都御史刘秉仁修复，筑添一角楼(魁星楼)，并于东南西三城门各增设一瓮城。万历三年(1575 年)，都御史王世贞以拱辰门楼可览全城及郊外雪景，改名春雪楼，题诗歌之，该处遂成郧城胜迹。自清以来历有增修。同治六年(1867 年)，汉江自城东陷入，知府金达修复，并于伏龙观埭口悬一丈铁剑，以镇水患，有碑刻记其事。光绪晚年知府许有麟自西河街至南角楼一段临江处加修堤岸，以之固城。1935 年大水坏东南城墙，湖北第十一行政督察专员关麟书督率修复。1958 年丹江口一期工程开始，郧县城陆续被拆除，1968 年库区蓄水，郧阳古城沉没。

二、郧阳府

明朝流民问题自洪武时期开始至成化时期的百余年间一直存在，朝廷对流民实行剿杀、疏导、安抚的政策间或实行。对秦巴地区聚集的流民采取的措施以围剿、封禁居多，然效果甚微。祭酒周洪谟著《流民说》，总结了东晋时用侨置郡县的办法及处置荆襄流民的经验，建议对此地流民以安抚为主，其建议被朝廷采纳，始有副都御史原子英(原杰)往荆襄抚治流民之事的发生。在原杰的经略下，成化十二年(1476年)设立郧阳府，府治置原郧县城，辖竹山、房县、上津、竹溪、郧西、白河六县，郧县附廓。后因水土习俗不同，白河划归陕西金州(今安康)。弘治十一年(1498年)，割房县之地设保康县，郧阳府仍辖七县。后上津县并入郧西县，辖区为六县，再后划出保康县归属襄阳、划均县(今丹江口市)入郧阳府。郧阳府的设立推动了郧县及其周边地域的发展。府治时期，安抚措施的落实，使土地得到开拓，人口迅速增加，商贸繁荣，教育兴盛，巨藩重镇逐渐形成。特别是清朝康雍乾三代，奖励农耕，郧阳府呈现出一派繁荣气象。郧阳府自1476年成立至1994年郧阳地区与十堰市合并，五百余年间一府管鄂西北数县的行政建制一直相沿。

明成化年间同时在郧阳府设立郧阳抚台，明清时期主要抚治郧阳、襄阳、荆州、南阳、西安、汉中等六府之地。同期，郧阳城内还设行都司。在一县之地，县衙、府衙、抚治、行都司并存，郧县一跃成为中原和中西接合部政治、军事重地。郧阳抚治自成化十二年(1476年)设立、至康熙十九年(1680年)裁撤，存续205年。也有学者认为郧阳抚治的起始年代应从天顺八年(1464年)开始，理由是这一年是抚治荆襄流民的开始之年，原杰抚治荆襄到抚治郧阳是其延续。如此郧阳抚治也可认定为217年。抚治期间经过了三撤三复的历史纠结，120多位封疆大吏在抚治任上展现经国理民的蓝图抱负，成就了郧阳在农业社会的区域中心地位。郧阳抚治较好地解决了流民和治安问题，促进了区域社会的快速发展，在国家治理，尤其是区域治理上成为成功的范例，为我们留下了珍贵的政治与文化遗产。

三、官式建筑

明清时期的官式建筑虽然绝大部分在1968年随郧阳古城沉入江底，如各类会馆建筑、钟鼓楼、府衙建筑、书院建筑等，令人叹息。值得庆幸的是仍存留两处，即同郧阳府一同诞生的府学宫和大丰仓。

(一)郧阳府学宫

明洪武六年(1373年)知县马伯庸创建府学宫，原为县学。1476年郧阳设府后升为府学。府学宫，明代三次迁址、五次修缮，清代十一次修缮。原建筑坐西朝东，中心主体建筑是以大成殿为核心的学宫建筑群，教谕署、训道署等教育管理监督衙署也位列学宫内，使其成为全国学宫布局的特例。考古发掘证明其建筑占地面积 75000 平方米。郧阳府学宫虽属府级，由于郧阳抚治所在，俨然成省级学宫层级，也为全国特例。

学宫建筑是标准的官式建筑，朝廷规定，国家学宫九间，如山东孔府；省级七间，如郧阳府学宫；县级五间，不得逾越。官式建筑标准在明朝已经完全标准化，房屋面宽与进深比、房屋高度、柱子、梁架、门窗、斗拱、连枋、驼峰等的使用严格遵从定制，全国统一。此规定使得官式建筑庄重古朴，却缺少灵动变化。

（二）大丰仓

成化十三年（1477 年）所建，万历四十一年（1613 年）水毁，后改建现址。同治元年（1862 年）毁于战火，光绪七年（1881 年）复建竣工，即今存建筑。大丰仓虽是官府建筑，因其是实用性建筑，不在朝廷定制之内，完全以实用为准则，故建筑技艺能反映本区域的建筑特色和工艺水准。郧阳大丰仓是目前全国保存面积最大、结构最完整的府级明代粮仓，现为全国重点文物保护单位。

四、寨堡

明清两朝，郧县处于秦巴地区动荡的中心区域：明中期的流民问题以及农民起义，明末李自成、张献忠起义，嘉庆时的白莲教、清末的太平军与捻军等均涉及郧县之地，这成为郧县寨堡产生的时代背景。原郧县境（包括现张湾、茅箭、白浪区）寨堡，同治版县志记载达 142 个，地名志记载 87 个，新县志记载 80 多个（不包括张湾、茅箭、白浪区），县政府公布为文物保护单位的寨堡有 42 处，实际存在于自然之中的寨堡数量远非此数。郧县寨堡的形成年代与上文时代对应，主要产生于明清时期。建筑主体表现为三种形式：一是为防匪患村民自发修筑的寨堡，二是由军队牵头、民众参与而共同修筑的寨堡，三是在府、县组织下，实行"坚壁清野"防御政策背景下的官民共建的寨堡。民国时期国民政府颁布防卫法令，下令建寨，此举对明清时期的寨堡利用与保护，客观上起到了保护作用，同时也增加了寨堡数量。

寨堡的防范、军事用途，今天业已消失，作为一种历史存在仍具有多方面意义：其一，见证一段特殊的生存历史过程；其二，留存具有多重内涵的人类遗产，包括建筑学意义，利用环境的匠心，造型艺术与空间结构结合的美学价值，经费筹措、建筑方式与管理使用的社会学意义和军事价值，以及存在于其中的哲学意义；其三，蕴含其中的人文精神，如家国情怀、艰苦奋斗、众志成城等。

五、民居

民居是聚落的核心内容，从严格意义上说，今天看到的郧县古民居都是清代建筑。郧县民居的选址及基址处理、材料使用、结构框架、建筑形式乃至风水利用等，均是基于对秦巴地质自然条件的选择性使用，体现了村民适应和利用自然的能力与智慧。

基址选择：首先会在风水师的指导下进行，这种指导主要体现在大门朝向确定，环境的局部改善以补风水之不足，奠基、上梁、搬家等日期的选择上，基址选择总体受环境控制，背风向阳，有一定活动空间，便于生产、通行、坐北朝南是基本布局。因地形限制只能坐西朝东或朝西南的也不在少数。

基址处理与材料使用：民居多为一层，少数二层，因此基址处理较为简单。通常挖宽于墙体二倍的基槽，以硬石垒砌，出地面 30~50 厘米高度。财力富裕之家以灰砖砌筑墙体，财力一般之家使用砖包墙（墙体外砌砖、内筑土），多数家庭使用黄土夯筑。梁架、柱子、檩子、椽子、门窗等部件均是木材。

结构与建筑形式：民居结构分为两种，直接以墙体作为承重的普通民居；以木架结构承重的质量较好的民居，木架结构又分穿斗式和抬梁式两种。郧县聚落内民居建筑式样，以屋面形制分为悬山式和硬山式。屋面同墙体在一个平面上，即为悬山式。砖墙建筑或临江河之地多采用悬山屋面，既基于防风之需，也有体现砖墙之美之意。屋面延伸出墙体，即为硬山式，主要为保护墙体不受雨淋和增加遮阳面积，按空间布局其分为单体、半围合、全围合（俗称四合院或天井院）三种形式。

六、庄园

庄园主要出现在明清时期，当地人称大院，如陈家大院等。郧县最有名的庄园是冻青沟庄园。冻青沟庄园实际上是以何家庄园为主体的民居群落。整个群落错落分布在冻青沟 Y 字形的河谷内，水系自南向北流入汉江，主要建筑有古道、庙宇、祠堂等。

冻青古道　古道是村落的主动脉，南北延伸 10 余千米。北接汉江，南通大洄水古道，到达鲍峡古镇。庙观、影壁、民居分布在古道两侧。

杨泗庙　位于沟口汉江南岸的高台之上，为四合院建筑，坐北朝南，悬山屋面、小青瓦盖顶、台梁式木结构，内有回廊连接四方房屋。杨泗庙祭祀杨泗，因其能斩蛟屠龙、平定水患而被人们广泛信仰。杨泗来历说法不一。杨泗庙实为以水为生计的人们祈求战胜风雨水患、生活平安的精神庇护所。

娘娘庙　沟口进入 500 米处，古道西侧。重檐双层，坐北朝南，主祀碧霞元君，陪祀送子娘娘、催生娘娘、眼光娘娘和天花娘娘，香火旺盛。

敏记园　古道东侧，近两沟交汇处。合院建筑，双层，单层面积 230 平方米，处于沟内显要位置，建筑方正高俊、庄严古朴。

影壁　影壁又称照壁、萧墙，是中国传统建筑用于遮挡视线的独立墙壁，保持私密之需，此功能一也。大门所朝方向不适宜风水需要或者与主人命相有违时，通常以照壁化之，功能二也。影壁能化解孤魂野鬼带来的灾祸，功能三也。影壁能避免流风、沙尘对院落的冲击，功能四也。做工精美的影壁同建筑相得益彰，起到烘托气氛、增加住宅气势的作用，功能五也。

俞记园　古道西支流东侧，坐北朝南，合院建筑，重檐。大部被毁，现存建筑 145 平方米，青石台阶，青石铺就院落，残存门楼、围墙，依稀可见当初之盛况。

庆畅园　古道西支流西侧，坐西朝东，双层，单层面积 382 平方米，合院建筑，二层以连廊连接四方房屋。做工考究、保存完好，是冻青沟建筑群内最具价值的建筑之一。原有建筑 34 间，今存 29 间。道光五年(1825 年)始建，何九爷历时 20 年建成。

何家老庄　古道西支流西侧，是何氏宗族初始地，鼎盛时期六个合院相连，惜皆毁，今仅存原建筑外围建筑，建筑面积 1600 平方米。

梆田子(丰记园)　俗称梆田子，原名丰记园，古道东支流东侧，坐东朝西，今存三个合院。利用自然地势随山就势的选址布局，彰显主人深厚的风水学内涵。大门楹联曰："紫气氤氲郧阳望族从此发、祥云缭绕梦泽青帆自在行"，鸿鹄之志与极度自信跃然而出。

何家祠堂　古道东支流东侧缓坡上，距梆田子 300 米，坐东朝西，建筑面积 361 平方米。祠堂匾额：本立道生。大门楹联云："瑞昌祖德扬，庆衍双双兄弟；汉水家声振，祥符九九簪缨。""双双兄弟"指何氏一世祖东湖、东海兄弟。

秦记园　古道东支流东侧，距梆田子 2 千米，坐北朝南，始建于道光五年(1825 年)，现存建筑面积 726 平方米，合院布局。有楹联云："为善仁民，声芳万里；兴家立业，誉炳千秋"，尊崇孔孟，耕读传家之意昭然。

善记园　古道东支流东侧，建筑面积 238 平方米，背依青山，山呈环抱之势，左高右低，堂前平畴，小溪曲折环绕，实乃居住佳地。

冻青沟建筑群均为小青瓦覆面，外墙青砖到顶，穿插枋排架作用墙承重。除梆田子为悬山屋面外，其余均为硬山屋面；除娘娘庙和俞记园为双檐外，其余均为单檐。东支流山顶有寨名曰七队寨，面积较大，保存较好。

冻青沟建筑群包括庙宇、祠堂、影壁、寨堡、古道和民居，构成了真正意义上的聚落的全部内容。何氏族谱"敦孝悌、谨祠墓、慎谱牒、睦宗族、正名分、重婚姻、肃闺门、禁邪巫、务职业、崇节俭、戒忤逆"的族规，囊括了何氏宗族为人处世的基本准则，"传仁存厚道，至性本天成。敬恕邦家远，和平教养精。敦伦崇孝友，守义尚廉明。万善同归化，乾元庆大生"的家训，是对传统文化的深切感悟，族规与谱系是何氏一族繁衍、发展、壮大历程和精神支撑的最好注脚。古建筑群连同其存在的环境、家谱及其族规，墓地及其碑文和世代相传的奇人轶事，共同诉说何氏宗族的辉煌历程，体现出耕读传家、孝悌忠义传统文化的光辉，反映了一方经济社会发展的历史轨迹，折射出尊重自然、利用自然的哲学思想和审美情趣，是一笔宝贵的物质与精神财富，值得尊重、汲取、保护、发扬。

郧县聚落里值得一提的民居还有：白浪镇程家老屋，五峰乡徐大章老屋（花房子）、彭家院，鲍峡镇杨绪泽老屋，沧浪山森林公园涂家上瓦屋，叶大乡石德贵老屋，青山镇周光雄老屋等，虽然保存状况不一，但是均能反映当地民居建筑的特色风貌。

第七节　近现代聚落

近现代聚落，时间范畴应包括 1949 年前后之历史，然民国时期多数年代处于战乱之中，对聚落的发展负面影响多、正面影响少，故本节所涉及的聚落内容指新中国时期。

一、基层建制及其变化

（一）晚清时期

实行保甲制度，同治五年（1866 年）《郧县志》载：全县分 19 里、4 乡、115 保、369 甲。其中县城 8 保，东乡 29 保，西乡 29 保，南乡 25 保，北乡 24 保。

（二）民国时期

全域划分为 11 个区，109 保。1922 年调整为 7 个区 124 个联保、814 个保。1935

年 6 月，合并为 4 个区署、73 联保、771 保、7383 甲。1940 年将 4 个区署合并为两个指导区和县府直辖乡镇。1937 年联保合并为 29 个。之后予以调整，凡乡镇 10 保以上保留，不足 10 保与相邻乡镇合并，调整后乡镇共 18 个乡、1 个镇，一直延续至 1947 年底。1947 年 12 月郧县解放后至 1949 年 4 月，全域设 13 个区，1948 年 6 月城关区改称郧阳市，辖 7 个街公所，农村计 217 个行政村。

（三）新中国时期

1950 年，郧县全域设 15 个区。1952 年，由 15 个区调整为 18 个区。1956 年将 18 个区调整为 16 个区，同年 8 月调整为 11 个区。1958 年，将 11 个区改建为 19 个乡（镇、场），同年 10 月，区改为人民公社管理委员会。1961 年，撤销人民公社合建成 15 个区，原有的 106 个管理区改为 102 个小公社、1 个区属镇（黄龙镇），区管公社相对稳定到 1965 年。1967 年，十堰区、黄龙区和茶店区所属茅坪公社划出，成立十堰办事处，为二汽建设服务（后于 1969 年 12 月设县级十堰市）。1975 年 3 月，撤区并社，共设 26 个社（镇）。1984 年改为 12 区、2 镇、85 乡镇。1987 年，改为 26 乡镇。2001 年乡镇合并，至 2009 年全域有 16 个镇、3 个乡、1 个专业场，339 个村、8 个居委会、1779 个村民小组。

二、乡村现代聚落

（一）1949—1978 年

新中国成立后，经过了工商社会主义改造、合作化和人民公社等发展时期，朝鲜战争爆发和中国参与抗美援朝战争的客观背景，决定了新中国的发展道路。工业化所需要的原始积累、战争所需要的重工业和巨量的战争经费，使得农民极端贫困。至 1978 年中国决定实行改革开放时，绝大部分农民是没有能力进行以住房为核心的聚落建设或改造的，传统聚落呈现的特点是：

村落形态　基本保持晚清、民国时期的聚落面貌，以土地耕作为主要生活来源，经济发展缓慢。

房屋形态　除少部分人口分得的解放初期的地主房屋为砖木结构外，绝大部分为黄土夯筑的所谓干打垒结构的单层房屋，一般为正房三间、少许四间，横房或称耳房 2 至 3 间的结构样式，也有以节约宅基地的连排建筑或者围合建筑，以小青瓦或茅草或麦秸秆盖屋面，门窗和其他承重部分皆为木材。

环境形态　室内外地面经过简单夯筑，基本具有排水条件，厕所、牲畜栏舍同房屋紧邻，居住环境简陋。

（二）1979 年及以后

以党的十一届三中全会为标志，乡村发展进入历史快车道。联产承包责任制阶段，基本解决了乡村温饱问题，部分农户开始有了收入剩余，当初的商贩、个体经营者等"万元户"，开始了乡村第一批次的房屋建设，多为砖木结构、玻璃窗户、水泥地面，房屋基本保持了传统式样。

户籍制度的逐步放松、人口流动从局部到全部的放开管制、土地承包责任制的落实，使大部分青壮年人口有了进城或到沿海务工的机会，随之增加了收入，开阔了视野。新旧世纪交替之际，城市和沿海地带钢筋混凝土的广泛使用，致使住户房屋变为砖混结构的二层或三层、屋顶平面的形式。其优点是：结构稳定、耐火性增强、增加居住面积而不增加土地使用面积、防潮防虫防霉变、安全性增强、利用率高，因而成为乡村住房建设的新趋势，且愈演愈烈。其缺点也十分突出：以钢筋水泥和砖为主要材料的砖混结构的房屋式样，被称为"火柴盒"，即结构趋同、千篇一律、没有变化；平面屋顶不适应排水的需要，增加了居住成本；失去了传统建筑能呼吸、具有冬暖夏凉的特性；建筑材料不具备可逆性，环保压力增大；千百年流传体现在房屋建筑上的技艺和审美消失。

乡村建房多是在原有基址上的重建或者扩建，没有统一规划，建设的审批权在村镇，出现了村庄集镇房屋多、布局混乱的状况，道路狭窄、消防设施空缺、公共服务设施缺失。乡村建设无序散漫的情况在南水北调移民工程后，得到改善；21 世纪初期脱贫攻坚过程中，乡村聚落进入历史性改变阶段，以脱贫为目标的集中安置，水电路气网和环境治理全部由国家托底。乡村振兴国策的实施，迎来了乡村聚落科学发展的新时代。

三、城市聚落

（一）郧阳古城（古城始建—1968 年）

1464 年郧县始有土城，1476 年设郧阳府后拓展成砖城，有城垛 3752 个。城内街道纵横，东关街、东大街、中卡子、十字街、西大街、西河街、察院巷、大新街、鼓楼巷、南门街、财神巷、鼓楼巷、青年路、总兵巷，布袋巷、金家巷、黄道街、警亭巷、三眼井巷、柴家巷，学道坡、手帕巷，观音巷、朝阳巷、康家巷、徐家巷等，长短街道纵横成网。主干道路系由青石铺就，偏僻之径为土路。衙署、学宫、庙观、书院、会馆及各类民居建筑，碧瓦飞甍、雕梁画栋。此恢弘重镇一直延续到 20 世纪 60 年代末，1968 年丹江口水库蓄水后沉入水中。

（二）新中国郧县城市建设（1969—2000 年）

丹江口水库动工伊始，郧县开始新城建设规划。1958 年新城规划 10 万人规模。到 1960 年，新城修建各类房屋 1800 多套、4.6 万平方米。因地质地形复杂，缺乏计划指导，造成混乱局面。1960 年 9 月，开始进行总体规划、地质勘测、小区域规划等工作，对新城建设具有实际的指导作用。至 1968 年丹江口水库蓄水时，因处于"文化大革命"的特定时期，除几条主干道路按规划实施外，其他均未能实施。

1970 年以后，新城因胀缩土和地质滑坡的危害，大面积出现危房。1974 年国家相关部门组织重新规划，1978 年编制出总体规划，分近期（1982—1990 年）、远期（1998—2000 年）两部分。1992 年湖北省完成总体规划修编方案。基本布局为"一城三镇"，即城关镇、杨溪镇、柳陂镇、茶店镇。至 20 世纪 90 年代后期，规划近期目标基本完成。

（三）新世纪县城大规划与大建设

新世纪郧县城镇化快速推进，以 2003 年新一届县政府主持修编的《郧县县城城市总体规划（2003—2020）》为标志。2002 年 11 月，时任代县长柳长毅提出"一江二桥三镇"郧县城市规划发展布局，并主持了郧县城市总体规划的修编。规划修编由县政府负总责，委托湖北省规划设计院进行，于 2003 年初开始启动，2004 年通过省级评审并得到十堰市人民政府的批准。该规划设计近期为 2003—2008 年，远期为 2009—2020 年两个时期；城市定位为十堰市区北部重要城市；到 2020 年城区建成面积 20 平方公里、城市常住人口达到 20 万人；届时形成"一江二桥三镇"郧县城区新格局（一江：汉江；二桥：以汉江一桥为基础，再建一座跨汉江大桥，连接江南岸的柳陂镇、茶店镇；三镇：江北城关及其周边地区、江南柳陂镇、茶店镇）。

2005 年受县政府邀请，省测绘局第二测绘院对 2004 年总体规划中城市建设预留土地进行了精准航测，2007—2008 年由重庆规划院分期设计完成了长岭新区、江北片区、郧阳岛等规划的控制性详细规划。以茶店长岭片区作为未来滨江新城区，布局行政中心区和工业、港埠、仓储、移民迁建、生活综合区等；原城关镇江北片区以商业、文化、金融、居住为主；以郧阳岛为核心的周边区域为文化教育、旅游和高级住宅区。新修编的规划着眼于长远发展，注重旧城改造和新区开发相结合，注重完善城市公共配套设施，提升城市功能。至 2008 年，一大批城市建设项目的实施，使城市功能得到快速且较高质量的提升。

"一江二桥三镇"格局的"棋眼"是郧县汉江上的第二座大桥（立项为"郧县汉江二桥"）。围绕这一关键工程，时任县长柳长毅及其一班人运筹帷幄、殚精竭虑、呕心沥血、坚持不懈，终于举全县之力自筹大部分资金，使长度 2.17 公里、双向 4 车道的"郧县汉江二桥"（2012 年改名郧阳汉江大桥）从无中生有、到艰难争取、再到动工建成。2003 年 3 月至 2008 年 8 月是二桥艰难的孕育期，2008 年 9 月至 2012 年 5 月是二桥的建设期。历时 9 年，最终实现"一桥飞架"。2012 年 5 月 28 日，郧县 60 多万人民期盼已久、凝聚着一方主政者心血与智慧、胆识与赤城的郧县汉江二桥横空出世，当日举行了隆重的开通典礼。郧县汉江二桥的通车，使郧县江南江北连成一体，从而保障了位于汉江南岸的郧县经济开发区各类项目建设快速推进，也为实现与十堰市一体化发展的构想奠定了坚实的交通基础。

汉江二桥建设期间，郧县同时启动了二桥连接线及其配套工程、长岭开发区水电路等基础设施建设和 60 多个招商引资项目落地，尤其是克服困难、自筹资金，修建了鄂西北等级最高的、连接十堰城区最为便捷的双向 6 车道"郧十一级路"（后改名为十堰大道），打通了市县对接发展的快车道。

一座汉江二桥、一条高标准一级路、一片经济开发区，彻底改变了郧县的发展面貌，使郧县县委县政府 2003 年谋划的"一江二桥三镇"的城市布局成为现实，也使郧县与十堰城区一体化发展成为现实。因此，2014 年 9 月 9 日，国务院批复同意，原郧县撤县改区；2014 年 11 月湖北省政府正式发文，郧县撤县改为郧阳、整体并入十堰市；2014 年 12 月 17 日，郧阳区政府挂牌成立，成为十堰市最大的辖区，十堰市从此由一个重工业"山城"变为一二三产业全面发展的"山水之城"，进而彻底改变了其经济社会发展的战略格局。

（四）郧县经济技术开发区（县城滨江新区）的建设

1998 年，郧县曾经在柳陂镇建立经济开发区，面积为 2.73 平方公里，由于各方面原因，成效一直不大。21世纪之初，国家南水北调工程开始启动，柳陂属于移民搬迁和土地淹没区域，而此时，又恰逢国家对地方经济开发区进行清理整顿，柳陂经济开发区被列为清理对象。

2003年初，新一届县政府开始修订郧县城市建设总体规划，将茶店镇滨江的蔡家岭、长岭沟、二道坡等村（统称长岭区域）近30平方公里山丘岗地规划为郧县经济技术开发区和县城滨江新区的建设预留地。2006年8月，国家发改委、自然资源部、湖北省政府正式批准郧县经济技术开发区为省级开发区。2007年初，郧县县委、县政府决定将开发区与茶店镇合并，实行"区镇合一"管理体制。2007年7月，重庆规划设计院所做的详细规划方案，获得县政府正式批准并在十堰市规划局备案。

从2007年开始，郧县经济技术开发区建设进入快车道，县政府举全县之力，自筹资金或社会融资共计投入70亿元，动工修建了长岭水厂、汉江大道、汉江二桥、园区路网，新增11千伏和3.5千伏工业用电高压线路，修建了地下管网，整治了茶青路、土天路等交通要道，对九个工业园区实施"五通一平"，完善了通信、教育、卫生等公共设施，彻底改善了投资环境。2004年开始引进工业项目，先后有十堰佳恒液压机械有限公司、金龙水泥有限公司、龙岗铸造有限公司、榕峰钢铁有限公司、大运汽车公司、天圣制药公司等几十家工业企业落户。工业总产值每年以50%以上速度递增，2008年为15亿元，2011年即达到53亿元，2014年接近100亿元。

从开发区筹备组成立之日起，开发区干部群众在县委、县政府的领导下，日以继夜、艰苦创业，克服了一系列困难，制定了一系列规划管理、土地征用、房屋拆迁、山地平整、移民安置、户籍管理、坟墓迁移、赔偿标准、招商引资、基础配套、工业发展等政策规定，使经济开发区各项建设始终有规可循、有序推进、高标准要求、高质量建设，几年时间就使一个建成区达12平方公里、现代化的新城区出现在郧县汉江之滨，成为郧县新型工业化和城镇化的靓丽名片。

第三章　郧县聚落生态

人类生存方式是随着生产方式的不断变化而发展的一个动态历史过程。人类生存方式经历了由原始社会以类似动物本能地采集和渔猎的生存方式，到农业社会以耕作和养殖为主的自然经济的生存方式，再到以纺织业为代表的手工业从农业中分离出来并不断发展，手工业和农业并存的生存方式，又到工业社会以大机器代替手工劳动的工业化生存方式，最后发展到后工业社会以知识为基础的生存方式。

当前处于转型时期的中国社会是农业社会、工业化社会和后工业社会三种生存方式并存的社会。生存方式是一切生命存在的方式，然而不同种类生命的存在方式是截然不同的。人作为自然界的一部分，其生存依赖于自然界所提供的各种自然资源。人不同于动物之处在于人是有意识并能主动地进行创造性活动的生命体。正是由于人类能动地改造自然世界的活动，才使人类从只具有自然属性的动物群中分离出来，把人类自己提升为具有社会属性的动物。只有从人类实践活动中才能认识和把握其生产方式及其特征。

第一节　生存方式

人类为了生存和发展的目的，必须进行对自然界物质产品的生产实践活动。这种活动又是为了满足日益丰富的生活需要，没有需求也谈不上物质生产，可见互为手段和目的是二者的主要关系。从这个意义上讲，人的生存活动就是生产与生活互构的活动。因而生存方式从本质上讲就是人们在物质生产和社会生活中，如何认识和处理人与自然及在此基础上人的生存与发展问题，人的生存方式是生产方式和生活方式的统一体。

一、采集、渔猎——原始社会的生存方式

从人猿分离、直立行走，到成为智人，能够使用以打制石器为主的工具，逐步过渡到磨制石器工具，进而促使原始农业出现，这一阶段，考古学与人类文化学称之为

旧石器阶段，亦即原始社会时期。此时期技术落后、工具简陋，人类只能本能地依赖自然界生存，直接从自然界获得维持生命的食物，以类似于动物本能地进行采集和渔猎，维持生命的延续，生存的目的仅仅是为了维持肉体的生存存在。

依据人类学理论，采集和渔猎是两个不同性质的发展阶段。采集所需要和依赖的工具原始而简单，个体一般能独立完成。渔猎所需要的工具是人类经过了充分的发展演化，千万次观察、实验、失败、再实验的过程，甚至是几代人的实践努力，才能有对工具的认识与掌握。捕鱼与狩猎既是工具的广泛使用，也是人类必须合作才有可能得到的结果。从采集到渔猎的过程是人类进化的一大步。

本阶段生产方式上，开始使用粗糙的打制石器工具，通过采摘植物果实、捕鱼、狩猎等生产活动，直接从自然界获取食物。有时不得不反复移动到能够得到食物的地方。由于其单个的能力有限，必须依靠群体的力量获得食物、抵御猛兽和自然灾害的侵袭。

生活方式上，他们充分利用果实、茎叶、块根以及鱼类、兽类乃至昆虫果腹。原始社会初期，原始人类是赤身的，随着进化的深入，逐步学会利用树皮、植物叶片、兽皮、鸟羽御寒和保护自己。对原始社会时期的生产生活方式的认识，只有非常少的实物证据，多数依据考古环境学理论的推论，这种推论被事实证明是基本正确的，也是广为人们接受的认识结论。

二、农耕、饲养——农业社会的生存方式

人类生存方式是在与自然斗争的物质生产实践和生活实践中变化和发展的。到了原始社会末期的新石器时代，其是以磨制石器的大量使用为标志的。人类因为使用磨制石器工具，生产效率大大提高。在采集过程中，人类不断发现野生植物的果实年年出现，且季节基本相同，这些野生植物成为原始人类种植植物成原始粮食作物的开始。于是原始农业开始出现，真正意义上的定居开始萌芽并逐步形成。随着种植技术的成熟、规模的扩大，固定土地上农作物的果实(粮食)的产量逐渐增大，促使人类不断改进农业种植所需要的生产工具。石器工具变得多样化，骨器、角器得以出现并加以运用，从而推动农业缓慢发展。在新石器时代缓慢发展过程中，生活器具——陶器最为发达，这种文化现象在各类考古发掘中体现得最为具体，延续使用时间最长，此处无须赘述。

在原始社会时期，大量的狩猎活动使先民发现，有些野生动物可以驯养。千百万

次的驯养实践，驯养手段到方法到技术趋于成熟，导致原始饲养业出现，其从开始作为农耕生存的补充，发展到成为人类生活食物来源的一部分，不可或缺。养殖和农耕共同成为农业社会的生存方式。

郧县聚落里新石器时期的所有遗址，所出土的遗迹遗物，均能反映农业社会生存方式：磨制石器(工具)、陶器(生活器具)、动物骨骼(驯养与食用)、房址等。青龙泉遗址发现小麦碳化颗粒，是本区域内最早的小麦遗存，同时发现了水稻、粟、黍的碳化颗粒。从青龙泉遗址的人骨检测、食物结构分析中，可推断青龙泉人的食物中有一定数量的肉类，表明仰韶文化时期农耕与饲养是当时的主要生存方式。

生产方式上，农业社会的人们以个体家庭内部的协作劳动为主，依附于土地，靠人力和畜力耕作土地，耕作过程中各种工具交替使用，石器、木器、骨器、角器甚至铜器均出现过。在大量重复的生产过程中，人们掌握了农作物的季节和生长习性、动物的生长规律，不断使农耕、饲养朝着精细化方向发展。

生活方式上，食物基本得到保障，从树皮、叶片、兽皮、羽毛，已经发展到葛、麻、蚕的衣物时期，从御寒防卫发展到御寒遮羞的文化阶段。先民们在土地附近以血缘、地缘聚集成村落(聚)，建造属于自己的单体房屋，共同抵御外部侵袭。

农业社会时期，村落发展缓慢、交流机会很少，封闭、隔离、墨守成规的特征明显，生产技能、生活技艺均为言传身教。农业社会阶段生产就是生活，生活的主要内容就是维持生存的生产，"男耕女织"是小农经济的生产方式也是他们的生活方式。

三、手工行业——农业社会高度发展的产物

手工业的最初形态应是从制造工具开始，至制陶时具备了手工业的基本形态。从为生活需要而进行手工业生产，到成熟形态而变为"官营"的手工业生产，是中国手工业发展的基本脉络。夏代，如绿松石开采与使用，国家专营；商代，国家垄断一切手工业，青铜的使用最为典型；两周，官营继续一统天下；西汉武帝时，煮盐、冶铁、铸钱等，统归国有；唐宋以下概莫能外。在国家权力垄断之下，国家能征调优秀的工匠、使用最好的原料、不计生产成本，才能在冶金、制瓷、丝织品等领域取得辉煌成就，并一直领先世界。

手工业是活态的技术传承，充分体现地域文化特色。随着工业社会大机器生产的出现，手工业呈凋敝之势。郧县聚落里的手工业形态主要有以下形式：农具制造、竹木器加工、酿酒、制糖、造纸、印刷、制陶、淘金、纺织、雕刻、编织、食品加工等。

农具制造　包括铁业、铜业、银楼业等，铁业主要生产铁质农具、生活用具；铜业包括饮食器皿和祭祀、玩赏器物的生产；银楼业指银首饰、银工艺品、银餐饮器具的加工。

竹木器加工　篾匠、木匠所生产的竹木制品，以生活用具为主，如棺材、神台、座椅、家具、传统房屋建筑木构件制作等木制品及厨具、炊具所使用的竹制品。

酿酒　郧阳范围内，白酒、黄酒的酿造历史悠久，安阳、柳陂、杨溪、城关等地的黄酒，大柳、鲍峡、叶大、五峰的小窖白酒，均是自饮、待客的佳品，也是补贴家用的好途径。

制糖　多数地方有以红薯、小麦、玉米制糖的习俗，多在春节前进行，制成的糖品作为春节的果品和礼品，自己享用，供商品使用的较少。

造纸　郧县土纸有草纸和白皮纸之分，以龙须草、山竹为原料，也有使用稻草的。稻草、山竹多制成火纸(草纸)，龙须草多制成皮纸(柔韧性高于草纸)。主要区域在鲍峡镇石门、余家湾、何田、东河口、大堰沟，胡家营镇两河口、陈庄，叶大砖峪河等地。

印刷　多印刷门画、财神、简易家谱等，现代印刷业出现后，已经式微。

制陶　主要集中在柳陂、鲍峡，主要制品为饮食器具，部分也做丧葬用具和储存用具，今渐次结束。

淘金　汉江之滨拥有一定量的沙金，沿江居民淘金传统久远。为环境保护计，今已停止。

纺织　以家庭为单位进行的简易纺织，仅供家庭成员使用，至1960年时结束。值得一提的是，1926年，柳陂沙洲人曹克信到汉口学习织袜技术，并由易金禄筹集资金从汉口购手摇织袜机10台、针织机1台，两个人合办织袜铺，生产棉线袜、丝织袜、长筒舞袜，这是郧阳聚落内规模手工业的肇始。

雕刻　新型手工业，基于郧阳地域内绿松石、米黄玉、汉白玉的存在，催生了以绿松石雕刻为中心的雕刻技艺的发展，也包括传统木雕、石雕等。

编织　利用玉米包皮、小麦秸秆、野生藤条、柳条、龙须草、塑料等材料，编织成生活用具，如垫子类、小包装类、工艺品类。现已有扩张之势。

食品加工　包括磨坊、豆腐坊、糕点坊、制粉坊、泡菜坊、压面店等。

其他　如鞭炮生产、石灰烧制、制鞋(帽)、轧花、泥作、澡堂理发等。

第二节　文化传统

论及文化传统，首先必须弄明白文化、传统、传统文化的要义。

一、文化

文化是指人类在社会历史实践中所创造的物质财富和精神财富的总和。作为意识形态的文化，文化是一定社会的政治和经济的反映，又作用于一定社会的政治和经济。随着民族的产生和发展，文化具有民族性。每一种社会形态都有与之相适应的文化，每一种文化都随着社会物质生产的发展而发展。社会物质生产发展的连续性，决定了文化的发展也具有连续性和历史继承性。

二、传统

传统是指从历史上流传下来的思想、文化、道德、风尚、艺术、制度以及行为方式等。它通常作为历史文化遗产被继承下来，其中最稳定的因素被固定化，并在社会生活的各个方面表现出来，如民族传统、文化传统、道德传统。

三、传统文化

传统文化指在一个民族中绵延流传下来的文化，既体现在有形的物质文化中，也体现在无形的精神文化中。如人们的生活方式、风俗习惯、心理特征、审美情趣、价值观念等。

由此可以看出，传统文化与文化传统是形而上和形而下的关系，是精神与物质的关系，是核心纲领与具体践行的关系。文化传统代表一种规律和象征，无处不在，无所不在，文化传统是传统文化发展的载体和依托。相应的，没有传统文化，文化传统的传承只是无根之浮萍。如此，认识郧县聚落的文化传统，则能理清郧县传统文化的脉络。郧县聚落的文化传统主要表现为：

睦邻　睦，亲善、亲近也。睦邻的文化传统起源于原始社会时期为生存必须共同捕获猎物、共同应对自然灾害，进入文化社会后，各种文化观念，尤其是儒家文化的规范、历朝统治者的推崇，使得睦邻成为文化传统的核心内容。

尊祖　人类出生、成长的过程是以家庭为起点的，生活和生存技能也是从家庭中耳濡目染、言传身教中获得的，祖先、族长、首领、家长的形象，是群体内个体尊崇的直接对象，也是个体成长奋斗的榜样，更是凝聚族群的核心要素。尊祖的传统是个体、家族、族群发展壮大的前提，成为中华民族共同的精神内核。

祖庙 祭祀祖先的地方。皇帝祭祀祖先的地方称太庙，民间祭祀祖先的地方一般为祠堂。其既是尊祖的物化形式，也是处理家庭、宗族事务，维系其稳定发展的使用场所。郧县聚落内现存较大的祠堂有：梅铺王家祠堂、白桑关李家祠堂、南化塘焦家祠堂、五峰夏家祠堂、胡家营何家祠堂、刘洞黄家祠堂、青山周家祠堂等。

墓葬 人死后皈依大地之所。最早的墓葬是考古发现的新石器时代早期的土坑墓。判断的依据是人为挖成的墓框、尸骨埋葬的痕迹，或者随葬品。因此墓葬能反映时代的诸多历史信息。今人墓葬仍在风水师的指导下选择坟地，遵从文化传统，以规而行。

祭坛 是古代用来祭祀神灵、祈求庇佑的特有建筑。先人把他们对神的感悟融入其中，升华到特有的理念，如方位、阴阳、布局等，完美地体现到建筑之中。通过祭祀活动实现人与神的对话，礼仪、乐舞、祭品是其主要表现形式。主要祭祀天、地、日、月、土地，后来发展出特殊的祭祀对象。

习俗 《说文解字》云："习，数飞也"，即学习练习之意；又言："俗，习也。"说明习与俗意义具有同一性。凡一定流行范围、一定流行时间或流行区域的意识行为，无论是官方抑或民间的，均可称为习俗。简言之，习惯、风俗。

风水 又称堪舆。堪为天，舆为地。又有形法、相宅、地理之称谓。最早给风水定义的是晋代的郭璞，他在《葬书》中云："葬者，乘生气也。气乘风则散，界水则止。古人聚之使不散，行之使有止，故谓之风水。"潘谷西教授在《风水探源》一书的序言中云："风水的核心内容是人们对居住环境进行选择和处理的一种学问，其范围包含住宅、宫室、寺观、陵寝、村落、城市诸方面，其中涉及陵墓的称阴宅，涉及住宅方面的称阳宅。"慧缘大师总结为："风水学是一种传统文化现象，一种广泛流传的习俗，一种择吉避凶的术数，一种有关环境与人的学问，一种有关阴宅与阳宅、理论与实践系统的理论，是长期经验的沉淀。从科学理论来看，风水学是地球物理学、水文地质学、环境景观学、生态建筑学、宇宙星体学、地球磁场方位学、气象学和人体信息学合一的综合科学。"风水的理论与实践影响了中国人生活的方方面面，至今仍影响着人们居家、婚丧嫁娶等多个方面。

教育 至夏代，教育的学校形式出现。《孟子》载夏商周："设庠、序、学、校以教之，庠者养也，校者教也，序者射也。夏曰校，殷曰序，周曰庠，学校三代共之，

41

皆所以明人伦也。"孟子在此不仅记载了我国古代学校教育的起源情况，而且记载了当时教育的内容与宗旨。西周有了官学和乡学之分，六艺（礼乐射御书数）成为官学的教育内容。春秋战国时私学昌兴，儒、墨私学成为显学。孔子三千弟子的盛况存续 40 多年，是教育史上的里程碑和文化史上的里程碑，进而促进形成了百家争鸣的盛况。西汉武帝采纳董仲舒"罢黜百家，独尊儒术"建议，思想和文化专制对后世影响深远。宋代程朱理学把儒家经典浓缩为四书、五经，科举考试至八股取士均以其为基础，知识分子的思想被进一步禁锢，创新意识被扼杀。光绪三十一年（1905 年）科举制度才被废除，开始新学。20 世纪时教育制度、观念、内容、形式均发生了深刻变化，教育的终身化、全民化、民主化、多元化，成为教育的主要特点。

唐代规定，上县四十人。当时郧县属上县之列，才有 40 人规模的学校。这是郧阳学校的发端。正德五年（1510 年），郧阳知府王震创"五贤书院"，嘉靖二十六年（1547 年），知府徐桂创"郧山书院"。万历三十五年（1607 年），黄纪贤创"龙门书院"。光绪年间张之洞理湖北时，改书院、儒学为学堂，省为大学堂、道府为中学堂、州县为小学堂，义学社学为初等小学堂，郧阳府中学堂后改成"郧山中学"，今郧阳中学前身。

禁忌　禁忌是文化传统的又一表现形式，体现了一个地域内生活的共同体形成的约定习俗，反映了对生产生活及精神层面的美好愿望，以及对过往失败教训的规避与提醒。禁忌的内容随地域、民族的不同而不同，涉及饮食禁忌、祭祀禁忌、婚丧禁忌、节日禁忌、生产禁忌、行业禁忌等多方面的内容。

第三节　村社管理

欲了解历史悠久的村社管理制度或体系，必须对产生这种制度的根源与背景作条理式分析。村社管理制度在方国时萌芽，王国时基本成型，帝国时代发展成熟。

村社管理即乡村自治，形成这种制度的基础背景和原因有：一是广大乡村土地的"两田制"和"两权制分离"。"两田制"即公田、私田。"两权制分离"即土地所有权与使用权的分离，指地主拥有土地所有权，但其使用权却向更具有耕作能力的自耕农或富农流动。"两田"即一部分土地为"公田"，其产出收入作为本村社的公共支出，如修路、济困、救灾、助学等，通常由族长、乡绅乡贤掌握，属村社所有或集体所有；另一部分土地为"私田"，也是村民的口粮田，这部分土地的所有权可能是地主的，也可能是自耕农自己的。历史上大多数时期，纳粮缴税是以土地为量化依据的。大多数土地为地主、富农和少数自耕农所有，他们占乡村人口的比例是非常低的，这样缴纳粮税的交易次数大大降低，换言之，只有土地所有者才履行缴纳粮税的义务，才有交易行为，也意味着交粮纳税的成本大大降低，政府以收缴粮税为基本控制手段的管理行为才能够得到落实。

二是国家政治体制框架。夏、商、周三代的分封制，至春秋之时，已经成为国家分裂、诸侯纷争、战乱四起的原因。秦一统天下果断废除分封制，改用中央集权的郡县制，汉承秦制，隋改郡为州，实行州县制，唐代三省六部，只是中央王权管理层面的变更、州县地方政权仍旧，宋代中央改为二府三司，明代中央改为内阁、六部三司、都察院和东西厂等，县级依旧。清代机构改变也只在国家层面，府县层级依旧。这说明国家管理的层级始终为三级：中央、州（道、府、路等）和县。县是最为稳定最直接的基层政权组织。三级政治体制的形成与稳定是由经济基础和管理效益决定的。由此形成了皇权不下县的制度文化习惯，反过来促使三级政权体制的不断改革，国家层面、省府层面的变动即为明证。广阔乡村内的村社治理，均依靠宗族、乡贤乡绅和富庶地主或商人来管理，传统文化在其中起到了巨大的铺垫润滑作用。村社管理具体体现在：

一、家规

中国是一个文化延承不断的国度，在伦理道德观念的形成和发展上，一直是不断继承、发展和创新的。在厚重的文化积累中，中国形成了一套独有的家国伦理观念。在先民眼里，家不仅是一个安居栖息之地，而且还承载着一个家（氏）族代代传承的记忆。因此，在中国人眼里的"家"不仅是个场所，更多的是一个家族历史的见证，家事实上意味着一种血脉的传承。中国人有一种"家魂"存在，它自始至终有着强大的向心力、凝聚力，将人牢牢地维系在"家"这个体系下。

在家国这个概念上，中国先人有着强烈的血脉传承意识。"一屋不扫，何以扫天下""修身、齐家、治国、平天下""为天地立心、为生民立命、为往圣继绝学、为万世开太平"等思想寄语，从不同程度和不同视角说明家国同构的思想基础。在先人心中家国一体，一个家族的延承、发展，可以通过自己家族的"德行""家规""家训"，将其与施行于国家的"德治"与"法治"并行起来。"与国同体"的是贵族阶层，但能"春秋长存"却也是那些有着深厚文化底蕴的众多家族。

家规通常与家风并题。家风也称门风，是家庭或家族世代相传的风尚与作风。家规，则是为了很好配合家风这个"德品"的熏陶，做出的相应性的警告、惩罚与处理的机制。所以从这里来看，家风与家训二者一张一弛、一松一紧，既有道德规范的宏观要求，又能依据家规具体操作。在潜移默化之中，也带着一种制度约束。家规通常存在于家谱之中。常规内容比如"忠君爱国""身正为范""耕读不辍""和睦乡间"等，都是用一种"善美"的内容来劝谕族人乡亲。同时，对危害乡里、祸害家族的不肖者予以惩处。族谱里的家规如同国家之律法、规范，将一切不利于家族和谐发展的因素予以杜绝。家风与家训在家族内作为一种不可侵犯的权威而存在，其作用在于维护家庭、家族、地方的和谐与发展。

郧县地域内，梅铺镇杨家、王家，白桑关镇李家，南化塘镇焦家、魏家，安阳镇赵家，青山镇周家、刘家，柳陂镇朱家，青曲镇魏家、王家，五峰乡王家、蓝家，胡家营镇何家、金家，鲍峡镇孟家、王家等，均接续了本族家谱，家规自是其家谱的主要内容之一。盛世续谱蔚然成风。

二、乡约

乡约即乡规民约，是由某一特定地理范围内的组织或人群共同商议制定的以书面文字或口头协定为主要传递存在方式，用于维护农村社会、生产生活秩序，拥有一定权威性的内部公共行为规范。

最早记载中国礼仪规范的《周礼》中有乡里敬老、睦邻的约定性习俗，被视为最早的乡约。公元11世纪北宋学者吕大钧在家乡蓝田制定的《吕氏乡约》被认为是乡约成熟的发端，其宗旨是"德业相劝、过失相规、礼俗相交、患难相恤"，具有划时代意义。明清时期的乡约成为济世安民的良策得到大力推广。清代中后期乡约受到皇权控制，逐渐失去"乡民自治"的本色。民国时期的乡约总体上呈现出进步倾向，得力于晏阳初、卢作孚等进行的新乡村建设运动，西方宪政思潮的进入也为乡约注入新的内涵。新中国以1987年的《中华人民共和国村民委员会组织法(试行)》为标志，1988年第一次出现"自治章程"，2010年修订，这是新时期村民自治的起点。

乡约的存在方式包括：一是家(宗)族规约，家(族)法是传统中国乡土社会中乡约的一种体现形式；二是乡里规约，传统意义上的乡约，其中有很强主流社会(官方)意识形态的影子；三是习惯规约，乡约的另一种存在形式，自发形成，共同遵守。

乡约的中心内容和积极作用主要表现在协调乡村社会关系，约束村民社会行为，如资源分配、生态保护、助残孝老、社会治安、婚丧嫁娶、互助相恤、和睦和合、勤劳敬业、诚心善良、执节守礼等方面，既维护传统乡村的社会秩序，同时也维护了国家与基层的良性互动，从而对整个社会结构的稳定与发展起到重要作用。过去是这样，现在是这样，将来随着社会的进步而注入新的内容，乡约也将发挥出自己独特的作用。

三、制度

传统中国的基层社会往往由乡村精英主导，乡村在乡绅为代表的精英层主导下实行乡村自治。传统中国对乡村社会的管理一般承袭秦汉以来的乡里制度，发展到后来的保甲制度，行政权与自治权长期并行是传统中国乡村治理体系的最重要特征。

秦汉乡里："乡置有秩、三老、游击。"有秩为郡置，掌一乡人。如果是小乡置乡啬一人，又有佐辅佐之。三老掌教化，游击禁盗贼。有秩或乡啬的主责就是帮助郡县征税纳粮。"里有里魁，民有什伍。"里魁掌百户，什掌十家，伍主伍家。六种职务中，只有"有秩"有低微的俸禄，其他均是有一定民意基础的村民。汉以孝治天下，故掌教化的"三老"地位很高。北朝有"三长"制度，宋代有"保甲"制度，明代又有"粮长"制度。乡里制度无论怎样变化，均是基于皇朝财政收入的盈余与空虚为基础的，是专制皇权支配下的官僚统治与地方精英主导下的乡村自治理性博弈与伙伴关系相依的结果与表现。

保甲制度是在秦汉乡里制度上的发展，成为自诞生以来延续最长的乡村管理制度。"保甲"制度始于王安石变法，以户为单位。汉时五家为伍、十家为什、百家为里，唐四家为邻、五邻为保、百户为里，王安石提出了十户为一保、五保为一大保、十大保为一都保。明清时期保甲的范围有所不同，其形式框架没有改变，直至民国时期仍在沿用。乡里制度抑或保甲制度都是在郡（州）县政府的引导下，乡村村民自己组织起来的一种有效的、基于防盗治安互助等实际需要的管理体系，基本不耗费国家财政，是一种节约社会成本的有效管理方式。

新中国成立后，基本为乡、村、组体制，可分为农业合作化时期（1952年至1957年7月），管理方式为互助组、合作社（初级社—高级社）。农业集体化时期实行人民公社制度（1957年8月至1978年），管理形式为公社管大队，大队管小队。土地大包干时期（1978年至1983年）推行的是家庭土地联产承包责任制，组织形式恢复到乡、村、组体制。1983年开始实行家庭土地承包责任制，管理形式依然是乡管村、村管组。

四、规划

规划之于村社管理是当代之事。规划在古代赋之于形的是城市规划或皇城、宫殿规划，发展到后来形成以军事、水利、农业、交通为主体内容的规划。

考古发现城市建筑基址均能反映规划的存在，6000 多年的城头山、5300 多年的良渚、4000 多年的石峁等史前古城，偃师二里头夏代都城、荆州郢都楚纪南故城、武汉盘龙城等王朝古城，历史时期的古城址遍布全国。都江堰、灵渠与郑国渠，长城与秦驰道等大型建筑设施是规划的典范。郧阳聚落里发现的辽瓦店子遗址中的城墙基址、保存完好的上津古城、沉入水底的郧阳古城和均州古城，都是规划实施的生动实例。

乡村管理中的规划实行，是从 21 世纪初开始的。1993 年国务院发布《中华人民共和国村庄和集镇建设管理条例》，2007 年 10 月 28 日全国人大颁布《中华人民共和国城乡规划法》，此处的规划仅指建设规划，是乡村规划的纲领。规划，规者，有法度也；划者，戈也，分开之意。规划是指有计划地去完成某一任务而做出比较全面的长远安排的文本。如乡村建设规划、产业规划、交通发展规划等。郧县区域内乡村管理中已经和正在实施的规划如：扶贫搬迁住房连片建设规划、集镇规划、乡村振兴规划、重大项目规划等，规划已经成为乡村管理的重要内容。

第四节　人 口 发 展

人口是一定地域和社会范围内人群的总体，是一定社会关系的体现者。郧县聚落里的人口增减与社会变革直接关联，有据可依的史料自明代始。据《明史记事本末》载，明初，洪武二十四年（1391 年）郧县人口 1391 户、11756 人。郧县当时为封禁区，至天顺六年（1462 年）人口降为 997 户、4993 人。百余年后明王朝腐败，外籍流民纷纷入境，到万历元年（1573 年）全域人口发展到 2813 户、33115 人。清康雍乾盛世之时，鼓励农耕，人口呈上升趋势。至同治五年（1866 年），人口达到 168163 人。1934 年至 1946 年，人口减少了 77684 人。新中国时期前 20 年（1949—1969），人口年增长率达到 1.9%。1970 年后计划生育国策实施，1975 年至 1994 年人口自然增长率控制在 1%以内。至 2008 年人口自然增长率为 0.4%。

一、人口概况

郧县人口在不同时期情况各不相同。

明清、民国时期   康熙五年（1666年）《郧县志》载：明天顺六年，郧县人口为4993人，至万历元年（1573年），人口增至33115人。近百年间人口增长6.6倍。

清康熙五十年（1711年），采取盛世滋生人丁、永不加赋之措，雍正元年（1723年）推行"摊丁入亩，人丁合一"政策，促使人口增长。至乾隆三十七年（1772年），郧县人口达75010人。至同治五年（1866年），地域内人口增加到168163人，增长1.25倍。

民国时期，人口继续发展。1934年县政概况记载，郧县人口为409785人。随后到1946年，郧县人口下降为332101人，年均减少2%。1946年人口普查资料显示，人口密度为52.6人/平方千米。男性176852人、女性155249人，男女比例1.14∶1。未婚人口31712人，占应婚人口的14.2%。普查资料显示，文盲人口214461人，占6岁以上人口275953人的77.72%，其中女性文盲118648人，占6岁以上女性人口的91.8%。受高等教育人口111人，占人口的0.03%，女性更少。

新中国时期   1949年郧县总人口344351人，当年净增人口3442人，自然增长率1%。1953年第一次人口普查时，本县人口364552人，4年间净增人口20201人。1964年第二次人口普查时。全县人口426988人，11年间净增人口62436人。1982年第三次人口普查时，总人口达到547439人。1990年第四次人口普查时，总人口604109人。2000年第五次普查时，总人口584315人。2010年第六次普查时总人口558355人。21世纪人口急剧减少的主要原因是南水北调中线工程移民导致的结果。

二、人口分布

人口密度   人口密度的比值是随人口总数的变化而变化的。至第四次人口普查时，本区域的人口密度是上升的。进入新世纪，由于南水北调中线工程的实施，淹没区内被淹没土地的农户搬迁出本地域，因而，人口减少，密度值也随着下降。

人口普查资料显示，本区域人口密度不平衡，以汉江为界，人口主要分布在江北和南部的汉江河谷，南部内陆山区人口偏少。江南土地面积1575.7平方千米，占全域面积的40.79%，以1990年人口资料为例，江南人口占全域总人口的36.3%；江北面积占59.21%，人口占比63.70%。江南人口密度为139.16/平方千米，江北为168.24人/平方千米。梅铺、谭山、刘洞、安阳、柳陂是区域人口密度最高的乡镇，叶大、鲍峡、五峰密度较低。

城镇化率   郧县经济以农业为主，农业人口多，非农人口少；集镇人口多，乡村人口少，而且集镇人口绝大部分是农业人口，城镇化率低。1949 年城镇人口占总人口的 4.6%。1962 年，城镇人口达到 29366 人，占 7.1%。1990 年，非农人口占 8.17%。2000 年城镇人口 9.81 万人，占 16.46%。2014 年城镇人口 20.78 万人，占比 32.92%。以上统计数据表明，城镇人口的不断上升，意味着城镇化率的不断提高。

三、人口结构

人口结构包括性别、年龄、文化、职业、家庭和民族等方面的内容，以 1994 年以后数据为依据，为便于说明，部分内容以表格形式直接呈现。

（一）性别比例

表 1-1　六次人口普查性别对比　　　　　　　　　　　　　　单位：人

年份	总人口	男	女	占总人口百分比	
				男（%）	女（%）
1953	364552	190908	173644	52.37	47.63
1964	426988	220467	206521	51.63	48.37
1982	547439	284727	262712	52.01	47.99
1990	604109	315451	288659	52.22	47.78
2000	584315	307869	276446	52.68	47.32
2010	558355	292044	266311	52.30	47.70

（二）年龄结构

表 1-2　郧县部分年份人口普查年龄构成　　　　　　　　　　单位：人

年份	0~15 岁		16~59 岁		60 岁以上	
1953	133501	36.6%	207129	56.8%	23922	6.50%
1964	173940	40.7%	227057	53.2%	25991	6.08%
1982	188387	34.4%	316675	57.8%	42377	7.70%
年份	0~14 岁		15~59 岁		60 岁以上	
1990	192157	31.8%	361371	59.8%	50581	8.4%
2000	151667	25.9%	381058	65.2%	51590	8.9%

（三）文化状况

人口普查数据显示：全域大专以上文化程度 1964 年 284 人，1982 年 1267 人，1990 年 2166 人，2000 年 8654 人；高中（含中专）1964 年 3029 人，1982 年 33613 人，1990 年 36387 人，2000 年 47068 人；初中文化程度 1964 年 13246 人，1982 年 89484 人，1990 年 113928 人，2000 年 188391 人；文盲、半文盲 1982 年 30.4%，1990 年 23.6%，2000 年 11.68%。

（四）职业特点

郧县地域在业人口以农业为主，其他职业次之，随着建设事业的深入，行业分工趋于细化，在业人员的职业构成不断发生变化。以 1990 年为例，1990 年在业人口 338310 人，其中男性 189286 人、女性 149024 人。在业人口中，农林牧渔水利业占比 86.05%，工业 5.7%，教育文化 2.04%，商贸 1.89%，党政机关社会团体 1.56%，交通邮电 0.95%，建筑 0.57%，卫生体育社会福利 0.56%，金融保险 0.28%，科研 0.008%，地质 0.005%。

（五）家庭特点

1982 年数据为 118849 户，547439 人，户均人口 4.61 人；1990 年 151511 户，604109 人，户均人口 4 人。户数增加，家庭平均人数减少。家庭规模一人户 1982 年占比 7.31%，1990 年为 6.1%；二至六人户 1982 年占比分别为 9.27%、15.5%、18.61%、17.69%、14.21%；1990 年分别占比 9.98%、18.35%、28.38%、21.01%、9.59%；七人以上家庭 1982 年占比 17.59%，1990 年为 6.6%。

（六）民族成分

本区域人口以汉族为主体。1982 年统计显示，区域内有蒙古、回、壮、朝鲜、满、侗族等 6 个少数民族，占总人口的 0.29%。1982 年后迁入苗、彝、哈尼、土家族等 4 个少数民族，1990 年占总人口比为 0.28%。1982 年少数民族人数为 1574 人，回族最多占比 98.16%；1990 年，少数民族人数 1675 人，回族占比 97.67%。

四、人口迁移

郧县有史以来人口迁移之事多发，黄帝放蚩尤之部到郧阳地、尧迁丹朱于房陵是迁移的最早记载；魏晋"八王之乱"流民进入郧乡县(后称郧县)；唐濮恭王李泰被贬郧县；宋金战争之时流民南下迁居郧县；明永乐大修武当，大批军人工匠进驻郧县，明朝"土木堡之变"，大批难民流落郧县，明成化年间大批流民进入；民国抗战时期，外来人口进入郧县等，可视为历史时期的郧县人口迁移增长的主要内容。新中国时期，迁移主要表现为大学生迁入，青壮年外出求学、从军、支边、外出打工迁出，丹江口水利一二期工程移民迁出。

五、人口变化

郧县聚落的人口起伏变化较大且为人所熟知的是 1949 年后，具体又可分为两个时段：1949—1978 年、1978—2014 年。

(一) 1949—1978 年

新中国经历了土地改革和国有化、城乡社会主义改造、三年经济困难、国民经济恢复和"文化大革命"等不同时期。这一时期虽然资产国有、资源配置集中管理，也进行过人口增长与耕地、粮食等生产生活资料平衡的争论(以马寅初的新人口论为标志)，但是生育权始终掌握在家庭个人手中，即国家没有对人的再生产进行干预。(1) 1950 年至 1957 年人口增长较快。(2) 1958 年至 1961 年人口减少较多。1958 年颁布的《中华人民共和国户口登记条例》是中国人口史上的大事件，国家建立并实施城乡人口户籍管理制度，基本上限制了城乡和区域之间的人口自由流动，对城乡二元结构的固化影响深远。(3) 1962 年至 1969 年经济恢复和"文革"前期的人口快速增长，此阶段高增长的人口成为 20 世纪 80 年代末、90 年代人口急剧增长的直接原因。(4) 1969 年至 1972 年，因丹江口水库一期工程蓄水，淹没老县城和多个乡镇，外迁人口数万人，郧县人口机械性下降。(5) 1972 年至 1978 年，城乡人口缓慢增长。

(二) 1978—2014 年

1978 年底中共中央第十一届三中全会做出改革开放决定以后，我国从生产资料的国有和集体所有、资源投入和生产的计划管理、收入的按劳分配，逐步转向了多种所有制、市场经济和多要素按贡献分配的体制。但同时，人口的再生产体制却发生了重大变化：生育权从家庭逐步收归到政府，家庭分散决策转向了国家集中管制。本时期英国学者马尔萨斯的《人口论》、中国学者马寅初的《新人口论》和诸多人口专家学者的

"适度人口论"的反复争论，以及改革开放之初中共高层面临的首要问题：巨大的就业压力和扩大再生产所需要的原始资本压力，共同促成了计划生育的国策形成。1973 年提倡一对夫妇间隔生二孩，1982 年国家计生委提出"一胎上环，二胎绝育"，1982 年将计划生育写入宪法，1992 年颁布《计划生育法》、2001 年修改出台《人口与计划生育法》，在中国人口发展史上具有重大意义。从此，郧县人口一直处于缓慢增长阶段。一直到 2009 年，国家南水北调中线工程开始实施大规模移民，2009—2011 年，郧县向省内十余个县移民 3 万余人，导致郧县人口数量机械性减少。

（撰稿：周兴明　王诗礼　编审：傅广典　柳长毅）

参 考 资 料

1. 张之恒：《中国考古通论》，南京大学出版社 1991 年版。

2. ［英］马尔萨斯：《人口论》，陕西人民出版社 2013 年版。

3. 胡玖明、柳长毅：《郧阳文化论纲》，湖北人民出版社 2012 年版。

4. 郭晓东：《乡村聚落发展与演变》，科学出版社 2017 年版。

5. 王爱风、李伟巍：《传统乡村聚落空间的传承与再造研究》，华中科技大学出版社 2020 年版。

6. 冷小平、冷遇春、冷静：《郧阳历史文化探研》，中国国际广播出版社 2018 年版。

7. 郧县地方志编纂委员会：《郧县志》，湖北人民出版社 2001 年版。

8. 郧阳区史志办公室：《郧县志》，长江出版社 2015 年版。

9. 中国社会科学院考古研究所：《中国田野考古报告集——青龙泉与大寺》，科学出版社 1991 年版。

10. （明）徐学谟：《郧阳府志》，长江出版社 2007 年版。

11. （明）彭遵古：《郧台志》，长江出版社 2006 年版。

12. 李天元：《郧县人》，湖北科学技术出版社 2001 年版。

13. 武仙竹等：《郧西人：黄龙洞遗址发掘报告》，科学出版社 2006 年版。

14. 湖北省文物局：《湖北省南水北调工程重要考古发现》（第 1、2、3 卷），文物出版社 2010 年版。

15. 湖北省文物局：《湖北南水北调工程考古报告集》（第 1、2、3、4、6、7 集），科学出版社 2013—2017 年版。

16. 张弥、周天勇：《自主到计划：人口生育和增长变迁——1950~2014 年中国人口论纲要》，《经济研究参考》2015 年第 32 期。

17. 湘江：《湖北郧西发现猿人牙齿化石》，《古脊椎动物与古人类》1977 年第 2 期。

18. 群力：《湖北郧西县白龙洞又发现猿人牙齿化石》，《江汉考古》1980 年第 1 期。

19. 傅广典：《郧阳文化考察报告》，《民间文化论坛》2009 年第 5 期。

20. 武仙竹等：《白龙洞遗址骨化石表面痕迹现象研究》，《第四纪研究》2008 年第 6 期。

21. 武仙竹等：《湖北郧西白龙洞古人类遗址初步研究》，《人类学学报》2009 年第 1 期。

22. 赵海龙等：《湖北省郧县肖沟旧石器时代遗址发掘简报》，《人类学学报》2017 年第 1 期。

第二篇

产业文化域

第一章 郧县农业文化

民以食为天，食以农为本。农业起源是人类历史发展进程中的一个重要转折点。郧县农业历史悠久，源远流长。郧县三明寺、店子河、大坪、青龙泉、大寺等遗址的出土文物都表明，郧县的农耕文化在新石器时代就已经有了较为成熟的发展。

第一节 郧县农业起源

关于郧县的农业起源，目前与郧县农业起源相关的考古学依据是大寺、青龙泉和三明寺等遗址。这些遗址距今在七千年左右，还不是郧县农业滥觞时期的遗址，因为这些遗址所挖掘出的农业材料，都是农业在长期发展中已经有了锄耕、牲畜代耕和较高的种子技术的阶段，表明家畜驯养已经成功，特别是出土纺轮文物，表明纺织技术也较为成熟，家庭的男耕女织模式已经形成。

关于农业起源的考古学认定，从全国范围看，一般在旧石器时代末期新石器时代初期距今 1.2 万~1.0 万年之间。全国有稻作和粟作两种农业起源点，有两种农业耕作模式，而且稻作起源早于粟作。稻作以湖南道县玉蟾岩遗址所发现的驯化稻为主要参照，粟作以陇南大地湾遗址所发现的粟的前身稷为主要参照，距今约 8000 年。汉江流域的农作，首先滥觞于稻作，后是稻粟混作，这种耕作模式，一直持续到 20 世纪后期。郧县农业起源与发展，大约也是这样一种发展轨迹和模式。

但是，郧县的农业发展一直走适合自身发展的道路。这种自身的特色，可以从现在发掘的相关遗址，揭露出的种种信息，加以大数据分析推断出来。

青龙泉遗址位于汉江北岸，有一片背山面水又向阳的地段，这里前有大片河岸高地，后有林木茂盛的小山，旁有水量充沛的小河，出门种地，上山打猎，下河捕鱼，生活便利而丰足。该遗址地势北高南低呈缓坡状，地貌为长条形岗地，现因南水北调工程成为丹江口水库河滩。

青龙泉村落的屋基的周围，散佚着数量众多，器形各异的刀、斧、矛、叉等磨制石器、骨角器、陶器，作为实用生产工具，有些器物上手掌把握的印痕依然可见。

青龙泉遗址的文化遗迹最为丰富的当属陶器。它们形态各异、琳琅满目。青龙泉以西大量质地细腻的黄土，为制陶提供了良好的材料，人们应用简单的手工业技术，制作出了大量的生活用品。

大寺村落坐落在汉江与堰河交汇处的二级阶地上，南距汉江40~50米，高出河床30米。大寺人既种庄稼又狩猎还豢养家畜，草食和肉食这两种生活方式已经成为大寺人的生活常态。

大寺遗址的文化遗迹主要是陶器，其次是石器、兽角器、锄、网、鱼钩等生产工具。生产工具的改进，生产力的发展，让先民们结束了茹毛饮血的生活，开启了刀耕火种的全新时代。

在青龙泉遗址、大寺遗址，发现了代表黄河文明的仰韶文化和代表长江文明的屈家岭文化。黄河文明与长江文明在此交往、融合、发展。6000年前地处长江流域的郧县已进入耕作和种植养殖时代，人们在田间种植水稻，在山坡种植黍稷，生产水平与黄河流域的仰韶时期文化相似相近。

从原始社会至封建社会再至民国时期，郧县一直是以农业为主业的。这里地处北纬32度至33度之间，气候四季分明，降雨量适中，大部分地域为海拔240~500米的汉江河谷丘陵地带。这里北靠秦岭南坡，南依大巴山东延余脉，多数地区靠山临水，既有汉江水系形成的灌溉和东西部交通之利，又有秦巴山区丰富的物产，加之与西安、洛阳等古都距离不是太远，又因大山阻隔相对封闭，故这里一直是相对独立、自主发展的区域，自古就是农业和渔业较为发达的区域。但是由于历代封建统治阶级的历史局限性及其剥削人民的本质，决定了这里大多数农民受苦受难受压迫的社会地位，从而限制了农业生产力的发展和农业技术的进步。

新中国成立后，以粮为纲，发展农业生产，郧县大堰乡的"三治"做法（治山治水治土）在湖北省成为典型。1975年郧县被评为全国农业学大寨先进县。改革开放后，郧县农村实施了联产承包责任制，农业生产、农村面貌、农民生活发生历史性变化。1985年实施农业区划工作，全县划分为四个特色农业区，对基本农田实施保护，退耕还林，开展小流域治理，使一度损毁的土地状貌得到恢复。进入21世纪，郧县抢抓南水北调中线工程以及秦巴片区精准扶贫、汉江生态经济带建设等重大机遇，加大农业结构调整优化，强力推进特色产业建设，积极开展农业产业化经营，加快农产品加工业发展，加大新型农民培育和农村实用人才培训，大力助推现代农业发展和乡村振兴，郧县面貌得以大变。

第二节　郧阳农业结构

依据农业生产对象的不同，郧县农业分为种植业、畜牧业、林业、渔业和副业。新中国成立后，特别是农村实施联产承包责任制后，农业结构调整不断优化，农业效益不断提高。

一、耕种

郧县地处鄂豫陕三省边沿，汉江上游下段，秦岭巴山东延余脉褶皱缓坡地带，山区海拔多在800米上下，河谷丘陵地带的海拔多在300米左右。郧县的山场、耕地、水域、道路和村庄分别占辖区面积的81.2%、10.3%、4%、4.4%，大体构成"八山半水一分田，半分道路和庄园"的格局。郧县特殊的地理位置和地形地貌，赋予该县农业耕种具有水田耕种文化和旱田耕种文化、粮食作物耕种文化和经济作物耕种文化的特点。

(一)粮食作物

郧县的主要粮食品种有苞谷、红薯、小麦、稻谷及杂豆。有"郧县三大宝，苞谷、红薯、龙须草"之说。在郧县耕种的粮食作物中，苞谷、红薯占有一定的比例。

1. 苞谷

新中国成立后，随着农田条件的改善和科学种田水平的提高，低丘陵地区苞谷种植水平迅速得以提高。大柳乡苞谷尤负盛名。大柳乡地处高寒地区，苞谷生长期长达6~8个月，山地气候和特殊土质赋予了苞谷优质的养分，用大柳苞谷制作的大柳苞谷糁含有丰富的蛋白质、氨基酸、维生素、玉米油、卵磷脂等人体有益成分，具有味美、香甜、清淡等特点。常食有降血脂、降血压、抗衰老、抗癌、防癌等功效，营养学家称其为"长寿食品"。

2. 红薯

明代万历年间，红薯传入郧县，很快成为人们的主食。在改革开放前，红薯是广大农民填肚充饥的主要口粮。特别是1959年、1960年闹饥荒时，不单是红薯，农民连红薯藤也感觉十分可口。1961年，郧县几乎所有的旱地都种上了红薯，种植面积达35万亩。专家研究确认为，红薯有益于保护心脏，有抗糖尿病、预防肺气肿及抗癌、宽肠通便等作用。于是，红薯在当代成为一种营养均衡、药食兼备的绿色保健食品。进入 21 世纪后，郧县县委、县政府把红薯作为全县六大特色农业板块之一，作为发展生态农业的重要载体和提升农业产业化水平的重要抓手，在做大红薯种植基地的同时，做强红薯产品深加工龙头企业，努力打造"中国红薯第一品牌"。

3. 小麦

小麦是郧县粮食生产的主要作物，种植面积一直稳定在 40 万亩水平。随着小麦种植面积的增加，耕作技术的改革，总产量相应提高。

4. 水稻

水稻在郧县粮食作物中所占比例较小，但在安阳、杨溪铺一带则是主要农作物。明清时期杨溪铺的"鲍沟清水稻"曾经作为贡米进京。进入 20 世纪 80 年代，郧县推广水稻两段育秧、平铺育秧技术，同时，引进和推广优良品种，增加亩产和总产量。进入 21 世纪，郧县逐渐重视水稻的品质，大力发展生态种植技术。2012 年组织力量对鲍峡东河的"胭脂米"（米粒呈浅红色，为半高山的无杂交的原生态稻米）进行推广种植，从而将其打造成一个具有较高营养价值的农产品知名品牌。

5. 杂豆

包括蚕豆、豌豆、黄豆和扒山豆等。其中，蚕豆、豌豆、黄豆播种面积较多，其他杂豆种植较少。

（二）经济作物

郧阳耕种的经济作物，主要是棉花和油料。油料主要是芝麻、花生、油菜 3 个品种。

1. 棉花

晚清、民国时期，郧县棉花播种面积、总产量都较低。1949 年播种面积 39800 亩，总产 160.5 吨。

2. 芝麻

芝麻是郧县油料生产的骨干产品。在油料作物中播种面积和产量所占比重均在 50% 以上。其次是油菜，占 40% 左右。

3. 花生

花生播种面积只占 1.9%，总产量也仅占 2.7%。1949 年花生播种面积 0.13 万亩，总产量 420 吨。

2009年，郧县县委、县政府提出"抓特色产业，促农民增收"，立足"果菜药畜桑"特色产业，通过大力发展专业村、专业户，推进规模连片和标准化栽培，全年新建特色产业基地6万亩。新培育2个产值过亿元农产品加工龙头企业。截至2013年，郧县有省、市级农业龙头企业33个，其中省级3个，市级30个，十堰渝川食品有限公司获得全省十佳带农惠农龙头企业称号；获"三品一标"农业品牌认证56个，其中"绿色食品"认证10个(郧特牌红薯粉丝、玉米粉、玉米糁，秀山元明生态园生产的番茄、奶油南瓜、食用甘薯叶、辣椒、秋葵、黄瓜、丰神核桃)，"无公害农产品"认证2个(森海鲜鸡蛋、柑橘)，"地理标志产品"认证1个(郧阳胭脂米)，还有其他品牌43个。

(三)农业区划

为了科学指导农业生产，让粮食作物和经济作物合理布局，蓬勃发展，20世纪80年代，郧县进行了农业区划。

1. 郧东北丘陵粮特区

本区域地处郧县东北部，滔河纵贯其中，丹江沿北部边界顺流而下，包括梅铺、谭山、刘洞、白浪、南化塘、黄柿、高庙、白桑关8个乡(镇)和杨溪、安阳部分村，共计157个村，1053个村民小组。土地总面积1062平方公里，占全县土地总面积的27.5%。境内以低山丘陵为主，区域内耕地面积208295亩。本区海拔低，光热充足，土地较肥沃，适宜发展粮油生产。劣势是旱地多，"望天收"地多，有中低产田169621亩，是全县干旱最严重地区。

2. 汉江河谷丘陵粮果渔区

本区域位于汉江沿岸，包括柳陂、茶店、青山、城关、原种场5个乡(镇、场)和杨溪、安阳、桂花、大堰、青曲、五峰、安城等部分村，共计208个村，1251个村民小组。土地总面积1120.79平方公里，占全县总面积的29%。本区是郧县粮食主产区，适宜小麦、水稻、玉米等农作物种植。境内荒山荒地面积大，光热充足，适宜柑桔、油桐、龙须草等特产作物生长。有林业用地825688亩，占全县的28.5%。本区水面面积193204亩，其中可养水面151427亩，人平0.61亩，已养水面9835亩，平均单产42.5公斤。

3. 郧北中高山牧药粮区

本区域位于郧县西北部，包括大柳、大堰、青曲、桂花等乡镇的部分村，共计30个村，169个村民小组。土地总面积525.71平方公里，占全县总面积的13.6%。全区耕地面积 35420 亩, 耕地土壤养分状况好, 保肥力强。境内山场面积 57 万亩, 发展中药材和牧业有较大潜能。全区 200 亩以上连片草场 19.9 万亩。本区盛产名贵药材。粮食作物主要是苞谷和小麦, 全年粮食作物种植面积 5.12 万亩, 单产 115 公斤。

4. 郧南中低山林牧区

本区域地处郧县西南部, 包括叶大、叶滩、东河、鲍峡、胡家营、红岩背 6 个乡(镇、场)和辽瓦、五峰、安城 3 个乡的部分村, 共计 122 个村, 661 个村民小组。土地总面积 1154.5 平方公里。本区林业用地 962067 亩, 占全县总面积的 55.5%, 常年种植的农特产品有柿子、猕猴桃、天麻、青竹、茶叶、生漆、板栗等。桐子是该区优势产品, 核桃、板栗、生漆产量均居郧县之首。草原草山面积 52.52 万亩, 草质较好适宜放牧, 是发展商品牛羊的重要基地。该区主产小麦、苞谷, 其次是水稻、红薯、黄豆和芝麻。

二、林木

郧县境内山重水复, 沟壑纵横, 资源丰富, 林木生长条件优越。新中国成立后, 经过土地改革和贯彻落实国家关于发展林业生产的一系列方针政策, 林业生产得到较快发展, 特别是作为南水北调水源区后, 郧县加强生态文明建设, 推动林业发展、绿色发展, 探索出了一条"郧县林业发展模式"。

(一)森林资源分布

郧县复杂的地形地貌, 光热水的分配, 从低海拔到高海拔, 依次出现北亚热带、暖温带和中温带 3 个气候带, 形成不同植物群落和不同的生态环境。中部、东部低山丘陵区, 基本是以亚热带种组成的森林群落, 主要是以马尾松为主的用材林和油桐、乌桕、柑橘、柿子为主的经济林, 以及天然的壳斗科常绿落叶阔叶林和松栎混交林。西南和西北中高山区, 森林群落以壳斗科落叶栎类为主, 零星分布有马尾松、杉木。海拔千米以上零星分布有温性针叶树种油松。在接近海拔 1500 米的部分高山区域有小片紫荆林, 属珍贵稀有树木。地貌的主体形态, 也导致森林密度分布不匀。南部的叶大鲍峡、叶滩、东河和丹江口库区的五峰、茶店、柳陂、杨溪、大堰等乡(镇), 活立木蓄积量均在 10 万立方米以上, 森林覆盖率均高于全县平均水平。大佛山采育场、沧浪山采育场、红岩背林场, 森林覆盖率都高达 95% 以上。而地处东北部的大柳、刘洞、谭山、梅铺等乡(镇), 森林覆盖率仅为 20% 左右。

树种繁多　常见的树种有 104 科、304 属、1078 种(含 226 个变种)。其中常绿乔木 153 种,落叶乔木 427 种,常绿灌木 135 种,落叶灌木 291 种,常绿藤木 10 种,落叶藤木 62 种。森林树种中的乡土树种 896 种。乡土树种中,国家明文规定保护濒临灭绝的珍稀树种有巴山松、七叶树、樟荆、紫荆、香叶树、巴山红豆等,另有被誉为活化石的古代树种银杏。另外,引进树种 182 种,主要有柳杉、水杉、湘杉、日本黑松、火炬松、湿地松、意杨、油松、箭杆杨、油茶、油橄榄等。

果树品种丰富　果树品种据普查共有 13 科、24 属、182 种(含 121 个变种)。其中常绿乔木果树 51 种,落叶乔木果树 95 种,常绿灌木果树 11 种,落叶藤木 14 种。果树品种中的乡土果树 93 种,引进果树品种 89 种。为了促进果树发展,郧县在培育和选择优良品种的同时,根据本县立体气候的特点,总结出"山顶松柏杉,山腰果药茶,山下种庄稼"的立体栽培方法。

自 2003 年起,郧县充分利用国家"退耕还林""荒山造林"和库区宜林荒山整治、林业产业化等政策机遇,大力发展具有区域特色的柑橘、木瓜、核桃、油橄榄等经济林,将库区生态建设与林业产业紧密结合,走出了一条库区生态经济之路。

奇花异木丰富　全县花卉和观赏树种有 89 科、198 属、251 种(含 15 个变种)。其中,一至二年生草本花卉 27 种,多年生草本花卉 48 种,宿根花卉 10 种,球根花卉 3 种,水生花卉 4 种;常绿乔木观赏树种 23 种,落叶乔木观赏树种 34 种,常绿灌木观赏树种 45 种,落叶灌木观赏树种 40 种;常绿藤本花卉 6 种。花卉和观赏树种中乡土树种 150 种,引进树种 101 种。全县树龄百年以上的树有 31 种、31 株。

(二)林权

新中国成立以后,县政府贯彻落实国家关于发展林业生产的一系列方针政策,林业生产得到较快发展,兴建了 5 个国有林场。

1. 黄龙林场

1956 年 6 月兴建。场部设于黄龙老营仓(今十堰柏林),分设老母荒、白马山、老营仓 3 个分场。经营面积 34.36 万亩。其中,林业用地 33.1 万亩,非林业用地 1.26 万亩。1969 年林场划归十堰市管辖。

2. 斧山林场

此林场位于汉江北岸的斧山、黄龙山之间。1966 年始为县区(杨溪区)联办的国有林场,1970 年 7 月改建为国营郧县斧山林场,经营面积 15413 亩。

3. 沧浪山采育场

此林场位于县城西南部，堵河北岸，东起叶大标湖，西至东河夏子沟，南起沧浪山主峰，北至叶大猴子石。1977 年 11 月兴建，是郧县国营性质的森工、营林合一的林业企业。林场总面积 13028 亩，主要从事新造林管护工作。

4. 红岩背林场

此林场位于汉江以南、十堰市以西 20 公里处，境内最高海拔 1306 米，最低海拔 280 米。1980 年 4 月郧阳地区胜利煤矿停办后移交给郧县，之后成立国营红岩背林场，经营面积 67193 亩。

5. 大佛山采育场

此林场位于襄渝铁路南边、东河乡的马龙河垴。1984 年 3 月兴建，总面积 31685 亩。

郧县林业由于管理体制经历了多次变更，林权不稳，重栽轻管，也曾遭受较大的损失。1982 年后，全县实行林业"三定"（稳定山林权、划定自留山、确定林业生产责任制），林业生产得到较快恢复和发展。

（三）造林

新中国成立以来，郧县积极落实毛主席"绿化祖国"的号召和国家有关林业政策，大力开展造林活动，森林覆盖率不断提高。

1. 人工造林

主要形式有直播造林、植树造林、基地造林、库区造林和"四旁"、庭院绿化。1956 年、1957 年、1965 年、1981 年，郧县曾 4 次直播造林，取得一定成效。1991 年，郧县启动长防林工程建设。1994 年，经省林勘院验收核实，全县共完成长防林工程植树造林 18.24 万亩。省委、省政府授予郧县造林灭荒先进单位。为加速林业发展，县林业部门兴办各种林特基地 322 处，面积 32805 亩。库区造林是该县林业生产的重要组成部分。至 1981 年库区以林为主的多种经营基地发展到 108 处，面积 40 万亩。同时，发展库区林业专业户 50 个，重点户及联合体 87 个，经营面积 3.5 万亩。郧县群众历来有"四旁"植树习俗，20 世纪 80 年代，县政府大力提倡村民在房前屋后发展庭院经济，城镇绿化、美化、净化与庭院经济建设工作同步进行，加快了"四旁"、庭院植树及绿化步伐。

2. 飞播造林

1969 年 12 月，郧阳地区飞播造林指挥部决定在郧县柳陂公社工农大队征用土地48亩，修筑林用飞机场，并于第二年春试播造林6.3万亩。1970年1月，郧县人武部组织民兵千余人，连续奋战1个月，建房7间，修筑1条简易飞机跑道。4月，武汉空军部队派两架飞机抵达郧县，在斧山、三宝寨两地进行首次飞播试验，共播马尾松、刺槐种1万公斤。1972年3月，郧县飞播造林指挥部成立，至4月8日全县飞播播种面积8.3万亩。至此，郧县第一阶段飞播造林工作结束。1981年11月16日，郧县第二阶段飞播造林开始。1983年3月下旬国家民航第十六飞行大队的8165、8166两机组飞抵郧县，先后对鲍峡、大柳进行飞播。1985年10月，郧县第二阶段飞播造林结束。1992年，湖北省组织飞播造林成果调查，郧县飞播造林保存率为32.5%。

（四）保护

1956年10月，郧县成立护林防火指挥部，先后发出《关于严禁放火烧山、确保森林安全的布告》《关于进一步加强护林防火工作的指示》等文件，并且划分联防区，成立护林联防委员会。1980年后，随着《中华人民共和国森林法》的执行，护林防火逐步进入规范化管理新时期。

1956年郧县森林资源调查表明，全县的疏林、灌木林和宜林荒山面积占林业用地面积的94%，县政府要求各区乡按照"山多多封，山少少封"的原则，采用"全封、轮封"的多种形式封山育林，以促进全县植树造林。1955年2月、1962年4月、1980年12月，郧县人民政府分别发出《关于陡坡垦荒生产偏向应予纠正》《关于保护山林树木的布告》《关于加强木材计划和市场管理明确经营范围的通知》，严格控制木材采伐量，坚决制止无证采伐，依法打击破坏森林的不法分子，保护了森林资源。

1960年7月，湖北省林业厅组织人员对郧县森林病虫害普查，郧县的森林病虫害防治主要采取人工防治、物理防治、化学防治和生物防治方法，做到"治早、治小、治了"，把灾害损失降低到最低限度。1982年，县林科所成立森防组，开展植物检疫工作。1985年9月，县森林植物检疫站成立。1990年后，郧县贯彻落实《植物检疫条例》《森林病虫防治条例》，规范检疫制度。1992年，郧县被省林业厅评为"森防工作先进单位"。

三、捕捞与渔业

郧县人捕捞习惯形成于原始社会，临汉江而居者多会捕鱼捞虾捉鳖抓黄鳝等。

（一）水面

郧县境内有汉江、丹江、滔河、堵河等主要河流，水资源丰富，丹江口水库建成后，党和政府每年拨专款给丹江口库区有关乡（镇）围建养鱼基地，增修水库、塘堰等。至 1994 年底，全县有可利用发展鱼类养殖业和天然捕捞业的水面共 169280 亩，可进行人工养殖业的水面 39383 亩，其中大型水库可利用水面 169280 亩，可进行人工养殖水面 34688 亩；中小型水库可利用水面 7585 亩，可养殖水面 7585 亩；塘堰可养殖水面 4125 亩。

（二）养殖

郧县境内天然鱼类资源较为丰富，其主要分布在丹江口及黄龙滩两座水库水域内。有生存的鱼类 47 种，分 6 目、10 科，其中鲤科鱼类 33 种，占 70.21%。主要经济鱼类有鲢、鳙、草、鲤、青鱼等；引进鱼类主要有团头鲂、荷源鲤、罗非鱼、花鲴、白鲫等；敌害鱼主要是感鱼、翘嘴红鲌、鲇鱼、鳜鱼、马白鱼等。郧县建立了城关镇菜园渔场、柳陂镇茅窝渔场、安阳渔场等养殖基地，采取鱼苗繁殖、鱼种培育、成鱼养殖等方法发展水产养殖，以推进渔业发展。

（三）捕捞

1. 捕捞队

据统计，1986 年至 1994 年 8 年间平均入库捕捞的专兼业渔船 300 余只，捕捞人员达 600 余人。如今，为了保护鱼类资源，政府规定每年从 4 月起，依法执行 90 天的禁渔期。一年四季都禁止毒鱼电鱼。

2. 捕捞工具

1968 年前，捕捞人员基本上使用原始的捕捞工具，渔船为木质结构，最大载重 1.5 吨左右，无动力。捕捞工具有钓鱼钩、捞兜、撒网、拖网、拦河网、滚钩、划子（小舟）、鱼篓儿等，也有喂养鹭丝、鱼鹰捕鱼的专业户。1967 年，开始使用化纤网具。1968 年 6 月，郧县第一个渔网加工组成立，生产锦丝线和锦纶胶线的三层刺网、单层刺网。1969 年，城关镇建立 3 个渔网加工厂。1979 年，全县渔业木船 150 只，其中机动船 6 艘，190 匹马力，载重量 86 吨。捕捞工具由单一的单层和三层刺网发展到使用"赶、拦、刺、张"等联合渔具进行捕捞，产量随之猛增。到 20 世纪 80 年代，使用的渔网全部实现锦纶化、棕丝化，捕鱼普遍使用机动船。到 1994 年，各类捕捞渔网具有 900 余种(片)，全长达 4.5 万余米，渔船 338 只。

四、养殖与畜牧业

郧县养殖畜禽有着悠久的历史。青龙泉遗址、大寺遗址都发现有猪、狗、牛骨骸与人类早期生活器具同处一坑的文化遗存。

(一)畜禽养殖

郧县畜禽养殖的主要品种有牛、猪、羊、鸡、鸭、兔等。牛，主要是郧县黄牛、南阳黄牛、山地水牛、秦川牛、黑白花奶牛等 6 个品种。生猪，主要是郧阳黑猪，又称大耳朵猪。羊，主要是山羊、绵羊。家禽，主要有鸡、鸭、鹅，以白羽乌鸡为优。郧阳白羽乌鸡的皮肤、肌肉、骨骼均为乌黑色，故俗称"乌鸡"，又名"药鸡"。20 世纪 90 年代，郧县成立白羽乌鸡研究所，专门从事白羽乌鸡的开发工作。小家畜，主要是兔，有长毛兔、青紫兰兔和本地兔 3 种。20 世纪 80 年代后，随着农村生产责任制的建立和完善，农村涌现出一批养殖专业户、重点户，畜牧业产值在农业总产值中的比重逐步提高。1985 年人均肉食上升到 25.6 公斤，禽蛋上升到 3.7 公斤。1986 年，郧县生猪"四化"(公猪外来良种化、母猪本地良种化、配种人工授精化、肥猪一代杂交化)建设通过验收。1992 年，白羽乌鸡商品基地建设可行性研究报告完成。1994 年，郧县被列入全省第二批生猪"三优"(优良品种、优良饲养、优良饲料)计划县之一。

(二)疫病防治

郧县畜禽疫病，主要有牛气肿疽、猪瘟、禽霍乱等。新中国成立后，郧县贯彻执行"预防为主"的方针，采取不同形式的责任制，积极开展疫病防治工作和禽畜检疫工作，养殖业得到健康稳定发展。

五、食品加工

郧县的食品加工业主要是以农、林、牧、渔业产品为原料进行的谷物磨制、饲料加工、植物油和制糖加工、屠宰及肉类加工、水产品加工，以及蔬菜、水果和坚果等食品的加工活动。

谷物磨制也称粮食加工，是指将稻子、谷子、小麦、高粱等谷物去壳、碾磨及精加工的生产活动，包括碾米加工、磨粉加工。

饲料加工，指农户饲养牲畜、家禽的饲料生产加工活动，包括单一饲料加工、配合饲料加工、浓缩饲料加工、添加剂与混合饲料加工、精饲料及补充料加工。

植物油加工，指用芝麻油、茶油、菜油以及橄榄油等各种食用植物油料生产油脂，以及精制食用油的加工活动。

制糖加工，指以甘蔗、甜菜为原料制作成品糖，以及以原糖或砂糖为原料精炼加工各种精制糖的生产活动。

畜禽屠宰及肉类加工，指对各种畜、禽进行宰杀，以及鲜肉冷冻等保鲜活动。

第三节　郧县近现代农田水利建设与耕作技术

一、农田建设

郧县的农业生产在长达几千年的封建社会里，都是粗放式耕作、"焚林草而田"。改田治地的主流形式多在山地荒坡，所造之地分为活水田、死水田、平原地、平衍地、漫坡地、陡坡地、山岗地、二荒地、荒地9类。自20世纪80年代起，郧县为减少水土流失，确保南水北调水源区洁净，漫坡地、陡坡地、山岗地、二荒地绝大部分已退耕还林还草，并正在逐步转换为果林、药材林或竹林。

郧县现代农田建设大致经历了四个阶段。

(一)"三治"(治山、治水、治土)阶段

1956年，翻山堰管理区党总支书记高华堂带领群众治水治土治山，改田造地，引水灌田，建造了郧县第一座水力发电站——红旗电站。当年，有一首歌广为传唱："郧县大堰乡，有个九里岗，三治红旗高华堂，赛过夏禹王。"《人民画报》刊登一幅诗配画："层层梯田像高楼，离天只有九尺九。半截伸在云霄里，白米要到天上收。"目前，"五四长渠"还在绵绵不断地灌溉着翻山堰村、黄土梁村、响耳河村、堰河村、洞耳河村、桃花沟村等6个村的数十万亩土地，1万余村民直接受益。

(二)20世纪60年代后期的大改梯田梯地阶段

1969年大柳区根治各种不良地1.8万亩，人平梯地1亩。1973年粮食总产量6515

吨，比 1970 年增长 57%，人平产粮 403.5 公斤。柳陂区青春大队 20 世纪 70 年代组织 80 多人常年改田造地，农闲集中 300 多人进行农田基本建设，总投工 13 万个，经过几年努力，搬运土石方 270 万立方米，新建水塘两口，修渠两条（长 5 公里），改梯地 575.5 亩，改田 110 亩，基本农田达到 1233 亩，人平 0.96 亩。1979 年粮食总产量 239 吨，比取得丰收的 1975 年增长 21.4%。

（三）库区建设阶段

新中国成立后，国家先后在汉江和堵河流域分别建成丹江口和黄龙滩两座大型水库，郧县被淹没良田 96014 亩。面临这一严峻现实，县委、县政府带领全县人民团结拼搏、重建家园，一方面抓库区内的改田造地，另一方面抓水土保持、治理小流域等工作。经过多年努力，取得阶段性成果。

（四）建设高标准农田阶段

21 世纪之后，郧县认真落实党中央、国务院"藏粮于地、藏粮于技"的政策，推进农业生产机械化、产业化、现代化建设。经过十余年努力，青山镇、安阳镇、谭家湾镇、青曲镇等乡镇建设高标准农田 4.24 万亩，项目总投资达 8480 万元。安阳镇、五峰乡等 7 个乡镇共计 20 多个村的高标准农田建设也取得辉煌成果。

二、水利建设

郧县河流纵横交错，水利资源丰富，郧县人民采取"蓄水为主，小型为主，自办为主"的治水方针，坚持不懈地进行水利建设。

（一）郧县近代的水利工程建设

郧县受地理环境和气候条件的影响，水旱灾害频繁。为抵御自然灾害，晚清、民国时期曾多次组织百姓兴修水利，防旱排涝。至 1945 年，全县有塘、堤、堰小型水利设施 1127 处，有效灌溉面积 5 万余亩。当时比较著名的水利设施有伍子胥堰（徐家堰、武阳堰）、仂圆渠等。

1. 伍子胥堰（徐家堰、武阳堰）

徐家堰（又名盛水堰、东大堰）位于城东 4 公里处的东茶亭梁子下段老鹰崖之间。武阳堰（又名西大堰）位于城西 10 公里处的堰河，堰址建在韩家院。因徐家堰、武阳堰是伍子胥带领兵民修建，所以又称伍子胥堰。相传，春秋吴国大夫伍子胥（名员，字子胥，又名申胥）为报杀父之仇，领兵 10 万伐楚，后屯兵郧县城 3 年，采用军民合作方式，共建了东西二条堰渠，灌溉城郊千亩良田，距今已有 2500 年的历史。郧县民众歌之：“春秋伍作堰，引水灌稻田，水足农舍秀，群黎庆丰年。”徐家堰、武阳堰经多次修复，灌溉面积现达 1000 亩。

2. 匌圆渠

匌圆渠在郧县青曲镇境内，因处于曲远河下游西岸，与对岸的“东大堰”相对，因此被百姓俗称为“西大堰”，其设施包括大坝和堰渠两部分。渠首位于姜疙瘩村的王家垭子，因大坝截流使曲远河水流入堰渠，然后流经周家坪、曲远河店、寺坪等村，灌溉农田约 3000 亩，同时提供了沿渠人民的生活用水。

（二）新中国成立后的水利工程建设

新中国成立后，郧县人民大兴农田水利建设，兴修了一大批蓄水、引水、提水、人畜饮水、堤防工程，灌溉、发电、供水、航运综合开发利用普遍，抗旱、防洪、排涝能力大大增强。

1. 蓄水工程

蓄水工程主要是巨家河水库、周湾水库、滔河水库和谭家湾水库。

巨家河水库位于汉江北岸细峪龙门村上游的巨家河。巨家河源于白桑关雷峰垭，主河长 30.7 公里，水库承雨面积 142 平方公里，总容量 1770 万立方米，水库灌区总面积 31.1 平方公里，1985 年建成，当时总投资 335 万元。

周湾水库位于梅铺，是以发电为主，兼顾灌溉的中型水库，也是逐步升级的水利电力工程。于 1985 年 2 月建成，总投资 539 万元，总库容 2840 万立方米，装发电机组 4 台，总容量 2520 千瓦。灌溉耕地 0.67 万亩，可解决 4 万多人和牲畜的饮水。

滔河水库位于南化塘镇的滔河上游，水源来自陕西省商南县，上游流域面积 1130 平方公里，境内流域面积 406 平方公里。它集灌溉、防洪、发电、养鱼等多种效益于一体。它是湖北省政府领导亲自关心指导建设的中型水库，总库容 7160 万立方米，灌溉面积达 7.6 万亩。

谭家湾水库位于谭家湾村 2 千米处棒槌河下游的红岭山与大尖山之间，是供水、防洪、发电等综合利用的中型水库。该水库始建于 1960 年，1966 年扩建加高，1993 年对水库再次扩建，扩建后总库容为 1080 万立方米。可保障 1 万亩农田灌溉用水，10

万人饮水，保护下游 10 万余人及 209 国道、大批工厂企业的防洪安全。

2. 引水工程

引水工程主要是徐家堰、"八一"渠、白岩渠和"五四"长渠。

徐家堰位于青曲镇，引用曲远河水，总干渠长达 18 公里。该堰可解决青曲镇 2 万多人和牲畜饮水困难，并兴建小水电站 1 座，装机容量 2000 千瓦，年发电量 700 万度，有效灌溉面积 1.2 万亩，成为该县万亩水利灌溉网络之一。

"八一"渠位于县城北 16 公里处。渠首在大堰乡上游的狮子河，拦水入渠，从渠首到县城，全长为 47 公里，有效灌溉面积 1200 亩。

白岩渠位于南化塘镇，1991 年动工修建。该引水工程主要用于发电，装机 2 台，总容量 3200 千瓦，灌溉农田 2000 余亩。

"五四"长渠位于城关镇翻山堰村和响耳河村，因全长 54 华里而得名。1958 年始建。支渠 9 条，总长 28.5 千米，灌溉耕地 220 公顷。

3. 提水工程

全县主要提水工程有两处：邓家湾提水站和响水桥提水站。

邓家湾提水站位于郧县县城汉江南岸的天马崖。该站属浮船式，是郧县最大功率的提水站。装机容量 2040 千瓦，水泵总流量 10 立方米/秒，扬程 125 米，设计灌溉能力 1 万亩，实际灌溉面积 0.35 万亩。

响水桥提水站位于杨溪铺镇杨溪铺村。该站分 3 级，一级为灌溉，二、三级为喷灌。总装机 195 千瓦，总扬程 143 米，提水流量 0.08 立方米/秒，架设管道 3500 米。

4. 喷灌工程

全县共有柳陂农科所、三红、王家岭和柏树垭 4 处喷灌站。

柳陂农科所喷灌站是 1979 年 10 月修建的机压、半固定式喷灌站。

三红喷灌站是 1980 年在毛家岭修建的自压、半固定式喷灌站，并配有装机 55 千瓦的提水泵站，年径流量 15 万~25 万立方米，喷灌面积 2400 亩。

王家岭喷灌站是 1981 年在茶店王家岭建成的机压、自压、半固定式喷灌站。装机 30 千瓦，安装 40 型喷头 150 个，各类管道 1.4 万米，喷灌农作物 4000 亩。

柏树垭喷灌站是 1982 年 9 月在桂花红山村柏树垭建成的自压、半固定式喷灌站，引桂花大渠水，流量 0.8 立方米/秒，可喷灌 800 亩。

5. 人畜饮水工程

为解决人畜饮水困难，县委、县政府发动农民，并且投资支持，凿井挖塘、开渠引水饮用，至 1994 年，省、地、县三级共投资 660.5 万元，兴建人畜饮水工程 2452 处。其中，引水工程 104 处，蓄水工程 2300 处，提水工程 28 处，屋面接水 7 处，打机井 13 眼，共解决 12.5 万人 9.25 万头牲畜饮水困难。

6. 堤防工程

全县堤防工程有两处：柳陂围堤和丹江河堤。

柳陂围堤位于郧县城汉江以南。围堤始建于 1969 年，总体工程全长 3821 米，主堤坝长 630 米，坝顶高 160 米。

丹江河堤位于鄂、豫、陕三省结合部的白浪镇丹江村和郭沟村。20 世纪 90 年代初，水利部、长江水利委员会会同河南省、湖北省政府及各级水利部门，按照稳定河势、稳定社会、确保防洪安全的原则，对荆紫关河段的防汛工程统一规划、统一实施。但由于种种原因，工程多次停工。2005 年春夏之交，鄂豫两省沿岸群众曾为防洪"丁"字坝发生激烈矛盾，经郧县政府主要负责人亲自处理，并主动到淅川县联系协调、到省政府和国家长江委汇报争取，当年 6 月 18 日，水利部、长江水利委员会、河南省政府、湖北省政府正式签订工程实施协议，按照长江委新调整的工程设计再次动工建设并顺利推进，2005 年 6 月 22 日工程复工，2006 年 9 月主体工程完工。该项工程国家共投资 2245 万元，修建防洪大堤 4800 米，拆除丁坝 12 座，加高加固堤防 1900 多米，使沿岸 2000 多亩耕地得到保护，两省 2.5 万名群众安全得到保障。在郧县境内，兴建、加高加固白浪河堤 1950 米，保护耕地 86.67 公顷。

郧县如火如荼的水利建设，在水利管理、水土保持、抗旱防汛诸方面都卓有成效。

7. 水窖工程

20 世纪末，郧县连续数年大旱，为解决饮水问题，老百姓采用屋檐接水，经过沙石、石灰池过滤和清水池沉淀再进入蓄水池，然后定期消毒。当地群众为创造发明的这种蓄水设施起了一个名字叫"水窖"。在抗旱的过程中，水窖立下了汗马功劳。郧县缺水乡镇以户为单位建水窖，政府以奖代补予以资助，全县建水窖数万口，缓解了当时缺水农村的饮水困难。

三、农具和农业机械制造及其发展

郧县传统的农具数量较多，随着生产力的发展，先后出现机械半机械、自动化半自动化农具。

（一）农具种类

全县农具有七大类。

1. 耕地整地工具

耕地整地工具用于耕翻土地、平整田地等作业。经历了从耒耜到畜力犁的发展过程。汉代畜力犁成为最重要的耕作农具。魏晋时期北方已经使用犁、耙、耱进行旱地配套耕作；宋代南方形成犁、耙、耖的水田耕作体系。

2. 水田耕整地工具

主要有耕、耙、耖等，这套耕作体系在宋代已经形成。晋代发明了耙，用于耕后破碎土块。宋代出现了耖等水田整地工具，用于打混泥浆。

3. 灌溉工具

商代发明桔槔，周初使用辘轳，汉代创造并制作人力翻车，唐代出现筒车。筒车结构简单，靠流水推动。

4. 收获工具

收获工具包括收割、脱粒、清选用具。收割用具包括收割禾穗的掐刀、收割茎秆作物的镰刀、短镢等。春秋时出现的脱粒工具梿枷在郧阳得到普遍使用。明清两代脱粒以簸箕、木扬锨、风扇车为主。风扇车的使用领先西方近千年。

5. 加工工具

加工工具包括粮食加工工具和棉花加工工具两大类。粮食加工工具从远古的石臼（碓窝）、石磨盘、石碾发展而来，汉代出现踏碓，石磨盘则改进为磨、砻。南北朝时期出现了碾。元代棉花成为中国重要纺织原料，棉搅车、纺车、弹弓、棉织机等棉花加工工具得到普及。

6. 运输工具

担筐、驮具、车是农村主要的运输工具。担筐主要在山区或运输量较小时使用，车主要使用在平原、丘陵地区，其运载量较大。

7. 播种工具

耧车是中国最早使用的播种工具，发明于东汉武帝刘秀时期，宋元时期北方普遍予以使用。水稻移栽工具——秧马，出现于北宋时期，是拔稻秧苗时乘坐的专用工具。秧马的出现减轻了弯腰曲背的劳作强度。

（二）农业机械发展

20 世纪 50 年代初期，郧县仍主要使用传统的犁耙、镰刀等。50 年代中期，低丘陵地区开始由三寸老式铁犁改为七寸新式步犁，双轮双铧犁、10 行条播器等半机械农具也得到示范推广。之后，各种机械化农机具的品种和数量逐年增加。1994 年底，全县共有各类农业机械 21264 台，其中大型拖拉机 3457 台，小型拖拉机 167 台，推土机 13 台，柴油机 1142 台，电动机 3817 台，机动脱粒机 3457 台，扬场机 36 台，碾米机 2199 台，磨面机 2549 台，榨油机 379 台，轧米机 96 台，淀粉加工机 1687 台，机引犁 120 部，机引耙 19 部，旋耕机 68 台，机动插秧机 1 台，机动收割机 2 台，喷灌机 48 台，机动喷雾器 76 台，化肥深施器 30 台，种子精选机 4 台，增氧机 3 台，农用船 411 只，农用汽车 74 辆，农用水泵 330 台；农业机械总动力 70989 千瓦。2008 年，农机总动力 248251 千瓦。

（三）农机制造与改良

1989 年 5 月至 1992 年 10 月，郧县研制成功适应坡度在 60 度以下山坡作业的龙须草收割机，可用于小麦、水稻、牧草等作物收割。1994 年，鲍峡镇农民鲁习军成功研制农家多用机，获得国家专利，并于 1995 年与县汽运公司兴通汽配厂达成批量生产协议，当年生产 200 余台，畅销市场。大堰机械厂研制成功旋耕机，当年投放市场 10 余台。1997 年，杨立柱与县供销社汽修厂合作，成功研制净籽脱粒机并生产 100 多台。同年，青曲镇农民易凡奎研发的自制脱粒机成功投产。县机械电子工业公司余春革、刘成川、张晓、沈仁云等人研制成功 5TV-110V 型脱扬机，脱粒和抛扬一次性完成，每小时脱稻谷约 1.5 吨，脱麦约 1.73 吨。1999 年，大堰机械厂技术员黄伟研制成功 ST-35 型脱粒机，市场销售逾万台；同厂研制成功的"堰山"牌家用型压面机和杨溪机械厂研制成功的中型压面机在市场畅销。至 2000 年，柳陂机械厂（华生工贸公司）成功研制"柳星"牌 1GL-85 型微耕机，生产 100 余台。同年 9 月，经省农机鉴定站鉴定，该机获得农业机械推广许可证。

四、耕作技术

（一）耕地改造

郧县是一个以小麦为主的旱粮县，坡地占旱地的 64.7%，瘠薄地占坡地的 68.1%，

71

水田只占耕地的 16.9%，产量只占粮食总产的 17.5%。进入 20 世纪 60 年代，郧县对耕地进行改造，大搞农田基本建设，耕地质量和谷物收成都有所提高。

（二）种植改革

包括单季稻改双季稻，春红薯套种春苞谷或豆类作物，苞谷地里再套种红薯，或小麦预留行套种苞谷、苞谷地里再套种豆类作物等，改一熟为两熟，再改两熟为三熟，这些改革，使得农作物产量得到大幅提升。

（三）品种配套改革

包括低产种改高产种，高秆改矮秆，常规种改杂交种，单一种改多品种，早中晚搭配，籼稻改粳稻，罹病种改高抗种或免疫接种等。积极推广良种。21 世纪，良种生产逐渐向专业化、质量标准化、脱粒机械化、更新制度化转变。

（四）肥料使用

郧县 20 世纪 50—60 年代，开始提倡每亩百担肥，县城附近的农民进城在大街小巷叫卖大粪。山区农民铲草皮，刮稻场，挖阴沟，挑河沙，运塘泥，换墙土，铲田埂，拔草根，甚至带着干粮打青肥。60 年代后期办碳酸氢铵厂。为推广磷肥，发展绿肥，1962 年郧县在茶店区长岭乡和杨溪区胡家乡办肥料基地，对小麦、豌豆、水稻、红薯、苞谷等作物试用磷肥，水田试种苕子、紫云英等绿肥。进入 80 年代，开始油菜喷硼、水稻和苞谷施锌等微肥试验，取得较好效果。同时采用配方施肥技术。推广小麦、水稻、玉米等专用复合肥，大面积喷施微肥和植物生长调节剂。

（五）栽培技术

郧县栽培技术革新，主要以水稻、小麦、苞谷、红薯为主。

1. 水稻

传统方法是平秧母子田，下芽子。20 世纪 50 年代中期，推广土坑催芽法。60 年代推行薄膜土温室蒸气催芽及少量隔年发芽，或牛粪催芽法等。70 年代，改深水长芽露秧长根法为先湿润露秧长根灌溉长芽法，又发展为薄膜内润灌长根，浅水长芽先小通风后大通风炼芽揭膜法，直到三叶期灌深水揭膜的育秧法。

2. 小麦

传统方法是采用撒播和点播的方法。1970 年代，全县小麦实行良种化、条播化种植法。70 年代后期，县原种场经过多年摸索总结出在小麦第二节生长的春季分蘖和小花两个两极分化时期进行追肥的方法，促进分蘖、扬花，在总用肥量相同的情况下，采用此法可增产 9% 以上。

3. 玉米 (郧县习惯称苞谷)

鄂西北区域的传统方法是种大茬 (春) 苞谷和毁茬 (秋) 苞谷。20 世纪 50 年代前期，郧县开始推广双胞棵种植法，后又发展为坑带种植法，同时推行苞谷预留行种植、苞谷营养钵育苗移栽、苞谷立体套种等新技术，使苞谷单产逐年递增，1993 年亩产达到216 公斤。

4. 红薯

20 世纪 60 年代郧县开始推广沙地薄膜育苗，70 年代后期又推广薯藤秧塑料大棚越冬和改浅耕为深耕，改稀植为合理密植，改单行独堆为双行错窝，改薯窝底肥为全层施肥，改少节立插为多节平插及套种绿肥、绿豆、芝麻、苞谷种植等法。

(六) 病虫防治

郧县常见的虫害有 190 种，病害 123 种。20 世纪 50 年代初期，治虫基本以捕捉为主。50 年代中期农场始用药械防治，逐步普及全县农村，由棉花逐步发展到各种作物。70 年代，除病虫药、除草剂继续在农村推广使用。喷粉、喷雾动力机开始在农村普及。1986—1994 年，引进推广新型农药 40 多种。

五、粮食仓储

(一) 农户自储粮食

郧阳一般在夏秋两季收获庄稼。在统购统销的年代里，国家根据农民生产和国家建设及农民生活的需要确定粮食自留量、粮食收购量，生产粮食的农民按国家规定的粮食品种、数量和价格将余粮售给国家。党的十一届三中全会后，从 1985 年起，除个别品种外，国家不再向农民下达农产品统购派购任务，按照不同情况，分别实行合同定购和市场收购。农户储藏粮食用木仓、穴子、木桶等用具就可以了，个人储藏红薯一般用地窖。

(二) 国家储藏粮食

贮藏粮食需要仓房、货场 (或晒场) 和计量、输送、堆垛、清理、装卸、通风、干燥等设施并配备有测量、取样、检查化验等仪器。国家在郧阳设置的粮库的条件都较好，防潮、隔热、密闭和通风的房式粮仓或地下粮仓可确保储粮安全。

第四节　郧县农业生产组织与现代农业发展

郧县是传统农业大县。从自给自足的小农经济发展到实行联产承包责任制、统分结合的社会主义集体经济，从粗放型农业发展到集约型农业，并正在向工业化农业、生态农业发展。

一、以家庭为单位的农业

以家庭为单位从事农业生产劳动，可以分为两个阶段，一是土地作为私有财产阶段，二是土地公有制、实行家庭承包责任制的阶段。

中国古代大多以家庭为单位从事农业生产劳动，"男耕女织"，家庭农业与家庭手工业紧密结合，形成了一种自给自足的自然经济。

自然经济时期地主占有大量土地，而地主不耕种，将土地租课给贫苦农民，靠收取租金(俗称"吃课")过日子。地租形式在郧县有 4 种，分别为物租、力租、钱租和混合租。

新中国成立后，党和政府领导人民进行土地改革，废除封建土地所有制，实行土地的社会主义公有制，即全民所有制和劳动群众集体所有制。党的十一届三中全会后，实行家庭联产承包责任制改革，土地在社会主义公有制条件下，以家庭为单位从事农业生产劳动，农民由单纯的劳动者变成既是生产者又是经营者，农民的生产积极性和土地的潜力得到较好的发挥。

二、互助合作农业

自 1949 年 3 月开始，郧县经历了互助组、初级合作社、高级合作社三个阶段，到 1956 年，互助合作化运动完成了社会主义改造。

(一)互助组

郧县的农业互助组 1949 年 3 月叫"换工互助"，由郧阳地委工作队在茶店长岭村采取"自愿互利"的原则，先后成立 37 个互助组。规定干 1 天活，记 1 天工，按每天 10

分计算，适当评分记工，少数无力换工的，以每个工给小麦 1 升计算，做到日清月结。互助合作初步解决了农业用工不足的困难。

(二)农业生产合作社

农业生产合作化是把个体农业经济改造为集体农业经济，使农业生产关系发生根本性变化。新的生产关系推动了生产力发展，提高了粮食单位面积产量，提高了农业生产总值，改善了群众生活。

郧县实行农业生产合作化是从 1953 年开始的。同年 8 月，郧阳地委在茶店长岭乡试办郧县第一个具有半社会主义性质的农业生产合作社。农民张天书依靠 5 名共产党员和 4 名共青团员，按照"自愿入社、土地入股、耕牛农具折价入股，60% 按工分计酬，40% 按股分红"的办法将 12 户农民组织起来，成立农业合作社，取名"爱国初级社"。1955 年爱国初级社发展到 91 户。随后在郧县县委领导下，爱国初级社发展到 337 户时改名为东方红高级农业合作社。同年秋，为贯彻中央《关于农业合作化问题》的指示，批判合作化道路上的"小脚女人"，全县初级社及部分未入社的农户绝大部分入社，建成高级社 789 个，入社农户占总农户的 97% 以上。1957 年，张天书被评为全国劳动模范并出席全国劳模大会，受到毛泽东等中央首长的亲切接见。

三、集体化农业

1952 年底，郧县完成了土地的社会主义公有制，即全民所有制和劳动群众集体所有制。

(一)人民公社

1957 年 11 月、1958 年 8 月，郧县先后发起了"大跃进"和人民公社化运动。郧县的人民公社化运动的基本特点概括为"一大二公"。所谓"大"，就是规模大，原来一两百户规模的农业生产合作社合并成拥有四五千户甚至一两万户的人民公社。所谓"公"，就是公有化程度高，几十个贫富不同、条件各异的合作社合到一起，财产全部上缴公社，由公社统一核算、统一分配；实行供给制与工资制相结合的分配制度，社员在公共食堂吃饭不要钱；实行组织军事化、行动战斗化、生活集体化的管理模式，此种方式急于求成，违背了经济社会的发展规律。

(二)家庭联产承包责任制

1979 年，中共十一届三中全会后，郧县开始实行定额管理责任制。1980 年 11 月，县委传达贯彻省委、地委农村工作会议精神，派工作组深入梅铺公社、谭山公社进行家庭承包责任制试点工作。12月，郧阳地委宣传部、郧县县委和茶店公社党委联合调查茶店公社实行专业承包责任制情况。郧县实行联产承包责任制后，激发了农民生产积极性，粮食产量大幅度增长，农民不再饿肚子，农村面貌焕然一新。但是，农村生产资料，特别是土地由集体统一经营转变为农户分散经营，不少生产大队将橘园等多种经营园地分别承包给各户经营，生产大队成为"空壳子"（集体没收入）。农村出现堰渠维修、抗旱等需要集体办理的事情无人负责的情况。1984年，县委制发《关于放宽农村经济政策的若干问题》文件，决定稳定粮食生产，大力发展多种经营，农村实行双层经营体制（家庭承包为基础、统分结合），将土地承包期延长到15年以上。

1998年，郧县在第一轮土地承包基础上启动农村土地二轮延包试点工作。郧县各级领导干部带领人民艰苦创业，2000年5月，南化塘镇白龙村五组组长黄寿科被评为全国劳动模范，并出席全国劳模大会。2003年，全县范围内完成农村土地第二轮承包工作。以家庭承包为基础、统分结合的双层经营体制，提高了农民生产的积极性，促进了农业经济的发展，农村面貌发生了前所未有的变化。

四、现代农业发展

农村发展工业生产和农业生产工业化是农业发展的方向，郧县的工农业融合发展起步较早，取得了一定成就，积累了不少成功经验。

（一）农村发展工业生产

郧县农村发展工业生产是从乡镇企业发展起来的。1954年，县成立手工业管理科，乡镇企业开始逐步壮大。1994年，全县乡镇企业达15533家，从业48175人，完成产值61203万元。

1. 种植企业

20世纪50年代后期郧县出现种植企业。全县各地先后办起林场，主要任务是育树苗，植树造林。进入80年代，种植企业明显增加。郧县按照"库区柑橘路边菜、高山远山木瓜带、养殖小区点带面、合理发展桑药茶"的区域布局，加快"果菜药畜桑"各类特色产业基地发展，取得显著成绩。

2. 养殖企业

郧县养殖业养殖的主要品种有猪、牛、羊、鸡、鸭、鱼、兔、蜂等。1994年，全县养殖企业149个，从业447人，年创产值921万元。

3. 机械工业

1994 年，全县乡镇企业有机械工业企业 294 家，从业 8289 人，年产值 2.4 亿元，占全县乡镇企业总产值的 60%。年生产铁制农具 41 万件、汽车配件 88.24 万件、铸铁件 9560吨、铸铁管 250 吨、改装车 800 台，粉碎机 320 台、小钢磨 270 台、压面机 20200 台。

4. 农副产品加工业

郧县乡镇企业中的农副产品加工起步于新中国成立初期。1994 年，企业有 2110个，产值 2380 万元，占全县乡镇企业工业总产值的 6%。

5. 建筑企业

1994 年郧县有建筑企业 609 个，其中，集体企业 21 个，个体企业 588 个，从业4803 人，年产值 7291 万元，占全县乡镇企业总产值的 18.3%，实现利税 721 万元。

6. 建材企业

1994 年，郧县建材企业有 326 家，职工 26126 人，完成产值 9442 万元；同年，全县有窑砖厂 60 个，轮窑砖厂 15 座、280 门，年设计生产能力 22560 万块。

（二）农业生产机械化

"农业的根本出路在于机械化。"郧县的农业生产工业化主要是指农业生产机械化，就是在农业各部门中最大限度地使用各种机器代替手工工具进行生产。郧县农业生产机械化发展，大致分为两个阶段。

第一阶段，新中国成立至 2008 年，主要抓农机具推广。至 1994 年底，农业机械总动力 70989 千瓦，农业机械总值 3032.73 万元（其中全民所有 30.65 万元，占1.02%；集体所有 909.8 万元，占 29.99%；农户所有 2092.28 万元，占 68.99%）。郧县农业机械化工作具体由县农机局和乡镇农机站组织实施。

第二阶段，2009—2014 年，郧县农业机械化大发展阶段。郧县农机系统干部职工以争取国家农机具购置补贴为抓手，以服务"三农"为己任，使得农业机械化的建设步伐明显加快。2011 年县农机局被省农机局授予全省油菜机械直播先进单位称号，3 人被省农机系统评为先进工作者；2012 年被省农机局、安监局授予平安农机创建示范县荣誉称号；2014 年获得全省农机具购置补贴绩效考评先进单位、十堰市农机化工作先进单位等称号。

五、当代生态农业建设

新中国完成社会主义改造后，就提出了新农村建设要求，历届郧县县委、县政府一心一意谋发展，聚精会神搞建设，砥砺前行，踔厉奋发，用实干建设生态农业，建设社会主义新农村。2005 年 10 月以后，郧县的新农村建设步伐明显加快。

（一）做好"进、退、增、减"环保文章

"进"，就是有针对性地引进新兴产业，打造现代产业体系，培育新的经济增长点；"退"，就是在产业培育上有序退出高能耗、高排放、高污染产业；"增"就是大力推进生态文明建设，大力发展低碳经济、绿色经济、循环经济，增加绿色环境；"减"就是坚定不移地推进节能减排，促进低碳发展。

（二）项目引进做到"四个不上"

从 2003 年起，县政府引导全县牢固树立"资源就是资本，生态就是生产力"的思想观念，坚持把生态环境建设贯穿于经济社会发展的全过程。项目引进坚持做到"四个不上"：对不符合国家产业政策的项目不上，对不符合国家环保标准的项目不上，对不符合城市建设总体规划的项目不上，对未执行环境影响评价的项目不上。对资源开发性项目设立较高的环境保护门槛，拒绝了大量资源耗费型或环境污染型工矿业项目。据不完全统计，从 2003 年到 2014 年，郧县先后拒绝 20 多家企业、30 多个项目、近 10 亿元的不符合环保要求的投资项目；关停了支撑郧县经济"半壁江山"的龙头企业郧阳造纸厂、郧阳水泥厂、郧县皂素厂等 20 多家环保未达标的企业和 60 多家矿产开采企业；对汉江沿岸 500 米范围内的 8 家涉水企业和 10 个市政排污口进行了专项整治，对32 家重点排污企业实行持证排放等。同时加快推进环保项目建设，积极争取水污染防治项目，投资 8400 多万元建成日处理 2.5 万吨的污水处理厂，投资 2980 万元建成日处理 220 吨的垃圾无害化处理场。为此，2007 年，时任县长柳长毅被湖北省政府表彰为"全省环境保护十佳先进人物"。

国家实施南水北调中线工程后，郧县加大对汉江水质的保护力度，制定出台了禁止在汉江两岸 1.5 公里范围内新建工业项目的措施，并对汉江沿线建房、水上餐饮、网箱养鱼、河道采砂等进行清理整治。大力推广清洁生产，发展循环经济，树立一批环境友好型企业典型。争取省、市专项资金支持，配置现代化的环境监察监测设备，为打造碧水蓝天的"坝上第一县"奠定坚实基础，保证南水北调汉江水源水质安全。

（三）大力发展农村生态经济

郧县结合新农村建设，大力整治农村面源污染，并组织实施小流域综合治理、水

土保持、生态修复、农村沼气能源建设等一系列生态重点项目工程。发展以保护生态、发展循环经济为中心，以增加森林资源总量、提高森林覆盖率和造林绿化质量为重点，以退耕还林、长防林、石漠化治理工程、保护母亲河、生态公益林等国家重点工程为依托，大力实施人工造林、封山育林等生态工程，采取造、封、管、护相结合，集中会战、专班造林与分散承包相结合的措施，构建山顶山脊防护林、山腰山坡经济林、山脚沟洼丰产林、道路村庄环保林、田埂沟坡灌草林的环保布局模式，大规模、全方位组织人工造林，发展库区生态经济和绿色产业。郧县组织专班长年坚持绿化汉江两岸石漠化荒山的成效，得到国家林业局和湖北林业厅的多次表彰。

进入新千年后，郧县政府积极引导农民大力发展柑橘、木瓜、桑蚕等无公害农业和特色产业，构筑水源地生态屏障。2002—2014 年，全县累计完成人工造林 70.53 万亩，其中：退耕还林工程造林 16.5 万亩，长江防护林工程累计造林 3.7 万亩，保护母亲河工程 3 万亩，低产林改造 1.2 万亩。封山育林 214 万亩，新增公益林 58 万亩，"四旁"植树 550 万株。先后建成木瓜基地 21.13 万亩，柑橘基地 5.6 万亩，核桃基地 2 万亩，杉竹速生用材林基地 13 万亩。全县森林面积达到 230 万亩，森林覆盖率达到 43.6%，年均增加 1.5 个百分点，为构筑山川秀美的生态县打下坚实基础。

（四）夯实农业基础，建设生态农业

以农田水利基本建设为载体，以小流域治理为依托，郧县整合土地、水利、农业、林业、移民等单位项目资源，建设生态农业。采取建水窖、清库塘、修渠堰、坡改梯、旱改水的兴水、治水措施，蓄住天上水、涵养地下水。坚持治理与开发相结合，治坡与治沟相结合，蓄水保湿与科学排涝相结合，科学规划，分片治理。2007 年启动 4 万亩石漠化治理项目，综合治理小流域 15 条，新治理水土流失面积 300 万亩，新建产业基地 665.8 公顷。确立"一区两带"（"一区"即市郊型生态观光农业示范区；"两带"即汉江沿岸百公里生态经济带和以小城镇建设为载体的国道沿线综合开发经济带）农业综合开发新思路，坚持打基础、管长远、创特色、抓示范，全力建设农业综合开发新亮点。着力推广畜沼果、畜沼菜等生态农业模式。郧县建成农业特色产业基地面积 70 万亩，基本形成"库区柑橘、路边菜、山上木瓜、小区养殖"的生态产业格局，培育农产品加工企业 20 多家、专业合作组织 60 多家，建成一批特色产业专业村。

（五）改善农村居住环境，建设生态家园

自 2005 年起，郧县抢抓国家新一轮扶贫开发和新农村建设历史机遇，大力开展以沼气为主的生态家园和农村能源建设，重点实施农村用户沼气工程、南水北调水源区农村能源项目建设，按照道路硬化、村庄绿化、庭院净化、环境美化、生态优化的"五化"目标建设生态家园。全力推进"一建三改"（建沼气池，改厨、改厕、改圈）生态工程，广泛采取改灶节柴、以沼气代柴、舍饲圈养治理模式，实现一沼多能、一沼多用、一沼多收的农村能源建设目标，有效保护森林植被。推广实行"畜—沼—果、鱼、菜、粮、茶"循环发展的生态农业模式，沼气建设已覆盖全县90%的乡镇，入户率60%，每个新建沼气池的农户每户补助1200元。建成"生态家园富民计划"示范村14个，如茶店镇樱桃沟村、柳陂镇王家学村等。为解决沼气建设"重建轻管"的问题，郧县在每村固定1~2名技术员做好后期服务，通过村技术站、沼气服务网点、镇农业办三级网络建设，及时解决沼气使用中出现的问题。积极探索农村沼气管理新模式，全县成立200多个村沼气协会，初步形成镇、村、户三级沼气管理网络。推广沼气应用不仅可以节约能源、减少支出、改善居住环境，而且对森林植被保护起到不可低估的促进作用。

生态农业的建设，促使郧县的天更蓝、山更绿、水更清，群众居住和生活环境得到很大改善，涌现了樱桃沟村、王家学村、舒家沟村、土地沟村、南化塘村、白泉村、肖家河村、堰河村、西寺沟村等一大批生态旅游名村，成为鄂西北农村观光旅游的靓丽名片。

（六）观光农业建设

进入21世纪，郧阳开始观光农业建设。2010年成立汉江绿谷，2011年成立安阳生态有限公司，2012年成立湖北子胥湖生态新区开发有限公司，2013年成立十堰市月亮湖生态农业开发有限公司，2014年建成十堰青曲伟超家庭农场。共建成观光农业示范园18个，建成三产融合基地39个，其中省级示范点4个。

（撰稿：张海彦　编审：傅广典　柳长毅　王贤文）

参 考 资 料

1. 郧县地方志编纂委员会：《郧县志》，湖北人民出版社2001年版。

2. 郧阳区史志办公室：《郧县志》，长江出版社2015年版。

3. 蓝善清：《万古一地——郧阳》，长江文艺出版社2016年版。

4. 王天富：《郧阳民俗》，中国文化出版社2014年版。

5. 郧县地方志办公室：《郧县年鉴》（2006—2007、2008、2010、2012、2013、2014、2015）。

第二章　郧县工业文化

郧县的工业化进程经历了漫长的手工业时代，随着社会的发展逐步有了门类齐全的现代工业基础，并且取得了地方经济发展的主导权，引领郧县经济快速腾飞。

第一节　郧县工业发展历程

一、新中国成立之前的工业发展状况

19 世纪中叶，郧县工业处于手工制作阶段。工业门类主要是铁、木、竹、石、陶瓷、纺织、造纸、榨油、酿酒、卷烟、制粉、制皮、淘金等行业。产品主要有麻布、家织布、丝绸、桐油、麻油、皮革、白酒、黄酒、蜡烛、烟丝、金银首饰、竹木家具、陶碗、砖瓦等。光绪至宣统（1875—1912）年间，县城的豆类加工、榨油、酿酒、造纸、挂面等独家手工业作坊已粗具规模，独户单营的小炉匠、箍匠、弹花匠等手工业者逐渐增多，主要生产各种木器家具、雨伞、竹篓、缆绳等生产、生活用品和装饰品。店坊兼备的纺织业、印刷业、制药业开始兴起。食品制作、纸扎、刺绣、雕刻等制作工艺日趋精细。

民国时期（1912—1947 年），郧县工业整体上仍处于手工业制作阶段。这一时期外地的糕点、冶炼、缝纫、针织、照相、制皂新技术传入本县。抗日战争时期，河南难民给本县带来丝织和制革新技术，山西难民带来制皂新技术，老河口难民带来刺绣新技术。本县传统手工业制作技术与外地传入的新技术逐渐融合，形成工业新特色。这一时期，造纸业已由个人开办的纸厂发展成为郧阳造纸厂，印刷从个人开办的文印馆发展成为印刷厂，纺织业由个人开办的纺织作坊发展到纺织厂和织布厂。1942 年 5 月，第五战区资源管理委员会工业管理局被服第八厂、军政部第七军需局第六被服厂先后迁入郧县。1949 年 9 月底，郧县有全民织布厂 1 家，集体纺织厂 2 家，个人纺织作坊 68 户，织布机 94 台、239 人，纺线 193 户，纺车 996 架、584 人。

（一）机械矿产手工业

1. 机械

抗日战争时期，湖北省建设厅在郧县黄龙滩兴建黄龙滩修车厂，负责维修往来老（河口）白（河）公路运送抗战物资的汽车。当时，原材料紧缺，工人用碎玻璃代替气门沙，用废铁轨做钢板，用空炮弹筒加工连杆缸套。1944年，国民党政府军第二十六军后勤枪炮修械所进驻郧县。抗日战争胜利后这些工厂相继停产或撤出。1948年1月，新成立的郧县人民民主政府为剿匪和准备进军汉中的需要，组织原修理人员，重建枪炮修械所。次年1月该所被解散。

2. 化工

清朝末年，郧阳城北门会仙桥旁设有火药局。民国时期，郧阳城有数家土硝、纸炮、鞭炮作坊，乡间集镇有鞭炮铺。1938年，山西难民张子齐逃到郧县，给本县带来制皂技术。随后本县有2户、13人从事肥皂生产，主要生产僧帽牌肥皂。1948年，郧县城内有6户专门生产和销售肥皂，3户兼营肥皂生产和销售，主要产品有僧帽、济昌、长城等16个品牌。

3. 金

近代以来，郧县沿汉江两岸每天都有淘金者千人，自由淘金，盈利很高。从1940年起，黄金由政府统一收购，县政府对黄金生产、销售提高收购牌价，临时派人进行技术指导，严禁走私黄金。1948年新生的郧县人民民主政府组织40余人在县城北面汉江岸边淘金，日产黄金1两上下。

4. 银

清朝末年县城有小炉匠，从事钉盘子、钉碗或打制金银首饰的手工生产。1937年在关帝庙成立银楼工会，吸收金银制品生产者入会，会员17人。制品主要是耳环、手镯、银簪等制品。

5. 铜

郧县安城铜矿在春秋战国时期就进行过开采、冶炼。遗址出入口有两处（山顶、山腰各1处），两洞相距200米。洞内有条状、窝状采矿遗迹。遗址面积约6万平方米。安城铜矿遗址是汉江中上游发现的唯一保存最完好、最大的冶铜遗址。清代，本县小炉匠可制铜勺、铜铲、铜盆等铜制品。民国时期的银楼业也兼制铜制品，如铜簪等。

6. 铁

1917年、1932年，郧县鲍峡视池、白果树等地有人合伙开办民生锅厂、许裕锅厂。

7. 建材

20 世纪初期，郧县茶店、蓼池、大堰等地利用当地石灰石，烧制石灰。砖瓦烧制可追溯到明朝以前。清代到民国时期，砖瓦生产有合股的，也有独家开的，主要是烧制青砖、青瓦，其工艺在当时的鄂西北地区堪称一流。

8. 纺织

20 世纪初期，郧县就有棉、针织业和缫丝业。缫丝业散处于农村。棉、针织业有一定规模。1934 年，县十善会以商业集股形式，成立妇女习艺所(纺织厂)，首次招收 6 名工人，设备有木机 5 部、铁机 1 部，月产窄土布 80 匹，在鄂豫陕毗邻地区首创办厂先例，职工后发展到 53 人，其中职员 8 人、技术工人 13 人、学徒 32 人，并从农村选派能人进厂学习纺织技术，学成后回农村收徒传艺。抗日战争时期，本县的纺织业产量下降。

9. 造纸

清朝至民国时期，郧县主要是私人建纸厂，造火纸、皮纸和草纸，自产自销。火纸、皮纸除在本县销售外，还销往均县、老河口、襄阳、汉口等地。抗日战争时期开始合伙造纸，纸厂有 12 家，从业者 62 人。在本县大峡口、黄龙滩开办 1 个官商合资的股份制纸厂，股金 22 万元(法币)，生产改良纸。

10. 印刷

清同治五年(1866 年)印有县文昌宫藏版的《县志》(属木刻印刷)。清光绪至宣统年间，郧阳城有文渊堂等印刷馆、堂。辛亥革命(1912 年)后，郧阳城有文洲堂、会文印刷馆。1931 年，县城有志城报社印刷车间，使用机器铅印报纸及中小学课本和其他书籍、簿册、契约等。到郧县解放前夕，印刷业户有会文、华昌、德昌印刷社等。私营印刷馆主要承印账簿、表册、契约、发票，官办印刷馆、社主要承印报纸、杂件和第八行政督察区所属几个县的中小学教材生产。

11. 制鞋

清末至民国时期，郧县主要用龙须草编织草鞋，多数自制自用，上市交易相对较少。民国时期，郧阳城有张华记、马兴顺 2 个鞋铺，主要生产布鞋，皮鞋鞋底、鞋帮，车马挽具等。1949 年春夏期间郧阳城从事制鞋业的妇女近 2100 人。做 1 双鞋可得 4 公斤苞谷，2 月至 4 月做支前布鞋 12 万双。

12. 中药制作

1944 年，县城公盛荣药铺加工膏、丹、丸、散等中成药 64 种。1949 年 9 月，郧阳市(郧县城)有全民工业、集体工业和个体手工业 3 种所有制形式,专兼营手工业者共 2000 多人。

13. 制烟

清末民初,县城的烟丝手工业作坊有 40 多家,丝烟加工兼销售者 100 多人。1940 年,本县成立民间丝烟同业公会,会员 20 多人。1947 年,县丝烟铺有 24 家,从业 100 多人。

(二)食品加工业

郧县食品加工业在清朝制作技术基础上缓慢发展,民国时期初显特色。人们把当时的食品制作概括为:"时东海的餐馆玉金的面,宋六娃的清汤味道鲜,丁团的馍馍王谭的烟,庆和楼的黄酒醉八仙。"

1. 糕点

1916 年,郧县城内有人创制麻糖。1938 年,郧县城内从事糕饼业店铺的有王义大、蒙正兴、荣昌德、德盛福、同兴德、王义茂、长发泰、陈盛侦 8 户,从业 35 人,资本金 6860 元(法币)。

2. 酱醋

清末县城有王义茂酱园铺。民国时期,郧阳城有酱醋手工业作坊 10 多家。解放战争时期,城关以醋业为主的陈杰(外号"量罐子")醋厂,资产已达 40 余万元(法币)。酱醋业手工作坊(厂)主要生产酱油、酱制品、食醋和其他调味品(五香粉、八大香)。

3. 酿酒

郧县酿酒以黄酒、白酒为主。以糯米为原料制黄酒,以玉米、高粱、红薯、大米为原料制白酒。在清代,郧县民间酿造的黄酒很有名气,人称郧县老黄酒。新中国成立前夕,本县城乡私营酿酒业户已年产白酒几十吨。

二、新中国成立后及新世纪工业发展情况

(一)新中国成立后工业发展情况

郧县于 1947 年 12 月 30 日得到解放,1949 年 10 月中华人民共和国成立后,郧县工业逐渐由手工制作发展到半机械化或机械化作业。到 2012 年底已有机械、化学、建筑、采矿、食品、水电、交通、纺织、服装、医药等 10 个主要行业,工业门类相对齐全,形成具有郧县特色的工业体系。

1949 年底，郧县国营工业企业 1 个，街办和集股办工业企业 3 个，个体手工业者 960 户。1952 年国营工业企业 8 个，个体工业企业 1246 户。在原郧阳地委和郧县县委领导下，郧县走了一条由传统手工业向现代机械化、规模化工业的转变发展之路。到 1994 年郧阳地区和十堰市合并时，全县独立核算工业企业 125 家，其中 17 家产值过千万元，利税过百万元。全县工业企业职工 3.7 万人，基本形成以汽车配件为主体的机械工业体系，以加工土特产为主体的地方特产加工业体系，以矿产开采加工业为主的冶炼工业体系，以绿松石工艺品等为主的出口创汇工业体系等四大工业体系，全年创工业总产值 15.22 亿元，整个 90 年代，郧县工业在原郧阳地区六个县市中，稳居第二名（丹江口市第一），1994 年地市合并后由于各方面原因，工业始终在徘徊中前进。

（二）新世纪快速发展的郧县工业

进入新千年后，湖北省委省政府着力发展县域经济，各县市竞相加速发展，郧县压力更大。尤其是 2003 年初，国家南水北调中线工程开始启动，国家出台了一系列保护水源区的政策法规。郧县作为南水北调核心水源区，在项目建设、工业发展等方面受到严格的限制，60 家企业面临关闭、搬迁或者转产，有 8983 名职工下岗失业。郧阳造纸厂、健民康迪制药厂等一批地方财政贡献支柱企业将关闭或搬迁，郧县工业经济面临发展的十字路口。

面对困境，自 2003 年初开始，新一届县委、县政府组织开展多轮多层次的工业发展大讨论，坚定地确立了"工业强县"战略，提出了"三个依托，三个优先"的发展思路，重点依托东风公司发展汽车及配套产业，依托本地资源发展建筑建材、生物医药产业和农副产品加工业，依托十堰城区发展文化旅游业和农特产品加工业等，为郧县的产业发展描绘了蓝图。围绕这一目标，2003 年和 2004 年，县政府连续出台了推进新型工业化进程、加强招商引资、支持企业技改创新、加快工业园区建设等一系列重要文件；在财政极为困难的情况下，县财政每年拿出专项资金 120 万元进行工业技改项目贴息，鼓励企业转型升级、技术改造和人才引进，促进了一大批重点工业项目落地建成。

2005 年，在郧阳烟厂、郧阳造纸厂等骨干企业政策性关停的情况下，全县工业企业总产值达到 20.76 亿元。2007 年，除垄断性、政策性、公益性国有企业外，全县公有制工业企业转民工作基本结束。2008 年，郧县出台了支持经济开发区工业发展的若干规定，以商招商、以园招商全面开展。郧县工业项目建设迈上了新的台阶，也为郧县融入十堰市，实现一体化发展创造了条件。

2008 年全县有工业企业 813 个，其中规模以上企业 36 个；港、澳、台投资企业 2 个，初步形成高质量运行的现代工业体系。当年工业总产值达到 31.68 亿元。其中，国有工业产值 1.94 亿元，城乡个体(民营)工业产值 29.74 亿元；形成了 4 个比较成熟的工业园区，园区工业总产值 10.18 亿元，占全县新增工业产值的 70.8%。郧县经济开发区范围内形成了以大运汽车、神河汽车以整车生产为主，以佳恒液压、凯琦、长平汽车等为主的零部件企业群的汽车产业；以榕峰钢铁、华新水泥为主的建材水泥产业；以天圣药业为主的医药产业群；以统香食品、耀荣木瓜、神运农业等为主的农产品加工群体。工业企业以"专精特新"低碳绿色为追求目标，经济发展社会贡献得到全面提高。

到 2012 年底，郧县工业总产值快步发展到近 80 亿元，工业企业创造税收接近 9 亿元。在工业经济迅速发展拉动下，郧县国民经济发展进入快车道，2009 年在全省县域经济考核中，跨越式前进了 22 位；2010 年又跨越式前进了 18 位，连续两年荣获湖北省委省政府表彰的"县域经济发展进位先进县"。

第二节　郧县历史悠久的矿产资源开发

郧县矿产资源的开发可追溯至东周时期，具有重大影响的产品有黄金、铜、绿松石、大理石等。

一、铜矿的开采加工

(一)远近闻名的安城古铜矿遗址

远在东周时期郧阳地区已开采铜矿，安城古铜矿遗址位于郧县五峰乡下三岔村董家湾。

根据史料记载，东周时期五峰乡是古麇国国都所在地，古麇国掌控着汉水中上游的重要地质资源。在麇国境内，有两种矿藏：一是黄金，二是黄铜。黄金在汉江河道及其岸边的山丘之内，而黄铜则在安城董家湾的山上。黄金用来充当货币进行流通，黄铜用来打造兵器或作为奖品(奖励文武大臣)和生产生活用具。

(二)安城铜矿兴衰

安城古铜矿储量丰富，矿石含有黄铜、银、铁、锌等金属元素。1990 年，郧县获准在安城开采矿产，日产矿石 20 余吨。矿区设在董家湾。过去开矿完全依靠人力的方式，现代矿产开采运用了机械、爆破等手段，加快了生产进度，提高了生产效率。以至于原先计划开采 40 年，现代人只用了不到 20 年就开采完了。由于矿藏萎缩、经营困难，2006 年安城铜矿宣告破产关闭。

二、绿松石的开采加工

(一)贯穿郧阳文明的云盖寺绿松石文化

绿松石在郧阳的开采历史悠久，特别是以鲍峡云盖寺所产的绿松石，其颜色有天蓝色或碧绿色，高瓷高密，质地细腻，色泽鲜亮，驰名中外，因而被冠以"云盖寺绿松石"以区别于其他地方所产绿松石。

云盖寺矿位于郧县鲍峡镇境内，是世界上著名的绿松石矿山之一。中国地质大学(北京)任佳等所著《二里头遗址绿松石的红外光谱产地识别》推断，二里头绿松石来自云盖寺的可能性最大，此研究将云盖寺矿开采历史提前到 4000 年前的夏朝时期。

(二)国营郧县绿松石矿的发展

新中国成立后，云盖寺矿山收归国有，组建了郧县绿松石矿。从 1954 年建矿直到 20 世纪末，作为全国唯一大型绿松石矿山，年产量达 30 吨，最高年产量达 40 吨。矿山存续期间，总共为国家开采出近千吨高品质绿松石，用绿松石制成的工艺品大多数用于出口，累计为国家创外汇数亿美元，为地方财政和国家外贸出口做出了突出贡献。

原国家轻工部对郧县绿松石矿一直十分重视，在轻工部直接领导下，该矿逐步建成为一个十分标准和规范的大型矿山企业，采矿、运输、生产加工设施完备，学校、医院、派出所、疗养院、礼堂、住宅区等生活配套设施一应俱全，高峰时矿上生产生活人员达 1500 多人，在 20 世纪七八十年代的发展顶峰时期，其是郧阳地区效益最好的企业之一。

1970 年到 1990 年是郧县绿松石矿发展的黄金期，每年由轻工部下属的工艺美术总公司下拨生产所需资金，同时下达开采计划，将原石计划分配给北京、上海、扬州、武汉等地的玉器厂用于制作工艺品。1968 年著名工艺美术大师王德龄精心雕塑了一代伟人《毛泽东主席像》，成为绿松石玉雕艺术的登峰之作，现作为郧阳博物馆镇馆之宝珍藏。

进入 21 世纪，因资源枯竭、市场萎缩，加之企业负担过重等原因，该矿山于 2006

年拍卖改制，县政府明确指示关闭矿洞，停止开采，仅靠原来矿石存量的深加工面向市场，其在绿松石市场的份额越来越小。

三、米黄玉矿石的开采和加工

（一）储量丰富的郧县米黄玉

米黄玉是郧县特产，中国国家地理标志保护产品。米黄玉又名松香黄，因其色如黄玉而得名。其石质细腻柔润、色泽纯净剔透，故被人称为"黄水晶、黄玛瑙、黄金玉"，具有非常润泽的油脂光泽和蜡状光泽。尤其是谭山镇的米黄玉，其色泽、质地被公认为亚洲之最，素称"中国米黄玉之乡"。1985年春，武汉地质学院派出三名技术员前往郧县谭山实地勘探，餐风露宿月余，确认光东岳等四个村地表下就储藏有数十亿方米黄玉大理石，且有广阔的市场前景，是地方脱贫致富的天然资源。

（二）米黄玉开采加工的华丽转身

2003年以前，米黄玉基本是无序粗放式开采。因为粗暴野蛮开采、大量的毛石外运，导致产品附加值低，资源浪费严重，而且严重破坏生态环境。2004年初，县政府提出"治散治乱、限小扶大；控制开采、鼓励加工；深度开发、可持续发展"的矿业经济发展方针，专门成立了矿山综合执法大队，重点对米黄玉的开采进行强力整顿，关闭所有手续不健全的小矿山，对外招大商、引外资，全力打造"大集群、全链条、绿色化、可持续"的郧阳国际石材城，推动米黄玉产业实现华丽转身。推动园区内企业走高精深加工之路，先后研发出人物雕像、十二生肖、龙船、印章、玉枕、玉镯、花瓶、挂件、摆件等旅游产品40余种，工艺雕刻、装饰装潢等产品畅销国内外。

2012年，郧阳国际石材城年加工大理石荒料10000～16000立方米、年生产工艺雕件30万件（套），年销售收入3.5亿元，年创利税3000万元。2014年4月23日，原国家质检总局批准对"郧县米黄玉"实施地理标志产品保护。

第三节　可持续发展的建筑建材产业

一、发展历程

郧县建材产业于20世纪70年代初有较大规模发展，80年代县办工业企业有郧县水泥厂、郧县砖瓦厂、郧县水泥制品厂等。90 年代新建了金牛集团水泥厂、十堰市水泥厂、武阳水泥厂。建材企业达 476 家，其中，黏土砖生产 42 家，新型墙体材料 31 家，水泥生产 4 家，水泥预制品 59 家，石子、石料 188 家，河砂 124 家；冶金企业 28 家。

进入 21 世纪以后，县委县政府严格执行国家产业政策，提高环境准入门槛，实施工业污染治理全程监控，坚持持证排放，依法关闭环保不达标企业，并建立环境保护专项基金，鼓励支持企业开展污染治理，努力促进矿产品深加工产业的科学发展。

2004 年县政府明确了"治散治乱、限小扶大；控制开采、鼓励加工；深度开发、可持续发展"的矿业经济发展方针，要求围绕市场需求，开发适销对路产品，推进矿产品开发向深加工、精加工、高附加值方向转变。同时，通过强有力综合执法，花大力气关闭了一大批手续不全、小散乱差的开采企业，重点对谭山大理石开采和鲍峡绿松石开采进行整顿整合，着力打造谭山国际石艺石材工业园、鲍峡绿松石工业园、鄂西北新型建材工业园，加大对金龙水泥、榕峰钢铁、秦峰矿业等重点企业的支持力度，按照"优质、高效、生态、安全"的发展方向，创新发展模式，推动产业和企业集约发展、循环发展、清洁生产，实现经济发展和生态保护的良性循环。目前矿产品开发和建材产业规模、效益得到较大提高，市场保障能力和产品覆盖有了长足发展，基本形成了以水泥、钢铁、新型建筑材料、商混、装配式建筑为主体的新型建材生产开发体系，成为地方经济发展的重要支撑。

二、重点企业

(一)十堰市郧阳区榕峰钢铁有限公司

公司前身为郧县榕峰轧钢厂(成立于 2001 年)，是招商引资的重点企业，以整体收购原郧县金牛集团轧钢厂(始建于 1985 年)为基础，并严格按照环保要求进行了技术改造。公司位于郧县经济开发区茶店村四组，注册资本 7800 万元人民币；占地面积 20.25 万平方米，建筑面积 6.9 万平方米；主要生产设备：HX-80T 电弧炉、LF-90T 钢包精炼炉一台(套)；R9 米五机五流连铸机一套；Ø550×3、Ø450×5、Ø400×8、Ø365×12、Ø370×6 轧钢生产线一条，低压脉冲除尘设备一套及配套的附属生产设施；设计生产 HRB400、HRB400E、HRB500、HRB500E 钢坯 70 万吨/年，产品各项技术指标完全符合 GB1499.2—2007 国家标准要求。

（二）华新金龙水泥有限公司

新千年之初面临郧县三家立窑水泥生产企业规模不大、生产工艺落后、产品单一、无法满足十堰及周边地区快速增长的基本建设市场需求的局面，又因郧阳卷烟厂关闭，汉宫集团急需转型，2003 年县政府决定引进现代干法水泥生产线，逐步淘汰立窑水泥厂。2003 年 11 月郧县政府在浙江招商一家民营股份制水泥企业"金华水泥集团"到郧县投资，成立湖北金龙水泥有限公司，在原湖北汽车附件厂旧址开工兴建干法水泥生产线。2005 年 10 月，公司第一条 100 万吨新型干法水泥生产线正式点火投产，2006 年又建成第二条生产线，成为鄂西北最大的水泥生产企业。2011 年经省市两级政府协调，华新水泥集团公司于 2011 年 1 月 18 日收购原湖北金龙水泥有限公司 80% 股权，重新组建为华新金龙水泥有限公司。公司位于郧县经济开发区茶店工业园，是郧县大型骨干企业。公司现拥有年产 200 万吨水泥的两条新型干法生产线，配套 10MW 的低温余热发电项目，四台水泥磨机。2012 年公司熟料水泥生产线生产熟料 1123465.31 吨，生产水泥 1380622.19 吨。销售熟料 69766.89 吨，销售水泥 1389854.21 吨。公司资产总额 71725 万元，销售收入 51979 万元，实现税金 4829 万元，职工人数 334 人。

（三）十堰汉宫建筑混凝土有限公司

公司由原国有企业汉宫集团与香港宏俊公司合资成立，于 2005 年 10 月建成投产，是十堰市首家商品混凝土、砂浆生产企业，2007 年国退民进改制成民营企业。公司占地 3 万平方米，总投资 5000 多万元，主要从事建筑用商品混凝土，各类湿拌砂浆的生产和销售。拥有 HZS-180 德国进口搅拌机自动化混凝土生产线两条，整个生产流程均为智能化、自动化、标准化，配套"三一重工""中联重科"先进的混凝土输送设备 8 台，运输搅拌车 30 余台，具有年产混凝土 80 万方、湿拌砂浆 30 万吨的供货能力。通过绿色升级改造，已建成封闭料库 5000 多平方米、生产车间 800 多平方米，加装喷淋、隔音、收尘、砂石分离机等设施，达到了国家预拌混凝土绿色生产 JGJ/T328—2014 星级管理标准。公司按照先进的中外合资企业管理模式，具有较强的技术和管理水平，设有先进的实验室，为确保混凝土质量提供了可靠的保证。2012 年，汉宫公司实现销售产值 1.2 亿元，上缴税收 800 万元。

第四节　稳步发展的轻纺与化工产业

一、发展历程

新中国成立后逐步将手工作坊转化为手工业合作社，建成了郧县曲酒厂、郧县酒厂、郧阳造纸厂、郧县棉织厂、郧县袜子厂、郧县针织内衣厂、郧县缫丝厂等近代轻工产业，2000年后又相继成立了郧县江郧丝绸有限责任公司、郧县合叶桑蚕专业合作社等生丝加工企业。

1979年，郧县有化工厂、化肥厂、油漆厂和肥皂厂4个国营化学工业企业。同年，县油漆厂涂料生产被纳入国家计划，油漆厂成为国家化工部定点油漆生产厂。

1984年，县肥皂厂更名为县日用化工厂，并与浙江兰溪化工总厂联营。1987年，县日用化工厂被湖北省确定为轻工业重点企业。

1988年，县日用化工厂被吸纳为全国日用化工经济技术开发集团成员厂，成为全国4个工业金属清洗剂生产厂之一，并实行第一轮承包。

1992年12月，县化肥厂依法破产；县日用化工厂参加全国肥皂行业中南地区技术比武，皂化工种获第四名、调和工种获第七名。

1994年，县油漆厂更名为郧阳三友化学工业公司。同年6月，组建由郧阳石林工业公司控股的湖北天神实业股份有限公司。

1999年7月，在原种场创建民营化工企业——郧县铸邦化工有限公司。

2001年9月，县塑料厂改制为民营企业，更名为郧县双龙汽车塑料有限公司。

2002年，湖北天神实业股份有限公司转制为民营企业。

2003年7月，县农业生产资料公司更名为郧县登丰农资有限公司；8月，县日用化工厂依法破产。

2004年10月，郧阳三友化学工业公司依法破产；11月，郧县登丰农资有限公司更名为湖北登丰化工有限公司。

2005年2月，组建县金龙塑业包装有限公司。

2007年10月，县金龙塑业包装有限公司转制为民营企业。同月，驻杨溪铺镇钟山村的十堰辉煌烟花爆竹公司投产。

随着国家扶贫产业的积极推动，截至2014年，郧县轻工产业建成了以制袜、香菇、酿酒等生产企业群体，生产规模、装备技术水平、产品覆盖范围均有了巨大的提高。

二、重点企业

(一)湖北梨花村酒业股份有限公司

1979年，郧县国营大柳酒厂在大柳公社杨家村大队投产。1987年4月，酒厂曲酒二分厂更名为县国营曲酒厂，有各种机械设备55台(套)，其中七相色谱仪最为先进。1993年，县国营曲酒厂更名为县梨花村酒厂。1994年，生产白酒8549.57吨，产值2572.73万元，销售收入4425.59万元，利税993.1万元。1996年6月，县梨花村酒厂更名为湖北省梨花村酒厂，主要产品有"梨花村"牌玉米大曲、玉米特曲、精制特曲、地封老窖、粮液、五粮特液等低、中、高档系列酒20多个品种，畅销北京、武汉、十堰等10余个省、市和地区。1997年，湖北省梨花村酒厂收购郧县针织内衣厂，并将总部迁至县城郧县针织内衣厂，组建梨花村酒业集团，大柳乡杨家村作为酿酒基地。1998年，销售收入2480万元，利税300万元。2001年，改制为股份制民营企业，更名为湖北梨花村酒业股份有限公司，开发白泉大曲、白泉晶酒及车城王、金粮液等新品种。

2006年，该公司开发古麇酒系列产品。2007年，开发"梨花村"金醇、银醇、红醇系列酒。2008年，成功开发木瓜酒系列产品，当年有职工340人，6条自动化生产线、灌装流水线和传统人工酿造窖池500口，年设计生产白酒能力1000吨、生产木瓜酒能力300吨，形成"梨花王"等"梨花村"系列酒20多个品种。"梨花村"注册商标被认定为湖北省著名商标，成为湖北名牌产品。"梨花村"系列酒连续7届获湖北省消费者满意商品称号。

2014年江苏洋河酒业股份有限公司整体收购湖北梨花村酒业股份有限公司，原梨花村系列白酒被冠"洋河梨花村系列"商标。

(二)郧阳卷烟厂

1987年4月着手建厂，县内各界筹资1077.7万元，同年11月建成卷烟车间4350平方米，采购烟叶72.5吨，从河南省邓县引进技术人员16人，培训操作工40人。1987年12月至1988年11月，试生产卷烟5787箱，销售4488.5箱，产值294.2万元，销售收入 350.6 万元。1990 年 8 月，聘请云南昆明卷烟厂退休工艺配方师臧永年、上海卷烟厂退休烟叶发酵师张凤魁进行工艺指导，研制出"郧烟""花神"2 个品牌。当年生产 5 个品种 1749.85 箱，产值 175 万元，销售收入 121 万元，盈利 3.5 万元。

1991 年 9 月 14 日，经当时郧阳地区和郧县政府反复争取，国务院批准郧阳卷烟厂为地方卷烟厂。1992 年 3 月，获国家生产许可证，分配生产计划每年 2 万大箱；同年 5 月，被国家烟草局列为扶贫联系点，并从技术、设备等方面予以支持。1994 年，多方筹资 4000 万元，引进成套设备 200 多台（套），占地 11 公顷，建设新的卷烟厂，当时生产的品种有烤烟型、雪茄型、外香型卷烟共 9 个品牌 11 种中低档次香烟。高峰时期年销售产值可达 3 亿多元，年缴税可达 4000 多万元。

2003 年 12 月 31 日，郧阳卷烟厂因资源整合被省政府政策性关停。

（三）郧阳造纸厂

1966 年，党中央在全国新建造纸厂，并将这些厂作为印刷毛泽东著作纸的配套厂。郧县造纸厂属党中央安排的配套厂之一。1967 年 3 月动工。1969 年 5 月 1 日试开工，5 月 10 日投产。厂址位于郧阳汉江公路大桥南端下侧约 5000 米处，占地 26 万平方米。1987 年 9 月，国家轻工部确定该厂为全国 150 个轻工业出口专业厂之一，产品获轻工部"腾飞杯"出口产品铜质奖，同时郧县造纸厂更名为郧阳造纸厂。

1990 年形成年产纸浆 13200 吨，产纸 6000 吨的生产规模。1991 年，固定资产 2800 万元，净值 2500 万元，定额流动资金年均余额 1200 万元，机械设备 1400 台（套）。到 1994 年，先后开发出 25 克黄表纸、25～45 克防伪发票专用纸、32 克防油纸、52 克卷烟条装纸、50 克草浆新闻纸、全木浆水泥袋纸、仿水泥袋纸、35 克水松纸、19 克拷贝纸、47 克铝箔纸等 10 种新产品。从 1970 年到 1994 年累计生产机制纸 37158.8 吨，销售 35318.6 吨，完成工业产值 9661 万元，实现销售收入 8892.6 万元。1994 年全厂实行经济承包责任制；同年，年产量突破 3000 吨。

2003 年因南水北调工程启动，该厂被政策性关停。

（四）湖北耀荣木瓜生物科技发展有限公司

为了支撑全县木瓜产业发展、健全产业链条，2005 年县政府出台了支持木瓜产业发展的若干政策，着力木瓜加工业招商引资。2008 年福建投资商吴伟忠收购了位于东岭路郧阳国营酱醋厂，在此基础上成立了湖北耀荣木瓜生物科技发展有限公司，开始研发生产食用木瓜醋。

2010年10月,公司迁建于郧阳经济开发区"农产品加工工业园",占地面积85亩,厂房面积2万余平方米。公司主要研发、生产及销售木瓜果醋、木瓜酒、木瓜酵素、木瓜面条、木瓜精油及木瓜手工皂等木瓜系列产品。

(五)湖北天神实业股份有限公司

1979年,成立县国营化工厂,生产炸药3369吨、导火索105万米、雷管若干万发。1985年,采用国内先进水平气流干燥工艺,全年产炸药3011吨、导火索318.3万米,产值401.05万元。1992年4月,更名为郧阳石林工业公司。

1994年6月,省体改委批准该公司改制重组为湖北天神实业股份有限公司,股本2574股。公司改制为以生产民爆产品、精细化工产品和汽车配件为主的股份制企业。厂址设在县城北东路67号。1997年1月,经中国兵器工业总公司认定,湖北天神实业股份有限公司可年生产炸药4000吨。

2002年4月30日,湖北天神实业股份有限公司再次制转为民营。2003年8月,国防科工委同意湖北天神实业股份有限公司膨化硝铵炸药生产能力由年产4000吨上调至9000吨,乳化炸药年产4000吨上调至5000吨。经过十余年发展,该公司拥有国内工艺技术领先的自动化生产线,业务包含民爆产品生产、销售、爆破、服务及汽车零部件制造、资本投资等项目,国家核定年生产能力3.2万吨,总产值12060.20万元,成为湖北省同行业优秀企业、地方纳税大户。

第五节 难中求进的生物医药产业

一、发展历程

1979年,郧县中药材公司建有中药饮片厂,县人民医院建有制剂室。1983年,县中医院建成中药炮制室(中药房)。1985年,兴建县微生物制药厂;县人民医院制剂室依法停产整顿,县皂素厂与县微生物研究所合并组建县制药厂。1986年,县人民医院制剂室投入使用。1994年12月,县制药厂更名为十堰康迪制药厂。2001年8月,武汉健民药业集团十堰康迪制药有限公司与县国资局达成整体收购十堰康迪制药厂协议。2005年武汉健民集团剥离康迪制药厂,制药厂同年与湖北清大药业合并,更名为湖北清大康迪药业有限公司。2008 年重庆天圣制药集团股份有限公司收购湖北清大康迪药业有限公司，更名为湖北天圣康迪制药有限公司。

二、设备与生产能力

1986 年，县人民医院制剂室分别设有灭菌制剂室、普通制剂室、胶囊制剂室、药检室，建有大输液生产联动线、电渗析—离子交换器—多效蒸馏水生产线，配置有中型高压消毒柜、蒸气夹层配制料锅、蒸馏锅、净化罩、风淋室等生产设备和紫外分光光度计、自动旋光仪、酸度计、电光自动分析天平、干燥箱、电导仪、净化台、析光仪、显微镜等检测设备。1992 年，县制药厂添置 1 套机制木炭机和 1 台多效蒸馏水器。1994 年，十堰康迪制药厂添置灌封机、753-B 紫外分光光度计、电泳仪、电泳槽、磁力搅拌器、空埃粒子计算器等设备。2005 年，十堰康迪制药有限公司年生产注射剂达 1.75 亿支，颗粒剂达 3000 吨。2008 年，湖北天圣康迪制药有限公司拥有针剂产品研究实验室、口服固体制剂研究室、外用制剂研究室、动物实验室等研究实验机构和红外光谱、液相色谱、气相色谱、原子分光光度计、紫外分光光度计等制药检测设备。2008 年，县中医院百草堂拥有临床炮制常规设备，中药制剂室拥有胶囊填充机等设备。

三、重点企业

为了整合资源，推进医药产业发展，县政府历经曲折招大商。2008 年，湖北清大康迪药业有限公司接受重庆天圣制药集团股份有限公司的收购，更名为湖北天圣康迪制药有限公司。2013 年，湖北天圣康迪制药有限公司整体搬迁，迁址在郧县长岭开发区天圣路 1 号。搬迁建设中，企业先后建设高标准的新厂房 5 万平方米，购进自动化、半自动化设备 350 余台(套)，包括小容量注射液生产设备洗灌封联动线，检验设备超高效液相色谱仪、原子吸收色谱仪、气相色谱仪、红外色谱仪等，都是国内先进设备。迁建后，药厂又更名为湖北天圣药业有限公司，成为鄂西北最大的制药工业企业。截至 2014 年，天圣药业形成 6 亿元的各类药品生产销售能力，当年纳税达 5000 万元。

第六节　跨越式发展的汽车及配套产业

一、发展历程

1950 年 4 月，郧县总工会组织技术人员，成立失业工人合作社，次年 12 月改为郧县国营铁工厂。

1952 年 11 月，国营铁工厂改为郧县国营农具厂，主要生产犁铧、锄头、镰刀等生产工具。

1954 年 4 月，农具厂扩建更名为县国营农具机械厂，开始批量生产小农具。

1958 年又发展机械工业企业两家——国营拖拉机站（属县农机局）、城关轴承厂（属城关镇）；同年柳陂、大堰等区发展 19 个农具机械厂（社）。

1987 年，农机修造一厂首次承接对美国出口的机械部件 44.1 万元的合同，填补了郧阳地区机械出口的空白。

1994 年，郧县汽配一厂、二厂、三厂及县机械厂、县标准件厂、县汉江测试仪器厂成为本县机械工业的龙头企业，一厂、二厂、标准件厂是东风汽车联营公司成员厂，其他 3 家机械工业企业与东汽专业生产厂建有长期业务联系。1994 年郧县机械工业企业主要有郧阳天马实业总公司等 9 家。

2003 年以后，郧县确立了"依托东风公司大力发展汽车及配套产业"的思路，大力支持整车及配套产业的发展。全力支持凯琦公司、佳恒公司等一大批汽车零部件企业进驻经济开发区，支持神河公司迁建扩产，开工建设东盟工业园、谱新工业园、欧姆林工业园等专业园区搭建平台以商招商，尤其是针对郧县没有整车龙头企业的现状，区政府组建专班、主要领导亲自上阵招商。

2010 年 1 月 26 日，郧县通过招商引资，引进湖北炎龙汽车有限公司设立湖北炎龙大运汽车有限公司，2010 年 3 月 18 日更名为"湖北川路汽车有限公司"，2013 年 2 月 1 日更名为"湖北大运汽车有限公司"。大运公司的落地填补了郧县没有整车生产企业的空白，拉动了郧县汽车及配套产业的发展，全县汽车及其配套工业产值达到工业总产值的 50% 以上，为郧县工业经济奠定了可持续发展的基础。

二、重点企业

（一）十堰凯琦铸造有限公司

十堰凯琦铸造有限公司始建于 1951 年，是以生产汽车零部件毛坯为主的专业化铸造生产企业，属中国铸造协会会员单位。2010 年迁建于郧县长岭经济开发区，公司占地面积为 9 万平方米，生产区占地面积约 5.5 万平米。现有固定资产 6000 万元，年产值达 1.2 亿元。公司拥有高压多触头、Z148E 微震低压、气冲造型及 FR516A 无箱挤压造型生产线四条，年产铸件能力达 4 万吨；另有轮毂、制动鼓动加工线两条，年产总成 2 万套。公司采用中频感应电炉—冲天炉双联熔炼工艺，采用呋喃树脂砂及覆膜砂制芯技术，无箱挤压造型线全线采用 PC 程序控制。拥有 Q384 连续通过式喷丸清理机、2ZZ8625 双工位热芯盒制芯机、KVC650 加工中心、德国 GS1000 直读光谱分析仪等设备 580 台/套。

公司主导产品有汽车制动鼓轮毂、离合器压盘(盖)、制动器件、发动机齿轮室盖(座)、齿轮及变速箱上盖等 6 大系列共计 180 余种，产品覆盖东风公司 EQ1061、EQ1092、EQ1118、EQ1141、EQ1208、EQ4186 等车型。EQ153、EQ145 离合器压盘及盖产品由该公司独家供货，市场占有率为 100%。产品主供东风车桥、湖北车桥、北汽福田、江淮汽车、江西五十铃等，远销湖北、陕西、江苏、广东等 17 个厂家和地区。引进奥贝球铁生产技术，年可为客户提供 15000 吨出口铸件产品。该公司铸件产品多次获省优、部优称号。2003 年获得"汽车制动底板/制动蹄新工艺"两项国家专利，并被认定为湖北省重大科技成果。

(二)十堰市郧阳力丰汽车零部件有限公司

公司前身为郧县标准件厂，成立于 1985 年，原厂址位于城关中岭街，原厂占地 11034 平方米，设备 50 台(套)，固定资产 69.20 万元，2010 年迁建于郧县经济开发区，拥有各类设备 250 台(套)，总资产 3640 万元，产品以汽车零部件为主，集热锻工艺设计、加工制造、销售为一体，主要生产各类商用车动力转向器齿条活塞、摇臂轴、转向螺杆、阀芯锻件等系列产品，以及各类轻、中、重型卡车转向传动装置总成系列产品。

(三)湖北郧齿齿轮科技股份有限公司

公司前身为郧阳汽车齿轮总厂，位于城关东岭街 195 号(九里岗桥北约 100 米)。1985 年 1 月，从原汽配一厂分出冷加工车间和有关股(室)，新组建成县汽车配件二厂；同年 6 月，省科委向该厂下达研制正时齿轮课题。该厂投资 60 万元，借款 8 万元，购买设备与华工大联合攻关，生产出正时齿轮。1989 年 7 月，更名为郧阳汽车齿轮厂。1991 年 12 月更名为郧阳汽车齿轮总厂。2013 年，搬迁至十堰市郧阳经济开发区大运路 19 号。主导产品"郧齿"牌发动机正时齿轮系列产品为国家重点新产品、湖北名牌产品、专利产品，拥有 36 项国家专利技术。主要研制排放达到"国五"以上标准的节能环保及新能源发动机系列正时齿轮，车型涵盖中、轻型商用车及 SUV、皮卡、工程车等领域。产品主要客户有东风轻发、江淮汽车、江西五十铃发动机公司、北汽福田公司等十几家著名汽车公司和发动机厂，年产发动机系列齿轮 100 多万件。

（四）湖北大运汽车有限公司

2010 年 9 月，山西大运集团在郧县县委书记亲自登门招商的精神感召下，其董事长远勤山直接到郧县考察投资环境，果断决策在郧县经济开发区投资建设一个重型卡车生产厂。该厂占地 1136 亩，总投资 20 亿元，拥有全系列商用车整车生产资质，产品涵盖轻、中、重型载货汽车以及专用车等 600 多个品种，具备年产 3 万辆汽车的能力，销售网络遍及全国，同时远销中东、亚非、拉美等多个国家和地区。

湖北大运十分注重产品研发工作，以客户需求和科技动态作为研发的方向，着力打造以市场为导向的快速反应能力，不断开发出深受客户欢迎的产品，极大地满足了客户的个性化需求，受到国内外客户的一致赞誉。2014 年 4 月 30 日，湖北大运汽车有限公司实现首批出口整车发交。2014 年度生产整车 7032 辆，产值 12 亿元。

（五）湖北伟士通汽车零件有限公司

公司成立于 2003 年 5 月，注册资金 2000 万元，位于十堰高新技术产业园十堰大道，占地 2 万余平方米，建设标准厂房 1.1 万平方米，科技综合办公楼 8 千余平方米，公司现有员工 160 余人，是一家专业生产汽车座椅用滑轨、调角器及调角器核心件总成产品的企业，是一家集设计、生产、销售于一体的科技型企业。近年来通过科技创新，形成了多品种、宽系列，拥有多项自主知识产权的产品，产品主要匹配东风载重车系列、商务乘用车系列及厦门金龙客车、郑州宇通客车、吉利商务车系列、庆铃皮卡系列等国内十几家知名品牌汽车，市场范围辐射国内十余个省市。

（六）神河集团

1989 年，茶店镇政府将白铁加工厂与茶店镇钢窗厂合并为茶店汽车配件厂。1991 年 5 月，更名为郧县汽车改装厂。1995 年，郧县汽车改装厂组建为湖北神河汽车改装（集团）有限公司。2000 年 10 月，"神河"牌重型自卸车 YXG3200、YXG3260 研制成功，并通过了 ISO9001—2000 国际质量体系认证。2001 年，国家机械工业部、公安部批准神河汽车改装（集团）有限公司为湖北省唯一从事专用汽车改装的乡镇企业。公司自主研发的 YXG3200、YXG3230 等大吨位重型自卸车与东风公司销售部达成"三保"（保证产品质量、保证技术服务、保证零部件更换）协议，自卸车畅销甘肃、新疆等省、自治区。

2002 年 5 月，公司采用承债式整体出售办法，进行民营化改革，神河集团成为独立法人。当年改装各类专用汽车 4740 辆，产值 1.07 亿元、销售收入 9200 万元、税金 324 万元。2003 年 7 月，采用双缸从后朝前直推式举升结构，成功研发 YXG3210G、YXG3220G 大吨位自卸车，成为煤炭运输首选车型，填补了国内双缸自卸汽车空白。

2004 年，该公司在县政府直接指导和镇政府支持下，自筹资金投资 1.05 亿元，建设新厂区，兴建年产 2000 台半挂式集装箱运输车和 500 台混凝土搅拌运输车生产基地，成为拥有整车生产资质和专用车生产资质的企业。

（七）湖北佳恒科技股份有限公司

2001 年 3 月，十堰市佳恒福利工贸有限公司在柳陂镇投资兴建，注册资本 50 万元，租赁 2000 平方米旧厂房，11 名员工，只生产单作用活塞缸。2002 年 5 月，佳恒与河南驻马店华骏改装车有限公司合作，真正拥有了自主品牌。

2004 年元月，公司在县政府的全力支持下，由柳陂迁至茶店长岭工业园，成为郧县经济开发区首家入驻企业。当年租赁 3000 多平方米旧厂房，并征地 60 亩新建生产车间，新增设备 50 余台（套），形成年产各类油缸 36000 套的产能，在产品销售上实行"立足十堰、依托二汽、面向全国"的销售策略，使公司产品销售服务客户由建厂时的 2 家在 2005 年发展到 60 多家，佳恒品牌在国内初露锋芒。2004 年开发的自卸车单作用套筒式液压缸，填补了国内在这个领域的空白。

2007 年 6 月，新征用地 300 亩，启动了佳恒工业园一期建设，公司更名为"十堰市佳恒液压机械有限公司"。2010 年 6 月，佳恒工业园二期工程正式动工，工程用地 120 余亩。

2011 年 4 月开发出泵车油缸，标志着佳恒产品打开新领域，至此，其液压油缸类产品在国内市场占有率达到 40% 以上，该企业一跃成为全国同行业的领军企业。此后与中联重科、福田重工、三一重工等国内大型工程机械制造商形成稳固的战略合作伙伴关系。2012 年底，该公司实现销售产值 4.2 亿元，上交税收 6000 万元，全公司员工达到 1200 人。2013 年，与中国工程院、华中科技大学段正澄院士正式合作建立"院士工作站"，和武汉理大学共同成立了"湖北省专用车液压机械工程技术研究中心"，为增强公司自主创新能力提供强有力的智力支持和人才支撑。

(八)湖北华阳汽车变速系统股份有限公司

公司位于郧县城关大桥南路 2 号,公司前身为"一机部风动工具厂"。1979 年,下放属地与东风公司联营,更名为"郧阳地区拨叉厂",1994 年 6 月 30 日改组为"湖北华阳汽车拨叉公司"。2004 年 12 月,归属至十堰市,实施企业民营化改制。2008 年公司更名为"湖北华阳汽车变速系统股份有限公司",主要从事汽车零部件及配件制造研发,有色及金属铸造和压延加工。主要产品有重、中、轻型车变速箱壳体及上盖总成、顶盖总成、汽车拨叉、离合器壳体、发动机支架等各类支架、铝合金压铸件及精密铸钢件、铝合金锭、新能源变速箱及附件共 700 多个产品。主要工艺为精密机加工工艺、压铸、低压铸造、金属型重力铸造、精铸、壳型铸造、热处理等工艺。该公司拥有专利 30 项,软件著作权 6 项,是国家高新技术企业、工信部铸造准入企业、中国铸造协会理事单位,湖北省有色金属中试基地,湖北省专精特新"小巨人"企业,为北京证券交易所上市公司。

(九)东风重工(十堰)有限公司

东风重工(十堰)有限公司成立于 2009 年 5 月 8 日,注册资本 1.125 亿元,公司地址位于十堰市郧县经济开发区汉江大道 56 号。以生产和销售 40 吨级(含 40 吨)以上矿用卡车为主,是湖北省高新技术企业,目前全世界矿用车行业唯一成功应用新能源技术并进入商业化运营的企业,主导产品 DF45E 新能源矿用车是目前全世界最大的新能源非公路矿山用卡车,也是目前国内唯一不依靠政府补贴、完全依靠自身商业价值运营的新能源车辆。

第七节 高质量建设现代工业园

一、郧县经济技术开发区

2002 年 11 月中旬,郧县新任县委副书记、代县长柳长毅在率领县城建局负责人和专业技术人员进行城市规划建设调研时,来到汉江南岸的蔡家岭、长岭沟、二道坡等村(统称长岭区域),看到这里地势相对平坦,视野比较宽阔,又濒临汉江,北与县城仅一江之隔，南与十堰紧邻，是市县对接发展的一块绝佳好地。于是，县政府研究，拟将这里作为新的经济开发区和新城区建设的规划预留地。

2003年初，新一届县政府在修订郧县城市建设总体规划时，将茶店长岭区域近30平方公里规划为郧县经济技术开发区和未来滨江新城区。2004年开始引进工业项目在长岭落地。同时县政府主要领导为争取将长岭区域确定为省管经济开发区，多次赴汉进京反映情况。2006年初国家发改委和国土资源部同意郧县提出的申请，当年8月11日省政府下文批准郧县经济技术开发区转移到茶店(长岭区域)。按照省市编制部门文件规定，郧县经济技术开发区定为副县级单位。

2007年2月，县委、县政府成立郧县经济技术开发区筹备工作领导小组和筹备组。筹备工作由县委副书记、县长柳长毅负总责，筹备组由茶店镇党委政府及县直相关部门负责同志组成，县长助理徐生坤担任筹备组组长。2007年4月26日，柳长毅主持召开"郧县经济技术开发区管理体制和机构编制专题会议"，对开发区职责、机构设置、人员编制和领导职数进行研究，决定开发区管委会和茶店镇实行"区镇合一"体制，一套人马，两块牌子；按照适应市场经济"大社会、小政府"的理念设计党政机构，内设三办(党政工作办、经济发展办、农业农村办)一局(招商局)；开发区行政办公地址暂定长岭中学闲置宿舍楼。2007年4月30日，相关意见在县委常委会上获得通过并正式下文。2007年5月30日，十堰市委下文任命徐生坤为郧县经济技术开发区党工委书记，同时县委下文任命肖大有为开发区党工委副书记、管委会主任。至此，开发区各项工作在极其艰苦、简陋的条件下正式启动、全面展开。

2007年7月，重庆规划设计研究院所拟的《郧县经济技术开发区(长岭)新区控制性详细规划》方案，获得县政府正式批准并在十堰市规划局备案。2008年6月至12月，全国县乡两级土地利用总体规划(2009—2020)修编开始，县政府聘请湖北大学资源环境学院专家为修编该规划提供技术支持，县委书记兼县长柳长毅大胆决策，坚持城乡统筹、综合调剂，将全县城市一、二类建设预留地指标全部集中在开发区中，为开发区发展成为未来十堰市新城区打下了坚实基础。

截至2012年底，开发区总投入达70多亿元，挖填土石方8000多万立方米，搬掉了20多座小山头，填平了30多道沟壑，拆迁了2000多户人家，建成了约10平方公里的新区。在基础设施方面，横跨南北两岸的汉江二桥和连接郧县至十堰的高标准一级公路建成通车；园区内的主次干道四通八达；地下综合管网管沟管廊实现雨污分流，资源共享，达到百年设计使用标准；日供水6万吨的长岭水厂和各居民小区、安置点、工业园区公共管道建成通水；110千伏高压变电站及输电线路建成供电；覆盖全区的电信、传输、移动、联通、广电网络建成通达；经济开发区服务中心大楼投入使用；公交车站、加油(气)站、水上搜救中心、学校、医院、商场等配套设施不断在建设完善。

自2008年起，开发区的招商引资、工业发展进入"快车道"。县委主要领导多次亲自带队外出推介郧县，招商引资。到2012年共引进落户经济开发区中小企业60多家。佳恒液压、大运汽车、金龙水泥、神河联达轻微型车、正和车身、先锋模具、天圣药业、台湾统一方便面配料加工(统香公司)及凯琦工业园、东盟工业园、普新工业园、返乡创业工业园等一大批工业项目相继落地生根，产生巨大效益。2012年工业产值达到70多亿元，实现财政收入4亿多元，占全县财政收入的50%左右。

2009年4月22日，十堰市委书记陈天会率领市委、市政府及市直相关部门领导深入郧县经济开发区考察指导工作，并召开现场工作会议，对开发区在实现十堰和郧县对接发展方面所起的重大作用给予了充分肯定。2010年10月20日，时任省委书记罗清泉深入郧县经济开发区考察，对当时正在建设的汉江二桥和经济开发区给予高度赞扬。

2011年5月中旬，全省县域经济工作会议在十堰召开，郧县经济开发区为参观的主要现场，时任省委书记李鸿忠和省长王国生在大会上多次点名表扬郧县经济开发区，称赞郧县经济开发区建设是全省山区县学习的榜样。

二、郧阳民营工业园区

1998年7月，原郧阳金牛集团依法破产。2000年，郧县恢复建立原种场党委、管委会，将已破产的金牛集团机械设备厂以150万元、安置40名下岗职工为条件出售给民营企业，将水泥厂、铸造厂、砖厂等企业资产公开拍卖后整体改制转为民营企业。到2002年，原种场管委会已盘活23个破产企业，引资3000多万元，大部分职工实现再就业；重组产值过千万元企业5个，产值1.1亿元、销售收入1亿元、税金500万元，初步形成钢铁、建材、汽配机械加工、饮食服务等为主的产业格局。

2003年4月，县委、县政府批准在原种场创建郧阳民营工业园区，设立郧阳民营工业园区(原种场)党委和管理委员会。园区党委、管委会引进资金和技术，改造落后工艺，促进企业产品提档升级。汉江水泥厂、郧县兴升工贸有限公司、十堰义兴工业发展有限公司、榕峰轧钢厂、恒源综合制品厂等一批民营企业纷纷改制改造，到2005

年底，园区工业企业由 2002 年的 23 个增加到 35 个，招商引资 1 亿元，盘活资产 1.5 亿元，安置下岗失业人员 3500 余人，工业产值 3.45 亿元、财政收入 870 万元。

2007 年，园区有产值过 1 亿元工业企业 1 个、过 5000 万元工业企业 4 个、过 1000 万元工业企业 5 个，工农业总产值 4 亿元。2014 年按照郧阳总体发展规划，民营工业园区纳入城北工业园范围，总体规划面积 3.2 平方公里，园区范围扩展至杨溪生态产业园区，园区功能以生物、食品、制袜、建材为主。

三、米黄玉国际石材城

2004 年 1 月，在县政府直接指导督办下，谭山镇开始筹建郧阳米黄玉国际石材城。2006 年，经县政府同意，谭山镇一次性规划占用土地 36.67 公顷，正式开始建设郧阳国际石材城。2007 年，投资 730 万元，完成大道平整和部分硬化工程；当年进驻园区企业 6 个，全镇石材加工企业（户）290 个。其中，板材加工企业 14 个，灯罩加工企业 27 个，骨灰桶加工企业 2 个，安装使用新型解石大锯 30 台（套）。石材产业产值 2771 万元、税金 300 万元。2008 年，投资 50 万元，完成园区供排水工程、供电工程。十堰华荣石材加工厂、天赐玉器加工厂、十堰丰硕工贸有限公司石材加工厂、远达石材有限公司、十堰华宝石业有限公司、十堰圣涛工贸有限公司等 7 个企业进驻石材城，全镇石材加工企业（户）292 个，将 71 个采矿点整合为 6 个石材加工企业。全镇石材加工业共吸纳 3000 余人就业，县矿产执法大队直接为县财政征收税费 321.6 万元。

（撰稿：常奎林　徐生坤　编审：柳长毅　王涛）

参 考 资 料

1. 郧县地方志编纂委员会：《郧县志》，湖北人民出版社 2001 年版。

2. 郧阳区史志办公室：《郧县志》，长江出版社 2015 年版。

3.《当代湖北工业》，经济日报出版社 1988 年版。

4. 蒋显福、匡裕从、杨立志：《沧桑与瑰丽——鄂西北历史文化论纲》，湖北人民出版社 2004 年版。

5. 郧县文学艺术届联合会：《潮起郧阳》，长江出版社 2007 年版。

6.《郧阳年鉴—2016》。

7.《十堰统计年鉴》。

第三章　郧阳文化旅游产业

第一节　郧县旅游文化初兴

一、旅游的产生和发展

在我国，真正旅游的大兴起，应该是在秦统一六国之后。秦始皇统一六国，统一了文字、货币，修建了驿道，这为大力促进旅游奠定了基础。之后，文人学子、商贾通行于道，或游览名山大川，或互通旅游信息。经过秦汉时期的发展，中国古代旅游活动在魏晋南北朝时期趋于成熟。"旅游"这个词最早出现在南北朝，当时有个叫沈约的梁朝诗人在《悲哉行》里有"旅游媚年春，年春媚游人"的诗句，这就是"旅游"这个词最早的由来。后来到了唐朝，这个词被更广泛地运用。随着社会经济的发展和繁荣，唐宋时期的旅行活动发展迅速，其中最为突出的是士人漫游和宗教旅行，李白一生的两次壮游就是明证，写下了大量咏颂中国大好河山的诗篇。这一时期，旅行活动突破了国度限制而走出国门，海、陆丝绸之路的开辟是最好例证。海、陆丝绸之路不仅是商业通道，也是旅行考察之道。明清时期，旅行活动更为兴盛，表现最为突出的是航海旅行和科学考察旅行。郑和下西洋、李时珍的药物考察和徐霞客的地理考察是其中的典型代表。

二、古代郧阳旅游

古代郧县旅游是与郧阳的商旅文化相伴发展起来的。正如前面所述，自商周伊始，郧县地处鄂豫川陕接合部，世代享有汉江水路交通便利，与周围各地进行商贸交流。商人在经商之余，或与贤士大夫交游，或游览各地名胜古迹。《盐铁论》就有"今富者祈名岳，望山川，椎牛击鼓，戏倡舞象"之说，以非经济利益为目的的旅行在郧阳已开始出现，到宋明时期伴随武当山朝山进香活动而日益昌盛，特别是自明成化年间设立郧阳府抚治衙门开始，古代郧阳旅游走向繁荣。

古代郧阳旅游的方式和人员主要有：

（一）王侯巡游

由于背靠秦岭、临近西安的特殊地理位置和拥有丰富的自然资源，古代尤其是唐代流放到郧阳一带的都是帝王将相、达官贵族，从先秦到宋朝，先后有两位帝王、十一位驸马、一位丞相共 14 人流放于此。唐太宗李世民三子李泰，被贬在郧阳设府置僚，最后终老于郧阳。在任流放，后来又回去当帝的，历史上只有唐中宗李显一人，其余将相王侯不是老死山林，便是被杀死在当地。唐中宗李显在流放期间，游览了郧阳河山，不仅由房州亲往神农架朝拜神农老祖，请教复国登基大计，而且也开辟了朝拜武当山的南神古道。

（二）官吏宦游

在明成化十二年（1476 年）设置郧阳府后，抚治郧阳的在职官吏，不仅殚精竭虑、励精图治，变穷山恶水为良田宝地，使郧阳成为百万生民一个时期内安居乐业、繁衍生息的"乐土"，而且在巡察所治区域、体察民风民情之时，也饱览郧阳大好河山，并写下了大量赞美诗篇。如首任抚治原杰的《南坪佳地》："平田沃壤远环山，聚气藏风不等闲。秀脉遥盘千里外，清流合泻两峰间。无征旧县基犹在，有益新城筑弗铿。敷政更需贤令尹，成周治化可追攀。"既描述了郧阳的历史文化、山水地貌，也道出了治理好郧阳的决心和对人才的渴望。曾于雍正十二年（1825 年）任职郧阳的鲁之裕在《历郧郊》中写道："水大川原失，树荒鸟鹊稀。忧时嫌米贵，望岁喜秧肥。贫敛裙知责，权羞计画违。白头搔不已，夫岂慕雄飞。"《返棹沧浪即事》云："勾当郧山出怒泷，沧浪水洁鹭双双。眼中顿觉青天阔，一路烟波盛碧幢。"

明万历二年（1574 年），明代文学家王世贞任郧阳巡抚。次年五月初一到初三，郧阳、襄阳、南阳等地发生地震。作为地方最高军政长官，王世贞到地震灾区视察，还特意奏报朝廷，请求对灾民进行抚恤。地震之后，又久旱不雨，百姓焦虑如火，王世贞一边安抚百姓，一边从民所请，率众官员百姓在大柳白泉龙王庙祈雨，著有《祈雨文》，以告神灵。到六月中旬天降甘霖，旱象解除，王世贞如释重负，又欣欣然写《谢雨文》，代民谢天："贞有百城，神泽所霖，勉勉我皇……务使云汉，流歌中兴。"

（三）商务旅行

作为"南方丝绸之路"的一部分，郧阳很早就有商业活动。到郧阳旅游的商人主要有盐商、珠宝商(贩运绿松石)以及土特产商人。为了避免商人走错路，在明代出现了一些专门供士商旅行之用的旅行指南类书籍，如《一统路程图记》《华夷风物商程一览》《水陆路程》《士商类要》《天下路程图引》《图像南北两京路程》等数种，它们成了明代士商旅行的必备之物。最著名的是有关武当山的记载，武当山有明代"第一仙山"之称，在山上，有明代皇帝御制之联，云："顶镇乾坤，天下无双圣境；峰联霄汉，大明第一仙山。"程春宇的《士商类要》，对武当山的宫观有过详细的记载，如记太圣南崖宫云：正殿上有金灯一盏，殿前有圣泽玉露井，殿后有圣父母殿。前有龙头香，左有石梁、石柱，殿内坐五百位灵官，旁有下基亭，右有文昌祠、南秉亭。正殿后，右边有五龙捧圣亭，下即舍身崖。各有胜致，唯有南崖最多。郧阳府老城北门有江西会馆、山陕会馆等服务机构。

(四)士人漫游

士人漫游主要指学子有目的的旅行游览活动。士人很早就到郧阳旅行游览，屈原、陶渊明、李白、杜甫、郦道元、徐霞客等是他们中的代表。据专家考证，屈原曾经游历于郧阳区域；郦道元《水经注》则根据《尚书》确认了古人所称"沧浪"就在郧阳；大旅行家徐霞客曾由南阳至郧阳最后登武当，留下了《游太和山日记》。

(五)修行悟道

南北朝时期，佛教传入郧阳，一些高僧云游郧阳，并在此建寺修院，普度众生。根据康熙版《郧阳府志·寺观》记载，至康熙年间，郧阳府境内共有寺院149处，郧县境内15处，现大多只有遗址，如云盖寺、回龙寺、清凉寺、石佛寺等。

第二节　旅游机构及从业人员

一、郧县旅游管理机构设置

1996年10月，郧县旅游局成立，为正科级全额财政拨款事业单位，与县外事侨务接待办合署办公，实行一套班子、两个牌子的管理体制。1997年4月挂牌，驻城关镇解放路48号。2000年5月，与县外事侨务接待办公室分离单设。2007年7月，始为县政府直属事业单位。2009年郧县成立"郧县文化旅游发展委员会"，将文化体育局和旅游局整合为一个职能机构，2010年改名为"郧县文化体育旅游局"，作为县政府工作部门。

（一）郧县旅游宣传促销

旅游宣传促销活动包括：制作以"中国郧阳·人类老家"为主题的文化旅游宣传片。参加中国（义乌）旅游商品博览会、第六届陕西旅游商品博览会、"南水北调核心水源区——湖北·十堰旅游宣传周"等活动，宣传推介绿松石、米黄玉、松针蛋、玉雕、木瓜醋等特色旅游商品，推荐的米黄玉玉玺参加中国旅游商品博览会获得二等奖。与北京市东城区旅游局主要负责人洽谈合作事宜，达成初步合作意向。

（二）行业管理

实施《中华人民共和国旅游法》《湖北省旅游管理条例》《旅行社管理条例》，防范欺客、宰客事件及安全事故发生，严厉打击旅行社跨区域经营，杜绝无证带团、黑车上路，滥设报名点、办事处、接待处等行为。开展《中华人民共和国旅游法》贯彻落实宣传月活动，组织旅游安全大检查，印发《关于做好汛期旅游工作的通知》《关于转发十堰市旅游局关于进一步加强旅游安全工作的通知》《关于做好暑期旅游安全工作的通知》《关于做好旅游市场秩序专项整治工作的通知》等文件，抓贯彻落实，确保旅游安全。印发《郧县平安景区创建方案》，开展平安景区创建活动。九龙瀑、青龙山国家地质公园被评定为郧阳平安景区。

二、旅行社

（一）郧县大地旅行社

2001年，省旅游局审核批准成立郧县大地旅行社，驻郧阳宾馆2号楼2楼，由郧县旅游局管理。主要经营国内旅游组团、接待及代售车票、机票、船票等业务，年接待游客3500余人次。

（二）十堰市春秋旅行社郧阳分社

十堰市春秋旅行社是经湖北省旅游行政管理部门正式批准，于2002年8月成立（经营许可证号：L-HUB-GNO6021），注册资金为30万元，员工16名，专业从事旅游经营活动。郧阳分社坚持以人为本，诚信笃实，遵循做专做强的准则，业务蒸蒸日上，规模不断壮大。

三、宾馆酒店

（一）郧阳国际酒店

1979年，郧县第一招待所由军教馆迁至东岭街东侧。1990年，迁至陵园路（解放路）。1991年，更名为郧阳宾馆。2008年改制更名为"郧阳国际酒店"，有标准客房50间，床位299个，餐厅包间20个，可一次性接待600人同时住宿、用餐。

（二）天安电力酒店

驻城关镇民族路8号，由郧县电力公司投资兴建，2004年招商改建，于2004年11月开始营业。有标准客房40间，床位180个，餐厅包间17个，可一次性接待300人同时住宿、用餐。

（三）兴郧饭店

位于郧县城中心金沙路（原兴郧路），2005年开始营业。有标准客房114间，床位250个，餐厅包间10个，可一次性接待500人同时住宿、就餐。

（四）红太阳大酒店

1996年9月，红太阳大酒店开始营业，驻兴郧路4号。2004年6月迁至解放路99号。2014年，迁到解放南路11号，有大小4个宴会厅，3个会议室，客房床位300个，就餐包间20间，一次性可接待800人同时用餐。

（五）金海湾大酒店

2000年4月开始营业，驻城关镇解放路103号。有就餐包间20个，可一次性接待800人同时用餐。

四、新千年郧县文旅发展

从2003年开始，时任郧县党政主要领导富有远见地提出"资源就是资本、生态就是生产力""文化需要改革、改革促进发展"的文旅生态统筹发展思路，着重在体制改革、政策投入、人才培养、精品打造、招商引资等方面下功夫。

2005 年郧县县委、县政府及时提出了"要把旅游规划落实到项目开发上"的要求，从而加大了虎啸滩、九龙瀑招商开发力度，加快了郧阳府学宫(博物馆)项目开发进度，制止了郧县农村信用社拍卖大丰仓的经营行为，为郧县文化旅游发展打下了良好基础。先后在国家和省政府争取了两个牌子——郧县青龙山恐龙蛋国家地质公园、郧县沧浪山省级森林公园(2008 年升级为国家级森林公园)。

2008 年，中共郧县县委书记柳长毅明确提出"旅游是文化的载体、文化是旅游的灵魂"的指导意见，促使文化旅游产业项目迅速推进。2009 年县委文化旅游发展领导小组主持制定了郧县发展第三产业的历史性文件《郧县生态文化旅游产业发展规划(纲要)(2010—2020)》。之后相继在郧县成功举办了"中国·郧阳文化高峰论坛"和"市县对接发展高峰论坛""'郧县人'发现 20 周年国际高峰论坛"，通过举办论坛，为郧县文旅发展超前谋划。

2009 年郧阳文化旅游开发区可行性研究通过专家评审，沉寂已久的"汉江号子"重见天日。与此同时，启动了"湖北旅游强县"创建工作，制定了《郧县创建"湖北旅游强县"工作方案》，印发了《郧县创建"湖北旅游强县"目标责任分解的通知》。修订完善《郧县旅游发展总体规划》，设立文旅发展基金；同时启动了郧阳文化发掘整理创作的"十大工程"；组织专家开始编辑《郧阳文库》。

2009 年，郧县县委、县政府出台《关于调整产业结构加快支柱产业和重点企业发展的若干意见》(郧发〔2008〕10 号)和《关于加快发展郧县生态文化旅游产业发展的意见》，在全国率先实行文化与旅游部门合并，县委成立文化旅游发展领导小组，并将文旅职能部门合并为"郧县文化旅游发展委员会"(2010 年更名为文化体育旅游局)。

2011 年，郧县县委县政府明确提出"文化立县"重大战略，实施"生态强县、旅游兴县"七大系统工程，擦亮了郧阳文化品牌。形成了"一江清水两岸绿、一区两带走新路"的生态经济发展新格局。全县新增农家乐 87 个，其中二星级以上农家乐 16 个。2011 年，樱桃沟生态文化旅游示范区提质加速、郧阳岛开始全面规划建设；2012 年子胥湖生态新区开发迅速启动、沧浪山国家森林公园被评定为国家 3A 级旅游景区；2014 年云盖寺绿松石矿山公园开始进行规划。

第三节 郧县文化旅游资源

郧县自古就以山水资源丰饶而著称于世，因汉江之利，雄关要隘甚多。尤其是郧阳开埠以来，商贾云集，观光游、商旅游、宗教游渐次成为古代郧阳旅游的主要形式。

一、自然资源

(一) 古代郧阳旅游景点

康熙版《郧县志》载十景为：天马崖高、摘星坡竣、南门晴望、十堰春耕、肖寺留题、仙宫遗像、武阳神洞、盛水灵泉、龙滚滩声、瀛洲雨意。又有八景之说：笔山排闼、汉水朝宗、茆窝社鼓、兴福晨钟、妆台晓月、雪楼春风、履塘仙迹、故园相封。至清同治年间，十景中"仙宫遗像"不存，增"春楼雪霁"，即春雪楼景致。后人又将其归为八景，即原台古柏、杨溪烟树、灵泉瀑珠、天马腾骧、西浦帆泊、南楼春晓、金鱼竞渡、红门晓霞。无论八景还是十景，都是古代郧阳网红打卡地，吸引了众多文人墨客前往游赏，触景生情，抒心唱怀，留下了许多佳词绝句。

1. 春楼雪霁

春楼，又称"春雪楼"。它位于郧城最高点北门坡，始建于明代，是一座建筑十分精美的高台双层楼阁式古建筑。登上春雪楼，滔滔的汉江，百舸竞帆的动景，静谧的山城娇容尽收眼底；春山的淡雅，夏山的苍翠，秋山的明净，冬山的粗犷，使人迷恋、陶醉、心旷神怡！明代号称"嘉靖七子"之一的著名文人王世贞，在《登春雪楼》一诗里写道："忽结楼台银海上，尽收天地玉壶中。"描写甚是惟妙惟肖。

2. 瀛洲雨意

瀛洲，就是"瀛洲滩"，它位于杨溪铺对面江心的大沙滩。"瀛洲雨意"是形容雨过瀛洲的一种浑然天成的景色。每当春雨蒙蒙和秋雨绵绵之际，远眺滩头，天水相连，茫茫一片，烟雨朦胧，若隐若现，富有诗情画意。古人曾有诗云："万燕起芳洲，临江风满楼。云阴低渡口，潮势逼矶头。秦树烟初溟，郧关气欲秋。山川含蓄久，霜雨佐鸿猷。"但自丹江口水库兴建后，瀛洲滩已沉于万顷碧波之下。

3. 摘星坡峻

摘星坡，素有"郧乡屏障"之称。它位于杨溪镇刘湾村，现在叫"青龙泉社区"。摘星坡面临汉江，背依群山，高瞻摘星坡，飞云片片；俯视摘星坡下，炊烟蒙蒙；远观汉江河面，渔舟点点；近看一片园田，禾苗青青，更显山清水秀，景色宜人。古人有诗赞云："坡势果参天，来登万仞巅。河山奔眼底，箕斗罗胸前。云捧烟雨螺，星分月鹿麛。郧乡此屏障，珍重控三关。"

4. 盛水灵泉

此泉今名徐家堰，上游十余里有青龙潭。一年四季，泉水长流。相传春秋战国时期，伍子胥曾在此屯兵筑堰，明代弘治庚申时（1500 年），官民协力，重修此堰，使千百园田，不忧涝旱，郧乡民众喜于室，歌于途。诗曰："定有神龙护，龙灵水亦灵。源泉通地脉，惠泽遍郊响。曲因分秧活，环流倚树听。郧乡资灌溉，不断碧泠泠。"古代诗人曾留下"盛水灵泉"或"灵泉瀑珠"等诗篇，赞美山乡景色，歌颂田园风光。

5. 天马崖高

清末道光庚子年（1840 年）进士、云南巡抚贾洪诏曾为"天马崖"赋诗曰："神翼如天马，飞腾绝壁中。星精方跃地，电影忽行空。山中何深隐，孙阳岂易逢。崖高三字古，宛想负图功。"天马崖，位于汉江边，现茶店邓湾码头附近。相传古时崖下有洞穴，曾有一匹骏马经常出没食禾，后被人逐之，因而天马腾飞，崖崩石坠，堵住了洞穴，在大石上现出"天马"二字，从此，不见神驹山间游，但见"天马"崖上留，天马崖由此而得名。明代嘉靖年间（1522—1566 年），郧阳知府许词，派人依崖凿洞，题名"月窟"，以烘托祥马来自九霄，更增添了传奇色彩。后来，许词之弟许信，在天马崖上修了一个马亭，亦名"月窟亭"，并沿山修路，直通月窟。从而，引来诸多游客到此登高游赏，吟诗抒怀，至今留下不少风流人物的墨迹。明代郧阳抚治，诗人沈晖在《游天马崖诗》中对天马崖是这样赞叹的："房星落地化为石，峭壁苍崖三万尺。长风吹散楚天云，突兀嶙峋耸晴碧。神骏何年此地游，至今隐字石间留。仙骈一去无消息，山下清江空自留。吾闻行地须良马，古来不惜千金价。吁嗟骐骥世不常，愁见驽骀满中野。安得龙驹下紫虚，风雷白昼腾地衢。出为大将平狂寇，入为君王驾辂车。"

6. 龙滚滩声

龙滚滩，位于古城东南，挂榜崖前，极星塔下，汉江之中。挂榜山陡崖壁立，极星塔高踞于汉江边的一座孤峰上，孤峰自古以来，被洪水冲刷，形成一级土梯，远望像巨螺，极星塔却又像钢锥，直指星斗倒影江中……在这里每逢秋洪季节，江水一泻千里，浪卷波腾，山崖震动像雷鸣，波浪翻滚似蛟龙，浪击滩声，回转于山谷之中……实为难得之一景。古人吟诗赞曰："滚滚西来水，游龙怒未降；波涛飞断岸，声势莽汉江；鹤警尝鸣和，鲸奔浪击撞；琵琶滩下路，余韵尚淙淙。"

7. 武阳神洞

武阳神洞，又名朝阳洞，位于老城北门武阳岭。武阳神洞上有武阳岩，下有武阳堰，岩洞内清泉长流，汇于上、中、下三堰，堰水入渠，渠入水田，使武阳一带幸免旱涝之灾，每逢春华秋实，一片欢歌笑语。明代巡抚贾洪诏曾赋诗曰："谁为开锡穴，神功记武阳。不劳疏凿力，竟普济时方。万户占盈缶，丰年祝于康。生灵蒙泽久，福惠与天长。"

8. 十堰春耕

"十堰"因位于"百二河"两岸，沿溪流筑有十道堤堰而得名。这里四周群山环抱，有大畈园田，自古以来土地肥沃，水源充足，是郧阳的米粮之仓。每逢春耕时节，人勤春早，一片繁忙景象。古有诗曰："十堰乘东作，春霖快一犁，鸠呼桑社外，犊叱柳桥西。水足三农作，晴开万井底。南坪古沃野，丰稔问群黎。"于是便有了"十堰春耕"这个十景之一。新中国成立后，十堰成为郧阳辖区的一个乡镇——"十堰公社"。1968年因修建丹江大坝，老郧阳被淹，郧阳地委搬迁于此，又因三线建设，中国第二汽车制造厂落户于此，因时因势，十堰从郧阳划出单列，逐步从一个乡镇建制一步步升格为现在的汽车工业地级城市。

9. 南门晴望

南门，就是古城的大南门。大南门是古城精华之地，有里外两道城门，称之为"月城"。二层楼的"城门楼"，建造非常精致，城角有著名的古建筑"魁星阁"，又称"南角楼"。万里晴空，登门远望——"挂榜山塔江中游""龙滚滩险泛新舟""天马崖高悬古字""遥看渔火照瀛洲""摘星坡上烟岚合""魁星楼间琴声幽"……一片诱人景色展现在眼前。有这样一首古诗赞美这一景色："汉水连天碧，南来气独清。云开千里阔，风正一帆轻。晓霁鳞圆润，余烟雉堞横。游氛知已扫，遥望海波平。"

10. 肖寺留题

"红尘飞不到，萧瑟闻禅林。壁愧荒苔久，钟藏老树深。人从方外识，诗人定中吟。不尽推敲意，瞿昙且赏音。"这是留在肖寺壁上的一首诗篇。肖寺，俗称"肖公庙"，位于古城东郊七八里的杨溪镇财神庙村附近。肖寺，建筑古朴，松柏参天，依山临水，四野开阔，当云淡风轻之际，伴花随柳步入肖寺，春意盎然，更有诗情画意之感，古人郊游，多在肖寺寄语抒怀。寺壁刻下不少诗人墨迹，故有肖寺留题之称。

（二）现当代郧县旅游景点

在郧县三千多平方公里版图内，自然禀赋独特，人文历史厚重，具有发展文旅产业最独特、最核心的资源要素。但由于历史原因，当前呈现出"景色在水上（汉江）、文化在地下（恐龙蛋、郧县人、辽瓦店子、郧阳古城等）、景点在山里（沧浪山、云盖寺、虎啸滩、九龙瀑等）"点多线长等分布特征。对汉水沿线埋藏的历史文化资源进行挖掘性开发和当代性表达，从而构建自然与人文交相辉映、城市与乡村统筹发展的旅游态势，已成当务之急。

1. 青龙山国家地质公园

青龙山国家地质公园位于郧县柳陂镇青龙山村，东距县城约 8 公里，南距十堰市区约 23 公里，是国家 3A 级旅游景区。经过县政府三年争取、县长两次出席面试，2005 年 8 月自然资源部将其批准为第四批国家地质公园。在县政府主要领导亲自出面招商之下，引进香港投资商，首期工程投资 500 万美元，建成粗具规模的恐龙蛋地质公园。2008 年 10 月国土资源部专门派司长到郧县主持开园仪式。

该公园由青龙山恐龙蛋化石古生物地质遗迹、李家沟恐龙化石古生物地质遗迹组成。园区内的恐龙化石群埋存于晚白垩纪地层的粉红色砂砾岩中，距今约 6500 万年，绝大部分恐龙蛋化石保持较原始的成窝状态。景区辖有"一园八区"，主要建有郧阳区国家地质博物馆、主题广场、恐龙雕塑、恐龙蛋化石展示长廊、地质公园标志碑、地质景观墙、恐龙时代餐厅、燕窝群、恐龙游乐园、恐龙湖水上游乐园、办公管理中心、游客接待中心、科普展示中心及恐龙夏令营等互动体验项目。主题景区青龙山恐龙蛋化石园，区域面积 2.5 平方公里，划分为科普游览区、综合服务区、生态保护区、观光体验区四大区域。该区的恐龙蛋化石具有埋藏浅、数量多、种类全、分布集中、保存完好的特点，在国内外享有较高的知名度，尤其是在同一个区域内龙蛋共生，在全世界尚属罕见。

2. 沧浪山国家森林公园

湖北沧浪山国家森林公园位于汉江以南、堵河西岸的郧县红岩背林场境内。园区62.46 平方公里，总面积约 78 平方公里，距 306 国道 15 千米，紧邻黄龙滩水库大坝。境域 1000 米以上的山峰 19 座，沧浪山主峰海拔 1827.4 米。2005 年，经县政府积极争取，红岩背林场被省林业厅批准为省级森林公园。2008 年 5 月，县政府邀请湖北省林业厅森林公园管理中心专家编制沧浪山国家森林公园可行性报告；当年 12 月，被国家林业局批准为国家级森林公园。公园里有国家一级保护动物大鲵、苍鹰、雕、蟒等；国家二级保护动物獐、果子狸、锦鸡等。国家一级保护树种有红豆杉，国家二级保护树种有银杏树，国家三级保护树种有紫荆、红椿等；省级保护树种有蜡梅等。境域有老虎寨、香炉寨、猪圈寨、青山寨、观音寨、青峰寨等，各寨存有烽火台。主要自然景观有千亩蜡梅园、千年古柏和彭家庄、龙潭、野梅溪、五女朝圣、红岩绝壁及人文景观上瓦房、中瓦房、下瓦房、千佛洞彭家庄园等30多处。

境内峰峦叠嶂，山势绵延，沟坠纵横，植被茂密，气候温和，景色宜人，年平均气温在14℃左右，森林覆盖率达92%，是秦巴山脉一大绿色屏障，是鄂西北的天然氧吧，是距十堰市城区最近、保持最为完好的一处原始森林。景区以峰为奇、以水为秀、以瀑见长、以林为特，古朴纯真、自然恬静、山水相融。尤其令人叹为观止的是境内有近千亩的连片野生蜡梅和近千亩的杜鹃，有"中华第一蜡梅园"之称，是避暑、消夏、旅游、观光、休闲、度假、科考、探险的极佳去处。

3. 虎啸滩

虎啸滩旅游风景区位于大柳乡白泉村、十字沟村之间，距县城35千米，距十堰市城区65千米。平均海拔超过870米，年均气温13°～15°。与陕西省商南县相邻，西与郧西县五龙河风景区接壤。距郧（县）庙（垭）公路7千米。2005年招商引资开始对其进行深度开发，2009年基本建成。景区有生态旅游登山观光区、喀斯特地貌观赏区、奇石盆景展览区、群山飞瀑与幽潭水色浏览区、探险狩猎区、岩溶地貌观赏区等。风景区景点密集，以深峡、峭壁、叠瀑、幽洞、奇石、秀水为主的景点有虎胆绝壁、红河谷、虎穴、碣石、醉虎画屏、腾滩、虎口滩、翡翠天梯、啸滩、九天彩虹（桥）、落九天、三叠飞瀑、虎口龟崖、快活林、千叠滩、悦目岛、白虎洞、天井山等30多处。

4. 九龙瀑

湖北九龙瀑大峡谷景区地处秦岭南麓、汉水之滨，鄂、豫、陕三省交界的郧县南化塘镇和大柳乡接壤的崇山峻岭之中。峡谷地貌独特，民俗民风淳朴，是秦巴风情的唯美典范。

景区2005年开始招商进行深度开发，现已建成为以"中国龙文化"为主题，以龙九子传说为主线的大型原生态山水风景名胜区。在长达7公里的峡谷里，有以龙九子"囚牛、睚眦、狻猊、螭吻、麒麟、饕餮、蚣蝮、狴犴、睚眦"命名的九个瀑布，龙口瀑布似龙口喷珠，落差几十米，瀑下潭深约20米，似九龙腾飞，九瀑九景，潭瀑相映，气势雄美；除峡谷飞瀑外，还有百年青苔壁、千年钙化池、万年石结核、三万年前古人生活遗址——龙宫（汉人类老家）都是难得一见的景观。

二、文化遗址

（一）远古人类文化遗址

郧县远古人类文化遗址众多，包括"郧县人"远古文化遗址、"梅铺猿人"文化遗址、青龙泉遗址、辽瓦店子遗址等，因前文已有记述，此处不再赘述。

（二）纤夫石

纤夫石是纤夫在江河边生活劳动时，长年累月劳作而在坚硬的岩石上留下的印迹石。汉江边的纤夫石主要有以下几种：

纤夫脚印石 纤夫在纤道上行走留下印迹的岩石。

纤绳印迹石 拉船时留有纤绳磨损印迹的石头。

古代船逆流而上时，没有其他动力，全凭一队纤夫在岸上拉船，纤绳大都是竹篾编织而成的。纤绳从河岸的背弓的岩石上拉过（花岗岩居多），会留下深深的印痕，除了纤绳的印痕，还有纤夫的脚印。自古以来，汉江两岸的险滩岸旁布满了这样的纤夫石。

（三）崖墓

崖墓，在中国分布很广，历史久远，形式各种各样。《后汉书·冯衍传》载："凿崖石以室兮，托高阳以养仙。"这是崖墓最早见于文献的记载。到唐宋时期，因其年代久远，时人不识，崖墓又被附会成了修仙炼丹的"神仙洞府"。战国崖墓集中分布在江西省境内的武夷山地区；汉代黄河中下游地区的崖墓多为诸侯王陵墓或贵族大墓。东汉至六朝，四川地区流行崖墓，以乐山地区为代表，往往几十座聚集在一面山坡上，形成墓地。

汉江郧县段的崖墓主要集中在五峰、青曲镇汉江岸边40公里范围内。这种墓葬一般处于距水面（地面）数十米的悬崖峭壁上，而且崖壁越陡峭越高墓葬越多越密集。崖墓成片分布，少的几座，多的几十座，呈蜂窝状，也有零星的，或是孤零零一座二座的。崖墓的洞口都不大，约1米见方，洞口大部分为方形，墓室结构简单，底部是平的，两侧墓壁垂直。只是顶部有所不同，有的呈弧形，有的呈三角形，多数是平顶，与墓底基本相同。里面空间很小，由于年代久远，一般都是空墓，宽约 0.8 米，高约 1.1 米，洞深 2 米左右。

三、文化建筑

（一）府学宫

明代府学宫旧时为郧县县学宫，始建于明洪武年间（1368—1398 年）；明成化十二年（1476 年），郧阳设府，升为府学，历史上曾多次重修。抗日战争时期，此处为国立湖北中学（又叫山东流亡中学）、湖北省联合中学郧阳分校、湖北省立第八高级中学所在地。至 20 世纪 80 年代，郧阳明代府学宫仅存大成殿，系全省仅存的府学大成殿。2002 年，被列为省级重点文物保护单位。

郧阳府学宫大成殿，面阔 7 间 36.3 米，进深 3 间 17.7 米，高 12 米，建筑面积642.5 平方米，正东正西坐向。因南水北调工程，大成殿处于淹没区，由湖北省文物局委托湖北太岳古建公司具体负责拆除，2012 年 3 月 14 日正式开始拆除。主要拆迁的有大成殿南大门、大成殿记事碑和大成殿三大部分，拆迁砖、瓦、木石构件存放于省级文物保护单位大丰仓附近废旧的仓库内。在拆迁的同时，府学宫大成殿遗址发掘、复建工作同步进行。复建的郧阳府学宫大成殿位于郧阳岛上，按原有规制复建。

（二）大丰仓

大丰仓始建于明成化十三年（1477 年），属抚治国家粮仓，贮存国家下拨和县级上解的赈灾、军饷、官饷之粮；明万历四十一年（1613 年），因水患改建；光绪九年（1883 年）重建；新中国成立初期被确定为中央粮库郧阳第一分库，后属郧县粮食局食用油公司所有。20 世纪 90 年代由于公司经营不善，将其抵押给郧县农业银行，2005年 10 月，农业银行准备拍卖该处，在县长柳长毅的直接干预下得到保护。2006 年确定为县级重点文物保护单位；2013 年 5 月，国务院公布为全国重点文物保护单位。

大丰仓是目前国内保存较完整的古代官府粮仓，其规模宏大，形制完备，对于研究历代仓储制度及仓库布局，以及古代农业经济状况等具有重要的价值。现保存一座主仓和两座副仓，三座仓库呈品字形分布，建筑面积约 1200 平方米，原基址大部分被保留下来，总占地面积 1.2 万平方米。砖石墙体和木框架全封闭仓体结构，歇山重檐灰瓦屋顶，仓内重檐四周设置活动通风窗，仓底设置防潮楼，墙根四周设置许多通风口。该仓保存较好，至今仍可使用。

四、文化展馆

(一)郧阳革命烈士陵园

郧阳革命烈士陵园位于郧县城正北杨家山上，是鄂豫陕边区唯一集陵园、公园于一体的革命纪念地和风景旅游区。1979 年，郧县政府决定将革命烈士陵园由老城沧浪山(又名虎山)迁至新城杨家山。陵园占地约 6.67 公顷。1980 年 5 月，迁建工作基本结束。园内主要建筑物自下而上为仿古牌坊大门、登陵台阶、览鹰园、光荣院、杨献珍碑亭、东西仿古四角亭、革命史纪念馆、影像馆、纪念碑、烈士碑、烈士墙、纪念广场、仿古碑亭长廊、护园围墙、郧阳革命先烈浮雕群像等。3 块青石纪念碑上镌刻着碑文和施洋等 1609 位革命烈士英名。1988 年，陵园被列为湖北省重点烈士纪念建筑物保护单位；1998 年，被命名为省爱国主义教育基地。年接待游客近 20 万人次。

(二)南化塘革命烈士陵园

1986 年，郧县为纪念中国工农红军红三军、红四军、红二十五军以及新四军在鄂豫陕边区和中原突围部队南化塘战斗牺牲的革命烈士，在革命老区南化塘镇始建南化塘革命烈士陵园，1987 年 6 月，国家主席李先念为陵园撰写碑文，共和国元帅徐向前题写碑铭。陵园内陈列有工农红军、新四军在南化塘作战的部分实物和部分战斗实况介绍等。

2006 年，南化塘革命烈士陵园建成革命将领馆(曾在南化塘战斗过的将领)和南化塘革命烈士陵园陈列馆，成为十堰市重点爱国主义教育基地。

(三)郧阳博物馆

1984 年 9 月，省文化和旅游厅批准郧县兴建博物馆。1985 年建成，位于城关镇民族路文化东巷 6 号。建筑面积 2184 平方米，其中展厅 1600 平方米。1997 年 10 月，被命名为十堰市爱国主义教育基地。2000 年 11 月，郧县博物馆更名为郧阳博物馆。馆藏文物 7000 余件。其中，国家一级文物 8 件，二级文物 26 件，三级文物 149 件。年均接待游客 3 万余人次。

第四节 文化旅游市场的开拓与竞争

一、文艺表演、文艺创作

(一)郧阳四六句

"郧阳四六句"是郧县具有鲜明地方特色的曲种。它是由传统的锣鼓曲和灯歌演变而形成的曲艺形式。早期,它是当地一种锣鼓曲。明末清初,春节花灯盛行时,"四六句"被吸收为灯歌一种主要曲调。民间艺人递进式传承推动了"郧阳四六句"表演、创作和音乐体系的完善。"郧阳四六句"融入灯歌后,表演也活泼多了。如《采莲船》的"后摇婆"表演时的滑稽、诙谐、风趣,有时很像戏中的丑角,逗得观众捧腹大笑,即兴创作极为普遍,见啥唱啥,编得朗朗上口,令人佩服。

"郧阳四六句"有一板四句和一板六句两种格式,所谓一板就是指音乐的四句或六句为一个完整的乐段,"四六句"由此得名。它的主要句式以七字句为主,"郧阳四六句"语音朴实,纯为方言说唱,形式活泼,深受当地群众喜闻乐见。由于在群众中有深厚基础,曾被许多地方吸收利用。2004年春,县委县政府出台政策支持地方文化发展,"郧阳四六句"也进入小戏创作高潮,由郧阳艺术团创造表演的《招贤榜》《丫丫和花花》等剧目获得湖北省文化厅颁发的"全省调演奖"。

(二)郧阳二棚子戏

二棚子戏有500余年的传承历史,有大众化的表演形式,其思想性与艺术性高度统一,寓教于乐,雅俗共赏,喜闻乐见,经久不衰。二棚子戏是集音乐、伴奏、表演、服装道具、灯光音响以及舞蹈美术于一体的地方剧种,人物可多可少、剧目可长可短,表演形式独特,适宜剧院演出,走乡串户更佳,实属群众文艺中的极品之一。

1981年12月,郧阳二棚子戏被正式确定为郧阳地区(今十堰市)民族民间特色文化艺术品牌,成立了保护工作领导小组,列入郧县民间特色文化艺术保护重点。随后,郧县文化局组织文化馆、艺术团成立郧阳二棚子戏曲普查工作专班,先后在郧县城乡及陕西以南白河等地开展"郧阳二棚子戏"普查工作。1986年,郧县文化局和文化馆联合举办了二棚子戏乡剧团演奏骨干集训班并编印教材,使二棚子戏由原来口传心授转变成了文字传授。

1990 年，郧阳二棚子戏的保护和传承被列入县政府、县政协工作报告的内容之一；翌年，二棚子戏曲研讨班成立，并明确县文化馆为二棚子戏曲培训基地。2004 年 3 月，郧县宣传文化工作会议召开，以"郧阳二棚子"为代表的民间传统戏曲，作为全县努力打造的文化"四大品牌"之一，就品牌建设做出部署，明确了奋斗目标和工作原则，并提出"以社会筹资为主，政府扶持为辅"的资金投入原则。1997—2005 年，"郧阳二棚子戏曲"专班在本县及周边市、县演出 30 余场。其中在 2012 年，郧县艺术团用"郧阳二棚子"创作的移民大戏《我的汉水家园》曾多次赴汉进京演出。

(三)地方文艺创作

郧县的历史文化底蕴比较深厚，每个历史时期都有一批"文化人"进行文艺创作，但由于各种原因，近现代的郧县文学创作在全国影响力不大。20 世纪 90 年代初，郧县籍作家梅洁女士深入郧县、丹江口市、河南淅川县等地，创作了长篇纪实报告文学《山苍苍，水茫茫》，全面而深刻地描写了丹江口库区尤其是郧县百姓，为了丹江口水库建设而悲壮移民的艰难情景，1993 年发表后，在全国影响很大，获得 1995 年第五届《十月》文学奖。进入 2003 年后，郧县新一届领导班子高度重视文学艺术发展，在财政极其困难的情况下挤出专项资金，支持文学艺术创作。

2004 年春，时任县长柳长毅亲自策划并拨出资金，支持县文联创立了《汉江潮》文学期刊，从 2005 年起该刊物印刷发行费列入财政预算。此刊的创立和发行，为郧县众多文学爱好者提供了作品交流的平台，也为展示郧县文化的发展、宣传郧县的建设成就提供了新的渠道。自此，郧县涌现了一大批青年文学爱好者，并逐渐成长为文学界的骨干。2005 年以后，郧县每年都有文学创作出版物和纪实性、史志性书籍出版发行。如《回顾与展望(上中下册)》《潮起郧阳》《郧县八百年》《红色郧阳》《郧阳雄风起长岭》《郧阳文化论钢》《郧阳文库》等，记载并讴歌了郧县发展的历史和郧县在新世纪改革开放中取得的新成就。

二、新兴文化旅游市场现状

(一)主题旅游

1. 科普研学探秘二日游

线路主题：文化郧阳、源远流长

主要景点：学堂梁子(郧县人)遗址公园、辽瓦店子遗址、青龙山地质公园、郧阳博物馆、韩家洲春秋古战场、云盖寺绿松石矿山公园、安城古铜矿遗址。

2. 红色革命记忆二日游

线路主题：红色郧阳、革命老区

主要景点：龙韵村·中国红色报纸展览馆、郧阳革命烈士陵园、南化塘革命烈士陵园、玉皇山中原突围主战场遗址、大堰朝阳寺。

3. 生态康养度假二日游

线路主题：生态郧阳、康养胜地

主要景点：郧阳岛、汉江绿谷、沧浪山、龙韵艺术村、月亮湖、樱桃小镇、东方橄榄园、汉江江滩、虎啸滩、九龙瀑。

4. 调水源头观光一日游

线路主题：秀水郧阳、调水源头

主要景点：中华水园、东方橄榄园、香菇小镇、祥源湾、汉江江滩、子胥湖、郧阳府、大丰仓、大成殿、郧阳老街、汉水九歌

(二)1~3日旅游线路

1. 一日游

线路1：上午从县城乘旅游专线车到虎啸滩，游腾滩、醉虎画屏、落九天等景点；午饭后乘车返回县城，参观郧阳博物馆、郧阳革命烈士陵园。

线路2：上午从县城乘旅游专线车，沿209国道经白桑关到龙吟峡、仙女洞风景区。游龙吟峡、雷洞、风洞等景点；午饭后乘车达南化塘镇，参观南化塘革命烈士陵园后乘车返回县城。

线路3：上午从县城出发，游青龙山国家地质公园；中午游龙韵村、祥源湾，品尝农家小吃；下午游郧阳博物馆和郧阳革命烈士陵园。

2. 二日游

第一天：上午从县城出发，游览沧浪山风景区，夜宿沧浪山公园民宿。

第二天：上午游云盖寺矿山公园；午饭后参观绿松石加工及工业品展，然后返回县城。

3. 三日游

第一天：上午从县城到南化塘玉皇山，游龙吟峡、仙女洞；下午游览九龙瀑。

第二天：上午游览虎啸滩风景区、下午回程游子胥湖嘉年华。

第三天：上午游览青龙山国家地质公园；下午游览樱桃沟村、中华水园等。

(三) 农家乐

2001 年，城关镇及周边乡镇开始有农民将庭院改建成"农家乐"（餐饮住宿服务点），为游客提供餐饮住宿服务。政府适时奖励形成规模、经营效益好的"农家乐"。至 2014 年，各乡镇共建"农家乐"150 余户。城关镇的牧野山庄、堰林山庄，柳陂镇的南湖大院、青龙山庄，茶店镇的翠竹园、双龙山庄、惠凤园、金谷园、清河山庄、乡嫂农庄、老海酒家、五〇院、六〇院、七〇院，原种场镇的金谷园山庄等各具特色。

(四) 樱桃草莓节

2009 年 4 月 29 日，郧县政府主办，县旅游局、县文联、茶店镇政府承办的首届樱桃草莓节在茶店镇樱桃沟村举行，主要为宣传樱桃、草莓产品，推进市郊型生态农家旅游经济发展。十堰市梦萌有限公司等 3 家企业同周围几个村农户签订樱桃、草莓定购协议，市 3 位老书法家现场进行书法表演，开展"樱桃王""草莓王"评比和游客吃樱桃比赛活动。郧县艺术团和茶店镇农民演艺队为游客表演文艺节目。此后此活动在樱桃沟村年年举办并有所拓展。2011 年 5 月 1 日第三届樱桃节开幕时，时任中央候补委员、中国三江集团董事长刘石泉和武汉市副市长邵为民等，受县委书记柳长毅邀请，专程到郧县出席了樱桃节开幕式。

(五) 油菜花节

郧县五峰乡有一个马蹄形山川，土地平旷，沃野千亩。五峰乡素有十堰"油菜花之乡"的美誉，曾以种油菜而远近闻名，这里成片的油菜花连接东峰村、西峰村和南北峰村，总面积近 6000 亩。从 2013 年起，每年举办油菜花节，活动当天，除了精彩的文艺演出外，现场还有民俗表演、拍客大赛、当地特色农产品展销等活动。

（撰稿：徐堂根　蓝云军　编审：傅广典　柳长毅）

参 考 资 料

1. 郧县地方志编纂委员会：《郧县志》，湖北人民出版社 2001 年版。

2. 郧阳区史志办公室：《郧县志》，长江出版社 2015 年版。

3.（明）徐学谟：《郧阳府志》，长江出版社 2007 年版。

4. 冷小平、冷遇春、冷静：《郧阳历史文化探研》，中国国际广播出版社 2018 年版。

5. 傅广典：《郧阳文化考察报告》，《民间文化论坛》2009 年第 5 期。

6. 柳长毅、匡裕从：《郧阳文化论纲》，湖北人民出版社 2012 年版。

7.《辞海》，上海辞书出版社 1980 年版。

8.《郧阳物质文化遗产》，中国文化出版社 2018 年版。

9.《郧阳非物质文化遗产》，中国文化出版社 2017 年版。

10. 保继刚、楚义芳：《旅游地理学》，高等教育出版社 1999 年版。

11. 蓝善清：《万古一地——郧阳》，长江文艺出版社 2016 年版。

商贸文化域

第三篇

第一章 郧县商贸起始于汉江水运

郧县境内大小河流 769 条，其中，10 千米以上 63 条，承雨面积 100 平方公里的较大河流有 13 条。自古以来，汉江及其支流丹江、堵河、滔河就是郧阳水上商贸的交通航线。作为历代战略要地和明清抚治特区，郧县自古就是水陆交通要道。在近代交通网络形成之前，域内交通以汉水及其支流水路为主，陆路为辅。郧县水陆交通，不仅在历史上具有重要的政治军事价值，也为广义的郧阳商贸发展做出了巨大贡献。

第 一 节　汉 江 水 运

一、水运历史

汉江是郧县与毗邻地区水运的主要航道，全长 1577 公里，流域面积 174 万平方公里，流经郧阳区 147 公里，是郧阳商贸通达四方的黄金水道。

汉水是连接长江水系和黄河水系的黄金水道，也是中原文化和荆楚文化交汇、融合的天然纽带。在清朝以前，陆路交通不发达，汉江就成为鄂西北地区的交通干道。我国最早的地理名著《禹贡》记载：划天下为九州，荆州贡品和货物"浮于江、沱、潜、汉，逾于洛，至于南河"。《禹贡》所指的"禹"在今山西省西南部夏县附近，这里离黄河不远。《禹贡》所列各州贡道，不论路程如何曲折，最后一段路程都归于黄河。荆州的贡品和货物通过长江、汉江，北运至洛河，再转入晋西南和豫西北交界的黄河（这一段史称南河）。显然，在战国时期甚至更早，汉江已经成为连通江南和中原地区的商贸大道。

水上航运主要靠船只。据史书记载，中国是使用船只最早的国家之一。《史记·夏本纪》载，夏禹治水时，"陆行乘车，水行乘舟"。西周时期，汉江上已有了可承载多人的大船。《史记·周本纪》记载，周昭王德衰，南征蛮人，引起南蛮公愤，昭王渡汉江，南人以胶船渡之，船至江心，胶溶船解，昭王及随从溺死江中。此事史书未详细载明，但也透射出当时船只已颇具规模，其航运也就不言而喻了。

战国之际，汉江航船如梭。据《史记·苏秦列传》载，已占有汉中的秦国曾警告楚国说："汉中之甲，乘船出于巴，乘夏水而下汉，四日而至五渚。"《史记·张仪列传》在谈到蜀用兵楚时曾说："秦西巴蜀，大船积粟，起于汶山，浮江而下，至楚三千里，舫船载卒，五日而至郢（今湖北江陵）。"可见，当时的汉江水运远比陆路便捷，具有重要的军事价值。凭借顺流而下之利，上游之国可以给下游敌国构成极大威胁，因而汉水成为一条重要的军事水上通道。

秦汉时期，汉江已发展成为重要的水上交通要道。据《史记·郦生陆贾列传》记载："蜀汉之粟方船而下"和《华阳国志校补图注》中有关资料来看，在楚、汉交兵，刘、项争雄时，汉江水运粮物以供军需，为刘邦统一天下提供了便利。

魏晋南北朝时期，南北方都力争据有汉中、安康，以便夺取巴蜀，并北瞰关中，东出襄、邓。汉江流域上中游区域大部分时间属南朝，相对较为安定。大量流民涌入郧阳地区，拓荒田地，建立家园。此时沿着汉江及其几条较大支流，形成了十几座繁荣的城邑和无数聚落，它们像颗颗明珠系于汉江之上，帆樯所至，四通八达，商业繁盛。秦巴山区的贡赋和特产沿汉江东运，江浙的货物又沿汉江水路运到汉水上游。南北朝后期，北方势力南侵，战事不断，其目的就是要控制汉江水路咽喉，更图进取。

唐代，鄂西北水路交通得到进一步发展。贞观之年，唐太宗继汉武帝之后，再次决定连接汉江航运，"开斜谷道水路，运米至京师"。虽未获成功，但中宗景龙年间（707—710年），襄州刺史崔湜奉命亲率"役徒数万，死者十之三四"，修建商州新路和开凿运河，连接丹水和灞水，疏通水道，大大提高了汉江及支流的航运能力，一时"舟船往来，商贾无数"，汉江成为东达襄州、西到兴元府（今汉中）的黄金水道。

宋代以后，一方面由于全国政治经济中心向东南转移，另一方面，由于战火不断，硝烟弥漫，经济、文化遭受重创，加之盗贼四起，来往商船多有被劫之忧，特别是元末明初的"山禁"政策，致使汉江航运日趋衰落。到明代中后期，特别是明成化十二年（1476年）置郧阳府后，郧阳境内水运逐渐恢复，不少航道得以疏浚，汉水及其支流如丹江、堵河、金钱河等出现百舸争流的繁荣景象，不仅在沿岸出现不少商业集镇，而且确立了郧阳府城（亦即郧县城）的汉水漕运的枢纽地位，同时也确立了其在域内的政治、经济、文化中心地位。清代国内形成纵横东西南北的九条主要商业交通线路。其中，由汉口沿汉水而西，经安陆、襄阳、郧阳诸府，纵贯全鄂，以抵汉中；又沿汉水之支流白河、丹江二水，以入宛（今河南南阳）、洛（今河南洛阳），是纵贯中国腹地商业交通的西线干线。

至清代，郧阳府城成为汉江中上游的物资集散地，上聚鄂、豫、川、陕接壤地区土特产，下纳京广日用百货，都在这里外运内销。以郧阳府为中心，域内形成了四条主要水路交通干线。一是自郧阳城出发，顺江而下经襄阳、安陆到汉口，或逆水而上经白河县而达汉中，这是陕西与江南商贸往来的主要水路。二是自郧阳城出发，逆水而上经郧西夹河镇沿金钱河北溯上津抵陕西山阳县。三是自郧阳城出发，顺江而下经丹江口沿丹水而上，过淅川荆紫关入宛、洛，这是豫鄂主要水上商贸通道。四是自郧阳城出发，于辽瓦韩家洲向南沿堵河而上，经竹山，后陆行越房县或竹溪，可抵四川大宁盐厂（今重庆巫溪县大宁镇），这是川盐济楚的主要"盐道"。至民国时期，在郧阳府境内的汉江沿岸有几百个渡口，据清同治《郧县志》记载，郧县境内就有 67 处，较大的如郧县的西河、大南门、东关、小西关、三门、黄龙滩码头等。这些码头大小不等，年货物吞吐量很大。据清同治《郧县志》记载，光郧县的六大码头年吞吐量就达 3 万吨，它们担负着货物贮存、内转外运的绝大部分任务。正是通过这些码头，南来北往的生活日用品、生产用具、土特产品等运达郧阳境内的各个城镇、村落。

二、港埠码头

郧县境内汉江及其支流港埠码头，大多是自然形成的。至民国，郧县境内的码头有 67 处之多，其中较有名的有城关的西河码头、小西关码头、大南门码头、小南门码头，乡镇有黄龙滩码头、堵河码头、安阳口码头、前房码头等。当时的郧阳码头帆船桅杆林立，泊位十里不绝，船只来往穿梭，素有扬帆铺天卷江之景象。年货运量达31000 余吨（包括竹、木、柴炭、水果）。

（一）西河码头

位于郧县城西河扒（滩），西至郧阳城磨盘石，东至郧阳城西门内，码头全长 1100米，为郧县城最早最繁华的码头。民国时期，货栈、茶馆、酒馆、饭馆及各类摊贩买卖应有尽有。码头年吞吐量达 15000 吨，为天然码头。

（二）大南门码头

位于郧县城大南门至西门里，长为 1200 米，年货运吞吐量为 3000 吨。

（三）东关码头

位于郧县城察院巷以东 1200 米处，年货运吞吐量为 3000 吨。

（四）小西关码头

位于郧县城西关，长 300 米，洪水季节竹木排筏多停于榆树林，年均可停 200 余吊排，每吊 20 余吨，大部分销往外地。

（五）三门码头

原只有渡口，修通"郧十"路后而增加的码头。该码头由省里投资，为军用武器仓库，后又成为盐业仓库。

三、水运船具

郧县域内的汉江及支流岸线长，宽窄深浅不一，根据流域境况不同，船具大小不一，有摆江、秋子、老鸭、神船、梭子、歪尾、扁子、毛板、耳子、羊尾等 11 类船形。较大的摆江吨位可达 260 吨，较小的毛板吨位 7 吨。据 1941 年统计，郧阳境内有摆江 70 艘，吨位 260 吨；秋子 35 艘，吨位 140 吨；老鸭 30 艘，吨位 320 吨；神船 6 艘，吨位 90 吨；梭子 45 艘，吨位 33 吨；歪尾 2 艘，吨位 29 吨；扁子 3 艘，吨位 21 吨；毛板 1 艘，吨位 7 吨；耳子 1 艘，吨位 15 吨；羊尾 1 艘，吨位 30 吨。

（一）木帆船

木帆船水运历史悠久，是远古人类由浮性认识进化到风力行船的一个渐进物。明末清初，木帆船在汉江一带流行甚广，其船体狭窄，内有十几口仓、单桅、六支桨，顺水一昼夜可航行四百余华里，逆水可行百里。郧阳土特产全赖木帆船运输。木帆船种类有：摆江、秋子、长船、鱼鹰、歪尾秋等，这类船多为大商号和资本雄厚的船民经营，主要运郧阳土特产至汉口，然后再装汉口杂货至郧。支流转运多为小船，将货物由小河运往郧阳(县)城，给大船加载。

（二）毛板船

其是一种只"吐"不"吞"的运输船舶，从它的名字可估测，造型粗糙为它的本色，只顾一时是该船的特点。毛板船装载量 50 担以下，均属大商号和资本大的船民制造。

(三)排筏运输

1. 皮筏运输

又称牛皮船，多产于陕西及鄂北支流堵河一带。牛皮船一般运输桐油、棉花、红根之类不怕浸湿的土特产品，能装载五担以下。该筏因牛皮制造，被水浸湿后更为坚固，就是碰上坚硬的暗礁也对它奈何不得。

2. 竹木排筏运输

竹木排筏运输既节省了运输工具之船，又解决了竹木体长、难装运的困难。此种方式在民国至中华人民共和国成立初的 1950 年代还盛行于汉江、堵河一带。

郧县竹木排筏运输大致有两种：

长龙排：体型狭长，运行灵活，一般小河流均可流放，一人或二人均能顺水而行。

复合排：由多块组合而成，只限于汉江和堵河下游。

3. 散木流放

指少数木材在小溪中，被当事人用"赶羊"的方式，利用水的浮力、流水推力而推动木材一根接一根地移动，运至目的地。此种运输方式，需要三个环节："下河""流动""起坡"，各负其责来完成。

四、船工纤夫

汉江船工与纤夫以汉江为生计，历代命运悲苦。"船工船工，命不如草根"，这一谣语形象地刻画了船工与纤夫的悲惨生活状况。船工有太公(舵手)和摇橹工(划桨者)之分。纤夫又分领号手(专门领号起唱)、抬挽(排除纤险情来回走动)、抱纤手和拉纤手之分。郧阳汉江船工行船上行汉中、下过汉口，中间要经过众多险滩。据清同治版《郧县志》记载，仅郧县境内险滩就达 53 处之多，县境内河道狭窄，水中礁石嶙峋、滩险水急。通常小吨位船只得 15 人拉，最大船只需 30 人以上。"船怕号子马怕鞭，桑木扁担怕铁肩。"船工们用生动形象的语言诠释了船工号子的作用。船工号子共有 16 个曲牌，共分四个类型。

(一)靠岸、离岸及停泊号子

这类号子有《上挡、倒挡号子》和《活锚号子》。靠岸唱《上挡号子》，离岸唱《倒挡号子》，起锚唱《活锚号子》。

（二）上水号子

上水号子有《拖号》《鹞子转身》《歇口不歇身》《跑撸号子》《悠号》《咋号》《涉水号子》等。这类号子节奏短、规整，以"嗨"为主。如上滩，领号手和纤夫响应，"要上滩呀！"、"呼嗨！"，"攒把劲呀！"、"呼嗨！"；船过滩后，又响应着："已过滩呀！"、"呼嗨！"，"挺起胸啊！"、"呼嗨！"，"上滩后！"、"呼嗨！"，"就吃饭啊！"、"呼嗨！"。

（三）下水号子

下水号子有《下水号子》《放滩号子》《下水摇橹号子》《过街调》等。《放滩号子》用于水急流大、险滩暗礁处，句幅短小、一呼一应，充满搏斗气氛。《下水摇橹号子》水过险滩，轻松自如，唱腔较长，如："河边的大姐，白又白！请你把脚伸过来啊，呼嗨！……"

船工纤夫，命运悲苦。一幅汉江船工纤夫史，就是一部辛酸血泪史。郧县是汉江船工纤夫们拉出来的沿江城市。郧县汉江段境内城关、柳陂、五峰、韩家洲皆有庞大的专业船队，配有专业的船工和纤夫，鼎盛时期，境内船队达到47艘，前房船队达18艘。

五、船帮会馆

中日战争前，外省籍船舶经常行驶汉江郧县段的有陕西省汉中、安康、石泉、城固、紫阳、旬阳，河南省唐河、白河、淅川及湖南、安徽、四川、江西之地船只。这些外省籍木帆船对于郧县的商品经济发展和对外贸易起到了一定的促进作用。从清朝起，各地在郧县转运土特产，均设会馆作为中转站。现存有江西会馆旧址照片，其他省份的花届和会馆已失落和被汉江、丹江口拦坝蓄水而毁之。商贾云集的郧阳城盛于清朝道光二十年（1840年），许多土特产如龙须草、柿子、花生、桐油、芝麻等闻名全国。

第二节　丹　江　水　运

丹江，古称黑河（水），又称粉青江、两河、州河、寨河，是汉江较大支流之一。

据传，夏时洪水泛滥，禹带领尧帝儿子丹朱进行治理，丹朱因劳累过度而死在工地上，人们为纪念丹朱，遂把黑水改名为丹江。淅川县老城镇石门村境内有丹朱坟存在。丹江发源于陕西省商州秦岭东段凤凰山，海拔 1964 米，由西北向东南流经陕西省商县、丹凤县、商南县及湖北省郧县、河南省淅川县，于湖北省丹江口市汇入汉江，全长 443 公里，流域面积约 15990 平方公里。丹江流域多山区，干流多峡谷河段，唯上段商州区、丹凤县一带为川塬区，河谷宽浅地势平缓；中段为峡谷山区；下段为河谷盆地，通航里程 138 公里。

丹江在丹江口市境内长 21 公里，在郧县境内长 19 公里，皆可通航，可行 200 吨大船。丹江被古人誉为沟通鄂、豫、陕的水上黄金通道。沿丹水河谷而上，经丹、淅，出武关，可进入陕西渭南地区。这条线路，在周、秦、汉、唐时期一直是京都长安连接和控制东南各省的重要航线。《史记》载："秦大破楚师于丹淅，斩首八万。"东晋桓温北伐就是循此道北上。晋书《桓温传》载："（温）发江陵水军，自襄阳入均口……以纪关中。"丹江不仅在军事上举足轻重，而且在经济开发、文化交流方面也有重要意义。唐中宗时，重视利用丹江水运，曾征用役夫数万，疏通河道，押运货物。《唐书·食货志》记载："唐肃宗末年，史朝义兵阻断河道，刘晏兼任转运使，江淮粟帛繇襄汉，越商於以输京师。"可见，唐代时丹江水运就担任着漕运粮帛以济京师的重要任务。入宋后建都开封，元朝建都北京，丹江水运失去了在军事和经济方面的重要作用。明清之际，随着资本主义的萌芽和商品经济的发展，丹江成为联系陕西、河南、湖北的重要交通干线，丹江水运廉价的运输价位及由此带来的丰厚利润吸引了大量的商人经丹水赴东南各省贸易，丹江水运的贸易地位逐渐攀升，成为沟通中西部贸易联系的主渠道。历史上清代几次大规模的漕运都是经丹江运至陕西商南县，再陆运抵北京的。鼎盛时，仅荆紫关码头每日泊船百余艘，帆樯林立十余里。光绪二十六年（1900 年），八国联军攻陷北京，慈禧太后偕光绪皇帝逃至西安避难，荆襄一带的税赋米粮由小江口（今丹江口市）入丹江运至龙驹寨。自龙驹寨起陆转西安府，供皇帝和军政官员之用。近代随着铁路公路等陆路交通工具的兴起，丹江上游的航道日渐堵塞，目前仅有丹江口水库可通航。

第三节　堵河水运

堵河为山地型河流，干流全长 338.6 公里，流域面积 10980 平方公里，流经郧阳区 55 公里，集雨面积 406.5 平方公里，为郧阳第二条水运商贸航道。

堵河，又称堵水、庸水，是汉江水系的第一大支流。堵河由西、南两条(支)源流汇合而成。西(支)源流叫汇湾河(亦称泗河)，源于川陕交界的大巴山北境——陕西省镇坪县的杉树坪，其长约 100 公里；南(支)源流叫官渡河，源于川、鄂交界之大神农架北麓——阴条岭，长约 127 公里。两支源流于竹山县两河口处汇合，始称堵河。堵河自两河口向北流经竹山县城、姚坪、叶滩、叶大、黄龙及郧县辽瓦杨家沟注入汉江，因其在汇入汉江时正好在河口处有一洲名为韩家洲，堵在河口，因而得名"堵河"。堵河自古就是竹山、竹溪、房县、郧县等鄂西北数县对外联系和商贸往来的主要通道。在古代陆路极不发达的情况下，大批货物都是由堵河吞吐。明清时期，经堵河而入川曾是川盐济楚的主要"盐道"。堵河水运曾繁荣了竹山、竹溪、房县、郧县四县，在堵河沿岸兴起了诸如竹山县城、田家坝、官渡、柳林、郧县黄龙(今属十堰张湾区)等集镇。

堵河沿岸山高坡陡，谷狭滩多，水流湍急，船行上水时，除有时顺风扬帆行船外，其余时间只能靠船工拉纤，爬悬崖，走峭壁，艰苦难言。

民国期间，汉江及其支流堵河水上交通十分繁忙。抗战时期，汉江均郧段一度成为第五战区军火运输主线。郧西、丹江口市、竹山、陕西白河县等船只运输业务，均由郧县船行组织调配，为抗战胜利做出了重要贡献。随着现代陆路交通(公路、铁路)的发展，以及丹江口水库、黄龙滩水库的建成，汉江及其支流堵河水上交通逐渐为陆路交通所取代，除了库区内有限的航运外，汉江及其支流水上运输已经失去了昔日的辉煌和繁荣。但南水北调中线工程的建设，又为汉江及其支流航运带来新的水上航运机遇。

第二章　郧县商贸兴盛于历代古道

古代郧县交通虽然以水路为主，但陆路交通也并未中断，为本地商贸发展和对外交往发挥着重要作用。古道主要分为驿道、盐道、神道，它们共同组成郧县的交通网络体系，为汉江上中游区域商贸提供道路支撑，促进商贸业的繁荣发展。

第一节　驿　　道

一、主要驿道及驿站

驿道也称古驿道，是中国古代国家、省级陆路交通干道，同时也是重要的军事设施之一，主要用于运输军用粮草物资、传递军令军情等，同时也是古商贸往来大道。如著名的秦皇古驿道、丝绸之路、湖广驿道、南襄驿道等。驿站分驿、站、铺三部分。驿站是官府接待宾客和安排官府物资的运输组织。站是传递重要文书和军事情报的组织，为军事系统所专用。铺由地方厅、州、县政府领导，负责公文、信函的传递。驿站在我国古代运输中有着重要的地位和作用，在没有电信通信的情况下，驿站担负着各种信息传递任务，在一定程度上也是商贸物流中转站。驿站与当今的邮政系统、高速公路的服务区、货物中转站、物流中心等有相似之处。

清代，境内驿道不断延伸。据清同治年间修编的《郧阳府志》和《郧县志》记载，以郧阳府城为中心通往周边地区和境内各县的主驿道有：

（一）向东驿道

由郧县城县前铺出发，经蓼池、远河、黄洋湾、石河至均州黄洋铺，再由均州南关总铺东南行经双栗铺、石板滩、草店，然后向东经青徽铺，迤东至土陂铺、姚十铺、青石铺、界山铺，出境达谷城县王家铺，又由均州城沿汉水右岸曲折下行至均口（丹江口）沙陀营60公里入光华县田家湾，可抵襄阳和河南。

（二）向南驿道

由郧县城县前铺出发，经小岭、花果、西沟、桃林铺、板桥铺、牛心铺、泰山铺、堤坪、羊峪至房县。或郧县老渡口西行，在辽瓦杨家沟入堵河，经黄龙铺、磬口铺、姚坪铺、界山铺到房县。然后向东经温泉、马栏、青峰抵保康县永安铺。或从军马店、文昌铺、陈家铺、界山铺接竹山县。

（三）向西驿道

由郧县城经马昌（马场关）、洪门、青铜铺、箭流铺、火车岭到达郧西，然后再自郧西县城西北行经土门、香口、黄云铺、绞肠关、上津至云岭，进入陕西山阳县漫川关，再经山阳县城、商县至西安，也可自县城北行经茅坪、吊桥至山阳县赵川到山阳县城。上述两路为湖北陕西两省往来交通大道。今吊桥附近石崖上镌刻"秦楚通商"四个大字可为证。也可自郧西县南天河口经五顶、双掌、石堀子、分水岭至漫川关，在寨沟等险要地段凿有数处石蹬台阶，便于骡马通行。由郧西县城西南行经观音、板桥、羊尾到陕西白河县，翻界岭到竹山得胜铺、水坪铺到竹溪县城，再由县河铺西行可抵陕西平利县。

（四）向北驿道

由郧县城县前铺，经杨溪铺、白桑关、郑家垭、梅家铺至河南省淅川县白亭关。

二、县大道

"大道"即百姓交往的人行道，其实是山间小路，是人们来往频繁的通达境内城乡的人行道，也是人们进行商贸活动的人行便道。

从新修的县志可知，清朝至民国时期，郧县境内有5条人行大道，以县城为中心，通往毗邻各县，总里程322.5公里。（1）郧均大道：由县城经老渡口、蓼池至均州（今丹江口市）黄洋铺，全程40公里；（2）郧房大道：由县城经老渡口、万家坪、土门、十堰、大川、五谷、吊桥、土城、百鸡铺至房县城，全程87.5公里；（3）两郧大道：由县城经马场关、曲远河、青铜铺、箭流铺至郧西县城，全程47.5公里；（4）郧白大道：由县城东关经杨溪铺、白桑关、郑家垭、梅家铺至河南省淅川县白亭关，全程72.5公里；（5）郧荆大道：由县城经杨溪铺、白桑关、黄柿坪、江湾、南化塘、程家台达河南省淅川县荆紫关，全程 75 公里。

除此之外，在郧县境内，还开辟了若干条古盐道和古神道，它们与古驿道和大道一起，组成内外联系的交通网络，不仅为商旅提供了方便，而且对郧阳府范围内政治、经济、文化的发展起到了重要的作用。

第二节　盐　　道

中国古代著名的盐源有三：地处中原的解池池盐、地处齐鲁和江浙的海盐、地处巴域的井盐和岩盐。巴域（今渝东、鄂西北一带）之天然盐泉也有三处：巫溪宝源山（即大宁盐厂）盐泉、彭水郁山镇伏牛山盐泉和湖北长阳县清江盐泉。其中，池盐和海盐分别发现于尧舜时代，而巴域井盐却早于三皇五帝时期，因而是中国最古老的盐源所在。

因历史和地理缘故，自商周以后，郧县一带食盐就依靠四川，并开辟了通往巫溪及大宁盐场的通道。自秦汉以降，历代王朝均设置专职盐官，或食盐官营，或掌管盐税征收。由于盐利很高，《宋史·食货志》有"天下之赋，盐利居半"之说。故自唐宋开始，各盐场均有政府划定的"行盐地方"，即盐界。至明清时期，政府划定两湖地区为淮盐销售区，郧县改吃淮盐。但实际上，历来都存在着川盐与淮盐、官盐与私盐争夺郧阳乃至湖北市场的问题。乾隆元年（1736 年），经总督史贻直批准，湖北 8 州县改食川盐，其中大多配食宁盐，但范围有限，直到咸丰二年（1852 年），太平天国起义军封锁长江，切断了淮盐运鄂的运输通道。湖广总督张亮基奏请政府允许川盐入鄂，得到了清政府的恩准，无论官盐私盐均可以在湖北境内经营销售。多年来的疆界被打破，"川盐济楚"由此拉开，盐的运销就开辟了最早的盐路。川盐外运，骡驮、肩挑、舟载交相辉映，水路、陆路、栈道相互交错，承载着一代代商贸文化的苦难之旅。

川盐外运道路有多少，说法不一。清道光（1821—1850 年）年间，严如煜纂辑的《三省边防备览》一书《道路考》卷，专就大宁盐场"盐道大路"网络作了详备记载。据资料梳理和田野考证，从大宁盐厂进入郧县的盐道主要有三条。

一、大宁北至竹溪古盐道

该条盐道主要由四条大道组成，即从大宁盐厂出发或经丰溪、或经官渡、或经老爷顶、或经双桥至竹溪县城，单程都在 260 公里左右。其中，前两条是竹溪运盐之主道，第四条为竹、房往来盐道。清顺治元年(1644年)后，湖北省的竹溪、竹山、房县以及陕西省安康市下辖六县的百姓所需的食盐，都是从重庆巫溪的大宁盐场用人工沿此道运过来的。那时的运盐人身负很重的食盐，途经鸡心岭这条险道，"时有滑坠崖壑者，人货俱粉矣"！岭下一峡，长及十里，人称"母猪洞"，"两厢崖壁如刀削，甚是险峻，盗匪出没无常，盐夫结队而过，屡屡劫持，身首两地，丢财丧命，陈尸荒野，令人心寒"。当地流行着一首民谣："攀上鸡心岭，一脚踏三省；去时不知归，归来身失魂。"描写了当时盐夫运盐的危险处境。

二、大宁东北至竹山古盐道

此条盐道主要由三条大道组成，即"大竹路""大柳路"和"郧宁线"。其中经柳林的盐道要过48次河。时上(山)时下，忽左(岸)忽右。此路山高路险，人烟稀少，盗匪横生，商旅视为险途。1924年，柳林朱家齐向过往川、鄂的"花(棉花)、盐商"摊款，将凉台河一段险道改为"百步梯"。其中桃园至向坝有一段为栈道，今仍存遗迹。在太宁至两竹的盐道上有"一线天""鬼见愁""夜嚎溪""好汉坡"等路段，一些悬崖峭壁地方，"天梯石栈相勾连"，可见其路途艰险。"房竹兴归，山内重岗叠岭，官盐运行不至，山民之肩挑背负，赴厂(大宁)买盐者，冬春之间日常数千人"，至今还存有好汉坡、柳林店、骡马店、火焰山、松树岭、鸡心岭等古道遗址，足见往日之繁忙。

三、大宁东至房县古盐道

房县境内有六条盐道，可通大宁，也可达郧(县)均(县)竹(山)之地。第一条是"大宁路"，单程260公里。沿途翻越数十座大山，挑运十分艰辛，但可避卡子税，这是一条盐运主路。第二条是"大九路"。相关文献记载："房之南，山水颇奇，林木亦茂，而阳日湾距治百八十里，虽僻处乡隅，然南走宜施，西通巴蜀，东下襄阳，亦四处之要道也，故海内客商多至此焉。"第三条是"大竹南路"。第四条是"大昌路"。第五条是"巴柯道"。这是抗战时期，第五战区司令李宗仁将军奉命在"郧宁线"的基础上开辟的另一条重要物资通道，今多废弃。第六条是"大川路"。这是连接十堰城区(1969年前为郧县十堰镇)与房县的唯一通道。

上述三条连接巴楚的古盐道，或经由陆路驿道，或经堵河而下，都在辽瓦韩家洲进入汉水，顺江而东(即"郧宁线")至郧阳府城(郧县城关)，然后运销湖北各地和豫西南地方。因此，盐路是郧阳商路的重要组成部分。特别是"郧宁线"，因其存在时间悠长，影响人们生活久远，被史学家称为"南方古丝绸之路"。盐道的开掘和发展，促进了汉江流域的商业文明向前推进和发展。

第三节　神　道

武当山因为供奉玄武而成为著名神都，又由于人们对玄武神的崇拜，而香火旺盛。自汉唐开始，修道者、朝山者、旅游者络绎不绝，遍布全国。纷至沓来的香客用他们的脚印走出了多条通向神山的大道，这些古神道多数至今尚在，对古均州乃至郧县的政治、经济、文化等产生了多方面的影响。

全国各地朝拜武当山的道路，根据文人笔记及游记梳理为东南路、西南路、西路、北路四条。

一、东南路

东南是水陆兼行、以水路为主的朝山古道。来自长江中下游的香客多由此路进入武当山。来自云贵的香客也有走此路线的。根据明代商人黄汴《一统路程图记》记载：入武当山之东南路多由出发地行至湖口，再由湖口逆长江干流经汉口入汉水上溯至襄阳，然后由此分道，或由光化（今老河口）起船，经小江口（今丹江口）到均州，再南下草店，由草店入山，或直接船行至草店入山；或由谷城，经石花街、界山草店入山，而不入均州。

由襄阳经谷城至界山入武当山，或由均州南下草店入武当山均属官道，国家设有铺驿，明清大致相同，由襄阳经砖桥铺、王家铺、柴店铺、新设铺、高桥铺，抵达谷城总铺，再经新店、石花街、黄峪铺、王家铺、界山等铺到达均州；均州总铺南行，过双栗铺、清徽铺、土陂铺、窑子铺、青石铺、界山铺入山。铺驿均设有接待游客的铺舍和经营百货、餐饮的店铺。

二、西南路

西南路是水陆兼行的朝山古道。陆路由荆州，经建阳驿、荆门州、石桥驿、丽阳驿、宜城驿、潼口驿到达襄阳，由襄阳至武当山。来自湖北宜昌、荆州、湖南沅澧、云贵等地的香客，或由荆州走此陆路上武当山，或由荆州顺水下汉口，再沿东南路上武当山，香客走水路者居多。明代文学家袁宏道（1568—1610 年）于万历三十年（1602

年)陪着他的父亲与好友游览武当山走的就是这条陆路。

三、西路

西路是水陆兼行、以陆路为主的朝山古道。来自陕西安康、汉中、商州、四川达县、郧阳腹地及豫西南的香客多走此路。由于客源地不同,具体路线也有差异。

四川香客朝拜武当,因山川阻隔,行路极为不便。香客可选择走大路,也可选择走小路。大路有水陆两道。水路顺长江而下至荆州,再接荆州至襄阳入武当;陆路则北上陕西,由商南或经河南淅川,或经湖北郧县而上武当。川东北也有一些小路与鄂西北相通。严耕望在《山南境内巴山诸谷道》一文中指出,有上庸(今湖北竹山)溯堵水至今四川万源东境城口地区,再沿小路跨越大巴山有道可通。不过这些小道因山路崎岖,人迹罕至,行走极为艰难,朝山的香客寥寥,行走的多是谋生活的盐夫。

陕西汉中等地的香客多走"巩昌府由勉县至襄阳府路"。即由汉中府经城固县、洋县、庙上、渭门、石泉县、紫阳县、中沙坝、耳河、小河道、兴安州、黎家口、旬阳县、白河、郧阳府,抵达均州而入山。陕西关中平原及商州等地的香客则或由西安经礼村、蓝田县,越秦岭,过商州,经桃花铺至武关,或从华州等地出发,南行至龙驹寨(今陕西丹凤县城)与西安方向的来路相接,经淅川、郧县、红粉渡、均州、草店而入山。明朝大旅行家徐霞客天启三年(1623年)自华山到武当山就走西路,其行程在《游太和山日记》中有较详细的记载。

四、北路

北路是陆路,主要是北方诸省和江南陆路香客的朝山古道。入武当山进香的江南诸省香客陆行路线,或陆路、或水路至瓜洲(今江苏扬州城南16公里,已被淹),经江苏、安徽,入河南,由河南的邓州,经党子口、方山、槐树关、粉红渡、均州、草店上武当山。南京至武当山的陆路,只是起点由瓜洲改为南京,在滁州与瓜武路相连。

北路主要还是来自京师、直隶、山东、山西、河南等北方诸省的香客。来自京师和直隶的香客多沿"真定府至汴城陆路"南下。山东香客也多由开封南下湖广。山西香客可由山西经潼关、陕州、河南府至开封南下。

第四节 商 於 大 道

商於古道,为古代的军事、政治、商贾之道,其历史可追溯到春秋战国时期。该古道由陕西省商洛市(古时亦称上洛郡、"商州")通往河南省内乡县柴於镇,全长约六百里。秦汉时称作"武关道",唐时又称为"商山道"或"商州道"。古时,郧县商贸经汉江入金钱河进入商於古道。

"商山名利路,夜亦有人行。"战争年代,商於古道一直是兵家必争之道,也是商贸兴盛之道。有学者统计,历史上出入商於古道的大小兵战不下50次。著名的秦楚之战,秦汉之战,王莽与赤眉、绿林起义军之战,无不于此间争锋。同时,商於古道地连秦楚,物兼南北,又是北通秦晋南及吴楚的商贸交通枢纽。在和平时期,商於古道自然就成了古代中国交通运输、经济贸易的南北大通道。初唐盛唐时期,经济繁荣,国家统一,很少用兵,商於古道成为唐代经济和文化的重要枢纽,其沟通作用非常显著。往返于长安、东川、岭南、交广的商旅客,多利用商於古道的便捷条件,成群结队,络绎不绝。特别是从明代开始,南北贸易交流日渐繁荣,给处于商於古道重要位置上的龙驹寨等古镇带来了勃勃生机。明清时期,随着丹江航运的开通,商於古道上的商业运输更是繁荣一时。东南地区生产的丝、茶、糖、米、瓷器、香皂一类的生活日用品,一部分经武关由陆路运至龙驹寨,进而运往商州、关中等地,一部分沿长江、溯汉江进入丹江,水运至龙驹寨水旱码头,再由骡马驮运至长安、山西、甘肃、内蒙古等地。同时,甘肃的绿丝烟、山西的食盐等,又驮运汇集于此,连同商州的油桐、药材、核桃、牛皮等山货特产,兵分两路,或由陆路经武关古塞向东南地区运出去,或在龙驹寨水旱码头集结,船载顺流而下,运抵长江口岸重镇汉口。陆路和水路这两条南北交通运输线并驾齐驱,交相辉映,在龙驹寨实现交汇合流,完成货物的中转、交易。兴盛的商贸活动不仅促进了南北文化的交流融合,也成就了龙驹古寨昔日的无限繁华。这一时期,龙驹寨水旱码头"百艇千蹄",商贾如云,"鸡鸣有未寝之人,午夜有可求之市"。十里长街上店铺鳞次栉比,十大商帮会馆各霸一方,18座庙宇昼夜香烟缭绕,各种杂耍说唱不绝于耳。这一时期,龙驹寨厘金岁额曾达纹银15万两,日均400两,居"全陕之冠",为"秦之翘楚"。

第三章　郧县商贸得益于地缘文化

郧县在西周和春秋时期属于古麇国，定都城锡穴（今五峰乡），锡穴商贸十分发达。据考古发现，安城古铜矿属东周时期古遗址，开采有铜、铁、锡、黄金等，黄金用于货币流通，黄铜用于打造兵器。龙门堂遗址是一个文化层次丰富的大型聚落，其历史可追溯到西汉时期，聚落文化的形成带来商业文化的繁荣。唐贞观十七年（643年），唐太宗李世民三子李泰因与太子李承乾争夺皇位继承权被贬，徙往均州郧乡县，封为濮王，在郧阳建濮王城。濮王城的建立带来了宫廷文化，促进了郧阳的商业文明发展。至明成化十二年（1476年），原杰为抚治荆襄流民，奏准朝廷在郧设郧阳府，继之设抚台，抚治八府九州六十五县，郧阳城成为汉江中游的重要商埠，进一步促进了郧阳商业文明的快速发展。

第一节　都邑地理优势

一、锡穴麇国都城

麇国最早出现于春秋《左传》的记载。《左传·文公十年》载："文公十年（公元前617年）……秋七月……陈侯、郑伯会楚子与息（今河南省息县西南十五里）。冬，遂及蔡侯次于厥貉（今河南省项城市境），将以伐宋。……厥貉之会，麇子逃归。"《左传·文公十一年》载："楚子伐麇，成大心败麇师于防渚。潘崇复伐麇，至于锡穴。"根据以上考定：锡穴在郧县五峰乡汉江边的东丰、肖家河村一带。春秋时期麇国都邑当在锡穴。

锡穴是麇国的故都。麇国和庸国一样，是上古时期十堰境内的重要方国，但麇国受中原文化的影响较深，在科技文化上要比庸国领先，在对外联络方面，也比庸国广泛，既在地区事务中有较大的影响，也在当时的方国交往中占有一席之地。

关于麇国的国都，历代文献看法比较一致，认为在锡穴。西周和春秋时期，锡穴不仅是个水陆交通便利的都城，而且也是铜锡铸造业发达、商业繁荣的都市。锡穴的

139

繁华，大概一直持续到了东汉时期。

二、郧阳府城

明成化十二年（1476年），明廷为抚治流民在郧县设郧阳府。自此，郧阳城为鄂西北政治、经济、文化中心，而作为郧阳府所在地郧县也成为汉江沿岸的著名商埠。

郧县原本无城，自原杰筑石城后，明、清、民国历有修增。1958年，丹江口水库动工修建，郧阳老城遂计划迁建，旧城陆续拆除后移，郧城原址大半沦为泽国，仅存小西关。

汉江，自古便有"黄金水道"之称，位于汉江北岸的郧阳府城历来是汉江中游的一个重要商埠，交通贸易十分发达。郧阳城也始终是鄂西北政治、文化、经济、军事中心。郧阳城内楼阁林立，万檐相连，车水马龙，曾经盛极一时，故有"楚中之雄图"之谓。郧阳地区以及陕西、河南部分地区的各种土特产均在古城郧阳集销，或由"黄金水道"汉江水道，或由驿道、县大道运往老河口、樊城、汉口、安康、汉中、西安等城市以及各集镇。每日的汉江上，桅杆林立，百舸争流，驿道上车来人往，一派繁忙。"郧乡麻纺""郧阳丝绸"及各种土特产，从这里远销到甘肃、新疆、京城等地。

第二节　地理区位优势

朝廷在郧阳设抚台，抚治鄂、豫、陕、川毗邻地区八府九州六十五县，即抚治管辖湖广、河南、陕西、四川四省相接的荆州府、安陆府、襄阳府、郧阳府、南阳府、西安府、汉中府、夔州府等八府和夷陵州、归州、荆门州、均州、裕州、邓州、商州、金州、宁羌州等九州，下辖65县，郧阳府城所在地——郧县的地理优势十分凸显。

一、汉中

简称"汉"，古称南郑、兴元、天汉，陕西省辖地级市。汉中位于陕西省西南部，北依秦岭，南屏巴山，中部为汉中平原。汉中因汉水而得名，自古有"天汉"之美称，为长江第一大支流汉江的源头，陕南地区重要中心城市，是连接关中至天水经济区、成渝经济区和江汉平原的重要交通枢纽，也是两汉三国文化的主要发祥地，素有"汉家发祥地，中华聚宝盆"的美誉。

郧县和汉中历史相沿，汉江是黄金水道。在水路兴盛的古代，郧县的货物上可达汉中、安康，下可达荆襄、武汉，是商贸繁华之通道。

二、商洛

商洛古为商州。商州非直隶州，隶陕西西安府，因明成化十二年（1476 年）设立郧阳府，置行都司，驻都御史，抚治楚、豫、陕、蜀边境流民，奉谕划入郧阳抚区。

商洛因境内有商山、洛水而得名，始于汉朝，是上雒（县）和商（县）的地域合称。历史上商洛道（亦称商於古道）为秦驰道的主干道之一，为"秦楚咽喉"，是长安通往东南诸地和其他中原地区的交通要道，也是古郧县通往陕西的主要商道。

三、巴蜀

巴蜀古分属巴国和蜀国，在地理含义上指的是今四川、重庆及其周边一部分区域。巴蜀地形复杂，有高原、盆地、丘陵、山脉和峡谷。有长江、嘉陵江、岷江、沱江、涪江、汉江等水系。

郧阳之西南，即为巴蜀地区，历来地域板块互有所属，强弱互换，所以商贸交流密切，互通有无，同富同强。

四、夔州

夔州位于四川省东部，扼长江出川之咽喉，境内瞿塘峡向称天险。瞿塘峡亦称夔峡，州名即源于此。洪武九年（1376 年）升州为府，十三年（1380 年）又降为州，治所在奉节，领一州十二县。明成化十二年（1476 年）仅以川东奉节、巫山、大昌、大宁、建始等县受郧阳巡抚节制。

夔州位于长江上游，历代是渝川陕鄂交通要道，水上交通繁忙，常有客货商船往来。境内大宁县位于夔州府东北大巴山麓，邻接陕、楚，是古时川盐进郧的主要通道，大宁北至竹溪古盐道、大宁东北至竹山古盐道、大宁东至房县古盐道，或经陆路驿道、或经堵河而下，在辽瓦韩家洲进入汉水，顺江而东（即"郧宁线"）至郧阳府城（郧县城关），然后运销湖北各地和豫西南地方，"郧宁线"被史学家称为"南方古丝绸之路"。

五、南阳

南阳，因地处伏牛山以南、汉水以北而得名。河南省辖地级市，是诸葛亮躬耕隐居之地，地处河南省西南部。南阳位于豫、鄂、陕三省交界处，与湖北陕西相邻，南边与湖北襄阳接壤，西边与现湖北省十堰市、陕西省商洛市毗邻。

成化十二年（1476 年）副都御史原杰奉谕置郧阳府，设都察院，抚治楚、豫、陕、蜀四塞流民，南阳府诸州县奉旨隶郧阳巡抚。

南阳南滨汉江，三面环山，北有秦岭、伏牛山，西有大巴山、武当山，东有桐柏山、大别山，中间形成一个近三万平方公里的盆地。主要河流有丹江、唐河、白河、淮河等，分属长江、黄河、淮河水系。南阳交通便利，承东启西、连南贯北，历来与郧阳商贸交流密切，古人曾描述南阳"东达江淮，可以运谷粟；南通荆湖、巴蜀，可以取财货"。21 世纪实施的南水北调中线核心工程——丹江口库区的主要淹没区在湖北丹江口市、郧县、河南南阳市淅川县，渠首所在地位于淅川县陶岔，与郧县一衣带水。

六、襄阳

襄阳地处华中地区，位于湖北省北部，汉江中游，属湖北省辖地级市。襄阳东与随州接壤，南临荆门市，西邻原郧阳地区（现十堰市），北依河南省南阳市。明成化十二年（1476 年）从其析出四县归郧阳府管辖。

襄阳与郧阳历史源远流长，郧襄商贸或经汉水，或经驿道互通有无。

七、荆州

荆州与郧阳历史源远流长，朝廷在郧阳设抚治后，荆州属郧阳抚治辖区。郧阳与荆州贸易，古有驰道向东经襄阳，再向南经宜城、荆门至荆州。和平年代商道畅通，兵交战乱时道路被毁，时有中断。

郧县依托汉江中游之地利，具有衔接东西南北经济文化的地理优势，郧县自古就具有商贸持续发展的地理优势。

第四章　郧县商贸根植于本地物产

郧县版图面积 3863 平方公里。县域气候属北亚温带大陆性季风气候，随地形和地势走向不同，又呈现出北亚热带、暖温带、中温带 3 个不同的气候带。郧县山地、丘陵岗地、平原、河流、湖泊兼有，自然资源得天独厚。土地资源丰厚，2014 年全域版图面积折合 5794500 亩（78789 公顷）。其中，耕地 772977 亩，林地 1758454 亩，水面 227460 亩，除裸岩以外，均可开发利用。水利资源比较丰富，可养殖水面 164347 亩，除丹江口库区、黄龙滩库区以外，尚有 46017 亩待有效开发。矿产资源可分为 5 类 48 种。其中，能源类 1 种、黑色金属类 4 种、有色金属类 11 种、稀有金属类 2 种、非金属类 30 种。植物资源丰富，森林树种 70 科、299 种，国家保护树种有紫荆树和香木树。特产资源可分为 135 科、295 属、476 种、926 个品种。其中，药材类最为丰富，有 94 科、299 种、223 属、468 个品种。动物资源 123 种，其中家禽白羽乌鸡价值最高，含 8 种人体必需的氨基酸。农作物资源有 31 科、54 属、69 种、582 个品种。自然资源的丰富，带来了郧县农业、工业及文化产业繁荣发展，促进了鄂西北商贸业的繁荣昌盛。

第一节　农　业　物　产

郧县地处鄂西北山区，山场辽阔，水域浩渺，农特作物资源丰富。丰富的农业物产，为郧县的商业贸易打下了坚实基础。

一、粮油

郧县山大人稀，山场面积大，呈现"八山半水一分田，半分道路和庄园"格局。域内农作物品种丰富，主要农作物有小麦、蚕豆、豌豆、大麦、油菜、水稻、苞谷、红薯、粟谷、黄豆、绿豆、红豆、扁豆、芋头、芝麻、花生、棉花等。另有大豆、红小豆等。

郧县自古就有"郧阳三大宝，苞谷、红薯、龙须草"之说，可见苞谷、红薯在农业生产中的比重。大柳乡的苞谷（玉米），生产在海拔 850 米左右的高寒山区，昼夜温差大，生长周期长。大柳玉米糁采用石磨低温加工方式制成，色鲜味美，角质淀粉含量高，故而畅销国内外，年产量约 2250 吨，供不应求。梅铺镇、谭山镇有种植红薯的传统，人工制成的红薯粉丝(条)淀粉和粗纤维含量高，有筋道，畅销国内外。郧县胭脂米为无杂交的原生稻，生长于鲍峡镇高山冷浸田，其色退壳后红如胭脂，故为胭脂米。胭脂米为朝廷贡米。经检验测定，胭脂米富含多种维生素、氨基酸和钙、镁、铁、硒等微量元素，销价甚高，每斤达200元，畅销国内外。

二、山货

郧县山场面积大，其域八分为山，山货甚多。山货土特产有旱属、蔬属、木属、虫属等5属，63种。其中：木本油类有桐油、生漆、木梓油、油茶、核桃等；植物纤维类有龙须草、苎麻、意杨、毛竹、葛藤等；果蔬类主要有苹果、梨、柿子、板栗等；食用菌类主要有天麻、木耳、香菇等；中药材类有木瓜、连翘等192科606种(其中，植物类128科511种、动物类60科88种、矿物及其他15种)。另有茶叶及烟草种植。

明清时间，郧县的生漆、木耳、药材名扬全国。清《商南县志·物产》记载："土人伐木生耳……运至襄汉，(充)作郧耳出售，倍价本身。"说明郧县木耳价值之高。民国时郧县五倍子、麝香为出口产品。中华人民共和国成立后，郧县的山货土特产先后有桐油、生漆、草毯、抽纱、天麻、香菇、肉桂、五倍子、连翘、黄姜、全蝎、麝香、獭皮、鳖甲、魔芋、薇菜等40多个品种成为出口创汇产品，远销东亚、西亚、东南亚等国家和地区。

三、水产

郧县境内天然鱼类资源较为丰富，其主要分布在丹江口及黄龙滩两座水库水域内。生存的鱼类47种，分6目、10科，其中鲤科鱼类33种，占70.21%。主要经济鱼类有鲢、鳙、草、鲤、青鱼等；引进鱼类主要有团头鲂、荷源鲤、罗非鱼、淡水白鲳、革胡子鲶、花鲷、白鲫等；敌害鱼主要是感鱼、翘嘴红鲌、鮎鱼、鳜鱼、马口鱼等。

境内有汉江、丹江、堵河、滔河等主要河流，水利资源丰富。新中国成立前，郧县渔业皆为天然捕捞，无家庭养殖。1949年新中国成立后，党和政府对水产养殖十分重视，每年都拨专款给丹江口库区有关乡(镇)围建养鱼库汊、增修水库、塘堰等。至1994年底，全县有可利用发展养殖业和天然捕捞业的水面共169280亩，可进行人工养殖的水面39383亩。2014年，丹江口水库蓄水北送，郧县境内水域面积达到213.33平方公里。

四、养殖

郧县养殖业共有11类、28个品种。家畜主要有牛、猪、羊、马、驴、骡和兔等。

家禽养殖主要有鸡、鸭、鹅等。本地鸡中的白羽乌鸡价值最高，有"陆地乌龟"的美誉。虫类养殖主要有蜜蜂、桑蚕、全蝎、黄蜂虫、土鳖、蚯蚓等。郧阳黄牛为郧县山地黄牛，属郧县地标产品，郧阳黑猪为郧县所独有，亦为郧县地标产品。

第二节 乡镇企业

郧县乡镇企业是中华人民共和国成立后发展起来的。1954 年，郧县成立手工业管理科，当时的集体企业开始起步。1958 年"大跃进"时期，出现盲目发展社队企业现象。1970 年至 1979 年，乡镇企业主要是社队企业。全县有社队企业 1544 个，从业人员 14803 人，总产值 873 万元。1982 年，全县实行土地联产承包责任制，社队企业及个体经济得到迅速恢复和发展。到 1985 年，全县有乡镇企业 13513 个，从业人员 36178 人，总产值 13513 万元。1990 年，有乡镇企业 15253 个，从业人员 37147 人，总产值 15253 万元。1995 年，有乡镇企业 16721 个，从业人员 52056 人，总产值 93702 万元。1999 年，改制乡镇企业 7 个。2000 年，乡镇企业减少到 15084 个，从业人员 63007 人，总产值 138562 万元，其中改制乡镇企业 17 个。乡镇企业体制上有集体所有制、个体所有制、股份合作制、合资合作制等，主要经营种植业、养殖业、农副产品加工业、机械加工业、矿产品加工业、建筑建材业、交通运输业等。自 2001 年起，县域经济开始实行民营化改革，到 2008 年，乡镇企业逐渐采取租赁、承包、买断等形式转为民营企业。至 2014 年，当年的乡镇企业全部转为民营。

第三节 工艺产品

郧县地大物博，历史悠久，文化物产丰富。从郧县五峰乡乔家院考古出土春秋绿松石饰品来看，大约在东周时期，郧阳已有绿松石产品生产和交易活动，且工艺水平已达相当高水准。至清末，郧县鲍峡镇云盖寺出产的绿松石工艺产品已远销北京、上海等大城市和英法等国。郧县工艺产品主要根植于本域生产，主要有刺绣、绿松石和米黄玉工艺品及汉江奇石、盆景、根雕、竹编和草编工艺品、烙画、粘贴画等。

一、矿石工艺产品

郧县米黄玉因色黄如蜡而得名，被人们称为黄金玉。其工艺品主要产于郧阳国际石材城。米黄玉工艺品生产促进了郧县内外贸的发展。

郧县绿松石工艺产品产地位于鲍峡镇云盖寺。2008年，鲍峡云盖寺绿松石工业园建成，落户专业绿松石加工企业4个，年产值600万元，为郧县外贸创汇持续贡献。

二、汉江奇石

汉江流经郧县147公里，经过千万年打磨，汉江郧县段留存有不少奇石，或以石质取胜，或以石形取巧，奇石为郧县一大文化品牌，唱响国内外。1999年，澳门回归祖国，原郧县文联主席王太国在十堰市燕良大酒店举办图片展，共展出汉江圆石99枚，其含义"九九归一"，象征国家团圆。其后，收藏圆石达365个，象征一年365天，每天都圆满，并著有《汉江圆石》和《说圆九章》二书，此书从天体圆、建筑圆、宗教圆、人体圆等九个方面论述了圆的美学含义，阐述了圆与生活、情感、灵魂存在的千丝万缕联系。2011年，郧县宣传部出版大型文献《郧阳文库》，专设有《汉江奇石图册》一书，共收录郧阳各类精美奇石251枚，加以展示，县委书记柳长毅欣然作序。郧阳汉江奇石以汉江红、釉光青、竹叶石、彩陶石等为主，多次在国际国内等石展中获奖，在藏石界享有盛誉。郧县汉江奇石推动了文化产品的繁荣和发展。

三、郧县刺绣

郧县刺绣制品主要包括手绣、机绣、抽纱3种。针法细腻，图案美观大方，色泽秀丽协调。著名工艺产品《武当山峰》《松鹤延年》《梅兰竹菊》等畅销海内外。

四、龙须草手工工艺品

郧县山高人稀，民间相沿皆种龙须草，唐初至今，郧县山区民间有编织蓑衣、草鞋、草毯的历史。20世纪70年代以生产队为单位，全县全年产龙须草1.4万吨，为编织蓑衣、草鞋、草毯提供了大量物源。龙须草编织的蓑衣外形美观，柔软性强，遮风挡雨，曾一度远销西安、重庆、汉口等地。1978年改革开放后，蓑衣失去了劳动干活之用，主要被酒店、度假村、农家乐买去充当工艺展品。草毯为当时郧阳地区外贸出口主打产品。20世纪70年代，郧县民间编织的各种花纹草毯，有长方形、正方形、椭圆形、菱形等10余个规格、30余个品种；图案大方，色彩艳丽，是装饰门厅、美化环境的佳品，畅销朝鲜、澳大利亚等5个国家和我国香港地区，年出口创汇达百万美元。

第五章　郧县金融与商贸

第一节　郧县古代与近代金融

人类进入文明时期逐渐产生了货币交换。币的形式最早是贝壳，随后出现金属铸币。流传在郧县山区的肉码字是远古人类进行商业活动的记数符号，和甲骨文一脉相传，被称为流传在民间的活化石。

郧县的肉码字，是人们在进行商业活动的记数符号。人们卖猪买猪，杀猪匠碎肉时用肉皮记下肉块重量，叫"肉码字"。在郧县发掘的汉墓和出土文物中，都有汉代的金、银、玉、铜流通货币，说明当时的商业已超出以物易物的原始交易模式。宋代郧县商业走向快速发展时期，不仅使用有中央政府发行的纸币"会子""交子"，而且也有广为流传的地方性纸币银会子、金银会子、小会子、湖广会子等。元代，元世祖忽必烈为加强全国统一，于元初在全国发行至元通行宝钞。面值为贰贯和五百文两种，铜钞版今存郧县博物馆。明清时期货币分金属货币和纸币。货币流通在民间主要是通过钱庄和当铺实现的。

一、金属货币

金属货币主要有制钱、铜圆、银币。

制钱　清代制造，中间有一方孔，俗称窟眼钱，亦叫铜钱。重一钱，一枚为一文，一千文为一串，与白银的比价一般是一串兑换白银一两。制钱在县境内流通时间较长。

铜圆　中间无孔，个大，分量重，又称铜板。面值分一文、二文、十文、二十文、五十文、一百文、二百文七种。郧县境内流通的铜圆有光绪元宝、大清铜币、四川铜圆、宣统元宝。

银币　在郧县流通的银币主要是银两和银元。银两是铸成银锭形式的称量货币，俗称元宝。有武昌官锭等，按银锭重量分为大、中、小三种，形似马蹄、馒头，每块重十两至四十八两。银元，俗称洋钱，流通在郧县境内的有光绪元宝、宣统元宝、大清银币。

当时流通在郧县市场上的银币还有一种叫银角的，面值分伍角、贰角、壹角三种。

二、纸币

纸币主要有官票等。

官票俗称台票。清咸丰三年（1853 年）户部发行，面值分一两、三两、五两、拾两和五十两五种，清同治元年（1862 年），因通货膨胀贬值而停用。清光绪二十二年（1896 年），湖北省官钱局始发行银两票，面值有一两、五两、拾两等；银元票有一元、五元、拾元等；制钱票有一串、五串、拾串等。

三、民间借贷

除个人之间的借贷外，民间借贷主要是通过钱庄、当铺进行。

钱庄 随着商品流通和货币流通的需要，产生了专门经营钱币借贷的钱庄（小本者称钱店、钱铺），属民间借贷金融机构，郧县城内在清末至民国初期较有名气的钱庄有天宝、老协和、老天宝、森记四户。这些商户，资本雄厚，除经营收售黄金、白银或加工金银饰品外，皆经营借贷业务。借贷时，需找有地位或可靠的商户担保，并签订借贷契约，按期计息一次性偿还，若逾期不还加倍计息。

当铺 又称"典当"，属高利贷剥削性质。清末民初，城关有当铺两家，老城西关张家开设的当铺较盛，典当范围很广，古玩、字画、金银首饰、衣物等均可贷押，时间较短，通常以 3 个月或半年为期。当品作价一般是当品实际价值的一半，月息一般为 2% 或 3%。当铺开出当票交当户作赎取当物凭证。期满若当户无钱赎取，即为死当，当品归当铺所有。

高利贷 在民间，借贷形式除钱庄、当铺外，主要是高利贷、邀会两种。

（1）高利贷俗称"放账"，有放钱、放物两种。1935 年郧县发洪水，放高利贷者竟乘人之危，大量放贷，改以放钱为主为放物为主，月息一般为 2%，还有 3%～5% 的，甚至"大加一""大加二"。每遇天灾人祸时，借贷者往往无力偿还，被逼卖儿卖女还债。在农村，还有青苗债，春天借粮食 1 石，夏收时还 2 石。在城镇还有放"印子钱"的，一些小本经营摊贩，因缺本钱向有钱者借款且需支付高额利息。

（2）邀会是一种民间自愿组合、互助集资的借贷方式，人数不定，金额自行商定。发起者为会首，可得头会，其他与会者多以抓阄为序，轮流得会，不计利息。与会者全部得会 1 次后，此次邀会自行消失。

银行 郧县国家金融机构最早始于 1935 年设立的中国农民银行郧阳办事处，地址在郧县老城西街，隶属中国农民银行老河口支行，主要办理农贷放业务。1937 年成立湖北省银行郧阳办事处，地址在郧县老城西街，隶属湖北省银行老河口分行，主要业务为办理存放款、汇兑、信托、收兑金银等，1945 年 6 月由县城迁往柳陂区三门店。郧县旧政府于 1942 年 12 月筹备成立郧县银行，次年 2 月 1 日正式开业，属于官商合资的地方性银行，行址设在郧县老城西街 89 号，注册资金 50 万元（法币，下同），实有资金 42.88 万元，其中官股 14 万元，商股 28.88 万元。1947 年 12 月郧县解放后，中国农民银行和湖北省银行两家在郧县的办事处停业，郧县银行亦先后迁往十堰区和谷城县、襄阳县。

第二节　郧县古代与近代商业贸易

周朝时期，汉江流域就已有商业活动，各方国国都就是该国的商业中心，也即大集镇。清道光《湖北通志》载，在商周时期，汉江流域郧阳地区就有淘金与金饰品交易活动。从郧县五峰乡乔家院考古出土的春秋绿松石饰品来看，大约在东周时期，郧县一带已有绿松石产品生产和交易活动，且工艺水平已达相当高水准。从郧县境内发掘的汉墓和出土的文物来看，都有汉代的流通货币，说明当时商业已走出了以物易物的原始交易模式，并出现了商人群体。《史记·货殖列传》载"海内为一，开关梁，弛山泽之禁，是以富商大贾周流天下，交易之物莫不通"，这也说明，当时郧县凭借汉水与外界保持着贸易往来。南北朝时期，因政府"仍崇关廛之税"，客观上促进了商业的发展。一时人们"竞相商贩，不为田业"，"下及工商流寓僮仆不亲农桑而游食者，以十万计"。郧县的商人，利用汉水之利，用船将特产运到襄樊、夏口等地，又将外面的货物运回郧县。于是，郧县城内商馆林立，商贾云集，西河码头航船如云，你来我往，商贸繁荣。

唐代是郧县商业发展的重要时期，最主要的推动因素是郧县经济和交通的发展。从唐濮王李泰墓所发现的金银器、铁器、铜器、陶器，可看出当时郧县工艺技术已达到很高水平。郧县产的绿松石、钟乳石成为宫廷饰物，麝香、黄酒、山鸡皮毛成为王室最爱，药物茜草、雷丸为达官显贵活血散瘀、驱虫解毒所用。郧县产的手工业品如布、帛、麻、蜡，以及用丝、麻、植物纤维制出的"大模纸"也畅销全国，闻名遐迩，并逐渐形成了供手工业品和土特产品交易的市或草市。郧县的濮王城不仅是当时商业集散中心，同时也开始具有政治属性。

宋代是郧县商业的快速发展时期。宋王朝是当时世界上最发达的国家之一，不仅国库殷实，而且产生了影响世界发展的四大发明。农业和手工业的迅速恢复和发展，带来的直接后果是商业繁荣和政府税收的增加。当时，郧、均、房土特产品数量增加，质量也得到提高，交易的范围逐步扩大，城镇也随之崛起。据《元丰九域志》载，北宋时全国有1800多个镇，湖北省占88个，而郧县有三个镇赫然在列。即使在宋金对峙时期，郧县的城市虽然落后于发达地区，但商业活动已突破了"坊"和"市"的界限，百姓到处可以开设店铺。郧县的草店、宝丰、梅铺等后世的著名集镇，就是在此时的草市、墟市的基础上发展而来的。由于商业的发展，当时郧县商贸使用的货币，不仅有中央政府发行的纸币"会子""交子"，也有广为流传的地方性纸币银会子、金银会子、小会子、湖广会子等。

元代是郧县商业的缓慢发展时期。其重要原因，一是元政府采取民族歧视政策。被划作"南人"的郧县人民在政治上受压迫、经济上受剥削，活动受限制，比如不许围猎、习武、祈神、夜间点灯等。二是手工业的桎梏。元统治者将大量工匠变成贵族家庭的"奴隶"，大大挫伤了工匠们的积极性，手工业发展受到限制，带来商业的凋零。能够保存下来的主要是与农业结合的家庭手工业，如竹木器产业。

明清是郧县商业的繁荣时期。一是明朝大兴土木，修建武当。明成祖朱棣自永乐十年（1412年）开始大修武当宫观，"役三十万众，费以亿万，十二载而始成"，建成九宫八观三十六庵堂七十二岩庙三十九桥十二亭的庞大道教建筑群。竣工后明成祖亲制碑文以纪其事，赐名武当山为"大岳太和山"，位五岳之上。二是以玄武崇拜为核心的朝山进香活动的兴盛。三是明成化十二年（1476年）郧阳府的设立，以及设府后以郧县为中心交通驿道网的修建。四是明清初期，政治稳定，经济发展，出现少有的盛世局面。五是生产力水平提高，推动了手工业和农业的发展。六是明清时期大规模的移民和大量流民的涌入。成化二年（1466年）到郧阳的流民就达一百五十多万。各地商人也挟资来此，雇流民开矿伐木，兴办各种作坊，如金厂、炭厂、木厂、木耳厂等，从事商品生产。这些因素客观上带来了郧阳地区商业的繁荣昌盛。这种繁荣表现在：一是商贾云集，外地商人活跃。"其往来而贾者，秦人居多，百数十家，缘山傍溪，列居为肆，号曰客民。"二是商品充足，种类齐全。商贾把外面的日用品运到郧阳府各县，又把郧阳的土特产输往外地，互通有无。供交易的产品几乎涵盖生产、生活的各个领域。

三是商业集镇迅速增加。据史料统计，乾隆时期，郧阳区域沿水陆交通要道形成的集镇就多达 40 个。在这些集镇里，有行商坐贾，店铺货栈，茶馆酒楼，也有烟馆青楼；有脚力挑夫，也有烟鬼赌徒。四是庙会贸易繁荣昌盛。在郧阳各城乡集镇，几乎每月都举行庙会，已成一大特色。每当庙会举行时，各地香客、商贩云集于此，搭篷铺席，商品琳琅满目，人来人往，讨价还价，各取所需，热闹非凡。五是县域商贸旺盛，商号林立。清时县城是当时最大的集市，也是该县的商业中心，巨商大贾多聚于此。据史料统计，仅清末政府登记的较大的商号，郧县城有 30 余家。六是行帮会馆，雨后春笋。在郧县各地，商人或手工业者为了维护自己的利益，自发地组织起来组建"帮会""会馆"。统计显示，在郧县城内，大大小小、各式各样的行帮会馆达 50 家。这些帮会和会馆都订立了严格的规章制度，互惠互利、互相监督。虽然它们具有地域性和排他性，但在当时为促进商品交流起了积极作用。七是钱庄和当铺的兴起。"钱庄""当铺"是随商业发展而兴起的专门经营钱币借贷和货物典当的民间金融机构。郧县城的天宝钱庄久负盛名。

民国是郧县城商业曲折发展时期，分三个阶段。第一阶段是民国初期，随着土特产品生产的扩大，郧县商业继续出现繁荣局面。一是商号发展迅速。二是外商资本渗入境内。外商在境内设庄立号，既收购土特产品，又倾销工业品。输入郧阳地区的卷烟、煤油、西药、铁钉、牙膏、香皂、火柴等工业品几乎全是洋货。据《郧县志》记载，1927 年卷烟进入郧县市场，当年即销售哈德门、白金龙、大炮台、小炮台、单刀、美丽等牌香烟 379 箱。一些外商如美孚公司、英国泰和洋行等与本地商号联手，垄断和瓜分了本地的烟草、煤油等工业品的销售。三是县成立商会。自 1912 年始，郧县成立了郧县商会，商会下设分会或理事会。郧县商会下设有油业、烟业分会，会下设有百货业、棉织业、旅栈业、染织业、鞭炮业等五个理事会。商会主要负责办理商户登记，组织商界活动，抽收营业税租，签发经商证件，调处商业纠纷等。四是县城镇居民增多。民国初，郧县县城的人口超过二万人。县里出现了一些规模较大的集镇，它们成为进出境物资的集散地。第二阶段是国内革命战争时期，郧县商业贸易受到国内外环境的影响，陷入了停滞，直到抗战前，才又活跃起来。第三阶段是抗战时期，郧阳地区成为抗战大后方，一方面大批难民涌入郧阳，另一方面大量物资支援前线，一些机关、学校、工厂也迁入郧县，同时老白路、汉白路等路的修建，交通大为改善，这些因素促使郧县商业得到快速发展。

第三节　郧县古代与近代集市商贾

郧县的集市形成始于明代中叶，距今已有 500 多年的历史。集市大多集中在小集镇。至清末，全县城乡自然形成的集市达 40 处。城区有东关市、西关市、左署前市、右府前市、鼓楼街市、新街市、试院街市，乡村有杨溪铺、安阳口、白桑关、梅家铺、江峪塘、龙门塘、余家铺、蓼池塘、十堰庙、白浪店、花园店、界山铺、白鹤铺、三门店、茅窝店、辽瓦店、黄龙滩、鲍家店、南丰店、将军河塘、木瓜塘、安城沟塘、马场铺、堵河塘、赏门塘、曲远店、青铜铺、小石塘、南化街、左家河塘、观音塘、武阳店等。县城及沿汉江的南丰店、杨溪铺、安阳口、堵河下游黄龙滩集市最为繁荣。

雍正年间，郧县的民间手工业和采矿业得到发展，采金、纺织、磨坊、油坊、酿酒、造纸、粉坊等遍及城乡。外地经商者云集郧城。较出名的商号有鸿兴号、同盛油号、聚源号、兴源盛号、成记号、王恒记号、德盛昌号、中浮号、永远福号、阮祥泰号、文盛山号、同兴义号、陶德记号、文昌号、忠记号、昌记号、同心成号、鸿记号、王敬廷号、集成号、东记号、鸿盛和号、同顺昌号、仁记号、永发德号、同心合号、王生记号、永和祥号、益和号、协心隆号、郝义记号、积玉森号、同春生号、三合永号、宇记号等。交易品种多为粮食、油脂油料、棉花等农产品，丝麻、生漆、桐油、木油等土特产品及瓜果、蔬菜、柴炭和日用杂品等。交易形式或为产销者见面，或为与街市店铺商人成交。

民国期间，集市沿袭往昔，变化不大。城关的盐店巷口、实验场、城隍庙、总兵坊等处为蔬菜市场，小南门外、鲁班庙、蓝家码头是柴炭交易市场，大东门内是粮食销售处，西河码头是土特产品集散地。城内的鼓楼街市、西关街市、十字街市和乡村的安阳口、梅家铺、大塘镇、鲍家店、黄龙滩、十堰镇是较繁荣的市场。

1926 年后，因天灾战祸，商户大都破产歇业或迁徙外出，除县城及西关有所恢复外，其余集市皆萧条不堪。工农业产品的交换及生活、生产物资流通由私商承担，主要行业有棉布、柴炭、丝烟等十多个行业。

棉布业较有名的有伍叔伯经营的福记绸布店，王硕谦、侯青廷联合经营的同康绸布店，冷俊发、方千卿、周子康的棉布店以及王怀业、郭子厚、周家元、侯青庆等经营的布摊。

百货业有何从斋等经营的百杂店，主要品种为毛巾、袜子、童装、肥皂、牙膏、针线、纽扣、布鞋等小商品。另有久兴、久康、荣华几家文化用品店。

药业有公盛达、公盛永、松鹤麟、普益等药店，其中公盛达的资本最为雄厚，雇佣店员、聘请医师多人，中药炮制，集诊病与卖药于一体，西药有中西大药房及私人诊所。

杂货业从东关到西关共有小杂货铺(店、摊)二十几家。规模较大的是马斯跃经营的杂货集中店、尤星奎经营的积兴成杂货店，经营品种以炊具、食盐、煤油为主，兼营其他杂品。经营农副土特产品的有涂发德、张义斋、邢富山等人，主要收购桐油、木耳、五倍子、中药材等土特产品，同时销售从外地购回的卷烟、布匹等日用品。

服务业主要是旅馆。较大的有青年宿舍、鄂北旅馆、马明记旅馆、刘旅富旅社等，多者20多个客房，80多个床位；少的只有4间客房，10多个床位。

金银业主要打制金银首饰，有名的是天宝楼、范银匠、王银匠等。修理业主要是修理钟表、镶牙、修鞋、补锅等。柴炭业有周明杰、胡道隆等10余户联合经营，常年从五峰、叶大、蓼池等地收购柴炭、石灰，运进城关出售。

饮食业县城从东关到西关有百余家，较有名的餐馆有时东海的中华饭店、陈富贵的民生饭店、李树林的青年馆、田保珍的真不同饭馆。具有民族风味的三合汤、手擀黄细酸浆面，由回族厨师张玉金经营。属地方风味的还有蓝伯顺的荤豆腐脑，宋六娃的清汤(馄饨)，伍盐水的水煎包子，黄自成、罗清富的油条酥饼。另有黄酒店20多家，最有名的是庆和楼酒店、西关的马家酒家和其他几十家小吃店，多经营甜酒、粽子等。酱园业既开店铺，又办作坊，均请有帮工。

白酒业大多属于兼营，专营的只有胡兑堂开设的元兴酒店。屠宰业分回、汉两族，人数不多。摊贩业有胡麻记的青果店，茶馆有王长贵、涂开选、叶谷子、魏大条的茶馆。丝烟业中王谭的金桂烟丝在郧城颇有名气。

十字街的孟正兴专门生产酱豆、酱萝卜、韭菜花、酱油等，既对小菜贩批发，又对市民零售。公盛达、公盛永等大药铺，购地产中药材，加工炮制中药；门诊医师诊病，照方出售药材。饮食业以方便灵活的方式经营，如中华饭店、民生饭店、青年馆等，店主除自己参与烹饪操作外，还雇有帮工、学徒，对外承包筵席，红案白案兼备，南北风味俱全。回民张玉金除主营三合汤、酸浆面外，还经营肉包、菜包、锅盔馍等白案食品，不仅回民喜食，也受到汉族市民青睐。

随着集市贸易的繁荣，一些地区性的行帮、会馆应运而生。如河南怀庆的怀帮、陕西省的秦帮、湖广的黄州帮、汉阳客等。怀帮以经营钱庄为主；黄州帮、汉阳客多经营湖广杂货；秦帮贩卖盐驮子，兼营其他杂货。这些行帮大都建有会馆，著名的会馆有江西馆、山陕馆、河南馆和武昌馆。据1941年统计，当时的同业公会有油业46家，油坊业16家，屠宰业30家，蚕丝业13家，生漆业12家，棉花业10家，皮毛业16家，油篓业10家，卷烟业33家，中西药业26家，糕点业8家，染纺业12家。商业公会主席是梅光廷。

除城关外，在安阳口、白桑关、南化街、梅家铺、刘家洞、十堰镇等乡村集镇也分布着30多家商户，经营民众生产、生活必需品，大都是门口设摊经营。众多商户经营方式灵活多样，有坐店收购长途远销式、产地收购城里销售式、前店后厂批零兼营式、设店购销作坊炮制式、综合经营多项服务模式等。经营农副土特产品者，多将土特产运往外地，把外地的食盐、布匹、卷烟、火柴等日用百货运回郧县，如涂发德、王永庆等。柴炭、石灰等经营者，多深入生产地收购成品，然后运回县城销售，如周明杰、胡道隆等。

第四节　郧县古代与近代税收

我国税收起源于原始社会晚期向奴隶社会变革时期，形成于奴隶社会晚期向封建社会转变初期。夏代的王贡又称"九贡"，是我国最早的税收形成。《尚书·禹贡》是中国历史上第一部税法。商沿夏制，周推井田制。

中国漫长的封建社会税收实行的是高度的统收统支的中央集权制。税收主要是田赋、地丁、漕粮、屯饷、租课、附税及杂税。郧阳有文字记载的税收起源于明代，由《郧阳府志》载之。

明成化十二年（1476年），朝廷在郧县设郧阳府、郧阳巡抚等官署，郧县的赋税、杂役虽说按定制征收和派遣，但相对他处较重。不过遇有重大灾情，关注民生的开明官吏，上奏朝廷获准，曾得到一些减免。明代税收主要为丁税和田赋。

明代初期开始实行夏税秋粮两种官税，除此之外，还征收"皇明岁贡"。为了征收贡赋，明廷设立许多收税机构，如都税、宣课、司、局、分局、抽分场局、河泊所等。京城诸门及各府、州、县多设税课机构。府设税课司，县为税课局。郧阳府配置的收税官员为税课司大使一人，官秩从九品，掌征收屠宰验契牙等杂税。先后担任过郧阳府税课大使的有姜相卿、黄景隆等人，各县地方官负责征收官税并上缴府库。

明初征税较轻，到明中叶后期，尤其是从万历到明末，各类征派猛增。洪武六年

（1373 年），根据所负税粮多寡将全国的府分为三等，20 万石以上为上府，10 万石以上 20 万石以下者为中府，不足 10 万石者为下府。郧县等鄂西北各县时属襄阳府为下府。与府相似，县也被分为三等，税粮 6 万石以上者为上县，3 万石以上不足 6 万石者为中县，3 万石以下者为下县。到万历年间，郧阳府所属一州六县纳夏税秋粮在一百多石至一千多石之间。郧县在一州六县的税粮最多，为一千一百四十六石二斗七升四合六勺。纳秋粮在四百多石至四千多石之间，郧县纳秋粮最多为四千零六十一石六斗五升四合五勺。郧阳府属一州六县服徭役在 16 种至 22 种之间，郧县服徭役达 22 种。

明代，百姓除缴纳夏粮秋麦两种征税外，还有杂税多种。据万历《郧阳府志》载，所纳杂税的种类有丁粮、药味、胖袄裤鞋、翎毛、活野鸡、杂皮、户口，另有鱼课、驿传马匹、船只银、民壮银、排夫银、公费银、供应银、备用银等。银两可折熟铁等抵缴。

徭役同样以银两折算。其名目有祭祀银、乡饮银、柴薪银、岁贡盘缠银、斋膳夫银、马夫银、表夫银、京解银、库子银、馆夫银、禁子银、文庙坛祠各衙门门头银、油烛银，除以上用银两折算外，还有人力差，郧县的人力差有皂隶、门子、斗级、铺司兵、弓兵、渡夫等名目。

明代纳税粮、服徭役是按户口、耕地数量计算的。永乐十年（1412 年）郧县有 983 户，13253 人，41762 亩。成化八年（1472 年）有 793 户，4493 人。人口和耕地逐年减少，而杂役照服，甚至有增无减，人们为逃避过重赋税和徭役，不得不隐匿或外逃。

郧县民众赋税杂役是沉重的，郧阳巡抚郑国仕因各类差役繁重而"忧劳成疾"。万历二十五年（1597 年）五月，郧阳巡抚马鸣銮以采矿利薄，民困难堪，乞赐停止，但未获恩准。据《郧阳府志》载：万历三十年（1602 年），郧县"时有开矿采金之议。差铛（宦官）至郧……岁征郧白金三千，黄金三千，横索肆敛，民将不支，违之者获罪"。又如，天启七年（1627 年），瑞王途经郧阳返回汉中藩王府劳师动众，供费浩繁，财力不支。增赋加税使民不聊生，这是造成明末农民起义的重要原因之一。

清初的赋役制度，沿袭明代的一条鞭法。地有地税银，丁有丁税银。丁税银有的按地征收，有的按丁征收，以按丁征收为主。实行按丁征收，就迫使无地少地的贫苦农民因无力负担丁税，只得流亡迁徙，隐匿户口。清王朝无法掌握人口实数，常在征收丁税时失去保证，不得不改革税制，开始试行"摊丁入地，使地丁合一"的办法，简称"地丁制"。1712 年，清廷宣布，以康熙五十年（1711 年）的人丁数作为征收丁税的固定数字，以后滋生人丁，永不加赋。康熙末年，在四川、广东两省试行"摊丁入地（亩）"。到雍正年间，这一办法在全国推开。无地的城镇居民、雇工不再缴纳丁税，缴纳地丁税的人不再服役。

清道光二十年（1840 年）以前，清朝政府财政执行统收统支的中央集权制，税收权力归中央掌握，县财政和各项开支只能在朝廷规定征收项目内下拨留用。光绪三十四年（1908 年）实行城乡自治后，县始设户房，户房设有钱柜，办理田赋征解事宜。

清末，县财政收入主要是田赋、地丁、漕粮、屯饷、租课、附税及杂税。

田赋　田赋税率依田土等级定租课赋，分上则、中则和下则，以田土沃瘠计赋额轻重。据清同治《郧县志·赋役》载，年征银九千七百七十二两。其中额征丁银二千八百零三两，地丁银六千九百六十九两，征粮三千二百二十四石。每征银一两加平余火耗，收一点三至一点五两，折收制钱二至四串（一千文等于一串，下同）。漕米每石折收制钱四至八串。屯饷银一两，屯饷米一石，分别折制钱二至三串或三至六串。租课银一两，折收制钱二至三串。1871—1908 年，郧县额征银均保持在五千四百六十七两、仓谷四千六百三十石的标准。到宣统年间，全县年额征银八千零五两。其中，地丁四千一百五十五两，屯饷三百九十四两，契税附加捐三千四百五十六两。

杂税　每年额征银四千一百六十五两。其中，额征驿站浅船等款银四千一百四十九两，额征渔油银十六两。

租课　开办县立高、初等学校，共收租课六百零四石，兴书院一百七十一石，龙门书院七十一石，士绅提拔学田一百零一石，庙课二百六十石。到宣统年间，修补城垣、桥梁等收租课六十石，共收租课一千二百六十七石。田房牛驴牙税无定额，尽征尽解。当铺每个税银五两，全年额征牙贴银十二两。

附加税捐　主要是教育费附加和育婴附加，两项年收一千二百元，其中，教育费附加和育婴费附加各占一半。1910 年，县城因开办实业学校，在契税项下，每户票价一元，附加三厘；在屠宰项下加收学捐，猪每头二百文，羊每只一百文，两项相加每年可收一千文。加上其他附税项目每年可收银三千四百五十六两，折官票八千六百四十元（一元官票折一串二百文）。收丁漕附税一千一百二十五石，折官票五千六百二十七元。

除了上述之外，在当时的郧阳府还设置厘金专局，专收经郧城过境船只的水厘，税金称厘金，亦叫统捐，按货价值每百抽二，年均抽钱额二十四万串。后又有盐税。清代的盐税分引课和盐厘两种。引课是以引（每引为 200 公斤）为课税单位，在产盐场地征收的盐税；盐厘是指盐在到达指定销售地征收的厘金。郧县行销川盐、淮盐。当时郧县城有三家盐商包交盐厘，并对走私路盐补征引课，每引课征税银零点二七七两。

契税　契税是在田房买卖、典当、赠与或交换等产权转移时，按照订立契约，向不动产取得人所课征的一种税，是清末郧县财政收入的一项重要内容。每契价银一两，征税粮三分。1902 年，因筹措"庚子赔款"，于正税之外，另征契捐三分，连同正税共应征银六分。1909 年，为裁革浮费，契捐又加银三分，合计每契一两，共应征税银九分。1910 年，对典契按契价银一两征收税银六分，至此契税税率实为"卖九典六"。

上述各项收入均为额数，其实际收入均达不到应征数。据相关资料所载，郧县自清同治十年至宣统二年（1871—1910 年），各项税捐无大的变动。具体情况是，年征额银五千四百六十七两，杂税一百九十七两，仓谷四千六百三十石，养廉捐银八百两。

赋税支出方面，主要分上交支出和县内留存支出。县内留存支出用于县衙支出及教育、祭祀、救济等方面。

上交支出项目，年应征解地丁条饷银一千七百四十五两，香烛米三点六石，添拨银一百九十一两，随漕实额银及升垦派丁等银八十两，驿站走递夫马银一千二百零五两。以上共解协银三千八百一十七两。

县内留存支出，官俸役食银一千二百五十二两，祭祀等杂项支出三百七十一两。两项合计县署留存支出银共一千六百二十三两。清末，郧县年均上交支出银及县内留存支出银总额为正银五千四百四十两。

民国初期财政税收沿用清制。地方支出依赖各种附加、杂税及省补贴。1928 年郧县设财政局，地方岁入 12 项，岁出 13 项。1932 年实行废两改元（银元）。当年财政岁入为 11370 元。其中，地丁附加 1027 元，漕米附加 2994 元，屯饷附加 89 元，券票附加 767 元，契税附加 2400 元，屠宰附加 1115 元，学租 2938 元。年岁出总额 31444 元。到 1936 年，支出项目由原来的 3 类 12 项增加到 10 类 40 余项。抗日战争时期，县财政附属于国民政府的军事财政。在庞大的财政支出中，一部分被各级军阀官僚中饱私囊，致使市场凋敝，生产萎缩，物资奇缺，物价猛涨，财政赤字不断增加。国民政府不得不开征名目繁多的税种，大量的附加、票捐相继而生，人民的负担日益沉重。

1928 年郧县国民政府始设财政局。地方收入项目为田赋、契税、牙税、当税、屠宰税、内地渔业税、船捐、房捐、地方财产收入、地方营业收入、其他属于地方性质的实有收入等 12 项。地方支出项目有地方党务、立法、行政、公安、司法、教育、财务、农矿、工商、公共事业、地方工程、卫生、救恤及借款偿还等 13 项。

民国时期的郧县田赋沿用清制，分田赋正税和田赋附加税两种。田赋正税包括地丁、漕米、屯饷和租课4种。1915年划定折价标准，每地丁银1两，以3串为定价，以官票1串200文折合1元计，为法定价。漕米1石折收钱6串。1927年，郧县全年额征地丁银4115两，折钱5817元（官票，下同）。额征漕粮1607石，折收钱4502元。屯饷，亦叫卫田钱粮，有军贴、加津及义运等，概为杂款。军屯之外，还有民屯，民屯赋一律照章征收。1927年，额征屯饷银394两，折官票515元。至1916年财政部颁发田赋新征收办法，改称租课，亦按课额折价征收，租课遂成田赋专目。1933年废两改元，废石改田，田赋额征数为1396430元，实征1413042元。1935—1941年除田赋附加、附捐经常变动外，田赋正税无大的变化。1941年田赋改归国税，征实物。

田赋附加4项。一是丁漕附加。1927年国民党郧县县党部成立后，所需经费由田赋附加负担。每地丁银1两、漕米1石，附加500文，年收万余元。1935年统一实行按田亩征收附加费，每亩额征附加0.12元（银元，下同），全县田赋附税为3.6万元，以九折计征，按征额的67%拨作县财政经费，全县年征捐21709万元。二是教育附加，即学捐。1914年4月，每丁屯银1两加学捐560文，全县计地丁额银4155.6两，年收学捐2327.19串，约折合银775.7两，折合官票1939.33元。1926年12月，改漕米数每石收学捐1.96元，丁屯银每两收学捐0.26元，按年额漕米数，年额学捐3151.47元；按地丁年额征学捐1084.63元；按屯饷年征学捐102.84元。三是券票捐。1914年7月，县参议会决议，每券票1张附加18文，以补助选券征收经费不足。1926年12月改收洋0.8分。1932年丁漕各券每张收洋1.6分，屯券仍为0.8分，年收380余元。四是募捐。民国初期县内各区保卫团所需枪支经费由各区筹措，以石为标准，名叫课石捐。1932年全县有民粮额田284389.68亩，屯饷额田11663亩，每亩征洋0.1元，全年征收29605.26元。

民国初工商税沿用清制。1912年改厘金（统捐）为过境销场税，税率不分远近值百抽二。同年10月公布《印花税法》，税额共分4类、64种贴花。1914年将清宣统时期的屠捐更名为屠宰税，征收实行设局包征办法，由县署承办。1915年郧县按财政部《屠宰税简章》规定，每头猪征银0.3元（银元，下同），牛1元，羊0.2元。同年试行烟酒新征税制度，县烟酒税费按二成五计提作为县财政收入经费。1921年起捐商捐，始称保安房捐，继后改为商铺捐，是郧县自卫部队经费来源之一，每年额征1300元（法币，下同）。1927年国民政府调整税政，统一税制，郧城建立烟酒事务所，征收烟酒税费。次年，又开征指定货物统税。1929年始征短期牙贴，采取捐税合并课征，并带地方附捐。牙贴捐税，上则 80 元，中则 40 元，下则 10 元。1931 年全国裁废厘金制度，开征营业税，郧县先从城关各商户营业额或资本额中课征营业税，后在各乡（镇）施行。同年 6 月国民政府颁布《营业税法》。营业税开征后，郧县无经征机构，由县政府兼理。1933 年 1 月郧县设立营业税稽征所，隶属老河口营业税局。1936—1941 年收益课税兴起，相继开征营利事业所得税、证券存款所得税、综合所得税及战时所得税。战时消费税为抗日战争初新增税种，郧县在城关西河码头设郧属征権处，征收消费税。1941 年郧县开征筵席及娱乐税，对象为酒楼、茶馆、电影、戏剧、书场等，因此，又叫行为取缔税，当年实征 7800 元（法币），收入逐年递增。之后，国民政府为废除苛捐杂税，补偿地方收入，陆续颁布营业牌照税、使用牌照税、行为取缔税及房捐各项杂税。

至此，民国时期各项工商税制形成直接税、间接税和行为税 3 个体系。人们除负担各种正税、附税之外，还要担负地方自卫武装、自治经费及各项变相的附征杂捐，"遇事加税，因事立捐"。国民政府三令五申废除苛捐杂税，但废此兴彼之风盛行，民众深受征税负累之苦。工商各税有厘金（统捐）、烟酒税、货物税、所得税、盐税、印花税、战时消费税、牙税、营业税、契税、屠宰税、烟酒牌照税和营业牌照税、筵席及娱乐税、商捐、房捐等数十种，另外还有学捐、亩捐、牙税附加、自治捐、屠宰附加、契税附加、券票捐、保安捐、保用户口捐、监证费、水警检查捐、联保经费、城防捐、契纸费、团款税捐、商户保甲费、公益捐、自卫队经费、商铺捐附加、公安商捐、桐油出口捐、田赋联系经费、竹木捐、自治户捐、吸户执照费、绅富费捐和棉花临时特捐等苛捐杂税。

第六章　郧县当代商贸

　　1947年12月30日郧县解放至1979年，郧县商贸处于计划经济时期。1980年统计资料显示，全域商贸物流系统有国有企业838个，集体零售企业13个，农村代销代购店307个，登记发证个体工商户35个；年收入为国有企业5442万元，集体企业421万元，个体工商户15万元。

　　1983年商贸体制改革，商贸流通企业基本形成多种方式承包经营机制。1998年，绝大多数国营、集体商贸物流企业已进行国有民营改革。2000年，开始实施"国退民进、放小转民"国有商业企业改制。到2003年，所有国有企业（国家垄断专营企业除外）、集体企业通过卖断或重组或破产方式进行改制，形成具有独立法人资格的经济实体。到2008年，全县的23个国营商贸流通企业改制到位10个，破产终结3个，尚未终结2个，正在改制7个，无资产可破企业1个。通过改制，引进大量县外民营资金发展郧县商贸流通，各超市和商业门店货物充足，品种繁多，当年社会消费品零售总额达到197551万元，外贸出口总额462.8万美元，旅游总收入6733万元，均呈现两位数增长。

　　交通是商贸物流的血脉通道。新中国成立后，郧阳交通业发展迅速，基本形成公路、铁路、水路联运态势，交通的四通八达促进了商贸活动的繁盛。郧县和十堰市本是一母同体，1969年国家兴建"二汽"，郧县的十堰区和郧县分离，成为独立的十堰市。1994年10月，郧阳地区与十堰市合并，郧县属十堰市管辖县。2003年，郧县政府在修编郧县城市建设规划时，明确提出建设汉江二桥和汉江大道，形成"一江二桥三镇"发展格局，主动融于十堰市半小时城市圈。2008年9月，汉江二桥动工，2012年5月建成通车，二桥南连荆襄、江汉，北连商洛、南阳，进一步促进郧阳商贸物流的繁荣发展，催生了现代物流、新型超市、商场、量贩、连锁店、电商、酒店、食宿、娱乐等新业态产业快速发展。2014年9月9日，国务院正式批复撤销郧县设立郧阳区，进一步促进了郧阳经济的快速发展。

第一节　郧县市场建设与开发

一、国内市场

1949年中华人民共和国成立，郧县有大小集市14个，其中以城关、安阳口、白桑关、南化街、梅家铺、刘家洞等较为繁荣。1952年9月，在城关镇的总兵场、青年路口、十字街、大西门外、横街口、东关贺家巷、大南街、西寺巷设8个固定市场。到1953年，全县有各类市场29个，其中城关13个，乡村16个。1954年至1956年，关闭粮、棉、油自贸市场，实行国营专营。1957年，县人民委员会要求在城关、十堰、安阳等主要集镇恢复自贸交易市场。1958年又关闭自由市场。1961年，开始贯彻省委恢复农村集市贸易规定，全县恢复集贸市场29个。1964年，城关市场按经营品种分为柴炭、蔬菜、牲畜、肉禽、百货副食、土特产市场计23个贸易网点。1964年底，全县集贸市场有38个。

1966年，"文化大革命"开始后，全县市场以国营、集体渠道为主，各集贸市场均被关闭。尤其是1967年，丹江口水库蓄水后，郧县城关及沿江的安阳口、杨溪铺、三门店、盆窑店、武阳店、堰河街等29个集贸市场被淹没。十堰、白浪等3个集市又划归十堰市，全县剩有梅铺、刘洞、五峰、鲍峡等6个乡镇集市。

1978年，中共十一届三中全会后，随着"对外开放、对内搞活"经济政策的贯彻落实，郧县集市逐年增多。1979年，恢复原有6个传统集市，兴建新城的东岭岭头、东岭银行门口、体育路边、中岭街口、西岭街市场和乡镇的曲远河市场、茶店镇市场等7个贸易市场。1981年后，全县贸易市场与新城、乡镇集镇建设同步进行，形成以县城集贸市场建设为中心，增添市场服务设施；对农村集市采取沿公路、沿河边、沿边界培育发展态势。到1985年，全县城乡共有贸易市场46个。其中，棚顶式市场2个，建筑面积500平方米；露天交易市场44个，场地面积7800平方米。交易品种520多种，有粮食类、油脂油料类、棉烟麻类、肉食禽蛋类、水产品类、蔬菜类、干鲜果品类、日用杂品类、柴草类、饲料农具类、大耕畜类、工业品类、废旧品类等。1986年后，根据郧县区位条件，按照市场经济的要求，加快市场培育和建设步伐，至1993年，先后建成砖混、砖木结构棚顶式贸易市场14个。其中，工业品市场4个，农贸市场2个，综合市场8个。1994年，商品市场进一步发展，按照"突出城关，发展'两线'（209 国道线、襄渝铁路线），完善'三边'（十堰边、鄂豫边、鄂陕边）"的基本思路，坚持专业市场和综合市场建设相结合，批发市场和零售市场建设相结合，高、中、低档市场建设相配套的原则，商品市场的建设得到进一步完善和发展。1994 年底，共建成各类市场 31 个，集贸市场面积 3891.5 平方米。其中，固定摊位的集贸市场 16 个，建筑面积 19762.41 平方米，有固定摊位 1853 个。初步形成以县城为中心、以农村集市为依托、以各类专业市场或批发市场为纽带，以沿线、沿边集市为网络，融产、供、销、加、运、服于一体，辐射功能较强、吞吐比较灵活的新型市场体系。

1995 年，国有商业体制开始实行改革，国退民进，国有商业逐渐退出市场，初步形成以县城为中心，农村集市为依托，批发市场和各类贸易市场为纽带，沿路、沿江、沿边集市为网点的生产、供应、加工、销售、运输、服务的商业市场体系。2000 年，全县有批发零售贸易机构、网点 5292 个，其中，国有 180 个，集体 101 个，个体 4994 个，其他 17 个。2003 年 6 月，县百货公司、五交化公司、纺织品公司、副食品公司、食品公司依法破产，县饮食服务公司营业执照注销。2003—2008 年，引进域外资金建设大型超市 4 个，商品配送中心 2 个，民间资金建农家店 390 个，个体商店普及城乡。到 2014 年，社会消费零售总额达到 56.6 亿元。

二、国际市场

1954 年，郧县政府设立外贸特派员，对外贸易业务由县供销社和商业局代理，经营方式按系统下达指标调拨。出口商品多为土特产品兼部分工业产品，共 40 个品种，如桐油、生漆、龙须草、天麻、全蝎、绿松石、麝香、五倍子、薇菜、香菇、肉桂、郧县草毯、蓝石棉、獭皮、山羊皮、郧绣、玉雕、鳖甲、狐皮、连翘、黄姜、魔芋等，远销欧、美、东南亚、澳大利亚、日本、朝鲜、波兰、罗马尼亚、英国、法国等 20 多个国家和地区。1959 年，在郧县人民委员会的领导下，一方面积极组织货源出口，一方面抓商品基地建设，开发新产品。至年底，完成出口额 129.97 万元，是 1956 年的10 倍。进入 20 世纪 70 年代，外贸收购出口量逐年增加。1970 年，收购桐油 9088 担，生漆 2 担，龙须草 111 万公斤，五倍子 272 担，全蝎 80 担，连翘 114 担。到 1975 年，收购桐油 14779 担，生漆 27 担，龙须草 122 万公斤，五倍子 595 担，全蝎 104 担，连翘 525 担，年均出口完成 300 万元左右。1975 年 12 月，成立郧县对外贸易科和外贸公司（后改为外贸局），政企合一，专司外贸业务。1977 年，收购绵羊毛 32 担，出口 24

担；收购牛皮 5723 张，出口 3091 张；收购猪肠衣 21508 个，出口 20854 个；收购草地毯 63.7 万张，出口 52.1 万张；收购山羊皮 10223 张，出口 8210 张；收购水貂皮 224 张，出口 224 张；收购皂素 2400 公斤，出口 2000 公斤。1978 年 6 月，对外贸易科更名为对外贸易局（外贸局）。1978 年，中共十一届三中全会后，外贸购销业务得到进一步发展，在确立长远发展项目的同时，郧县大力兴办商品出口基地，资金实行无偿投资，无息贷款，帮助生产企业培训技术人才，大力发展出口商品生产。

1979 年，郧县 28 克打字纸、各种规格书写纸及刺绣、玉雕、缫丝、挂毯向外出口。1980 年，出口产品增加绵羊毛、兔毛、牛皮、猪肠衣、草地毯、柞丝、羊皮、水貂皮等。至 1985 年，累计出口总额 6152 万元。1986 年，出口打字纸、草地毯、混缫丝、绿松石制品、皂素、丝挂毯、猪鬃、冬青木筷、丝绵片 9 种产品，出口 923 万元，创汇 259 万美元。1987 年，出口增加中药材、鹅鸭绒毛、黑木耳、薇菜等产品，创汇 288.1 万美元。1989 年，县对外贸易经济合作局克服困难，出口销售收入达 1083 万元。1990 年，出口供货和出口销售 1463.5 万元。1991 年，出口额 1936 万元。1992 年，出口额 2826 万元。1994 年，全县有出口企业 13 个，外贸出口交易货值 5148 万元，创汇 350 万美元。1997 年，县进出口公司参加中国第八十二届广交会，成交价值 500 万美元。到 20 世纪末，郧县外贸由于体制和资金、管理等方面原因，处于下滑萎缩状态，2000 年，外贸出口额仅 6.8 万美元。

2003 年，出口增长为 22.2 万美元。2004 年，外贸出口 59.8 万美元，排名十堰市第二，市政府授予郧县"外贸出口先进县"称号。2005 年，香菇、木耳和集装箱垫角分别出口日本和意大利，外贸出口 73.7 万美元。2006 年，香菇、木耳及滑石粉进入我国香港地区，金属铸件出口美国，汽车配件出口俄罗斯，外贸出口为 78.3 万美元。2007 年，中天亚克公司、神河集团、商达公司、汉宫离合器公司各取得自营出口权证，全县有出口权的企业由 6 个发展到 16 个，出口增加大理石产品、硅铁产品，外贸出口 131.2 万美元。2008 年，出口增加服饰、服装等产品，出口货值 461.6 万美元，此后出口产品量每年以两位数幅度增长。到 2014 年，全年完成外贸出口 7157.1 万美元，其中郧县江郧丝绸有限责任公司出口 641.6 万美元，湖北运银实业有限公司出口 344.5 万美元，郧县江凯贸易公司出口 3059.4 万美元，郧县贸易有限公司出口 3073.3 万美元，湖北客运汽车有限公司出口 17.6 万美元，湖北佳恒科技有限公司出口 0.6 万美元，福缘松石（十堰）有限公司出口 20.1 万美元。

第二节　郧县当代商贸物流新业态

1994年1月，郧阳汉江公路大桥建成通车。2012年5月，郧县汉江二桥建成通车。汉江郧县段两座大桥的建成，基本上构建了郧县"一江二桥三镇(城关、柳陂、茶店)"的城镇格局，对郧阳商贸物流交通起着巨大的推动作用。特别是郧县汉江二桥(后改名为郧阳汉江大桥)和"十堰大道"的建成通车，使郧县和十堰实现了无缝对接。借助现代交通物流，新型超市、商场、量贩、连锁店、电商、酒店、食宿娱乐等一体化商业综合体如雨后春笋，快速成长。

2003年，十堰寿康永乐有限公司进军郧县城区，投资2500万元，接管改造原郧阳商场，创建寿康永乐郧阳购物广场，驻城关镇郧阳路106号。2004年11月正式营业，经营面积7000余平方米。主要经营小家电、日化、通信器材、文化用品、日用百货、服装棉纺、家居用品、蔬菜、水果、面包面点、南北干货、烟酒、副食品、药品、休闲小吃等1万多个品种。当年销售额800万元。超市设有自动电梯、中央空调、冷库冷柜、电脑收银系统、智能监控系统、防盗系统和音响系统。2008年，销售收入4000万元，设有乡镇分店57个。至2014年，十堰寿康永乐有限公司在郧县城关设分店11个，全区20个乡镇设有分店。

2004年5月，十堰市丰融房地产开发有限公司进军郧县城区，和原县电影院联合投资兴建丰融超市。丰融超市位于城关镇郧阳路63号，总投资1200万元。2004年5月开业，营业面积5000多平方米，经营品种2万余种。设有平步电梯、中央空调、防盗系统及计算机自动管理系统等。超市一楼以经营食品、生活用品、生鲜为主，二楼以日用百货、文体用具、小家电为主。当年销售额1200万元。2008年，销售额3500万元。

2005年6月，十堰人民商场进军郧县城区，以438万元购买原郧县天马商场经营权。人民商场郧阳购物中心原为郧县天马商场，位于城关镇沿江路120号。天马商场1990年1月竣工，占地面积2114.6平方米，有营业楼3层共3600平方米，曾是鄂西北县级商场中规模较大、知名度较高的综合性大型娱乐购物商场。2003年，由于资金和体制等原因，天马商场被消防部门确定为重大火灾隐患单位并责令停业。2005年，天马商场火灾隐患被省政府挂牌督办整改。同年6月，天马商场商铺迁出，整体转让，由十堰人民商场以438万元购买经营权。十堰人民商场按照消防要求，安装室内外消防给水系统，火灾自动报警、自动喷水灭火系统等自动消防设施。11月，人民商场郧阳购物中心正式开业，营业面积4000平方米，经营品种500余项2万多种。分为4个经营楼层，商品涉及大小家电、家具、服装、床上用品、文化用品、鞋帽、生鲜、副食等，当年销售额400万元。人民商场郧阳购物中心是郧县唯一具备家电批发资格的大型家电商场，至2008年，共发展家电下乡销售网点24个，覆盖全县20个乡镇（场），销售收入2000万元。

2006年，十堰市新合作鑫城超市有限公司投资500万元，兴建郧县新合作鑫城配送中心。配送中心位于城关镇沿江路。2006年6月开业，营业面积800余平方米，仓库400平方米。经营品种有日用百货、副食等3000多个单品，是国家"万村千乡市场工程"扶持"三农"在郧县设立的日用消费品配送中心之一。配送中心采取以批发为主、零售为辅的运作模式，以服务农业、农村、农民为宗旨，实行零毛利配送，辐射配送郧县及周边地区200余个农家店，每月配送额200余万元。当年销售额500万元。2008年销售额3000万元，设有乡镇分店85个。

2011年底，十堰寿康永乐有限公司投资5亿元，在郧县经济开发区茶店村（现十堰大道85号）动工新建大型仓储物流园。该物流园集仓储配送、生鲜冷链、食品加工、库房租赁、光伏发电等多功能于一体，2012年11月建成投入使用，标志着郧县物流行业进入新时期。该物流园占地300亩，建筑面积10余万平方米，年吞吐货物量可达7000万件。园区采用当代先进的WMS、TMS、DPS、WCS等仓储信息管理系统，配备立体式货架、电子标签、装卸升降平台、前移式离位叉车等设施设备，保证了货物品质和进出货物的效率，是鄂西北地区第一家5A级物流企业（园区）。

2013年新业态电子商务进乡入村，截至2014年底，全县341个村全部建成一社一司（合作社和电商公司），实现一条链产业基地，一条链市场。积极与京东、苏宁等知名电商平台对接，建立农特产品馆，销售郧县香菇、木耳、木瓜等农特产品。同时，整合城区星级酒店、快捷酒店与电商园区融合发展。利用赏花节、插秧节、割稻节等节庆活动，销售农特产品，采用公众号、微信、个人众筹、自媒体等方式营销，全方位推进农特产品上市上线。

第三节　郧县现代金融

一、新中国成立初期金融机构建设

1947年12月30日，郧县解放。郧县人民政府成立后不久，中州农民银行陕南分行在郧县成立，发行中州币。1948年12月1日，中国人民银行统一发行人民币。1950年1月，中国人民银行郧县支行(简称县人行)成立，其主要任务是建立社会主义金融体制，继续开展打击金融投机和金银黑市交易，投放人民币，收兑中州币，确立人民币为本位币，建立独立、统一的人民币流通市场。同时，按照"紧缩通货"的方针，积极开展金融业务，组织存款，发放贷款，办理结算，加强现金管理，促进国民经济及商品流通的恢复与发展。次年5月，中国人民保险公司郧县办事处在城关成立，正式开展保险业务。1952年12月，成立中国人民保险公司郧县支公司(以下简称县保险公司)，并在安阳设营业所，开办农村保险业务，其中包括牲畜及各项财产保险，1958年停办。

1953年10月县人行在柳陂区罗共乡试办全县第一个信用合作社，入社596户。信用社积极引导民间借贷，发放农业合作基金，打击高利贷剥削，扶持贫农入社，占领农村金融阵地。至1954年，农村信用社发展到235个，社员85783人。

1955年3月，中国农业银行郧县支行(以下简称县农行)成立后，担负起统一管理支农资金，集中办理农村信贷，领导农村信用社，积极发展农村金融事业，支持农业生产合作社(以下简称农业社)的巩固与发展等任务。1955年，发放农业贷款29400元。其中，发放农业社贷款60700元，发放贫农合作基金款12900元。从1955年发行新币到1957年，货币流通量为135万元。1958年，受浮夸风、高指标等思想的冲击，金融业受到影响，货币投放量过大，致使金融市场呈混乱状态，多投入现金182万元。

1961年，贯彻执行国民经济"调整、巩固、充实、提高"的八字方针，货币盲目投放现象得到遏制，金融市场初步稳定，当年净回笼43万元，货币流通量下降到433万元。1962年，贯彻国务院《关于切实加强银行工作的集中统一，严格控制货币发行的决定》后，县人行积极推行工资基金管理，严格结算纪律，改进贷款管理办法，依据实际情况核定企事业单位现金库存限额，收到良好效果。"文化大革命"期间，金融业遭到冲击与破坏，正常的金融机制和管理体制被打乱，信贷资金被挤占、挪用，效益下降。

二、改革开放时期国家金融机构与业务开展

1979年，中共十一届三中全会后，金融、信贷管理随着国民经济体制改革而改革。1980年1月，恢复县农行。1981年7月，停办了23年的县保险业务得到恢复。同年，成立于1974年6月的中国建设银行郧县支行(以下简称县建行)升格为局级单

位。1984年9月，成立中国工商银行郧县支行(以下简称县工商行)。此时，县人行行使中央银行职能，对各专业银行实行宏观控制。信贷管理实行"统一计划、划分资金、实贷实存、相互融通"的资金管理办法。1986年，信贷资金运用按照"区别对待择优扶持"和"以销定贷"的原则，对企业实行分类排队和"核资定贷"，明确贷款投向和投量；信贷管理，改以"产值资金率"为基础核定贷款计划为以"销售资金率"为基础核定贷款计划，资金投放效益得到提高。

1987年后，金融市场曾一度出现货币投放过猛、贷款额增长过多、超限额提留现金、随意坐支等现象，加之假人民币流入市场，给金融市场造成一定影响。县人行会同有关专业银行一方面采取严格货币投放和信贷规模等措施，加强金融市场管理，现金管理逐步走上规范化、制度化之路，另一方面开展以反假人民币为主要内容的专项斗争，对稳定金融市场、繁荣社会主义市场经济起到积极作用。

1992年6月，湖北省证券公司郧县代办处成立。1993年，郧县农村信用联社营业部正式营业。8月，中国银行郧县支行(以下简称县中行)挂牌营业。1994年1月，郧县银河城市信用社成立。1996年12月，中国农业发展银行郧县支行从农业银行分离出来单设，属国家农业政策性银行。至此，全县金融市场已见雏形，金融机构呈现出网络化格局。为进一步拓宽融资渠道，筹措更多资金，服务经济建设，郧县逐步建立健全财政资金、金融资金、社会资金三位一体的资金市场，以充分发挥财政、金融部门聚集资金的主渠道作用。同时，开展同业拆借，积极向上申报发行企业债券，较好地缓解了企业资金供求矛盾。

三、新世纪金融机构及其业务发展

进入21世纪，县内工商行、农行、中行、建行、农发行、信用联社等6家金融机构全部加入现代化支付系统，简化了支付结算环节，加快了结算资金周转，提高了社会资金使用效益。尤其是解决了异地跨行的直接通汇问题，减省了联行转汇步骤，为企业开户、查询提供了更为快捷、便利的服务。建成财税库行之间"动态联网、税款直达、实时监控、信息共享"的财政收入管理信息交换处理平台，优化了财政资金收支流程，实现了财税金库数据传输电子化、管理手段现代化，提高了财税金库管理水平，为确保财政收入及时、足额入库起到促进作用。设立县级外汇远程服务点，为县内企业、民营经济业主提供随汇随兑、汇率折算远程划拨等方便条件，增强了县级支行外汇管理与服务职能。2005年全县金融机构各项存款余额达229298万元，贷款余额达

52164 万元，分别是 1979 年的 88 倍和 13 倍。

2008 年，县域有银行(含信用社)7 个，经营网点 59 个，存款总额 43.4 亿元，贷款总额 8.28 亿元；县证券营业部有客户 5945 个，总投资 6147 万元，股票、权证年交易量 114789 万元。

2014 年末，全域金融机构存款余额为 1399901 万元，其中单位存款 590307 万元，个人存款 809594 万元。全年金融机构贷款金额 474655 万元，其中短期贷款 122693 万元，中长期贷款 350031 万元，金融业的繁荣发展和大力支持，助推了郧县商贸业的繁荣发展。

四、县级投融资平台创新

(一)郧县城市投资开发有限公司

2003 年，郧县面临郧阳烟厂政策性关停、诸多企业因为环保问题而关闭、经济缺乏增长点、城市基础设施落后、财政入不敷出等严重困难，为破解建设资金匮乏的难题，县长柳长毅多方调研，提出"经营城市空间，争取市场融资"的观点，积极谋划和推动，在县建设局下面成立了当时全省第一个县级政府投融资平台——郧县城市建设投资有限公司。

2006 年，为了适应国家开发银行政策性贷款的需要，县委、县政府研究决定改组该公司。县委办公室、县政府办公室印发《郧县城市投资开发有限公司重组实施方案的通知》(郧办发〔2006〕13 号)，郧县编制委员会印发《关于成立城市投资开发有限公司的通知》(郧编发〔2006〕5 号)，将县建设局管理的郧县城市建设投资有限公司、县政府投资工程管理中心与县国土资源局管理的郧县土地储备中心等机构合并，开创性组建了新的"郧县城市投资开发有限公司"(简称城投公司)，同时加挂郧县土地储备中心牌子，实行"一套班子，两块牌子"。郧县土地储备中心为县政府直属正科级事业单位，郧县城市投资开发有限公司为国有独资公司，肖国军任经理。公司内设综合办公室、计划财务部、资产经营部、投资发展部、土地收购储备部等 5 个部室，职(员)工 9 人。城投公司具有土地收购储备经营、城市基础设施建设投融资、中小企业融资平台和国家资产授权经营等主体职能。城投公司驻城关镇兴郧路 8 号。该公司改组到位后，争取了国家开发银行政策性贷款 4000 万元，2007 年开始在长岭经济开发区建设新水厂。

2008 年 8 月,为了将城投公司做大做强,增强其融资能力,县委县政府再次决定,将有效资产达 2 个多亿的县属十堰汉宫实业有限公司(汉宫集团)整体并入城投公司,组成新的郧县城市投资开发有限公司,李茂勇任总经理。公司内设综合部、财务审计部、资产部、工程部、土地收储部、法律事务部。新的城投公司迁至城关镇广场东街 35 号。同年 9 月,省农业发展银行行长到郧县调研,表态将郧县作为省农发行支持县域经济发展的试点单位,给予政策性扶持贷款 20 亿元,支持郧县经济开发区基础设施建设。随后第一笔资金 7 亿元到位,有力地支撑了郧县经济开发区基础设施项目的启动和推进。

2008 年至 2014 年,郧县城投公司先后围绕市县对接和"一江二桥三镇"城市建设发展目标,积极发挥投融资平台作用,以"提升城市形象、拓展城市空间、塑造城市品牌"为工作理念,全力推进郧县汉江二桥、"郧十"一级路(汉江大道)、解放南路、天马大道、佳恒路、金龙路、大运路、长岭开发区和江南两个镇区(茶店、柳陂)供排水管网、县城污水处理厂、输变电线路等城市基础设施建设和 10 平方公里的工业园区征地、拆迁、场平等重点工程建设,使这些项目如期推进到位;同时还开展了老城的改造,为郧县的城市建设、招商引资和经济发展做出了重大贡献。

(二)十堰市郧县信达融资担保有限公司

公司前身是经郧县政府批准于 2003 年 11 月成立的"郧县中小企业信用担保中心",隶属于郧县财政局,当年是鄂西北地区唯一一家政府性融资担保公司,是具有独立法人资格的事业单位。当时,县政府出台大力实施新型工业化、推进"工业强县"战略各项措施,针对中小型民营工业企业反映的融资难等实际问题,县政府研究决定,在县财政预算专项资金给企业贴息的基础上,再自筹资金成立中小企业信用担保中心,专门解决民营中小企业贷款难的担保问题,取得了很好的社会效益。但是由于财政困难,筹措的担保资本金满足不了需求,故 2009 年 5 月经县政府批准,由郧县中小企业信用担保中心发起,20 多家民营企业参股,合股成立新的"十堰市郧县信达融资担保有限公司"。

公司注册资本金 2 亿元,其中政府出资 13570 万元,出资比例占 67.85%,27 家民营企业法人出资 6430 万元,出资比例占 32.15%。该公司是以信用担保为主要业务、市场化运作的专业投资担保机构,获得融资性担保机构经营许可证,并被湖北省财政厅、湖北省地方金融监管局确认为政府性融资担保机构。公司坚持以"专注小微担保业务、搭建融资贷款平台、服务社会经济发展、解决企业融资难题"为经营宗旨，秉承"诚信、稳健、创新、高效"的理念，按照"政府主导、社会参与、规范化管理、市场化运作"的经营模式，最大限度地发挥担保资源效用。

公司内设业务部、科技担保部、风险管理部及综合管理部四个职能部门，从业人员 14 人，均有多年从事银行信贷、金融担保、资本运作的工作经验，有很强的处理融资风险的综合能力。截至 2014 年，累计为区内中小企业提供融资担保额 50 多亿元，为县域经济的健康、快速发展做出了积极贡献。

第四节　郧县现代税收

1949 年，中华人民共和国成立。1950—1957 年，税收管理体制的基本原则是集中统一于中央。以后虽有不同程度的分级管理，但仍以高度集中、统一管理为主。1958 年，国务院在《关于改进税制管理体制的决定》中相应扩大地方税收管理权限，允许地方开征和停征地区性的税收。1961 年，中央收回一些权限。12 月，省财政厅发文对县级税收权限做出具体规定，对少数个体手工业者、小商贩、资本主义工商企业，在规定的幅度加成征收；对缴纳房产税、车船使用牌照税困难者，给予适当减免；对个别合作商店收入不足以支付工资及少数个体工商业者、小商贩等收入少、纳税后影响生活的，可给予临时减免照顾。1970—1973 年工商税制改革时，又下放一些权限。1977 年 11 月，国务院重申集中统一的税收原则和各级政府的税收管理权限。1980 年，国务院就县级税收管理的审批减免权限规定了具体税种、数额和期限。

1986 年后，税收制度随着社会主义市场经济的逐步建立和完善，不断进行改革。1987—1994 年，实行工商税制改革，加强地市税收规范管理，国家恢复车船税、房产税、工资调节税、印花税、土地使用税、消费税，开征资源税。同时停征原竹、原木、烟叶、水产品、茶叶等产品税，一并改为财政征收农业特产税。在具体实施上，以分税制取代"分灶吃饭"的财政体制。工商税从 1986—1994 年分级入库。土地使用税从 1987—1993 年按 50% 上交中央。1994 年，地方税收收入改由省县两级分成，交省 70%，留县 30%。增值税和中央所得税从 1986—1993 年上交为省级收入和固定资产投资方向税，全部上交归省；印花税 20% 上交省级收入，80% 留县。1994 年国家税务总局和地方税务局分设后，按比例征收的增值税 75% 上交中央，中央企业所得税全额上交，征收的消费税全部上交中央。省级收入中金融、保险营业税和固定资产投资方向税全额上交；土地使用税按全额 70%，资源税按全额 50%，印花税按全额 20% 上交省，其余税额都属于县级收入。

国地税分设后，国税征收管理范围包括增值税、消费税、中央企业所得税、地方和外资银行及非银行金融企业所得税、证券交易税、外商投资企业和外国企业各项税收、出口产品退税、集贸市场和个体户中缴纳增值税的纳税人各项收入、国家能源交通重点建设基金、国家预算调节资金等。

地方税务局征收管理范围包括营业税(铁道部门、各银行总行、保险总公司集中缴纳的营业税除外)、个人所得税、土地增值税、城市建设维护税(不含铁道部门、各银行总行、保险总公司集中缴纳的城市建设维护税)、车船使用税、房产税、屠宰税、资源税、城镇土地使用税、固定资产投资方向调节税、地方企业所得税(包括地方国有、集体、私营企业，不含地方和外资银行及非银行金融企业所得税)、印花税、筵席税、集市贸易和个体户中缴纳营业税的纳税人的税收、地方税的滞补罚收入、按地方营业税附征的教育费附加等。

随着新税制的实施，从 1995 年起，县税务系统重点推行以纳税人自核自缴为主要内容的"两自纳税"办法，在城关地区基本实现集中征收，上门纳税，申报率达到 100%，税款入库率保持在 90% 以上。以"申报纳税，集中征收，重点稽查，微机监控"的税收征管体系逐渐形成，全县税源不断拓宽，2005 年，各项国税收入达 11480 万元，各项地税收入达 10887 万元，其中新增的社会保险费收入达到 5251 万元，年均递增 60%。

自 2006 年起，郧县全域内工商税收每年以 2 位数增幅向上递增，至 2014 年，郧县国税局完成各项税收 43991 万元，地方税务局完成各项税收 69018 万元，共计完成税收 11.299 亿元，比 2001 年净增加 10.3 亿元。

第五节　郧县交通建设与发展

交通是商贸物流的血脉通道。"要想富，先修路；小路小富，大路大富，无路不富，高速快富"，这是郧县人民在社会发展实践中，对公路建设作用的概括和总结。1949 年中华人民共和国成立后，郧县历届政府均把路桥建设作为改善民众生产、生活、生存条件的头等大事来抓，全面实施经济要发展、交通必先行的战略，千方百计争取路桥建设项目，把一个交通闭塞、发展滞后的贫困县，建设成为水路、陆路、铁路路路畅通，码头、车站、桥梁星罗棋布的交通运输先进县，促进社会的长足进步、经济的跨越发展和人民生活水平的快速提高。截至 2014 年，境内基本形成以公路交通为龙头，水路、铁路同步发展态势，境内拥有国道、省道、县乡道 78 条，1225.37 公里，另有"村村通"公路 2698 公里。社会汽车保有量达 5046 辆，货运周转量达 6612 万吨/千米。公路交通网络的形成促进了郧县商贸物流的蓬勃发展。

一、公路

（一）高速公路

1. 郧十高速

郧十高速公路是山西省侯马市至湖北省十堰市高速公路的湖北段，是湖北骨架公路"五纵五横两环"中第五纵重要路段。郧十高速公路起于鄂豫省界鹁鸪山岩，经郧县刘洞、谭山、白桑关、安阳、杨溪、青山等乡镇在十堰茅箭区与福银高速公路（武）汉十（堰）段相接，全长 66.93 公里。2010 年 1 月动工，2014 年底通车。郧十高速的建成，使十堰市全面形成"一纵三横"高速体系，与武汉、郑州、西安相邻大城市四小时实现对接，市内县县实现两小时对接目标，进一步加速了郧县商贸物流与周边城镇的对接。

2. 十白高速

十白高速是十堰至白河高速公路，简称十白高速，是福州—银川高速公路的一段。起于张湾茅坪接十漫高速，止于鄂陕交界的郧县胡家营镇，接陕西白河至安康高速公路，全长 58.3 公里。十白高速公路实现了十堰"东引西联"交通畅想，四川、陕西、甘肃有了连接大动脉，十堰及郧县的汽车零部件、优质土特产可以更方便快捷地占领西南、西北市场，郧县物流产业也上升到新的层次。十白高速于 2010 年 3 月动工，2014 年 1 月 15 日通车，总投资 57.84 亿元。

3. 十漫高速

十漫高速为十堰至漫川高速公路，是福州—银川高速公路在湖北境内的最西段。经十堰市茅箭、张湾及郧县、郧西县，止于鄂陕交界处的漫川关，全长 106.41 公里，于 2004 年 12 月 18 日开工，2007 年 12 月 26 日建成。十漫高速建成通车，使十堰及郧县成为鄂、豫、陕、渝四省（市）的区域性物流中心，人流、物流、资金流、信息流将随交通条件改善而迅速放大。十漫高速在郧县境内有 20 余公里，设有柳陂、青曲两个互通点，强力带动了郧县北部数个乡镇的商贸物流业发展。

(二) 国道

郧县有 209 和 316 两条国道穿境，总里程达 135.67 公里。209 国道郧县段从河南淅川县入郧县境，途经谭山、白桑关、杨溪铺、谭家湾、城关、柳陂 6 镇进入十堰市城区。316 国道郧县段自十堰市张湾区分水岭入境，途经鲍峡镇、胡家营镇，从下卡子进入陕西白河县。209 和 316 国道，是郧县商贸物流经河南通往中原、经陕西通往西北部的主干道。

(三) 市县快车道 (原"郧十"一级路，后更名为"十堰大道")

其立项时定名为"郧十"一级路，是连接郧县县城至十堰主城区的快车道，也是十堰连接西北五省交通大道的重要组成部分。十堰大道起点位于郧县汉江二桥南头，终点位于十堰城区北京路入口，全长 22 公里，其中郧县境内全长约 15 公里。设计标准为"城市主干道一级路"，设计时速 60 公里，双向 6 车道，路基宽 36 米，路面宽 26 米，路两侧设宽 5 米的人行道和绿化带。这是郧县自筹资金、率先启动的市县一体化交通对接骨干项目，2007 年启动长岭开发区境内第一期工程 3 公里，2009 年启动长岭开发区至刘家沟隧道第二期工程 12 公里。2011 年 9 月，郧县境内全部完工，并以此"以县促市、以下促上"，推动了十堰市境内 7 公里的工程于 2011 年开始动工，至 2012 年 9 月，全长 22 公里高标准的"十堰第一路"——"郧十"一级路全线通车，后更名为"十堰大道"。

十堰大道通车后，十堰城区至郧县行车时间大大缩短，从原来的 40 多分钟缩短为 20 分钟左右，加快了市区对接的步伐。2012 年 10 月市县之间开通了公交车，直接将市县连为一体，极大地方便了市民出行。由于这条大道开通，郧县的区位优势进一步显现，投资环境进一步改善，发展潜力进一步释放。

十堰大道既是郧县的发展大道、开放大道，更是十堰市城区扩大发展空间、改善城市面貌、提升城市品位、打造区域性中心城市首要主干道，为十堰市可持续发展起到了强有力支撑作用。

(四) 省道

郧县境内有省道 4 条，穿境 154.27 公里，途经 6 个乡镇，分布在境内的东西南北

4 个方位。

1. 郧庙路

郧庙路(郧县—陕西省商南县庙垭)始建于 20 世纪 60 年代,南起郧县城,经大堰、花果山、翻山堰、大长沟、十字沟、杨家村、胡家岩,北至鄂陕交界的庙垭进入陕西省。全长 46.75 公里,是郧县通往陕西省商南县的主要物流通道。

2. 郧漫路

郧漫路(郧阳—陕西省漫川关)起自郧县城关,途经大堰、洪门、青曲、界牌垭进入郧西至陕西省漫川关,郧阳境内全长 39.3 公里,是郧县通往陕西省的主要物流通道。

3. 鲍竹路

鲍竹路起自郧县鲍峡镇,止于郧县与竹山县交界处的大礅子,全长 36.6 公里,是郧县通往十堰市江南 3 县和神农架林区的重要通道,外延至四川万州市和重庆市区,是郧县通往四川省及重庆市的主要物流通道。

4. 丹郧路

丹郧路是由郧县交通局负责修建的一条等外沙石路,途经龙门塘村、小河村、李营村和茨家岭,全长 36.82 公里,1984 年建成通车,是郧县通往丹江口市的主要物流通道。

(五)县乡道

郧县现有县乡道共 8 条,187.927 公里。其中,县级道 5 条,155.443 公里,乡道 3 条,32.484 公里。县道分别是,白白路 44.238 公里,黄刘路 27.159 公里,石白路 46.762 公里,土天路 12.785 公里,江白路 24.499 公里;乡道分别是,郧桂路 13.902 公里,茶青路 14.432 公里,马谭路 4.15 公里。

1. 白白路

白白路(白桑关至淅川白亭)于 1955 年由民工建勤所建。此路起自白桑关镇集镇,途经高庙、梅铺,止于白亭,全长 44.238 公里,是郧县通往河南省淅川县的主要物流通道。

2. 石白路

石白路(石佛寺至白浪)是郧县路网工程建设项目之一,总投资 1500 万元。它的建成改善了南化塘镇至白浪镇部分村组交通状况,打通了由黄刘路、江白路至石南路重要循环线，其经济和社会效益巨大，是郧县乡镇商贸通道的主干道之一。此路起自石佛寺，途经黄柿坪、江湾、南化、鲍鱼、袁家湾，止于白浪，全长46.762公里。

3. 黄刘路

黄刘路(黄柿至刘洞)修建于1960年，由民工建勤所建的一条等外路。此路起自南化塘镇黄柿坪，途经白沟垭子、鸡子岭、江峪，至于刘洞镇，全长27.159公里，是南化塘镇通往刘洞镇的物流通道。

4. 土天路

土天路(天马崖至十堰土门)修建于1955年，由民工建勤所建。此路起自茶店镇蔡家岭村天马崖渡口，途经长岭新区、茶店镇，止于与十堰城区交界处，全长12.785公里，是茶店镇乡村通往十堰市物流主通道。

5. 江白路

江白路(江峪至白浪)修建于1965年，由民工建勤所建的一条等外路。此路起自刘洞镇江峪水库，途经范家湾、伍家寨、会沟，止于白浪镇，全长24.499公里，是刘洞镇通往白浪镇的物流主干道。

6. 郧桂路

郧桂路(郧县城至原桂花乡)始建于1977年，由民工建勤所建的一条等外路。由县公路局负责承建，总投资400余万元。此路起自城关镇，途经原种场镇谭家湾核桃树垭，止于桂花乡，全长13.902公里，是郧县城通往桂花乡的物流主干道。

7. 茶青路

茶青路(茶店至青山)始建于1977年，由民工建勤所建的一条等外路，总投资400余万元。此路起自茶店镇集镇，途经花庙沟、九里岗，止于青山镇，全长14.432公里，是茶店镇通往青山镇的主干道。

8. 马谭路

马谭路(谭山至马鞍桥)最早修建于1978年，由民工建勤所建的一条等外路。此路起自谭山镇集镇，止于谭山镇马鞍桥，并连接梅铺镇，全长4.15公里，是谭山镇通往梅铺镇的主干道。

(六)桥梁

桥梁是公路网络的重要配套设施，也是提高公路运行能力的主要途径。1949年中华人民共和国成立至2014年郧县改区，境内拥有大中小桥梁162座，6986延米，为社会进步、经济发展和人民生活水平的提高奠定了坚实的基础。

1. 郧县汉江公路大桥

郧县汉江公路大桥横跨汉江之上，北接城关镇土坟坡，南接柳陂镇三门店子，为湖北省"八五"时期交通建设重点项目和交通运输部交通科技"通达计划"的新技术开发项目。桥型结构为中国首次设计建设的地锚式钢筋混凝土预应力砼斜拉桥。桥跨全长601米，主跨为414米。桥面行车道宽9米，双向两车道，两侧各设1.5米的人行道。桥梁全宽15.6米。采用宝石形空心索塔双索面空间"人"字扇形斜拉索（200根），索塔高108.5米。1990年11月7日，主桥破土动工。1991年，完成桥头接线2.16公里，索塔70米，箱梁2块，完成混凝土总量的60%，锚固桥台全部完成。同年，原国家主席李先念、中共中央原党校校长杨献珍分别为郧县汉江公路大桥题写桥名。1993年11月5日9时，主桥合龙。1994年1月21日竣工。2月1日试通车。

2. 郧县汉江二桥（2012年改名为郧阳汉江大桥）

郧县汉江二桥是南水北调中线工程的补偿替代项目，也是丹江口库区的最长跨江大桥。该项目原本没有国家立项，从2003年初开始，郧县县委县政府历经近6年的项目争取，终于在国务院批准的《南水北调中线工程规划可研报告》之中，将该项目列入"替代补偿项目"。该项目概算投资2.7亿元，国家在南水北调交通项目补偿中，投资7000万元，郧县政府自筹资金2亿元，于2008年9月开工建设，2012年5月建成通车。该桥全长2102米，为中承式钢管砼系杆拱桥，南岸地处茶店镇蔡家岭村塔沟，北岸位于郧山中学（现为郧阳区第一中学）东侧南瓜山，桥面标高183.7米，桥面宽18.4米，双向4车道，两侧各设1.5米的人行道；主跨200米，通航标准四级。郧县县委、县政府为该工程顺利推进，专门成立"汉江二桥建设指挥部"，由先后任县长、县委书记的柳长毅任指挥长和政委（2009年后，由新任县长胡玖明任指挥长），县人大副主任左文学任常务副指挥长。该工程经严格招投标程序，由中铁十五局负责组织施工，重庆育才公司高监办负责监理。

该桥的修建，为在郧县汉江南岸建设经济技术开发区、进而为市县对接发展提供了重要支撑，使郧县实现了"一江二桥三镇"的战略规划，也使郧县与十堰市一体化发展、实现撤县改区成为可能。

二、铁路

郧县境有襄渝线过境铁路1条。襄渝铁路动工于1969年2月，竣工于1976年9

月 30 日。襄渝铁路由十堰市张湾区太阳坡进入郧县域,再向西北经小花果、鲍峡、将军河、胡家营,由胡家营镇木瓜沟下卡子出郧县域,进入陕西省白河县。襄渝铁路郧县段全长 44.424 千米,架设桥梁 41 座 71241 延米。2008 年 5 月,国家启动襄渝铁路复线建设。

1979 年,襄渝铁路郧县段设有小花果、鲍峡、将军河、胡家营等 4 个火车站。其中,小花果、鲍峡火车站以货运为主,胡家营火车站业务量较大。

(一)客运

境内线段通车初期,每天分别有十堰—北京、十堰—武昌、十堰—襄樊三对直快列车和襄樊—安康一对普快列车往来经过郧县。1981 年,境内发送旅客 29139 人次。1985 年,每天经过郧县的客车增至九对,境内旅客发送量增加到 238988 人次,创历史最高纪录。1986 年以后,旅客发送量呈下降趋势,到 1993 年底旅客营运量降为 169522 人次。1994 年,旅客发送量降到 16073 人次,占 1985 年的 6.7%。1999 年,发送旅客 25.15 万人次,2008 年发送旅客 29.25 万人次。

(二)货运

境内铁路货运有两大特征:一是卸货量大于发送量,二是到站货物主要是工业原料、工业生产设备、建材、能源粮食等。装车发送的货物主要是二汽和为二汽配套生产的东风汽车、汽车配件及少量的山区土特产品。1985 年,境内装车 1445 箱,发送货物 66890 吨,是 1976 年的 20.6 倍和 18.8 倍。1987 年,境内装车 2174 箱,发送货物 111324 吨,是历史最好时期。1988 年后,货运呈下降趋势,到 1994 年,境内装车 180 箱,发送货物 10042 吨,分别比 1987 年降 91.8% 和 91%。1999 年发送货物 13.24 万吨,2008 年发送货物 18.59 万吨。

三、航运

郧县辖区水路交通有汉江、堵河及滔河水库三大水系,通航里程 237 千米。自郧县港逆江而上 102 千米,经郧西县境入陕西省白河县;顺流而下 756 千米抵达武汉市。1979 年,有港口码头 7 个,船舶 51 艘,年客运量 3 万人次,货运量 7 万吨。2008 年辖区客运航线 8 条,其中,汉江 5 条航线,堵河郧县段有 3 条航线。汉水主航道可通 500 吨级船舶。临时货运航线多条,港口、码头、临时停靠点 151 个。

（一）客运

1979 年，全县水路客运 14.3 万人次，客运周转量 334.25 万人/千米。1989 年，客运 48.30 万人次，客运周转量 1300 万人/千米。2003 年，开始实施国家村村通公路工程，水路客运量有所减少。2008 年，船舶客位由 1991 年的 1252 个增加到 1826 个。

（二）货运

1979 年，全县水路货运 31.66 万吨，货运周转量 3976.32 万吨/千米。1985 年 6 月，县航运公司第一次试装运二汽商品汽车，到 11 月共运输商品汽车 5 次 884 台，分别送往上海、南京、芜湖、长沙、武汉等地。1989 年，水路货运 16.2 万吨，货运周转量 50970 万吨/千米。1991 年，郧县港在丹江口库区内逐步形成以煤、石油、化肥、粮食、草、木头、牲畜、百货、山货、药材、石膏石、红砂、矿石等为主的水上货物运输体系。水路运输船舶由小船换大船，木船换钢船，挂机换卧机，肩挑背驮的运输装卸方式被机械化装卸运输方式代替，水路运输安全得到有效保障。

（撰稿：王贤九　编审：柳长毅　蓝云军）

参 考 资 料

1. 郧县地方志编纂委员会：《郧县志》，湖北人民出版社 2001 年版。

2. 郧阳区史志办公室：《郧县志》，长江出版社 2015 年版。

3. 《郧县志》，同治丙寅版，鄂十郧图字 1998 年第 21 号。

4. 柳长毅、匡裕从：《郧阳文化论纲》，湖北人民出版社 2012 年版。

5. 司马迁著、李志敏点校：《史记》，海南出版社 2009 年版。

6. 《郧阳物质文化遗产》，中国文化出版社 2018 年版。

7. 《郧阳非物质文化遗产》，中国文化出版社 2017 年版。

8. 王一军：《明清郧阳历史文献笺注稿》，当代中国出版社 2004 年版。

9. 傅广典：《郧阳文化考察报告》，《民间文化论坛》2009 年第 5 期。

第四篇

国学文化域

第一章 先秦时期的郧县国学

先秦时期，指的是有文字记载以后的夏、商、周至春秋战国时期。本章主要讨论各个时期中国文化对郧县文化的影响。

第一节 语言与文字

中国属四大文明古国之一。习近平总书记在 2022 年 5 月 27 日中共中央政治局第三十九次集体学习时提出：“中华文明探源工程等重大工程的研究成果，实证了我国百万年的人类史、一万年的文化史、五千多年的文明史。”郧县是人类的发祥地之一，汉文化的摇篮，郧县境内的考古发现成果已经充分证明，郧县具有“人类没断线、文化没断层、历史没断代”的通史地域文化特色。

中国五千年的文明史，是从有文字记载算起的。文字在五千年前的夏朝开始产生。那时，人们为了便于记事，便在龟甲和兽骨上刻上简单的线条，这便产生最早的文字——甲骨文。

先秦文化，史学界公认最早发达于黄河流域。而汉水流域处于黄河与长江的交汇地带，这里又是人类的发祥地和不断线的存续地，考古发现也证明了从商周起，这里的历史从来没有断代，所以华夏大河文化也可能同时反映在汉水流域。地处汉江中上游地区的郧县，其国学发展史可谓源远流长。我们从地方方言中，可以窥见郧县国学文化的发育过程。

从历史上看，郧县人并非全是土著，许多是历朝历代从外地迁徙而来的。初则各以原籍语言交流思想，历经各朝代互相融化，遂形成郧县地方方言。如浙江人称父亲为“牙”，河南人称父亲为“达”，江西人称同辈亲戚为“老表”，武汉人将“鞋”（“xie”）读“hai”，将“街”（“jie”）读作“gai”，现在这些方言和发音在郧县很多地方都可以听见。

在郧县方言中，还有许多来自古汉语、古成语。如郧县江北人称让牛喝水为“饮牛”，这与古汉语中的“饮茶”“饮酒”相似，与古成语中的“饮马长江”则是异曲同工。

在西周春秋时期，汉江中游区域古方国很多。《尚书·牧誓》载：西土八国庸、蜀、羌、髳、微、卢、彭、濮跟随武王参加了助周灭商的战斗。八国之中的微，即为后来的麇国。经考证，麇国的国王最早在山东一带，后来逐步迁徙到汉水流域"岩疆"所在区域，都城就在郧县五峰乡肖家河一带。现今的郧县大部地区为古麇国地域。麇人在历次迁徙和参加武王灭商的战斗中，自然而然地吸收了西周各地的语言文化。

第二节　先夏时期的郧县国学孕育

一、炎帝神农时期的文化

炎帝神农是中国上古时期享有最尊贵地位的代表性人物，唯一与他齐名的便是轩辕黄帝一人。通常我们所说的"炎黄子孙"，是以炎黄为主体的华夏民族，血脉相连，构成了中华民族的主干。

炎帝的丰功伟绩，一是教民耕种，"乃求可食之物，尝百草之实，察酸苦之味，教民食五谷"，是稼穑的发明者，是中国最早的农神。二是"筑土架木，以为宫室"，是房屋的发明者。三是"作陶冶斧斤"，是中国最早的工匠。四是他"尝百草之滋味，水泉之甘苦，令民知所辟就"，是中国医药的发明者。五是他教民"炮而食之"，率先使用火烤食物，推动了人类的健康发展。

炎帝早于黄帝，起源于汉水流域。炎帝二世（列山氏）在向东向南的发展过程中，率先由褒斜道进入汉水，经过汉中、郧襄，最后到达随州，然后又逆流而上，全面开发汉江、鄂西北。汉江流域也是炎帝族繁衍、发展，走向世界的主干道，他们由汉水走向了华南、中南、大西南，并由此走向了东南亚、全世界。

由此可见，在上古时期郧县一带的国学文化就已开始孕育，并为华夏文明做出了贡献。

二、黄帝大战蚩尤

黄帝大战蚩尤的故事来源于中国古代的《山海经》。黄帝轩辕在神农和九黎部落的东南部。当时，三个部落中黄帝轩辕部落最强大，因此争霸战争开始了。黄帝害怕两面夹攻，采取先发制人的策略，突袭神农部落，在板泉城郊的战斗中击败神农部落。黄帝乘胜追击，一路行军至九黎部族根据地涿鹿，在涿鹿城郊作战。这是历史上最早、最著名的战争之一。中国神话学家把黄帝和蚩尤的战争神化了，双方都使用了各种魔法，最后，黄帝打败了九黎部落，杀死了蚩尤。这场声势浩大的战役使黄帝享誉天下，各部落首领称他为"天子"，尊他为"黄帝"。

黄帝大战蚩尤，虽然是一个神话故事，但确实发生了。战争促进了民族的融合，同时也推动了汉江文化与大河文化的交流碰撞，推动了这一带国学的发展。

三、少昊

少昊，五帝之一，是中国古代神话中的西方天神。他的父亲是太白金星，母亲是天山的仙女皇娥。少昊，己姓，名挚，号金天氏。又称"朱帝""白帝""西皇""穷桑氏"，在位84年，寿百岁崩，被后人尊为祖先神帝。

少昊之所以被称为"穷桑氏"，是因为少昊的母亲在天上织布，在筋疲力尽的时候，常常到西海之滨的一棵大桑树下休憩玩耍。也正是在这棵树下面，她认识了太白金星。少昊是中国的三皇五帝之一，掌管西方。

汉江中游地带在夏时就开始了养蚕和织布，其工艺或许与少昊不无关系。

四、三坟、五典、八索、九丘

三坟、五典、八索、九丘，皆是中国先秦时期典籍。其成书具体年代已不可考，相传作于三皇五帝时期，晚至春秋战国时期。

三坟、五典、八索、九丘一句最早见于《左传·昭公十二年》，楚灵王称赞左史倚相："是良史也，子善视之，是能读三坟、五典、八索、九丘。"

孔子作《尚书·序》称："伏羲、神农、黄帝之书，谓之三坟，言大道也；少昊、颛顼、高辛（喾）、唐（尧）、虞（舜）之书，谓之五典。"

东汉大儒郑玄注《左传》时指出，三坟、五典就是"三皇五帝之书"。晋代杜预注《春秋》曰："皆古书名。"

至于八索与九丘历来说法不一，一指"八卦"与"九州之志"，又一指"河图洛书"。

三坟、五典、八索、九丘的成书年代在"三皇五帝"时代。相传"三皇五帝"时代，出现了最原始的"档案"。

"三皇"时期的"档案"称作"三坟"，"五帝"时期的档案称作五典。除了三坟、五典，《左传·昭公十二年》称上古档案还有两部，称为八索、九丘。

关于八索，唐孔颖达援引《尚书·序》云："八卦之说，谓之八索。索，求其义也。"意为上古档案的"八索"即为"八卦"之书。

至于九丘，孔颖达解释为："九州之志，谓之九丘。丘，聚也，言九州所有，土地所生，风气所宜，皆聚此书也。"他认为"九丘"档案即中原九州之方志。

至于为何以"坟""典""索""丘"为典籍正名，说法不一，但通行的说法以《尚书·序》为准。《尚书·序》的回答是"坟"有大的意思，"典"有常的意思，"索"有求的意思，"丘"有聚的意思。迄今为止，四部典籍皆已散佚。

位于汉水流域的炎帝神农的言行，记入档案，列入"三坟"，说明郧县这个区域的国学在三皇五帝时期已经开始萌芽发育。

五、《诗经》中的郧县国学

《诗经》是中国最早的一部诗歌总集，收集了西周初年至春秋中叶(前11世纪至前6世纪)的诗歌，共311篇，反映了周初至周晚期约五百年间的社会面貌。

史料记载，《诗经》由西周太师尹吉甫所编。

尹吉甫(前852—前775)，房陵(现房县)人，尹吉甫不仅是我国第一部诗歌总集《诗经》的编纂者、中国历史上的伟大诗人，而且是卓越的思想家、政治家、军事家，西周时期著名的贤相，辅助周宣王中兴周朝，因为他是流传后世的《诗经》的总编纂者，所以又被尊称为中华诗祖。尹吉甫所编的诗，有大量反映汉水流域劳动人民生产生活的篇章，其中《汉广》最为生动。

汉　广

南有乔木，不可休思；汉有游女，不可求思。

汉之广矣，不可泳思；江之永矣，不可方思。

翘翘错薪，言刈其楚；之子于归，言秣其马。

汉之广矣，不可泳思；江之永矣，不可方思。

翘翘错薪，言刈其蒌；之子于归，言秣其驹。

汉之广矣，不可泳思；江之永矣，不可方思。

这是首男子追求女子而不能得的情诗。主人公是生长在汉水流域的一位青年樵夫，他钟情一位美丽的姑娘，却始终难遂心愿，情思缠绕，无以解脱，面对浩渺的江水，他唱出了这首动人的诗歌，倾吐了满怀惆怅的愁绪。全诗三章的起兴之句，传神地暗示了作为抒情主人公的青年樵夫，伐木刈薪的劳动过程。

郧县位于汉水流域中上游，在这里产生了《汉广》这首流传百世的情诗，说明西周时期的郧县国学已开始走向繁荣。

六、民歌中的郧县国学

春秋时期在郧县汉江以北地区（当时称麇国或锡子国）产生的民歌《孺子歌》，是汉江中上游流域广泛流传而千载不衰的早期民歌。民歌只有两句：沧浪之水清兮，可以濯我缨；沧浪之水浊兮，可以濯我足。这首名歌不仅反映了当时人们的生活习俗，也充满哲理。孔子、孟子对其都有精辟的评价。战国时期，屈原被流放汉北，于沧浪洲遇渔父唱《孺子歌》，遂记载下来，后屈原作《渔父》一文更是将《孺子歌》的哲理演绎得酣畅淋漓。由《孺子歌》传承而形成的沧浪文化，对于中华文明的影响是巨大的。

第三节　古麇国（锡子国）的铭文文字

1990 年，郧县五峰乡肖家河村农民在村后二级台地的乔家院挖土淘金时，在一个古墓（一号墓，标为 M1 墓）里挖出了铜鼎（2 件）、铜缶（2 件）、铜匜（1 件）、铜簋（2 件）、铜戈等 20 多件青铜器陪葬品。经有关部门的专家考证，其中两件铜簋的盖、底均有同样三行 19 字的铭文："缳王之孙叔姜，自作□□，其眉寿无期，永保之用。"从铭文看这是缳王的孙子叔姜的墓地。这表明肖家河村在春秋时期曾经出现过缳氏方国。

2001 年，就在距缳王之孙叔姜墓西边约千米处，南水北调中线工程考古队发掘了春秋时期二号墓，出土青铜礼器 5 件，即铜鼎、铜钘、铜匜、铜盘、铜盏各一件，还出土了剑、矛、镞等兵器。出土的 5 件青铜礼器中，其中铜钘、铜匜、铜盘上都有铭文，而且三个铜器上的铭文都有"锡子中瀕"的名号。

2006 年，为配合南水北调中线工程，湖北省文物考古研究所对以上的肖家河乔家院地区再次进行了勘探和发掘，勘探出春秋至明代墓葬 64 座，发掘了其中的 8 座，其中 4 座为春秋时期墓葬，这里不仅出土了一批青铜礼器，而且各墓皆有殉人。可见墓主至少是国君级的人物。春秋四号墓的铜戈上，镌刻着"锡子斯之用"的铭文。由此可证，五峰乡一带在春秋时期曾经有个锡子国，至少经历了若干代的国君。

根据《左传》记载："文公十一年（前 616 年），楚子伐麇，成大心败麇师于防渚。潘崇复伐麇，至于锡穴。"据考证锡穴即在五峰乡肖家河村至东峰村一带，"锡"的本义是指赤铜，肖家河及其周边地带，上古时代盛产金、铜，古人们挖掘了许多矿穴，所以古人称此地叫锡穴，在肖家河村一带汉江边的绵延山岭上，至今还残留着无数铜矿开采遗址。

根据史料推论，锡穴就是锡子国的国都，也是麇国的都邑。称这里叫"锡子国"，则与上古时代在此地发现了丰富的铜矿有关。锡子国应该是西周时期被分封的子爵国家，而且这里是因为向周王室进贡青铜（当时称"金"）而得到分封的。西周时期，青铜的发掘与使用是非常稀缺的，早在周康王和周昭王时期，许多青铜名器上都记载了周王室多次出兵到江汉流域来"伐荆（楚）"，以到楚国获得大量的"金（青铜）"作为战利品而自豪，所以锡子国可能就是西周初因产铜而被周王室分封为子爵国家。

根据考古学者考证，郧县五峰乡肖家河乔家院发现的锡子国君墓地属于春秋晚期，再结合史料记载的历史事件，我们可以推论：楚国在春秋中期（公元前 616 年）灭了麇国，又以楚王之居改封了锡子国，后又建立了锡县，一直延伸到魏晋时期。

第四节　春秋时期楚文化对郧县国学的影响

《汉水文化论纲》一书说，楚文化是一种地域性文化。就广义而言，它是南楚文化形态，起源于荆山，即今湖北西部的武当山东南、汉水西岸一带，后随楚国疆域的不断开拓，其覆盖区域扩展至长江中下游及以南地区，东北端达山东南部，西南端达到现在的广西西北部。

一、楚文化

楚文化起源于汉江流域。汉江流域位于我国中部腹地，自古以来就是南北文化交融的重要地区。黄河文明、长江文明相互汇合，形成了汉水文化自身的特色，在中国文化史上有着十分重要的价值。汉水文化的构成是多元的，它既包括楚文化，又包括与楚相关的其他地域文化。尤其是在楚文化形成的早期，这种多元文化互融的状态非常明显。应该承认，汉水为楚文化的孕育提供了不竭的源泉。

楚人早在商代就开始在汉水流域活动。据《史记》等史料及出土铭文记载，西周之初，周、楚关系密切。周昭王时期，周、楚交恶，楚人被迫退向汉水流域，至周夷王时，楚人占领江汉之地，开始在江汉地区迅速发展。春秋初期，楚文王迁都于郢（今湖北省荆州市荆州区），楚人从此主要在汉水以南活动。楚国在汉水南岸发展是先向北后向东扩张的，它先控制了汉水上游的部落方国（包括麇国），再东渡汉水，开始了对各方国土地的争夺。在对北方中原方国的不断兼并过程中，楚既把楚文化带到这些地区，也从这些地区吸取了中原文化，并且把它们融入自身的文化体系当中。随着楚人的东进，楚文化从汉水传播到淮水，从长江中游传播到长江下游。也就是说，楚文化既包括中原文化的成分，也包含了南方原生部落的文化成分。

楚文化的崛起与楚国的崛起是同步的。春秋时，楚国开始由小变大，由弱变强，称雄于江汉之间，但楚人并不以此为满足。楚武王转战汉水西东，为楚人留下肥沃而安宁的江汉平原。其子楚文王北渡汉水，深入中原，使中原为之震动。此时，楚文化已经形成了完整的形态和鲜明的风格，开始在中华大地上独树一帜。楚人开疆拓土，所倚仗的不仅是强势的武力，也有优势的文化。楚文化在播散的同时，也吸收了各地先进文化。楚人博采众长，至春秋晚期形成了博大精深的文化体系。直至战国晚期，楚文化始终是长江和汉水文化的表率。

据文献记载，从春秋至战国，汉水中游一带的麇、庸、濮、绞、罗等方国与楚有长达四百余年的交流史，楚郧蒲骚之战、楚绞城下之盟等都是发生在这一带的。屈原的先祖屈瑕曾率军抵麇钖一带，最后死于汉南之罗国。屈原被逐来到汉水流域，寻觅先祖足迹，感受大楚文明遗风，创作了《渔父》等诗歌，终成世界伟大诗人。屈原所创作的《离骚》等作品，"书楚语、作楚声、记楚地、名楚物，故可谓之楚辞"。以屈原为代表的楚文化同时代了春秋战国时期中国文化的最高成就，因此，楚文化对古麇钖（后称郧乡或郧）的国学文化产生着深远的影响。

二、诸子百家

（一）四书五经与诸子百家

四书指《大学》《中庸》《论语》《孟子》，五经指《诗》《书》《礼》《易》《春秋》。四书五经泛指儒家经典。

诸子：先秦至汉初的各派学者或其著作。如：孔子、老子、庄子、墨子、管子、孙子、荀子、韩非子等。百家：泛指各种学术流派。

诸子百家是对春秋战国时期各种学术派别的总称，诸子百家之流派中最为广泛的是儒家、道家、阴阳家、法家、名家、墨家、杂家、农家、小说家、纵横家。

（二）儒家及其思想

儒家的代表人物是孔子、孟子、荀子。作品则为：《论语》《孟子》《荀子》。儒家思想又称儒学，"儒"是中国春秋战国时代"百家争鸣"中的一家，是一个学术派别。

儒家崇尚等级制度和用"三纲五常"来维护封建统治，主张"礼、乐、仁、义"，提倡"中庸"之道，主张"德治""仁政"，重视伦常关系。西汉以后，儒家逐渐成为我国封建社会占统治地位的学派。

在政治上，儒家还主张以礼治国，以德服人，呼吁恢复"周礼"，并认为"周礼"是实现理想政治的治国方略。

儒家提出的"三纲"（君为臣纲、父为子纲、夫为妻纲）"五常"（仁、义、礼、智、信）至今仍成为我们规范自身行为的道德标准。

（三）道家及其思想

道家代表人物为老子、庄子、慎到、杨朱。

道家是战国时期重要学派之一。道家的思想崇尚自然，有辩证法的因素和无神论的倾向，同时主张清静无为，反对斗争。

道家重视人性的自由与解放。"解放"一方面是人的知识能力的解放，另一方面是人的生活心境的解放，前者提出了"为学日益、为道日损""此亦一是非，彼亦一是非"的认识原理，后者提出了"谦""弱""柔""心斋""坐忘""化蝶"等生活方式来面对世界。

道家讲究"天人合一""人天相应"，主张"人法地、地法天、天法道、道法自然""道生一，一生二，二生三，三生万物。万物负阴而抱阳，冲气以为和""为而不争、利而不害""修之于身，其德乃真""虚心实腹""乘天地之正，而御六气之辩，以游无穷""法于阴阳，以朴应冗，以简应繁"等。现在提出的"人与自然和谐相处"理念，与道家提出的"道法自然"一脉相承。

（四）法家及其思想

法家主要代表人物有管仲、子产、李悝、吴起、商鞅、慎到、申不害、韩非子等。

法家是中国历史上研究国家治理方式的学派，提出了富国强兵、以法治国的思想。它是诸子百家中的一家，被古代大家和近代学者一致认为其为道家分支。

《汉书·艺文志》将其列为"九流"之一，其思想源头可上溯至春秋时的管仲、子产。战国时李悝、吴起、商鞅、慎到、申不害等人予以大力发展，遂成为一个学派。战国末韩非对他们的学说加以总结、综合，集法家之大成。法家强调"不别亲疏，不殊贵贱，一断于法"。法家是先秦诸子中对法律最为重视的一派，而且提出了一整套的理论和方法。这为后来建立中央集权的秦朝提供了有效的理论依据，后来的汉朝继承了秦朝的集权体制以及法律体制。

法家思想作为一种主要派系，他们提出的以法治国的主张和理念，对于我们当今社会仍然产生着深远影响。

（五）孔子与《孺子歌》

孔子（公元前551年9月28日至公元前479年4月11日），名丘，字仲尼，鲁国陬邑（今山东曲阜）人，祖籍宋国（今河南），中国古代思想家、教育家，儒家学派创始人。孔子开创私人讲学之风，倡导仁义礼智信。有弟子三千，其中贤者七十二。曾带领部分弟子周游列国十三年，晚年修订六经（《诗》《书》《礼》《乐》《易》《春秋》）。去世后，其弟子及再传弟子把孔子及其弟子的言行语录和思想记录下来，整理编成《论语》。该书被奉为儒家经典。

《孺子歌》出自《孟子·离娄上》，孟子曰："不仁者可与言哉？安其危而利其菑，乐其所以亡者。不仁而可与言，则何亡国败家之有！有《孺子歌》曰：'沧浪之水清兮，可以濯我缨；沧浪之水浊兮，可以濯我足。'孔子曰：'小子听之：清斯濯缨，浊斯濯足矣。自取之也。'夫人必自侮，然后人侮之；家必自毁，而后人毁之；国必自伐，而后人伐之。太甲曰：'天作孽，犹可违；自作孽，不可活。'此之谓也。"

就诗的含义而言，首先，因为江河之水同洗浴联系起来应在天气暖和之时，而且是一件愉快的事，所以这首诗从意境上来说是美的，从情调上来说是轻松的。其次，作为产生在民间的歌谣，似乎同屈原作品中表现出的喜好修洁的思想不无关系。洗浴和修身，这是至今常被人们联系起来的一对比喻。最后，它表现了一种贴近自然、适应自然的天人合一的思想观念。可以说，它体现了中国传统哲学的最基本的思想。

从诗的上下关联来看，此诗讲的又是"做人、齐家、治国"的道理，最后全文得出"天作孽，犹可违；自作孽，不可活"的结论。

郧县西南有沧浪山，山高1827米，为鄂西北最高山脉。据湖北省屈原文化研究会理事凌智民先生考证，位于郧县柳陂镇的向阳湾即为沧浪洲。沧浪山下的汉水即为沧浪之水。在堵河与汉水的交汇处韩家洲，在夏天雨季到来之时，经常可以看到堵河与汉江清浊分明的景象。孔子在55岁至68岁的13年中，带着弟子们从鲁国出发，先后来到卫国、陈国、晋国、宋国、郑国、蔡国、楚国等国，出访求仕，宣传自己的教育思想、治国之术和儒学思想。绝大多数学者认为孔子周游列国时，曾到过楚国的西北部，也就是说孔子听歌的地点就在汉江流域的沧浪洲。

孔子带着弟子周游列国，从鲁国来到楚国的汉水流域的堵河口，看水清水浊，与孟子谈论《孺子歌》"沧浪之水清兮，可以濯我缨；沧浪之水浊兮，可以濯我足"，进而升发出"做人、齐家、治国"之道，亦在情理之中。

第五节　战国时期秦文化对郧县国学的影响

一、秦统一六国与秦文化

秦灭六国之战，既是战国末期最后一场诸侯兼并战争，又是中国历史上最早的一场封建统一战争。战国末年，于七雄中日益强大的秦在秦王嬴政的领导下，从公元前230年到公元前221年，秦国用了10年的时间，结束了春秋以来长达500余年的诸侯割据纷争的战乱局面，并建立起中国有史以来第一个大一统的君主制王朝——秦朝，从此，中国车同轨、书同文、行同伦。

自嬴政一统六国始，古代王朝多以儒家经典《中庸》所谓"车同轨，书同文，行同伦"，来弥合不同人群之间经济、政治、文化、社会矛盾并借以追求国家的长治久安。我国历史上经历过秦皇汉武、唐宗宋祖等统一时期，也经历过春秋战国、六朝、五代等分裂阶段，而始终保持国家之统一和文明之延续，与"车同轨，书同文，行同伦"的理念和举措有着重要关系。

法家思想及其文化是秦国强盛的基石，秦国统一六国的根本原因在于秦国接受了法家思想，实行了变法，推行法家文化。在秦国变法中最有影响的是商鞅变法和李斯变法。秦国经过商鞅变法，面貌焕然一新，从落后的国家一跃而为"兵革大强，诸侯畏惧"的强国，出现了"民勇于公战，怯于私斗，乡邑大治"的局面。

二、郧阳"肉码字"是甲骨文的活化石

文字是国学之根，3000多年前，刻画在龟甲或兽骨上的文字，经发掘和研究，如今成了甲骨文字。而与甲骨文同源共体的"家族兄弟"，是刻画在与甲骨文载体紧密相连的鲜肉表皮之上的"肉码字"，其至今仍在郧阳民间使用，被称为"甲骨文活化石"。

2002年，由湖北、陕西、河南、四川四省八地市联合拍摄的反映秦巴风俗民情的

大型系列片《秦巴纪事》，播放了郧县党史县志办公室副编审王天富发现研究"肉码字"与甲骨文一事及王天富深入研究"肉码字"的演变过程、使用领域、留存原因。

"肉码字"是郧县及邻近地区民间从古沿用至今的一套比较完整的记数文字。读音和意思与现代汉语规范字中"一二三四五六七八九十"完全相同。其记数排列为竖排，目前发现可记到三位数。它以棍竹为笔，以灰土为墨，在猪、羊等鲜肉块上记下肉块重量。

王天富将"肉码字"同甲骨文相比较，认为"肉码字"与甲骨文相比至少有以下相同或相似之处：第一，甲骨文没有完全摆脱陶器图画写实的影响，而10个"肉码字"则有6个酷似图画纪实记号。第二，甲骨文的大部分字可以正写、反写或倒写，而"肉码字"中的第五个字，也可以正写、反写或倒写。第三，甲骨文可以把两个或两个以上的字合起来写，表示一个复数，而肉码字也可以合并写。甲骨文的书写载体是龟甲或兽骨，而"肉码字"的书写载体则是与甲骨文书写载体密切相连的鲜肉表皮。

王天富在研究中发现，汉民族早期文字并非甲骨文一种，目前已发现有西安半坡村陶器文字、青海都柳湾陶器文字、杭州良渚陶器文字等。"肉码字"与这些文字相同或相似，这也进一步证明了肉码字的原始和古老。

对古文字研究近20年的王天富还认为，文字源于记事，记事源于记数，而远古的靠结绳记事（数）和现在使用"肉码字"，形状酷似结绳。因此，他认为"肉码字"是原始社会晚期或奴隶社会时期留存下来的，至少有一半的"肉码字"是与甲骨文同源共体的记数符号。因为地下不可能发掘出写在鲜肉表皮上的"肉码字"，因此一部分便被淘汰，一部分被遗落，而剩下的这些"肉码字"便成了残留。

王天富将这一重大发现写成文章《郧山汉水真丰腴 甲骨文字活民间——鄂豫陕三省接合部发现甲骨文活化石》，在《华中师范大学学报》（人文社会科学版）上予以发表。

文章发表后，得到了华中师范大学教授、中国古文字研究专家邱紫华的认同，邱紫华说："这个肉码字实际上是古代文字的一种残留，它代表一种地方文化的符号，这可以对古代的文字，可以对文字的起源，最早的甲骨文以及最早的语言文字符号，它的生成，它的代表涵义做些联系起来的探究。过去，文字工作者仅从古籍和文物两个渠道研究古文字，'肉码字'的发现开辟了民间古文字这一研究新路。"

王天富近来在对"肉码字"的继续深入研究中还发现，"肉码字"不仅仅适用在鲜肉上，一些老中医开药方、标注剂量时，也是用"肉码字"标示重量，同时，在一些地方百姓记账中，也出现了类似的记数方式。根据秦统一六国后实行"书同文"的政策，推论"肉码字"可能就是秦朝规定的记数文字。

第二章　汉代时期的郧县国学

史载，"罢黜百家，独尊儒术"是董仲舒于汉代元光元年(公元前134年)提出的治国思想，在汉武帝时开始推行。它维护了封建统治秩序，神化了专制王权，因而受到中国古代封建统治者与历代儒客推崇，成为两千多年来中国传统文化的正统和主流思想。

第一节　汉武帝"罢黜百家，独尊儒术"的统治政策

西汉初年，汉高祖不喜儒学，使儒家的学术源流几乎断绝。烃惠帝废《挟书律》，使诸子学说复苏，其中儒、道两家影响较大。在学术思想发展的低潮中，道家的黄老无为思想为汉初统治者所提倡，居于支配地位，各种不同流派的思想家也都乐于称说黄老之言。文、景时期，出现了由无为到有为、由道家到儒家的嬗变趋势。

元光元年(公元前134年)，董仲舒在举贤良对策中提出建议：凡是不在六艺之科、孔子之术的各家学说，都要从博士官学中排除出去。汉武帝对董仲舒的这种大一统思想非常赏识。武帝又采纳丞相卫绾之议，罢黜申不害、商鞅、韩非、苏秦、张仪之言。他将不治儒家五经的太常博士一律罢黜，提拔布衣出身的儒生公孙弘为丞相，优礼延揽儒生数百人，还批准为博士官置弟子五十人，根据成绩高下选拔担任重要职务。这就是历史上有名的"罢黜百家，独尊儒术"。独尊儒术以后，官吏主要出自儒生，儒家逐步发展，成为此后两千年间统治人民的正统思想。

"罢黜百家，独尊儒术"是董仲舒提出来的，意思是废除其他思想，只尊重儒家的学说。以后，凡是做官的人都要懂得儒家的学说，用儒家的思想来解释法律。独尊儒术之后，中国古代的封建正统思想就开始确立了，但真正的全面确立是在隋唐时期。

董仲舒提出"罢黜百家，独尊儒术"的文教政策，是中国历史上划时代的历史事件。这一政策几乎为以后各代统治者所尊奉，长达两千年，对我国文化教育事业的发展和各民族共同心理素质的形成，产生了深刻影响。

汉武帝"罢黜百家、独尊儒术"是适应西汉政治、思想和社会转轨变型需要的重大

举措，确立时间长达八年之久，历经罢黜刑法、议立明堂、增置博士、绌抑黄老、制策贤良和任用儒吏六个阶段，由政治开路到理论完成继而组织实现，构成一个险象环生、波澜迭出的历史过程。此举对后世产生深刻影响，使汉代儒家经学得到重大发展，并从此成为后世历代的正统思想。

第二节　儒家文化对郧县国学的影响

在郧县，自古就有着重礼仪道德、家庭伦理、社会伦理、尊师重教的优良传统。

以孔丘为创始者的儒家思想，主张"礼治"和"德治"，也就是"人治"。儒家人治论的要旨在于：圣贤决定礼法；身正则令行；法先王，顺人情。儒家在礼与法的关系上强调礼治，在德与法的关系中强调德治，在人与法的关系中强调人治。自汉"罢黜百家，独尊儒术"后，其成为思想意识形态的一极，后世无非是对它进行修修补补。封建思想实质上就是儒家思想，它至今仍然在现实社会中影响着中国的政治、经济、文化、教育、生活等各个层面。

天地君亲师，为中国儒家祭祀的对象，因此，每家每户应设一"天地君亲师"牌位或条幅供奉于中堂。其既是对古代祭天地、祭祖、祭圣贤等民间祭祀的综合，也是对敬天法祖、孝亲顺长、忠君爱国、尊师重教的传统价值观念的传承。

天地君亲师思想发端于《国语》，形成于《荀子》，在西汉思想界和学术界颇为流行，明朝后期以来，崇奉天地君亲师更在民间广为流行。

祭天地源于自然崇拜，中国古代以天为至高神，主宰一切，以地配天，化育万物，祭天地有顺服天意、感谢造化之意。祭祀君王源于君权神授观念。由于在封建社会君王是国家的象征，故祭祀君王也有祈求国泰民安之意。祭亲也就是祭祖，由原始的祖先崇拜发展而来。

在郧县，祭祀天地君亲师同样作为一种传统在民间流传至今，对民众的物质生活和精神生活各方面都产生巨大影响。

据《郧县志》记载，辛亥革命前，郧县的道德风尚以"三纲五常"为主要内容。民国时期，提倡实行新生活，恢复旧道德，儒家思想仍是道德风尚的主流。新文化运动后，许多年轻人冲破旧的束缚，寻找新的生活。新中国成立后，大力提倡为人民服务，毫不利己、专门利人和"向雷锋同志学习"，广泛宣传新人新事新风尚。郧县人民在继承和发扬优良传统的同时，逐步树立新的道德风尚。

　　热忱爱国同样是郧县人民的优良传统。《郧县志》记载，清朝皇权建立后，郧县人民经常想着恢复大明江山。武昌首义后，郧县新军管带沈权和郧县籍人士翁仁健等率先起事，各界人士纷纷响应，郧县在鄂西北首先光复，并把封建社会的"天地君亲师"改为"天地国亲师"，以示爱国之情。

　　在尊师重教方面，郧县人一直保留着"一日为师，终身为父"的尊师重教优良传统，"万世师表数孔子"是郧县人民的共识。辛亥革命前，学生入学，先拜孔子，再拜先生，行"四立八拜"大礼，教学中先生常常打学生，人们却说："板子头上出秀才，越打越自在。"辛亥革命后，废除"四立八拜"，确定每年8月27日为教师节。学生在路上遇到教师，要侧站在路边，给教师让道并行注目礼。1944年，郧县城里一个叫胡俊臣的德高望重的老先生去世，除胡先生的学生外，很多百姓都去祭奠。胡先生的学生王开化当时已是郧阳行政督察专员，仍不忘师恩，前去治丧。1985年国家确定9月10日为教师节，县委、县政府大力提倡尊师重教，采取得力措施落实国家的知识分子政策，发放优待证，解决教师家属农转非户口，安排子女就业，兴建教师住房，改善办公条件，将优秀民办教师转为公立，重视科教兴县，把知识分子真正当做工人阶级的一部分。教师地位逐渐提高。学校成为人人关心、关注的热点和焦点，人民群众出钱出力，集资办学，教学质量不断提高，尊师重教形成风气。20世纪80年代至90年代，"再穷不能穷学校，再苦不要苦孩子"成为人们的共识。1990年，郧县被授予"全国尊师重教先进县"称号。

第三章　唐宋元时期的郧县国学

第一节　唐代宫廷文化对郧县国学的影响

唐朝时期，濮王李泰和中宗李显先后被贬谪在郧乡县（即郧县），他们将宫廷文化也带到了郧县（中宗李显后又流放至房县），虽然他们在郧县居住的时间是短暂的，但唐朝宫廷文化对郧县的影响是久远且深刻的。

自从濮王李泰被黜，谪居均州郧乡，郁郁寡欢的李泰在郧县生活了近十年。唐永徽三年（652年）农历十二月十六，濮王李泰病故。次年的二月二十日李泰葬于郧乡县城东郊的马檀山，唐高宗李治追赠李泰为太尉、雍州牧，沿袭皇家礼制，谥号恭王。其妻闫婉将所居濮王府改建成延寿宫以供祭祀。李泰死后其后人又在郧县居住多年。

李泰墓俗称"唐王坟"，全称唐皇室李泰家族墓群，位于郧县城关镇东1000米处菜园马檀山。1973年郧县砖瓦厂在取土时发现了唐濮恭王李泰墓及李泰长子嗣濮王李欣墓；1985年又在此发掘出土了李泰妻闫婉和次子李徽墓。整个墓葬群是以李泰墓为中心，四墓皆绘有壁画，人物花卉栩栩如生，顶部绘有星象图。此外，还发现李泰墓周围有长175米的围墙及近十座墓。这是迄今为止发现的唯一一处京畿长安（今陕西西安）之外的唐皇室家族墓地。李泰墓出土文物300多件，其中不乏唐朝宫廷之器，如唐三彩、金虎、玉环等都是精美的艺术珍品。

唐中宗李显继位后两月被废，被武则天流放至郧乡。李显在郧乡李泰故居原濮王府幽居一年，于垂拱元年（685年）三月迁于房州。圣历元年（698年）三月，武则天召李显及家人回到洛阳，结束他流放的生活。

两位唐王先后被贬于郧乡，给郧县带来了宫廷文化、皇家礼仪。同时，地方官员及过往京官也多会到郧探望，带来大唐风尚。再者，李泰向来以诗书显达于皇子，在郧生活近十年时间，常召集文人骚客舞文弄墨，赋诗作文，留下了很多诗作。在当时就有"濮王诗文超孔融"之说。这些，对郧阳国学产生着深远的影响。

第二节　武当山道教文化与郧县国学

一、武当山道教文化的形成

宋元时期的郧县国学文化发展，主要是受武当山道教文化的影响。

武当山之名可上溯到春秋战国时期。战国后期，秦国逐渐强大，楚国势危，位于秦楚之间的武当山雄伟高大，成为楚国阻挡秦国的一道屏障。楚国派重众镇守武当山，并取名"武当山"，寓意"以武挡之"。

武当山道教祖师张三丰，生于 1247 年或 1264 年，元末明初儒者、武当山道士，自称张道陵后人，其思想道儒融合，明英宗赐他为"通微显化真人"，明宪宗封其为"韬光尚志真仙"，明世宗赠封他为"清虚元妙真君"。

张三丰著作丰富，诸如《玄机直讲》《玄要篇》等，被后代收集成集，这就是流传至今的《张三丰先生全集》。千百年来道家理论玄奥，文字晦涩，不能为社会所广泛接受，从而阻碍了道教的深入传播。张三丰采用歌词的体裁、通俗的文字把玄奥的修真理论化为脍炙人口的曲词《无根树》，推动了道家文化的传播。《无根树》共 24 首，包含了张三丰的全部修真理论和方法。

张三丰对阴阳太极文化也有较深研究。他所创立的太极拳，承内丹修炼之法，观自然之行，后与传统武术文化相交融，开创了传统武术的新局面，同时也奠基了武当道教文化根基。

道家鼻祖老子的《道德经》所传的也是"正心修身"的理论。和儒家理论不同的是，儒家修养人道，仙家修炼仙道。张三丰把二者联系起来，以修人道为炼仙道的基础，强调无论贵贱贤愚，老衰少壮，只要素行阴德，仁慈悲悯，忠孝信诚，全于人道，离仙道也就不远了。他巧妙地把道家的内炼思想同儒家的道德学说合在一起，说："人能修正身心，则真精真神聚其中，大才大德出其中。"

张三丰创立的太极拳，后来得到发扬光大，成为武当山的第一拳法，也成为我国乃至世界的武术之要。现在从国家到地方都成立有太极拳协会，郧阳人炼太极拳、太极剑者数不胜数，尤以老年为众，既可强身健体，又可修身养性。而张三丰创立的武当道教，成为世界文化遗产。武当山每年都要举办"道教文化高峰论坛"，武当论剑，弘扬道教。

公元 1412 年，明永乐皇帝朱棣同时开启了"北建故宫，南修武当"两大国家工程，形成了武当山九宫八观、三十六庵堂、七十二岩庙的建筑规模，奠定了武当山作为"治世玄岳"的尊崇地位，成就了武当山享有"亘古无双胜境，天下第一仙山"的美誉。

武当山是我国著名的道教圣地、太极拳的发祥地、国家重点风景名胜区、国家森林公园、国家地质公园、全国十大避暑胜地。1994 年武当山古建筑群被列入世界遗产名录，2006 年武当山 62 处古建筑群被列为全国重点文物保护单位，武当武术、武当宫观道乐、武当山庙会被列入国家非物质文化遗产名录。

二、武当道教文化对郧县国学的影响

道家是由老子、庄子开创的哲学思想流派，在春秋末年创立，而道教则形成于东汉末年，源于东汉时期张道陵（亦称张陵）所创的五斗米教。这就是说，在道教形成之前，道家已出现相当长的时间，人才辈出，流派纷呈，并形成了先秦和汉初道家发展的两个高峰，即便在道教形成以后，道家与道教仍然有各自不同的传承谱系。

道家与道教不完全是一回事，但两者之间又有着十分密切的关系。道家所讲的道学不是宗教，也不主张立教。道家思想是一种哲学学派，是先秦时期的一个思想派别，以老子、庄子为主要代表。道家的思想崇尚自然，有辩证法的因素和无神论的倾向，同时主张清静无为，反对斗争。

道家与道教的区别，反映在以下几点：

其一，道家与道教产生于不同的时代。道家由老子在春秋末年创立，而道教则形成于东汉末年，由张道陵天师创建而成。也就是说，在道教形成之前，道家已出现相当长的时间。

其二，道家与道教有各自不同的代表人物，即使是同一个人物在道家与道教之中也具备了不同的个性特征。就前者来说，道家的代表人物在先秦有老子、庄子、杨朱、宋钘、尹文、列子等，汉代有曹参、窦太后、刘安、严君平等。道教的代表人物有葛洪、陶弘景、成玄英等。这两类人物相互之间是不能替代的。以老子为例，道家中的老子是一个现实的思想家，道家的创始人，道教中的老子则成为太上老君，是一个神化的宗教教主，两者的性质显然是不一样的。

其三，从严格意义上来说，道家仅仅是一种思想文化流派，而道教是一个宗教团体，两者在文化形态上具有完全不同的性质。前者具有人间性、世俗性，它存在于思想领域，作为一种思想文化流派，它以现实的智慧之光照耀人间。而道教则不同，它不仅具有意识形态的功能，即具有思想信仰，同时有严密的组织与宗教活动，并试图以一种超人间超现实的力量来改造世界，包括求得人的永生。

同时我们必须看到，道教与道家思想又有一种特殊的关系，这可以从两个方面来看：

一方面，道教是依托道家思想建立起来的。道教在创始的时候是把老庄黄老之学、神仙长生之术及民间巫术结合起来，形成一种特定的宗教形态，其中道家思想是道教重要的思想来源。在道教的长期发展中，始终依托道家思想，如：《老子》《庄子》等成为道教的重要经典，道教学者根据时代的需要不断地去注解《老子》《庄子》等。可以说，没有道家，就不可能形成道教；没有道家，道教就失去了思想根基。

道教的第一部正式经典是《太平经》，《太平经》《周易参同契》《老子想尔注》三书是道教信仰和理论形成的标志。它不仅在中国传统文化中占有极为重要的地位，而且对近代世界也有着不可小觑的影响性。道教经书的内容包罗万象，不仅记录了道教的教理教义、教规教戒、修炼方术，还保留了中国古代哲学、文学、医药学、养生学、化学、音乐、地理等多种学科的珍贵资料，堪称中国传统文化的一个宝库。

道家思想作为朴素唯物主义本体论学说的首创代表，从春秋战国时代即为诸子百家之一，先秦时期在著名的儒墨显学里独树一帜，在汉初完全成为显学。所以，汉朝就有了具体正规的教团产生，奉老子为道德天尊，把原来深奥的道德哲学更进一步淬炼，升华为中华本土宗教——道教；南北朝时道教宗教形式愈发完善。

另一方面，汉魏以后，道家再没有形成有影响力的学派，也不再出现杰出的道家学者，而道教却得到了长足的发展。道家之所以没有湮灭，一个重要的原因就在于它借助道教的发展而得以延续，道教既然以道家思想作为理论支柱，因而必然包含着道家，老庄的著述既然被作为道教的经典，道教学者在进行注释时也必然发展了老庄之学。

自明以后，武当山成为全国的道教圣地，全国各地道教徒前去朝拜，郧县人则风气更盛。因此老子所传的"正心修身治国平天下"的理论，以及张三丰的"人能修正身心，则真精真神聚其中，大才大德出其中"思想，在郧县人心目中根深蒂固，并流传后世。

第四章　明清时期的郧县国学

　　明清时期，朝廷在郧县设立巡抚、藩镇、府、县四级政府管理机构，巡抚管辖八府九州六十五县，成为中央的特区，郧县国学也进入一个崭新的阶段，属于国学文化大繁荣时代，既有政治制度的创新，也有史学文学教育的突破，仅郧阳抚臣在郧阳留下诗文就多达 1000 多篇。

第一节　抚治特区文化对郧县国学的影响

　　据冷小平、冷遇春、冷静所著的《郧阳历史文化探研》一书在《郧阳抚治史实概述》一章中所述，明朝于成化十二年（1476 年）在郧县设置郧阳抚治，到康熙十九年（1680年）裁撤，历经 205 年。郧阳巡抚所驻的郧县，作为地跨楚、豫、陕、川四省的抚治中心，其政治地位也随之大大提高。自原杰任首任郧阳巡抚，其后接替任命者达 120 人之多。

　　郧阳抚治的 205 年间，除抚臣不断接替变换外，其抚治辖区、抚治权限亦不断有所变更，且郧阳抚治机构经历了三罢三复。

　　原杰奉旨抚治荆襄等处，时在成化十二年（1476 年）五月，而郧阳抚治之设是在当年十二月。抚治中心既定，于是设湖广行都司于郧县城，恢拓城垣。

　　郧阳府设立，原属襄阳府的郧县、房县、竹山、上津转隶郧阳，又于竹山之尹店设置竹溪县、郧县之南门堡设置郧西县，并分割陕西汉中旬阳县之白石河置白河县归其管辖。次年，因白河民性习俗异于郧阳，复以白河县归陕之兴安州。弘治十一年（1498 年），又割房县之修文、宜阳两地，设置保康县，仍归郧阳府管辖。

　　正德初，宦官刘瑾专权，革天下抚治，郧阳抚治被裁革。五年（1510 年）四月，刘瑾及其逆党皆伏诛。于是恢复前制，仍设巡抚理事，任刑部右侍郎李实士为右副都御史抚治郧阳，此乃第一次罢复。八年（1513 年），朝廷又给郧阳抚臣加了"提督"衔，以示巡抚兼有提督军务之职。

　　清顺治二年（1645 年），郧阳周围诸州、县已归清所有，因明廷大势已去，遂请归入清版图。为了便于统治，暂时循明制保留郧阳抚治，清廷仍以徐启元为郧阳巡抚。

清康熙三年（1664 年）四月裁，于十三年（1674 年）正月设提督弹压，于十五年（1676 年）五月恢复郧阳抚治，此谓第三次罢复。

康熙十八年（1679 年）四月，命郧阳巡抚杨茂勋升补四川总督，仍驻郧阳，待恢复四川交道再赴任。十九年（1680 年）二月，时局有所缓，圣祖谕：“四川既平，湖广已属内地……总督杨茂勋速赴任督理军饷。”再次裁撤郧阳抚治。

郧阳抚治辖地曾东至河南汝南，西达四川广元和甘肃两当县，北接河南灵宝，南抵四川巫山和湖南澧县，东西跨地两千五百多里，南北一千四百多里。辖八府九州六十五县。至此郧县城从一个荒僻小邑一跃而成为天下雄藩巨镇，郧县城成为中原地区的政治、经济、文化中心，其国学文化达到鼎盛。

第二节　鼎盛的明代郧县国学

因为郧县城既是郧县的县城又是郧阳府的府城，还是郧阳抚台的治所，所以郧县国学在一定意义上是郧阳国学的重要部分，同时亦是郧阳国学的核心。

一、府学

明代有“治国以教化为先，教化以学校为本”的教育思想，因此，明代的教育得到了较快的发展。明代学校按中央和地方划分为两级，即中央官学和地方官学。地方官学又称儒学，按政区设立府学、州学、县学。除中央和地方两级官学外，地方还设有社学、医学、阴阳学、武学等专门学校。这些专门学校实际上是一种职业学校，是对地方官学的重要补充。

（一）县学

郧县县学始建于元代，后毁于兵火。洪武初知县马伯庸又创建县学，成化二年（1466 年）知县戴琰重修，十二年在郧县开设郧阳府，郧县县学升为府学。嘉靖十七年（1538 年），郧阳府知府许词奏告获准，在县府西南再建县学，中为文庙，东西为两个大屋子，前有戟门，右前为棂星门，外建屏风写有“答圣有祠，宰牲有所”。文庙右是明伦堂，东是两斋，书有“进德修业”，后堂是教谕宅，宅南是训导宅，前有二门，左右是号舍，总称儒学门。县学设教谕一员，训导一员。县学配大香炉、红绫帐、烛架、铁钟、鼓等祭器 460 件，无图书典籍。明代郧县设立社学三所，一在府署东，一在府署西，一在城东并建有学仓。

（二）府学

明成化十二年（1476 年），朝廷在郧县城开设郧阳府，升郧县县学为郧阳府学。府学设教授一员，训导一员。到嘉靖三十五年（1556 年），郧阳府学的人员设置为教授一员，训导四员，司吏一员。府学配有琴、瑟、鼓、舞衣、龙头、排箫、笛、笙等乐器107 件，还配有大香炉、大花瓶、红绫帐、酒尊、龙头等 298 件。

在郧阳有一座曾经是培养高级知识分子和进行科举考试选拔的重要之地——郧县明代府学宫大成殿，大成殿始建于 600 多年前的明洪武年间，明清两代多次重修。

据《郧县志》载，大成殿，又称府学宫、文庙，是明代设立郧阳府时修建的一座府学宫殿。目前保存的文庙和大成殿（当时的试殿）有房 26 间，石碑 6 块。此殿为砖木结构，屋面、屋脊和四挑屋檐均使用绿釉筒瓦。1985 年其被定为县级文物保护单位，2002 年被省人民政府定为湖北省重点文物保护单位。

据史料记载，大成殿曾为郧县的县学宫，明成化年间设立郧阳府后，该学宫升级为郧阳府学宫。当时的建筑面积较大，约有 8 万平方米，建筑结构为东西向建筑，是一个大规模的建筑群，仅仅有名字记载的建筑就达 21 栋，是综合性的教育机构，既具有教育管理职能，又具有孔庙性质，还有学校的职能。当时的郧阳府兼管六县，因此，这里还是培养高级知识分子和进行科举考试选拔的重要之地，既有诸生号舍，又有藏书楼。

"郧阳府在明代历史上是重要的一笔，郧阳府的建制只有 200 多年的历史，但是郧阳府的历史除了史料记载外，目前尚无其他实物证明，而这一座郧阳府学宫则是证明郧阳府存在的唯一有效实物载体。不仅如此，它还是郧阳作为鄂豫陕三边地区的政治、文化、经济中心的实证，对于研究明清两朝郧阳的政治、经济、历史、文化、风土人情、建筑艺术等都具有重要的史料价值。"郧阳区文物局原局长周兴明称，目前全国文庙留存甚少，而山东的曲阜孔庙是皇家文庙，当今留存者大都是县级文庙，府级文庙在全国几乎没有，湖北省仅此一家。

明清两代郧阳、荆襄、陕南、豫西广大地区的莘莘学子都汇聚于大成殿科考，以求功名，大批士子学者十年寒窗以求在大成殿获得认可。

另据史料记载，大成殿是一个完整的府级学宫建筑，以大成殿为中心，有前殿、后殿、大殿(即大成殿)，东西有庑，西北角有儒学斋、儒学讲堂等，有长廊同大殿相连，后殿中为明伦堂，左右为教谕训道署。大殿内有五个神龛，中供孔子，两旁为四配(颜四、孔伋、曾参、孟子)、十二哲(闵损、冉雍、端木赐、仲由、卜商、有若、冉耕、宰予、冉求、言偃、颛孙师、朱熹)。东庑供奉先贤40人，先儒31人，西庑供奉先贤39人，先儒28人。

由《郧县志》记载可看出，保留下来的大成殿，从建筑前身考，距今600多年，作为府学距今530年，其建筑本身距今449年，明代多次重修，清代多次重修，新中国成立前的最后一次重修是在1948年。为了保护这一古建筑，2002年，郧县县政府曾拨出专款，郧阳博物馆也自筹资金对其进行了新近一次维修。

新中国成立后，大成殿被辟为郧阳军教馆，之后被改造为礼堂和会议厅。20世纪60年代后期，国家建郧阳汽车改装厂，大成殿被整体划拨给郧阳汽车改装厂。《中华人民共和国文物法》颁布后，几经协调，大成殿权属归郧县人民政府所有，由郧阳博物馆负责管理。

2004年郧阳府学宫被确定为南水北调中线工程文物搬迁保护项目。2012年11月27日，郧阳府学宫古建筑群整体复建工程开始动工，现已全部落成，坐落在汉江南岸的郧阳岛上。

二、书院

书院大多为官办。明初受朱元璋专制统治思想的控制，书院的创办、重建处于低迷状态。弘治以后书院的创办、重建进入了一个较快发展时期，其在活跃学术、选贤育才等方面起到了促进作用。自正德元年(1506年)至万历元年(1573年)，郧县建有三座书院。

(一)五贤书院

正德十年(1515年)，郧阳知府王震在府署北创立五贤书院。据嘉靖《湖广图经志书·书院》载：五贤书院"因曾、周、程、张、朱五贤像，春秋崇祀，俾生员讲会于此，以兴景仰之意"而得名。

(二)郧山书院

郧山书院在府署北。明嘉靖二十六年(1547年)，由郧阳巡抚于湛建，地址在郧阳府城东北角；万历十四年(1586年)，郧阳知府沈铁增修；在明清交替的大动乱年代，书院荒废；清朝入主中原，经顺治、康熙几十年休养生息，至雍正十年(1732年)，守道鲁之裕再续香火，重建书院；道光二年(1822年)，学使杨怿将书院移址郧阳府旧通判署；同治八年(1869年)，知府金达将书院迁建至城北三元宫，亲撰《移建郧山书院记》碑文；光绪三十年(1904年)，湖广总督张之洞将学校改办为郧阳府初级师范学堂；辛亥革命后，学校改为"郧山中学"；抗战期间，烽烟骤起，1937年，山东沦陷，一批齐鲁女子为求学救国，辗转千里来到郧阳，郧山书院遂变为国立湖北中学(山东流亡中学)；1938年，武汉失守，莘莘学子亦跋山涉水来郧，一时人员大增，仅流亡来此的教职员工即达千余，此时学校本部设于恩施，易名为省立联合中学郧县分校，设初中、高中、师范三部，成立湖北省立第八高级中学，简称"八高"，一时闻名遐迩；新中国成立之后，1962年秋，湖北省教育厅把学校列为湖北省重点中学；改革开放后，十堰市和郧阳地区合并为十堰市，学校更名为十堰市郧阳中学，沿用至今。1999年，郧阳中学迁往十堰。

(三)龙门书院

万历三十五年(1607年)正月，右佥都御史黄纪贤与王嗣美等人捐资，"当城中为书院一区，题曰龙门书院，以治近龙门山也"。书院于次年十月竣工。结构"为堂者二"，题曰"讲堂""校艺"。其后曰石室，旁列号房十余间，以为藏修之所。又置学田，建铺房，以为久远修葺之资。清人汪阆在《亟表先贤》记道：黄纪贤建龙门书院，"招郧、荆、襄、汉中、南阳多士肄业其中，一时人才最盛。如陕西解元罗士济，襄阳给事汪士亭，南阳翰林马之奇、马之俊，皆出其门"。"其文最著者，同于黄公者，得江南歙县汪公道昆，字伯玉，隆庆四年(1570年)抚治郧阳，以奖励人才为先，一时家传户通。"王世贞"万历(1574年)抚治郧阳，购书数百卷，辟清美堂贮其中，以诱后进"，龙门书院声势日隆。

第三节　明代驻郧阳的国学大家

一、历任巡抚多为国学大家

郧阳抚治设于明成化十二年(1476年)，长官也称巡抚，官署叫巡抚衙门或抚台衙门，与省级巡抚品级相同。万历年初曾改为郧阳提督行台，简称为"郧台"，因首任巡抚原杰以左副都御史身份兼任此职，因此官署也叫都察院。其统辖湖广、河南、陕西、四川边区六十余州县。其间曾有 120 位官员受命任郧阳巡抚，最有作为者有原杰、裴应章、王世贞等。

（一）原杰

原杰字子英，生于 1416 年，山西阳城人，明正统十年（1445 年）登进士第。历任南京御史、山东左布政使、户部左侍郎、右都御史等职，成化十二年（1476 年）任郧阳第一任巡抚。他政治主张的基础是民本思想。他在《处置流民疏》中写道："今踏勘得郧县地方广阔，迫近汉江，路通竹山、房县、上津、旬阳、淅川等县，正四通八达要地。递年盗贼出没之所，应合展筑城池，添设府、卫，控制地方，安抚军民。"反映了他心系百姓，忠君爱民的执政意识。

原杰的诗也写得很好，颇有唐宋风韵。如：

郧 阳 驻 节

原 杰

肩舆遥觅驻禅林，
满地昙花映碧岑。
问罢黎民天尚早，
挥毫闲向壁间吟。

原杰于次年升任南京兵部尚书，在赴任途中病逝于南阳。

（二）裴应章

裴应章字元暗，福建汀州人，明隆庆二年（1568 年）中进士，万历十五年（1587 年）任郧阳巡抚。在任期间，他主修了《郧台志》。他是明、清两代郧阳抚治存续 200 年期间，为抚治专门修纂志书的唯一巡抚。

《郧台志》记述了从明成化十二年（1476 年）到万历十八年（1590 年）在郧县设立郧阳抚治的史实。抚治管辖范围包括鄂、豫、川、陕毗邻地区的荆州、襄阳、南阳、汉中、郧阳等 8 府，上下荆南道、关南道、汝南道、商洛道等 5 道，商州、金州（安康）、裕州、夷陵州、夔州等 9 州，辖 65 个县。全书近 20 万字，分《建置》《舆地》《宪体》《宦迹》《官属》《版籍》《兵防》《储饷》《奏议》《著述》等十卷，全面系统地记述了一百多年来郧阳抚治区域内的自然地理和政治、军事、经济、文化及社会状况，特别在《建置》《宪体》《版籍》《兵防》《储饷》《奏议》《著述》等卷中记载了许多珍贵的历史文化信息。如《建置》中记载抚治的几级建置是：总镇、分道、府、州县、军卫、关隘等，与省、府、州、县建置完全不同。《宪体》和《奏议》卷中收载了皇帝敕谕 25 道、中央各部勘札 9 篇，大臣疏奏 35 篇。敕谕和疏奏反映了封建王朝的治国理念和谋略，一些治国理民思想至今仍可借鉴。

（三）王世贞和春雪楼

郧县城内，有一座著名的古建筑春雪楼。400 多年前的明朝万历年间，当时全国的文坛领袖王世贞在郧阳任巡抚时，曾经登楼赋诗，凿刻于壁，春雪楼的名气从此享誉海内外。

春雪楼，原名拱辰楼，为郧阳古城的北门城楼，是建立在城墙上的一座十分精美的双层高台楼阁式建筑。拱辰楼矗立于城墙之上，楼台耸起，一楼略大，二楼微收，上下围栏，四面飞檐，八角翘起，顶踞二螭。明代大文学家、郧阳巡抚王世贞在万历三年（1575 年）正月初八，登临拱辰楼。传说这一天是谷物的生日，在民间有膜拜谷神牌位，并看天气预测当年稻物收成的习俗。当天，郧城漫天飞雪，王世贞不由得连连叫妙，遂萌发了更改城门和城门楼名称的想法，就借景生情从头脑中迸发出"春雪"的名字，并赋诗两首：

> 其一：郧城东北似齐宫，四塞烟峦望望同。
> 　　　忽结楼台银海上，尽收天地玉壶中。
> 　　　从他柳絮能千点，笑杀梅花仅几丛。
> 　　　抚罢朱弦君自听，那能不让郢人工。
> 其二：雪后登楼思渺然，南为梁苑北秦天。
> 　　　微吟谢氏成圭句，忽忆阳生种玉田。
> 　　　报瑞青衹装暂改，凌空白凤羽全捐。
> 　　　俱言此日初名谷，太史应书大有年。

随后他给诗定名为《谷日登春雪楼》，并加序曰："谷日登之，适雪霏始霁，触景娱怀，因题此额，并缀以诗。"

（四）徐学谟与春雪楼

万历四年（1576）六月，王世贞奉旨赴南京任大理寺卿，接替他郧阳巡抚职务的是湖广左布政使徐学谟。按照惯例，巡抚上任首先勘察防务，当他登上城墙阅视郧阳城防时，在春雪楼上发现了王世贞的题诗，自然十分惊喜，感慨万端，遂诗意兴起，面壁应和了二首：

> 其一：磴堞参差万岭扶，摩挲三界俯雄图。
> 　　　晴浮太岳丹梯回，秋尽函关赤羽无。
> 　　　欲拟雅歌休士马，漫凭清啸静萑苻。
> 　　　异时参佐风流在，指点瑶华晃玉壶。
> 其二：谷日题诗雪满楼，岩城风物飒高秋。
> 　　　西南天地仍开府，秦楚山川只赘疣。
> 　　　寡和最怜孤郢调，雄飞谁并两吴钩。
> 　　　峥嵘锦字千春色，终胜沉碑汉水头。

诗中的"岩城"指郧县城，郧县古号"岩疆"。"开府"指的是王世贞。在古代，只有皇帝钦赐，封疆大吏才有权设置官衙拥有僚属，称之为开府，是王爷和二品以上大员才拥有的资格。当时，徐学谟吟毕，依然沉醉在诗意之中，他拈须沉思，良久才把诗定为《春雪楼奉和王抚台之作二首》，并加序曰："孟冬日郧城阅视，遂登春雪楼，为前开府王公所题，并傍诗二律，僭为嗣响，因致景忆之私。"

二、官衙文化引领了郧县国学

郧阳建府并设抚治的200余年里，共有120位封疆大吏抚治郧阳，创下了可歌可泣名垂青史的业绩。这120位封疆大吏虽然秉性不同、作风各异，但是他们有一个共同的特点——才学过人。120位封疆大吏都是进士，都是在皇帝亲自主持下考出来的进士。他们有学养、有文采，在郧阳写下了许多脍炙人口的疏、文、记、诗、序等绚丽篇章，无论是思想性、文学性和艺术性，都达到了非同一般的高度，为中华文库增添了彪炳千古的瑰宝。

现选录两位巡抚的诗词，可见他们文学修养都不低：

界 山 驿

何 经

手持黄纸下荆蛮，匹马匆匆渡此山。

万壑萦回如柱岭，一峰直上似梅关。

霜飞古木叶皆脱，云锁闲门僧未还。

倚剑长吟天地阔，不知身在利名间。

何经，广东顺德人，明景泰甲戌（1454 年）进士。成化二十年（1484 年）任右副都御史抚治郧阳。界山驿在今丹江口市与谷城交界处。梅关：古名秦关，今广东江西交界大庾岭上，为岭南第一关。

刘 岭

戴 珊

凿开石窍路方通，万木森荫翳太空。

洞水飞花流不尽，峰峦耸翠望无穷。

玄猿夜啸山间月，猛虎时生岭外风。

更有松杉兼桧柏，大材空老万山中。

戴珊，江西浮梁人（今浮梁县），天顺进士（1464 年），弘治二年（1489 年）抚郧。刘岭在今商洛市南五十里，宋高宗割商秦一线于金人以刘岭为界即此。

中国历来都是一个"官本位"的国度，历朝在选官用人时，多半通过严苛的国学考试，故官员多半也是饱读诗书之人，而且，官衙文化尤其是地方最高行政长官的文学水平，在很大程度上影响或引领着地方文化的发展。郧阳府设在郧县长达 600 多年，其中抚治就有 200 多年，历届巡抚都是大学问家，这也许是郧县这个地方文化比较发达的历史原因之一。

第五章　当代的郧县国学

当代的郧县国学是以中华人民共和国成立后到 2014 年县改区为时间节点，包括网络文学，县办的杂志、报纸，县级作家作品，文化馆、剧团创作的民间小戏，以及文化名人等。

第一节　以现代文学艺术为国学内涵的郧县国学

新时期以来，随着互联网的兴起，逐渐有了博客，继而微博、微信出现，也催生了网络文学的诞生，发表作品的载体也有了变化，人们不再依靠单纯的纸媒去阅读和发表作品，参阅国学精粹便有了从网络获取的便利。

据 2014 年 12 月由崇文书局出版的《郧县志》记载，在文化艺术方面，1979 年，郧县设有文化馆、博物馆、豫剧团、电影管理站、新华书店和 26 个社(镇)文化站。1982 年，图书发行由单一渠道、单一经济成分、单一经营模式，向多渠道、多种经济成分、多种经营模式转变。1985 年，全县建有 12 个中心文化站、58 个乡镇文化站、390 个村文化室、500 个文化专业户和 2 个个体书店。1997 年，县图书馆被文化和旅游部命名为二级图书馆。2000 年，郧县被省委、省政府命名为文化先进县。2002 年，文化局、体育局合并，组建郧县文化体育局。2005 年，郧县电影发行放映公司被文化和旅游部、广电总局授予全国农村电影工作先进单位称号。

2008 年，全县城乡有演艺队 130 个，人员 1200 余人；年均演出 1560 余场，观众约 30 万人次；各图书馆(室)藏书约 200 万册，各类文化娱乐场所 89 个，乡镇(场)文化站 18 个，农家书屋 348 个，文化专业户 500 个；农村一村一月放映一场电影，城乡居民精神文化生活日益丰富。

一、文学艺术事业

(一)文学机构

郧县文学艺术界联合会　1950 年郧县成立文学艺术工作者联合会，设县城钟鼓楼。1953 年，县文联工作交由县文化馆负责。1986 年 12 月恢复设立郧县文学艺术界联合会。

1. 郧县文笔会

1984 年 6 月成立，理事长张浩，会员 26 人。

2. 郧县青年文笔会

1984 年成立，会长王太国，会员 30 人。

3. 春笋文学社

1986 年 9 月成立，县师范以学生为主成立的文学团体。

4. 星雨文学社

1987 年 3 月，县第一中学以学生为主成立的文学团体。

5. 县诗歌协会

1993 年 5 月成立，会长海默，办有会刊《诗人岛》，会员 70 人。

6. 县戏剧协会

1993 年 5 月成立，主席吴景丽，会员 50 人。

7. 县作家协会

1993 年 5 月成立，名誉主席梅洁，主席唐明文，会员 72 人。

8. 基层文学团体

1982 年到 1994 年，县部分乡(镇)成立有文学团体，如白桑关镇的观音阁文学社、鲍峡镇的民间文学协会、茶店镇的山茶文学社、柳陂镇的业余创作组等。

(二)文学刊物

1.《郧县文艺》

1953 年，县文化馆创办文学刊物《郧县文艺》，为县内文学爱好者提供发表作品园地。每期出版发行 200 份。1955 年后，每期增加到 500 份。年出 8 期至 12 期不等。1966 年《郧县文艺》停刊。

2.《火炬》

1967 年，县文化馆在《郧县文艺》停刊后，创办文学刊物《火炬》，不久更名为《工农兵文艺》。

3.《山花》

1977 年改《工农兵文艺》为《山花》，不定期出版。开辟有小说、故事、散文、诗歌、民间故事、中学生作文选、歌曲评论等专栏。到 1985 年共出版 76 期，刊用 2280 篇（首）各类体裁的文学作品。1994 年 12 月停刊，共出版发行 84 期。

4.《春笋》

1986 年 9 月，县师范创办不定期出版内部油印刊物《春笋》，主要刊发学生文学作品。1994 年 12 月停刊，共出刊 40 期。

5.《星雨》

1987 年 3 月，郧县第一中学星雨文学社成立，创办不定期出版内部刊物《星雨》，刊载学生文学作品。至 2008 年，共出刊 68 期。

6.《汉江潮》

2004 年春，在时任县长柳长毅亲自创意策划并赞助资金支持下，由县文联创办综合性内部季刊《汉江潮》，以发现、培养、推介本地作者及特色作品为宗旨。设小说、散文、诗歌、报告文学、文学评论等栏目；彩页刊登书法、美术、摄影等作品。2006 年，《汉江潮》改为国际 16 开本。至 2014 年，共出版 39 期，刊发各类文学作品 940 篇（首），400 多万字。

（三）创作成果

县内文学艺术名人多有建树。清末至民国时期，县内的绘画名家有高久章、王吉六等人；书法名人有张德先、徐砚香等人。现代文化名人辈出。共产党员何世昌（何耀祖），1928 年在郧县监狱坐牢时写下十多篇讴歌光明、抨击黑暗的狱中杂记，在社会上流传。新中国成立后，县内涌现出一批思想性、艺术性兼备的文学作品。20 世纪 50 年代，冷遇春在《湖北文艺》《长江文艺》等刊物发表诗歌《国庆日上书》《可爱的中华》等。60 年代，罗中流、胡学科的报告文学《高山不老松》《万人坑》，分别在《长江戏剧》和《湖北日报》刊登。孔翔瓴的小说《捎粪》，1960 年在《湖北日报》发表，随后又先后发表了大量小说、散文、诗歌等；1965 年孔翔瓴作为青年作家出席在北京召开的全国文学创作积极分子大会，曾受到刘少奇、周恩来、朱德、贺龙等党和国家领导人的接见。

1979 年，郧县文学艺术家、文学艺术工作者和爱好者继续遵循"为人民服务、为社会主义服务"方向，贯彻"百花齐放，百家争鸣"方针，深入生活，努力创作反映时代特征的作品。1980 年，刘心乐创作的泥塑《幸福乐》获得湖北省美展二等奖。1982 年，王文俊创作的戏剧《卧龙拜凤》获得湖北省创作奖，杨菁的小说《星空里有我们的位置》《滴泪泉》，分别于 1982 年、1983 年被《丑小鸭》《小说家》刊用。

　　进入 20 世纪 80 年代后，随着经济的发展，县内的文学创作成绩显著，一批文学爱好者的小说、戏剧、诗歌、散文（含小品、报告文学）等多种体裁的文学作品在国家、省、市级刊物上发表。1983 年，陈家麟摄影作品《出山》获《大众摄影》二等奖。1985 年，景贵社、胡顺江的书法作品分别获得中国汉字硬笔书法大赛、中国钢笔书法大赛二等奖。

　　至 1991 年，县文化馆、县豫剧团先后创作和编排一批深受人民群众喜爱的戏剧和歌舞作品。其中，郧阳花鼓戏《二杆子招工》、郧阳四六句《招贤榜》《丫丫和花花》等先后获全省业余创作节目调演奖。

　　20 世纪 80 年代，郧县籍女演员陈咏霞开始活跃影坛。至 20 世纪 90 年代，陈咏霞先后在《新方世玉》《神丐》《金镖黄天霸》《风尘女侠吕四娘》等多部电影中担任主角，被称为影坛武星，1994 年被编入《世界 500 名青年影星》一书。江化霖也先后在电影《血战台儿庄》《东陵大盗》等影片中担任角色。除此之外，郧县在戏剧、绘画、摄影、书法、雕塑等领域的作者，都有作品问世或获奖。

　　郧县旅台人物中也有不少文学艺术作品发表或出版。傅一勤先生与梁实秋先生合译出版《现代戏剧》。何仁先先生 1976 年出版《山水画法研析》，1992 年出版《何仁先先生画集》。赵钟华先生出版《草字基本符号研究等》一书。耕心先生曾出版短篇小说《大年夜》、长篇小说《蓝桥落英》、散文集《两张漫画的启示》《耕心散文集》等。

　　此外，吴平安与人合著的《三色人生》，1990 年由浙江省少儿出版社出版，《真·善·美》和《〈真·善·美〉（续）》由山东文艺出版社出版；自 1991 年到 1994 年，其小说《老屋》《进入角色》《高山流水》《嘱咐》《飞地》《第 51 个学生没有家访》《天柱峰　天柱峰》《苏州梦》，散文和美学论文《居里夫人》《〈琵琶行〉的音乐描写》《作者和读者之间的智力竞赛》《印象主义：联接传统与现代的桥梁》《留下一盒音带》等作品，分别在《飞天》《中国校园文学》《中国服饰文化》《小说选刊》《中国作家》《百花园》《写作》等刊物发表。海默的诗歌《写给亲人》，1991 年入选华东地区实力诗人 10 人作品展，《写给母亲》《穿过词语砌成的门廊》，分别于 1992 年和 1993 年荣获全国"诗神杯"新诗大赛优秀作品奖，短诗《门》入选香港新世纪出版社出版的《二十世纪华文精典短诗 100 首》一书。蓝善清的散文《夏夜理趣》《拳拳饺子情》，分别于 1991 年和 1993 年荣获"芳草杯"散文大赛和《鸭绿江》举办的全国散文大赛优秀奖。王太国的报告文学《百年梦想》，纪实文学《风雨丹江口》，1994 年由天津百花文艺出版社出版，中篇小说《山狐》由《中国作家》刊用。赵天奎的《绝唱》由《小说月刊》选用。杨世运的传记文学《一代哲人沉浮录——杨献珍传》，1992 年由南京出版社出版。至 1993 年底，县作家协会、县戏剧家协会相继成立，会员 100 多人。

2000 年，忽红叶、崔中杰创作的豫剧《深山犟牛》获得文化和旅游部演出百场奖，鲁传太等发掘整理的《凤凰灯舞》在中央电视台展播。2006 年，景贵社创作的书法作品被十堰市政府作为外交礼品赠予奥地利维也纳市和罗马尼亚克拉约瓦市的负责人。2007 年，郧县籍女作家梅洁的长篇报告文学《大江北去》由北京《十月》文艺出版社出版。2008 年底，郧县的文学、音乐、舞蹈、美术、书法、摄影创作形成较为完整的体系，郧县籍作家或文学爱好者先后在《诗刊》《十月》《中国作家》《长江文艺》《诗歌月刊》《湖北日报》《小说家》《芳草》等报刊发表作品 90 多篇(首)。其中，国家级刊物发表或获奖 18 篇(首)，省级 26 篇(首)。这个阶段，县委县政府主要领导亲自安排、郧县文化宣传部门出面组织，先后出版了报告文学《天马崖下的报告》《山高路远》《科技之光》《崛起的江岸》《潮起郧阳》《汉江雄风起长岭》《浴水重生》等文学艺术专集 9 部，不断为公民道德建设和精神文化生活提供智力支撑。

2009 年起，新一届中共郧县县委更加重视文化和文艺事业，制定了郧县文化发展十年规划。县委书记柳长毅亲自出面，邀请十堰范围内历史学家和文学艺术家大力发掘郧阳历史文化，拨出专款组织编写《郧阳文化论纲》；组织专班编辑反映郧阳文化发展历史成果的大型丛书——《郧阳文库》，邀请全国知名作家、作曲家到郧县采风，创作歌颂郧县移民精神的歌曲《汉江情怀》《一江泉水一江情》，并在中央电视台各个频道播放较长时间，成为南水北调期间的传唱歌曲。

2010 年之后，在县委重视支持下，郧县的文艺创作出现井喷式发展，取得了较好的成绩，先后有蓝善清、冰客、李兴艳三位作家加入中国作家协会，蓝云军、张玉华、王霞、李冬梅、曹丽敏、周宗华等十位作家加入湖北省作家协会。蓝善清由长江文艺出版社出版文化散文集《万古一地——郧阳》，以及出版散文集《笔照心海》《我写故我在》等；冰客先后由长江文艺出版社出版诗集《河西村》《总有一条路通向故乡》，由上海文艺出版社出版诗集《故乡的原野上》、文学评论集《文学场景与艺术表达》；段吉雄由江苏文艺出版社出版探案集《罪案终结者》；李兴艳出版长篇纪实文学《为了干渴的北方》《大河飞鸿》，散文集《素心·极简至美的时光》；黄忠富出版三卷本学术专著《郧阳藩镇研究》等。

二、文化事业发展

（一）媒体《郧县日报》

1980年5月，《郧县报》试刊，特邀原《郧阳报》资深编辑孔祥翎、黄宏福、周尚元进行指导。8月1日正式复刊，属县委机关报，是中宣部确定全国首批复刊的56个县（市）报之一。同年底，省新闻出版局批准《郧县报》刊号（湖北报刊登记证第058号）。郧县报社为中华全国新闻工作者协会湖北省分会和湖北省新闻学会成员单位，1名主要负责人被选为协会、学会理事。1986年，郧县报社加入湖北省县（市）报协会。1987年9月15日，《郧县报》启用国内统一刊号：CN42-0030。1997年11月13日，国家新闻出版署正式批准《郧县报》自1998年1月1日起改为《郧县日报》。2003年12月31日，根据中共中央宣传部新闻局和国家新闻出版署关于减轻基层和农民负担精神，《郧县日报》停办。2004年5月，郧县县委指示宣传部创办《郧阳通讯》，为县财政拨款的赠阅报纸，每周一期。2008年改为《郧阳报》，为县委主办的内部机关报，并扩展为对开四版。

（二）考古发现及"非遗"文化成就

1989年，郧县青曲镇学堂梁子发现的"郧县人"颅骨化石，1991年1月被国家文物局评定为"七五"时期和1990年"双十大"考古发现之首。1996年，郧阳凤凰灯舞获全国第六届"群星奖"。1997年，县图书馆被文化和旅游部命名为二级图书馆。2000年，郧县被省委、省政府命名为文化先进县。2001年，小型豫剧《劝娘》获省"楚天群星奖"银奖。2006年，郧阳凤凰灯舞、郧阳二棚子戏、郧阳四六句、郧阳黄酒制作工艺被列入十堰市第一批非物质文化遗产保护名录。2008年，辽瓦店子遗址被国家文物局评定为2007年全国十大考古发现之一。全县有重点文物保护单位国家级1处，省级8处，县级45处，文物点267处，郧阳博物馆珍藏文物7000多件，文物标本5万多件。城乡居民的精神文化生活日益丰富，文化大县向文化强县迈进步伐加快。

第二节　现代与当代郧县籍文化名人

一代哲人杨献珍　杨献珍（1896—1993年），郧县安阳人，他是马列主义理论家、政治家、哲学家、教育家。1926 年 11 月加入中国共产党，曾任晋察冀中央党校校长，晋察冀中央局秘书长、中共中央马列学院教育长、马列学院副院长、中共中央直属高级党校第一书记兼校长等职，为我国的政治、经济、哲学、教育的发展做出了巨大贡献。他一生追求真理，誉满海内外，他是郧县人的骄傲，更是国家的骄傲。几乎整整一个世纪内，他两袖清风、一身傲骨，留下了无比珍贵的精神财富。

作家梅洁　湖北郧县人，国家一级作家，享受国务院特殊津贴专家。1980 年开始从事文学创作。现已出版、发表《生存的悖论》《一只苹果的忧伤》《飘逝的风景》《西部的倾诉》及南水北调中线移民三部曲《山苍苍，水茫茫》《大江北去》《汉水大移民》等诗歌、散文、中长篇纪实文学 31 部(集)、700 余万字。获全国第二届鲁迅文学奖，全国首届、三届、五届"徐迟报告文学奖"及优秀奖，全国首届"冰心散文优秀奖"，第五届《十月》文学奖，全国第八届"五个一工程"奖，全国第一届、第三届"女性文学奖"和河北省政府最高文学奖"首届孙犁文学奖"等文学奖项。2015 年 10 月出版七部(集)《梅洁文学作品典藏》。《不是遗言的遗言》等作品入选《中国百年散文经典》等 150 余种文学经典选本，《跋涉者》《童年旧事》《楼兰的忧郁》《谛听水声》等收入人教版、苏教版、冀教版、鄂教版、鲁教版等中小学语文课本、读本及文学教材。

作家杨菁(杨肇菁)　出生成长于湖北郧县城关，著名作家，毕业于武汉大学，中国戏曲学院教授。主教写作和艺术鉴赏，曾经在美、法、日、新西兰、埃及等 20 多个国家进行讲学和文化交流活动。发表的主要作品有：长篇小说：《欲望水城》《在埃及说分手》；戏曲及电视剧本《苍天在上》《三峡传奇》《金陵梦》等；中短篇小说《滴泪泉》《沉钟》《爱的蒙太奇》等数十篇；报告文学《县委书记和远嫁的藏女》获《中国作家》报告文学奖。在《戏曲艺术》《文艺报》《中国戏剧》等刊物发表评论文章数十篇，著有学术论文集《在舞台深处邂逅》。

作家杨世运　湖北郧县人，中共党员，中国作家协会会员。曾就读于郧阳中学(初中部)、郧阳师范(中师)，1965 年结业于中国人民解放军空军第二航空预校(今空军航空大学)。曾在解放军 1424 及 1444 研究所、中国青年杂志社(文艺部)、十堰市文联、湖北省民政厅等单位工作。在十堰市文联工作期间曾任十堰市作家协会主席，参与了《十堰报》和《武当》文学杂志的创办。出版过长篇人物传记《一代哲人沉浮录——杨献珍传》《云海中国虎——王牌飞行员刘玉堤传》、长篇纪实文学《沧浪之水清兮》《郧阳中学的"40 后"学子》、长篇童话《神农架童话》、长篇小说《女"野人"》等作品。其作品曾获空军首届文学作品二等奖、全国首届优秀报告文学奖、江苏省"冯梦龙杯"短篇小说奖等多项奖励。

作家蓝善清　郧县本土人，中国作家协会会员，原郧县作家协会主席。毕生致力于本地文化的探究和山河沧桑的文学表达，以轻学术的文笔和炽热的情怀为郧阳立传，创作了许多独属于郧县的文学作品。曾出版散文著作《笔照心海》《郧城春秋》《故园好风日》等；主编纪实文学著作《郧阳雄风起长岭》《浴水重生》《创业之路》等。在《人民文学》《中国作家》《长江文艺》《芳草》《人民日报·副刊》《光明日报·副刊》《中华读书报》等报刊发表数十篇文学作品；曾与著名作家梅洁联手创作报告文学《大郧阳归去来兮》《屈原，魂兮归来》，几十年笔耕不辍，为地方文化和国学的传承与发展做出了特殊贡献。

第六章　郧县人的国学素养

第一节　民间国学素养

一、从书报典籍中汲取国学素养

据 2001 年 6 月由湖北人民出版社出版的《郧县志》记载，清末民初，郧县城有私人开设的"文金堂"文具商店，经营私塾课本《论语》《中庸》《春秋》《古文》《千家诗》《六言杂志》《唐诗》《三字经》《百家姓》《女儿经》等。

1937 年，郧阳十一中学校长燕文新创办"真记流通书社"，设在陈银匠隔壁楼上，移交中共郧县地下党组织负责人燕若痴经营后，改名为"书报流通处"，并销售《抗战读本》《新华日报》等书报。1938 年，上海商务印书馆迁到郧阳城，馆址设十字街江西馆对面铺子里，后迁重庆。1941 年，郧县城设鄂北书店，并建印刷厂，店址设青年路大井旁，厂址设钟鼓楼巷清真寺内。1948 年，鄂北书店改为新华书店陕南分店，1949 年又改为新华书店郧县分店，销售毛泽东的《论联合政府》《在延安文艺座谈会上的讲话》《为人民服务》，刘少奇的《论共产党员修养》，以及《联共(布)党史》《整风文献》《干部必读》《时事月刊》《展览》《湖北日报》等。

1950 年，新华书店郧县分店由青年路搬到正西街，开始销售图书。1966 年，因丹江口水库蓄水被淹没，之后由湖北省新华书店和县移民部门共同投资 7 万元，在新城中岭街口新建 870 平方米的书店，1987 年，县新华书店投资 80 万元，在郧阳路中心地带兴建营业住宅综合楼，建筑面积 3592 平方米。1994 年，全店职工有 49 人。书店曾被省、地、县有关部门授予双效益竞赛先进集体、农村图书发行先进集体、湖北省图书商业 50 强企业、新闻出版系统先进集体、文明单位等称号。

二、从风俗习惯中汲取国学素养

除书籍外，郧县人还从家规家训以及风俗习惯中汲取国学素养。

（一）耕读传家

"耕读传家"是郧县人的家风。"耕读传家"出自《孟子》一书。"耕读传家"指的是既学做人，又学谋生。耕田可以事稼穑，丰五谷，养家糊口，安身立命；读书可以知诗书，达礼仪，修身养性，以立高德。在郧县，许多古旧住宅的匾额上，很容易见到"耕读传家"这4个字。胡家营镇冻青沟的明清何氏庄园的何家祠堂、何家老庄，前厅后院和亭台楼阁，门前镶嵌的门匾皆以"耕读传家"书之。

"耕读传家"的家风在郧县代代相传，先后有郧县人蓝善清、赵久成、冰客的家庭荣获全国"书香之家"称号，冰客、张玉华的家庭同获"湖北省书香家庭"称号等，读书的氛围在郧县十分浓厚。

（二）富不丢猪，穷不丢书

郧县有"富不丢猪，穷不丢书"的俗语，且多作为家训，意为农家再富裕了也不能丢掉养猪的习惯，而再穷也不能不读书。《三字经》《百家姓》《千字文》及"四书五经"成为各家各户常有的读本。这种国学思想浸染教育着一代代郧县人由贫穷走向富裕，走向小康。

（三）行得正，坐得端，走得直

郧县人有被国学植入的普世修养。儒家的"直""诚"观对后世影响深远。宋代诗人梅尧臣有诗曰："平生少壮日，百事牵于情。今年辄五十，所向唯直诚。"唐代寒山诗："丈夫志气直如铁，无曲心中道自真。"明代王文禄有文曰："人之生也直，心直则身直，可立地参天。"

郧县人一直把孔子雕像或画像供于神桌之上，孔子的治学育人精神也代代相传，"行得正，坐得端，走得直"这种精神，正是郧县人坚守的道德品质。

（四）食不言，寝不语

"食不言，寝不语"是孔子的语录，出自《论语·乡党》，意思为嘴里嚼着东西的时候不要说话，到了该睡觉的时候就按时睡觉，不要发出声音吵到别人。郧县人在举止言谈上严格遵循孔子的"食不言，寝不语"的规矩或习惯，代代传承。

（五）求不到官有秀才，要不到粮有布袋

自古以来，郧县人不为五斗米折腰，宁折不弯，并不为求官而求官，认为如果求不到官，仍是一介秀才在身，虽怀才而不遇，应不卑不亢，而要不到粮时仍有布袋相依。这就是郧县人做人的根本。

《郧阳文化论纲》一书总结郧阳的文化精神归纳起来有：首创首发，敢为人先的精神；天下为公，牺牲奉献的精神；独立求真，不懈求索的精神；太和博爱，厚德载物的精神；兼容并蓄，有容乃大的精神。

第二节　新时期郧县的文化工作

一、国学教育

21 世纪以来，国家大力提倡国学，提升市民文化素养，郧县从教育抓起，从娃娃抓起，开展起了国学教育。教育部门在各中小学校中开展朝读经典活动，积极引导学生阅读《国学经典》《弟子规》等经典名著，把经典作品引入校园，走进课堂，其中既有感恩父母、尊师重道、精忠报国等德育篇目，也有草木鸟兽、童心童趣、春风秋雨等诗词美文。每周一、三、五早读时间定为朝读经典时间，由语文教师指导诵读 20 分钟。同时，每两周从地方课程中安排一课时，语文老师为学生讲解经典内容，学生也可以借助读本上的注释加强理解。

"中华优秀传统文化是我们的根脉，通过'朝读经典'活动，用传统文化精髓滋养文明、茁壮心灵，必须从青少年抓起，在他们的心田播下社会主义核心价值观的种子，帮助他们扣好人生价值取向的'第一颗扣子'"，各学校在传承国学经典时都有以上感受。

阅读引领未来，知识启迪心灵。朝读经典活动，让学生在诵读中吸取其精髓，感受经典魅力，滋养自己心灵，从而传承和弘扬民族精神和道德品格，培养社会责任感和家国情怀。

二、文化立县

一个地方的发展离不开文化的支撑，郧县作为一个历史文化积淀十分丰厚的地方，

进入新世纪后如何取得全面科学的发展，成为郧县各级领导班子和广大群众的首要任务。

　　曾任中共十堰市委宣传部常务副部长、郧县县长、县委书记、后任湖北省扶贫开发办公室副主任的柳长毅在郧县任职（2002—2011）期间，对郧县文化的保护与发展高度重视，直接领导了近十年期间郧县文化的发展过程。他在 2012 年 9 月由湖北人民出版社出版的《郧阳文库》丛书所作的序言中，完整描述了郧县提出文化立县的决策过程。

　　2002 年底之后，新一届郧县县委、县政府高举发展大旗，抢抓南水北调中线工程启动和实施移民工程的发展机遇，坚持"一主四化""一区两带"发展战略，着力构建"一江二桥三镇"的城市发展格局，推动了经济社会的快速发展。2008 年，郧县经济社会发展出现上扬拐点，2009 年、2010 年呈现出加快发展态势，在全省县域经济排位中连续两年跳跃式前进了 40 位，郧县经济发展达到了一个崭新的高度，位居全省同类县市前列，被湖北省委、省政府连续两年授予"发展进位先进县"的光荣称号。

　　在经济社会发展蓬勃向上之时，郧县县委县政府坚持"两手抓、两手硬"，2003 年始，郧县政府就把抢救、发掘、保护、利用、发展郧县文化列入全县经济社会发展规划，在抓好县域经济发展和南水北调移民工作的同时，抓紧对郧县库区文化进行抢救发掘、整理宣传和利用等工作。同时注重将文化和旅游产业高度结合，明确提出"旅游是文化的载体，文化是旅游的灵魂"文旅工作核心要义。2009 年在全国率先实行了文化和旅游部门合并，成立"文化与旅游发展委员会"。2010 年改组为"文化体育旅游局"，是当时全国市县政府中唯一一个文旅综合管理职能部门。

　　与此同时，县委审时度势，于 2009 年 9 月召开县委全会，研究出台了郧县文化发展的纲领性文件——《关于发掘保护开发和发展郧阳文化的若干意见》，并讨论决定了《关于发掘开发和发展郧阳文化的规划（纲要）》。县委及县文化产业领导小组组织各方面的专家，策划了一批有关郧阳文化打造的工程项目，其中率先启动的就是《郧阳文库》（丛书）的编著和出版工作。《郧阳文库》第一辑包括《郧阳历史文化论纲》《郧阳文化研究文集》《郧阳考古发现》《郧县八百年》《郧阳民歌》《汉江奇石图册》共六本。2012 年 9 月，第一套 6 本的《郧阳文库》丛书由湖北人民出版社出版，由此填补了郧阳文化研究的空白。

　　2009 年 11 月 22 日，郧县成功举办了"中国·郧阳文化高峰论坛"，邀请国家古脊椎动物专家和省、市古人类专家，对郧阳文化进行研究和判定。专家们一致认为，郧县是汉文化的摇篮、楚文化的源头。这次高峰论坛，对发掘打造郧阳文化起到了重大的推动作用。

2010年4月，时任郧县县委书记的柳长毅在《湖北日报》上发表了《围绕"文化立县"建设文化强县》的署名文章，文章指出：郧县是一个文化大县，文化底蕴深厚，历史积淀丰富。在新的历史时期，要增强地方凝聚力、创造力、竞争力，郧县必须抢抓历史机遇，牢固树立"文化立县、旅游强县"理念，注重地方文化尤其是具有鲜明特色的郧阳历史文化、红色文化的发明、发现和发展，把郧县打造成文化事业繁荣、文化产业发达、文化人才聚集、文化实力雄厚的文化强县。

2010年6月16日至17日，郧县成功举办了"郧县人"头骨化石发现20周年国际学术研讨会，邀请国际国内古人类专家学者和权威人士，对"郧县人"的人类学价值进行重新认定。专家们一致认为，距今100万年的"郧县人"头骨化石，改变了人类起源于非洲"一源说"，以郧县为中心的汉江中上游是中国人类演化研究的重要区域，建议国家在郧县建立人类化石和历史遗迹保护研究中心。

在硬件建设方面，2009—2011年三年间，郧县开发和打造了青龙山国家地质遗迹公园二期工程，使之提档升级；修建完善了沧浪山国家森林公园，使之成为鄂西北"踏青、避暑、赏秋、寻梅"的度假胜地；将"郧阳岛"建成鄂西生态文化旅游圈的核心板块和丹江口库区生态文化旅游产业链的重要环节。郧阳文化的实体打造工作得到如火如荼的开展。

2011年6月13日，郧县县委召开第十二届十三次全体会议，专题研究文化及旅游产业发展。会议提出了"文化立县、旅游兴县"发展战略，将打造郧县汉江文化提到了一个战略的高度。这种发展观念的转变和经济发展方式的调整，与中共中央十七届六中全会提出的"深化文化体制改革，推动社会主义文化大发展大繁荣"的指示精神高度契合且落地生根。

在历届县委县政府的领导下，郧县各级组织和广大文化文艺工作者，坚定文化自信，繁荣发展文化事业和文化产业，着力提高文化软实力，促进文化遗产保护与推进经济社会发展，切实提升城市文化品位，把郧县文化事业推向了新的高度。

（撰稿：李占富　赵天奎　冰客　编审：傅广典　柳长毅）

参 考 资 料

1.（明）裴应章、彭遵古著、潘彦文校：《郧臺志》，长江出版社2006年版。

2. (清)同治《郧县志》,长江出版社 2016 年版。

3. 郧县地方志编纂委员会:《郧县志》,湖北人民出版社 2001 年版。

4. 郧阳区史志办公室:《郧县志》,长江出版社 2015 年版。

5.《郧阳文库》,湖北人民出版社 2012 年版。

6. 冷小平、冷遇春、冷静:《郧阳历史文化探研》,中国国际广播出版社 2018
年版。

7. 潘世东:《明代汉江文化史》,九州出版社 2019 年版。

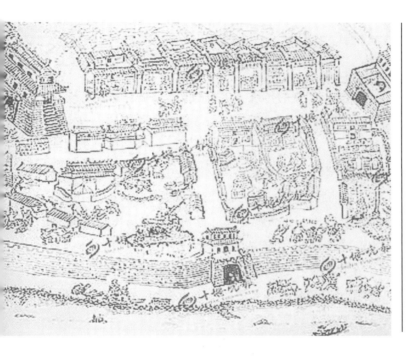

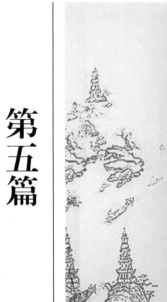

第五篇

医药文化域

第一章 综 述

郧县医药卫生文化有着悠久的历史，优良的传统，优秀的文化。在郧县的医药卫生发展长河中，早期方永祥的《初宗〈伤寒〉》《继效〈千金方〉》流传至今，张介仁、李正华的《伤寒论》，翁松亭的《根抵〈内经〉〈难经〉》等乃经世之书。近代的郧县名医李杰三、孟少山医道深厚，当代李义礼、李光成等医德高尚。郧县中医"四诊合参""辨证施治"一脉相承，郧县的针药并施、药膳兼顾、内外夹用不断得到传承发扬，中医药偏方验方有据可查有 1200 多个。郧县的中药材资源丰富，素有"华中药库""天麻地标""木瓜之乡"之称，民国《药物出产辨》记载："连翘，产湖北紫荆关郧阳府。"

新中国成立后，郧县医药卫生在党和政府的领导下，进入了高质量发展的快车道，从一个初建的郧县人民政府卫生院到门类齐全的县乡村医疗卫生机构，从联合诊所到村村建有卫生室，从疫情肆虐到全民享有全覆盖全生命周期的健康保障，从看病难看病贵到人人参加便捷价廉的全民医保，各级各类公立医疗卫生机构公益性保障不断加强。2012 年，郧县被评为"湖北省农村居民健康工程先进县"称号；2013 年，郧县被国家卫生部、国家中医药管理局授予"全国基层中医药工作先进单位"称号。

到 2014 年，全县已拥有各级各类医疗卫生机构 453 个，其中县直二级医疗卫生机构 9 个，包括郧县人民医院、郧县中医院、十堰市医药卫生学校、郧县疾病预防控制中心、郧县妇幼保健院、郧县卫生监督综合执法局、郧县新型农村合作医疗办公室、郧县单采血浆站、郧县 120 急救指挥中心；19 个乡镇卫生院，354 个村卫生室，42 个个体诊所，18 个学校等企事业单位卫生室(医务室)。郧县人民医院、郧县中医院和郧县妇幼保健院分别为二级优秀甲等医院、二级优秀甲等中医医院和一级优秀甲等妇幼保健院，有 11 个乡镇卫生院为一级甲等卫生院，6 个乡镇卫生院为优秀一级甲等卫生院，7 个全省"示范卫生院"，4 个全省"四化卫生院"。全县开放病床床位数 2617 张，有医务人员 2591 名，其中医师 856 名，护士 965 名，药士 40 名。县域千人床位数4.58 张，千人医师数 1.49 人，千人护士数 1.69 人，县域内就诊率保持在 85%以上。全县公共卫生服务体系不断健全完善，郧县疾病预防控制中心、郧县妇幼保健院、郧县卫生监督综合执法局、郧县 120 急救指挥中心等公共卫生机构实力强劲，工作高效。

经过几代卫生防疫人员的努力，郧县彻底消灭了天花、脊髓灰质炎等严重残害人民生命健康的烈性传染病，基本消灭了疟疾、麻疹、麻风病、地甲病、地氟病等流行性地方病，有效控制了流行性脑膜炎、"非典"、手足口病等新发传染病，肺结核病、艾滋病等重点传染病保持低流行状态，卫生应急保障能力不断得到加强完善。到 2014 年末，全县人均期望寿命 77.49 岁，五岁以下儿童死亡率 5.32‰，婴幼儿死亡率 3.95‰，孕产妇死亡率为 0，接生率在 2000 年已经达到 100% 并得到保持，住院分娩保持在 99% 以上，妇女病普查普治成为常态。传染病发病率控制在 5.544‰，居民健康档案建档率 83%，0~6 岁儿童、孕产妇、老年人、高血压糖尿病及重性精神病患者等重点人群健康管理率都保持在 85% 以上。新型农村合作医疗与居民医保彻底解决了群众看病难看病贵问题，到 2014 年，全县新农合参合人数 47.8509 万人，参保率 96%，合作医疗筹资标准达到人均 380 元，全县共筹集医保基金 18183.342 万元，居民看病目录内住院平均报销率达到 78.3%。爱国卫生运动蓬勃兴起，方兴未艾，"除四害"防病成效显著，改水改厕改善了群众生活质量，卫生创建彰显时代文明卫生进步。十堰市医药卫生学校(郧县卫生学校)坚持立德树人，育人为本，质量第一，办校 50 多年来，为十堰及其周边培养各类医药卫生适宜人才 22966 名，有力地支撑了基层卫生人才需求。郧县单采血浆站从无到有，年最高采血浆达到 47.58 吨。2014 年，全县有规模以上医药企业 1 家，可以生产中西药品种 12 个，年产值 14970 万元，实现利税 1579 万元。境内中草药资源丰富，共采集有 415 个植物品种样本，有 303 个符合药用价值可供临床使用，天麻、木瓜成为国家地标性农产品，更有连翘、苍术、柴胡、黄精、白芨、何首乌、枣核、柏仁、葛根等道地药材驰名海内外。2014 年，全县中药材年产值 7200 万元，中药材产业成为助力广大农民脱贫攻坚的重要支柱。医药卫生事业的高度发达和高质量发展，为郧县人民群众提供了坚强有力的健康保障。

郧县医药卫生秉承"杏林传人"之风，"大医精诚"之德，在长期的医药卫生服务中，郧县医药卫生人锻造了救死扶伤、精益求精、奉献博爱、善为担当的职业操守和高尚医德；爱国爱党爱社会主义爱集体已成为郧县医药卫生人的基本觉悟；医者仁心、悬壶济世、和医求道、大爱无疆是郧县医药卫生人的核心价值观；以病人为中心，坚持"三个一切"(一切为了病人、为了一切病人、为了病人一切)优质文明服务理念，广大医务人员已经内化于心、外化于行；以健康为中心，为广大居民提高全生命周期健康服务已然成为现实。

第二章 郧县中医药

本章主要包括三个部分，一是介绍郧县野生中药材品种、药用效果、主要产地、规模及开发情况，介绍郧县传统中草药及动物药材的采集方法、传统的加工炮制、生产工艺流程。二是对乡村医术进行挖掘整理。收集整理了郧县传统正骨方法、推拿按摩等中医传统治疗方法传承流派，介绍当代中医适宜技术在基层的推广应用情况。收集整理了郧县民间及老中医流传的单方、偏方、验方，介绍郧县老中医在实践中总结应用的汤剂药方，对郧县中医院自制中成药工艺流程及应用情况进行提炼。介绍20世纪70年代之前郧县的民间医生，对名老中医学术特点、成果及成就荣誉进行宣传。三是中医经典及药典推广应用。介绍郧县名老中医推广应用中医药四大经典，郧县卫校中医专业四大经典教学情况，郧县中医师带徒及名中医工作室带教情况，医药生产企业及医疗机构正确应用《药典》情况。

第一节 中 草 药

郧县中草药资源丰富，素有"天然药库"之称。在李时珍《本草纲目》中，收录郧县中草药物1892种，415种有郧县野生标本。全县连翘、南苍术、小柴胡等药材品质位居全国之首，种植面积20余万亩，产量3万余吨。在鲍峡、胡家营、红岩背林场、五峰、叶大、大柳等乡镇，种植油牡丹、芍药、苍术、杜仲、桔梗、天麻等成为当地群众经济来源之一，其中天麻栽培面积2000余亩。郧县有"中国木瓜第一大县"之称，种植面积最高达20余万亩，2010年郧县木瓜被评为"国家地理标志保护产品"，2015年"郧阳天麻"申报为"国家地理标志保护产品"，"道地中药材（连翘）"种植基地是全省中药材示范基地，"耀荣木瓜"获国家绿色食品认证。

为支持发展全县中药材产业，2002年，郧县人民政府成立"郧县药材产业办公室"，出台《关于进一步加快中药材产业发展的意见》，全县集中连片大规模种植与庭院经济科学指导种植相结合，建立中药材种植基地，打造中草药之乡。从2004年起，建设三大药材生产基地，即在山地建设以木瓜为主的20万亩药材种植基地，目前该基地被列为全国农业标准化示范区二类项目；在坡地发展4万亩杜仲、丹参、金银花基地；在低山平地建设2万亩板蓝根、绞股蓝、柴胡基地。按照一乡一业、多村一品的要求，培植了一大批药材专业户、专业村和专业乡。到2010年底，全县中药材规模种植面积达17万亩，年产量1000余吨，郧县成为全国有名的"中药之乡"。全县代表性野生中草药产地等情况见下表。

全县代表性野生中草药简介

品名	入药部位	采集	功效	主要产地
连翘	木樨科植物连翘的干燥果实	秋季果实初熟尚带绿色时采收，习称"青翘"，除去杂质，蒸熟，晒干；果实熟透时采收，晒干，除去杂质，习称"老翘"	清热解毒，消肿散结，疏散风热	大柳乡
苍术	菊科植物茅苍术或北苍术的干燥根茎	春、秋二季采挖，除去泥沙，晒干，捋去根须	燥湿健脾，祛风散寒，明目	白桑关镇雷峰垭、大柳乡
酸枣仁	鼠李科植物酸枣的干燥成熟种子	秋末冬初采收成熟果实，除去果肉和核壳，收集种子，晒干	养心补肝，宁心安神，敛汗，生津	谭山镇、梅铺镇、白桑关镇、大堰等
白芨	兰科植物白芨的干燥块茎	夏、秋二季采挖，除去须根，洗净，置沸水中煮或蒸至无白心，晒至半干，除去外皮，晒干	收敛止血，消肿生肌	红岩背林场、白桑关镇
黄精	百合科植物滇黄精、黄精或多花黄精的干燥根茎	春、秋二季采挖，除去须根，洗净，置沸水中略烫或蒸至透心，干燥	补气养阴，健脾,润肺,益肾	大柳等乡镇
柴胡	伞形科植物柴胡或狭叶柴胡的干燥根。按性状不同，分别习称"北柴胡"和"南柴胡"	春、秋二季采挖，除去茎叶和泥沙，干燥	疏散退热，疏肝解郁，升举阳气	大柳乡、白浪镇等江北各乡镇均有
全蝎	钳蝎科动物东亚钳蝎的干燥体	春末至秋初捕捉，除去泥沙，置沸水或沸盐水中，煮至全身僵硬，捞出，置通风处，阴干	熄风镇痉，通络止痛，攻毒散结	郧县汉江以北地区杨溪、梅铺、白桑关、南化塘等乡镇

品名	入药部位	采 集	功 效	主要产地
蜈蚣	蜈蚣科动物少棘巨蜈蚣的干燥体	春、夏二季捕捉，用竹片插入头尾，绷直，干燥	息风镇痉，通络止痛，攻毒散结	郧县汉江以南地区青山、青曲等乡镇
天麻	兰科植物天麻的干燥块茎。郧县天麻干燥块茎外形扁缩而稍弯曲，顶端有红棕色干枯芽苞，俗称"鹦哥嘴"，另一端有圆肚脐形痕，俗称"凹肚脐"	春、冬两季均可采挖，冬至以前采挖者称"冬麻"，质佳。立夏之前采挖者称"春麻"，质次。采挖后洗净，用竹刀刮去外皮或用谷壳擦去外皮、蒸透，用无烟火烘干	镇静、镇痛、抗惊厥	鲍峡镇、五峰乡、叶大乡、红岩背林场、大柳乡、白桑关镇、南化塘镇等
木瓜	蔷薇科植物贴梗海棠的近成熟果实。果皮干燥后仍光滑不皱缩，故又称光皮木瓜。郧县木瓜含有 17 种氨基酸和多种微量元素，含量高于全国其他地方所产木瓜	初熟期采摘为好，初熟期一般在"大暑"至"立秋"之间	消食、驱虫、清热、祛风，对糖尿病人有一定保健作用	五峰乡、刘洞镇、南化塘镇

一、采集

1972 年至 1978 年，郧县革委会在全县组织大规模的自种自挖自制自服中草药运动。全县各生产队、工地食堂都成立有中草药队，安排劳力上山下地进厂种采制中药饮片。据不完全统计，全县累计采集炮制中草药 174.6 万斤。郧县人民医院药厂规模较大，组织职工及群众采挖虎杖、女贞子、旱莲草等 100 多种 7.8 万斤，自制中成药 143 种，疗效明显，受到群众称赞欢迎。白桑关、梅铺、谭山、杨溪、安阳、大柳、大堰、南化塘等公社各生产大队都成立有药厂，药厂有中草药基地，多则几十亩，少则 4~5 亩，还有中草药采集队。平时药厂社员在药材基地种药采药炮制，到了秋冬，组织劳力进山采集野生中草药。采集炮制的中草药一部分给大队卫生室作为合作医疗补偿费用；大部分由郧县中药材公司收购，作为多种经营收入归大队集体所有。

1978 年至 1980 年，郧县卫生局组织 7 人，历时 2 年，跋山涉水七千余里，对全县当地的中草药资源进行普查，调查东河、陈庄、叶大、叶滩、沧浪山等 8 个公社、40 个大队、60 个小队的药源，采集了 400 种、2000 份中药标本，弄清了野李子与乌梅、野葡萄与五味子、红柴胡与白柴胡、珍珠香根与龙胆草等 42 种易混淆品种，新发现郧县医药史上没有记载过的重楼、算盘子、扣子七、老君七等品种。

2013 年，郧县被纳入全国第三次中药材普查单位，由郧县中医院承担普查项目，在湖北省中医药管理局的指导下，根据国家中医药管理局提供的普查大纲和卫星定位，于 2013 年启动普查工作，普查面积 1500 余平方公里，现场采集制作中草药标本 415 种，经过鉴定和专家认定，有 303 种野生和栽培中草药具有药用价值。

二、中草药炮制

1936 年，公盛大中药铺开业，成为全县批零兼营的首户，其道地药材从外省和汉口、老河口、本县购进，加工饮片 100 多种和成药 70 种，收藏中医药典籍、成药单验方集等 73 种。学徒三年出师，名药工王友文，切药能使槟榔飞上天，白芍不见边，精于药品炮制和膏、丹、丸、散加工，全国解放前夕自开药铺，新中国成立后参加联合诊所，一直保持着遵古炮制、加工药品精良的传统。

1952 年县卫生科对医疗单位统一中医处方，建立中药炮制配方制度。

1958 年县卫生科批准郧县国药店安宫牛黄丸等 9 种成药的生产申请，1961 年批准八宝珍珠散生产加工。

1972 年至 1978 年，全县各医疗机构及药厂自制丸剂 103 种，散剂 19 种，膏剂 20 种，片剂 9 种，针剂 17.81 万支，酊剂糖浆 45 种，自制药品应用于临床，最高时占药物购进的 25%。

1985 年，全县在自制自服中草药运动中自制三仙丹 1.5 万剂。

(一) 传统中药材的加工炮制

中药炮制工艺可分为净制、切制和炮制。净制包括挑拣、筛选、淘洗、除去非药用部分等，切制包括浸泡、润、漂、切片、粉碎等，炮制包括炒、炙、煅、蒸、煮、制霜、发芽、发酵及复制等。

(二) 传统膏药工艺流程简介

应用膏药是郧县一种中医传统治疗方法，将中药材与油、丹熬炼而成"膏"，因膏药成品颜色不同，有黑、白膏药之分。传统膏药因工艺繁琐、技术复杂、污染环境、重金属含量高、季节性制作、制作不规范不易操控等缺点，应用逐渐减少。

1. 黑膏药

系指用中药材、食用植物油与红丹(别名草丹、铅丹、黄丹)炼制而成的膏料涂于裱褙材料上，供贴敷于皮肤的外用剂型，具有保护、封闭和治疗作用，膏层较厚，作用持久。

具体制法：根据不同病情选用相应中药，浸泡一定时间，入锅煎熬，待药物枯黑后去渣，再熬，至滴水成珠时，再按油之比例(视不同季节)加入适量铅丹，拌匀，将锅离火(或先离锅后放丹)，使药凝厚如膏，切成大块，投放于冷水中去火毒。待用时加热熔化，摊于布片、厚纸或薄油纸上，贴于患处体表皮肤即可。

2. 白膏药

系指以食用植物油与宫粉(碱式碳酸铅)为基质，油炸药料去渣后随宫粉反应而成的一种铅硬膏。

白膏药制法与黑膏药略同，但下丹时需将油冷至100℃左右，缓缓递加宫粉。宫粉的氧化作用不及铅丹剧烈，有少部分过量的宫粉未能皂化或分解。宫粉的用量较铅丹为多，它与油的比例为1∶1或1.5∶1. 加入宫粉后须搅拌视其在将要变黑时迅速投入冷水中，成品为黄白色，制成小纸型膏药即得。

第二节　郧县中医药发展历程

清朝、民国时期，郧县中医治病和中药加工盛行。

乾隆十年(1745年)，从抚州来郧县城的曾绍荣，先在"万全大"药铺当学徒，后与罗、公两家合开"罗公盛"药铺，道光十五年(1835年)罗姓退出。咸丰年间，由公、曾两家合办"公盛永"药铺。清末，公姓退出，由曾家独办。在经营药业中，曾绍荣遵古炮制，精于加工膏、丹、丸、散，深受患者信赖。到20世纪30年代中期，药铺成为全县批零兼营的首户，有流动资金20000万元(法币)，房屋40间，伙计35名，开有作坊加工厂，加工片剂100多种，成药70多种，家藏中医药典籍、成药单验方剂37种。

1950年，药铺组织中医药人员参加医务工作者联合会。1958年全县中医献方8000个。1974年后，全县中医药人员在省、地、县学术刊物上发表论文210篇。1978年，全县有 45 岁以上名中医 93 人。1980 年至 1983 年，晋升为主治中医师资格 4 人，中医师 18 人，中药师 3 人。1992 年，职称改革时，全县有中医医师 82 人，中药师 11 人。到 2014 年，全县有中医药人员 232 人，有中医技术人员 176 人，中药人员 56 人。中医、中西医类别医师占医师总数的 26.1%。全县 355 个村卫生室，有 297 个卫生室能开展中医服务，有中医或能中会西的乡医 390 人，室均达到 1.09 人。

到 2014 年，郧县形成了以"县中医院为龙头、乡镇卫生院为枢纽、村卫生室为基础"的中医三级服务网络。县级医疗卫生单位中县医院和保健院设有中医科，中医院建设了"名医堂""中医养生堂""知名中医工作室"，19 个乡镇卫生院建设了"国医堂"，12 个卫生社区服务站均提供中医药服务。42% 的村卫生室配备有中药柜，每家村卫生室均配有中成药。

一、医术

1960 年至 1962 年，郧县人民医院制康复丸、肝肿散等 22 种用于治疗浮肿、干瘦病人，用阴挺丸及酒精配普鲁卡因的封闭疗法治疗子宫脱垂患者。同年 8 月，县医院先在大堰公社试点开展熏蒸疗法，继而在全县建熏蒸室 587 个，用透骨草、寻骨风、威灵仙、忍冬藤等 20 余种中草药治疗风湿性关节炎、感冒、皮肤病等，用割治、埋线疗法治干瘦、哮喘，用针挑治疗痔疮等。

1985 年，全县开展自制自服中草药运动，配合土茯苓、二花治疗梅毒；用贯众汤治疗钩虫；苦楝子研粉调凡士林治头癣，苦楝树根白皮治蛔虫；千里光、野菊花熬膏加冰片治烂眼等。

多年来，郧县中医院深入探索挖掘中医诊疗推广项目，充分运用传统中医诊疗方法，在总结前人的基础上，不断继承发展，提高疗效和安全，总结了一批临床效果好、群众易接受、简便价廉的实用疗法。2013 年县乡两级年门诊人次 108.9 万人次，其中中医诊疗 33.2 万人次，占年门诊量的 30.5%。

(一)冬病夏治

冬病是指冬季好发或易加重的疾病，夏治是以《黄帝内经》中"春夏养阳，秋冬养阴"的理论为指导，利用夏季气温高，机体阳气充沛，体表经络中气血旺盛的有利时机，通过适当地内服或外用一些方药来调整人体的阴阳平衡，使一些宿疾得以康复。"冬病夏治"体现了中医学中天人相应的整体观念和对疾病以预防为主的理念——上工

229

治未病。

(二) 中医体质辨识

即以人的体质为认知对象，从体质状态及不同体质分类的特性，把握其健康与疾病的整体要素与个体差异的手段，从而制定防治原则，选择相应的治疗、预防、养生方法，进行"因人制宜"的干预。中医体质辨识综合运用中医"天人合一"的整体观、"体病相关、体质可分、体质可调"的中医体质学说理论和中医调理方案，实现"未病先防"和"既病防变"的治未病目标。到 2013 年，全县乡镇卫生院健康档案中医体质辨识应用达 68%，孕产妇、儿童保健中医药指导率达 50%。

(三) 冬令进补

即冬季进行的滋补。祖国医学认为，人类生活在自然界里，人体的生理功能往往随着季节不同而有所变化，所谓"天人相应"。自然界的动植物，特别是谷物类植物，有"春生、夏长、秋收、冬藏"的不同。人类到了冬季，也同样处于"封藏"时期，此时服用补品补药，可以使营养物质易于吸收蕴蓄，进而发挥更好的作用。

(四) 中医食疗

利用食物(谷肉果菜)性味方面的偏差特性，能够有针对性地用于某些病症的治疗或辅助治疗，调整阴阳，使之趋于平衡，有助于疾病的治疗和身心的康复。食物含有人体必需的各种营养物质，主要在于弥补阴阳气血的不断消耗。名医张锡纯在《医学衷中参西录》中说："食疗病人服之，不但疗病，并可充饥，不但充饥，更可适口，用之对症，病自渐愈，即不对症，亦无他患。"食物疗法适应范围较广泛，主要针对亚健康人群，其次才是患者。

(五) 穴位贴敷疗法

其是以中医经络学说为理论基础，将含有药物成分的膏药贴敷在穴位及患处，用来治疗疾病的一种内病外治疗法。该疗法通过局部穴位刺激，调节经络功能以及药物渗透吸收后的药效来达到治病的目的。

(六) 内病外治法

即内科疾病通过非中药口服对疾病进行治疗，可以通过针灸、拔罐、按摩、熏洗、贴敷以及脐疗、足疗、耳穴疗法或其他物理疗法来对人体的疾病进行调治。

二、药方及用药

（一）土方、单方、验方

1976年，郧县革命委员会科技科联合郧县革命委员会卫生科，在全县收集整理民间中草药土方、单方、验方，继承发掘祖国医药学宝库。编辑人员虚心向贫下中农学习，向赤脚医生学习，向老中医、老草医、老药农学习，收集了一批方子，经整理、汇编成中草药土、单、验方集。该集共分内、外、妇、儿、五官等五个部分，共收集病种97个，方剂587种。

（二）医院制剂

1987年，郧县中医院加强了中药制剂室建设，根据临床需要配制中药膏、丹、丸、散等剂型。

1996年，郧县中医院制剂室获批湖北省医疗机构制剂许可证，其配制范围包括膏、丹、丸、散及胶囊剂、糖浆剂、冲剂等剂型。

2000年底，根据《湖北省医疗机构制剂注册管理办法》，郧县中医院成立制剂注册专班，申请注册了丸剂、胶囊剂、冲剂（颗粒剂）、糖浆剂、膏剂等剂型，包括三七土元胶囊、强心胶囊、芪贞扶正颗粒、肝复兴Ⅰ号、生肌玉红膏、基质黑膏药等27个中药制剂品种，并于2001年6月取得了湖北省药品监督管理局颁发的医疗机构制剂许可证和27个品种的批准文号。

2009年，根据湖北省药品监督管理局关于再注册和标准再提高的要求，郧县中医院投入近百万元建立了符合医疗机构制剂配置质量管理规范（GPP）要求的硬胶囊剂和丸剂两个净化车间，并配备了30万级的净化系统。后受制于硬件设施老化、国家制剂标准的不断提高及药品管理趋于规范，现仅保留了强心胶囊、三七土元胶囊、胃痛护膜胶囊、仙龙胶囊等四个品种及一个胶囊剂型的省级正式批文，使用十余年来，疗效突出，患者肯定，取得了良好的社会效益和经济效益。

三、中医药郎中

方永祥（1869—1933年）　字瑞臣，郧县人。出身内科世家，初宗《伤寒》，继效

《千金方》。清朝末年任地方医官。光绪二十四年（1898年）戊戌变法失败，光绪帝被幽禁，郁积于心，终成痼疾，御医屡治不愈。朝廷下诏全国，荐民医进京为光绪帝治病。湖广总督张之洞保荐方永祥进京为光绪帝治病。经方永祥把脉后诊断光绪帝患"忧郁症"，采用逍遥散、甘麦大枣汤主治，剂尽痊愈。慈禧太后钦加方永祥"五品御医学训政"。方永祥一举成名，返郧后，郧阳知府许有麟亲自题词赠匾"济世良医"，湖广布政使赠匾"妙手回春"。

李杰三（1903—1984年） 人称李八仙，郧县城关镇人。出身医学世家。幼时做药童，习《药性赋》《医学心悟》。宣统二年（1910年）入私塾读书，1919年随叔父学中医，1928年在郧阳城西街公盛永药店当店员兼行中医。1949年初自办药店兼营私人诊所。行医65载，在鄂、豫、陕周边地区享有盛名。

孟少山 郧县城关镇人，长于内科、妇科，谙温病、擅养阴，临症审慎。1955年2月，在西关门诊部开展中医诊疗工作，主要诊治内科、外科、妇科、儿科等相关疾病。

第三节　中医四大经典及《药典》在郧县的应用

《黄帝内经》《伤寒论》《金匮要略》及《温病学》，是我国重要的中医学四大经典。

一、早期郧县中医流派对四大经典的传承发展

一是以方永祥为代表的也字派。方出身内科世家，初宗《伤寒》，继效《千金方》。二是以卢琨山为代表的伤寒派，该派1926年为控制郧县伤寒流行起到主要作用。三是以翁松亭为代表的从文涉医派。翁谱熟《黄帝内经》，尤善针灸，内科治病常针药兼用，在郧县被誉为"针灸名家"。四是以李杰三为代表的时方派。李幼时做药童，习《药性赋》《医药心悟》，行医60余载，善于脉、望二诊和用轻灵调气之法治疗内科、儿科诸病。汉水以南的梁国秀，江北东乡的石志兴等，大都学于《寿世保元》《医宗金鉴》《时方妙用》等医典，善于汗、吐、下法。

二、十堰市医药卫生学校（郧县卫生学校）中医专业对四大经典的教学推广

郧县卫生学校于1973年正式设置中专学历教育。1973年至2020年，该校先后开

录中医中专专业 11 届，中药中专专业 2 届(1973 级、2020 级)，中西医结合中专专业 2 届，"3+2"中西医结合专业 3 届，有中医药中专毕业生 1738 名，为郧阳(十堰)周边地区基层中医药培养了中坚力量。其中不乏名医名人，如湖北省原新华医院院长、武汉科技大学医学院院长王晓楠教授，十堰市中医医院院长、湖北省十大名中医刘吉善，广东中山大学黄河清教授，湖北医药学院院长陈吉彦教授等中医药大家。郧县卫生学校始终把中医四大经典课作为中医专业主要专业课修学，每届学时在 50 节左右。同时还多次举办中医、中药等中医药培训班，推广应用中医四大经典。

郧县卫生学校中医四门经典课程主要任课教师有：张安国，卫校借调老师，曾经带教 20 世纪 70 年代前四届中医四大经典课；贾瑞琴，先后带教 14 届四大经典课程，2004 年，发表论文《也谈比较式讲授法在〈伤寒论〉教学过程中的运用》；翁延年，熟悉中医内科与临床诊疗，对中西医结合颇有研究，发表许多论文及成果；张大华，擅长理论与临床相结合，尤其对中医疑难杂症及温病有独到专长；张金彦，对中医基础、中药、内、妇、儿、外科都有研究，长于理论、教学与临床相结合。

三、中医药师带徒及经典传承

新中国成立前医药学的人才培养，向以民间中医药师带徒为主，一是家承，父只带子侄。如鸡冠寨刘氏八代正骨只传长子，不泄技于二人。二是师授，只带亲属和其他外人。此种形式要行拜师仪式，由引荐人佐证，建立"师徒弟子，爷儿父子"关系，徒弟先打杂，后熬药抓药制药，再在师父指导下看医书，记汤头，最后师父认可后方传授临床经验，同时教以医教、医律、医德、医戒等，品行不端者赶出师门。学习期满，师父认可，举行谢师仪式后方可独立行医，终身保持师徒关系。新中国成立后，郧县人民政府高度重视中医药医学的继承和发展，鼓励支持中医药师带徒和经典传承。2010 年至 2014 年，郧县中医院成立了郧阳中医药研究会。

四、《药典》应用

(一)医疗机构使用《药典》

从 1977 年起，每出版一次新《药典》，郧县卫生局均组织辖区医疗机构的药物管理、质量控制人员，参加由省药物检验研究院(前身为省药检所)和市卫生局组织的《药典》学习研讨班。1996 年 8 月、2006 年 11 月、2011 年 9 月，郧县卫生局邀请市卫生局专家、药学人员，对全县医疗机构开展了三次药品管理及临床使用的合规性调查与评价，结果表明，郧县辖区内医疗机构对《药典》的正确使用情况良好。

（二）制药厂应用《药典》

郧县制药厂现有的 45 个注射液品种中，28 个品种是《药典》品种，其余采用国家卫生部标准。1990 年版至 2010 年版《药典》执行期间，郧县制药厂共投资 900 余万元，增添质量检测、控制仪器 28 台。1985 年至 2014 年，《药典》6 次修订，郧县制药厂共跟进修订质检、质控及生产管理的工作标准、规程、程序、验证方案等文件 600 余份，修改完善中药说明书、标签的功能与主治及用法与用量内容 7 次，确保了生产与质量控制完全符合《药典》规定。

五、郧县中医院外科

1990 年，郧县中医院成立外科，单独开设外科病区，可以开展 23 种各类常规手术，包括胆总管探查取石术、胃穿孔修补术、巨大卵巢肿瘤摘除术、截肢术、复杂性肛瘘切开挂线术等。2000 年，骨伤科成功开展骨外固定器治疗开放性胫腓骨骨折、三叉髓内针治疗股骨下段骨折手术；普外科成功开展重症出血性、坏死性胰腺炎的外科手术，高血压脑出血 CT 模拟定位置管血肿腔内尿激酶引流术以及硬膜下血肿开颅探查血肿清除术。2006 年 8 月，由骨伤科王书文主持、肖刚等 8 人参与完成的《经皮自体骨髓移植加服三七土元胶囊治疗四肢骨折不愈合临床研究》论文，经省级专家鉴定，认定为湖北省重大科技成果。2011 年 12 月，骨伤科被定为市级中医重点专科建设单位。

第三章　郧县的近现代医学

按照惯例，近现代医学一般是指以实证科学和临床试验为基础的西医。郧县最早的西医医院是 1928 年郧县人燕薰南在县城开设的私家医院。抗日战争时期，湖北省在郧县建立医院，配备医务人员，1948 年至 1949 年，中国人民解放军陕南军区第二休养所驻郧阳城郊东菜园三隍庙，收治解放军伤病员。

一、郧县人民医院外科

1951 年 12 月，郧县人民政府卫生院成立。1953 年，建立手术室。1956 年，始设病房，分大内科、大外科。1958 年，郧县人民政府卫生院改名郧县人民医院。1961 年，大外科独立成立病区。1970 年，中医科与外科合作，将针刺、中药麻醉技术应用到阑尾切除术、甲状腺摘除术、胃部切除术、剖宫产术等手术中，并获得成功。

1975 年至 1980 年，大外科逐步开展肝区部分切除术、胃癌及结直肠癌根治术、全胃切除术、胆总管探查及成形术、先天性巨结肠切除术、先天性肛门闭锁再造术及石膏固定、骨牵引等手术。

1986 年 10 月，医院撤销大外科，成立外 I 科和外 II 科。2010 年 5 月，外 I 科分设普外、泌尿外科和胸外、小儿外科两个专业病区，外 II 科改称骨 I 科，外 III 科改称神经外科、烧伤整形外科，外 IV 科改称骨 II 科。至此，医院外科向专科化发展基本成型。

2013 年 5 月，太和医院托管县人民医院后，外科各个专业得到快速发展，泌尿外科、骨科、胸外科、妇科创建为湖北省县级医院临床重点专科，肛肠外科创建为市级乙类临床重点专科。

二、乡镇卫生院外科

郧县乡镇卫生院外科起源于 20 世纪 60 年代，当时，响应毛主席"把医疗卫生工作的重点放到农村去"的号召，一大批医学大学生和医疗骨干下放到区（社）卫生院，其中不乏外科医生，如白桑关的普外科李义礼、王光忠，五官科桂怀玉、赵家胜，大堰的普外科康光兴，梅铺的普外科靳德芳、赵忠义、叶茂华，五峰的张祥生、杨明富，鲍峡的王成富，叶大的杜莫东，程家台的李光成等一大批"刀斧手"医生，为乡镇卫生院外科建立发展打下了人才基础。当时，白桑关、梅铺、鲍峡、大堰、五峰、叶大等条件较好的卫生院可以开展肠吻合、剖宫产等下腹部手术，大多数是采用全麻镇痛。1969 年，五峰花瓶沟水库工地一民工因塌方造成肠破裂，外科医生杨明富等连夜将其接回卫生院，打着手电筒成功为其做了肠吻合手术，病人感激地说，是毛主席派来的医生救了他的命。

到 1970 年，白桑关、梅铺、大堰、鲍峡都相继装备了手术室，配备了各类手术器械，白桑关、鲍峡还配备了救护车，逐步可以开展简单的四肢骨科手术和急诊急救医疗救护，到 1975 年，白桑关、鲍峡等卫生院引入腰椎连硬麻醉，提高了手术安全水平。

进入 20 世纪 80 年代，随着大中专医学毕业生回到基层，大多数卫生院都配备了外科医生和专职麻醉医生，装备了手术室，配置了手术和急救设施及药品，乡镇卫生院基本都能够开展下腹部手术。

到 90 年代末，鲍峡、柳陂、城关等卫生院都可以开展胃不全切除等上腹部手术。到 2013 年，乡镇卫生院外科业务达到了高峰，所有卫生院都设置了外科科室，基本上都有 2 名以上外科医生，手术器械、麻醉、急救设备一应俱全，有 10 多个卫生院可以开展上腹部手术，基本上都能够开展剖宫产等二级以下手术。2014 年，全县乡镇卫生院外科手术达到 1000 台次。

三、学术建设

1991 年，郧县成立医学会，下设卫生行政管理学、卫生经济学、现代医学、传统医学、护理学、预防医学和药学等 7 个专业学组，到 2005 年底，个人会员总数 1712人，会员单位 42 个。

2005 年 9 月和 2008 年 9 月，郧县医学会分别召开第三届、第四届医学会换届会议，全县各医疗卫生单位乡镇卫生院院长、业务院长及科室主任等参加会议，会议选举了郧县医学会组织，并举办了规模较大的学术研讨会议。

第四章　郧县的中西医结合情况

第一节　复合式中西医医院

一、郧县人民医院中西医结合发展情况

1956 年，郧县卫生院设中西医合作病床 5 张，接收来自社会的中医药人员 38 名，设立针灸室，开展中医针灸业务。1976 年，郧县人民医院成立了中西医结合领导小组。1990 年，郧县人民医院中医科独立设置病房。1998 年 12 月，郧县人民医院中医科并入康复科，成立中西医结合科(亦称"中医康复理疗科")。2014 年，中西医结合科创建成湖北省县级医院临床重点专科，拥有医护人员 22 人，开设床位 59 张，设置有针灸治疗室、推拿治疗室、中药外治室、物理治疗室、运动治疗室、作业治疗室和微创治疗室，拥有各类设备 100 余台(套)，治疗包括骨伤康复、神经康复、慢性病康复、中医优势病种治疗等，年门诊量 12980 人次，出院量 1468 人次。

二、郧县中医院中西医结合发展情况

1967 年，郧县城关中医医院成立中医科门诊，1983 年，郧县中医院成立，确定以中医为主、中西医结合的发展之路。

郧县中医院中西医结合主要是对手术后的病人、心脑血管康复期病人应用中医康复理疗、中药食疗、外病内治等疗法进行中医康复治疗，对心脑血管病人、疑难杂症病人、各类发作期病人进行西医急诊急救，保证病人安全。自 2004 年开始，在县政府直接指导支持下，郧县启动了湖北省和全国"农村中医药工作先进县"的创建工作。2008 年 11 月，湖北省卫生厅、省中医药管理局对郧县创建工作进行了评审验收，郧县顺利成为省级中医药工作先进县。2012 年 11 月，国家中医药管理局派出专家组赴郧，对创建全国中医药工作先进县进行现场评审验收，经过听取汇报、测试考察、现场检查、核实资料，认定郧县达到了全国中医药工作先进县标准。2013 年 3 月，国家

卫生部、国家中医药管理局下发文件，颁发奖牌，授予郧县"全国基层中医药工作先进单位"称号，并荣获湖北省中医药十强县。

第二节　中西医结合治疗

郧县中西医结合治疗患者始于 1951 年，由中西医联合诊所实行。1956 年，郧县卫生院实行中西医联合查房会诊制度。1958 年，全县掀起西医学习中医、针灸的热潮。1962 年，全县选派 19 名西医药人员与 12 名老中医建立跟班学习机制。

1970 年，郧县人民医院自制治感针、虎杖油、拔毒膏等 20 多种膏药，疗效较好。1991 年至 1993 年，医院拓宽诊疗范围，开展中医刮痧、针灸、牵引、电疗、光疗等业务，治疗颈肩腰腿痛、中风偏瘫、截瘫、骨折术后功能障碍等疾病。2011 年 4 月，郧县人民医院完成全县首例 CT 射频热凝微创治疗腰椎间盘突出术。

郧县中医院中西医结合治疗在内、外、骨伤、痔瘘、颈肩腰腿痛等方面均取得显著疗效。

在郧县民间，中医适宜技术运用推广非常广泛，熏蒸、拔火罐、艾灸、刮痧、小儿捏脊、推拿按摩非常盛行，几乎家家都会。2005 年，郧县卫生局组织编印《郧县中医药适宜技术推广手册》500 余册，开展乡村医生培训。2006 年、2010 年，郧县卫生局两次为村卫生室先后配置了神灯、牵引床、火罐、按摩椅等设备，规定新建卫生室必须设置中医康复理疗室，保证了村卫生室能够开展康复理疗活动。

第五章　郧县医疗卫生机构

第一节　医药卫生行政机构历史沿革

清末及民国初期，郧县没有设立专门的卫生行政管理部门。据《郧县志》记载，1938 年，为了抗战需要，郧阳成立了第八区卫生院，1942 年改名为郧阳专区卫生院，承担全专区(包括西六县)医疗管理、防疫、卫生运动、战地救护、妇婴保健等事宜。

1950 年，郧县县委成立郧县医务工作者联合会，作为统一管理全县医疗机构的代理机构。1951 年 12 月，郧县人民政府成立政院合一的郧县人民政府卫生院。1952 年初，郧县医务工作者联合会更名为郧县卫生工作者协会，同年 7 月成立郧县人民政府卫生科。1963 年 12 月，郧县人民政府卫生科更名为郧县卫生局。

1979 年，郧县卫生局正式作为郧县人民政府组成部门，主管全县卫生行政工作，内设办公室、业务股、计划财务股、计划生育办公室、县爱国卫生运动委员会办公室、落实人才政策办公室等股室。

1983 年，政府机构改革，郧县卫生局增设人事股、防保股。2002 年 4 月 28 日，郧县人民政府批复了《郧县卫生局职能配置、内设机构和人员编制方案》，对原卫生局行政职能、内设机构和人员编制做出调整。

第二节　医药卫生体制改革

1951 年至 1955 年，郧县人民政府卫生院对全县卫生所人员实行统一调配，工作统一布置，药械统一购进，经济核算统一收付。1956 年，全县大办农村医疗卫生机构。县政府成立郧县妇幼保健所，区(乡)政府兴建社区卫生院、乡卫生所、联合诊所、接生站及农业合作社保健室。

1958 年，为了全面加强基层医药卫生工作，郧县人民政府将郧县人民政府卫生院更名为郧县人民医院。

1966 年，按照毛主席"把医疗卫生工作的重点放到农村去"的指示，一大批高等院校大学生和高级临床医疗专家被分配到郧县各区卫生院工作，为提升农村医疗卫生服务水平打下了良好基础。

1968 年，联合诊所统一转为小公社卫生所，收归人民公社卫生院管理，全面推行农村合作医疗，赤脚医生记工分，大队卫生保健机构的建立、卫生人员的健全及合作医疗的开展，较好地解决了中国农村千百年来缺医少药的问题。

1984 年，按照政府机构改革要求，全县 27 个公社合并为 12 个大区，同年在各大区所在地设立 13 个区卫生院和中心卫生院，负责管辖辖区内卫生院、卫生所及卫生室相关事务。

2009 年，中共中央下发《深化医药卫生体制改革指导意见》，省市县也相继下发《深化医药卫生体制改革实施方案》。郧县人民政府成立县医改领导小组，医改工作由县发改局牵头，县卫生局、财政局、人社局、医保局、编办为主要单位。

2010 年 7 月，按照省市安排要求，郧县全面建立人员聘用制度和岗位管理制度，对乡镇卫生院进行了统一核岗，全县 19 个乡镇卫生院共核定岗位 1346 个，经过全员考试考评，实行了全员聘任。

第三节　医疗卫生机构参与中心工作和"创甲""创优"工程

1993 年，国家卫生部在全国启动三级医院评审活动，按照医院基本条件、办院规模、服务能力、技术水平和医院管理等标准，原则上地市以上医院创建三级医院，县级医疗机构创建二级医院，乡镇卫生院创建一级医院，分综合医院评审和专科医院评审两种形式。

1994 年 6 月，郧县人民医院在全县首先启动创建"二级甲等医院"活动，正式拉开了全县医院等级评审创建序幕。之后，郧县中医院及郧县妇幼保健院相继启动创建二级甲等中医医院和一级甲等妇幼保健院活动，乡镇卫生院全面开展创建一级甲等医院活动。到 1996 年，城关、柳陂、鲍峡、梅铺、安阳、青曲、高庙、杨溪、大堰、白浪等 11 个乡镇卫生院达到一甲医院标准，并且有 10 个乡镇卫生院荣获爱婴卫生院称号。1998 年，郧县卫生防疫站创建成为十堰市第一个"县级一等卫生防疫站"。

2003 年春夏之交，一场突如其来的"非典"疫情肆虐全国。郧县因为有大量农民工在北京各大医院当护工，北京疫情发生后，一部分感染者返回郧县，因此郧县成为鄂西北地区的"非典"重灾区。2003年4月11日,郧县人民政府成立"非典"防治工作协调领导小组。4月27日,郧县人民政府成立了"防非"指挥部,县委副书记、县长柳长毅任指挥长,县直19个部门和城关镇政府为成员单位,经过全县干群和医护人员将近4个月顽强及科学的抗疫防疫,最终取得了抗击"非典"战役的彻底胜利。

2010年,国家南水北调中线工程郧县二期移民工作大规模实施,郧县卫生系统有四大攻坚任务:一是做好大规模移民搬迁人员医疗卫生保障;二是及时对移民搬迁点疫源地进行消杀,防止发生水和环境污染事件;三是落实移民包保责任,确保包保移民按时安全顺利搬迁;四是完成2个卫生院、38个卫生室整体迁建任务。2010年12月,郧县卫生局被湖北省委、省政府授予全省移民工作先进单位。

2011年12月,湖北省政府组织开展全省农村居民健康工程先进县评审,郧县一举评审达标,成为全省10个先进县之一。2012年2月,湖北省政府下发文件,授予郧县"湖北省农村居民健康工程先进县"称号。

第四节　郧县制药业沿革及变迁

一、湖北微生物制药厂

1983年3月,时任郧县人民政府县长李开斌,决定抽调政府办、医药局、微生物研究所等负责人,开展制药厂建设前期准备工作。

1984年8月29日,时任湖北省医药局局长丁昌均来郧县考察,同意布点建厂,并提议厂名定为"湖北微生物制药厂"。湖北省医药总公司以"〔1984〕鄂药生字第318号"文件批复。

1985年1月3日,郧县人民政府下发"郧政发〔85〕2号"文件,决定成立湖北微生物制药厂筹备领导小组。1985年3月18日,湖北省医药局副局长徐瑞根带专家赴郧县复查建厂地点,建议厂址宜选定城关镇东岭街牛头岭。同年3月,药厂成立了以万迪金厂长为组长的筹建工作小组。3月26日,郧县人民政府宣布郧县皂素厂并入湖北微生物制药厂。4月1日,湖北微生物制药厂正式挂牌。

二、郧县制药厂

1986年,经湖北省医药局批准,郧县人民政府下发"郧政办〔1986〕73号"文件,将原湖北微生物制药厂更名为郧县制药厂。同年 12 月 15 日，郧县制药厂通过了湖北省医药总公司的验收，取得了药品生产合格证。

1987 年 5 月 1 日，郧县制药厂小容量注射液车间举行了投产仪式，投产当天生产的品种为灭菌注射用水。1987 年底，主要产品及生产能力达到皂素 20 吨、西药针剂 4000 万支的水平。

到 1995 年底，制药厂在册职工 291 人，固定资产净值 680 万元，流动资金 300 万元。药品注册品种 42 个，销售收入达 1808.5 万元。

三、湖北天圣康迪制药有限公司

2008 年春，经时任县委书记、县长柳长毅牵头招商，郧县人民政府决定将湖北清大康迪药业有限公司全部股权，转让给重庆天圣制药股份有限公司。同年 5 月 20 日，企业名称申请变更为"湖北天圣康迪制药有限公司"。

2012 年，药厂整体搬迁，迁建于郧县长岭开发区天圣路 1 号，新厂区规划土地面积 21.4 万平方米，是原牛头岭厂区面积的 7.9 倍，总建筑面积达 18.8 万平方米。

2014 年 12 月 2 日，湖北天圣康迪制药有限公司与湖北天圣药业有限公司合并，企业名称变更为湖北天圣药业有限公司。2014 年度，企业总资产、产值、销售收入、利税总额，分别是转让前 2008 年的 3.7 倍、2.8 倍、3.2 倍、3.3 倍。

第六章 郧县公共卫生与卫生体制改革

第一节 流行病与地方病防治

一、流行病防治

2004年1月，郧县正式开通国家传染病与突发公共卫生事件网络直报系统。随着医改信息化建设的深化，国家免疫规划信息系统、传染病实验室监测信息系统、公共卫生舆情动态监测与预警系统、流行病学调查动态数据采集系统、流动儿童预防接种信息、传染病五大症候群监测的全过程信息管理系统启用，实现了国家、省、市、县、乡信息数据共享与交换。

2008年9月，郧县正式启动实施扩大国家免疫规划，全县0~6岁儿童免费接种12种22针次免疫规划疫苗，可以预防12种传染病。

二、地方病防治

(一)地方性甲状腺肿(简称地甲)　地方性克汀病(简称地克)

1958年全县查出地甲病患者35141例，治疗和控制16281人。

1975年，地克病普查发现1346例患者，治疗率达98.39%，其中手术治疗36例。1985年，全县经省级验收患病率为3.8%，达到国家基本控制标准。

1995年，《郧县2000年消除碘缺乏病规划》制定实施。郧县开展了对特需人群的投放碘油胶丸工作，重点对7~14岁儿童投放口服碘油丸，共补碘13万人次。

2000年，开展碘盐监测500份，监测合格率为98%，对谭山、梅铺、白浪、黄柿等5个乡镇375名8~10岁儿童进行甲状腺肿大率调查，甲状腺肿大率为7.26%。同年，郧县通过基本消除碘缺乏病目标的验收。

(二) 头癣

1958 年，全县共查出患者 15790 人，治疗 14041 人。1978 年全县查出患者 8053 人，治愈 7802 例，治愈率为 96.88%。

1986 年，湖北省医科院皮研所认定郧县为头癣已被控制和消灭县。1988 年，郧县的头癣防治转为监测，郧县头癣病患病率已在国家控制标准内。

(三) 地方性氟中毒

1984 年，郧县对 1025 人进行复查，发现有氟斑牙患者 24 例，患病率为 2.34%。1995 年以来，通过水质监测和经省市确认，梅铺镇石家沟村二组为地方性氟中毒病区。1999 年 1 月，该村改水降氟一期工程动工，同年 11 月竣工；2000 年 3 月二期工程动工，同年 5 月竣工。2014 年，郧县完成了 19 个乡镇 349 个行政村集中式供水和分散式供水居民饮用水碘、砷、氟含量抽样调查和样品检验工作，饮用水砷含量远低于国家饮用水标准，氟含量整体情况较好。

第二节　艾滋病防治

2002 年 7 月，郧县发现首例艾滋病感染者。2004 年 5 月，郧县人民政府成立"防治艾滋病工作委员会"。2004 年 12 月，郧县发现第二例艾滋病感染者。

2005 年 3 月，郧县疾控中心独立设置艾滋病性病防治科。同年 5 月，启动"郧县娱乐场所 100% 安全套推广使用项目工作"。2014 年，全县完成各类高危人群 HIV 主动监测工作，累计发现艾滋病病毒感染者和病人 22 例，其中死亡 4 例，现存活艾滋病感染者 7 例、艾滋病病人 11 例。

第三节　结核病防治

1974 年，湖北省结核病防治队与郧县配合，在城关、白桑关两个镇查出各类型肺结核患者 309 例。1985 年，建立全县结核病防治网，郧县防疫站结防门诊于当年 8 月开业，实行结核病归口治疗管理。1993 年 11 月，全县 26 个乡 (镇) 利用世行贷款对肺结核病人实行免费治疗。

1993 年 9 月 8 日至 2001 年 12 月 31 日，全县共发现并免费治疗活动性肺结核病人 2576 例，总治愈率达 92.2%。2001 年 12 月，郧县卫生防疫站被国家卫生部授予"全国结核病防治工作先进集体"、被湖北省卫生厅授予"湖北省结核病防治工作先进集体"荣誉称号。2003 年 4 月 1 日，启动实施了第一轮全球基金结核病控制项目，2005 年 6 月，全县建立了鲍峡、柳陂、青曲、白桑关、南化塘、梅铺等 6 个乡镇查痰点，7 月启动实施第四轮全球基金结核病控制项目。

2014 年，全县共接诊疑似肺结核病人 1880 例，对确诊的 426 例肺结核病人免费开展 HIV/AIDS 筛查工作，筛查 317 例，筛查率达 74.41%。

第四节　慢性病综合防控示范区创建

郧县县委、县政府十分重视慢性病综合防控示范区创建工作。2012 年 6 月 12 日，郧县"创建全省慢性非传染性疾病综合防控示范区"领导小组会议召开，2013 年，县财政一次性拨付 50 万元用于创建工作。创建小组积极依托基本公共卫生服务项目，有效落实高血压、糖尿病等慢性病患者的综合管理，提高规范管理率。2014 年 7 月 22 日，国家慢性病综合防控示范区现场调研座谈会在湖北省卫生计生委召开，郧县作为国家慢性病综合防控示范区的申报单位参加座谈会，向国家调研组汇报了郧县慢性病示范区创建工作情况，得到国家、省领导高度评价。12 月 26 日，国家卫健委正式命名郧县为第三批国家慢性病综合防控示范区。

第五节　妇幼健康项目

一、免费孕前优生健康检查项目

根据郧县人民政府〔2012〕54 号文件精神，自 2012 年 4 月 24 日开始，郧县免费婚检、孕检合并实施。2014 年，郧县免费孕前优生健康检查 4053 对 8106 人次，检验合格率 92% 以上，早孕及妊娠结局随访率达 95% 以上。

二、农村孕产妇住院分娩补助项目

2006 年，郧县被湖北省卫生厅、省财政厅列为"降消"（降低孕产妇死亡率、消除新生儿破伤风风险）项目县。到 2014 年，全县住院分娩 7325 人，补助 6714 人（含县外补助），补助率为 91.66%。

三、预防艾滋病、梅毒、乙肝母婴传播项目

郧县从 2008 年起，全面开展预防艾滋病母婴传播工作。全县能够开展预防艾滋病母婴传播工作的医疗保健机构共 22 个，其中县级医疗保健机构 3 家，乡镇卫生院 19 家。2014 年，全县孕产妇数 7277 人，接受艾滋病、梅毒和乙肝免费检测 7277 人，检测率达 100%。

四、增补叶酸项目

2010 年 6 月，郧县实施了农村妇女免费增补叶酸预防神经管缺陷项目，落实农村妇女免费增补叶酸政策。2010 年 10 月，郧县代表中南 6 省及湖北省 103 个县市区，顺利通过了国家卫生部增补叶酸项目中期评估验收。

五、农村妇女"两癌"免费检查项目

2009 年，郧县人民政府制定下发了《郧县妇女健康行动实施方案》（郧政办发〔2009〕59 号）文件，成立妇女病普查领导小组和普查专班，坚持就近检查的原则，结合查环查孕、农民健康体检等工作，推进妇女病免费普查工作。2011 年 11 月，县委县政府将"农村妇女一个不漏享受免费妇女病检查"列入十大民生改善实事。2012 年，县委县政府将 35~64 岁农村妇女"乳腺癌""宫颈癌"免费检查工作列入为民办实事之一。

六、新生儿疾病筛查项目

2008 年全县共有 4 家医疗保健机构开展新生儿疾病筛查工作，分别是郧县人民医院、郧县中医院、郧县妇幼保健院和城关镇卫生院。

七、儿童营养改善项目

2013 年 12 月，郧县被湖北省卫生计生委确定为儿童营养改善项目县，为辖区 6~24 月龄儿童免费发放儿童营养包。2014 年，全县累计为 5990 名 6~24 月龄儿童发放营养包 3.1 万盒，儿童营养包发放率达 82.6%。

第七章　郧县农村合作医疗改革

第一节　农村合作医疗

郧县农村合作医疗经历 1950 年代创办，60 年代发展，70 年代普及，80 年代解体，90 年代恢复的曲折过程。1959 年，郧县大堰人民公社建设全县第一个合作医疗室，到 1977 年，全县合作医疗普及到 509 个生产大队。合作医疗资金来源大部分由社员个人和集体负担，一般每人每年 2~4 元。1982 年，农村实行联产承包责任制后，合作医疗绝大部分遭停办。1991 年，郧县人民政府发出《关于推行和完善农村合作医疗制度的通知》，全县 17 个乡（镇）成立合作医疗领导小组，到年底，全县共恢复合作医疗村 63 个，占全县总数的 12%。1994 年，全县农村合作医疗仅剩柳陂镇的舒家沟村、青山乡的钱家河村、南化塘镇的大桑树村 3 个村未参加。1996 年，郧县根据各地实际，采取合医不合药、合防保不合医药、合医合药等形式广泛开展合作医疗建设。村集体从公益金中提取一定经费作为医疗保健基金，支持鼓励群众参与合作医疗；村委会适度向参与群众统一收取 2~5 元合作医疗经费，两项基金一并交村卫生室统一建账使用，村委会负责对基金监督管理，年终进行决算。

2004 年到 2005 年，郧县按照"民办公助、自愿量力、因地制宜"的原则，在茶店镇蔡家岭村和长岭沟村推办合作医疗试点，农民每人每年缴纳 10 元，县财政每人每年补助 5 元，镇财政每人每年补助 5 元。2005 年底，两村共有 551 户、1642 人参加了农村合作医疗。

2006 年 9 月，湖北省人民政府确定郧县为 2007 年新型农村合作医疗试点县，2007 年 1 月 1 日正式启动实施，当年全县应参加新型农村合作医疗农业人口为 49.8279 万人，实际参合人数 41.7799 万人，参合率为 83.8%。

2007 年 1 月 23 日，经郧县机构编制委员会批准，成立"郧县新型农村合作医疗管理办公室"，为郧县卫生局管理的副科级全额事业单位，按区域下设 11 个乡镇合管办，统筹负责全县医疗机构新型农村合作医疗管理工作。2007 年，全县共有 81860 名参合患者获得合作医疗基金补助，现场补助金额 1688.7491 万元。2009 年，郧县制定下发了《郧县新型农村合作医疗门诊统筹实施办法（试行）》，门诊统筹报销于 2010 年 1 月 1 日启动。

2014 年，新农合参合人数 47.86 万人，参合率为 98.39%。实际补偿病人 138.36 万人次，补偿 2.15 亿元，综合补偿率 51.64%，受益面 289.14%。

新农合政策的实施，一方面从根本上解决了广大农民看病难看病贵问题，县内就诊率由 2007 年的 80.68% 提高到 2014 年的 82.3%，农民患者住院率由 2007 年的 6.49% 提高到 2014 年的 20.76%。另一方面给乡镇卫生院等基层医疗卫生机构注入了新活力，彻底改善了基层医疗机构举步维艰的不利局面，全县乡镇卫生院业务收入由 2007 年 1700 余万元，提高到 2014 年的 9689 万元，为全县农村卫生事业高质量发展奠定了基础。

第二节　曾经的"赤脚医生"

一、"赤脚医生"的由来及选拔

"赤脚医生"是 20 世纪 60 年代中国卫生史上的一个特殊产物，即农村各个公社和大队中没有纳入国家编制、非正式的农民医生。一般由生产大队支部选拔推荐，公社卫生院统一考核培训。人员选拔通常来自两个方面，一是农村医学世家的传承人，二是回到农村的中学、高小毕业生中略懂医术病理者。他们被挑选出来后，经过短期培训，结业后即成为当地的"赤脚医生"。他们掌握一些卫生知识，可以治疗常见病，能为产妇接生，主要任务是降低婴儿死亡率和根除传染疾病。大集体时候，其主要待遇以生产队记工分代酬。许多人要赤着脚，荷锄扶犁耕地种药，"赤脚医生"名称由此而来。他们通常对一些头痛身热、伤风感冒、擦损外伤、拔毒除痈等小病开展诊断治疗，也担负所负责的农村片区的查治疟疾、地甲病、头癣、接种牛痘疫苗等卫生防疫工作。因为卫生室在本村，赤脚医生是本村人，极大方便了村民群众。

二、"赤脚医生"的培养

郧县的"赤脚医生"培养主要来自四个方面，一是郧县卫生学校学历教育与短期培训相结合的学生。1958 年 10 月，郧县卫校招收了 58 名高小毕业生，作为首批卫生所乡村医生学员进行培训，专业为西医士，学制三年。1959 年，郧县卫校又招收高小毕业生150名，设西医士2个班，学制三年，设护理1个班，学制三年。学生毕业后分配到县、区卫生单位工作(属集体性质)。1963年又招中医药学徒培训班一个，学制半年，此后主要是开办"赤脚医生"培训班、速成班。1966年，郧县卫校在大堰花果山办耕读中学，当年招收学员101名，开设中医、西医和园艺班，卫生专业的学员毕业后大多数分配到大队卫生室或者卫生所当"赤脚医生"。1967年，郧县卫校面向原郧阳地区招收由公社保送的初中毕业生100名，开办了中医学徒和卫生保健班，学制两年，实行社来社去分配制度。

二是县"共大"培训了一批学员。1977年，郧县在桂花公社谭家(现陈家漫)举办共产主义劳动大学，当年招录"赤脚医生"学员一个班40名学员，中西医结合，脱产学习一年；1978年，又招录"赤脚医生"学员两个班80名学员，分西医和中医药两个专业，脱产学习一年。医学专业主要任课教师有周功成、张志远。

三是公社卫生院培训了一批学员。1970年后，按照全县统一安排，鲍峡、南化塘、白桑关、梅铺等能力较强的中心卫生院开设了短期"赤脚医生"速训班，如鲍峡中心卫生院先后于1975年2月在闵家沟举办为期两个月的短期"赤脚医生"培训班，学员50余人；1977年在赵湾培训学员20余人。1977年郧县卫生防疫站在姚家湾举办聋哑专病培训班，培训"赤脚医生"20多人；1979年在洞水沟培训学员40余人，培训时间3个月，学员涵盖鲍峡、陈庄、五峰、叶大、叶滩等公社。

四是乡村老医生师带徒培养"赤脚医生"。据《郧县卫生志》(1990版)记载：到1960年，郧县通过医生师带徒人数达到161名，1962年到1964年，全县师带徒193名，其中中医学徒123名，中药学徒70名。师带徒形式为农村培养了大批"赤脚医生"。

直到现在，郧县仍然坚持乡村医生每月一次培训例会制度，卫生院每年至少对所有乡村医生进行15天的集中培训。通过对乡村医生全面开展系统化培训，保证了乡村医生及时吸收掌握新知识新业务，不断提高其医疗卫生服务能力，当好农民群众的健康守护神。

三、"赤脚医生"的待遇解决

到1984年取消"赤脚医生"名称时，全县有"赤脚医生"、接生员、保健员共2075名。"赤脚医生"是在农村大集体年代出现的，大集体为他们提供了坚实的待遇保障。在1982年农村土地改革下户前，"赤脚医生"按生产队集体满劳力对待，每天记10个工分，按全勤待遇对待。由于他们看病方式主要是巡诊到户为社员看病行医，群众看病有合作医疗作为保障，看病拿药只要五分钱，所以非常受广大社员群众的欢迎和尊重，即使在当年物资非常匮乏的年代，只要"赤脚医生"到家看病，群众总是把家里最好的食物拿出来招待，打鸡蛋、喝黄酒、吃油馍是标配，只要家里有肉，病人家属是一定要拿出来的。当时的"赤脚医生"社会地位是比较高的。

四、"赤脚医生"制度的兴衰

1968年9月，当时中国最具有政治影响力的《红旗》杂志发表了《从"赤脚医生"的成长看医学教育革命的方向》的文章。"赤脚医生"的名称走向了全国。"赤脚医生"是农村合作医疗制度的产物，是农村社员对"半农半医"卫生员的亲切称呼。合作医疗是随着新中国成立后农业互助合作化运动的兴起而逐步发展起来的。郧县"赤脚医生"最高峰时有1000余名，最为典型的先进代表分别是安阳的"赤脚医生"刘汉珍，1969年她出席了全省卫生先进工作者会议；白桑关镇秀峪沟村的老"赤脚医生"梁应发，2011年被评为全省十佳乡村医生。

1982年，随着土地分配到户，农村大集体记分取消和合作医疗的停办，大队集体经济大多是空壳，"赤脚医生"待遇受到严峻挑战。虽然在20世纪80年代初期，国务院下发了《国务院批准卫生部关于合理解决赤脚医生补助的问题》，对"赤脚医生"待遇明确界定为同民办教师一样，但是受地方财力影响，地方无法为他们提供待遇保障，"赤脚医生"只能通过看病卖药挣钱养家糊口。由于农村经济条件普遍较差，不少"赤脚医生"弃医从商、弃医从农。据不完全统计，在20世纪80年代，全县离岗的"赤脚医生"有100余人，离岗的卫生员、保健员有1000余人，村级卫生组织兜底保障遭遇了严峻挑战。1985年1月25日，《人民日报》发表《不再使用"赤脚医生"名称，巩固发展乡村医生队伍》一文，卫健委随即发文停止使用"赤脚医生"名称，并将现行的"乡村医生"纳入规范化管理，统一了行医资格，到此"赤脚医生"名称逐渐消失。2004年1月1日起，《乡村医生从业管理条例》实施，乡村医生须经过相应的注册及培训考试后，才能执业，"赤脚医生"的历史自此彻底结束。

第三节　郧县的爱国卫生运动及卫生创建活动

一、爱国卫生运动

长期以来，郧县先后多次在城关镇开展灭蚊、灭蝇、灭虱和卫生宣传活动，推行饮水消毒，取缔私人厕所，使用公共厕所，对饮食店(摊)、理发店开展经常性卫生检查。

1952 年 5 月，响应毛主席"动员起来，讲究卫生，减少疾病，提高健康水平，粉碎敌人细菌战争"的号召，郧县成立防疫委员会，建卫生防疫站（相当于社区卫生站）15 个，配备卫生干事 18 名，乡成立防疫小组 209 个，防疫员达 6050 人；制定《郧县 1952 年防疫运动第一阶段实施方法》，在城乡全面开展卫生大扫除活动，星期六定为"人民卫生日"，星期天为"卫生清洁检查日"，动员群众捕捉老鼠，挖蛹，灭蝇，打狗等。

1958 年，郧县成立除害灭害领导小组，把消灭梅毒、钩虫、蛔虫、烂眼、头癣、甲状腺肿、疟疾等 7 种地方病纳入爱国卫生运动，进行防治。1982 年后，爱国卫生运动在城关镇以治理市容为主，在农村以管水、管粪和改良水井、畜圈、炉灶、环境、厕所为主，全县 31.4% 的人口由此受益。

1985 年，在城关镇开展以治理脏、乱、差为主要内容的卫生运动，落实门前"三包"（包绿化、包卫生、包秩序）达 76%，对脏、乱、差的单位予以批评或经济罚款。1992 年在城关镇开展环境绿化、美化、净化竞赛活动，在农村重点是解决人畜饮水问题。到 1994 年，全县改水受益人口达 46.9 万人，占农村总人口的 78%；改良厕所 3.2 万个，占农村总户口数的 20.4%。

1995 年到 2005 年，郧县人民政府始终把贯彻落实《国务院关于加强爱国卫生工作的决定》及《湖北省爱国卫生条例》放在首位，将爱国卫生工作纳入国民经济发展的总体规划和议事日程；县长担任爱卫会主任，卫生局局长担任爱卫办主任，卫生局抽调一名专人担任爱卫办副主任。各乡镇也相应成立了爱卫机构，同时将爱卫工作纳入各级党政工作的日程，并列为年终目标考核内容。县政府每年组织一到两次以除害灭病为主题的群众卫生活动，集中力量灭除老鼠、苍蝇、蚊子、蟑螂，鼠密度每年监测 10 次，蚊、蝇、蟑每年监测 8 次，抽样检测结果显示，全县有鼠迹房间不超过 2%，外环境鼠迹小于 4%，有蚊、蝇、蟑房间小于 2%。

二、农村改水改厕

自 1995 年起，郧县通过多种形式开展改水工程建设，在居住分散的山区开发简易自来水，在乡直集镇建设自来水厂，在地下水源丰富的丘陵地区建小口井，在缺水地区采用径流接水、屋檐接水存入水窖等办法，解决人畜饮水问题。1995 年，全县累计改水受益人口达 49.5 万人，受益面达 81.7%，其中自来水受益人口 25.12 万人；农村改良卫生厕所 0.75 万座，全县卫生厕所累计达 3.95 万座，受益 15 万人。从 1996 年起，县委县政府把上级下拨的改水专款集中起来使用，由部门提出意见，县相关部门审定，财政局统一划拨。

截至 2005 年底，全县农村改水受益人口达 95% 以上，其中建自来水厂 500 多个，饮用自来水人口达 30 多万人，农村清洁饮用水达 97.9%。

在合力攻坚改水的同时，多管齐下狠抓改厕工作。郧县把改良卫生厕所列入农户改建扩建房屋土地审批程序之中，实行厕所押金制度；把厕所建设和能源建设结合起来，修建沼气、畜圈、厕所三位一体的沼气池；把厕所建设与牲畜"三优"工程结合起来，修建两联式的卫生厕所；要求政府、学校、卫生院等乡直机关带头改厕，党员、干部、职工家属带队改厕，扶贫小康村带头改厕；坚持"四个统一"，即统一标准、统一补助、统一模式、统一修建，在农村普遍修建密封无害化卫生厕所，在机关修建分格式无害化卫生公厕。1996 年，县财政拨出改厕专款 5 万元，对 1000 户改厕试点户，每户补助 50 元。1995 年至 1996 年，全县新建卫生厕所 2.1 万座。

到 2005 年，农村改水受益人口达 95% 以上，农村卫生厕所普及率达 70%。

三、卫生城镇创建

1996 年，郧县争创省级卫生县城。县政府多方筹资 251 万元，对城区基础卫生建设进行逐步完善和改造，对城区 25 个垃圾中转站、50 个公用垃圾池、250 个垃圾桶、30 个果皮箱和部分水冲式公厕等环卫设施进行了翻新维修。

2005 年 4 月，郧县开展"楚天杯"暨市级卫生县城创建。县委、县政府专门成立了创建领导小组，建设、卫生、工商、公安、环卫、城关镇政府等部门抽调专人，组建创建工作专班，16 个卫生县城创建成员单位各司其职，相互配合，2005 年底顺利通过验收，被确定为市级卫生县城。

2012 年，湖北省爱卫会授予郧县省级卫生县城奖牌。

第八章　郧县名医名人

一、医药卫生优秀人物代表

百姓健康的救护神——李义礼　李义礼，男，1923年2月出生于郧县柳陂，外科专家，中共党员，曾任郧县人民医院副院长、白桑关中心卫生院院长等职。1956年3月毕业于湖北医学院外科专修班，是郧县第一个本土医学大学生，也是郧县第一个外科"刀斧手"。

三省大夫——李光成　李光成，男，1950年出生于郧县刘洞镇，被誉为鄂豫陕边陲"三省大夫"，1986年，荣获全国优秀共产党员称号。李光成从原武汉医学院毕业后，被组织分配到郧县白浪公社卫生院工作，十年时间，他亲自主刀做了2100台大小手术，被边区群众亲切地称为"三省大夫"。1984年，郧县人民政府为李光成同志记大功一次。1985年，中共湖北省委授予李光成全省优秀共产党员称号。1986年12月，中共中央组织部授予李光成全国优秀共产党员称号，李光成受邀出席全国先进党支部及优秀共产党员表彰大会，受到党和国家领导人接见并合影留念，《人民日报》及《工人日报》以《山区人民的好医生》为题进行了报道，1987年中央电视台拍摄并播出《三省大夫》专题片对其进行了宣传。

郧阳大中医——李杰三　李杰三，男，1903年出生于郧县城关镇，是20世纪郧县最著名的中医大夫，人称李八仙。他出身医学世家，宣统二年（1910年）入私塾读书，幼时做药童，1950年自办药店兼营私人诊所。1952年在郧阳专区人民医院中医门诊部当医生，1953年调郧县人民医院中医科任医师，多次被评为先进工作者和模范医生，曾被选为郧县人大代表。曾任县第二、三、四届政协副主席，第八届郧县人民代表大会常务委员会副主任。

新时期专家型领导——刘建明　刘建民，男，1961年生于郧县城关镇，1983年毕业于原武汉医学院郧阳分院，党外人士。他1983年大学毕业后，主动要求回到家乡郧县。在县医院当外科医生期间，他认真钻研医学专业知识，很快成长为医院的外科骨干，每年接诊1000多人次，手术200多台次。进入20世纪90年代，他在相继担任医院外科主任和副院长期间，在抓管理带队伍的同时，坚持上临床手术台主刀，得到组织的认可。1999 年，在郧县第十一届政协会议上，刘建明同志被选为政协副主席。2006 年元月，刘建明被选为郧县人民政府副县长，一直分管卫生工作。他充分发挥专业优势，参与指挥打赢了防止手足口、甲流、结核病等防疫战。他经常下乡进村，了解实情，调查研究，及时向县委县政府建议，解决了许多基层医疗卫生的实际问题。他在任期间，郧县荣获全国中医药工作先进县、全省农村居民健康工程先进县、全省疾控强基先进县等诸多荣誉称号。2016 年他调任十堰市中医院任副院长。

二、郧县名医

仇心岳　男，主任医师，心血管内科专家，生于 1926 年 3 月，浙江省乐清县人。1953 年 9 月，毕业于浙江医学院内科专修班，历任郧县人民医院医疗股股长、医院副院长、大内科主任，医院名誉院长。他对心血管系统疾病诊治有独到之处，主持开展的科研项目"乳酪奶研究"获省级科研成果，主持的科研项目"郧县新发现病种——旋毛线虫病"，获县科技进步一等奖。曾任中华医学会郧县分会常务理事、中华医学会湖北省郧阳地区分会第二届理事会理事。所撰写论文多次发表于医学刊物，并受邀参加省、县医学年会宣讲，受到与会者的认同。

靳德芳　男，1924 年 3 月生于河南堰城（今偃师），1952 年毕业于湖北公医专科学校，郧县人民医院外科创始人，在 20 世纪五六十年代，他被称为郧阳地区"一把刀"。1960 年 8 月任县人民医院院长，1962 年当选为湖北省第三届人大代表。担任院长期间，他积极改善办院条件，通过了全省卫生"三分之一重点县"项目建设。他坚持人才强院、科技兴院战略，选派一大批医务人员进修学习，组织开展培训班，发起院内学术活动，极大地推动了医院业务的发展。

晏克玉　女，主任医师，妇产科专家。出生于 1934 年 11 月，湖北省汉川县人。1959 年 9 月毕业于湖北医学院医疗系，郧县人民医院妇产科创始人。1981 年 3 月至1994 年 1 月，任郧县人民医院妇产科主任。她对妇科、产科疾病的诊疗有独特专长，曾任中华医学会郧县分会常务理事。1980 年，她主持开展了郧阳地区第一例利凡诺羊膜腔注射引产术，有《利凡诺引产效果观察》等多篇学术论文参加省、市医学会学术交流并获赞。

周子玉　女，血液学专家。1939 年 2 月出生于湖北省仙桃市。1963 年毕业于武汉医学院医疗系，郧县人民医院大内科主任，擅长血液内科疾病的诊治，对内科系统各种休克、呼衰、心衰、肾衰、脑水肿、肝昏迷的急救治疗有独到之处。曾任中华医学会郧县分会会员。其撰写的多篇学术论文在省、市医学会交流并获赞。

黄绍武 男，儿科专家。1938年10月出生于湖北武汉。1963年9月毕业于武汉医学院医疗系，郧县人民医院儿科主任、医院院长，在儿科疑难杂症的处理上有独到见解，曾任中华医学会郧县分会常务理事。主持开展的科研项目"乳酪奶直肠灌肠治疗菌痢、肠炎、婴幼儿腹泻"获湖北省科技进步奖。

郭大礼 男，十堰市名中医，1967年1月出生于郧县安阳镇。1991年毕业于湖北中医药大学中医系，曾任郧县中医院业务副院长，郧县知名中医，郧县十佳医师，独创中医气血精神辨证体系，对高血压、中风、动脉硬化等疾病有独到的辨治经验，自制的中药批号制剂强心胶囊、清脑丸等治疗心脑血管疾病疗效独特。2006年主持的"颈动脉注射黄芪血塞通结合针刺星状神经节治疗缺血性中风临床研究"荣获湖北省重大科学技术成果奖，在省级以上刊物发表论文14篇，任《郧阳中医论坛》主编。

孙立强 男，郧县知名中医，1989年毕业于沙市中医学校针灸推拿专业，在郧县中医院从事临床针灸工作，主持和参与完成的"电针加液体张力疗法治疗椎动脉型颈椎病"获湖北省重大科技成果奖。

刘明洁 女，郧县知名医生，副主任医师，本科学历。湖北省预防医学会儿保分会委员，十堰市儿科学会常委，从事儿科工作20余年，在国家级杂志上发表论文数篇。擅长儿科常见病的诊治，对儿童各种急危重疾病的治疗经验丰富，以诊断及时、明确、治疗效果好、用药简单而受到社会各界的赞赏。

（撰稿：李显友　高存彦　袁长宏　编审：傅广典　柳长毅　蓝云军）

参 考 资 料

1. 郧县地方志编纂委员会：《郧县志》，湖北人民出版社2001年版。

2. 郧阳区史志办公室：《郧县志》，长江出版社2012年版。

3. 郧县卫生局编：《郧县卫生志》（第一卷），1990年版。

4. 郧县卫生局编：《郧县卫生志》（第二卷），1995年版。

5. 皮裹休主编：《古典医著选》，江苏科学技术出版社1988年版。

素材提供单位

1. 十堰市郧阳卫生健康局
2. 郧阳区人民医院
3. 郧阳区中医医院
4. 十堰市医药卫生学校
5. 郧阳区疾病预防控制中心
6. 郧阳区妇幼保健院
7. 郧阳区卫生健康局
8. 湖北天圣康迪药业有限公司
9. 郧阳区卫生监督综合执法局

第六篇

科教文化域

第一章　古代早期的郧县科教文化

这里所说的早期，是一个较为漫长的历史时期，大体包括了元代至史前这个时间阶段。为什么把这么久远的郧县科教文化放在一章里讲述？因为这个时段所能稽考的资料有限，不易充分展开，难以具体化，即便深度挖掘，可以进入细节部分，也因篇幅所限，不能深述，科教文化毕竟只在本书占一个小篇幅。

第一节　早期的"青年之家"

考古发掘成果见证了郧县史前文明的繁盛，人类在此写下了华夏先祖的行迹。文明进步是靠科教生产力推动的，简单的科技发轫随着一把石斧的诞生，便逐步显现出它的高光时刻和辉煌时期。尽管没有考据到相关的文字记载，但相关文明遗存从侧面告诉了我们这一信息。郧县毗邻的商洛地区在远古时期曾经是仓颉生活的地方，历史神话里讲述他在商洛造字，这自然给毗邻的郧县人以极大影响，如今郧县仍使用的肉码字就留有远古文字的原始痕迹。文字是科技，也是教育的最主要工具。显然，郧县人参与创造并分享传承了这一人类文明智慧。

从"郧县人"到"青龙泉—大寺"人，我们看到了汉江中游河谷从旧石器时代进化到新石器晚期的文明足迹，这个百万年的历程有序渐进，不断演化，步入一个又一个崭新阶段。那时没有阶级之分，财产公有，甚至连部落里的儿童也是公有的，大家一起劳作，共同生活。据有关专家研究，那时的教育，主要是成年一代向年轻一代传授一些生活和生产经验，教他们如何打磨石斧、石刀、石片等砍砸器、刮削器、尖状器，如何使用这些器具对付野兽，宰割肉食。进入新石器时代，也就是"青龙泉—大寺"时期，此时生产力有所提高，种植业和畜牧业、渔业成为主要的生活来源，延续这种产业、提升这种产业都需要教育，大量的石器遗存见证了当时的教育进入人们生活的历程。陶器制作由传说中女娲抟土造人走向生活中的抟土制陶，陶制品走进了人们生活之中。借鉴黄河文明，制作和烧制水平不断提高。此时期的教育，属于私相授受，不同于后期的学校教育。这个历史阶段属于母系氏族社会，女性的地位很高，母亲们多半承担着对后代的养育任务。儿童们七八岁之前，都会一直生活在母亲身边，受到生存理念的熏陶；七八岁以后，不同性别的儿童开始按照不同的劳动分工接受教育。

郧县人较早认识到青铜的作用，并把青铜器引入生活，较早进入青铜时代。考古发现此阶段金、石、木、陶四种材质的劳动工具和生活用具在这个区域并存，生产工具丰富起来，生产力进一步提高，物质生产也开始出现富余。游牧部落和农业部落开始分化，体脑开始分离，母系氏族权力让位于父系氏族社会的男人，氏族部落让位于族群团体，出现特权人物和特权阶级，出现了有史以来的第一次社会大分工。男性占据社会主导地位，男人有更多的讲究，他们会在成年之际举行成人礼，俗称"成丁礼"，这一习俗在后期的社会一度作为重要的礼仪保存下来并发扬光大。此时教育的阶级性开始萌芽，人们所受的教育不尽相同。教育内容在前期生产劳动知识传授的基础上，增加了社会层面的伦理道德教育和族群争斗带来的原始军事教育以及原始宗教内容的教育。教育机构的胚胎开始出现，史家所称的"青年之家"即这类教育机构。

从炎黄时代到尧舜禹时代，汉江流域随着农业生产的发展，社会文明大幅度提升，科教水平同步提升。我们从流传于汉江河谷的《黑暗传》讲述的情况可知，此时的人们敬天礼地，崇神拜物，规范行为，思考生存，处理人际，已有了初级的意识形态。

第二节　摇小鼓的"武"居于汉水之滨

麇国在汉江的出现和长久存世，让我们看到了这个区域政治文明从萌芽到曙光初照的过程，先民们亲手开采的云盖寺绿松石和安城铜矿为后人留下了这个古老方国的文化追求和享用文明的遗风，也从一个侧面告诉我们那时科技教育独具特色，与黄河文明与南方文明都有很好的交流。麇国被楚国灭掉后，大批的楚国贵族迁居古麇国故地，建立新的政治建制——钖县，一些军政要员迁居安城、韩家洲、辽瓦店子等汉江沿岸重地，他们带来了楚国的生活方式和夏商以来的教育理念，保障了当地固有的像"庠""序"一类的基层学校教育模式。基础教育内容被约定为礼、乐、书、射、御、数六艺，知识和技能兼备，德和才都不偏废。

《论语·微子》第九章记载了春秋中后期礼崩乐坏、周天子宫廷中掌管礼乐的官吏纷纷出走的历史事实：大乐师挚到齐国，二乐师干去楚国，三乐师缭到蔡国，四乐师缺去秦国，打鼓的方叔流落到黄河之滨，摇小鼓的武居于汉水附近，少师阳和击磬的襄移居于海边。这些文化官吏亦即文化艺术专家，失去了世袭的职位，流落于社会之后，成了历史上第一批专靠出卖知识和技能糊口的"士"。据有关专家分析，这些王宫的人才到民间大多做了私学的教师。摇小鼓的武居于汉水之滨，为汉水流域的人们带来了王宫的天籁之音，也带来了王室的教育方式，带来了重教的意识和具体的知识，人们受益匪浅。孔子使楚来到汉水中游一带便见证了这一切，他与弟子们亲见了"汉江游女"超乎寻常的道德礼仪、"楚狂接舆"这类不拘礼节、举止非常的高人，《孺子歌》里孺子唱出的这里人们处事变通的睿智……从郧（古称麇）到襄这段汉江之滨、周南之地，深藏着"摇小鼓的武"及其他这样的大智慧的教育人士，他们致力于民间的教育传导，深植了不同寻常的文化根脉，造化了这片有灵魂的土壤。

受中原文明的影响和汉江固有文明的造化，道家思想的本初形态在汉江中游一带显现，以阴阳五行为代表的认识自然、掌握人与自然和谐相处的生存哲学在这片河山诞生，并口口相传，代代教化，进而民间就出现了非礼教而教的自然而规范的伦常和世俗。不求谋而善谋，不言道而行道，不羁礼而合礼。老莱子、楚狂接舆、承蜩老人、沧浪孺子、劝谕屈原的渔父、阿谷之女、商山四皓等思想独具、行为特异的非常人物，都曾在这片土地上出没。

第三节　上宝盖汉代贵族大墓里的学习陈设

从汉代到元代，郧县（汉称"长利县""锡县"、晋称"郧乡县"）这个行政区域，或隶属于上庸郡，或隶属于南阳郡，或隶属于汉中郡，或隶属于均州，县址从古麇国旧址到堵阳县址韩家洲，到郧乡县址西河码头，县学和乡学都随着时代需要保存着，教育科技与王朝同步。这一漫长时期，郧县一直没有当时的志书，具体的教育规模、运行方式、具体情形无从知晓。尽管后来的志书偶尔有只言片语，透露的信息却非常有限。

清同治时期《郧阳府志》引述明代翰林院编修康海的《武功志》称郧古代有学无庙，祭奠先圣大多在学校内进行。汉朝初年开始在太学里面建庙，各地学校也开始效仿此举。汉代地方教育以私人办学为主，各郡县设立州学县学，相当于现今的公立中小学，招收王公贵族及富家子弟，教学内容以儒家学说的读本为主。

考古发掘的郧县安城上宝盖汉代贵族大墓遗存，让我们从中管窥到汉代郧县教育的风习之盛。墓道内有这样一种陈设：挨着墓道墙壁砌有一张课桌，课桌上方的墓道壁上有壁龛，壁龛构筑得像个小窗户，其内摆有一盏油灯模样的物件，课桌上摆有类似竹简的物件；其物已腐朽，隐约有竹简痕迹；课桌边摆着的是一个凳子……这是逝者生前学习场所的呈现，是一个好学者至死不忘学习的精神体现，是当时人们对学习孜孜以求的生动写照，也是郧人受到良好教育的一个缩影。如果不是教育的深入，如果不是教育植入人心，人们也不会让学习形式一直陪伴到黄泉。

隋唐以前的教育不直接与仕途挂钩，尽管孔子的"学而优则仕"的说法早已被统治者接受，但"学而优"之后还得靠有地位的人去发现、去举荐，不能从学校一步踏入仕途。据《三国志·魏书》记载，出生于三国时期堵阳县（韩家洲）的韩暨在南阳郡接受了良好的官办教育，在曹魏时代进入官僚体制任司徒，位列三公之一，靠的是地方豪绅的举荐，也靠他自身血统发挥作用。他是汉代初年韩王的后裔，仅这点身份就足以引起当朝统治者的关注，更何况他学习成绩优异，闻名南阳郡。

唐贞观年间李泰谪居郧乡，所带大量皇家藏书向地方豪门学子开放，这是一种官方施教行为。宋代宰相张世逊为官第一站即在郧县，他在武当山下读书考中秀才而至举人、进士。在郧县做县丞一年里，他亲自视察县学，鼓励学子应试，推动了地方教育的发展。宋代理学大盛，郧县的学校也顺应形势，大倡理学之风。理学的开山鼻祖周敦颐的著作《太极图说》将儒、释、道三教融合为一，后来朱熹发扬光大，在福建创立闽学，成为居正统之位的程朱理学的集大成者。理学亦称新儒学，理学兴盛，引来书院鼎新。书院最早出现于唐代，是官方藏书、修书或私人读书治学的地方。书院作为一种教育制度形成于北宋，南宋达于完备。理学与书院二者之间从形式到内容相互交融渗透，形成一种互为依托、互为表里、盛衰同时、荣辱与共的一体化关系。

元代教育承继唐宋，有庙学、私学、宗教教育和书院等教育形式。庙学是在孔庙里对孔子和曾参、颜回、孟轲、朱熹等先哲祭祀礼拜后进行的以宣讲儒家经书为主要内容的一种教学形式。庙学的教学内容和地方儒学、设于基层乡村的社学大体相同，它们都是以宣讲儒家经义为主要内容的教学，但它重点是进行孔孟和程朱理学所提倡的三纲五常、存天理、去人欲等封建伦理道德的教化。元代的私学十分兴盛，它继承了宋、金的私学传统而又有新的发展，办学形式和教学内容与宋、金时期没有多大的差别，私学教学一般由家长督课、学生自学、私塾授课、名师传授等多种形式构成，教学内容侧重于儒家经典，又以朱熹等人注疏的四书五经为基本教材。元代统治者对书院采取利用和控制方针，在确保维护其统治稳定的前提下，积极加以提倡、扶持并给予奖励，使之朝官学化的方向演变，这样，元代书院较之宋代就又有了进一步发展。元代，郧乡县更名郧县，县学沿袭从前旧制，书院未能兴起，乡村私学寥寥，因为当时政治经济都很落后。

从汉代到元代这个漫长历史时期，郧县传统的农桑稼穑所产生的农业科学技术值得一书。比方汉代郧人使用的耧车，把开沟与播种结合在一起，播种工具就很先进，现在郧县农村一些地方还在用它。韩家洲出生的韩暨在水边长大，深知水能作用，在乐陵太守任上，把冶铁所用马力转动鼓风机改为水力转动，功效提高三倍。这个技术传到他的故里郧乡，使得农田灌溉借用水能，大大提高了效率。

第二章　明清时期郧县科教文化

明清时期郧县科教迎来一个历史高潮，志书对此记载很具体、很丰富。郧县一度成为郧阳巡抚和郧阳府署所在地，被八府九州六十五县环顾，处于政治、经济、军事、文化中心地位，从此郧县人都以郧阳人自称，自豪感不言而喻。大批京官前来执政，各路人才纷至沓来，科教的超常发展势在必行。

第一节　社学、县学、府学、书院、职教、成教

明清郧县社学　史书记载，明代万历年间知府吕师颜、徐顺明先后在柳陂、杨溪、大堰建了三所社学，供乡村富家子弟读书。清代办乡村社学蔚然成风，每 50 户为一社，每社办一所社学，社学多半由开明绅士捐助。代表性的社学有：五峰境内龙峰社学，乾隆三十六年(1771 年)李祖庚等生员捐资建设；大堰保时敏社学，士子李旭于乾隆元年(1736 年)捐建；大柳境内瓜子保社学，建于道光十二年(1832 年)，由县城名望甚高的熊公动员乡民捐建；将军河将军保敦仁社学，由监生金桂和金大智、贡生金鹏、庠生金大用于道光十二年(1832 年)捐建；白桑关龙东保社学，由富户何氏、李氏、潘氏、刘氏四家于道光十二年(1832 年)捐建，仅限于教授四家孩子；黄龙镇社学，由富户黄氏于道光二年(1821 年)捐建，专用于教授本姓子弟，后被大火焚毁，咸丰四年(1854 年)巡检钱定显、乡绅余隆廷在黄龙司署仪门内西侧购得房屋 3 楹、耳房 1 间捐献，该社学重新恢复；鲍峡唐家坪社学，由监生王文忆捐地 2 分、捐修旧屋于同治元年(1862 年)创办。

清末新式小学兴起，光绪三十二年(1907 年)三月，郧县在城内儒林保关帝庙设官立高等小学，开设 3 个班，学生 130 人，教师 4 人。次年，县境内小学堂发展到 17 所，学生 619 人，其中高等小学堂 2 所，学生 152 人，初等小学堂 15 所，学生 467 人。宣统元年(1909 年)全县有小学堂 66 所，132 个班，2361 人，教职工 124 人；其中郧阳府立高等小学堂 1 所 1 个班 72 人；郧县官立高等小学堂 1 所 2 个班 130 人，教职工 14 人；官立初等小学堂共 63 所 127 个班 2066 人，教职工 89 人；郧县私立高等

小学堂 1 所 2 个班 120 人，教职工 11 人，学校设于城内三桂保。

明清郧县县学 明朝初期，郧县有官办县学一所，明代郧县首任知县马伯庸在县学旧址上创办，校址在城东南县衙旁边。招收 20 名廪生，有教谕、训导各一人。成化二年(1466 年)知县戴琰上任后，见学校简陋，拨款重建，增大规模，加固校园，使一所普通县学呈现出森严气象，这也为后来升格为府学打下了基础。成化十二年(1476 年)郧县城内设立郧阳抚台衙门和郧阳府署后，郧阳知府在新建郧阳府署的同时将郧县县学升格为郧阳府学，县学不复存在。嘉靖十六年(1537 年)知府许祠上奏重建县学宫得到批复，遂于县衙西边新建县学宫，县学停办了 61 年后又得以复归。因办学性质相同，都是培养科举秀才，何不合办一校？何必一城两学？所以，嘉靖三十一年(1552 年)知府黎尧勋就将县学宫与府学宫合并，府县两校一体。这样，县学宫仅存 15 年就又消失。县学宫何年再复兴？没有记载，但《郧阳府志》说清朝顺治年间知府李灿然重修，说明之前县学宫是存在的，至于哪年恢复，尚待考证。顺治年间修葺后，康熙五十五年(1716 年)知县卢上进复修，乾隆七年(1742 年)知县狄兰谷毁其旧宅而新修之，乾隆三十六年(1771 年)知府王采珍增扩，他特为这次大修写下《郧县县学宫重修记》，该记文有"县学坐沧浪山下，前临街衢，左右民舍环列，其门如瓮，其鼻塞若堵"等实景记述。

明清郧阳府学 嘉靖三十六年(1557 年)，巡抚章焕将府学宫移至府署东北重建，地势高阔，视野一宽。这一年，郧城东北一带拓展，原在城墙外的府学宫被纳入城内。府学宫历经明末战火，延至清乾隆三十六年(1771 年)，知府王采珍见校园颓废，环境很差，便筹集资金在旧址基础上扩充，新增围墙，使校园面貌焕然一新。咸丰六年(1856 年)汉江洪水荡涤郧城，府学宫围墙遭毁坏，知县余思训、教谕刘观昌、训导章起栓筹资重修。府学宫历经十几次改扩建，最终占地总面积 2 万多平方米，是明清时代郧阳、荆襄、豫西、陕南的科考中心，属于省级考试所在地，院试、乡试都在这里举行，也就是说考秀才和考举人都在这里。府学宫具有教学、科考、祭祀、教育管理等功能。

明清郧阳书院 郧阳抚台和郧阳府署都重视教育，郧阳府除了办府学，还建有书院。书院虽以讲学、学术交流为主，但发展到明代，其功能基本上就演化为教育教学了，以培养科举人才为主，这与府学功能有重复之处。但是办书院是一种潮流，全国各地都兴办书院，郧阳巡抚这些京官们和郧阳知府们安能不走在文化大潮的前面？所以，书院也就应时而起。郧阳早年所办的一所书院叫正学书院，由按察司副使兼下荆南道道员王镕主持兴办，由于王镕身份是朝廷驻郧的军事要员，这所书院一定程度上就具有军管性质，所以又称藩镇书院。该书院创办于成化十六年（1480年），校舍是利用宦官私第改造的。开学时，王镕亲自撰写了《正学书院记》。这所书院延续多久，结局如何，后来的书院是否承接该书院而办？史书没有记载。

正德十年（1515年），郧阳知府王震在府衙之北、府学宫之西创办五贤书院，用于生员讲学和集会，也培养科考的学子。院内供奉有朱熹、程颢、程颐、周敦颐、张载五贤像，故名五贤书院。这所书院毁于明末战火，清代在此基础上建文昌宫。

万历三十五年（1607年），郧阳巡抚黄纪贤在郧城东大街创建龙门书院，因其地势东望安阳龙门山，故而得名龙门书院，有人误以为该书院建在安阳龙门，非也。书院设两堂：前堂为讲堂即教室，后堂为图书室和阅览室，两旁是70余间学生宿舍。生源来自郧阳、荆州、襄阳、汉中、南阳、商州等地。明末农民军攻城，县衙移至该书院，自此书院办学停止。

明嘉靖二十六年（1547年），巡抚王湛于府署东北创办江汉书院，亦称郧山书院，该书院面世时，五贤书院尚在，正学书院亦在，此时，郧城便有抚台和府署同办的三所书院，加上府学宫，就有四所培养科考人才的学校，可想而知当时郧阳城中的教育是多么隆盛！

清末职教　清末职业技术学校兴起，光绪三十三年（1907年），郧阳府署在县城三桂保设立郧阳府初等农业学堂，招收初等小学堂毕业生120人，学制3年。宣统二年（1910年）增加到6个班，学生266人，教职工11人。同年7月，在县学宫明伦堂师范传习所旧址设立郧县初等农业学堂，招收新生2个班，100人，分普通科和实习科。中国早期工人运动的杰出领导人施洋1907年考入郧阳府初等农业学堂蚕科学习，1910年转入郧阳农业中学。辛亥革命爆发后，学校停办，施洋不得已终止学业。1912年他回竹山创办国民学校，任校长。1914年，施洋考入湖北警察学校，1915年考入湖北法政学校专门学习法律，1917年以甲等第一名成绩毕业，到武昌从事律师职业。

清末成人教育　宣统二年（1910年），郧县政府在城关和乡村开办简易识字学塾，招收成人学生650人。这种教育是封建王朝前所未有的创新，为失去基础教育的成年人提供了学习机会，尽管普及面不大，但开了先例，为民国时期开办公立民众学校和扫盲班奠定了基础。

第二节 古代名家们的教育情怀

明清教育的发展过程已见证了政府要员们对教育的重视，这里再具体介绍几个代表性人物为郧阳教育留下的历史印迹，以具体反映他们对教育的重视程度。

一、李东阳为重修郧阳府学宫题记

弘治十六年（1503年），右副都御史兼郧阳巡抚王鉴之有感于郧阳府学宫的逼仄和简陋，在财政稍有宽裕的前提下便立即责成郧阳知府胡伦对府学宫进行改造，在巡抚和知府的全力督导下，府学宫很快面貌一新。"梁栋峻耸，轮奂辉赫，廉陛轩级，层起叠见，渊乎神明之居。入而观，则气象温厉，配位壮整……各极其致，俨乎圣贤之容。左右则庑舍环列，制杀而数有加。冠裳佩黻，若侍坐而拱立者，先儒哲士之遗风雅范宛乎其未泯也。庑之前为门，为棂星门，其旁为宰牲之厨，藏器之库，而金石干翟，笾豆罍洗之器，旧有未其者，则制于南都。乐舞之仪，节度之数，旧所未习者，则学于襄阳。于是，庙之所有事者备矣。"（明李东阳《重修郧阳府学宫记》）这是选取明朝内阁首辅李东阳为重修郧阳府学宫所作的记文的一段。一个堂堂的内阁首辅（宰相），居然为一个地方学校改扩建而作记，且记述如此具体、生动、详尽，足见其对教育的极大重视，对郧阳教育工作的极大兴趣。他在文末肯定了王鉴之政绩之后，再次赞誉他的办学政绩，以激励后来者："王公举进士，初以御史提学南畿，兴学立教，乃其素志。尝堰武阳，城保康，修废举坠，具有成绩，而于学舍修饬尤谨。"这篇记文堪称郧阳教育史上的重要文献。

二、王世贞为郧阳学子购书、主编科考辅导资料

万历二年（1574年），王世贞抚郧，在繁忙的政务之余，他以一代文学大家的眼光审视郧阳文化教育，深感郧阳文化落后，教育落后，不能与其故乡江苏苏州相比。他认为郧人并非不聪明，天分其实不低，根本原因是缺乏良好教育投入和文化环境影响。为此，他要为郧阳教育做点事。他所做的第一件事是丰富学子们读物，扩大学子们读书视野，以长其见识。此时，恰逢一位携带着征收的犯人赎罪钱路过此地的公差，他便与公差协商，从中截留部分款项为郧阳学子买书。这是个功德之事，工作一做就通。钱有了，他就派人到北京、南京、苏州等地购书，不久即购回十三经、二十一史等古

代经典文献以及有关工具书三千余册，并开辟了一座名曰"清美堂"的书楼陈列，向诸生敞开借阅。接着做第二件事：编选教科书。他亲自为生员们主持编选一部四书精选读本。当时各府学诸生所用教科书是原本"四书五经"，学习时只能泛泛而读，耽误时间又不得要旨。他根据自己经验和那些科举成功者的做法，觉得很需要编选"四书"精要简本作为辅助教材，提升读经治文水平。于是，他组织当地大儒编选有用读本，读本很快编选出来，包括《文论》一部，表、策、选各一部，四书文选一部，均分发信各州府学。做完这些工作，他大为欣慰，特撰《郧阳藏书记》《四书文选序》，以记录这两大教育工程建设，引导后来为政者沿着他的路继续抓好教育。

三、吴桂芳、储秘书、金达等的教育情怀

嘉靖四十一年（1562年），郧阳巡抚吴桂芳在《郧阳府学宫迁建记》中写道："郧自开府以来，诸凡经制规画，大都一遵旧章，鲜有所大厘革，而独于学宫一迁再迁，至累三四而始定者，首善之地，不得不详且慎也。"府治下的各种建制都基本不变，而学宫连续迁徙，直至达到理想境地，为什么如此倾力？就因为教育是首善之地。他把学校定位到如此高度，郧阳教育安能不薪火相传？

乾隆六年（1741年），储秘书任郧阳知府，来郧首观学宫状况如何，当他看到府学宫仅存学宫，竟无学署，两个老师寄居郧山书院以蔽风雨，如此蔽败，令他辛酸。于是，他亲自倡议所辖各县知县捐养廉银，把学署建起来，大家无不响应。遂建起东西两署，建房舍24间，把寄人篱下的老师迎接回来，把住在外面的学生也接回来，学宫又恢复了生机。

同治六年（1868年），金达任郧阳知府，见郧山书院蜗居在郧阳府署西边的偏角，旁边是官署，前面是菜市场，地面潮湿且长满荒草。他在里面来回走了十数趟，心里很不是滋味。兴步走到城北山冈，看到这里有座三元宫，巍然耸立，领全郡之胜，里面有各类神仙佛像，男男女女，纷至沓来，他觉得这么好的地方没有用来办正事，真是荒唐，于是断然决定将书院迁到这里。迁来后，他又改观了馆舍、堂阶、虎门，划拨了几亩田地，供办学之用。郧山书院由此占据了郧城最佳位置，拥有了办学龙脉。

康熙五十四年（1715年），朱馥任郧阳府教授，有感于郧阳学子往返数千里赴省城考试因没有路费、生活费、住宿费，而缺席科考，耽误前程，就捐出自己的俸禄买下一块地，每年收益提供给这些学子们，从此郧阳考生增多。乾隆二十四年（1759年），程兴仁任郧阳府教授，他对朱馥这一德行大加赞誉，担心日久天长有贪婪者从中渔利，

就重新清理账目，并委派清洁廉明之人管理。道光二十九年（1849 年），府学训导徐恒曾、郧县乡绅赵堪及贾炳文等捐出钱物，为府学增置市房一所。

为郧阳教育不遗余力的官员还可以列举很多，这里就不一一详述了。他们赤诚办教育，呕心育人才，为后人留下了佳话。乾隆年间任郧阳知府的王采珍写于郧阳的一首诗，其结尾几句就代表了这些官吏热衷办教育的高风："譬彼江汉，既清且深，最哉多士，克广德心。"

第三节　明清时期郧县的科技

明清时期郧县经济逐渐繁荣，水上运输发达，造船业遂兴旺起来。在引进外来技术基础上，船只建造也更加科学合理，这主要体现在铁锚的冶造、帆的改进与操控性更强的船型结构三方面。"凡舟行遇风难泊，则全身系命于锚，战舰海舰有重千钧者。锤法先成四爪，以次逐节接身。其三百斤以内者，用经尺阔砧安顿炉旁，当其两端皆红，掀去炉炭，铁包木棍夹持上砧。若千斤内外者，则架木棚，多人立其上共持铁链，两接锚身。"（《天工开物》）这里所记述的铁锚制造工艺很先进，郧县人造船时很早就借鉴了，使得铁锚牢固无比。帆的改进主要体现在帆的整体基于垂直帆的布局和硬帆的结构设计上。船型结构方面，一般以方头、平底为主，船体的比例依据船舶的类型和不同的航行区域设计。远航船利用"水密隔舱"技术，加固船体结构，提高船舶分舱的防水性，同时又提高船舶的抗沉性能，增加远航安全性。除此之外还便于隔间的分隔以承载各类货物，使多功能的需求都得到满足，方便货运。

明清郧阳府设藩镇，重型武器——火器也部署到了郧阳。明朝以铜炮为多，清朝多为铁炮。此外，还有少量的铁心铜体炮、铜心木镶炮。铜炮多铸造精美，保存完好，具有较高的文物价值。以重量分，炮有重炮和轻炮："重自五百六十斤至七千斤，轻自三百九十斤至二十七斤。"以形制分，有前装炮和后装炮，前装炮又分为红衣炮型和冲天炮型，后装炮主要是子母炮型。清代火炮多有铭文，常铭炮名、年款、监造官员、工匠、重量等。清代视火炮为神物，常授予火炮各种将军名号。

明清时期郧县土地耕作继承了传统的以耕、耙、耢、压、锄为特点的旱地耕种技术和以耕、耙、耖、耘、荡为特点的水田耕种技术，并在实际操作中进一步发展完善，提高了耕作的精细化水平。

明清时期郧县纺织业，无论棉纺或丝纺，都有长足发展。明代中后期，随着植棉业的推广，棉花的品种加多，为棉纺织业提供了丰富的原材料。他们引进江南的纺织工具，纺织技术明显进步，如弹棉的弹弓、纺纱的纺车，都较前有很大改进，提高了功效，汉江沿岸出现了"家纺户织、远近流通"的繁荣景象。与之相关的印染业也随棉纺织业的发展而发达起来。制造业以铁器、铜器、木器为主，集中在县城和乡村集镇及农村各地。造纸业多集中在黄龙、鲍峡、将军河、陈庄、叶大、五峰、大堰等地。酿酒业集中在大堰、大柳等地。造船业主要集中在汉江、堵河、滔河沿岸。缝纫、刺绣、银楼、衡器、肥皂、印刷、油篓、制革、卷烟、烟丝、酱制品等集中在城关。竹木制作传统技术在引进外地技术基础上，十分成熟，产品热销。

第三章 民国时期郧县科教文化

西学东渐，民国实行西方教育与中国传统教育并行制度，新式教育蔚然成风。以郧山中学即郧阳中学为代表的中学教育刷新了传统的儒学教育，相继培养了一批仁人志士，标记了一个不平凡的教育时代。被称为民国"郧阳四才子"的杨献珍、王开化、萧萱、苏元信均受教于该校（杨献珍1906—1910年在此就读，王开化1904—1908年在此就读，萧萱1903—1907年在此就读，苏元信1920—1924年在此就读），广西左右江起义的领导人何耀祖（1920—1923年在此就读）、农民运动的湖北领导人王省（1917—1921年在此就读）等也是该校毕业生，他们为郧阳地区的土地革命奉献了青春和热血。与此同时，乡间私塾依然存在，尊孔读经成为一种并行不悖的教育途径。民国时期郧县科学技术在传统手工业技术上徘徊不前，引进外来技术尚未形成机制，科技水平缓慢提升。

第一节 各类教育已成规模

1935年全县有私塾56所，学生1160人，其中改良私塾48所，学生975人。次年，私塾54所，塾师54人。1940年郧县教育行政机关将18所私塾改为保学，其他私塾继续。

幼儿教育肇始于1944年，正值抗战艰巨之年，该年省立第二幼育院从武汉迁至郧县安阳镇，两年后该院迁至郧县城关，更名为区立小学（郧阳当时属于湖北第八行政专区），有6个班400多名学生。

新式小学教育从清末开始，至民国已广为推行。1911—1917年，县城设民新高等小学堂（半官半私）1所。1917年始，县城内东南西北各设1所小学。东路小学设于东岳庙，1个班50人；西路小学设于西寺巷，1个班60人；南路小学设于察院街垣墙内西边，1个班52人；北路小学设于土地庙，1个班55人。1918年县城内河南馆设西路女子小学，1个班50人。同年，察院街三司巷设东路女子小学，1个班50人。1920年，全县将高等小学堂改为国民高等小学校，初等小学堂改为国民小学校。1922年国民政府颁行《普通教育暂行办法》，规定小学采取一级制，统称为小学校。1927 年郧县又将小学校划分为完全小学和初级小学。同年，东西两路女子小学合并，在县城城隍庙成立县立第一女子完全小学。1930 年郧县尝试推行义务教育，当年学校达 72 所，学生 2571 人，教职工 140 人。1935 年小学增加至 135 所，学生 5867 人，教职工 275人。1939 年 2 月成立省立郧县第一区小学，原县立中心小学为一部，郧城西南的柳陂白鹤观为二部，共 6 个班 183 人，教职工 15 人。同年 7 月 10 日又更名为郧县县立中心学校，设于城内关帝庙。1942 年将原有各小学及单设民众学校，改为乡中心学校或保国民学校。全县有中心国民小学 29 所，小学和民教部初、高级班 1218 个，2.15 万人，各类初高级小学生 3 万人，其中女生 5074 人。1945 年根据民国《国民教法》规定，将乡中心学校改为中心国民学校。1946 年郧县设立中心国民学校 54 所，保国民学校386 所。除小学学制教育外，民国时期还开办有小学补充教育，即短期小学。短期教育短则几个月，长则一年乃至两年，具有扫盲作用。其中 1934 年 10 月，县火星庙会馆在大堰开办短期小学，县烟酒公司开办短期小学 2 所；1936 年 3 月全县开办短期小学 8 所；1937 年省教育厅在郧县设立短期小学 1 所；1940 年省立短期小学共有 10 所。

在县政府办教育的同时，天主教会于 1920 年在郧县城设立教会小学，吸收教徒子女和教会附近子女入学，1942 年停办。

中学教育延续着清末改革建立的体制，稳步发展。1912 年民国元年郧阳府中学堂改名郧山中学，1922 年郧山中学改名湖北省立第十一中学，3 个班 120 人。1926 年下学期校内驻军，校产损失惨重，被迫停课。1928 年学校恢复，1929 年学校扩大招生，4 个班 169 人。1933 年因战乱该校校舍损坏，学校勉强维持教学，学生仅存 40 余人，教职员仅 5 人。1934 年内设简易师范科，中学生增加到 225 人。1938 年 2 月教育部在郧县设立国立湖北中学，有高中、初中及职业中学等层级的学生，并接纳了河北、山东因战乱流亡的学生 3000 多人，教职工近千人。1938 年 8 月政府筹建联合中学，校本部设于恩施，分校分布于鄂西、鄂北十多个边远山区。9 月，湖北联合中学郧县中学分校成立，设初中、高中、师范三个部，接收孝感、襄阳、郧阳三个专区的学生，共26 个班，其中初中部 15 个班 887 人，高中部 6 个班 266 人，师范部 5 个班 147 人，教职工 68 人。因抗战需要，湖北划分为八个专区，郧阳行署为第八行政专区，在郧的省立学校都以专署序号命名。1940 年 3 月联合中学郧县中学分校被一分为三，就地单设省立第八女子高级中学、省立郧县初级中学、省立房县乡村师范。1942 年 8 月省立第八高级中学高中部、省立郧县中学初中部与"两郧"初级中学合并为郧县县立初级中学，由郧县管理。同时，将省立第八高级中学、第八女高、郧县中学高中部与均县高中合并，成立新的省立第八高级中学，校址设于郧县老城府文庙，即原府学宫，学生来自湖北、山东、江西、河南、河北、江苏、安徽、辽宁等地。1946 年 8 月县立初级中学一分为二：县立第一初级中学（男中），在原校址，县立第二初级中学（女中），以原县立完全小学为校舍。1948 年 9 月，新生的人民民主政权陕南公署决定成立郧县联中，1949 年春开学，由于经济困难，当年停办。此后，陕南公署在均县成立"两郧"第一联合中学，招收郧县、郧西、均县学生。

　　私立中学偶尔呈现，补充了公立中学教育之不足。1940 年在郧各地商会投资兴办中正中学，次年 8 月改组并融入"两郧"合立初级中学，校址在老城南角楼附近，第八行署专员刘翔任董事长，该校的创办缓解了战事状态下大批涌入郧县的流亡学生无校读书的困境。1945 年郧县参议会决定由开明绅士和富商出资筹办私立郧山中学（因原郧山中学已更名湖北第八高中，新创办郧山中学旨在恢复这个具有历史意义的校名），租借江西会馆和武昌会馆房屋为校舍，两年后学校停办。同年，知名人士王少白在柳陂石佛寺内开办建国中学，次年迁入柳陂茅窝，不久停办。开明人士莫达才在十堰东岳观创办新郧中学，开学一年后停办。1947 年梅铺王河小学设立初中班，名曰建华中学，一年后停办。

　　师范教育得到重视，自清末始，不曾中辍。1923 年郧县有师范讲习所 1 所，1932 年每年各办 1 期简易师范，至抗战初期，郧县简易师范成为全省 6 个师范教育单位之一。1930 年以三隍庙为基址成立第八区区立简易师范学校，1944 年 6 月迁往公安县后，属于郧县的简易师范学校附设于县立初级中学内，招收小学毕业生。次年，从县立初级中学分出，迁往郧县安阳办学，两年后从安阳迁回三隍庙。郧县中等师范教育于 1940 年 4 月 1 日正式开始招生，其前身为省立联合中学师范部。

　　职业技术教育在清末初等农业学堂的基础上得到进一步发展，郧县开办商会职业学校，进一步推动了郧县的职业教育。1943 年省立第八高级职业学校在郧县成立，1947 年迁往均县，更名为省立均县高级职业学校。

　　成人教育在清末萌芽，在民国得到发展。1930 年 10 月，郧县设立公立民众学校 1 所，办两个年级复式班，学生 56 人，附设于民众教育馆。1932 年国民党驻军第 51 师政训处在县城内察院街设立中山民众教育学校，次年，郧县政府又将民众教育馆内的巡回讲演队改为巡回民众学校，以各地学校、寺庙或公共场所为阵地讲学，招收 12 岁至 50 岁的男女失学民众进行教学，每月开课 8 次至 10 次。1935 年 4 月全县短期小学内附设成人班，招收 12 岁至 19 岁的失学者，学业 4 个月，每周 12 学时，夜晚教学。同年，办有高级成人班 52 个 1871 人，高级妇女班 27 个 743 人，初级成人班 23 个 1.01 万人，初级妇女班 70 个 1471 人。同年，县成立普及识字教育委员会，县立民众学校有学生 122 人。1939 年县设民众学校 10 所，同时在 70 所短期小学和其他学校附设成人班，次年，学校增加到 12 所。在成人学校开办后，1941 年开始推行成年失学民众强迫入学办法，当时国民政府提出争取五年内扫清文盲的口号，至 1946 年底，全县 33.21 万人，文盲 21.44 万人，国民学校成人就学人数 1.41 万人，入学率占文盲总数的 7%。

第二节　办学特征

民国时期，郧县教育在艰难中前行，在前行中包容，在包容中维新，在维新中承前启后。自明代设府以来，郧阳行政专署始终在这里设置，尽管清末至 20 世纪 30 年代，专署一度撤销，但郧县作为西六县的教育中心和重心地位仍在，所以，教育改革总是先从这里开始，新的办学精神自上而下先在这里得到贯彻。

其一，教育门类趋于齐全。除了特殊教育、医药卫生教育没有起步，其他各类教育应运而生。从学前教育到小学教育，从小学教育到中学教育、师范教育、职业教育、成人教育等，郧县全方位地拓展教育新局面。即便抗日战争破坏了宁静的办学环境，社会动荡不安，人民流离失所，但教育尽其所能地维持常态，学校竭尽全力开办。城内难以为继的时候，就向外地迁徙，一旦有所好转，学校立即回迁。最难能可贵的是，一度推行小学义务教育，这在教育一直处于小众的时代是石破天惊的大事。抗日战争最为艰难时刻，郧县的成人识字教育逆势而上，许多曾与教育无缘的文盲破天荒地接触到教育，这或多或少改变了其睁眼瞎的命运。

其二，办学方向顺应潮流。此时期教育不再被科举考试束缚，教育与受教育者为了提高文化素养而走到了一起。办学者不汲汲于尖子生的培养，对升学率没有特别的追求，精英教育的理念不是办学之唯一，平民教育理念则有所彰显。在郧县这个教育资源相对富集的地方，人们有相对多的读书机会，并被新思潮启蒙。在湖北省立第十一中学(郧阳中学)读书的詹邦经、焦点、张宏盛、燕若痴、杞舜华、张国荣等，就以此校为据点秘密开展地下革命活动，成为郧县地下党的坚定力量；毛邦诰、赵奎甲、王世范等毕业后即走向省城武汉，接受风起云涌的进步文化熏陶和大革命思想洗礼，个个都成了革命火种，再回家乡已然是有思想有政治取向的革命者了，他们燃起了郧县第一把农民运动之火。

任岱青曾是湖北省立第十一中学（郧阳中学）校长，在国民党反动派大肆屠杀共产党人那些年，他利用自己的身份，保护了在校的共产党员和进步学生。国民党县政府政侦室经常到校稽查、逮捕进步学生，但他们却不敢绕过任岱青秘密进行，总是要提前把名单通报他，他每次总会秘密找来抓捕对象，什么话也不说，直接给他们看名单……等政侦室来抓捕时，这些学生早跑了！县政府问责，任岱青佯装不知，反而要县政府交出逃逸学生，说是他们逼狠了，致使学生在校失踪，无法向家长交代，更无法向省政府教育厅交代。抗战时，任岱青仍在该校任教，支持青年学生抗日活动。后来他任"两郧"初级中学校长及女子中学校长，为当时的郧阳地区培养出了一大批优秀教育人才。

其三，教育高地进一步抬升。数百年郧县教育根脉不断，打造了一个教育高地和文化福地。民国几十年里，这个根脉得到有机延续，这个高地得到加高，这盏教育明灯始终得到擦拭，熠熠生辉。多少楼台烟雨中，而府学宫几经风雨却得到维护，一直保护到现在并焕然一新于郧阳岛。三元宫里的郧山书院变身郧山中学、湖北省立第十一中学、省立联合中学、郧阳中学、郧县新一中（后改名为郧阳区一中），这方宝地始终是青青河畔草，葳蕤而蓬勃。无论军阀混战、土地革命、抗战烽火、解放战争，这里始终云集莘莘学子，师生身影闪现于校园。

发展教育，培养有远大抱负的青少年学子，既是造福一代又一代人的大事，又是让这方河山含英咀华、潜移默化、滋养人文的大事。教育的意义是让人明白作为一个人需要对人类社会承担起责任和义务，一个人只有明白自己的责任和义务，才有可能成为一个有用的人，只有完成自己责任和义务的人才能成为一个有价值的人。教育是一种有目的、有组织、有计划、系统地传授知识和技术规范的社会活动，给国家提供具有崇高信仰、道德高尚、多专多能的人才，为国、为家、为社会增添力量，创造财富，振兴民族，促进人类发展。郧县教育在这个风起云涌、波谲云诡的时代，较好地完成了自己的使命。

第三节　科学技术初绽曙光

这个时期郧县的科学技术引进和自身科技发展都没有特别值得可圈可点的地方，

传统的手工业技术和农业技术本能延续，偶有一些创新，却不十分引人注目；外来科学技术的引进没有大的举措，略有一些新生事物传入，只是顺应潮流而已。据 2001 年版《郧县志》记载，1915 年城关镇西街居民周长发自制麻糖，首创郧县食品糕点制造业，这是一个小小的民生科技创新。1917 年鲍峡区白果树村创建民生工厂，生产铁锅，这是传统手工业技术的一个进步。1919 年湖北第二林事试验场在天主堂南坡下建成，占地 40 亩，这是郧阳现代农业科研的发轫。1926 年郧县有了首部无限电台，这是全国推行的结果，是郧阳电信业的肇始。此后，1939 年黄龙镇、十堰镇各设五等电报局 1 个，这是郧阳基层电信业的开始。1941 年郧县成立水利勘测队及水文站，这是郧县水文科学观测的开端。1943 年郧阳造纸厂在黄龙大峡口建成投产，这是郧县传统造纸技术的一个历史性提升。1947 年郧县增设整修郧城、黄军（黄龙至将军河）、黄叶（黄龙至叶大）、十坪（十堰至万家坪）、郧万（县城至万家坪）、郧安（县城至安城）、郧南（县城至南化塘）、桑马（白桑关至马场关）、郧瓜（县城至木瓜沟）、郧清（县城至清凉寺）、郧十（县城至十堰）、十黄（十堰至黄龙）电话线路，21 个乡通电话，这是郧县电信业的进一步推广。以上这些具体而细微的科技进步，对当时的郧县社会并未产生太大影响，然而，这些起步为新中国成立后科学技术事业打下了基础。

第四章　新中国郧县教育事业

这里有个行政区称谓的变化，需要加以说明。此前都以"郧阳"称郧县，是因为在民国时期，郧阳行政专署设在郧县，郧阳地区科教文化大多也是郧县科技文化，人们习惯上将"郧县"说成"郧阳"。新中国成立后，郧阳行署在郧县设置时间短暂，郧县不再以"郧阳"自居。所以，称谓就回归"郧县"。

新中国成立后，郧县科教文化继承历史遗留的资产蓬勃发展，抵达历史最好时期。教育与全国同步，普及小学六年制教育、九年制义务教育，大力兴办中等职业教育、高中教育、师范教育、成人教育、特殊教育和学前教育，赢得教育大县的称誉。郧县科技事业根植于各项事业而鼎兴，既注重科学技术的普及又注重科学技术的引进与研究，培养了本土科技队伍，取得了诸多教研成果。

第一节　紧踩时代鼓点

新中国成立初期，新生的人民民主政权在郧县城及 9 个区设完全小学 5 所，初小 59 所，私塾 33 所，学生 3723 人。学习老解放区办学经验，对学生进行马列主义教育、阶级教育。1952 年，对中小学生实施德、智、体、美全面发展教育。1957 年各级各类学校贯彻执行毛主席提出的德、智、体全面发展的教育方针，1985 年，又将美育和劳动教育纳入教育方针，同时根据青少年心理特征，对中小学生进行道德规范教育、爱国主义教育、法制教育、时事教育、政治经济常识教育、卫生健康教育、安全教育和国防国情教育。

学前教育承前启后，从城到乡，有序推进，为义务教育奠定了坚实基础。1952 年郧阳专区幼儿园设于郧县城关镇小东门内，同年郧阳专区并于襄阳专区，该园停办。1955 年秋，县政府决定在小东门建县直机关幼儿园，于 1956 年春招生。1958 年，全县办幼儿园 182 所。1975 年发展到 984 所（包括育红班）。1979 年调整到 186 所（班）。1994 年调整到 18 所 353 个班。随着农村人口减少，乡镇幼儿园不再单设，附设于乡镇中心小学，充分满足人民群众的需要。

　　小学教育全面铺开，能办学的地方尽可能办学，最大限度地为适龄儿童提供就学机会。1949 年秋，全县小学 113 所 127 个班，1950 年发展到 153 所。1950 年，郧阳联中师范部附属小学在郧阳城青年路体育场东侧建立。1951 年全县适龄儿童 6.08 万人，入学 3.09 万人，入学率 50%。全县 220 个乡仅有 7 个乡未办小学，县政府允许他们兴办私塾，当年全县私塾 68 所。1958 年全县小学 607 所，1965 年全县小学 753 所，1975 年全县小学 1736 所。布局调整后，1985 年全县小学 536 所。1987 年 12 月 7 日，郧县普及初等教育和扫盲工作，经省地验收，确认基本合格，这是郧县普及义务教育越过的一个重要阶段，为全面"普九"打下了基础。1994 年，全县小学 522 所，在校学生 74465 人。2008 年全县小学 169 所，教学点 112 个，在校学生 33511 人。2014 年全县小学 131 所，38627 人。

　　初中教育一路普及，一路发展，走出了一条山区教育艰辛的创新之路。1975 年以前，初中大多附设于高中学校，此后在大办教育中分设，全县初中达 290 所。1978 年，除了县办高中内设初中教学班以外，另有社办重点初中 24 所。1985 年，附设在高中的初中分离出来，全县普通初中达 52 所。1995 年，按"普九"标准办学，撤并部分初中，全县普通初中减至 40 所。1997 年 11 月，经省政府教育督导室验收团验收，郧县"普九"各项指标均达到国家和湖北省规定的现阶段三类地区"普九"标准，郧县正式实现九年制义务教育，这是郧县教育史上一个历史性跃进。"普九"后的初中不断提高教育质量，部分乡镇将小学与初中整合为九年一贯制学校，截至 2014 年全县有初中 25 所，一贯制学校 7 所，在校人数 28610 人。

　　高中教育基础深厚，发展稳健，规模适度，调控科学。新中国成立后，郧县已有相当的高中办学经验。1950 年 3 月，设立省立联合中学，内设中学、师范、师训三个部，另有短期师资班、工农文化班、医士班。1952 年，郧阳专署并入襄阳后，工农文化班迁往襄阳。1953 年，师范与中学分设，成立郧阳师范学校，中学部命名为郧阳中学。1956 年，县委决定于柳陂增设郧县第二高中，于白桑关增设第三高中，于南化塘增设第四高中，于黄龙增设第五高中，郧阳中学更名为郧县第一中学。这些高中都包含初中，叫完全中学。1965 年，恢复郧阳行政专署，专署仍在郧县城，郧县一中恢复郧阳一中名称。1974 年，该校更名郧阳五七大学，1976 年更名为华中农学院郧阳分院，1978 年恢复郧阳一中名称和高中办学性质，华农郧阳分院招收一届大专生即停招，高中部面向郧阳行署所辖各县招生。1999 年郧阳中学迁往十堰市城区。

　　2003 年，县政府决定郧阳科技学校与十堰师范学校(原郧县师范)整体合并，撤销原县实验中学初中部和十堰师范初中部，在原十堰师范校址上重新组建县实验中学（初中），原实验中学更名为郧山中学，致力办特色高中。2009 年 7 月，县委决定郧县一中与郧山中学合并成立新郧县一中，并在原郧山中学校址上重新规划建设全新的现代化中学，县政府从财政预算中投资总计达 4 亿元。2013 年 7 月学校整体迁入新校区，更名为"郧县第一中学"（2014 年后更名为十堰市郧阳区一中），学校占地面积 196 亩（131059 米），建筑面积 7 万多平方米，教学班 67 个，学生 3846 人，教职工 329 人。

郧县师范教育，从办速成班到简师、初等师范、中等师范、高等师范，全力服务一线教育师资需要，从根本上提高师资质量，确保教育教学得到健康发展。1951 年，郧阳联合中学开办师范速成班，一年制。1952 年，在城郊牛王庙开办郧县初级师范学校，同年秋迁往西菜园。1953 年停止招生，1955 年恢复招生并附设小学教师轮训班。1958 年 9 月，初级师范学校改为城郊中学，附设简师 4 个班。中等师范，从新中国成立前延续下来，1950 年郧阳联合中学招生师范生达 22 个班。1952 年，联合中学中师班招生 7 个班。1954 年秋，师范与中学分设，师范校址在老城郧阳府旧址，校名为湖北省郧阳师范学校。1967 年，郧阳专署迁往十堰，该校随迁，1970 年又迁回郧县杨溪红旗大队，1971 年恢复招生，1975 年秋中师停办，随后改办高师班。1977 年更名华师郧阳分院，1978 年更名郧阳高等师范专科学校，1983 年整体迁入丹江口市。1972 年郧县中学附设中等师范招生。1978 年，郧县师范于新城闵家山建校，1994 年郧县师范设立郧县中小学教师继续教育培训中心和郧阳地区中小学教师继续教育培训中心，1998 年迁往城关烽火沟，2002 年更名为十堰师范学校，2003 年并入郧阳科技中专学校。

职业教育旨在培养一技之长的社会实用人才，一开始就列入政府议事日程，与普通教育并行不悖，且受到特别重视。新中国成立后，郧县先后创办农职业中学、卫生学校、农机学校和职业教育中心。1958 年，全县办有 9 所农中，学制 3 年，采取半日制、间日制、雨天多学、晴天少学、闲时多学、忙时少学的形式教学，培养了 500 多名农业技术人才。1961 年停办，1964 年恢复，1967 年停办，1970 年恢复。1980 年茶店青山试办农业初中 1 所。1981 年桂花乡兴办 1 所农业高中。1983 年全县办农业初中 17 所。1986 年，全县农业技术中学有 13 所。1989 年农业中学改为职业中学，全县有 5 所。1992 年全县仅有 2 所职业高中和 2 所示范性职业初中。现有郧阳职教中心源自 1960 年创办的郧县农机学校，1985 年与原城关镇中学合并后，更名郧县职业高中。1989 年成人中专并入，更名为郧县职业教育中心。2003 年，十堰师范学校、郧县技工学校、郧县农机学校等整体合并，更名为郧阳科技中等专业学校。

1958 年，郧阳地区卫生学校在郧县创办。1960 年正式招生。1966 年在大堰花果山耕读中学创办半工半读卫生班，1969 年停办。1972 年恢复后，面向郧阳行署所辖的六县招生。1979 年被湖北省正式批准为中等专业学校。2004 年更名为十堰市医药卫生学校。2005 年被评为省级重点中等职业学校。2008 年长岭校区动工，2014 年前已全部迁入。

特殊教育是郧县教育一个醒目亮点，是教育服务人民群众一个切实举措。1959 年10 月郧县就在老城小东门外千手菩萨庙创办聋哑学校，学生 9 人，教职工 3 人。1960年秋因经济困难停办。1991 年 10 月，郧县在武阳岭恢复该校，专门招收盲、聋、智障者少年儿童。1994 年招收 10 个班 110 人。1995 年更名为郧县特殊教育学校，迁至城关镇沿江巷 1 号。2008 年至 2014 年，基本保持 9 个教学班，教职工 23 人。

成人教育备受重视，与其他教育一同发挥了历史性作用，在郧县新时期教育史上颇为亮眼。1949 年全县农村便开展扫盲活动，万余农民参加学习。1952 年全县各乡办冬学 976 所，有教学班 1022 个，学员 31300 人。1960 年全县总人口 38.91 万人，文盲19.98 万人，参与学习 13.08 万人，毕业 8.13 万人。1964 年新办民校 161 所，参加学习农民 1.6 万人。1972 年，全县办农民夜校 1035 所，参加学习的农民 2.03 万人。1978 年，全县大队小学开设农民文化学习速成班，参加学习者 8802 人。1994 年，全县各个教学点履行成人学校扫盲任务，青壮年文盲率降低到 5% 以内。1995 年，湖北省教育委员会和省妇联联合授予郧县教委巾帼扫盲先进单位。1997 年，郧县正式通过省政府扫盲验收。在持续实施成人扫盲教育的同时，于 1975 年在海拔 600 多米的桂花卧牛山成立郧县共产主义劳动大学，开设农机、农学、水电、林特、兽医五个专业，从农村青年中招收学生，培养有作为的农业技术人才。1980 年该校迁往桂花陈家漫村，更名为郧县农民技术学校，1981 年 9 月，更名为郧县成人中等专业学校，这里原为郧阳地区"五七"大学基地。1988 年该校成为全省 14 所重点成人中等专业学校之一。1989 年并入县职业高中。

成人学历教育在改革开放后勃然大兴，一大批在"文革"中失去学历教育机会的人赶上最后一班车，实现了学历教育的愿望。1984 年郧县教育局函授站并入郧县师范，成立郧县师资业余培训中心，履行中等函授、专科函授、本科函授的辅导工作。1988年开办成人电大、成人卫星电视教育班，在实施电视教学的同时开展辅导教学，不仅培训师资，也实施社会性大专学历教育。自此，郧县成人学历教育集电视大学、卫电专科、高师函授、小教大专、中师函授、自学考试等功能于一体，教师和社会各类求学者一度高达 3000 人。

第二节　当代办学成就斐然

改革开放以来，郧县大力实施基础教育提升工程，缩小城乡、区域、校际教育差距，促进基础教育从基本均衡走向优质均衡，推动教育高质量发展。

一、完成"普六""普九"的历史性目标

郧县教育局曾出版《大山的骄傲》一书，介绍郧县自新中国成立以来教育的辉煌成就，尤其是"普六""普九"的功绩，称这是功德千秋之事。改革开放之初，郧县还是全国贫困县，经济水平较低，但人民群众办教育的热情很高，再穷不能穷孩子，再苦不能苦教育，努力让全县最好的地方是校园，最好的建筑是学校。全县乡村掀起大办教育热潮，他们卖鸡蛋、卖猪、卖粮食，捐建校舍，捐修通校公路，捐购课桌凳……从 1986 年起，农民按上年纯收入的 1.5% 征收教育附加费，乡镇企业按利润的 6% 征收，个体经营者和专业户按上年人均纯收入 2% 征收。1994 年，全县共征收 5343 万元，全县改扩建和新建砖木结构校舍 3.58 万平方米，消除危房校舍 575 间。1997 年，中小学校园面积增加到 213.67 万平方米，生均 28.1 平方米、15.8 平方米。同年 6 月，湖北省国家贫困地区义务教育工程现场会在郧县召开。11 月，经省政府教育督导室验收团检查验收，郧县"普九"各项指标均达到湖北省规定的现阶段三类地区"普九"标准，实现了普及九年制义务教育的历史性目标。2001 年，郧县二期国家贫困地区义务教育工程和教育扶贫项目工程全部完工，至此，郧县实现九年制义务教育的后续工程圆满完成，这在国家级贫困县是个创举。

二、最好的建筑是学校

经过几十年艰苦卓绝的奋斗，郧县实现了办学硬件——校舍面貌的根本好转，干打垒土木结构校舍彻底走进历史，危房逐年得到消除，所到之处看到的最好房子都是学校的房子。

1949 年初，郧县乡村学校大多是干打垒的土木结构房屋，少部分砖木结构，办学环境很差。到 1971 年，全县校舍依然没有大的改观。1982 年，全县校舍总面积达

241.29万平方米，土木结构33.13万平方米，砖木结构8.17万平方米，危房面积18.64万平方米。1985年底，校舍总面积41.34万平方米，其中砖木结构19.86万平方米，596所学校实现无危房，463所学校有教室，有标准课桌凳。1992年，全县开展创建教育先进乡活动，实施校舍规范化建设，全县校园总面积达3452.2亩，校舍总面积达49.16平方米，其中砖木预制结构校舍面积40.76平方米，17个乡镇兴建教学楼、试验办公楼、师生宿舍楼39栋2.9万平方米，实现"六配套"学校157所。1994年，全县校舍总面积52.17万平方米，其中砖木结构达85.9%，一二类危房全部消除，488所学校达到绿化合格标准，全县校园绿化面积达40余万平方米，绿化率90.1%。1996年，增加砖木预制构件校舍5万平方米，正式实施国家贫困地区义务教育工程项目，争取中央投入725万元，拆除土木校舍、消除校舍危房9899平方米，校舍面积比上年增长91535万平方米，校舍总面积达67万平方米，砖木预制构件校舍比例占97%以上，400所学校实现"八配套"，504所学校达到省定绿化标准。2002年，11个乡镇12所学校实施危房改造工程项目，完成危房改造项目7个，改造中小学危房4800平方米。2005年，危房改造项目50个，改造危房2.8万平方米。2007年，全县中小学危房改造资金达1593万元，维修改造新建项目96个。2008年，中央下拨资金2204万元，17所农村初中校舍得到进一步改造。至此，校舍维修长效机制形成，校舍质量和生平面积得到根本保障。

三、先进的装备在学校

随着校园环境的大力改善，教学设备也持续优化，山区孩子享受到与城市孩子同等的教育条件。1979年至1984年，电化教学仪器优先满足10所高中及3所重点初中，其他27所初中自筹资金购买录音机、电视机、点唱机、扩音机、印刷机。1985年，全县中学配备了较为配套的理、化、生教学仪器。1986年兴建卫星地面接收站，10个乡镇设立放像点。2000年，各中心小学以上的班级配齐电视机、投影机、收录机、银幕，基本达到班均一套常规电教设备目标。2002年，一次性建成计算机教室21个，多媒体教室5个，中小学信息技术普及率达70%。2005年实现信息技术教育校校通。2006年，为中小学一次性配备升降式课桌椅1.5万套，2007年又一次性配备2.5万套，为33所中学装备了计算机教室、多媒体教室、电子备课室。2007年秋全县中小学生实施"两免一补"，即免费提供教科书、免交学杂费、贫困寄宿生给予一定标准的生活补助。2008年配备升降课桌椅1.5万套，全县义务教育阶段学生全部拥有健康型课桌椅，建成全县各学校视频编辑系统、学校网站虚拟主机系统和全县教育办公自动化系统、全县教育视频会议系统、中小学信息技术考试系统。2008 年以后，更新和增设新的教育技术设施纳入学校日常工作，学校的现代化装备趋于常态化。

四、资金保障在教育

教育经费支出历来是县财政大头，占县财政支出大半壁河山，为了教育事业，县人民政府不遗余力地予以支持。1950 年，教育经费以粮食折合计算达 32.66 万斤苞谷。1951 年为 69.49 万斤大米。1952 年到 1985 年，教育经费转为货币，由财政划拨。1985 年，基础教育开始实行分级办学分级管理，教育经费来源实行国家财政拨款、征收教育费附加、收取学杂费、勤工俭学、校办产业投入、建立教育基金会等多渠道筹措途径解决。1986 年至 1993 年，教育经费由县财政拨款改为区乡财政拨款。1994 年收归县财政管理。2007 年，县政府制发《郧县农村义务教育经费保障机制改革实施方案》，决定从 2007 年春全部免除农村义务教育阶段学生杂费。从此，国家担负起了义务教育支付的全部担子，人民群众彻底卸下了教育经费负担。

第三节　当代办学者们

郧县教育迈向一个又一个新台阶，离不了那些忠心耿耿的办学者，揭开新中国郧县教育新的一页是他们，不畏艰难奋力前行的是他们，迎来赞歌和辉煌的是他们。他们呕心沥血，殚精竭虑，敲响了校园每一天的晨钟，耕耘了教育的风风雨雨，放飞了山区孩子们的梦想。他们是一个群体，是一个又一个具体人，是桃李春风十年灯的掌灯人。

柳长毅与郧县教育　柳长毅于 2002 年至 2011 年历任郧县人民政府县长、郧县县委书记。主政期间，即便是遇上"非典"（2003 年出现的非典型性肺炎传染病）、关烟厂、大移民、建二桥、抓市县对接等大事、难事，他依然研究解决了郧县教育发展中数个打基础、管长远的重大问题，打开了郧县教育事业新局面。

其一，在郧阳教育发展的十字路口，他果断决策，实施了教育资源整合，使教育资源功能实现最大化。2003 年是郧县职业教育飞速发展和城关初中办学需要整合的一年，如何保障职业教育发展的良好势头，如何盘活现有教育资源，满足城关镇初中教育之需，考验着教育决策者的魄力和智慧。时任县长柳长毅调研后提出将郧县技工学校、郧县农机学校、十堰师范学校几个中等专业学校整合的意见，教育部门广泛征求意见后随之拿出具体方案，县政府充分研究后予以实施。十堰师范整体并入郧阳科技学校后，腾出了校舍集中精力办郧县实验中学，原实验中学初中部并入，一所全县优质实验中学(全部初中)由此诞生。其他几所规模小、条件差的中专技校等，合并为一所科技中专(加挂职业教育中心的牌子)，郧县职业教育资源整合后实现了职业技术教育集团化，此举在全国引起了很大的反响。

其二，郧县一中全新布局，大手笔建设。原位于烈士亭下的郧县一中老校区，作为重点高中，备受社会瞩目。经过改革开放40多年发展，在校生达3000多人。由于校园受周边环境严重制约，楼房挤着楼房，没有发展空间。如何解决这些问题成为学校年年都颇为苦恼的事情。曾经提出过几个解决方案，试图落实，但却无法实施。2009年，时任县委书记柳长毅着眼于宏观大局，从长远发展着想，下决心要办一所鄂西北硬件最好的高中，于是通过亲自调研，做出了将郧县一中整体迁入郧山中学的决策，成立新的郧县一中，重新高起点规划，高质量建设，一举解决原郧县一中办学的根本出路问题，同时也解决原郧山中学因招生和办学定位造成的办学颓势，还承继了原郧山书院、老郧阳中学遗留下来的区位优势和文脉优势，使这里五百年的薪火得以更好地相传。为此财政预算开支4个亿，一期工程2个亿。经过五年弃旧图新，高规格建设，新的一中校园壮丽宏阔，各个功能区分明，面水临江，环境优雅，2013年新郧县一中在郧山中学(原郧山书院和老郧阳中学)原址上靓丽呈现。

其三，一次性解决乡村民办教师历史遗留问题，从此再无民办教师历史欠账。彻底解决民办教师问题，在21世纪之初，无疑是捅"马蜂窝"。2003年8月，县政府制发《关于改革现行民办教师管理体制的决定》，决定从2003年之后不再进行"民转公"，通过"三个一批"彻底解决民办教师问题(即公开考试转入全额事业编制一批、年纪在52岁以上或从事民师30年工龄者退养一批、不合前两者条件的通过补助教龄补贴解聘一批)。对解聘者，比照国企改制对职工的补贴标准，对民办教师实施教龄补助后，解除聘用合同。由于政策合理且人性化操作，郧县在全国率先解决了民师问题，同年9月，全县民办教师全部按政策平稳予以解决。

其四，千方百计改善教职员工待遇，稳定山区教师队伍。2003年7月1日起以县为单位建立新型工资发放保障机制。2005年，为了稳定边远乡村教师队伍，在县财政极其困难情况下，全省首创按距离远近给乡村教师每月发放50元左右交通补贴，仅此一项县财政每年多开支200多万元。2007年落实农村中小学教师工资改革政策，教职工月人均工资比上年增加 5%。继续发放教职工补贴，每人每月增加补贴 110 多元。2008 年县政府制定《郧县义务教育学校教职工绩效补贴分配指导意见》，兑现义务教育学校教职工月人均 150 元绩效考核补贴，全县仅此一项支出 891 万元。按职工工资的 3% 足额安排职工住房公积金，按教职工工资 5% 和人均 60 元标准安排教职工基本医疗保险和大病医疗保险费。这在当时县财政十分困难的情况下实施实属不易。

王喜福与柳陂罗公中学　20 世纪 70 年代开门办学时，罗公中学是全国农业中学模范学校，校长王喜福是那个时代办学的楷模，全国优秀教育工作者。他没有简单地将学生带到学农基地劳动，而是教他们果木嫁接，教他们制作有机肥料，教他们农机应用与维修……他真正培育了一代有所作为的新式农民，他的学生在改革开放后都成了农村技术人才，成了能人，成了带头致富的第一代人。王喜福故里——柳陂王家学村现在是全省有名的生态村和致富村，这与他的智慧付出密不可分。

张光昕与郧县第一中学　张光昕在改革开放初期被县教育局委任为郧县一中校长，此时的郧县一中刚刚从"文革"的混乱中走过来，抓教学质量还很迷惘。张光昕从组建教师队伍入手，从选拔生源着力，全面抓高中教育教学质量。他以铁的手腕、铁的作风著称，敢于破除陈规陋习，敢于打破条条框框，敢于用人，善于用人，在很短时间内，捋顺了纷乱的关系，使学校走上了正常轨道。他亲自抓招生，亲自抓教学，亲自抓毕业班，最终累得胃出血。他所抓的这届毕业班，考出了全地区优异成绩，令当时的郧阳中学都深为叹服。

刘泽国与郧阳科技学校　2003 年，刘泽国担任合并后的郧阳科技学校校长，就如何提升职业技术教育质量和毕业生就业问题，他竭尽全力，闯出了一条新路子。他经常奔走于全国各地，带着毕业生考察企业，与比亚迪这些知名大企业签订长期就业合同。他大力投入教学设施和学生实习基地建设，培养学生实际操作能力，培养真正有专业技术的人才，为毕业生就业拓展了宽广门路。他为郧县职业技术教育飞速发展、为郧阳科技学校成为国家级重点中等职业学校做出了重大贡献。

王守玉与杨溪中学、郧县第二中学　军人出身的王守玉以军人作风办学，在改革开放初期任杨溪中学校长时就善于抓学风、教风、教学质量，使一个乡镇中学迅速成为闻名郧阳地区的名校，十堰城区、远近乡镇的学生均云集该校。杨溪中学迄今仍是全县屈指可数的名校。1984 年他调任筹建郧县第二中学，办学伊始，除了校舍，一切白手起家。是他矮子当中挑将军，组建了教师队伍，培育了稳定生源，接收了中专和县中录取后的学生。在他不遗余力的努力下，三年后，高考成绩超出了他的预期和社会预期。此后，郧县二中走出了一批又一批优秀学子，王守玉也被授予全国优秀教育工作者。

卢仁贵与谭山教育　出生郧县谭山镇的卢仁贵大学毕业后自愿回到故乡任教，那时他的故乡谭山是全县贫困乡镇，群众吃的唯一粮食是红薯、红薯干。那年，他被推举接任谭山中学校长，那是一个黄泥岗上几间东倒西歪的房子，连三尺宽像样的路都没有。他没有畏难，与乡亲们谈心，走村串乡，说办学的好处。乡亲们支持他，自愿把荒春上救急的红薯干捐给学校。一户带动一户，一村带动一村，群众挑着红薯干扯成线地往学校去。不久，谭山中学就有了一栋教学楼的款，不久，又有了第二栋楼的款，不久，又有了建办公楼、宿舍楼、运动场、水泥路的款。群众的支持是无穷的动力，谭山中学华丽转身了，教学质量一下子上去了。能把中学办好，也一定能把全镇教育办好，全镇人民欢呼卢仁贵出任乡教委主任。他懂乡亲们，不拂乡亲们美意，接过了乡教委主任担子。他还是那样走近人民群众，走近每一所破乱的学校，把办学的必要性说给大家，感动大家，感动师生，赢得了全镇群众的红薯干，全镇校舍一一改观，入学率逐年攀升，教学质量跻身全县前列。谭山办学事迹迅速传遍各地，《湖北日报》以大幅标题《红薯干垒起教学楼》《黑石山上一颗星》为题报道。《中国教育报》以《山村学童做饭忙》为题报道了谭山中学学生艰苦读书的事迹。谭山中学成为全省农村办学典型，先后10余个省市170多个考察团赴谭山中学考察学习。卢仁贵开创造了谭山教育的辉煌，荣膺全国优秀教育工作者称号。

田期华、沈萍与郧县城关镇第一中学　田期华是郧县城关一中原校长、沈萍是该校原副校长、班主任、语文教师。他们在任期间，大抓教师岗位培训，注重以研导教，研教结合，将这所普通初中的教学质量提升到全县瞩目的高度，引领了一种办学潮流，铭刻了一代人的记忆，赢得了无数学子和家长的礼敬。该校先后被确定为全国尝试教学实验基地和全国启发式教学基地。田期华曾出版《城区学校管理策略》著作，总结了城区复杂环境下的管理方略，提出了以办学质量促进校园周边环境改变的办学新思路，受到市教委领导的高度肯定。沈萍在班主任工作上极富独创性和管理经验，语文教学艺术独树一帜。她在城关一中工作的多年间，即便担任副校长也始终当班主任和语文教师，她的教学质量在全校始终保持领跑的前位。她曾荣获全国优秀教师、优秀班主任称号。

徐家明与东河乡枧沟小学　徐家明是东河枧沟人，在这里教了一辈子书，把这里的孩子一个一个送出了大山。这里人贫困，上学没有钱，徐家明想解决他们书本费、吃饭钱，仅自己那点民办教师工资垫付远远不够。最终他想到了办法，学会了天麻人工栽培技术，并教会学生栽培。通过勤工俭学，他的天麻收入非常可观，不仅解决了学生全部学费和生活费，还新建了校舍。他成为全国模范教师，他的事迹成为全国典型。

董相国与鲜鱼寺小学　董相国是鲍峡小花果鲜鱼寺教学点教师，也是学校的校长。这个学校太偏，就他一人，没其他人愿意来。许多孩子小，到小花果学校读书跑不动。这样，他就一人带四个年级，搞复试教学。他除了满负荷教学，也培养高年级学生给低年级学生上课的能力，他还创造性发明了小学算数、小学语文高效学习法，制作了大量教具辅助学生学习，形成了独树一帜的"董氏教学法"，受到全县关注。他的复试教学在今天的偏远山区教学中仍备受推崇，《今日湖北》大篇幅报道了他的教学事迹。

刘道锐、罗寿文与崛峪小学　刘道锐、罗寿文曾是原崛峪小学校长，以学生为主体、学校为主导、家长学校为动力开展养成教育工作，取得了显著成效，在全国受到关注。吃饭不洒一粒米，穿衣扣好第一粒扣子，育人心细入微，教化持之以恒。十数年如一日，让学生在养成中养成，在学习中学习。他们的寝室像军营，他们的食堂像课堂，他们的校园像公园，校园每个角落都不会遗留一个纸屑，路上不会有一丝痰迹，厕所没有一个苍蝇。从这里走出去的学生均具有少先队员的风范，受到高一级学校的赞誉和欢迎。该校曾受到国家教育督导专家的高度评价。

以上列举，窥一斑而知全豹，从教育工作者到教学工作者，郧县教育人才济济，不胜枚举。作为教育大县，作为承继郧阳府教育根基的教育强县，许多的人和事，脍炙人口，有口皆碑。

第五章　郧县当代科技事业

新中国成立后，郧县人民政府十分重视发展科技事业，加强科技管理和科学知识的普及教育，推广应用先进科学技术，引导农民科学种田。随着科学技术逐渐走进生产实践，郧县各种产业技术也不断兴起，社会效益逐渐显现，化肥、化工、造纸、建材、卷烟、印刷、机械电子工业的技术含量不断增加。党的十一届三中全会后，郧县经济迅速走向开放，一批科研机构、学术团体相继成立，郧县积极培育和开发技术市场，有效实现了科技与生产相结合，促进了山区资源优势向商品优势、经济优势转化。

一、组织机构建立健全

科技组织是为科技工作者服务、为创新驱动发展服务、为提高全民科学素质服务、为党和政府科学决策服务的职能部门，它具有开放型、枢纽型、平台型等特征，因而，它可以接长手臂，扎根基层，团结引领广大科技工作者积极进行科技创新，组织开展创新争先活动，促进县域科技繁荣发展，促进县域科学技术普及和推广。

县委把全民办科学、进行科学技术普及的战略纳入工作部署之中。1958 年 11 月县委发出《关于全党全民办科学、苦战两年，在全县范围内基本扫除科盲的指示》，对科学技术工作方针、任务、组织、队伍、情报及科技成果做出了 6 条规定，推广科学技术工作从此成为县委行动。

1956 年 12 月郧县科学技术协会成立，内设农学、医学、化学、生物、气象、地理、数学、畜牧兽医等 8 个学组和 8 个乡镇科普组。1994 年，县科协下辖农学会、医学会、林学会、园艺学会、畜牧兽医学会、气象学会、水利电力学会、微生物学会、机械电机工程学会、地震学会、建筑学会、花卉学会、沼气学会、轻化工学会、金融理论研究小组、教育学会师范分会、土特产学会、卫生经济研究小组、珠算学会、中药材研究会、农业机械学会、新闻协会、书画协会、摄影协会、税务学会、价格学会、集邮协会，所有乡镇均成立科学技术普及协会，下设粮食、柑橘、水产、油料、蔬菜、药材、葡萄、油桐、龙须草、机械研究等学会。

1959 年 4 月县政府成立郧县科学技术委员会，1968 年撤销，1977 年 12 月恢复成立，2002 年 4 月郧县科学技术委员会更名为郧县科学技术局，其工作性质为：贯彻执行国家关于科学技术工作的方针、政策和法律法规，编制并组织实施全县科技发展规划，制定促进科技发展政策措施，推进科技创新体系建设，负责全县科技成果、科技奖励、科技保密、科技情报信息和技术市场管理工作，指导全县地震工作，开展知识产权行政执法工作。

1967 年 3 月，郧县农业科学研究所成立，有高级农艺师 3 人，农艺师 4 人，助理农艺师 7 人，主要从事农作物高产栽培、良种引进、杂交育种、品种对比试验、种子标准化和良种提纯复壮等科学研究，同时承担省地县业务部门下达的科研任务。1962 年，县委对农村手工业匠人进行调查，统一发放农村手工业社员证。1974 年，郧县林业科学研究所成立，有林业工程师 3 人，助理工程师 7 人，林业技术人员 7 人，职工 36 人，全所科研用地 1824 亩，主要从事板栗、茶叶、柑橘、林木、花卉、干果水果等经济林木的引进与栽培、品种比对试验、良种培育与推广、病虫害的预测与防治工作。

1990 年，鄂西北第一个科技馆——郧县科技馆建成开馆。该馆的建成，对社会尤其对青少年具体感受现代科技具有十分重要的意义。科技馆得益于前沿技术 VR 现实的发展，借助该技术，参观者可以在各种培训中有更好的实践体验。科技培训相较于传统的课堂式集中上课更能及时反馈问题，相比于教科书里面枯燥难懂的文字描述，真实的场景更能直观地表达和传递更多的信息内容。

1998 年，郧县获全国科技进步先进县称号。1999 年，县委、县政府制发《关于加速发展高新技术产业的意见》《关于实施技术创新、发展高新技术产业的决定》。2004 年，县人才工作领导小组成立，县委、县政府先后制发《郧县培养和选拔学科带头人实施办法》《关于实施人才强县发展战略意见》《关于进一步加强人才工作的实施意见》《郧县科学技术奖励办法》《关于对各类优秀技术人才进行命名表彰的决定》等政策法规，全力实施人才强县、科技强县战略。2006 年 7 月，县委、县政府制定《关于加强科技工作，促进县域经济发展的实施意见》，建立起以"政府为引导、企业为主体、金融为杠杆、社会为补充"的科技经费投入体系，被科技部确定为第一批全国科技试点县，2008 年，被国家知识产权局列为知识产权强县工程示范县。

1980 年到 1994 年，全县共建立 28 个县级科学技术学会、学组和研究会，26 个科学技术普及协会，有科技培训机构 670 多个，有科学技术推广组织 200 多个，有科技示范乡镇 9 个，有农村经合组织 194 个，科技带头人 2.7 万。举办科技下乡活动 150

余次，举办科普讲座 290 多场次及科普展览 219 期，发放各类科技宣传材料和图书 10 万余份，进行科普培训 21.7 万人次，获科技成果奖 104 项。至 2008 年，全县有专业技术人才 7377 人，经营管理人才 1499 人，农村实用人才 6160 人，企事业单位有 9214 人获得专业技术职称，科技进步对全县经济增长的贡献率从 1990 年的 28.5% 提升到 2005 年的 48%、2008 年的 50%、2014 年的 70%。

省委、省政府加大科技扶贫力度，1988 年开始选派省直单位或大学的科技人才进驻郧县，任科技副县长。至 2010 年，省委先后选派省规划设计院、中国地质大学（武汉）、武汉轻工大学、长江水利委员会设计院等单位 8 名科技专家到郧县任职。郧县自 1993 年起，从县直部门选派科技干部到乡镇任科技副乡（镇）长。到 2008 年，已形成县有科技副县长和科技推广中心、乡镇有科技副乡长和科技服务中心、村有科技副村主任和试验基地、组有科技园和技术员、户有科技明白人和试验地的五级科技联动组织机制。

二、传统产业在探索中创新

1959 年 12 月，省科协考察团考察了郧县"葡萄连架长藤结瓜式"水利系统，认为其具有重大科学价值，传统农业耕作技术在传承中得到发展。1958 年，城关合作木工厂与农具修配厂联合研制生产出"584"木制轴承车床，将手工制作功效提高了 4 倍。1959 年 9 月，县农机局经过 8 次试验成功研发小麦四大双行条播器，经襄阳专署农业会议鉴定，产品合格，投入生产后，该机械是人工播种功效的三倍。传统的桐油产业也得到大发展，榨油后的桐壳利用有了新技术。1965 年 12 月，郧县土产部门利用桐壳制碱技术获得成功，桐碱加工技术在全县推广。1973 年，柳陂铁业社试制成功机耕船，使传统农机具向现代化迈进了一大步。防治病虫害农业技术引进工作取得成功，1972 年 10 月，白桑关土特产技术人员李胜启采取土温室饲养澳洲瓢萤叶甲越冬成功，用以防治柑橘吹绵介壳虫。1973 年，美国"马里兰"烟叶在安城、柳陂、杨溪、南化塘等地试种成功。1982 年，县农业技术员吕建忠利用郧县传统白羽乌鸡与来杭鸡杂交培育繁殖成功，诞生郧阳白羽乌鸡新品种。

酿酒业科技创新富有成效。1986 年，县酒厂淀粉质原料不蒸煮酒精发酵新工艺通过省科委技术鉴定，获省科技成果三等奖。1995 年，梨花村粮液酒和郧特粉丝在武汉首届中国国际食品博览会上获金奖，"汉江粮液"酒获第二届国际食品博览会金奖。1996 年，湖北精品名牌展销会在武汉洪山体育馆举行，郧府枸杞液酒、郧城牌羊毛衫、28 克打字纸、铝箔纸、梨花村系列酒、皂素针剂、郧特粉丝分别获得金奖、银奖、精品奖不等。

1981 年中药材公司天麻技术员张国荣将天麻由野生转家生高产栽培获得成功。1981 年 11 月，由县防疫站瞿超发起的"乳酪酸临床试验"，经全国各地科研、医务等方面的 45 名专家鉴定获得成功。

1973 年，郧县开始引种美国东南各州火炬松、湿地松。1983 年，桂花同心大队从浙江引进铜锤柏嫁接成功，产量超过本地乌柏 2.5 倍。1998 年，桂花乡"桂剑"茶荣获国际茶文化博览会金奖，黄柿乡礼拜寺"茅塔云剑"茶获中国国际茶文化博览会金奖。1983 年 12 月，郧县一号菌固体发酵治疗仔猪白痢病技术通过省地县专家鉴定。1983 年 11 月，城关镇猪鬃厂生产的氨基酸首次进入国际市场。

1980 年至 2005 年，郧县组织实施农业科技星火富民工程、农业科技入户工程、阳光工程、送科技下乡工程，扩大白鲳、罗非鱼淡水养殖，推广应用龙须草高产栽培、食用菌人工栽培和生物发酵生产薯干粉丝技术，促进资源深度开发利用，引进新品种、推广新技术、应用新工艺超过 400 种，建立农业科普示范园（区）21 个，培养科技示范户 2000 多个，成立农村专业技术协会 38 个，农业产业化经营组织 35 个。农业产业化结构不断优化升级，瓜果、蔬菜、药材、畜牧、桑蚕形成优势产业，泡菜、茶叶、食用菌、郧阳木瓜、郧阳黑猪、郧阳粉丝成为特色产业。"郑麦 9203 号""鄂麦 18 号""华油杂 9 号""鄂薯 4 号""国豪 1 号"等新品种和无公害蔬菜加工新技术的推广，促使传统农业向现代农业转化。到 2008 年底，推广农村实用技术 80 多项，农业先进技术覆盖率为 95%，优良品种覆盖率为 97.5%，获省部级科技成果奖 37 项，获市厅级科技成果奖 94 项。

三、政校合作，产学研一体化

进入 21 世纪，郧县县委、县政府致力于推动经济从高速增长迈向高质量发展，协调一些大学与本地急需科研扶持的企业和产业携手，实施产、学、研、用融合发展，驱动科技创新，培养了一批企业上台阶、一批产业具有持久发展潜能。2003 年，时任县长柳长毅鉴于郧县传统农业产业发展乏力等因素，将注意力转向大力发展木瓜与药材产业上，为使这些产业获得科技支持，他亲自与武汉轻工大、同济医大药学院等单位联系，建立起产学研合作关系，开展木瓜和药材加工研究，经过几年努力，郧县这两大农业产业都获得了成功。小小木瓜经过深加工变成系列高附加值绿色有机产品木

瓜酒、木瓜果醋、木瓜精油、木瓜酵素、手工香皂等，深受北上广深等一线城市高端
消费者青睐；郧县制药产业也得到很大发展，从年产值 2000 多万元发展为年产值 4 亿
多元，成为郧县生态经济的支柱之一。柳长毅还亲自牵线佳恒科技有限公司与武汉理
工大学合作，进行科技攻关，使佳恒油缸不断创新，产品俏销国内外。

2012 年后，郧县县委县政府又对油橄榄产业予以重点支持，经过大学专家指导，
郧县油橄榄产业发展喜人，现已有 15 家油橄榄种植加工企业和专业合作社，建成全国
首个油橄榄精深加工数字化智慧工厂，拥有年产 1500 吨压榨生产线和年产 10 万吨调
和油生产线等各条生产线，油橄榄产业成为集种植、加工、销售、文旅等于一体的
产业。

政校合作发力，产学研用融合发展，推动了郧县自主创新成果加速转化为现实生
产力，并将市场应用需求加速反馈给研发主体，进而推动自主创新能力快速提升，充
分发挥企业出题者作用。经过政府搭桥，目前有 35 个企业与大专院校、科研院所建立
长期协作关系，校企共建项目 30 个，这是郧县科技事业进入 21 世纪后探索出的一条
创新之路。

四、工业技术向高新技术迈进

传统造纸技术向现代造纸产业迈进。1959 年 7 月，郧县造纸厂首次使用自制铁木
混合造纸机，生产 40 克文化纸。1981 年 10 月，郧县造纸厂生产的双龙牌 1 号 28 克打
字纸经省优质产品审定委员会审定，并经省政府批准，被评为湖北省优质产品，该产
品首次进入全省优质产品行列。

现代工业装备制造技术有所突破。1970 年 5 月，郧县风动工具厂试制成功凿岩
机。1972 年 11 月，县石棉矿试制成功新型选矿设备——倾斜反流筛。1974 年，郧县
农机一厂试制成功"郧阳-20"型履带拖拉机，这是全国第二个能够生产该产品的厂家。
1982 年 12 月，县油漆厂试制成功 FQ_3 铸造树脂，国内首创，填补了国内空白。1984
年，县汽车配件厂延长冲天炉炉衬寿命研究获得成功，8 个省市 19 个大专院校 77 名专
家经现场测定，认定该科研技术成果填补了国内冲天炉炉衬研究空白。1985 年，县油
漆厂生产的 FO_6 铁红酚醛底漆被评为全省同类产品质量第一名。1987 年，县工业用油
公司与华中师范大学化学系共同研究完成桐油精炼技术开发项目，压榨浸出的毛桐油
中水含量由 0.4%～3%降低到 0.108%～0.22%，指标低于部颁标准 0.3%，成为出口高
技术产品，填补了湖北省工业用油精炼技术空白，获得湖北省科技进步二等奖，商业

部科技进步三等奖。

改造钢铁、建材、化工工业技术，促使工业经济向规模经济发展。郧县三菱工业总公司与二汽协作，成功研制冷拔成形花键轴攻关项目，技术工艺被专家评定为国内生产同类产品先进技术。郧阳齿轮总厂研制的发动机正时齿轮获得省优质产品奖。1980年至2000年的20年间全县累计开发新产品580个，省以上优质产品8个。

2001年至2005年，郧县鼓励和引导重点行业、重点领域、重点企业向专、精、特、新发展，引进、开发和推广应用新产品、新技术、新材料、新工艺，实施技术改造项目1450项，利用新技术研究开发高新技术产品900余种，推广应用科技成果592项，28个企业分别建立科研机构或技术研发中心，创建产学研基地15个。至2008年，初步建成汽车配件、医药、化工、铸造、绿色食品加工高新技术体系。新技术、新装备的应用，大大降低了物质消耗和成本。新型硝铵改性剂、氮气弹簧研究与开发、液压油缸开发等科技成果很快转化为经济效益。

2005年7月，年产百万吨新型干法水泥生产线投产，郧县从此结束传统水泥生产污染环境的历史。2005年，十堰化工有限公司、十堰凯琦铸造有限公司成功申报为市级高新技术企业。2006年，十堰郧齿汽车零部件有限公司、湖北天神实业股份有限公司、十堰健民康迪制药有限公司、十堰义兴工业发展有限公司成功申报市级高新技术企业。2007年，十堰神州龙科工贸有限公司成功申报市级高新技术企业。同年，湖北兴升科技发展有限公司等三家企业由市级高新技术企业申报为省级高新技术企业。2008年，科技部批准湖北天神实业股份有限公司、十堰郧齿汽车零部件有限公司、湖北兴升科技发展有限公司为国家高新技术企业，列入国家高新技术企业名录。

成功引进气象观测技术，服务人民群众生产生活。1986年，郧县在全省率先实现天气雷达智慧高炮联防作业。1998年，扩建改造气象观测场。2000年，开通714雷达终端业务。2005年，建成ZQZ-CII型自动气象站，气压、气温、湿度、风向风速、降水、地温等观测项目全部采用仪器自动采集记录。2008年，县气象局实施气象到村到户服务，解决了气象信息发布最后一公里的问题，建立了县突发公共事件应急预警信息发布系统。

（撰稿：蓝善清　编审：柳长毅　傅广典）

参 考 资 料

1. 中国社会科学院考古研究所：《青龙泉与大寺》，科学出版社1991年版。

2. 钱穆:《论语新解》,台湾联经出版事业公司 1998 年版。

3. 胡崇峻:《黑暗传》,长江文艺出版社 2002 年版。

4. 丹尼斯·施曼德·贝瑟拉:《文字起源》,商务印书馆 2015 年版。

5. 特·官布扎布:《人类笔记》,作家出版社 2021 年版。

6. 吴葆仪主修,王严恭主纂,潘彦文、郭鹏总校:《郧阳府志》,长江出版社 2012 年版。

7. (明)裴应章、彭遵古著,潘彦文校:《郧臺志》,长江出版社 2006 年版。

8.《郧县志》,同治丙寅版,鄂十郧图字 1998 年第 21 号。

9. 郧县地方志编纂委员会:《郧县志》,湖北人民出版社 2001 年版。

10. 郧县地方志编纂委员会:《郧县志:1979—2008》,崇文书局 2014 年版。

法德文化域

第七篇

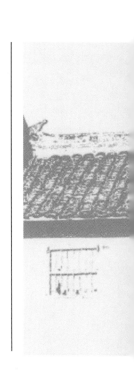

第一章 宪法与地方法

宪法是国家的根本大法，任何人任何地方均必须无条件遵照执行。地方法是某个地方为了经济社会发展需要而制定的法律法规。市（地区）级以上的人民代表大会常务委员会才能制定地方法，并报省级人民代表大会常务委员会审批。郧县只是县级人民政府，没有立法权，只能制定规范性文件。

第一节 国 家 法 律

国家法律是中华人民共和国制定和颁布的法律，在全国范围内实施。

国家法律内容很多，但所有的法律都是以宪法为基础，不得与宪法相抵触。

《中华人民共和国宪法》1982 年 12 月 4 日经第五届全国人民代表大会第五次会议通过，于 1982 年 12 月 4 日由全国人民代表大会公告公布施行。宪法公布之后又经过了四次修订：1988 年 4 月 12 日第七届全国人民代表大会第一次会议通过了《中华人民共和国宪法修正案》、1993 年 3 月 29 日第八届全国人民代表大会第一次会议通过了《中华人民共和国宪法修正案》、1999 年 3 月 15 日第九届全国人民代表大会第二次会议通过了《中华人民共和国宪法修正案》、2004 年 3 月 14 日第十届全国人民代表大会第二次会议通过了《中华人民共和国宪法修正案》修正。

第二节 地方性法规

《中华人民共和国立法法》规定：省、自治区、直辖市的人民代表大会及其常务委员会根据本行政区域的具体情况和实际需要，在不同宪法、法律、行政法规相抵触的前提下，可以制定地方性法规。

较大的市的人民代表大会及其常务委员会根据本市的具体情况和实际需要，在不同宪法、法律、行政法规和本省、自治区的地方性法规相抵触的前提下，可以制定地方性法规，报省、自治区的人民代表大会常务委员会批准后施行。省、自治区的人民代表大会常务委员会对报请批准的地方性法规，应当对其合法性进行审查，同宪法、法律、行政法规和本省、自治区的地方性法规不抵触的，应当在四个月内予以批准。

因此，只有市级以上才有立法权，县（区）一级人民政府没有立法权，只能出台地方规范性文件，而规范性文件一般有效期只能延续五年。

自 20 世纪 70 年代末以来，郧县和全国一样，同步进入改革开放新时期，郧县县委、县人大、县政府高度重视民主与法制建设，在加强法制工作方面做了很多努力，尤其是进入新千年后，政府工作法律意识增强，十分强调行政工作的合法性和规范性。

第二章　郧县近现代的法制、司法机构

第一节　郧县公安、司法机构沿革

一、近代治安与司法机构

清光绪三十年(1904年)四月，郧县设巡警局，驻郧阳府城内鲁班庙，知县兼理巡警事宜。宣统三年(1911年)，改巡警局为警察总局。1912年设警察总署。1914年8月更名为郧县警察所，并先后在南化塘、安阳、十堰、天河、万家坪设立警察分所。1920年，县设司法承审处，受理诉讼事宜。1922年，组建司法公署，知事兼检察官。1927年11月，裁警察所，改设郧县公安局，在知事监督下管理警务，后改由县长兼理，主要职责是管理社会治安，开展禁烟禁毒。1935年郧县始设地方法院。

二、现代公安与司法机构建设

1947年12月，郧县城解放，1948年1月1日，成立郧县人民民主政府公安局。1951年7月，成立郧县人民法院。1955年，成立县人民检察院。1958年，公(安)、检(察)、法(院)合署办公，人员由县委政法委办公室统一调配。"文化大革命"开始后，公、检、法受到冲击，机构瘫痪。1968年起实行军事管制。1972年不再实行军管，后相继恢复公安局、人民法院。1978年恢复检察院。为加强司法行政工作，1980年10月，成立郧县司法局，负责法制宣传、律师事务、法律公证、人民调解等工作。中共十一届三中全会后，随着改革开放的不断深入，民主法制建设不断得到加强。

第二节　晚清、民国时期郧县的司法机构

一、晚清时期

县治安、诉讼事宜由知县主管，宣统二年(1910年)，颁布《大清新刑律》，因清朝

覆灭未及施行。

(一)巡检

同治六年(1867年),黄龙镇(今属十堰市)设巡检署,由九品武臣胡泽英任巡检。光绪十九年(1894年),左嘉穗接替胡泽英。光绪三十年(1904年)四月,在郧阳府城内成立巡警局,知县兼理全县巡警事宜。另在城内设守望所12处,以示警戒,并在黄龙镇分设巡检署,郑彬任巡检。宣统二年(1910年)农历十月,郧县遵照《钦定警章》开设郧阳府警察教练所,培训警务专业人员,由郧阳府正堂(知府)伍铨萃任教练所监督,郧县正堂(知县)滕松兼警察教练所所长,宣统三年(1911年)九月结业。同年,改郧县巡警局为警察总局,由知县兼任局长。

(二)审判

清初,郧县无专门的审判机构,诉讼事宜均由知县兼理。清末,地方检察厅设置推事以审理案件,郧县实际未施行。本县的民事案件,历来以土地纠纷为多,上诉者多为农家。上诉者请人代写诉状,呈状后耐心等待批示、传讯,官司既成,往往苦于不能结案,结果是延误农时,耗费家产。此类案件,前任未结者,移交后任,直到清末,积案特别多。

二、民国时期

民国初年,政警不分,政法不分,直到孙中山推出的"五权(立法、行政、司法、考试、监察)制度"实行后,按照法律规定,司法独立,法院独立行使法定权力,司法业务仍或多或少受到行政机关的干涉或由政府兼理司法公务。

(一)治安

1. 机构

民国初年郧县裁警察总局,设警察总署,知事陈鼎铭兼任署长。次年,在境内南化塘区设警察分署。1914年8月,郧县警察总署更名为郧县警察所,初为警政合一,县知事兼所长管理警务。1923年,分别在安阳、十堰、南化塘、天河、万家坪等乡设立警察分所。1927年11月裁县警察所,改设县公安局,设专职局长1人,在知事监督下管理警务。次年,改由县长兼任,局设县署内,掌管户籍、警卫、消防、防疫、卫生、救灾及森林、渔猎等。1930 年 11 月，复设专职局长。1933 年 4 月，依据《湖北政务纲要》及省民政厅《公安改进办法》裁局并科，郧县公安科设公安主任 1 人负责警务，下设书记 2 人，巡官 1 人，巡长 2 人，警士 21 人，清道夫 4 人，公役、伙夫各 2 人。在郧阳城十字街、钟鼓楼各设岗所 1 个。1934 年，国民革命军第二十六军驻郧阳城后，即介入郧阳警备，成立军队、宪兵、警察联合稽查处。抗日战争爆发后，驻军撤走，省第八行政区保安司令部在郧县成立郧阳军管联合稽查处。1942 年郧县警佐室内增设督导员、督练员、巡官等，并在南化塘、黄龙建立区警察所，在东梅、观乌乡设警察分驻所。次年 3 月，成立郧县警察大队，县长兼任大队长。抗日战争胜利后，县警察大队增加便衣警察 12 人，收集军事情报。郧县城解放后，国民政府的警察机构随之消失。1948 年 1 月 1 日，成立郧县人民民主政府公安局，8 月，成立保卫委员会。

2. 治安管理

民国时期，郧县的治安管理范围包括管理环境卫生、维护公共秩序、组织巡逻、设岗盘查、旅栈登记、户籍编审等。其中，户籍编审涉及千家万户，是民国时期采用保甲制度作为基层政治制度的第一要务。1932 年 8 月 1 日，国民政府在豫、鄂、皖三省颁布《各县编查保甲户口条例》，郧县按照保甲制编组，以户为单位设户长，十户为甲，甲设甲长，十甲为保，保设保长。经过户籍编审，实行各户互相监视和互相告发的连坐法。1936 年 8 月，又在各区、乡(联保)举行公民登记，发给公民证，作为身份证明。1948 年，在城关各街设 1 名治安员，负责治安管理。

3. 监狱

民国初，将清末掌管监狱的专门人员典史改称典狱员，狱卒改称管狱员，另设主任看守兼书记 1 人，医士 1 人，男看守 14 人，女看守 1 人。1948 年，改监狱为监所，属司法科管理。

(二)检察

1922 年，郧县组建司法公署，设检察官，下置检察吏。检察官由知事担任。1932 年，湖北省政府颁布《湖北各县设置承审员暂行办法》，郧县按此规定，政府兼理司法公务，设承审员审判案件，仍由县长兼理检察官职务。1935 年，始设郧县地方法院，隶属湖北省高等法院第五分院，法院分设审判处和检察处，审判处管理刑事、民事案件；检察处实施侦查、提起公诉，检察官由县长兼任。1946 年，县地方法院设院长 1 人，书记长 1 人，推事 2 人，人事管理 1 人，书记员 5 人；首席检察官 1 人，检察官 1

人，书记长、书记员 3 人，录事 3 人；检察员 1 人，法警长 1 人，法警 12 人，庭丁 15 人。

（三）司法审判

1. 行政兼理

民国初，审判事宜由县知事兼理。1920 年，在县知事衙门内设司法承审处，设承审员代表知县受理诉讼事宜。同年，成立司法公署，设承审员 2 人，书记、录事、检察吏各 1 人，执达员 2 人，公丁、庭丁各 1 人，专理刑事、民事案件；知事不再兼理诉讼，只兼任检察官职务。1932 年，依照湖北省政府公布的《湖北各县承审员暂行办法》，司法由县长兼理，依法设承审员审判案件。

1935 年，郧县设立地方法院，审判处专司刑事、民事（含经济纠纷）案件。审判员为推事，俗称法官。抗日战争爆发后，省高等法院第五分院迁入郧县，与地方法院同处一署，各司其职。1942 年，郧县地方法院机构调整，设民事庭、刑事庭、书记室、民事执行处、民事调解处、公证处等。同年，看守所交归法院兼管，看守所长以下有候补看守所长 1 人，主任看守 5 人，看守 23 人，其他 4 人，共 34 人。

2. 军法处

1936 年，郧县奉国民政府军事委员长行营书字第 2032 号训令，设立军法处，由湖北第八行政区专员兼县长关麟书任军法官，设军法承审员、书记官、书记员、录事等，专审特刑案件，如危害治安、偷贩毒品、抢劫盗匪等。此后，历任县长均兼此职，至郧县解放为止。

第三节　郧县当代的法制与政法机构

中华人民共和国成立以后，郧县的司法行政逐步走上正轨，先后成立了公安局、法院、检察院、司法局，具体分工是公安局负责侦察、检察院负责诉讼、法院负责审判，司法局负责法律宣传以及辩护，四个单位互相制衡共同维护司法公正。这四个司法单位统归于政法委领导。

一、郧县社会治安综合治理委员会

1987 年 11 月，郧县社会治安综合治理委员会（简称郧县综治委）成立，下设综治办、城关镇和各中心集镇巡逻队。1991年，各乡镇设综治办公室、村设调解小组，各机关和企事业单位设立保卫科（股、室），县、乡、村和各单位形成社会治安综合治理工作网络，联合各界力量，对打架斗殴赌博、盗窃不稳定因素进行综合治理，并对违法人员进行帮教。1992年，开始打击非法组织并对受蒙蔽群众进行帮教。1994年，开始对治安问题突出单位实行"一票否决权"。1995年，成立见义勇为基金会，对见义勇为者进行奖励。2008年，各级社会治安综合治理工作扎实有效，群众的安全感、幸福感不断提升。

二、公安局

1951年2月，两郧公安督查处改为两郧公安处，郧县公安局业务由郧阳公安处领导，为一等县局。1952年12月，襄（阳）郧（阳）并署，郧县公安局隶属襄阳公安处，设秘书、治安、调研（原为侦察）、执行、劳改、治保6股及公安队、看守所等。

1965年8月，襄郧分设，业务复归郧阳公安处领导，增设指导员（后改称教导员）进行管理。1967年12月5日，成立中国人民解放军郧县公安机关军事管制领导小组，1968年1月，改称郧县革命委员会军事领导小组，1972年12月14日改为郧县革命委员会公安局。

1980年，根据《中华人民共和国地方人民代表大会和各级人民政府组织法规定》，改称郧县人民政府公安局。1981年，根据公安部《关于全国公安机关改称的通知》，改称郧县公安局。1985年，局内设纪检组及政保、秘书、治安、刑侦、政工、保卫、预审、消防等8个股和看守、收审所各1个，武警中队1个，消防中队1个。次年，消防股改为消防科，刑侦股改为郧县公安局刑警大队，新增设行政管理股。1987年7月15日，郧县车管站统交公安局管理，改为郧县公安交通警察大队，负责交通管理工作。1988年，设置郧县公安局办公室，同时撤销秘书股和行政管理股，同年成立出入境管理股。1990年，成立郧县公安局拘役所和机要通信股。

至1991年底，郧县公安局内设机构有政治处、纪检组、监察室、办公室、行财科、机要通信科、政保科、出入境管理科、保卫科、治安科、户政科、消防科、法制科、刑警大队、预审科、看守所、拘役所、收审所、行政拘留所、武警中队、消防中队、林业公安科、交警大队、水上派出所、林业派出所、松石矿派出所、拨叉厂民警室和26个乡（镇）派出所。1994年，成立郧县公安局巡警大队和城东派出所。

1996年2月，郧县公安局增设县110指挥中心。2005年5月，县经济犯罪侦查中队更名为县经济犯罪侦查大队。2008 年 4 月，设县公共信息网络安全监察大队；7 月，县刑警大队更名为县刑事侦查大队，县治安警察大队更名为县治安管理大队，户政科并入治安管理大队，加挂县危爆物品监管大队牌子。同年底，县公安局设指挥中心（加挂办公室牌子）、国内安全保卫大队（加挂出入境管理牌子）、刑事侦查大队（加挂县禁毒委员会办公室牌子）、治安管理大队（加挂爆炸危险物品监管大队牌子）、交通警察大队、经济犯罪侦查大队、公共信息网络安全监察大队 7 个副科级执法勤务机构，设政工室、纪委（加挂监察室、警备督察大队牌子）、法制室、警备保障室 4 个副科级综合管理机构和县看守所、县行政拘留所 2 个副科级监督机构。2014 年，在 110 接警大厅设置纪检监督岗，对全部报警人员进行回访，严把执法"源头关"。在服务窗口安装服务质量评价系统，对重大警务部署随警督察，对苗头性问题提前约谈督改，队伍的执法行为明显规范。

三、检察院

1955 年 1 月，郧县人民检察院成立。1979 年 10 月，县检察院内设办公室、审查批捕科（一科）、审查起诉科（二科）、信访接待科，驻城关镇东岭街前进路 42 号。1983 年 4 月，迁至中心巷 3 号。1992 年 7 月，设反贪污贿赂局。2000 年 8 月，设渎职侵权监察局。2006 年 4 月，渎职侵权监察局更名为反渎职侵权局。

2008 年 5 月，郧县人民检察院迁至沿江大道 16 号；至年底，内设办公室、政治处、反贪污贿赂局、反渎职侵权局、侦查监督科、公诉科、监所检察科（内设派驻检察室）、民事行政检察科、控告申诉检察科、检察技术科、研究室、法警大队、人民监督员办公室、监察室、未成年人刑事检察科。2014 年，全面推行检察业务统一应用软件，实行案件受、管、办分离。改革人民监督员管理制度，由检察机关选任管理人员监督员，改为由司法机关选任管理人员监督员。

四、法院

1951 年 7 月 4 日，郧县人民法院始设刑事审判庭，专理刑事案件。1979 年，县人民法院内设刑事审判庭、民事审判庭、办公室、信访接待室等。驻城关镇陵园路西 11 号。1991 年 4 月，执行庭更名为执行局。1997 年，政工科更名为政治处。2007 年 10 月，在沿江大道 26 号兴建县法院审判大楼。2008 年底，县法院设有政治处、办公室、立案庭、刑事审判庭、少年刑事审判庭、民事审判第一庭、民事审判第二庭、行政审判庭、审判监督庭、执行局、司法警察大队、司法技术室、研究室。2009年，县法院新建审判大楼投入使用。

1979—1984年，县法院先后分别在白桑关、鲍峡、谭山、细峪、五峰、刘洞、茶店、叶大、大堰、大柳、南化塘、柳陂公社设人民法庭；1984年11月，谭山人民法庭更名为梅铺人民法庭、细峪人民法庭更名为杨溪人民法庭、五峰人民法庭更名为安城人民法庭。1990年12月，增设城关镇人民法庭。1998年3月，设城东人民法庭。

2008年，设有城关、城东、杨溪铺、白桑关、梅铺、南化塘、刘洞、大堰、大柳、柳陂、茶店、安城、鲍峡、叶大14个人民法庭。

五、司法局

1980年10月24日，成立郧县革命委员会司法局，驻城关镇东岭街隧道巷县革委会办公大楼。到1981年底配备干部10人，其中正、副局长各1人，工作人员8人。局内设公证处、法律顾问处、基层股、法制宣传教育股、人秘股，司法行政工作的各项业务得以全面展开。至1985年，全局配备干部23人。其中，局长1人，副局长3人，巡视员1人，工作人员18人。1989年，迁至兴郧路中心巷8号。1989年7月，人秘股改为办公室。1990年11月增设政工股，办公室一部分业务分离到政工股。1993年1月，郧县法律顾问处更名为律师事务所。至1994年，局内设办公室、政工股、第一律师事务所、第二律师事务所、公证处、基层股、宣教股等7个内部机构。1999年12月，成立郧县法律援助中心。2008年，县司法局内设办公室、政工股、财务装备股、基层工作股、法制宣传股、公证律师管理股、12348专用电话法律服务中心、司法鉴定管理股。

1987年4月，郧县始设法律服务所（茶店法律服务所）。至1993年9月，设有安阳、杨溪铺、桂花、青曲、大柳、白桑关、高庙、南化塘、白浪、刘洞、谭山、梅铺、青山、茶店、柳陂、辽瓦、五峰、安城、鲍峡、东河、胡家营、叶大、叶滩、城关、大堰、原种场等27个乡镇（场）法律服务所。1994年11月，县司法局在各乡镇设司法所，与法律服务所实行两块牌子合署办公体制，明确法律服务所为中介机构，与司法所合署办公。

2008年，设立安阳、杨溪铺、青曲、大柳、白桑关、南化塘、白浪、刘洞、谭山、梅铺、青山、茶店、柳陂、五峰、鲍峡、胡家营、叶大、城关、原种场19个司法所（法律服务所）。

六、行政综合执法局

郧县行政综合执法局的前身是 2003 年成立的"郧县汉江河砂联合管理执法大队"和 2004 年成立的"郧县矿产资源管理联合执法大队"。

20 世纪八九十年代，由于十堰城区和郧县城及其周边地区工程建设对河砂需求量猛增，汉江流域的河砂成为紧俏建材，众多企业和个体户一拥而上开采河砂和运输贩卖。由于当时没有统一的法规和执法部门管理，市场秩序十分混乱，郧县的汉江两岸经常发生为抢夺河砂资源而动武流血事件。2003 年初，新任县长柳长毅提出"整合两类资源，实施综合执法"的思路，一方面对汉江河砂资源开采权进行分段拍卖，鼓励有资质有能力的大公司兼并或整合各个开采业主，另一方面将公安、水利、国土、交通、安监等部门执法力量整合起来，成立联合管理执法大队，集中人员、集中办公、统一领导、统一行动、统一收费，彻底解决了汉江河砂开采运输的无序状况。

2004 年，在此基础上，按照县政府提出矿山治理"治散治乱、限小扶大、规模开采、鼓励加工、可持续发展"的工作方针，由县政府办牵头，成立郧县矿产资源管理联合执法大队，抽调县政府各有关部门的执法力量，集中办公，统一领导，在继续管好河砂开采秩序的同时，重点整治米黄玉、大理石、小铁矿、钒矿等开采秩序，大力整治、依法处置私挖滥采现象，有效保护了矿山资源与生态环境，理顺了矿山开采秩序，提高了矿山规模开采和深度加工的水平。

2009 年，县委、县政府抓住地方政府机构改革契机，积极向省、市编制部门和法制部门申请，经省市编制和法制部门批准，于 2010 年 5 月 25 日正式成立郧县综合执法局。根据《湖北省人民政府关于郧县开展相对集中行政处罚权工作的批复》（鄂政函〔2010〕322 号）、《市人民政府关于郧县开展相对集中行政处罚权工作的批复》（十政函〔2010〕89 号）等文件精神，县委县政府将"综合执法局"确定为县政府职能部门。这是全国范围内唯一一个县级政府综合执法部门。

根据县政府《郧县综合执法局主要职责内设机构和人员编制规定》（郧政办发〔2010〕124 号），新成立的郧县综合执法局为县政府直属的正科级工作部门，内设 4 个股室（办公室、政工股、执法监督股、规费核定征收股）、5 个副科级直属大队（城市规划执法大队、城市管理执法大队、矿产管理执法大队、文化市场执法大队和机动执法大队）、3 个收费站（谭山柳泉收费站、下沟收费站和城关河砂收费站）。核定编制总数 146 名（其中局机关 14 名、城市规划执法大队 25 名、城市管理执法大队 50 名、矿产管理执法大队 15 名、文化市场执法大队和机动执法大队 10 名，三个收费站共 12 名）。2012 年 7 月，设立茶店镇综合执法分局，核定全额拨款事业编制 15 名。2014 年 12 月，县改区后，郧县综合执法局更名为十堰市郧阳区综合执法局。

根据相关文件规定，综合执法局的职能是，在全县范围内行使法律、法规、规章规定的城乡规划管理行政处罚权、城市管理领域的全部或部分行政处罚权、矿产管理领域的行政处罚权，负责文化市场、旅游市场、体育市场、新闻出版（版权）市场、广播影视市场管理方面的行政处罚权。履行相关行政征收职责。

七、政府法制办公室

县政府法制办公室属县政府办公室内设机构，法制办主任为正科级。2013 年独立单设。

政府法制办公室的职能有三：一是承办政府法律事务，如政府招商引资合同的审查，办理涉及政府行政复议和行政诉讼事宜；二是审查政府出台的规范性文件；三是行政执法监督与协调，办理行政复议案件。

政府法制办公室自成立之日起，起到了"为政府分忧，为经济护航"的作用，特别是进入 21 世纪后，随着经济的发展，招商引资力度的加大，行政诉讼案件的增多，政府法制办的作用更加突出。据不完全统计，2001 年至 2014 年，法制办审查招商引资合同 256 份，审查政府出台的文件 75 份，办理行政复议案件 52 件。

第三章　普法与执法

普法是让人们事先知晓法律，防患于未然，以规范人们的行为。执法是对犯罪分子依法进行惩处，以儆效尤，净化社会风气。本章从普法与执法两方面阐述郧县社会综合治理效果。

第一节　普　　法

一、法制宣传

20 世纪 50 年代初，法制宣传多由司法科根据形势需要，临时安排人员负责宣传工作，宣传内容为《中华人民共和国宪法》《中华人民共和国婚姻法》等有关法律、法令和法规。县司法局成立后，法制宣传教育工作纳入司法业务日程，由 1981 年成立的宣教股负责。宣传形式多样，如举办法制图片展览、讲授法制课、举办法制宣传橱窗、举办有线广播讲座、配合县报社开辟《法制园地》专栏、编印法制宣传资料和举办普法教育培训班等。1981 年冬，县司法局牵头，在县公安局、检察院和法院的支持配合下，选择 18 个典型刑事案例 23 名各类罪犯，举办一期 54 块、90 个版面的法制图片展览，先后在城关、黄柿、白桑关、梅铺、鲍峡等社（镇）进行巡回展出，观众达 4 万人次。

1983 年 5 月，县司法局按照县委、县政府的要求，配合有关部门对县直一、二级单位的 100 余名法制宣传员进行以新宪法为主要内容的法制培训。8 月，配合"严打"斗争，选择 49 个典型案例，摄制各类罪犯照片 60 余幅，在县直、城关和有关公社、厂矿企业展出 12 场次，参观者 8 万余人次。1985 年 10 月，359 名领导干部接受《宪法》《刑法》《刑事诉讼法》《婚姻法》《经济合同法》《民事诉讼法》《森林法》《兵役法》《继承法》《治安管理处罚条例》"九法一条例"的系统教育，县司法局为全县普法教育培训了一批骨干。

二、普法教育

郧县的普法教育从 1985 年开始，至 2014 年，共进行了六期普法教育。

"一五"普法（1985—1989 年）。采取办试点，以点带面的方法。1985 年下半年，县普法办在杨溪财神庙村举办普法试点，后又在县、乡（镇）分别举办普法试点 16 个，通过办试点，摸索并总结出农村普法工作要做到乡（镇）包培训法制宣讲员、乡（镇）干部包村、村干部包组、组干部和宣传员包片包人；集中宣讲与分片包户送法上门相结合、农闲集中学与农忙抽空学相结合、学习法律知识与解决实际问题相结合的普法经验，有力推动了农村普法工作的开展。

"二五"普法（1991—1995 年）。学习的法律有《宪法》《国旗法》《集会游行示威法》《森林法》《行政诉讼法》《义务教育法》《环境保护法》《土地管理法》《税收征收管理条例》《湖北省计划生育条例》。除学习公共法外，重点开展以《宪法》为核心内容、以专业法为重点的法制宣传教育。1992 年结合反腐败斗争，及时安排学习《行政诉讼法》和有关反腐倡廉的法律法规。1993 年，结合当年计划生育和征兵工作，普及《计划生育条例》和《兵役法》。1994 年，结合在全县开展的整治农村社会治安和城关地区集贸市场秩序，及时组织学习《刑法》《刑事诉讼法》《治安管理处罚条例》《商标法》《广告法》和《反不正当竞争法》，以增强广大村民、企业法人和个体工商从业人员的法律意识。据统计，县普法办举办培训班 47 期，培训骨干 9400 余人次，各系统、各部门办班 327 期，培训骨干 33540 人次。

"三五"普法（1996—2000 年）。"三五"普法的重点对象是县处级以上领导干部、司法人员、行政执法人员、企业经营管理人员和青少年。普法内容是《宪法》、与公民工作生活密切相关的基本法律和社会主义市场经济法律知识。完成《宪法》《行政处罚法》《反不正当竞争法》等中央"三五"普法学习任务，突出抓好部门法（专业法）学习。1996 年 12 月，组建"三五"普法讲师团，分赴城乡授课 168 场（次），培训骨干 5.8 万人次。1560 余名副科级以上领导干部分 3 期轮训，考试合格颁发合格证书。执法人员采取以会代训、办班培训、岗位培训、函授教育等学习形式。企业经营管理人员重点学习《合同法》《公司法》等法律法规。初中以上学校普遍开设法制课，聘请法制副校长。个体工商户，外来、外出务工人员和下岗职工等特殊群体，采取灵活多样形式，分片、分批、分期开展普法活动。全县 43 万普法对象普遍接受不同形式的法制教育，普及率为 98.8%，普法合格率为 98.5%。

"四五"普法（2001—2005 年）。"四五"普法的对象是一切有接受能力的公民，重点对象是各级领导干部、司法和行政执法人员、青少年、企业经营管理人员。坚持有计划、有步骤地实施"四五"普法规划和"十五"时期依法治县规划。从 2001 年起，每年 12 月 4 日法制宣传日开展宣传咨询活动。普法教育实现由提高全民法律意识向提高全民法律素质转变，由注重依靠行政手段管理向注重运用法律手段管理转变，"依法治县"工程全面推进。

"五五"普法（2006—2010 年）。"五五"普法重点开展了《宪法》《行政处罚法》《民事诉讼法》《未成年人保护法》《村民委员会组织法》等法律宣传。组建由 48 名干部为成员的"五五"普法讲师团，共举办法律知识培训班 126 场次，宣传宣讲员在各村各部门共讲课 7080 次。建立健全了企业法律顾问制度，神河集团、佳恒公司、汉江水泥厂等 56 家企业都聘请了律师担任常年法律顾问。成功创建县级依法治校示范学校 6 所，37 个村（社区）被省民政厅评为"民主法治村（社区）"。加大移民政策、法律法规宣传教育力度，为每名移民干部和移民工作队员发放一本移民法律法规手册，为每户移民发放移民政策明白卡，确保移民工作"依法依规，有情操作"。

"六五"普法（2011—2015 年）。"六五"普法通过以会代训、法治讲座、法治培训班、党校培训等途径先后举办法治宣讲活动 200 多场次，受教育干部群众达 20 万人次。发放干部读本 9000 本，学生读本 1.2 万本，村（居）民读本 10 万本，城乡居民按照一户一本的标准免费发放到位。2013 年 6 月和 2014 年 11 月举行了大型法律知识考试，参加两次考试的各类干部 9100 多人，学生 2.3 万余人。广泛开展了法律"六进"活动，共举办各级各类法治讲座 420 余场次，免费发放普法宣传资料 6 万余份，解答法律咨询 6000 余人次，化解各类矛盾纠纷 760 余起，受教育群众 15 万余人次，活动深受人民群众一致好评。

第二节 执 法

一、镇压反革命

1950 年 12 月，中共中央号召大张旗鼓地开展镇压反革命运动，郧县镇压反革命运动分 3 个阶段进行。1950 年至 1951 年为镇压反革命第一阶段。1950 年 12 月 7 日，由县委主持会议，决定镇压反革命运动在县清匪肃特委员会领导下统一进行，以武装镇压和政治攻势相结合的方法，对罪大恶极的反革命分子杀一批、捕一批、关一批。1951 年 1 月 16 日，县委、县政府决定在十堰徐家坡、南化塘、徐院、梅子岭和羊皮滩等地设立 5 个剿匪指挥所，在各辖区内进行剿匪工作；此外，发动群众进行揭发反革命分子的活动。经过近 1 年时间，残存的武装土匪基本被消灭，社会治安逐步安定。第二阶段从 1951 年 9 月开始，主要打击逃亡、漏网的反革命分子。成立清匪治安委员会，以南化塘、梅铺、白桑关为第一重点，鲍峡、黄龙、沧浪山为第二重点，十堰、佛剑山为第三重点。1952 年 3 月 26 日，郧县与河南省淅川县、西峡县，陕西省商南县联合成立清匪联防委员会，开展清匪联防工作。当年 10 月，镇压反革命运动进入第三阶段。12 月，郧县召开治安代表会议，并对在押的 170 名各类反革命分子进行排队，作不同处理。1953 年 3 月 5 日，为加强对农村镇反运动的领导，成立农村镇反工作办公室，负责追捕逃犯、签发管制通知等，另对城关、十堰、刘洞 3 个区(镇)的反动会道门活动开展摸底调查，对水上船只进行全面登记。至此，镇压反革命运动告一段落。

二、取缔反动会道门

郧县反动会道门的组织多从外地传入，主要有西华堂、一贯道、白莲教、法轮功等。中华人民共和国成立后，依法对其进行了取缔。

(一)西华堂

清宣统一年(1909 年)，河南南阳西华堂证恩方隆信(又名方隆基)到郧县梅铺设佛堂进行传道，发展道徒。其后陆续在白桑关、城关、大柳、鲍峡、五峰、大堰设立佛堂。到 1937 年，该组织遍及郧县各个角落。道内分顶航、保恩、引恩、证恩、天恩五职。道徒称众生，自称修儒家之礼、释家之戒、道家之法，以"三皈""五戒"为道规，鼓吹"替天行道"，妄图建立"佛门国家"。1953 年被取缔，1956 年至 1984 年，该道先后又在鲍峡、南化塘、大堰、大柳、白桑关、杨溪等地进行复辟活动，经过调查、取证，县政府给予打击、取缔。

(二)一贯道

此组织庞杂，化名较多，设有道长、点传师、道亲、乩手、引保师等。1945 年冬，山西大同一贯道经襄阳传入郧县。道徒多以开商店为名，秘置佛堂。在城关、柳陂、杨溪、刘洞、南化塘等地发展道徒，宣扬"万教归一"，信仰"无极老母"。1953 年被取缔。

（三）先天道

亦称先天一贯道，1962 年，由陕西商南县西华堂信徒到郧县南化塘七棵树定点设堂，发展道徒，任命道首，向其道徒散布谣言，诡称弥勒佛要下界坐天下治世界。1965 年，道首被捕判刑。

（四）白阳会

白阳会又叫五晕道、南门教、铁光罩、扇子会、圣谕坛等。1926 年由陕西白河县神团师黄天洞聚集部分道徒进驻叶大沧浪山五佛洞庙堂组成。凡入道者门上挂白菊花，散布"龙华已尽，要换天盘、地盘、日月"等。1950 年黄天洞以欺骗手段组织暴乱，被人民政府镇压。

（五）圣谕坛

圣谕坛是同善社设立的众多坛名中的一个。清同治年间，郧县就有其组织。光绪年间，设辅世坛、纯诚坛。民国时期，又设积善坛、进化坛、协和坛、同善团等。坛内依次设总理、坛主、招笔、陪教等。信奉关帝、观音，散布"末劫到来""在劫难逃"等谣言。1953 年被打击取缔。

（六）平心道

1940 年 7 月，刘洞的骆相洲到河南南阳邓州九层院学道。河南邓州平心道头子靳鸣斌、雷训武提升骆为平心道首，发展道徒。骆在郧县刘洞、羊皮滩等地先后发展道徒 300 余人，1957 年被取缔。1968 年，已刑满释放的骨干分子黄朝臣、梁怀成等人重新联络道徒，妄图再起活动。1970 年，漏网道首常治敏串通余孽，在谭山、黄柿、刘洞等地发展道徒 170 余人，后被公安机关破获，黄、梁、常分别被判处死刑、死缓和 20 年徒刑。

（七）"白莲教"

其又称"中华堂"，1945 年，河南省淅川县荆紫关镇白莲教总堂堂主张风阁到郧县梅铺西王营，以诵经传善为名，设堂传道，发展道徒。1955 年被取缔，后又复萌，

1966 年被根除。

（八）中央道

其为西华堂支派。1938 年，罗正道(自称五老)与西华堂顶航李桂莲在郧县茶店设立佛堂，取名中央道，涉及均(县)、郧(县)、房(县)三县，道头、道众 900 余人。1950 年，道首勾结当地匪霸金明德等组织反革命暴乱，被镇压。1953 年，此道被人民政府取缔。1957 年死灰复燃。1959 年，经破获，其中骨干分子分别被判处相应徒刑，其组织瓦解。

（九）旷野窄门

1994 年，郧县公安局收缴"旷野窄门慈善费"3200 余元，各种活动工具和宣传品98 件，查处骨干人员 242 人，依法收审主要头目。1995 年，开展捣毁"旷野窄门""全范围教会"行动，查明其活动范围涉及全县 23 个乡镇 182 个村 393 个组，并设有小分会 2 个，分会点 14 个，教会 135 个；查获成员 1535 人。2003 年，开展"120"专案活动，捣毁"旷野窄门"小分会 1 个、教会 8 个，查处邪教成员 41 人，收缴非法宣传品314 件。2004 年，端掉白浪邪教窝点 1 个，查出收缴邪教十字架旗等非法宣传品 46 份（册）。

（十）呼喊派

1983 年 12 月，郧县公安局派员侦察在南化塘、黄柿、梅铺、程家台一带活动的"呼喊派"情况，获得罪证并依法予以取缔，逮捕惩办 5 名骨干分子。1989 年，"呼喊派"骨干分子打着基督教"内地会"招牌传道，扰乱社会治安，县公安局依法对其予以惩处。

（十一）全范围教会

1993 年，郧县公安局在南化塘镇关帝庙村捣毁"全范围教会"及非法培训点，收缴香港合订本《圣经》等培训用品 100 余种，查获活动成员 32 人，依法收审组织者。1994年，捣毁大小非法聚会点 160 个。1995 年，"全范围教会"被定为邪教，县公安局捣毁8 个乡镇 54 个村 119 个组的"全范围教会"牧区级议会 1 个，聚会点 19 个，查获成员417 人，依法收审骨干成员 21 人，审查 102 人，治安处罚 32 人，具结悔过 1797 人，收缴各类宣传品 117 种 1300 余份。1999 年，查控取缔"全范围教会"活动 7 起。2007 年，查处非法活动案件 2 起，审结"全范围教会"顽固分子扰乱滋事案件，2 名骨干分子被判处劳动教养。

（十二）门徒会

2006 年 2 月，县公安局抓获"门徒会"邪教组织骨干成员 1 人，收缴"慈惠款"20 余万元及出租车 1 辆。2007 年，取缔"门徒会"邪教活动窝点 1 个，抓获非法聚会"门徒会"成员 9 人。查处"门徒会"案件 5 起，打击处理 62 人。其中，治安拘留 53 人，并处罚款 16 人，刑事拘留 9 人，逮捕 2 人，取保候审 1 人，监视居住 2 人，转外审查 1 人，在审 3 人，收缴宣传品 1300 余件和用于邪教人员培训的生活物资 4000 余件。

三、法律援助

1981—1999 年，县司法局和各法律服务所为经济困难或特殊案件当事人提供法律援助服务。1999 年 12 月，郧县法律援助中心成立，指派 1~2 名律师兼做法律援助工作，禁止法律援助律师向被援助人提供有偿服务。2002 年 12 月，县司法局与县妇联联合成立郧县法律援助中心妇女工作部。

2003 年，县法律援助中心开始审批、指派、承办各类法律援助案件。8 月，县司法局会同县工会、妇联、残联、老龄委、团县委在郧阳广场举办《湖北省法律援助办法》宣传日活动，将 12348 法律服务专线职能并入法律援助中心，困难群众随时可寻求法律帮助。2005 年 5 月，县司法局组织开展法律援助工作质量年活动。

2007 年 5 月，县工商局、县劳动和社会保障局、民政局、老龄委、总工会、妇联、县委、残联等分别建立农民工、困难群众、老年人、困难职工、妇女儿童、未成年人、残疾人法律援助工作站，并在各村(居)民委员会设立一名法律援助联络员。通过编印宣传手册、制作联络卡、开展法律咨询、办宣传栏和骨干培训班等形式开展法律援助宣传活动。县司法局先后制定《法律援助案件指派制度》《重大案件讨论制度》《法律援助案件评查制度》《12348 电话咨询制度》等制度。同年，各乡镇(场)建立法律援助工作站。

2008 年，法律援助中心各工作站共有专兼职工作人员 30 余名，承办法律援助案件的律师、公证员、法律服务工作者、司法鉴定人员 85 人，各行政村配备一位法律援助联络员。共审批、指派承办各类维权案件 1056 件，其中，涉及老年人、未成年人、残疾人、困难职工、农民工等弱势群体的维权案件 965 件，占法律援助案件总数的 91%。

2012 年，县法律援助中心办理或指派各相关法律服务机构办理各类法律援助案件 210 件，其中民事 174 件、刑事 36 件；共发放法律援助资料 9000 份，办理咨询、代书等法律援助事项 1850 件。

2014 年，县法律援助中心进一步扩大法律援助覆盖面，全年办理法律援助案件 290 件。茶店镇法律援助工作站成功调处辖地工程项目欠薪案 1 件、建筑工地欠薪案 2 件，涉案金额 500 万元。谭山镇法律援助工作站采取代写法律援助文书、办理法律援助案件等方式，全年为当事人共挽回经济损失 31 万元。当年，县司法局不定期抽调法律援助、公证、律师、普法等部门骨干，集中上街宣传《湖北省法律援助条例》《郧阳区法律援助工作实施办法》等，取得了良好的效果。

第三节　对刑事犯罪的惩治与执行

司法工作由公安局负责侦察，检察院负责批捕与起诉，法院负责判决，司法局负责辩护，一个案件，要经过 4 个环节才能完成。现以公安局刑事侦捕为例，以了解全县惩治犯罪、强化执行、维护社会治安的全过程。

郧县公安机关打击各类刑事犯罪，多采取集中统一、分期进行的方法。1954 年 3 月，根据省公安厅和襄阳专署公安处指示，于 4 月 16 日清晨，在县委统一指挥下，全县统一行动，开展严厉打击刑事犯罪分子的斗争。县公安局派出干警分赴全县 12 个区，对违法人员进行集训，又与县法院组成联合组，赴十堰区对列管人员开展政治攻势。通过宣传教育，深入侦查，破获刑事案件 80 起，缴获步枪 6 支，子弹 1336 发，手榴弹 95 枚，大烟 90 两，逮捕罪犯 25 名。1960 年 3 月，按照省委、地委《关于开展一次比较集中的、群众性打击流窜犯罪活动》的指示，在县委统一领导下，组织 750 名工作人员，分赴 63 个重点地区打击各类犯罪分子，对其中 35 名有一定影响的典型案犯就地进行公判。

"文化大革命"期间，刑事案件一度上升。1975 年，根据中共中央〔1975〕9 号、13 号文件和国务院〔1975〕36 号文件，以及省委、地委《关于清查流窜犯的指示》精神，县委、县政府召开专门会议，成立整顿城乡社会治安领导小组，大张旗鼓地宣传打击流窜犯的意义，通过层层发动群众检举揭发，调查、取证，对 166 名收容审查对象进行集中搜捕、缴获赃款赃物。1979 年，刑侦工作以整顿城镇交通沿线为重点，破获各类刑事案件和治安案件 183 起，查获罪犯 61 人。1983 年，遵照中共中央《关于严厉打击刑事犯罪活动的决定》和全国人大《关于严惩严重危害社会治安的犯罪分子的决定》，当年 8 月 18 日至 1984 年 7 月 31 日，采用专政机关和群众路线相结合的办法，统一行动，集中打击，全县共搜捕各类犯罪分子 1166 人，缴获土枪 5 支，手榴弹 4 枚，各种子弹 190 发，雷管 11430 发，导火线 226 米，其他凶器 150 件。经过这次行动，社会秩序进一步得到治理。

1987 年，刑侦工作坚持以破现行、破大要案、破团伙案为重点，适时针对突出的社会治安问题，组织专项斗争。1995 年至 2000 年，破获各类刑事案件 2075 起，其中重特大案件 659 起，摧毁犯罪团伙 166 个，解救被拐卖妇女儿童 526 人，为国家、集体、个人挽回经济损失 1200 万元。

2001 年以来，县公安机关每年破获各类刑事案件数百起，为全县的社会安定做出了积极贡献。仅 2012 年，全年立刑事案件 2041 起，破案 1405 起，其中命案 5 起，为国家、集体、个人挽回经济损失 600 余万元。共受理（治安）行政案件 6695 起，查处5781 起，打掉犯罪团伙 14 个，抓获各类刑事违法犯罪嫌疑人 546 人，抓获网上逃犯155 人，刑事拘留 290 人，逮捕 231 人，移送起诉 358 人。

第四节　行政综合执法

一、汉江河砂开采秩序的治理

郧县对汉江河砂开采秩序的治理，经历了一个探索过程，并且取得了可喜的成绩。

郧县地处汉江上游下段，汉江自陕西省白河流入郧县，从安阳镇出境入丹江口市，贯穿郧县境内 100 多公里。由于汉江上游泥沙充沛，每年都有大量的河砂沉积在郧县境内，成为十堰地区十分抢手的建筑材料。1990 年，二汽开始大规模建设，以河砂为主的建筑材料价格上涨，汉江沿岸的群众大多从事采砂业务。据不完全统计，20 世纪末，全县从事汉江河砂采砂运砂的船只达 100 多条，从业人员 5000 余人，年产值上亿元，而每年上缴县财政税费仅有 10 多万元，在 1998 年，也只有 15 万元，而且，国税、地税、工商多部门收取，收税费人员就达 100 多人。开采运输河砂的从业人员为了争抢河砂，经常发生打架斗殴现象。不同的河段，都有河霸砂霸，沿汉江 136 公里汉江两岸成为社会矛盾激化、最不稳定地段。

汉江河段的不稳定因素，引起了县委县政府的高度重视。2002 年底，时任代县长柳长毅几次主持召开专题会议，研究治理汉江河砂开采问题，并派出专班外出调研，经过反复研究，决定由公安局牵头，与工商局等相关部门合作，整顿汉江沿岸群众乱挖乱采河砂现象。

2003 年 3 月，县政府办牵头，成立了郧县汉江河砂综合管理委员会，分别从县国土、水利、交通、海事、工商、地税、国税、财政等相关部门抽调人员，组建了"郧县汉江河砂联合管理执法大队"，负责汉江郧县段河砂开采运销中涉及的一切行政管理事务。县公安部门在联合管理执法大队设置警务室，配合执法大队开展河砂开采、运销环节的监督、管理和税费征收工作。同时，县政府决定对汉江沿岸的河砂开采实行分段拍卖开采权，鼓励有资质、有资本、有能力的金砂公司通过竞争取得开采权，并通过经济手段兼并、整合沿线开采业主。经过一年的整顿，汉江河砂私挖滥采的现象得到了彻底遏制，金砂公司向财政缴纳的税费也逐年增长，当年上缴税费就有 500 多万元。

由于金砂公司是一家外地企业，在经营的过程中与汉江两岸群众经常发生纠纷。同时，公司内部也发生了不可调和的矛盾。郧县县委、县政府从稳定社会大局出发，于 2012 年收回了汉江河砂开采权，让金砂公司退出河砂开采，成立了国有企业郧县汉江砂石公司，接管汉江河砂开采业务，同时开采岩砂，以弥补南水北调工程丹江口库区淹没后建筑材料的供应缺口。由于汉江砂石公司属于国有企业，便于管理，公司对汉江砂石实行有序开采，如实上缴国家税费。此后，再没有发生为争抢河砂打架斗殴的现象，上缴税费逐年递增。

郧县对汉江河砂开采治理工作的有益探索，既规范了河砂矿产开采秩序，又推动了县域经济的快速发展，成为全国全省治理河砂的典范。在探索过程中，郧县原任县长、县委书记柳长毅，原县长助理、县政协副主席、分管综合执法大队工作的裴常清做了大量的工作，为郧县社会稳定和经济发展做出了突出贡献。

二、矿山综合执法

郧县矿产资源丰富，境内有金、银、铜、铁、绿松石、大理石、方解石、重晶石、矾等矿产。进入 21 世纪后，随着经济的发展，人们对矿产资源的需求量加大，郧县对矿产资源的开采也随之进入了一个高峰期。特别是谭山镇东岳村、柳泉村发现了大储量的米黄玉大理石资源，以及大柳乡、白浪镇发现了大量的矾矿资源后，一时开矿采矿风起云涌，开采大理石的矿山有 30 多家，开采矾矿的有 20 余家，开采铁矿的有 15 家，开采重晶石的有 8 家。一时间，郧县出现了遍地开矿、遍地狼烟的现象。这些矿山大多是无证开采，安全无保障，经常发生矿山垮塌死人事件。由于无秩开采，严重破坏了生态环境。如白浪镇矾矿泛滥，多处河水受污染，草木枯死。

面对矿山开采乱象，郧县县委县政府高度重视。2004 年初，县长柳长毅亲自率队调研，经过多次集体研究，决定对全县的矿产资源按照河砂的管理经验实施综合监管。在涉及矿产资源管理的各部门及县人大代表、政协委员积极参与下，出台了《郧县矿产资源开发管理暂行办法》，并于当年 8 月成立了"郧县矿产资源管理委员会"，从有关部门抽调高素质执法人员成立了"郧县矿产资源管理联合执法大队"，由执法大队负责对全县矿产资源实施联合监管。

矿产资源管理联合执法大队成立后，郧县对矿山进行全面管理。时任县长柳长毅多次深入执法大队，了解矿山执法情况，解决执法过程中存在的问题。县长助理裴常清带领执法队员深入各乡镇矿区，调查了解矿产开采情况，对有证开采的矿山进行规范，对无证开采者坚决予以取缔。经过一年的整顿，封闭或炸毁不合法各类小矿山 60 多处，其中关闭 20 多家大理石矿、13 家小铁矿、6 家重晶石矿，全县 20 多家小矾矿因严重污染环境而全部取缔。郧县的矿山私挖滥采现象得到了彻底遏制，矿山管理走上了法制化轨道。

2010 年 5 月，郧县综合执法局成立，郧县矿产资源管理联合执法大队并入综合执法局，在综合执法局内部设立矿产执法大队，负责管理汉江河砂和所有矿山。

三、行政综合执法取得良好社会效益

郧县综合执法局成立后，理顺了执法体制，实现了管罚分离，综合执法能力明显增强，执法效果明显提高：

一是明确了执法主体资格。县综合执法局成立后，由省政府法制部门授权，在矿产资源、城市管理、规划管理、文化管理领域实施相对集中的行政处罚权，明确了综合执法局是上述领域的行政处罚权的唯一主体，从而理顺了县直各部门之间的工作关系，避免了各部门对上述领域进行多头管理、重复管理的弊端，建立起"权责明确、行为规范、监督有效、保障有力"的行政执法体制。

二是明确了部门职责。根据《湖北省人民政府关于郧县开展相对集中行政处罚权工

作的批复》(鄂政函〔2010〕322号)等文件规定,综合执法局在全县范围内行使法律、法规、规章规定的城乡规划管理行政处罚权;城市管理领域的全部或部分行政处罚权;矿产管理领域的行政处罚权;负责文化市场、旅游市场、体育市场、新闻出版(版权)市场、广播影视市场管理方面的行政处罚权;同时履行相关行政征收职责。以矿产管理为例,原矿管工作涉及国土、水利、工商、环保、安监、海事、国税、地税、林业等部门,日常监管中经常出现职责不清、执法推诿扯皮、有利的事争着上、无利的事都不管等问题。县综合执法局成立后,根据省、市政府的批复,县政府进一步明确了各自的职责划分,在实际操作中有了更明确的依据,同时也增强了部门责任意识。

三是实现了监管权和处罚权的分离。在矿山、规划、城管、文化等领域,原管理部门既履行审批权又负责监管和处罚,出现既当运动员又当裁判员的监督缺失局面。通过机构改革,把原管理部门的监管职责分离,成立专门的执法机构,解决原管理部门无力管、不愿管的现状。

四是精简了执法人员,整合了执法力量。按照"人随事走"的原则,以原来分散存在的城建监察大队、规划监察大队人员和县国土资源、水利水电、林业、环保、安全生产监督等部门内执法股室派驻县联合执法大队的人员为基础,在不增加全县行政、事业人员编制总额的前提下,调整、配备、组建综合执法局行政执法队伍。通过机构改革组建县综合执法局,大大减少了冗员,同时在执法工作中加强统一组织调配,实现了执法力量的集中整合。首先是执法人员数量大大减少,执法质量大幅提升。以矿管大队为例,2004年组建的郧县矿产资源管理联合执法大队有工作人员37人,新成立的县综合执法局矿管大队现有执法人员10人(核定编制15人),并且承担了比原来更多的任务。其次是整合了执法力量,执法效果大大提高。县综合执法局成立后,根据执法工作需要,随时组织机动调度。各大队在做好日常监管的基础上,遇有重大、疑难问题,及时统一调配各大队人员,集中力量、快速出击、快速解决,大大提高了执法效果。

五是避免了多头执法,提高了执法效率。通过机构改革,将城市管理、规划管理、矿产管理、文化管理领域的多支执法队伍合并为一支执法队伍,组建成立综合执法局,加强统一管理,明显节约了执法成本,也提高了执法效率。例如在矿产资源管理领域,各部门为履行执法监管职能,投入了大量人员、车辆等人力物力,每个部门对每一个矿山都要进行现场检查,执法资源显然重复浪费。县综合执法局成立后,一个部门就办了多个部门的事,一趟就解决了过去许多趟才能完成的任务,执法成本大大减少,效率显著提高，也减少执法扰民情况的发生。

六是保护了生态环境，提高了矿产资源利用率。综合执法局成立后，迅速对全县所有的矿产企业和采矿点进行拉网式摸排，严格执行环境保护"三同时"制度和生态环境恢复治理制度，加强了矿产资源开发利用中生态环境的保护。对无证开采的采矿点坚决予以关停，同时对偷采、盗采违法行为进行快处重罚，有效遏制打击了无证开采和盗采国有矿产资源的乱象，规范了矿产资源管理秩序，维护了矿产资源国家所有权益。

综合执法局自 2010 年成立，至 2014 年底就为国家挽回矿产资源税费经济损失5000 多万元，2010 年至 2014 年期间对矿产资源、规划建设、文化市场、城市管理领域违法行为处罚罚没款 1500 多万元，为县域经济社会发展做出了卓越贡献，也为国家探索行政决策、执行、执法监督相对分开的行政体制改革起到了示范作用。

第四章　宗法与宗族

宗法与宗族属法德文化之中道德文化范畴，是法德文化形成的基础。本章从郧县籍居民、家族与族长、宗祠与谱牒、家规与族规四个方面阐述郧县道德文化形成过程。

第一节　郧县籍居民

郧县，以其独特而优越的地域优势，成为人类生存、繁衍的宜居之地。人类的远祖——"郧县人"诞生于此。

一、郧县早期的移民

宜于人居的郧山汉水，不仅孕育了百万年来的土著居民，更是数千年来移民的最佳迁徙地。最早的迁徙当是大禹治水时期，大禹将贫民移至食物充足的地方，《史记》对此事亦有记载。

二、郧县侨置州县的流民

郧县远在夏、商、周时代，就已有载于史书的著名部落与方国存在了。根据殷商武丁时期甲骨卜辞"乙酉（前1296）卜，争，贞麇告曰……"（公元前1296年，麇受到邻国攻击，向商王武丁报告并求援），说明古麇部落早在距今3300余年前，就已经出现。

东晋为了对流民进行控制，在流民集中的地方，建立了与流民原籍同名的侨置州县，旨在"各村邦邑，思复旧井"（《宋书》）。这些侨置于异乡的流民，还可得到朝廷的优遇。当时在郧乡县境内侨置南上洛郡，隶属于侨置在襄阳的南雍州。当时的南上洛郡，就领有上洛、商落、北丰阳、渠阳、义阳各郡县的流民。这些侨置的州、郡、县，实际上是原属辖地流失后的"流亡政府"，有官，有民，无土。

南北朝后期及大唐盛世，郧县作为汉水上游重要的商业集散地，经济日趋发展，"弘舸巨舰，千舳万艘，交贸往运，昧旦永日"，由此而及宋元，郧县无大批流民涌入，只是经商者渐次到郧谋求发展。

三、明中期郧县安置大批流民

明代中期，皇室、权臣、地主、豪绅大肆侵吞土地，使全国大半农民失去土地。当时流民几乎遍布全国，其中山西、河北、山东、陕西、河南、安徽、江苏、湖南、湖北、浙江、福建等地最为严重。到成化年间，流民问题愈益严重，流民数量有一二百万户。

郧县及其周边秦巴山区特殊的地理环境和松弛的封建统治，为明中叶那些失去土地、流徙辗转的农民提供了较好的生存环境。自"正统二年，岁饥，民徙入不禁"，流民涌入郧县者越来越多。至景泰、天顺年间聚集了几十万人。到成化二年（1466年），郧县及其毗邻地区的流民则在一百五十万人以上。大批流民聚集秦巴山区，破坏了封建的里甲制度，打乱了封建统治秩序，引起了封建统治者的震惊。

根据原杰提议，经明朝廷批准，于成化十二年（1476年）十二月正式开设郧阳府，府治设于郧县。自明成化十二年（1476年）"郧阳"地名启用，至民国设郧阳公署、新中国成立后设郧阳行署，此地名沿用了518年。

四、清代康乾时期郧县集聚的人口

明亡清兴，灾难深重的秦巴山区汉水两岸，"关市尽空，村舍无烟，水旱频仍，户口凋敝，十不过二三"。官虽设而无民可治，地已荒却无人耕耘。清王朝统治稳定后，康熙皇帝借鉴前朝教训，采取了"盛世滋生人丁，永不增加赋税"的优抚政策，鼓励农民垦田种地，力求百姓丰衣足食。康熙、雍正、乾隆三代的盛世，为郧阳地区的发展与繁荣创造了又一次重要契机，也再一次吸引了南方富庶省区的人来郧发展、北方贫瘠地区的人来郧谋生。

据清嘉庆《大清一统志·郧阳府》载：郧阳府所辖区域"流寓多而土著少"，居民80%是移民，其中江西籍占30%。

据清代康熙丙午年（1666年）所编《郧县志》卷十五《风俗》载：当时郧县人的构成成分是"陕西之民四，江西之民二，德（安陆）、黄（黄冈）、蜀（四川）与山东、河南北之民二，土著之民二，皆各以其俗焉"。郧县在康熙、雍正、乾隆时期，由于政府鼓励农耕，废除了不合理的税收政策，所以农业发展迅速，推动了各种手工业和采矿业的发展，兼之从发达省份涌往郧县发展的商人、工匠带来了先进的经营方式、制作技术，郧县地方经济的发展呈鲜花着锦、烈火烹油之势。采矿业、丝织业、榨油业广泛分布全县乡镇间，市镇遍布磨坊、油坊、酒坊、纸厂、粉坊种种作坊。农业与手工业的发展，引起商品交换日益频繁，交通及运输业也随之兴盛。而各省各地来郧经商者越聚越多，乃至地区性的行帮会馆纷纷出现。郧县也由此真正成为鄂西北乃至鄂豫陕三边地区的政治、经济、文化中心。

五、清中后期来郧者增多

清代中后叶，郧阳地区虽有白莲教义军活动、太平天国运动波及，但郧县作为鄂、豫、陕三省毗邻地区的重要水陆码头和商品集散地，其经济发展、人文优势已成定势。因此，外省外地来郧经商求发展者依然络绎不绝。

另一个不为志书所载的史实是：清中后叶及民国时期，由于郧县经济发达昌盛之名远播邻近诸省，故北方贫瘠的山东、山西、河北、河南各省，每遇天灾或战乱，或单帮，或结伙，或携全家老少逃奔郧阳求生。这种近代向郧阳的流徙，尤以河南、陕西、山西人居多，所以郧县有民谣称："郧阳城，簸箕城，一准富的外乡人。"

六、近代来郧的人口

抗日战争爆发后，国民政府教育部下令山东省教育厅，将山东全省中学师生集体迁至郧县以避战乱。1938年5月，山东全省中学师生及河北省随行的部分师生陆续集中于郧，组建为"湖北省中学"。后因该校规模过大(学生3000多人，教职工近1000人)，部分教职工分流到光化、郧阳等地从事抗日宣传活动。

这批山东师生终因日军侵占武汉，进逼光化，又迁至四川绵阳。山东中学这次迁郧活动，一则说明郧县的地理、经济条件之优越；二则由山东迁郧的师生，对于郧阳地区后来的文化教育发展起到一定的影响作用。因为有部分师生在向四川迁徙时，惮于战时混乱与蜀道跋涉之难，且郧县人文、经济条件较好，便留居于郧从事文化教育活动。其中部分留郧山东籍教师后来成为郧阳中学的骨干教师。

抗日战争之初的1938—1939年，沦陷区与战区难民流落到郧县的有3831人。郧县难童教养所收养沦陷区与战区流落到郧的难童有50人。抗日战争胜利后，这些难民虽有返回原籍的，但大部分留居在郧县。

1947年12月30日，中国人民解放军陈赓谢富治兵团四纵十二旅解放郧县后，继续进军大西南。为组建陕南及鄂西北地方政权，清匪反霸，兵团留下了独立9团、14团，加上党中央派往四川开辟工作的"川干队"和南下工作队五百多人与他们共同开展工作，所以当时的陕南解放区党委、陕南行署，郧阳地委、行署及各县、乡政权机构中，多数干部都是"南下干部"，他们大部分担负郧阳地区和郧县的重要领导职务。

1950 年春至 1953 年夏，湖北人民革命大学先后分配 120 名毕业生到郧县工作。嗣后，每年都有大中专毕业生分配到郧县工作，这进一步促进了人口的增长与文化的交流。

第二节　家族与族长

一、王朝与宗法

中国古代国家的产生，不是以氏族血缘组织的解体为代价来重新进行社会整合，而是更加强了旧血族的组织关系与等级层次，即所谓宗法制度，它与新的国家结构融于一体。家族是社会基本单位而从属于宗族，从而社会沉沦于一元化的家长制伦理等级型文化格局中。

正因为中国历史是一种家长制伦理等级型社会模式，所以，中国封建社会历来沿袭"皇权不下县"的治理方式，在大部分情况下，中央和地方政府管的是调配官员，发布文告，征收赋税，修筑关防，赈灾恤难，旌表节烈，调动军队，镇压叛乱，抵御外侮等；县级以下依靠乡绅治理农村，而乡绅、社团的管理，又主要凭借族规、祖训、家法来实施。对于千百万个零散的家庭而言，主要依靠"祖训""家规"传承着中华民族尊祖敬宗、尊老爱幼、孝顺父母、睦邻友好的传统美德，规范着国人的道德理念和行为方式。

二、郧县的家族特点

郧县的家族，除了与全国的家族一样由族长管理，靠"祖训""家规"规范族人言行外，更有由于地域原因造成的独特性：郧县没有人口数以千计的大家族，自然也没有大型的祠堂传承数百年的严格的"族规""家训"。

因为郧县在冷兵器时代为兵家必争之地，战争频发，灾难深重，人口流动性极大。比如明中期因安置全国流民而在郧县设郧阳府及湖广行都司时期，郧县接纳了全国 20 个省的流民就地附籍，可谓人丁兴旺，气象峥嵘。但到了明末崇祯年间，卢象升来郧担任巡抚时居然"郧土虽存，郧民已尽"。没有百姓，何来家族、族长、宗法？

明亡清兴之际，李自成、张献忠义军又在此与明官军周旋，继而清军进驻，反清义军又与清军鏖战二十年！战争如此频繁，百姓何以在此安身？

所以，到了战事基本结束，社会趋于稳定的康熙十九年（1680 年），大郧阳首府之地的郧县只有"1368 丁（男性）"，即使一个男性平均有三个女性亲属，郧县总人口也不过五千多人！何谈家族、族长？

郧县不少家族有一个共同的传说：祖上弟兄三人逃荒来郧后，因生存条件有限，不能聚族而居，只好把一口锅摔碎成三块，每人各持一块以作日后相认的凭证，尔后洒泪而别，各寻安身立命之所。比如郧县蓝姓，在民国和今日出了不少文化人，但分别住在郧县柳陂、五峰兰家河大树垭、五峰西峰嘴、郧西，但他们的确是同宗。

再如一个小姓"靳"，在郧县大堰武阳甸子、郧县城郊摸铁沟、杨溪镇、鲍峡镇都有分布，却互不知晓，更不通音信。但他们传世的派语却大体相同，说明他们是同宗同派的。

像这样的家族是分散迁入郧县的，不可能有祠堂、族长，囿于当时的社会条件和各家的艰难生计，互相走动少。又百十年过去，老派语用完，各家又自续派语，所以他们的派语前半部分相同，后续的则各异，不细细探究就不容易看出他们是同宗同派。

另一种情况是，郧县有大姓，但并不同宗同派，原因是某姓迁郧站住了脚，后有同姓人或因战乱，或因天灾逃难于郧依附他们。例如郧县安阳镇龙门堂、狄坪营、李营村李姓人数以千计。但同姓并不同宗，而是有六个来源，其中只有最大的一支能依据族谱说清来路，其余的都是先后迁来依附他们的。

郧县城北门外牧场沟村有一大族杨姓，于明万历元年（1573 年）自安徽迁郧。又281 年后，杨闳中于清咸丰四年（1854 年）"因粤西贼乱（太平天国运动），纵横湖北，逼近郧邑，（逃难）路过（杨）光仁家门，知系本家，遂留居焉"。该杨氏有清同治四年（1865 年）杨闳中抄录之谱存世，证明这杨氏家族同姓而不同宗。

这两个大家族的家谱都记录了郧县的同姓依附现象，也记录了国史、方志所载的历史事件。

郧县的人口集聚和家族逐渐形成，推举族长，修祠堂，续派语，应当是康熙实行"盛世滋生人丁，永不增加赋税"政策之后，特别是同治、光绪年才形成规模的。

三、开明族长是乡贤

郧县经康乾盛世后，积极发展生产，人口呈几何级数增长，全国各地来郧经商、投靠者络绎不绝，由此经济飞跃发展。其后虽有嘉庆元年(1796 年)白莲教起义、同治元年(1862 年)太平天国陈德才十万兵丁重创郧阳，但由于郧阳优越的自然条件与百余年发展的基础，战后很快治愈了战争的创伤。到光绪年间，郧阳无战事，悠悠牧歌扬于四野，丰饶物产遍布山林，商业兴隆繁盛，汉江水道千帆竞发……这种繁荣兴盛延及民国时期，1946 年的《湖北县政概况》载：郧县有耕地 529715 亩；每年在郧阳府城集散的土特产有桐油五万四千多担，生漆两万余斤，白木耳万余担，黑木耳六千余担，香菇、黄花菜等名贵干菜及五倍子、地骨皮、甘草、麦冬等草药不计其数。

因此，光绪年间各个大型家族逐步形成，举族长、续家谱、定族规、修祠堂蔚然成风。这些族长大多在家族中辈分高，有诗书之训而德性亦高，在家族中有很高的威望与号召力。他们是当地的"乡贤"。

清政府在白莲教起义、太平天国运动时期，大力发展乡村"团练"以维护地方治安，所以各乡镇大型家族的族长又经地方推荐、官府批准担任"团练"首领，负责训练乡勇，听从官府调遣，盘查纠缉，保一方平安。

例如大堰响耳河村吴氏，祖籍湖广兴国州，康熙年间迁郧，到乾隆年间已成为郧阳望族。其族长吴锡章，郧阳府学毕业后回到故乡耕读传家，教育子弟，并抓紧训练"团练"乡勇，甚得族人与乡邻看重。

清同治五年(1866 年)编撰的《郧县志》"边防事迹"及"人物·德行"卷对吴锡章事迹有所记载。吴锡章墓在大堰大坪吴家河，历两百余年恢宏精美一如当年。

再如大堰武阳甸子靳明谦，是靳氏族长，更是清末郧阳著名士绅。他在武阳街开酒坊，所得用于修缮武阳甸子大寺、金刚山寺庙、朱公祠堂(康熙年主持整修武阳堰的郧阳知府朱寀生祠)等，并兴办私塾，接纳乡邻子弟入学……深得郧阳知府许有麟推重。当他邀约乡绅联名请许有麟整修武阳堰并重立分水章程时，许有麟欣然同意，一一实行，并在光绪二十三年(1897 年)立碑于武阳堰渠首，表彰靳明谦懿德嘉行(此碑现存谭家湾水库管理所)。靳明谦孙子靳久诚是台湾著名学人，1984 年自台回郧，还向郧阳中学、郧县二中捐助十万元发展教育。其儿女孙辈有美国著名学府教授，亦有京沪名流。

郧县青曲镇徐氏家族，元末明初自陕西华州华阴县迁郧县城北乡。经三百余年发展，至康乾盛世时已是郧县望族，建有祠堂。到乾隆初年，"于今户口渐盛，生齿日繁"，人丁兴旺。当时的族长徐建邦考虑族大人众，教化族中子弟至关重要，便邀集族人商议，要选一僻静开阔之地修建大型祠堂。后来选中汉江一个江心岛马鬃滩建起大

323

型祠堂，里面不但有供奉祖先牌位的主堂，更有学堂及书房，供族中子弟来此静心读书。此岛因徐氏祠堂而闻名遐迩，后来就叫"祠堂洲"。

郧阳府学毕业的族长徐建邦，对教育族中子弟十分重视。嘉庆二十年（1815年）《徐氏宗谱》载："公于乾隆十年作宗谱，俾（使）宗族焕然维新。始族人未知学，公择其秀良者教之，馆舍充满，自是户业诗书（家家户户都诵读诗书）。公不但有功于祖宗，而且有益于后嗣矣。"该谱还把资助贫寒子弟读书定为族规："家贫不能读书者，阖族公议着帮"，"入学者亦着帮印卷银两以助之"。"族中有赴科会者，阖族酌帮盘费银两以助之。若中会出仕，则帮旗、匾、银两以奖之。"从读书到科举到入仕，全程有家族支持，帮扶，奖掖，这族长是何等重视教育啊！

但徐建邦因张罗此事操劳过度，事未竟而于三十岁逝去。族中又公推其弟徐化邦继其职。徐化邦与弟徐文邦携手续建岛上祠堂，"纠合族众，碾砖石，担土木，众莫不踊跃，欣从其往返。劳苦更难悉述……"终于在江心岛上建成了徐氏祠堂"咸集堂"，大大便利了族中子弟读书。

在徐氏代代族长接力棒式的崇德重教引领下，青曲徐氏成为郧县最有文化的群体之一。六十年后的光绪元年（1875年），徐氏续修家谱时，徐氏子弟已是饱学之士比比，第十三代到第十六代孙十余人竞相为家谱撰写序文，且篇篇文采斐然！此时的徐氏已是文风蔚然，气象峥嵘。

延及今日，徐氏文脉造就了相当一批人才，如平安人寿保险公司苏州分公司、北京数字认证中心、西安航天发动机厂、武警湖北总队、青海西宁汽配公司、上汽集团公司、武汉银商资讯公司等都有徐氏后裔；至于郧县及十堰行政、教育、卫生、金融、经济、公安各行各业青曲徐氏皆有从业者。2011年他们编撰《郧阳徐氏东海宗派家谱》，其规模之宏大、组织之严密、分工之精细、捐款之踊跃、叙语之精准都不同凡响。

青曲镇周家洼村现存周氏宗祠，墙砖铭"光绪十四年周济遇私修"字样。这祠堂是当年朝阳寺小学校长、郧阳地下党朝阳寺支部书记周明玉家族祠堂。1946年，周明玉救援李先念五师突围流散的团、营、连、排级干部4名，安排他们住在周氏宗祠里，并伪造路条，设法秘密护送他们离境。

当时周氏的族长是周明玉父亲，他明知儿子所为是杀头之罪，也注意到儿子从家里拿食物及衣物，但他十分开明，佯装不知。后伪乡长李某带乡丁来追查，周父也搪塞敷衍过去，周明玉因此被县政府通缉而流亡他乡。

1950 年，有人举报周明玉暗杀解放军流亡军官，他因此而被捕，也没人能证明他护送解放军的行动。直至"文革"期间，河南省外调他所救援的解放军五师四团连长路恒铎、排长林建功(时为河南某军工厂领导干部)予以作证，这才证明了他的功绩。

除上述几个著名家族的开明族长外，胡家营镇冬青沟何氏家族也有注重传统道德，尤重视文化教育的贤明族长。如何仁樑(1872—1955 年)光绪三十年(1905 年)考取两湖师范。宣统元年(1909 年)毕业时参加同盟会，从事民主革命活动。宣统二年(1910 年)在保康县法院任职。因秉公执法，与当地官僚豪绅不睦愤而辞职，他回乡办教育，以何氏祠堂为学堂，从教 36 年。五峰清末到民国的文化人大部分是他的学生。如今他的祖居与祠堂属十堰市级典型古民居。

五峰安城上塔另有一处著名的古民居"花房子"(或称"徐大章"老屋)，实际是同盟会志士徐藻楹(1879—1927 年)以自己家的祠堂办学校而留下的。徐藻楹宣统元年(1909 年)自费留日，就读于日本东京早稻田大学法律系，获学士学位。1913 年攻读硕士学位时加入同盟会。其父怕连累家族，谎称病危电召其回国。徐藻楹回家弄清原委后欲返回日本，却被父亲软禁家中。后父亲病故，由他接手家族事务，他便在家乡捐款集资办义学，建瓦房六间，做桌凳六十余套，收学生六十余名，免费入学，为闭塞落后的故乡培养出许多人才。

第三节　宗祠与谱牒

一、宗祠

国人历来重视宗祠之修建，这是有礼法依据的。在儒家经典"四书"之《中庸·达孝》中就规定得很清楚："春秋(两季)，修其祖庙，陈其宗器，设其裳衣，荐其时食。"这段论述在过去撰修家谱时，往往被引用在谱序中加以强调。

郧县在康乾盛世后，人口集聚很多。到了两百余年后的同治、光绪年间形成了不少大的家族。为便于家族管理与发展，各家族兴建了不少祠堂。

同时清政府也将教化作为治国重点，颁诏天下，号召修宗祠：康熙皇帝于康熙九年(1670)向全国颁布《上谕十六条》，前两条即为"敦孝弟以重人伦，笃宗族以昭雍睦"，强调孝治与宗族的重要性。雍正帝则对《上谕十六条》逐条解释，成洋洋万言的《圣谕广训》，于雍正二年(1724 年)颁行天下，并在全国宣讲，形成了富有特色的教化政治。

推行孝治离不开宗族，《圣谕广训》指出"笃宗族"的具体措施包括"立家庙以荐蒸尝，设家塾以课子弟，置义田以赡贫乏，修族谱以联疏远"，把修家庙摆在推行宗族管理的首位。

封建社会的宗祠分为两类：

一种是官宦或富豪的豪宅内设有"家庙"供奉历代先祖牌位，祭祀、告祖或训诫子弟。清代提倡士大夫修建家庙，规定品官于居室之东建家庙。一品至三品，庙五间，中三间为堂，阶五级；四品至七品，庙三间，中为堂，阶三级；八、九品（在籍进士、举人视七品，恩、拔、岁、副贡生视八品），庙三间，无堂，阶一级，每年四季择日祭祀。官员们身体力行，纷纷修建家庙，祭祀祖先。

郧阳府城的豪门一般在正堂后面设家庙与佛堂。郧县大堰桑树垭村胡家大院现残存的一栋徽派建筑，其后院主堂即当年的家庙。这家胡氏以"金木水火土"为偏旁做派语。他们是"徽商"后人，清代有几户本家在繁华的西关大街开商号。

这些豪门的家庙，一般族人不允进入。

另一种是公众祠堂，供家族祭祀先祖和举行宗族活动时使用。雍正四年（1726年）清廷在宗族中强力推行保甲的族正制度，用保甲治理宗族。宗族受到保甲、乡约的影响而得以强化。由此开始，祠堂成为乡村治理的重要公共场所。

祠堂有一定数量的公共田产，称为"族田"，所得作为祭祀、修缮祠堂、"吃清明会"、奖掖学子、救助鳏寡孤独者的费用。官府为宗族设置族田立册存案，载入志书，给予执帖，勒石保护。清律禁止盗卖盗买祠产，且有祠产例不入官的规定，并给予赋税方面的优待。

随着时代的推进，郧县清代的祠堂大多废圮。现存的介绍如下：

郧县梅铺镇王氏祠堂，远观规模宏大，祠堂前有两棵大柏树葱茏茂密。树下有清泉，久旱不涸，雨涝不盈。梅铺镇将其列为镇"名片"，但未见碑刻而墙裂瓦破，亟待维修。

郧县五峰乡下三岔村夏氏宗祠。五峰夏氏是民国时期的名门，有人在专署、县府任高官。目前尚存的夏家老屋规模略大，其柱础尤为精美绝伦。其宗祠在老屋一里外的半山上，建筑宏丽，但已是空壳，未见碑刻。

郧县刘洞镇黄氏宗祠，咸丰五年（1855年）始建，其脊檩记载为："咸丰五年（1855年）岁次乙卯无射月（农历九月）谷旦。"宗祠有清光绪十七年（1891年）十二月所立两碑。左碑为《黄氏宗祠条规开列》；右碑为《黄氏宗祠碑记》，记载黄氏始迁祖黄用明代嘉靖年间自江西抚州（临川）东乡县双井村迁郧，并刻记黄氏派语。其光绪十七年（1891 年）所扩建之两厢及院落已拆除，仅存主堂三间。

从江西抚州（临川）东乡县迁郧地还有郧城曾氏（来自茨梅村）、郧城饶氏（来自西塘村）、五峰街李氏（来自城塘村）。

茶店长岭长坪村三组有江氏祠堂。宗祠只剩豪华宏丽楼门，匾额为"江室宗祠"及两面残墙，行将废圮。幸有清光绪三十二年（1906 年）祠堂碑（95×51.5×7cm）尚完好，记云："原籍江西临江府江陵县杏子村人氏。始祖甘文，袭因女户，承差改为江姓。元朝商游郧邑，后于（明）洪武二年（1369 年）居住武阳坪儿岩。又移瀛洲滩住。万历年间被水冲坏，就地各散。又迁移神定河此地，因姓传名即叫江家湾。有兄弟二人江永、江林。永生三子宗、汉、泽……"这碑记说明了这江氏宗族始祖姓"甘"，因入赘江家承担差赋而改姓江。所以祠堂名不是"江氏宗祠"而是"江室宗祠"。

碑文后所缀江氏三房及"首人""监修""书碑""照向"木工砌工石工名录，其中除一邱姓外皆江姓，辈分是"奎""璧""兆"三代。

国人历来安土重迁，聚族而居，所以家族积聚到一定程度必会建宗祠，修家谱。这也是中华民族科学管理人口与家族的伟大发明。"前有千古，惟谱录之；后有来者，惟谱启之。"如果你能读到一部完整的家谱，则能从这个家族的迁徙流变中看到社会之变迁、朝代之更迭、天灾之肆虐、瘟疫之恐怖、官吏之侵耗、生存之艰难、开拓之艰辛。

二、谱牒

谱牒，是与国史、方志构成中华历史文明的三大支柱，是中华历史的重要组成部分，也是中华民族宝贵的精神财富，有着"存史、资治、教化"的重要功能。也正因为中国家谱是研究中国国情民心的重要资料，所以美国、日本在二战时期分别在我国搜集了 2 万和 1.8 万部家谱带回国内。

郧县自康熙年人口聚集，经雍正、乾隆、嘉庆、道光、咸丰年的繁衍，到光绪年间，已经形成了不少大的家族。这些家族几乎都是从外省流徙而来，格外珍视家族的传承，对于建修祠堂、续修家谱尤为重视。加之同治初年后，郧阳平静而无战事，人口繁衍多，经济发展快，为修建宗祠、撰修家谱创造了良好的社会环境，所以郧县现存的祠堂和家谱绝大部分产生于光绪年间。

　　另一个极重要的因素是清朝入主中原后，接受了发达而先进的汉文化，强调孝治与宗族的重要性，将教化作为治国重点。这一举措大大推动了民间修祠续谱活动的深入。

　　关于郧县家谱，笔者历 20 年田野调查，所得颇丰，现列举一二，以窥全貌。

（一）郧县白桑关镇高庙《李氏宗谱》

　　该宗谱系工楷誊写之石印本，全谱三册，成书时间为民国甲申年，即公元 1944 年。谱本规格是 38×27cm。属版本较大的宗谱。

　　宗谱援引前代所传祖谱，称是唐太宗李世民第二子、吴王李恪的后人。附有李世民《封吴王恪诰》的诏书、任命李恪十一世孙李道为太子太傅的诏书及封李恪妻、李道妻的诰命诏书。

　　李道是唐亡之际从京城逃往江西建昌磨刀坑定居的李唐王朝的第一人，被奉为江西建昌李氏始祖。而郧县的《李氏宗谱》正是江西建昌李氏所续。谱中所列历代修谱序文计有明代正统年(1448 年)、明万历甲午年(1594 年)、万历丙申年(1596 年)、嘉靖丙辰年(1556 年)、清代雍正癸丑年(1733 年)及乙卯年(1735 年)、乾隆癸丑年(1793 年)共七篇。这些序文大多由朝廷命官如工部侍郎、翰林院编修、布政使及地方知县等撰写。

　　其中最重要的一篇序文是雍正癸丑年(1733 年)李道三十七世侄孙、工部右侍郎李凤翥所写《磨刀道公宗谱序》。序文在详尽介绍唐末至清初李氏的迁徙演变后，落款有二十四个学位及职衔，其中令人瞩目的是"癸卯恩科会试大总裁""内阁学士兼礼部侍郎""都察院左副都御史""工部右侍郎署兵部左侍郎"等，这说明李凤翥是六部大臣，而且深得雍正皇帝信任。

　　经核查《二十五史·清史稿·部院大臣年表》，李凤翥所列官职都有记录。那么，他自称是唐太宗李世民后裔也是得到清中央政府认可的。

　　在《李氏宗谱长江源流图》中，记载了公元 653 年(李恪死)至 1944 年共 1200 余年间李氏 46 代繁衍迁徙状况，详明记载了每代人生葬、配偶、子嗣、官职等。脉络分明，代代清楚。

　　与郧县高庙李氏同为李恪后裔的还有郧西土门镇龙潭村五组的李氏家族。他们存有清嘉庆四年(1799 年)编修的《李氏家乘》四本，更为可贵的是这套家谱列有明代大学士、《永乐大典》主编解缙所写的序文，承认该支李氏是李唐王朝后裔。

（二）郧县青曲镇寺坪村《李氏族谱》

郧县国土资源局李守堂（寺坪村人）存有清道光六年（1826 年），光绪八年（1882年）《李氏族谱》各一本。族谱所记堂号为"万轴堂"。谱中记载，这支李氏是唐太宗李世民十四子曹王李明后裔。"安史之乱"后李明后人移居江西洪州丰城县湖茫。后避黄巢起义，李明十六世孙李隆世迁湖南岳州巴陵县马王洞。其后人分居湖南巴陵与临湘，也有迁鄂、川者。李氏迁郧始祖李世盟，始迁郧西县河夹店鲁家沟，复延及郧县青曲（汉江之北）、郧县青山（汉江之南）。

《李氏族谱》自宋朝端平年间（1234—1236 年）始修，经元、明、清共修十四次。历次主修者有进士、状元、太师、太守、礼部郎中、侍御史等。历代居地、坟山皆绘有图谱，有迹可循。

（三）郧县青曲镇曲远河宋家湾村《李氏宗谱》

该支李氏存有清道光廿六年（1846 年）《李氏宗谱》一本。据记载，这支李氏与上述国土资源局李守堂家族是同宗，同为唐太宗李世民十四子曹王李明后裔。"安史之乱"后李明后人移居江西洪州丰城县湖茫。后李昌明先祖迁湖南临湘岩岭。清嘉庆十一年（1806 年）李自辉自湖南临湘岩岭迁郧阳府郧西县河夹店之黑沟，为该支李氏迁郧之始祖。后李自辉之子置产于郧西河夹店之庙沟，并在此发祥。鼎盛时期，工、农、商、运兼营，号称"六合兴"。故该支李氏称"庙沟李氏"，已播迁两郧、十堰到全国。2009年由李昌明主编的鄂西北庙沟《李氏族谱》告竣。

（四）郧县青山镇熊家沟村李氏始迁祖墓碑

青山熊家沟村四组现为秦家沟村五组，即李氏世代聚族而居的"李家院"。椐十堰市方志专家张培玉（熊家沟村李姓人氏）考证，此李氏为唐太宗李世民十四子曹王李明后裔，与前所述青曲镇寺坪村李守堂家族、青曲镇曲远河宋家湾村李昌明家族同出一脉。

秦家沟村仍存有"耕读传家"门楼一座。山上有李氏祖坟三座。其中清嘉庆二十二年（1817 年）十一月所修李春圣夫妇墓，墓联"水源木本承先泽，春露秋霜启后思"仍清晰可见，但追溯渊源及迁徙的六行小字却因年久风化难以辨认，约略可认出"莫为之前，虽美弗彰；莫为之后，虽盛弗传……（湖南）岳州巴陵人也，不能追远寻祖，期太平盛世，传之后代之矣。……以为去南来北，爱处郧郡数十年"等。椐《旧唐书·太宗诸子传》载：李明及其一子曾先后被封为"（湖南）零陵王"。故李春圣夫妇墓碑铭文证实了史书所载，李氏一族是从湖南岳阳迁郧的。另两座李氏先祖古墓分别修于光绪四年（1878 年）和光绪六年（1880 年）。

上述所举郧县四支李氏的族谱或始迁祖墓碑都称是李世民后裔应当可信。一则有名臣或大儒为其作序证之；二则所叙渊源、迁徙合乎史书所记；三则唐太宗李世民有十四子，除早夭一人无嗣外，其余十三子皆有后人。千载而下，李世民的后裔应当是遍布天下。郧县接纳这么多李世民后人，也是优越的地位优势使然。

（五）五峰乡东峰村何家院《郧阳何氏宗谱》

何氏祖籍江西瑞昌花园乡茅竹村大店，有《瑞昌何氏宗谱》，记明英宗天顺七年（1463 年），何胜湖、何胜海兄弟迁居"湖广布政使司郧阳府郧西县烟墩堡"，为江西瑞昌何氏迁郧始祖。后人复迁郧县胡家营镇冬青沟、五峰乡东峰村何家院，渐发展为本地望族、书香门第。

何氏于清同治七年（1868 年）修撰过家谱。何氏后裔、华中科技大学教授何存兴历二十余年艰辛，以耄耋高龄于 2007 年编就《郧阳何氏宗谱》四卷。

何存兴为系统全面梳理五峰乡东峰何氏 140 年（1868—2007 年）繁衍播迁情况，及五峰乡古麇国都锡穴三千年传说及遗迹，退休之后倾尽全力，或出省追索宗亲、族谱；或在郧县、郧西何氏播迁的深山穷谷间寻觅废祠古墓，走访族人，历经万险，万难不辞，以致妻离子散，犹无怨无悔，孜孜以求。至总成其谱，犹以老迈衰朽之躯，独守空房孤灯，焚膏继晷，手自抄录（全谱皆为何存兴手写蝇头小楷），"毁小家而续大谱"，精神何其可贵！

（六）柳陂镇辽瓦西流村陈家坡《义门陈氏重续会云谱》

该支陈氏来自天下闻名的江西"江州义门"，其迁郧始祖陈汝虎于乾隆三十年（1768 年）迁郧，有四子才琬、才璧、才有、才满。始居辽瓦西流村陈家坡，后有一支徙居青曲镇店子河、郧西河夹店归仙河、郧城、十堰等地。该家族光绪庚寅（1890 年）所修《义门陈氏重续会云谱》十一卷至今完好无损，还有陈才有神龛像传世。

第四节　家规与族规

中国家谱中的家规族规，到了明清时期，已经成为中央政府管理规定的必备内容。1368年朱元璋建立大明王朝后，这位父母病饿而死、当过乞丐、做过和尚的"平民皇帝"，最了解百姓疾苦，所以他当了皇帝后，就十分注意社会管理，惩治贪官最狠，对贪腐官员予以"剥皮"；最关心百姓疾苦，把政府养活鳏寡孤独废疾者写入《大明律》，还在全国设置了许多养济院、惠民药局救助百姓；颁布"圣谕六言"即"孝顺父母，尊敬长上，和睦乡里，教训子孙，各安生理，毋作非为"来规范百姓道德行为。因为朱元璋来自民间，所以这六句话简单直白地涵盖了百姓生活的主要方面，深受百姓欢迎，故这"圣谕六言"就成为家谱的首要内容。

明亡清兴，清朝虽以武力入主中原，但清朝皇帝发现发达而科学的汉人儒家文化才是治国之道，便清承明制，以儒学为官方意识形态，奉"以孝治天下"为既定国策，所以早在顺治九年（1652年），就将朱元璋的"圣谕六言"颁行八旗及各省。

康熙继位亲政后，觉得大清朝颁行前朝皇帝"圣谕"治国殊为不妥，便在康熙九年（1670年）阐释扩充"圣谕六言"，制定为《上谕十六条》颁行全国：

敦孝悌以重人伦，笃宗族以昭雍睦；
和乡党以息争讼，重农桑以足衣食。
尚节俭以惜财用，隆学校以端士习；
黜异端以崇正学，讲律法以儆愚顽。
明礼让以厚风俗，务本业以定民志；
训子弟以禁非为，息诬告以全善良。
诫窝逃以免株连，完钱粮以省催科；
联保甲以弭盗贼，解仇忿以重身命。

《上谕十六条》模仿并细化"圣谕六言"内容，标志着清朝统治者将教化作为治国重点。细读这十六条，确实涵盖了社会生活的方方面面，规范了人们的行为举止，有利于社会的安定、稳定和生产发展。看到这些，我们不能不佩服开启康乾盛世的爱新觉罗·玄烨（康熙大帝）对社会体察之深，对百姓关心之切。

今日郧县现存的族谱、家谱一律相沿把《上谕十六条》刊于卷首作为族规家规。至雍正帝继位，惩治诛杀了一些诋毁清廷的文人后，他写下《大义觉迷录》警戒世人，后犹感不足，便对《上谕十六条》逐条解释，写成洋洋万言的《圣谕广训》，并向全国宣讲。

郧县清代家谱也有另立族规的：

青曲镇寺坪村所存道光六年（1826年）《李氏族谱》："族约规条详列大谱：敦孝悌、主忠信、崇礼仪、尚廉耻、睦宗族、重婚姻、立宗子、贞教育、正闺门、修祠宇、恤孤寡、务俭约、勤耕织、凛祭祀、守谦让、息争讼、禁犹赖、修坟茔……（另有四条因原谱虫蛀不可辨）湖茫旧家规二十二条，前后皆仿司马温公柳批教子郑义门宗法，共相亲切之意。"

五峰乡杨家院、十堰黄龙方滩《杨氏宗谱》：宗规十二则：敦孝悌、睦宗族、谨祠墓、慎谱牒、供赋税、诫忤逆、正名分、肃闺门、重婚姻、务职业、尚节俭、禁邪巫。

该谱对十二条逐一解说。如："供赋税。家训云：国课（赋税）早晚。俗语云：'要得安，先了官；公事完，心便宽。'钱粮徭役，各当依限输纳，不可任意拖欠，至累追呼甚至枷号，身家被亏，深为门户之羞。吾族钱粮无几，务各早为完纳，以为国之良民、家庭肖子。倘或花街柳巷，或营运做家，无意完了官行，族长即具禀呈首，不为太过。"

这条解说，生动地说明了当时的人们对缴纳农业税的高度重视。

对"务职业"的解说也生动说明乾隆年间人们对职业的认知："……方为称职。亦不得越四民（士农工商）之外，为僧道，为胥吏，为优戏，为屠宰偷窃。若赌博一事近来相习成风。凡倾家败产、招祸速纍，莫不由此。犯者房长会同族正、族长重加斥责，或送官惩治。"由此看来当时的正当职业是士农工商（做官，务农，做工，经商），而和尚道士、衙役皂隶、唱戏（优戏）、屠宰都不是正经职业。

郧阳府城同治五年（1866年）《郧邑尤氏叙谱》：这份家谱在照例刊载康熙《上谕十六条》作为家规之后，续了四句话赞颂之："欲光前诗书教子，存裕后勤俭传家，依莫如此上良言，十六格言斯非轻"，并大赞康熙不世之恩德："我圣祖仁皇帝久道化成，德泽恩普，仁育万物，义正万民。六十年来宵衣旰食，只期薄海内外，兴仁讲让，革薄从忠，共成亲逊之风，永享升平之治"。

柳陂镇西流村陈家坡光绪十六年（1890年）《义门陈氏重续会云谱》：该支陈氏完整的《陈氏宗谱》中的族规是自拟的《义门家范十二则》：尊朝廷、敬祖宗、孝父母、和兄弟、严夫妇、训子孙、隆师儒、谨交游、联族党、睦邻里、均出入、诫游惰。每一条后都有八十个字的四言诗注释。如"睦邻里"后注诗："古者八家，同井相助（秦代"井田制"），由近而远，情谊攸著……"这份族规总共有九百多字，蔚为大观。

上述自拟族规家规者，实际上还是脱胎于《上谕十六条》，无非是忠孝仁爱、勤俭持家等内容。

大堰2014年编修《周氏宗谱·湖北郧阳大堰周氏宗族族训、族规》：其族规为：热爱中华，维护同宗，血脉亲情，传承子孙。遵纪守法，正派做人，禁赌禁毒，廉洁自身。秉持公道，弘扬正气，不诈不欺，扶弱济贫。敬老养老，孝顺报恩，关护幼小，尽责严教。少而勤学，珍惜光阴，学而实践，前途似锦。与人为善，出言谦逊，礼让三分，海阔天空。邻里和衷，夫妻和睦，姑嫂妯娌，相敬如宾。勤劳致富，正道取财，诚信经商，不打诳语。反对浪费，节俭光荣，富莫忘本，力戒奢侈。崇尚科学，破除迷信，修德养性，为事清明。交朋结友，谨慎为重，良莠细分，坏事不跟。互帮互助，族人共荣，祖德光大，家邦振兴。愿周氏子孙以此自理自戒。

第五章　道　　德

　　道德是人们行为应该遵循的原则和标准，是法德文化的重要组成部分。本章从道德的本义、家国一体的道德规范、公德与公益、公民的权利和义务四个方面论述郧县人民道德的形成和发展过程。

第一节　道德的本义

一、道德的社会作用

　　道德的定义可以概括为：道德是一定社会、一定阶级向人们提出的处理个人与个人、个人与社会之间各种关系的一种特殊的行为规范。

　　这一概念说明，道德是以善恶为标准，调节人们之间和个人与社会之间关系的行为规范。道德总是扬善抑恶的。道德与法律不同，它是依据社会舆论、传统文化和生活习惯来判断一个人的品质，主要依靠人们自觉的内心观念来维持。

二、在封建社会，中国道德的主要内容有哪些

　　一说起中国道德，人们首先想到的就是所谓"三纲五常""三纲六纪""五伦"和"六纪"。

　　三纲　董仲舒表述为"君为臣纲，父为子纲，夫为妻纲"（董仲舒：《春秋繁露》）。

　　五常　董仲舒表述为"仁、义、礼、智、信"（董仲舒：《举贤良对策一》）。

　　五伦　孟子表述为"父子有亲，君臣有义，夫妇有别，长幼有序，朋友有信"（《孟子·滕文公上》）。

　　六纪　汉朝班固所撰《白虎通义》中提出"三纲六纪"之说。"三纲"就是董仲舒提出的三纲；所谓"六纪"，指"诸父、兄弟、族人、诸舅、师长、朋友"，进一步解释为："谓诸父有善，诸舅有义，族人有序，昆弟有亲，师长有尊，朋友有旧。"其实跟上面讲的大同小异，只是更强调了族群社会关系。

一般来说，上述行为规范就是中国人的道德规范，也是上至士大夫、下至布衣百姓所共同认可的道德标准。当然，三纲中的"君为臣纲"和五伦中的"君臣有义"，主要是士大夫官僚们的官场政治道德准则，草民们都谈不上；然而草民原则上也是认可的，因为原则上说布衣也有当官的可能性。所谓"天下兴亡，匹夫有责"，正体现了他们对君臣之义的这种认同感。但君臣关系更多是一种制度设计，即使是道德也是一种政治性的道德要求。在皇帝消失的 20 世纪，"君为臣纲"和"君臣有义"的制度设计就消失了，然而，君臣之间的道德规范在官场中并没有消失，它体现于政治生活的上下级关系之中。而在政治和官场之外，日常生活的道德规范就是"五伦"中的其他四伦，或者"五常""六纪"。《白虎通义》说"三纲法天人，六纪法六合"，也是这个意思，就像一个是纵坐标(政治生活)，一个是横坐标(日常生活)，它们统领着中国人的道德坐标。

第二节　家国一体的道德规范

一、社会主义道德的核心内容

社会主义道德的核心内容是"为人民服务"。

社会主义道德是在无产阶级自发形成的朴素的道德基础上，以马克思主义的世界观为指导，由无产阶级自觉培养起来的道德；是以为人民服务为核心，以集体主义为原则，以诚实守信为重点，以社会主义公民基本道德规范和社会主义荣辱观为主要内容，代表无产阶级和广大劳动人民根本利益和长远利益的先进道德体系。

二、社会主义道德体系

社会主义道德体系，是指社会主义道德不同层次、不同方面的行为规范有机结合起来的整体。它主要包括两个方面，一方面是指社会主义道德的内容体系，它由各方面的道德规范构成，如政治道德、商业道德、家庭道德以及各行各业都有自己具体的规范、具体的内容，各种规范有机地结合在一起，就构成了社会主义道德的内容体系。

另一方面是指社会主义道德的层次体系。在社会主义初级阶段，由低到高存在着四个层次的道德要求。处于最低层次的也就是最简单、最一般的道德要求，是社会主义最起码的道德要求，它包括社会公德和家庭道德两大部分。处于第二层次的是社会主义基本道德，具体概括为"五爱"，即爱祖国，爱人民，爱劳动，爱科学，爱社会主义。处于第三层次的是社会主义职业道德，各行各业都有自己的特殊道德要求。处于第四层次的是共产主义道德，这是社会主义时期的最高道德要求。以上这四个层次的道德要求有机结合，就构成了社会主义道德的层次体系。

三、社会主义核心价值观

党的十八大提出，倡导富强、民主、文明、和谐，倡导自由、平等、公正、法治，倡导爱国、敬业、诚信、友善，积极培育和践行社会主义核心价值观。

社会主义核心价值观体现了三个层面：

"富强、民主、文明、和谐"，是我国社会主义现代化国家的建设目标，也是从价值目标层面对社会主义核心价值观基本理念的凝练，在社会主义核心价值观中居于最高层次，对其他层次的价值理念具有统领作用。

"自由、平等、公正、法治"，是对美好社会的生动表述，也是从社会层面对社会主义核心价值观基本理念的凝练。它反映了中国特色社会主义的基本属性，是我们党矢志不渝、长期实践的核心价值理念。

"爱国、敬业、诚信、友善"，是公民基本道德规范，是从个人行为层面对社会主义核心价值观基本理念的凝练。它覆盖社会道德生活的各个领域，是公民必须恪守的基本道德准则，也是评价公民道德行为选择的基本价值标准。

四、爱国主义教育

爱国主义教育的内容主要有：

（一）国家和民族历史教育

包括国家的产生、形成、发展，各民族的构成和融合，现行社会制度的形成与特点，国家和民族独立解放和反抗侵略的历史及英雄人物事迹等。

中国的教育，特别突出中华民族的悠久历史，尤其突出近现代中华民族反抗外来侵略和压迫，捍卫国家主权统一和领土完整，争取民族独立和解放的历史；培养全民热爱祖国、热爱党、热爱社会主义制度，为国家独立富强奋斗和献身的精神。

（二）民族优秀传统文化教育

民族优秀传统文化教育包括国家和民族优秀的历史文化遗产、著名的科学技术成就等教育。中国的教育，突出中华民族灿烂的政治文明、物质文明、精神文明及其对社会发展和人类进步的卓越贡献，突出中华优秀传统文化的核心和内涵，增强全民的民族自尊心、自信心和自豪感。

（三）国情教育

国情教育包括国家的领土、领海、领空和地理、自然资源，现行社会制度的优越性，国家建设的成就等教育。突出祖国的辽阔疆土、壮丽江山、丰富资源，突出中国现代化建设的宏伟前景，增强全民维护国家主权、国家安全和领土完整的使命感、责任感。

爱国主义教育的对象包括全民，教育的形式多种多样，国家机关、军队、学校、企业事业组织、社会团体、城乡居民组织、家庭和全民都有进行爱国主义教育的责任和义务。

五、红色教育基地建设

为了更好地进行爱国主义教育，从国家到地方都开展了红色教育基地建设。目前，郧阳区的红色教育基地主要有"郧阳革命烈士纪念馆""南化塘中原突围纪念馆""杨献珍纪念馆"等。

第三节　公德与公益

一、公德

公德是指有关社会公众的安宁和幸福的行为，如不破坏公物。社会公德的内容是对公共生活中的方方面面提出的基本规范和要求。社会公共生活中人与人之间应该和谐相处，举止文明以礼相待。自觉杜绝说脏话、随便猜疑、欺骗他人等恶习。这是处世做人最起码的要求。

二、公益

公益是公共利益事业的简称，这是为人民服务不求回报的一种通俗讲法。

社会公益组织，一般是指那些非政府的、不把利润最大化当做首要目标，且以社会公益事业为主要追求目标的社会组织。

郧阳区人民十分注重社会公德和公益事业，目前正在努力创建国家级文明城市。

第四节　公民的权利与义务

一、公民的基本权利

国家宪法规定，中国公民的基本权利如下：（1）法律面前一律平等；（2）政治权利和自由；（3）宗教信仰自由；（4）人身与人格权；（5）监督权；（6）社会经济权利；（7）社会文化权利和自由；（8）妇女保护权；（9）婚姻、家庭、母亲和儿童受国家保护；（10）华侨、归侨和侨眷的正当权利受国家保护。

二、公民的基本义务

公民的基本义务也称宪法义务，是指由宪法规定的公民必须遵守和应尽的基本责任。公民的基本义务是公民对国家具有首要意义的义务，它构成普通法律规定的义务的基础。公民的基本义务与基本权利一起共同反映并决定着公民在国家中的政治与法律地位，构成普通法律规定的公民权利义务的基础和原则。

我国宪法规定，公民有维护国家统一和全国各民族团结的义务，禁止有破坏民族团结和制造民族分裂的行为；公民必须遵守宪法和法律；公民必须保守国家秘密；公民必须爱护公共财产；公民必须遵守劳动纪律；公民必须遵守公共秩序；公民必须尊重社会公德。

第六章　郧县人民维护国家利益的法德精神

郧县人民在新民主主义革命和社会主义建设时期，曾为新中国建设做出过巨大牺牲和奉献。

1932 年 11 月，红四方面军粉碎国民党第三次围剿后，从河南省淅川县进入郧县南化塘，总部决定在南化塘休整并创建根据地。在此期间，红四方面军广泛宣传革命，发动群众，扩充军队。后来，因国民党军队的围追堵截，红四方面军被迫放弃南化塘进入陕西，创建鄂豫陕边根据地。红四方面军在郧县活动虽然只有一周的时间，但郧县人民在地方党组织的领导下，支持革命，踊跃参军。抗日战争爆发后，郧县属第五战区后方的一部分，郧县人有钱的出钱，有力的出力。1937 年，郧县组织了 30 多名热血青年奔赴山西，参加抗日决死队。这 30 多名热血青年大部分在战场上英勇牺牲，少数幸存者后来成为我党的中高级将领。1943 年 8 月 1 日，一架美国重型轰炸机轰炸驻南阳日本侵略军时被日军高射炮击伤，美籍女驾驶员莫拉跳伞降落在东梅乡第十保曹西沟龙庙岭，被日军追杀，被正在地里干活的王书才、简秀夫妇救走，并送到东梅乡政府，后安全回国。日军得知后放火烧掉王书才夫妇的房子。据统计，1941 年至 1944 年间，郧县共征集粮食 318461 石，征集的马草、蔬菜更多。另有外地调运到郧县的抗战物资，绝大部分是靠郧县人民肩挑背驮运送到指定地点。老河口失守后，郧县组织 3200 多位民夫，扎制担架 1600 多副，接运从陕西、河南等地转运的抗战伤员 1.1 万人。从抗日战争爆发到日本鬼子投降，捐躯沙场的郧县人共计 837 人。

1947 年 7 月 17 日，李先念、郑位三、王振率领的中原部队突围转战来到郧县南化塘玉皇山，经过浴血奋战，打垮了胡宗南的国民党部队，突破天险进入陕南。突围期间，具有光荣革命传统的南化塘人民冒着被敌人杀害的危险，给突围部队当向导、传情报、送军粮，救护伤病员 100 多人。郧县地下党组织和郧县人民为支援中原突围部队作战，为掩护领导，救助伤员，粉碎敌人"清剿"，巩固和发展根据地做出了重大贡献。

解放战争时期，郧县人民为彻底推翻帝、官、封的统治浴血奋战，在建立政权、清匪反霸的同时，积极参军参战，支援兄弟县和其他地区为获得解放而斗争。

抗美援朝中，郧县青年积极参军，踊跃报名赴朝抗美。97 人在朝鲜战场捐躯，各界人民替军属代耕，捐款捐物，以写慰问信等形式抗美援朝，保家卫国。

中国人民抗美援朝郧阳分会公布：1952 年 1 月 1 日，郧县共捐款 1358356647 元（旧币，下同）。其中，工人 36819100 元，农民 840020327 元，妇女 4249050 元，学生 25052030 元，工商界 244526746 元，文教 30742100 元，机关（含地专直属）12728094 元。

在社会主义建设时期，郧县人民为支援丹江水利枢纽工程、黄龙电站、东汽公司、襄渝铁路、十堰市建设、南水北调等国家重点工程顺利施工，特别是南水北调工程中，郧县人民为了确保一江清水永续北送，做出了巨大的牺牲。丹江口水库正常蓄水 170 米时，淹没区涉及郧县城关（含原大堰）、青曲、杨溪铺、安阳、青山、茶店、柳陂（含原辽瓦）、五峰、原种场、梅铺 10 个乡镇（场），118 个村（居委会），606 个村（居）民小组，9910 户 39090 人。淹没房屋 1474590.1 平方米。淹没版图 50.42 平方千米。

（撰稿：邢方贵　赵天奎　编审：傅广典　柳长毅）

参 考 资 料

1.《郧县志》，同治丙寅版，鄂十郧图字 1998 第 21 号。

2. 冷小平、冷遇春、冷静：《郧阳历史文化探研》，中国国际广播出版社 2018 年版。

3. 张培玉：《十堰战事》，中国文联出版社 2000 年版。

4. 傅广典：《郧阳文化考察报告》，《民间文化论坛》2009 年第 5 期。

5. 柳长毅、匡裕从：《郧阳文化论纲》，湖北人民出版社 2012 年版。

6. 李吉、王岳红：《中国姓氏》，中国社会出版社 2006 年版。

7. 李道生：《中华谱牒知识问答》，金盾出版社 2006 年版。

8. 邢方贵：《郧县人自何而来》，郧县日报社 2003 年版。

9. 张正明：《楚史》，湖北教育出版社 1995 年版。

10. 赵辉：《楚辞文化背景研究》，湖北教育出版社 1995 年版。

11. 郧阳区史志办公室：《郧县志》，长江出版社 2015 年版。

12. 郧县史志办公室：《中国共产党郧县历史》第一卷。

宗教文化域

第八篇

第一章　郧县宗教文化史概述

宗教既是一种社会现象，又是一种历史现象，还是一种文化现象，属于意识形态领域范畴。从广义上讲，宗教本身是一种以信仰为核心，以超人间、超自然力量为崇拜对象的社会意识，同时它作为一种特殊形式的文化体系，又是整个社会文化的组成部分。宗教是如何产生的呢？恩格斯说："一切宗教都不过是支配着人们日常生活的外部力量在人们头脑中幻想的反映。在这种反映中，人间的力量采取了超人间的力量的形式。"也就是说，归根到底，宗教是人类在面对自己无力战胜的力量和无法解释的现象时，为了解释而把这种力量和现象虚幻化、神奇化，再反过来强调其对人们的社会生活产生的影响。

所谓宗教文化，是指宗教在产生、发展、演变、传播过程中形成和保留下来的各种思想文化的总称，具体包括各类宗教哲理、宗教教义、宗教仪式、宗教经典、宗教文学、宗教艺术、宗教建筑、宗教圣地、宗教节日、宗教制度、宗教组织以及宗教活动等独具宗教特色的文化形态。

中国是一个多宗教的国家，并具有鲜明的中国宗教特色，党和政府制定了符合中国国情的宗教政策，保证了我国宗教的良性发展、民族团结统一和社会和谐。

郧县，以其天然优越的地域优势，成为人类诞生和栖息之地。百万年前"郧县人"在这里出现，后来在汉江流域逐渐演变进化为"智人"和"现代人"。在远古时期和原始社会，那时还没有宗教，人们对风云雷电、地崩山摧、烈火暴雪、寒来暑往无法知其因，惊骇、恐惧、敬畏；对人类的生老病死、植物的春荣秋枯也无法知其因，迷茫、困惑、惊异……他们感觉冥冥中有神灵操控着这神秘的一切，于是敬天地、信鬼巫、好占卜。

若干千年后，随着人类社会的演进诞生了宗教，郧县较早接受了汉明帝时期(公元前 67 年)传入中国的佛教。因为佛教反对等级制度，提倡众生平等的宗旨教义，是处于社会底层的百姓之所期，所以佛教在汉水流域迅速而广泛地得到传播。

但佛家的"众生平等"只是一种期望，并不能解决百姓在阶级社会所受的剥削与压迫，也不能解除百姓在自然生活中所遇到的种种困难与困惑。

东汉时，中国本土的道教产生。道教是发源于春秋战国的方仙道，是一个崇拜诸多神明的多神教原生的宗教形式，以"道"为最高信仰，主要宗旨是追求长生不死、得道成仙、济世救人。

郧县百姓讲究的是生存，是实惠，他们不奢望也没条件去追求"长生不死、得道成仙"，却对道教"济世救人"的诸多神明如土地神、山神、河神、牛神、马神、灶神、玉皇大帝、王母娘娘等有着极大的兴趣。唐代贞观十二年（638年），李世民下令修建武当山五龙宫，后历代王朝增建，至明代大兴武当，武当山遂成为天下道教名山，作为武当山毗邻地区的郧县，无疑受此极大的影响。于是，在唐宋尤其是明清时期，或宏丽或简陋的道观、道庵、娘娘庙、土地庙、山神庙遍布郧县城乡。

道教信仰如此繁盛，却并不影响佛教的发展，在郧县从来都是佛、道并行。

郧县是鄂渝川陕四省通衢，南船北马、川陕咽喉要地的地域特点和汉水穿境的交通优势，使其成为天下流民所向往的"乐土"，明清以来各省大批移民来此休养生息，构成郧县移民人口的主体。他们起初是外来移民，不会形成宗族势力，又处于社会底层，渴盼平等竞争、自由发展，也有着精神痛苦需要慰藉。他们自然也求神拜佛，祈求天主、安拉护佑他们，所以在这个时期，郧县的宗教活动比较繁盛。

清同治年间的民间暴动，使郧县积聚了一大批回民，回民聚族而居于城南，后来建设了规模宏大的清真寺和城郊清凉寺。他们恪守伊斯兰教众生皆兄弟、友好相处、不杀生的教义，与汉人和睦相处。

清末民初，天主教从襄阳老河口传播发展到郧县，意大利人于民国初年在府山建起了规模宏大的哥特式天主教堂，并在黄龙和五峰乡的花瓶沟也建了天主教堂，辐射汉江南黄龙、五峰、鲍峡、叶大各乡镇；后来有挪威人在城关西大街县学宫对面建了基督教的福音堂。当时天主教、基督教的教众不少。他们与信奉佛教、道教的众多郧县人各信其教，相安无事。

第二章　楚人崇巫的遗风

一、古荆楚之地信鬼崇巫

古人对于天象和自然界的各种现象，无法知晓更不可驾驭，于是敬天地，信鬼巫，好占卜，此可称为蛮夷文化。其中楚人尤其崇巫。当殷（商）人极盛的巫风被周人逐渐抛弃，中原的理性精神逐渐突破巫术的束缚之时，楚地却保存和发展着巫风，仍然沉浸在神话世界之中。《吕氏春秋·异宝》记载："荆人畏鬼而越人信几（祭祀所用几案）。"《汉书·地理志》记载："楚地……信巫鬼，重淫祀。"

巫风既培养了楚人对于神灵顶礼膜拜的虔诚情感和浪漫情调，给楚国的神话发展以充足的营养，也诱发了楚人对于神仙的追求，产生了大量的原始宗教艺术，这一切给楚国的文学创作提供了大量的题材和意象，形成了"楚辞"的浪漫主义文学特征。例如屈原的《九歌·山鬼》等都是来源于楚地的巫神传说，祭祀时也有男巫、女巫披发裸身跳跃传唱。东汉著名文学家王逸的《楚辞章句·九歌序》说："昔楚南郢之邑，沅湘之间，其俗信鬼而好祀。其祠，必作歌乐鼓舞以乐诸神。"

郧地古麇国人自然也信巫而祀鬼神。公元前 611 年，楚庄王灭麇国并南迁麇国贵族后，楚人入住郧地。郧地就此而成为楚国的西北边陲。其后近四百年郧人就在强烈的楚风浸润下生存发展，语言、风俗都"楚化"。时至今日，郧县及汉江河谷"去""鞋""街""六"等字的读音（分别读"磕""孩""该""楼"），完全与武汉市相同，而不同于汉江北的豫方言、汉江南的西南方言。

至于崇巫之风，也是日渐炽烈。明清《郧阳府志》《郧县志》对此记载颇多："民多秦音，俗尚楚歌。""（郧县）介荆陕之间，万山盘桓，其民刀耕火种，易动难戢。盖楚之轻剽、秦之强悍兼而有之。""男子烧畲为田，女子绩麻为布以给衣食。楚故略，民性朴鲁简啬，流寓多而土著少。""风俗秀美，泉甘土肥，多用竹器，信鬼不药。"

二、清中期崇巫之风渐变式微

清同治丙寅年（1866 年）《郧县志》记载："以上见于群书，搜罗旧参（方志），撮其大略，用志旧闻。以今揆之风土人情，与时转移……民俗渐进于括其体要而明礼让，敦古朴，有蒸蒸日上之风焉。"

这是说康熙颁布的《上谕十六条》改变了社会风气。考证《上谕十六条》中第七条是"黜异端以崇正学"，意思是罢黜鬼怪神魔之说，崇尚儒家学说。

换言之，郧县到了康乾时代，信巫之风逐渐受到官方排斥。

楚人崇巫风习衰落的另一个重要原因，是中原民族经过春秋几百年的大动荡，特别是春秋（前770年—前476年）战国（前475年—前221年）时期的"百家争鸣"中，不同学派的知识分子及各家族流派之间争芳斗艳的辩驳，也逐渐否定了鬼神万能之说。一些开明的政治家、杰出的思想家观察社会变化，拂去了周人头上那一缕崇鬼神的迷雾：曹刿论战时就认为决定战争胜负的是民情而不是鬼神。子产也说："天道远，人道迩（近）。"季梁更响亮地宣扬："夫民，神之主也。"墨子说："今若使天下之人皆若信鬼神之能赏贤罚暴也，则天下岂乱哉！"而法家荀子"人定胜天"口号的提出，更宣告了神巫时代末日的到来。

三、崇巫之风在郧县的遗存

楚国辉煌的文化毕竟传续数百年，辐射数千里，楚人的历史虽然随时光流逝沉埋于历史文化堆积层中，但他们信巫淫祀的风习却依旧代代相传，以致楚国辖境的一些地域，特别是湖南湖北地区，仍保留着对神灵的虔诚迷信。

郧县直到20世纪六七十年代，偏远山区还有山民说"撞见鬼了"，梦见"花柳狐怪"了，冒犯"山神"了，小孩子"吓掉魂"了等楚国时期的话语，还有请"端公子"（男巫）跳大神、请巫婆（女巫）"过阴"（到阴间问吉凶生死）的习俗。"端公子"、巫婆都会在黄表纸上画符咒，嘱病人"把符纸烧化为灰，兑黄酒喝下去就能驱除妖邪，消灾治病"。若在"端公子"、巫婆家中驱邪，他们表演之后，都会在香炉里抓一把纸灰给求神者，让他们冲水喝下去。

严格地说，并不是"端公子"、巫婆能治病，实在是远古时期巫、医不分，巫是医者，医者能巫。大凡驱邪拿鬼的都懂些医术，也收集有民间小单方，装神弄鬼只是糊弄人的样子。他们也会弄些草药，或制成丸散膏丹，给患者服用。有些成人自惊自吓，说撞见鬼了，经巫者跳大神等折腾一番，多了一些精神抚慰，也就不药而愈了。

旧时郧县乡村有些名医，被人称为"发官（法官）"，就是亦医亦巫均行。例如青曲镇有位医药世家的刘姓医生，远近闻名，就被称为"刘发官"，至今他的后人还在行医。

　　郧县的"打待尸"方式也是典型的楚人崇巫风俗遗留。20世纪60年代以前，城乡都有专门"打待尸"的艺人班子，他们手持锣鼓镲钵，边敲边唱，或独唱，高潮时也会一人唱三人应和。到半夜子时在"掩口"（亲人最后瞻仰逝者遗容，封闭棺材）前，打待尸的人则绕棺踏步而歌。

　　打待尸者所唱，不是信口瞎编，而是有专门的歌本。例如为逝者招魂："进门来，往里走，引魂幡儿拿在手，我与亡人指条路。我劝亡人你莫行东，东边河大水又深；我劝亡人你莫行南，南边有个火焰山；我劝亡人你莫行西，西边黑得像锅底；我劝亡人你莫行北，北边寒冬去不得；我劝亡人上天堂，卧龙岗上有你家乡。"

　　再如安慰逝者亲属："引魂幡，引魂幡，引得亡人上西天。引魂幡儿飘朝东，后辈儿孙坐朝中；引魂幡儿飘朝南，一代一代做高官；引魂幡儿飘朝西，一代一代做游击（将军）；引魂幡儿飘朝北，一代一代官不缺；引魂幡儿飘中央，一代一代坐督堂。"

　　最可证郧县"打待尸"为楚人崇巫遗风者，是20世纪50年代末，北门街一耿姓老太去世，因属清末、民国豪门，所以请的"待尸"班子是郧阳府城最著名的老歌手。他们起鼓唱："一根大蛇门前啦站，牛头马面呀排两边，阎王叫人三更啦死，不敢留人呀到五更。黑白无常啦来押送，奈何桥上呀孟婆等……"但他们所唱的衬字"啦""呀"在歌本上全是"兮"字。这"兮"字在郧阳方言里没有，它是"楚辞"特有的语气词，如"长太息以掩涕兮，哀民生之多艰"，"世混浊而莫余知兮，吾方高驰而不顾"。

　　当然，随着时代的推进，科学日渐发达，崇巫之风也就衰落而渐绝迹。清代康乾之世已经"禁邪巫"，新中国成立后取缔封建迷信等一系列政治运动早已把旧世界的污泥浊水荡涤干净，郧县人受楚风熏染而崇巫的现象已是历史陈迹。

第三章　因武当大兴而根植于郧县的道教文化

大岳武当，巍巍耸峙秦巴间，自唐代李世民降旨敕建五龙宫起，千载延续，历代增建，武当山遂成为名扬四海的道教名山。四时八节，天下朝拜武当敬奉"祖师爷"者络绎不绝。其中，陕西、四川、河南西北部的香客必定途经郧县。郧县人常常可见十数人乃至上百人的"朝爷"（拜真武大帝，民间称"祖师爷"）香客团队在郧阳府城打尖、留宿。而郧县人更是借便利的交通条件，成群相约登武当山"朝爷"，此风俗延续几百年。直至 20 世纪 80 年代，郧县还有些六七十岁的"素婆婆"相约上武当山去"朝爷"。

郧县历史上道教之盛，在清同治五年（1866 年）撰修的《郧县志·寺观》中有所记载。其中登记的道家观、庵类多达几十座，如：迎恩观、朝阳庵、观音庵、三元宫、府君庙、老君殿、金水庵、水磨庵、净土庵、元天观、宝山观、天符宫、玉皇观、五峰观、三皇庙、五谷观、东岳观、紫云庵、马王庙、牛王庙、祖师殿、云鹤观、兴龙庵、香山观，等等。

应当说明的是，上述县志所载者，并不是郧县道家祀仙之所的全部。因为有的宫观如玉皇观、泰山庙、娘娘庙、马王庙、牛王庙等，一个名称下可能有四五处乃至十数处宫观。例如"娘娘庙"记为："娘娘庙在西关外。四乡皆有，不悉载（不全部记载）。"如果再加上随处可见，规模不等的土地庙、山神庙、泰山庙、财神庙、火星庙等，那么明清时期郧县的道家宫观数就十分可观了。

其中最著名的是郧阳府城的朝阳庵。顺治二年（1646 年），郧县地域被清军收复，但李自成、张献忠余部及郧县地方义军的抗清斗争仍在继续。就在这政局极不稳定、经济高度困难的非常时期，顺治十年（1659 年）郧阳都督却主持修建了规模宏大的朝阳庵。县志记载："朝阳庵在县治后北楼保。顺治十年都督同知张士元建。贵州巡抚彭而述撰记，有颂不录。雍正十二年（1734 年）道士刘一元募资重修。郧阳协副将陈明道为记。碑在庵中。"

朝阳庵碑近年因修汉江二桥而出土，碑文为行书，其中追述了郧阳的悠远历史，歌颂了朝阳真人吕洞宾的功德。

据记载，这朝阳庵规模宏大，坐北朝南，拾级而上分为三个台阶，两厢皆逐台阶建为平房，最高处为供奉朝阳真人的大殿。庭院宽阔，古柏森森。其东为由牛王庙改建的冯家大院，有棵合抱粗皂荚树；其西建筑颇多，约半里长，一直连接到马王庙(原郧阳中学校门)。朝阳庵大门下方，则是可容纳万人聚会的郧阳府衙门前广场。附近的老人们说，朝阳庵每年举行几次盛大斋醮，院内有上千人，院外牛王庙、马王庙及衙门场子上有上万人。这朝阳庵的斋醮大会，是郧县最大的集会。

朝阳庵如此之大，其斋醮大会如此之盛大，是因为道教节日多且都"关乎民生"。道教以与自己信仰关系重大的日子和所供奉神灵、祖师之诞辰日为节日，以斋醮予以庆祝。例如每逢玉皇大帝、后土娘娘、神农先帝、玄天上帝、太上老君、财神赵公元帅、何仙姑、吕纯阳(洞宾)、华佗神医、鲁班先师、张天师等各路神仙的诞辰日都有活动，由于神仙、真人数量很多，故郧城斋醮甚多，从正月初一的"天腊之辰"一直到腊月的冬至日"元始天尊"诞辰，贯穿全年，每月至少七八个节日。

正因为朝阳庵的兴盛，使庵前土路逐渐变为通衢大道，成为与府城东西大道平行的一条街。这街东起北门街，西端一直通到小西关外的汉江河边，约四里长，是仅次于东西大街的最长的街。街因庵名，叫朝阳街。关帝庙、马王庙、大仙台、烟雨亭、府署、书院、府城隍庙、大仙台、大丰仓及后来的天主教堂都建在这条街上。民国时期，朝阳庵设为郧阳城防司令部，驻军不少；新中国成立后除主庭院外，其余划拨给郧阳中学做师生宿舍，师生都称这一片叫"司令部"。

另一个著名的道观是安阳供奉碧霞元君的泰山庙，历来是安阳的文化中心、集会中心。后设为学校，今犹存古碑数块。泰山庙也成为固定的地名沿用至今。

郧阳人平时供奉最多的就是道教的观音娘娘，所以娘娘庙也遍布城乡。其次是家家都有的"灶王爷"。这灶王爷就是道教安排在每一家的主管神仙，一家人是否敬神明，或者亵渎神圣，每年腊月廿三日他就会上天堂去向玉皇大帝报告，由玉皇大帝裁决给这家人赐福赐寿或予以惩处，一去七天，到除夕日半夜子时回来，如果看到全家人都在堂屋恭迎他，他一高兴，也会给人赐福赐寿，所以旧时把除夕夜守岁叫"熬百岁"。那时家家堂屋正中都供着灶王爷像，初一、十五灶王爷还可享受人们供奉的果蔬。灶王爷两边贴的小对联说得清楚："二十三日去，初一五更还"，或"上天言好事，回宫降吉祥"。

从另一个角度看，作为郧县的老百姓，几千年生活在兵家所必争的战略要地，兵燹烈火何其多，再加之官贪吏虐、自然灾害，生灵涂炭，流离失所，呼天抢地而天地不应，生计何其艰难！万般无奈之下，只好把生的希望、和平的期许寄托于神灵。所以郧县在封建时代，境内宫观寺庵遍布、信众多多。

新中国成立后逐渐消除了封建迷信，郧县百姓的日子却过得日臻幸福。

第四章　众多寺院遗址呈现的郧县佛教文化

一、古代和近代佛教在郧县影响很大

明清时期，上百座佛教寺庙覆盖郧县城乡，为郧县成千上万信佛的善男信女提供了精神寄托的场所。据史料记载，每到节庆日，郧县必然处处鞭炮炸响，香火缭绕，善男信女携老扶幼去礼佛上香，特别是四月八日浴佛节，更是佛教信众的盛大节日。

清同治五年（1866 年）撰修的《郧县志·寺观》记载的寺庙有：兴福寺（俗名"西寺"）、泰山庙、千佛洞、广施庙、见佛寺、净室寺、府君庙、东寺、水府庙、十方院、石佛寺、龙泉寺等，有几十座。

上述只是府城及城郊的寺庙，而四乡的寺庙还有 150 多所。后世因战事及现代化建设，这些寺庙大多废圮。延至今日尚存遗迹的有大堰灌沟村明代铁龙王寺、刘洞镇五股泉村元代至正年间所建的黑龙庙等。

谭家湾镇龙泉村原有一座闻名的龙泉寺，县志记载"在北五十里黄畈保。寺旁有古塔，前岩有洞，幽邃莫穷；右有娑罗树，大合抱。"此处是明清《郧阳府志》《郧县志》所记载的"郧阳八景"之一的"盛水灵泉"，也是盛水堰的堰头。

柳陂广施庙在清代也极著名。有记载"广施庙在城西（应为'城南'）十余里。此庙始建无考，康熙中道人狄姓募修于茅窝保，咸丰四年（1854 年）士民复改建柳陂保广施山"。此庙复建，规模宏大，其"山门"在汉江边，是柳陂到府城的重要渡口，后讹称"三门渡口"。庙以佛恩广施名之，香火极为鼎盛。同治元年（1862 年），太平天国抚王陈德才率十万兵丁攻伐郧阳府城，占据广施庙后，拆毁大庙修筑炮台以隔江轰击府城南门，砍伐大庙四周树木取暖做饭（陈两次攻伐郧城，一在春三月，一在冬十月）。后陈德才兵败，焚毁了广施庙及周边林木。从此庙宇彻底废圮，周边荒芜，多卵石而少草木，后人讹称为"光石山"。

二、1949 年后佛教在郧县依然有一定影响

新中国成立之初，还有不少人信佛信道。一般大户人家建有佛堂，可以"晨昏三叩

首，早晚一炉香"；略殷实人家则每月初一、十五到庙堂去上香；穷人一般不去礼佛，可一旦家里有灾有难，便"临时抱佛脚"，急急忙忙去庙里求神拜佛。有肚子痛或痢痢疾的，则从香炉中抓一把香灰回家当药用。

1948 年元旦，郧县人民政府成立，以雷霆手段清匪反霸、土改镇反；新中国成立后郧县人民政府按中央部署雷厉风行地禁毒禁娼，消除封建迷信，取缔反动的"一贯道"，遣返外国传教士之后，便是清理郧阳大批的宫观寺庵之类。首先是拆毁里面的种种神像，大型的庙堂安置机关或学校，略小的也安置百姓居住。至于老百姓家里的神龛、长明灯、蒲团之类允许自行拆除；铜的、瓷的、木的如来佛或观音菩萨也可自行收藏；吃斋念佛的，政府不予干预。

唯一例外就是西寺内一尊站立式大佛当时予以保留。1968 年因丹江口水库蓄水，拆除郧阳城时，此佛像连同西寺一并被拆除。

1952 年，准宪法《共同纲领》规定"宗教信仰自由"后，郧县城里天主堂、清真寺都恢复了礼拜等活动，唯独信众最多的佛教、道教反响不大，究其原因一是郧县虽有大庙和大的道观，但和尚、道士很少。二是信众没有群体组织，信教活动虽普遍但分散。这也与教义有关：佛教经典中著名的《炉香赞》说"诸佛海会悉遥闻，随处结祥云"，讲的是随缘而不是集会，"闲云野鹤"就是信徒的常态；而道教所提倡的"顺其自然，无为而治"更不会对信众有集会结社的要求。三是随着社会的进步，人们认知水平的提高，传统的佛教、道教日渐式微。

20 世纪五六十年代，郧县城里依然还有相当一部分中老年妇女虔诚信佛，只吃素，不沾荤腥，老百姓习称"素婆婆"。她们在家里备有一套锅碗瓢勺，绝不会到别人家吃喝；"素婆婆"们互帮互助，因信佛而跨越姓氏、血缘、年龄，成为终生不渝的朋友。老来住到一起互相照顾，就此终老一生。直到 20 世纪 80 年代末，还可看到有"素婆婆"们互相走动，吃着"素席"交流礼佛心得。

三、佛教在郧县流行的原因分析

郧县宗教氛围如此浓重，是有着历史与地域原因的。

几千年封建社会，不仅有完备的政权架构，而且还有对应于不同层级政权机构的神祇系统统治着人们的精神。例如设立郧阳府之后，郧阳府城的神祇系统便有府级、县级的宫观寺庙。如府城隍庙在朝阳街中段（原郧县公安局旧址），县城隍庙则在东西大街的钟鼓楼西侧。其他如关帝庙、娘娘庙、杨泗庙、朝阳庵等也都有府级、县级之分。

地域原因是郧县地处汉水上游、秦巴腹地，地处扼冲，历来为兵家所必争。历史上郧县曾隶属汉代汉中郡，东汉末此地又成魏兴郡，南北朝又成齐兴郡，在这"城头变幻大王旗"的战乱中，百姓呼天抢地而天地不应，万般无奈之下，只好寄情于神灵。

因此，官府对这些神祇系统十分重视，对一些大型的宫观寺庵的创修和复修，都有相应级别的官员主持。

郧阳府城著名的地标建筑钟鼓楼上有口重达5000斤的巨钟，原是上津县清明寺弘治六年（1493年）所铸。七年后的弘治十三年却悬挂在郧阳府的钟鼓楼上。该钟最上面是环绕一周的16个篆字："皇图永固，帝道遐昌，佛日增辉，法轮常转。"颂扬皇帝之后，就是弘扬佛法。而其最下部是道教的乾、坤、坎、离、震、艮、巽、兑八卦图形环绕四周。

这大钟佛、道合一的形制，与北京雍和宫大钟完全相同。

千百年里，郧县人就生活在这浓重的宗教氛围里。郧县的宗教信众，大多是既信佛教也信道教。比如道教中最具"普世价值"的神观音娘娘，往往被称为佛家的观世音菩萨，明明应是"道姑"，却称作佛教的"菩萨"，不单老百姓称"观音菩萨"，连佛教经典《观世音菩萨普门品》也称其"南无观世音菩萨"。

第五章　郧县回民的来源及其生活习俗

第一节　郧县回民的来源

郧县居民的主体是汉族，但在历代人口演变中，也有一些少数民族从外地迁入本县。据 2000 年版《郧县志》记载：1982 年郧县汉族人口占 99.71%，另有回、壮、蒙古、朝鲜、苗、侗各族人，占总人口的 0.29%，少数民族人群中信奉伊斯兰教的回族人口最多，占 98%；1985 年为 1827 人，1998 年已有 2200 多人。

郧县回民主要来源于清朝晚期战乱中的人口流徙。据相关史料记载，郧县的回民大多是同治年间为逃避战难，陆续从陕甘地区迁移到郧县定居的。

这些回族难民到郧县后，被当地所接纳，一部分集中安置在城南鼓楼巷到南门街一带，另一部分安排在城东郊清凉寺沟村。县城里回族居民多半在南鼓楼巷、南门街、清凉寺沟、小西关等处聚族而居，也有散户杂居在汉人社区，属于大分散、小聚集样态。这些回民与汉族居民基本上都能和睦相处，又恪守伊斯兰教的教规，保留回族的生活习俗。

第二节　郧阳城的清真寺

1888 年(清光绪十四年)，郧阳府来了一位山东籍的总兵马朝龙，他本人是回民，职衔是"钦加提督衔记名简放总镇奏署湖北郧阳总镇"(俗称马总兵或马总镇)。他见郧县原有清真寺"风雨飘摇……多致倾覆"，便倡导捐资修寺。清真寺《建修郧郡清真寺碑序》中记载详明：马朝龙捐资"壹佰六十串"(即 160 两银子)。马总镇捐出这么多银子，郧阳驻军官佐、郧阳府所辖各县驻军、官员等纷纷捐资，城内各商行、府学、县学学子、士绅也响应捐资。马总兵见捐银很多，决定修建汉水流域最大的清真寺，供四方回民朝觐。故此，修建的清真寺内头门、水房、大殿、讲堂、客厅、抱厦、厢房一应俱全，还征地建了不少房屋，供外地回民朝觐者临时居住。

以前郧县清真寺内，有一块 1942 年国民政府军政部所立的回民公墓碑，居中有四个榜书大字"民族之光"。那是抗战时期日本人打到河南，河南的回民到郧县求援，清真寺阿訇出面组成上百人的郧县回民敢死队奔赴河南前线，但最后回来的没有几个人，大多都牺牲在战场，为此当时的国民政府立碑纪念这些抗日义士。

第三节　回族清真生活习俗

回族人在郧阳府城定居后，长期聚族而居，因其宗教信仰及生活习俗与汉族有较大不同，回汉之间基本不通婚（1949 年以后，这种现象逐渐有所改观，但回族青年即便是与汉族人结婚，多半还是保留其回族的生活习惯）。在生产生活其他方面，他们与当地汉族居民能够和睦相处、相安无事。

新中国成立后，历届县政府一直按照宗教政策，给城市中回民发回族补贴 8 元，到郧县改区，这里的回族公职人员工资中仍保留此项补贴。

郧县回民曾经创造出一个至今仍然具有品牌效应的著名地方小吃——"郧县三合汤"，即由牛肉片、牛肉馅小水饺和红薯粉丝三种主料相合而成的一种小吃，配以辣椒、香菜、蒜苗等佐料，既可以下饭，又可以当主食，以其香辣和富有营养独占郧县地方小吃的鳌头。清末民初时期，在郧阳府城比肩接踵的店铺中，在最繁华的钟鼓楼与城隍庙之间就有张玉金（俗称"张狗娃"）开办的"清真"三合汤馆，生意甚是兴隆。

第六章　以天主堂为地标的郧阳天主教文化

天主教传入中国是意大利学者、耶稣会传教士利玛窦（1552—1610 年）于明朝万历十年（1582 年）至北京传教带来的。他除传播基督教外，还带来了西方的天文学、数学、地理等科学文化知识，对中国人认识西方文化产生了重大影响。传教士来到中国传教，给闭关锁国的中国带来了当时已经很先进的西方文明，也使中国人看到了"天朝上国"之外的世界，对于促进中国的文明进步影响较大。

延及清代，康熙还可以兼收并蓄，允许传教士在中国建教堂，自己也努力向外国传教士学习数学。但由于那时西方教皇派遣使臣到中国颁行教皇谕旨，干涉清朝国内事务，康熙帝也很警觉地对西方传教士予以限制。

乾隆继位时，则仗恃强大的国力，自认大清是无人可敌的"天朝上国"，故强化"闭关锁国"政策，严格限制洋教活动。

道光二十年（1840 年）发生了影响久远的鸦片战争，西方帝国主义用坚船利炮打开了中国的大门，他们除经济掠夺之外，更注重以精神鸦片——洋教毒害中国人。此后，天主教以及其他洋教便大力发展起来。

清朝晚期，不堪列强与清政府双重压迫的义和团运动兴起，初始口号为"反清灭洋"。慈禧企图借助义和团对付洋人，义和团口号遂变为"扶清灭洋"，从山东一路打到北京，烧教堂，攻使馆，杀传教士，终导致庚子年（1900 年）八国联军攻入北京。后经谈判，清政府除向列强割地赔款、开通口岸之外，还严惩义和团，承认天主教的合法地位。

郧阳的天主教就是在这种背景下兴起的。

第一节　历尽坎坷的郧城天主教堂

当年的郧阳城，以其扼汉水中上游，处秦巴腹地，勾连鄂豫川陕的地利之便，集抚台、府治、县治于一城，而郧阳抚台，又统辖毗连四省的八府九州六十五县，故郧城官府衙门、馆阁亭楼比比皆是，其繁华富丽，峥嵘气象，直有省城之气概。

1917 年，郧阳府城西隆起的高岗上耸峙起一座规模恢宏的天主教堂。其西方哥特式建筑淡黄色的外部装饰在蓝天丽日映衬下显得分外靓丽，而主堂前部的两座并立的钟楼更是高耸云天，居高临下俯瞰整个郧城及城外山水。钟楼顶端的大钟声音洪亮清越，每每响起，整个郧城连同周边二十里乡野都能听到。

郧阳出现天主教堂并不突兀。此前老河口天主教已很兴盛，教众颇多，建有规模较大的天主教堂。汉江上舟楫来来往往都要经过老河口，这些依赖汉水生存的群体，自然会受到老河口天主教浓重氛围的熏陶，继而加入天主教。而汉江两岸服务于水上运输的手工业者、码头搬运工、开茶馆酒肆饭店的老板员工也会受到信教的船工纤夫的影响，渐渐信奉天主教。

天主教之所以在民众中有很大的影响力，主要原因就是民间传言的"百姓怕官，官怕洋人，洋人怕百姓"，这是半封建半殖民地的中国社会的奇特怪圈。晚清的没落社会官贪吏虐，老百姓生存十分艰难，总想寻求庇护，但所敬奉的财神爷、关老爷、观音娘娘并没给人带来平安吉祥；私自集会结社"抱团取暖"会被官府镇压，百无聊赖中听说入了天主教就可以受到洋人保护，万一有个大事小情，只要是天主教徒，洋人就会出面保护，官府也奈何不得！再者，一遇灾情，教堂也会发粮救济；有个大病小疮，教堂还会给看病，做手术也不收费，这一切使艰难求生中的老百姓觉得天主教才是他们心目中的天堂。

那时，郧县城乡时不时都有传教士布道，参加天主教的人也越来越多，但郧阳府城里却没有天主教堂。

当时的郧阳知府是浙江仁和县进士许有麟，他是殿试二甲第一名（继状元、榜眼、探花之后的第四名）。因其清廉干练，于光绪二十年（1894 年）钦命任郧阳知府（倒数第三任郧阳知府）。他到任后惩治贪官，兴办学堂，把郧阳治理得井井有条。但在宗教政策上，他唯朝廷之命是听，采取种种限制措施，更不允许在郧阳建天主教堂。

清光绪十六年（1890 年），老河口天主教司铎徐保录在郧城以开药店为名传播天主教，但深受中国传统儒、释、道教濡染的郧地官绅视之为异端，公议驱逐徐出郧，并报续任郧阳知府的许有麟批准。徐保录至老河口向主教申述，主教范齐理亲自到郧疏通地方官吏，使徐又得以返郧传教。

光绪二十六年（1900 年），郧阳知府许有麟任期已满六年，因政绩卓著，又续任郧阳知府。这一年，因八国联军打入北京，迫使清政府割地赔款，开通口岸，也使天主教、基督教合法化。天主教司铎徐保录也就大张旗鼓地在郧阳布道，发展信徒，但知府许有麟仍以种种借口不允天主教在郧建教堂。

1906年许有麟任期满而退休。宣统元年(1909年)天主教司铎徐保录离郧，续任的是老河口教区所派意大利籍司铎林春甫。林春甫到任后，就在郧城内府山岭八卦亭左侧购置地基，欲建造意大利哥特式大型教堂。但林春甫有病体衰，兼新任郧阳知府伍荃萃(最后一任郧阳知府)感于时局艰危(辛亥革命将爆发)，支持不力，所以地已购置，但建堂迟缓。

辛亥革命时，郧阳知府响应武昌首义，成立"郧阳军政分府"，林春甫亦因病离任。1913年又由意大利籍司铎明德政继任林春甫的职务。明德政十分注意与当地官绅的关系，其在郧威望增高，教务发展快，教徒大增，尤其是黄龙(原郧县辖区)教众尤多。明德政还亲赴黄龙开办教堂，发展会众。1915年老河口主教便将黄龙天主教堂升格为本堂，直属老河口教区管辖，下辖黑炭沟、鲍峡区大峡、叶大区门楼沟等六个分会，会众一千多人。而郧城本堂，也发展会众830余人。

信徒大增，教会收益也大增，明德政即以八千银元兴建教堂，1917—1919年，始建17间共337平方米，含主堂、钟楼，后续建一栋20间共380平方米，后又续建16间共326.3平方米，总建筑面积达1095.3平方米，共53间房屋，兼花园、草坪、菜地，共占地2331平方米，于1919年10月12日全部落成，老河口教区主教毕时修(意大利籍)也亲临郧祝贺，指导教务。这时郧城本堂已在南化塘、白桑关、安阳、赵家坎、茶店、十堰、茅坪建立分会，并成立了"公教进行会"。至此，天主教在郧县的发展达到了鼎盛时期。

1925—1927年，中国共产党地下党组织在郧发展，发动群众提出"打倒天主堂""打倒国民党""打倒军阀主义"等口号，天主教活动遂慢慢低落下去。第二次世界大战爆发之初，德、意、日法西斯分子组成轴心国肆虐世界。在此背景下，1937年11月2日意大利籍司铎梅隆礼、明亚期、陆万里，修道黎德华、张贤文等来郧强化教会力量，并成立了"公教爱德会"，天主教活动又开始在郧兴盛起来。

抗日战争期间，日本人打到老河口、河南淅川及郧县梅铺磨牛湾一带，人心惶惶，民不聊生，教会经济衰落，加之天主堂内所办圣心小学未经县府同意而与当地产生矛盾，人心由仇日本迁延到仇意大利。梅隆礼也曾以间谍罪遭扣押至县政府政警室，一天后又押送至老河口第五战区司令部(李宗仁行署)，交军法处审理。关押月余后，经一个河北人葛文同证明，梅隆礼等才全部获释。此后直到1947年郧县解放，教徒日渐减少，教会也未得到发展。

第二节　新中国成立之后郧县天主教堂

1947 年 12 月 30 日郧县解放，宗教还处于自由活动状态。1949 年新中国成立后，县人民政府办公室兼管宗教事务。根据毛泽东主席"只要教徒们遵守人民政府的政策法令，就给以保护"的指示，县政府执行信教自由、容许各教派存在的原则，天主教堂及神教人员受到保护。

新中国成立后，郧县天主教堂这个地标性建筑还存续了 20 余年。当时天主教堂的院门不做礼拜时是不开的，院内有一扇侧门可进入主堂。主堂如《圣经》所描绘的样子：高大的穹顶两侧全是玻璃，堂内十分宽敞明亮，大门上方的最高穹壁上是微笑的圣母玛利亚及围绕她飞翔着的小天使，下方是被钉在十字架上的耶稣蒙难像，庄严神圣却并不恐怖。四壁是柔和的奶油色，装饰着简约的浮雕花纹。院子中有一间诊疗所，散发着浓烈的来苏味儿。郧县人如果得了重症、急症，便可来此免费就诊。院中还有一排房子，有十几人在那儿刺绣，也有修女指导。

1950 年元月，郧县成立政协机构，特设有宗教工作组，并有伊斯兰教、天主教的代表参加政协会议。但 1952 年神父梅隆礼奉老河口主教之命，成立了反动的"圣母军"组织对抗人民政权。人民政府将梅逮捕，后遣送回国，司铎陆万里、黎德华也相继回国。当时教堂里有几个郧籍修女，在神父被遣返后，自愿继续留在天主教堂内，她们一律黑纱罩头，只露出脸部，黑纱袍垂地，胸前挂着一块洁白的布，脖子上挂着银链十字架。平时主要靠刺绣、织毛衣、袜子等谋生。

天主教堂地契在 1950 年被郧阳地区公安处没收。天主教堂遂成为政府公产，曾先后移用为学校、党校、招待所、幼儿园。

1966 年"文革"爆发，天主教堂被安排为红卫兵接待站，成为它建成半个世纪以来的最大一次浩劫。1968 年，两派红卫兵产生派性斗争，一派称天主教堂内有人打枪，次日便来了许多红卫兵拆毁天主教堂。不几日两座巍巍钟楼被推倒，主堂内的耶稣神像及圣母玛利亚、天使塑像悉数被毁，由于附近居民的呵斥及堂内留守修女的哀求，主堂才没被扒掉。"文革"结束后，郧县在拆毁的天主教堂主堂顶部简单修建了一个圆形的灰色顶盖，全没了原来高耸钟楼的气势与明亮。

郧县城除意大利人修建的天主教堂外，在城中心的县学宫对面，当年也有挪威人买下大片民房拆除后建基督教福音堂。新中国成立后由郧县县委会征用，那间主教祷告用的密室则成为县广播站的播音室。

第三节　复建规划之中的天主教堂

1978 年中共十一届三中全会后，宗教信仰政策得以继续贯彻。1983 年中共郧县委员会统战部新增设民族宗教科、县人民政府设置民族宗教事务局，主管民族宗教工作。1992 年 12 月郧县人民政府根据中央办公厅〔1980〕20 号文件和国务院〔1980〕188 号文件，落实宗教政策，天主教堂房产权被归还。

1997 年 7 月，当时的神父房县人李新富及众教友共筹资 15 万元，将残破的天主教堂做了一次修缮。远远望去，两座钟楼间也修起了一个穹顶，但不及原钟楼之三分之一。原来剥落的淡黄外墙，已被白粉覆盖，全然没有当年哥特式建筑那份明丽与庄严！尽管如此，但每至礼拜日，仍有不少天主教徒来此礼拜。

进入新千年，宗教管理进一步法制化、规范化。郧县天主教堂业务上依然归老河口教区指导，行政管辖权属郧县人民政府宗教管理部门。当时登记在册的天主教徒有 210 多人。除县城外，五峰、安城、鲍峡、南化塘、白浪、梅铺等乡镇皆有教众。在实施南水北调中线工程时，天主教堂是淹没区。郧县文物局已将天主教堂纳入拆迁计划。

如今郧阳新城建设如火如荼，老天主教堂已按城建规划拆除。按照党的宗教政策，考虑到天主教堂在郧县存续百年之久，郧县、十堰仍有相当一批天主教徒，郧县"汉江新城"规划中已把它的选址复建纳入其中。

第七章　白莲教兴衰时期的郧县

白莲教是我国自东汉一直延续到清中期的民间宗教性组织。纵观其千余年的历史，它在不同时期有着"善和恶"的两面性。当朝政腐败之时，它以宗教教义团结劳苦大众，反抗封建暴政；但改朝换代后，社会趋于安定时，少数首领也会为个人的利益蛊惑大众，破坏社会的安宁。

第一节　白莲教组织

白莲教是一种秘密流传的民间宗教组织，它是由摩尼教、弥勒教、道教和佛教等各种宗教混合演变而成的。

明清时期白莲教在民间广为传播，其教义混杂崇奉"无生老母"与"弥勒佛"，声称弥勒佛会"改造世界"，宣扬"教中所获资财，悉以均分""有患相救，有难相死，不持一钱可周行天下"等平均互助思想，此对于处在水深火热之中的百姓尤其是避灾逃难的流民来说，具有很大的吸引力，因而从者日众。

因此，历朝政府对白莲教都是采取取缔、镇压的态度。白莲教从始创到清朝中叶的千余年中，始终被政府视为异教而被排斥。元明两代，农民群众曾多次利用白莲教的形式来动员、组织起义队伍，其中比较著名的有：元末韩山童在江淮的起义，明初永乐年间山东的唐赛儿起义，嘉靖年间四川的蔡伯贯起义，天启年间山东的徐鸿儒起义，清朝乾隆中期山东的王伦起义等。

第二节　郧县是白莲教信众的重要聚集地

郧县地处秦巴山区腹地，鄂、豫、川、陕四省交界处，可谓"四省通衢"之地。郧县及其周边地区不但养育了鄂西北本土先民，更在明中叶接纳了全国百万流民于此生存繁衍，也因此有了郧阳府及湖广行都司之设，郧县小城一跃成了"雄藩巨镇"，成为中部地区战略要地和历代兵家必争之地。

例如郧县东八乡本是林木茂密的富庶之地，明清有许多外省移民安居于此，但嘉庆元年（1796 年）的白莲教起义与同治元年（1852 年）太平军扫荡郧阳，一场大战山林几乎悉数烧尽，其后百余年童山濯濯，岩石裸露，连人畜饮水都十分困难。

康熙初年，鄂西北山区因明亡清兴之战以及李自成、张献忠余部的抗清斗争而极度荒芜，灾难深重的汉水两岸"关市尽空，村舍无烟，水旱频仍，户口凋敝，十不过二三"。官虽设而无民可治，地已荒却无人耕耘。康熙以"盛世滋生人丁，永不增加赋税"号召天下之民来此垦种。从康熙后期起，在不过百余年的时间里，外省人口的移入，迅速改变了此地山大人稀的状况，郧县人口由康熙十九年（1680 年）的 1368 丁，发展到乾隆三十七年（1772 年）的 75010 丁，人口的迅速增长带动了经济的复苏和快速发展。

乾隆后期，土地兼并严重，河南、安徽、江西各地出现饥民，大批外籍流民陆续聚集于郧县及周边地区，人数以百万计。随着过度开发，资源的不断消耗，经济发展的空间也逐渐减小。当山地尽已开垦，林木砍伐殆尽之时，维持原有的生活就变得极为困难了。

流民除搭棚佃耕土地外，还受雇于木材厂、铁厂、纸厂，获取微薄工钱，方能生存。他们受地主、厂主的剥削，还要受官差的勒索，生活极为艰难，加上封建统治阶级生活奢侈、贪官污吏横行，人们不满和反抗情绪日增，白莲教的宣传也随之增加了反抗现实的内容，绝望中的流民便成了白莲教传播的对象。以流民为主体的郧阳山区百姓在艰窘的求生中，对白莲教"有患相救，有难相死，不持一钱可周行天下"的教义宣传深信不疑，便或公开或秘密地加入了白莲教，郧县及其周边地区成为白莲教信徒大量集聚的场所。

第三节　嘉庆时期白莲教起义

白莲教起义又称为"川楚教乱"或"川楚白莲教起事"，指清朝嘉庆年间爆发于四川达州、东乡（今宣汉）、陕西、河南和湖北边境地区的白莲教徒武装反抗清政府的事件。从嘉庆元年（1796 年）到嘉庆九年（1804 年），历时九载，是清代中期规模最大的一次农民战争。

嘉庆元年（1796 年）正月，湖北枝江、宜都白莲教率先发动起义，湖北长乐、长阳及四川各地的白莲教徒也纷纷响应。三月，襄阳姚之富等奉王聪儿为总教师，在襄阳起义。清廷急令湖广总督、四川将军、湖北巡抚、西安将军等率兵镇压，击溃多支义军。

　　清中期这最大的"川楚教乱"，因郧县处川、楚、豫、陕毗连地域且流民甚众，故成为这次战事的中心，因此修撰于同治五年（1866 年）的《郧县志·边防事迹》详尽记载了这次战事：

　　"乾隆六十年冬，奸民倡白莲教，谋叛自荆（州）、宜（昌）起，以白布缠头，白旗为号，勾连襄（阳）、郧（阳）贼目分头举事……嘉庆元年二月二十日，白莲贼党围房县，陷保康；二十二日陷竹山，郧城（郧阳城）戒严……郧城人心惶惶，奸人乘隙为难……"其中记载了斩杀的白莲教人员，也记载了参与堵截剿杀白莲教义军的乡绅乡勇。特别是郧县大堰吴锡章，率团防乡勇于火车岭堵截白莲教义军，几乎伤亡殆尽。在《郧县志·人物志·德行》中详尽记载其行状，并说明在白莲教之战后，其被陕西总督、宜昌湖北巡抚评定为六品军功，并"以'义勇可嘉'表其庐"。这块大匾从嘉庆年间到新中国成立后两百余年间，一直悬挂在大堰响耳河吴家老屋作为吴氏家族的荣耀。

　　在这次白莲教起义中，郧县信众被官府斩杀多少人，官修的府志、县志没有记载；但官军、乡勇、士绅死于战事者，却在同治版《郧县志》的《忠杰》《死难》篇中详尽记载。例如在金家坪、顾家岗、茅坪三次战斗中官方就有 260 人战死。当时围剿义军的官军至少十倍于义军，是强势群体，义军及从教的百姓是弱势群体；官军死 260 人，弱势一方的义军死亡人数则十倍不止。据张培玉先生《十堰战事·白莲教起义》记载，仅郧县五峰泥河口、孤山一战，义军就死亡两千多名。

　　嘉庆亲政后，认为镇压川楚教乱一味剿杀却久战无功，就改变对付白莲教乱的策略为剿抚并用，一是实行"坚壁清野"之策，断绝义军与百姓的联系，使义军处境艰难；二是晓谕州县办团练，依山隘寨堡，扼守要路，攻抚并施；三是嘉庆五年（1800年）提出"不论教不教，但论匪不匪"的观点，制定出"随剿随抚，但治从逆，不治从教，剿抚并施"的策略，将参与谋反之"乱民"与习教之"教民"区分开来处置，收效甚好。

　　为加快平定白莲教乱的进程，清廷用分而治之的办法瓦解了起义军。嘉庆六年（1801 年），清廷颁布《御制邪教说》，强调区别对待，对于参与起义的首领类，改为"诛三族"（父母亲、兄弟及配偶、妻族），其余一般教众予以宽大处理，也就是"首恶必办、胁从不问"。于是，一些教徒或临阵投降，或因朝廷招抚策略的推行而归顺，从而加快了平定"川楚教乱"的进程。轰轰烈烈的白莲教运动终于在嘉庆九年(1804年)终告彻底失败。

(撰稿：邢方贵　编审：柳长毅　傅广典)

参 考 资 料

1.《郧县志》，同治丙寅版，鄂十郧图字1998第21号。

2. 郧县地方志编纂委员会：《郧县志》，湖北人民出版社2001年版。

3. 冷小平、冷遇春、冷静：《郧阳历史文化探研》，中国国际广播出版社2018年版。

4. 张培玉：《十堰战事》，中国文联出版社2000年版。

5. 傅广典：《郧阳文化考察报告》，《民间文化论坛》2009年第5期。

6. 柳长毅、匡裕从：《郧阳文化论纲》，湖北人民出版社2012年版。

7. 李吉、王岳红：《中国姓氏》，中国社会出版社2006年版。

8. 李道生：《中华谱牒知识问答》，金盾出版社2006年版。

9.《郧阳物质文化遗产》，中国文化出版社2018年版。

10.《郧阳非物质文化遗产》，中国文化出版社2017年版。

11. 邢方贵：《郧县人自何而来》，郧县日报社2003年版。

12.《二十五史》，上海古籍出版社1986年版。

13. 张正明：《楚史》，湖北教育出版社1995年版。

14. 赵辉：《楚辞文化背景研究》，湖北教育出版社1995年版。

15. 张正明：《中原楚文化研究》，湖北教育出版社1995年版。

16. 张正明：《楚文化志》，湖北人民出版社1988年版。

17. (明)裴应章、彭遵古著、潘彦文校：《郧臺志》，长江出版社2006年版。

18. 冷遇春：《郧阳抚治两百年》，湖北人民出版社2004年版。

第九篇

民俗文化域

第一章　汉水两岸的生产习俗

第一节　农　　业

一、农业习俗的概念

农业习俗是伴随着古代农业经济生活而产生的文化现象。它具有农业生产的季节性和周期性特点，是农民在长期的观察和生产实践中逐步形成的文化习性，既是生产经验的总结，又是指导生产的手段，具有明显的传承性。这类民俗涵盖农业生产的全过程，具体包括：农业耕作的时序、节令习俗，占天象、测农事的习俗，卜农事丰歉、祈福的习俗，农业禁忌、祭祀习俗，祭田神、先农和灶神的习俗，农业生产过程习俗，农业娱乐风习等。

二、耕种与田管

根据郧县夏收麦、秋收稻和杂粮、一年两熟的特点，耕种分春播、夏插、秋种三次。春播开犁，要下谷芽育秧，下红薯芽子；夏插是在麦收以后插麦田的秧；秋种是指秋收以后在稻田和红薯地里种麦。

所谓"三分种，七分管"，等庄稼苗长齐后，就进入了田间管理的阶段，主要有除草、施肥、除虫的步骤。郧阳有"壮地生恶草，不除不得了"的俗语。田间管理还有两项重要内容就是分期追肥和除虫。

三、酬劳分配

1949 年以前，郧县的土地多被地主兼并，农民多沦为佃农，自耕农所占比重较少。那些自耕农在收获后只要缴足了捐税，所剩都是自己的，日子还好过一些。那些佃农则不同，他们要向地主交纳很重的地租，所剩已经不多，日子过得比较艰难，有时食不果腹。

新中国成立后曾经实施过分田到户、互助组、合作社等生产形式。1960年代实行公社化后，收益归生产队所有，队里给社员记工分，按多劳多得分配。改革开放后土地承包到户，收益多半归各户所有。2004年免除农业税后，农业劳动所得完全归农民个人所有。

四、施肥技术

鄂西北区域有一句俗语："庄稼一枝花，全靠肥当家。"过去，郧县人所用的肥料有火粪、大粪、小粪、饼肥、沼肥等，到20世纪下半叶中期才开始使用化肥。烧火粪是一种古老的积习，是指放火烧山然后扒土进田，或者是把柴火集中到庄稼地里堆起来，再在柴堆上均匀地分层撒松散细土，点燃柴火，熏干细土，待热气散尽，就把柴火灰和细土拌匀，拢成堆，堆几天，便成了火粪。自化肥普遍使用以后，烧火粪的现象已经在郧县绝迹。大粪是指人粪尿。小粪是猪粪、牛粪、羊粪、兔粪、鸡鸭等家禽家畜粪便所造的粪，以及青草所沤的青肥等的统称。饼肥是指芝麻饼、桐饼、菜籽饼等的食用油残渣。沼肥即庄稼秆或牛羊粪及人粪尿，在沼气池里发酵生成的沼气用完后剩下的沼气液和渣。化肥是氮、磷、钾肥等工业肥料的统称。施肥分施底肥和追肥两种。施底肥是指在播种前夕或播种的同时把肥料埋进土层里，以便持续为庄稼提供营养；追肥则是庄稼缺肥或者开花孕果时为庄稼追加肥料。

第二节 渔、猎

一、网箱养殖

1979年，郧县开始网箱育鱼种。截至2007年，郧县网箱成鱼养殖面积达12公顷，产量700吨。随着南水北调中线工程的实施，为了清洁水源，网箱养殖已经全面予以停止。

二、桃花鱼汛

在汉江流域，每当桃花盛开时，汉江、堵河、丹江、滔河等水域里的鱼类会成群结队、大量地出现于水面，被人们称作桃花鱼汛。

三、禁渔活动

郧县古来有春季禁渔的习俗，一进入鱼类的交配、繁殖期，汉江两岸的渔民都会约定俗成地停船靠岸禁渔，以保证鱼类的正常繁殖，达到渔业的可持续发展，特别是近年来政府颁布的十年禁渔期，更是一次规模空前的禁渔活动。

四、狩猎方式

现代意义上的狩猎是按照国家法规的要求，在合法的狩猎区开展捕猎的活动。狩猎方法和狩猎工具都属于狩猎技术的范畴。狩猎工具，是猎人猎取野生动物所使用的猎捕工具，包括猎枪、猎犬、猎禽、各种自动猎捕工具等；狩猎方法，是指猎人猎捕鸟、兽所使用的手段，如围猎、巡猎、伏猎、隐蔽、引诱等。

第三节　畜　牧　业

一、畜禽养殖种类

（一）畜类养殖

1. 郧阳黑猪

过去农家养殖的主要是本地种黑猪，名为"郧阳黑猪"，罕见其他品种。郧阳黑猪已有近万年的驯养史，其品种是由本地野猪驯化而来。郧阳黑猪肉质细腻且营养丰富，有提高人体免疫能力、延缓机体衰老、减缓细胞老化的功能，其营养价值、保健作用及口感显著高于其他猪种，长期合理食用对人体延年益寿有着较大的辅助功能。明代《本草纲目》中专门设有"兽部豕科"，记载了黑猪各部件不同的药用价值。但黑猪生长缓慢，体重偏低，一年生黑猪仅 80 千克左右，所以在 20 世纪后期西方白猪大举进入中国后，郧阳黑猪几近灭绝，现在成为保护种群。

2. 秦巴黄牛

自古以来，郧县本地以养黄牛为主，郧县人之所以对黄牛情有独钟，是因为郧县处于秦巴山区，这个区域所产的黄牛具有蹄质坚实、行动敏捷、善于爬坡的特点，因而适合于水、旱、坡地耕作和山区拉车运输，也适合于山坡和沟壑放牧。秦巴黄牛体形高大，粗壮结实，役用力强且持久，性情温驯，是役、肉兼用的优良品种。过去，郧县人养黄牛以役使为主，食用为辅，古来就被看做家庭中的大型生产工具，有"耕牛是个宝，生产少不了"的俗语。然而，随着近二三十年来小型农机具和机动车在山区的普及，黄牛随即大量退出役使领域，转而进入食用市场，成为人们餐桌上的美食。秦巴黄牛还具有抗寒耐热、抗病力强两个特点。郧县农村的牛栏一般都比较简陋，但不影响黄牛的养殖，即使在"三九"严寒的冬季，它们仍能安全越冬；进入炎热的夏季，即使气温高达 39℃，也不影响它们的正常劳役。

3. 郧阳白山羊

中国山羊饲养历史悠久，早在夏商时代就有养羊文字记载。过去，郧县主要以养殖白色有角山羊为主。郧县白山羊的多胎性使其繁殖效率远大于绵羊，为自繁自养、发展肉羊规模养殖创造了条件。山羊的饲养主要有两种方式，即放牧饲养和舍饲圈养，自古以来这两种饲养方式在郧县均得到了充分利用。由于郧阳白山羊生长期长，产肉率低，在 20 世纪后期被大量黑色或棕色波尔山羊所取代。

(二) 禽类养殖

1. 郧县白羽乌鸡

郧县白羽乌鸡是湖北省优良地方品种。此乌鸡单冠、绿耳、白毛、片羽、光胫、翘尾、四趾、乌皮、乌肉、乌骨，具有生命力强、产蛋多、蛋重大、就巢性弱及氨基酸含量多、药用价值高、营养丰富、风味独特等特点，早在明代就被录入《本草纲目》，具有较高的药用价值，鸡肉中富含氨基酸，是高蛋白、低脂肪、低胆固醇的营养保健食品，被营养学家誉为"陆地甲鱼"，是极具开发价值的地方珍禽资源。2007 年 2 月，国家市场监督管理总局批准对郧县白羽乌鸡实施地理标志产品保护。

2. 白鸭

在郧县，人们饲养的是在本地驯化的白鸭，其经济价值在于鸭肉和鸭蛋。清代医学家王士雄在《随息居饮食谱》中云："鸭肉能滋五脏之阴，清虚劳之热，补血行水，养胃生津，止嗽息津。"鸭蛋则分青、白两种，富含蛋白质、脂肪、钙、磷、铁、钾等营养成分，性味甘、凉，具有滋阴清肺的作用。

3. 大白鹅

古来，郧县养鹅的数量要远远低于养鸭的数量，那些殷实之家偶尔养其来看家护院。由于其体型大，往往被称为"大白鹅"。与家鸭食性不同，大白鹅以青草、蔬菜、种子、糠麸等植物性食物为食，尤嗜食青草，因此饲养成本较低。大白鹅的疾病也较少，饲养简单。大白鹅能就巢，也能自行孵化，孵化期在 30 天左右。

（三）其他畜禽养殖

除猪、牛、羊、鸡、鸭、鹅外，郧县人还善于饲养马、骡、驴、猫、狗、兔等家畜，和鸽子等家禽。

第四节　手　工　业

一、手工业种类

（一）白铁制品

白铁，镀锌铁的俗称，20世纪70年代之前，在郧县城有一批专门制作销售白铁皮器皿的手工业者，被人们称作"白铁匠"。他们往往在大张白铁皮上画好图案，经过裁剪、卷筒、对接、敲打、弥缝，一件件白铁器皿就奇迹般地出现在人们的面前。白铁制品以家庭生活器皿为主，主要有白铁烧水壶、白铁盆、白铁水桶、白铁蒸笼等。

从前的白铁生产主要是以家庭门店为主，为前店后作坊。中华人民共和国成立以后，郧县城里成立了白铁生产合作社，简称"白铁社"，匠人们纷纷入社参加集体生产。改革开放以后，白铁社解散，匠人们回归家庭生产。

（二）锻铸铁业

从事锻铸铁业的手工业者称铁匠。锻，锻打，即进行熟铁加工，如打锄头、钉耙等；铸，即铸造，是指进行生铁加工，如铸造犁铧等。铁匠是以铁、炭为主料，水、黄泥为辅料锻铸铁器的手艺人。铁匠都有自己固定的铁匠铺，顾客需要翻新或者打制工具就得到铁匠铺来，而且还得帮着拉风箱。铁匠所用的工具主要有铁炉、砧子、砧桩、小铁锤、大铁锤、铁钳子、钢锯儿、铲子、木桶、风箱、秤等，以及炉子上的瓦盖和铁匠腰上系的羊皮或帆围腰。铁匠有时也走乡串村，但因生产场所的限制不能入户，只能在村头找一间空屋修炉子开展生产。铁匠至少要带一个抢大锤徒弟才能工作。当炉子里的铁被烧到泛亮，就夹到钻子上，由师徒二人锻打。铁匠能打制的工具很多，大到锄头、挖镢、十字镐、铁锨、尖镢、叉子锄、钉耙、镰刀、斧头、推刨、杀猪刀等，小到剪子、锥子、鞋拔子、门环儿、水担钩、肉钩子等。现在，干农活的人少了，铁匠铺也少了，人们需要工具只能到农具店去买。

（三）手工纺缝

在郧县，人们往往把专门从事手工纺线织布的人称为"织布匠"，而把专门从事手工缝纫的人称为"裁缝"。

20世纪60年代以前，郧县民间的织布匠先用纺线车纺纱线、丝线、麻线、毛线，再用织布机织布。织布匠上机，手脑并用、腿脚互动，只听得均匀的"咯叽咯叽"声，布渐上卷，经过日夜加工，个把星期可织一丈二尺长的一匹粗布。

手工缝纫起源于人类祖先在披围树皮、兽皮护体遮盖、装饰、防寒时就已萌芽的缝纫技术，郧县在距今6000多年前的人类遗址里，就已经发现骨针。成熟的缝纫技术当在纺织技术之后，人们纺线织布、量体裁衣。在缝纫机进入家庭之前，郧县的大姑娘、小媳妇都有一手好女红。从前，女孩子从小就要跟着母亲学缝衣裳。结婚后的女性，都要缝个属于自己的针线包，便于见空扎针做针线活。以前，自家的衣裳自家缝，一到秋天就要缝棉衣，过年前要缝一家人的新衣。随着时代的发展，如今的年轻女性大多已不会女红，手工纺缝技术趋于消失。

（四）手工竹编

人们把从事手工编制竹器的人称为篾匠。篾匠使用的工具主要有锯子、篾刀、引刀、匀刀子、扯钻、磕尺、墨斗子、拐尺、划签子等。过去，城里的篾匠有自己的篾匠铺。如今传统篾匠技术已失传。

（五）手工木制品

从事手工木制品制作的人，被人们称为木匠。郧县的木匠有水木匠、旱木匠之分。旱木匠多建房起屋和做日常生活用具，水木匠多在门前或河边（岸边）的开阔处造船，小到划子、大到大船都会制造。过去，木匠赚了钱都会开一家自己的木匠铺，而那些没有木匠铺的木匠只能走村串户赚辛苦钱。现今的木匠已经抛弃了旧式的传统工具，而是采用新型的现代机器，因此工艺也随之有所改变。

（六）手工藤编

藤编是一种传统实用的工艺，主要以藤枝、藤芯或竹为骨架，然后用藤皮或幼嫩的藤芯编织各种用具，以充分发挥藤条柔软、不易折断的特点。藤家具有桌、椅、沙发、凳、床、柜、茶几、箱、屏风等，其中藤椅产量最大，藤椅又有龙凤椅、孔雀椅、梅花椅、兰花椅、餐椅等。

二、手工业的传承性和行业习俗

和全国一样，郧县手工业有以下特点：

(1)手工业者生存不易，市场很狭小。

(2)新中国成立之前，手工业者是政府无偿征调徭役的重要承担者。

(3)手工业者大多是以一家一户为生产单位，从而决定了其生产规模不大，在技术传承上具有父子相传、师徒沿袭的特性，造成这一特点的根本原因是小农经济的狭隘性和封闭性。

第二章　四时节令的节会活动

第一节　春　季

一、春节

农历正月初一为春节，又叫阴历年，俗称"过年"。这是我国民间最隆重、最热闹的一个古老传统节日。它起源于殷商时期年头岁尾的祭神祭祖活动。到了民国时期改用公历，公历的 1 月 1 日称为元旦，将农历正月初一正式定名为春节。

（一）除夕

除夕，为岁末的最后一个夜晚，也称"岁除"。除，即去除之意。夕，指夜晚。"除夕"是岁除之夜的意思，又称大年夜、除夕夜、除夜等。

（二）贴春联

春联也叫春贴、对子、桃符等。春联对偶工整，文字简洁，多用于表达新年寄语，抒发美好愿望。春联的种类较多，依其使用场所，可分为门心、框对、横批、春条、斗方等。门心贴在门板上端中心部位；框对贴在左右两个门框上；横批贴在门楣的横木上；春条根据不同的内容，贴于相应的位置；斗方也叫门叶，为正方菱形，多贴在家具、影壁中。以前春联题写在桃木板上，后改为写在纸上。桃木是红色的，红色有吉祥、避邪的意思。因此，春联大都用红纸书写。

郧县不仅有红色的春联，也有其他颜色的春联。贴其他颜色春联的人家，都是家中有亲人去世，而颜色的不同，用于表达不同的意思。白色是刚去世不久时贴的，绿色是去世一年后贴的，黄色是去世两年后贴的，满三年后就可贴红色的了。同时，也有人家忌讳颜色，选择在过年时不贴春联。还有人家在鸡笼、猪圈的门上贴"六畜兴旺"的对联；在门前的树上、山石上贴"对我生财"的对联，以祈求本年度兴旺发达，吉祥如意。

（三）贴年画

年画是我国的一种古老的民间艺术，反映了人民朴素的习俗和信仰，寄托着对未来的希望。年画也和春联一样，起源于"门神"。现在每到过年，民户大门上多有张贴秦琼、尉迟恭、赵云、马超等门神像或历代武将画像的习惯，表达的是对平安、幸福的向往和追求。现在春节挂贴年画，已成为城乡居民的普遍习俗。每当春节到来时，各种各样、意义不同的年画给街道社区、村村户户增添了许多欢乐喜庆的节日气氛。

（四）贴"福"字

在贴春联的同时，许多人家要在屋里屋外，贴上大小不一、色彩金黄的"福"字。春节贴"福"字，是民间由来已久的风俗，寄托了人们对幸福生活的向往，对美好未来的期待。为了充分体现这种愿望，有人把"福"字倒贴，直观地让来客脱口而出："福"倒（到）了，主人听后便喜气洋洋，也有正着贴的，表示"正福着"，还有将"福"字做成各种样子，印在寿星、寿桃、鲤鱼跳龙门、五谷丰登、龙凤呈祥的图案上。

（五）放爆竹

郧县有"凌晨鸣爆竹，迎灶神回归"的习俗。人们守岁至大年初一零时开始，便竞相开门放炮。一是迎接灶王爷上天述职回家，二是迎接来年兴旺富足的生活。另外，放炮时要一气呵成，不能断炮，图的是事事顺利。现今又出现了烟花礼炮、冲天炮、炮箱连发炮等，不断提高喜庆氛围。

（六）拜年

新年的农历正月初一，人们穿上新衣，打扮整齐，相互拜年，祝来年吉祥如意。拜年的方式较多：有同族首领带领宗亲逐户拜；有朋友相约一起上门拜年；有知己亲朋聚在一起相互祝贺，称为"团拜"。春节拜年，晚辈给长辈拜年时，长辈要给晚辈压岁钱，以示晚辈安康地度过一年。压岁钱可当时发给，也可晚上放在晚辈的枕头下面。过春节给压岁钱的习俗至今仍然盛行。

郧县人春节拜年有当地的习俗。一般全家正月初一都不出门，自己团聚，意为守财。早上起来，只在屋内清扫，意为不把财气扫出门外。屋内清扫的垃圾，放置屋角，不外倒出，意为不破财、不倒财。正月初二开始拜家门，也可以去岳父母家拜年。初三初四开始拜亲朋好友。拜年的时间一般在正月，但有的地方俗语"有心拜年，五月端午以前"，但这只是谑语而已。

二、破五

正月初五，称"破五"，有"破五如初一"之说。初五这天相互请客，场面不小于大年三十。这是一种"赶五穷"的风俗。人们黎明即起，放鞭炮，打扫卫生。鞭炮从屋内每个房间往外放，边放边朝门外走，意为把一切不吉利的东西、一切妖邪都轰出去，让它们离本家越远越好，尤其要多放"二踢脚"（两响），把家中"晦气""穷气"崩走。

春节人们从初一到初四都在休息，初五日出之前要放鞭炮表示"恨穷"，意味着只要在新的一年辛勤劳作，就可过上好日子。各类商家店铺都认为，初五是财神日，一般都在"破五"这天开市开业，开始各自营生。

三、人日

正月初七为人日。人日亦称人胜节、人庆节、人口日、人七日。传说女娲创世时，造出了鸡猪狗牛马等动物后，在第七天造出了人，因此，初七就成为人类的生日。在郧县，农历正月初七还被认为是火星爷生日。这天人们不能梳头，尤其女人不能梳长发，这天梳头发，就是梳火星爷的胡子，是对火星爷的大不敬。

四、谷日

正月初八为谷日。传说初八是谷子的生日，如果这天天气晴朗，本年就稻谷丰收，若天阴则歉收。

郧县人以正月初八为天上众星下界之日，人们在这天制作小灯点燃用来祭祀，称顺星，也称祭星、接星。不过这些活动大都成为过去，当代人很少有人这样做。

五、上九日

农历正月初九为上九日，传说是玉皇大帝的诞辰日。古代和近代，郧县一带的上九日祭拜仪式非常隆重。新中国成立之后，类似活动已经逐渐绝迹。

六、立春

立春为一年二十四节的首节。立春的"立"表示开始，"春"表示季节，故立春有春之节气开始之意。

立春也称打春、咬春，又叫报春。古时，在元日前后，知州、知县都要带领下属及百姓欢迎新春，预兆丰年。有些地方群众把豆串挂在牛角上，乞免天花（牛痘）之灾。

郧县和其他地方民俗一样，在立春日，有举行迎春行春的庆贺祭典活动，有打春的"打牛"和咬春吃春饼、春盘、咬萝卜的习俗。

七、元宵节

正月十五为上元节，亦称元宵节、灯节。节日为两天。有俗语说："十五没有十六大，老牛老马都歇假。"也有地方把十五比作除夕，把十六比作初一。元宵节各地庆贺活动基本相同，郧县也不例外。元宵节期间，家家吃元宵，人们一连三天放花灯、玩龙灯、舞狮子、耍凤凰、划彩船、展蚌壳、骑竹马、踩高跷。

元宵节玩龙灯的场景丰富壮观，一般正月十二"出灯"，正月十七"卧灯"（灯节结束）。卧灯后，人们开始送花灯，祝愿他人得子。另有习俗是：元宵节都要把已出嫁的姑娘接回娘家过节。

八、禁剪刀日

正月十七本不是什么节日，只是传说这天是老鼠嫁闺女的日子，因此，这天不能动剪刀之类的器具，不然就是坏了老鼠的吉祥，晚上老鼠就会来咬你家的衣物和被子。

九、龙抬头

农历二月二日，为龙抬头日。谚曰："二月二，龙抬头。"农历二月初二前后惊蛰节到来，传说经过冬眠的龙，到了这一天，被隆隆的春雷惊醒，便抬头而起。因此，古人称农历二月二日为春龙节，又叫龙头节或青龙节。在这天，人们有理发的习俗，曰："二月二龙抬头，家家男子剃龙头。"旧时民间有"有钱无钱，剃头过年"的习惯。而整个正月都不能剪"发"，到了二月二日头发已长，需要理发。又因龙在这天抬头，是吉祥的日子，就形成了二月二日剃头的习惯。为取吉利，在剃头中加"龙"字，叫剃"龙"头，以区别其他时间的剃头。有些女孩也在二月二日穿耳孔。

十、花朝节

农历二月十二日，古为花朝节，又叫百花生日、花神生日和扑蝶会。花朝是指百花竞放的日子。花朝节主要活动有踏青赏花、女子剪花插头、花间扑蝶、官府出郊劝农、皇帝赐诗等。这一天，家家都会祭花神，闺中女人剪好五色彩笺，取了红绳，把彩笺结在花树上，谓之赏红，并到花神庙烧香，以祈求花神降福，保佑花木茂盛。

十一、春分

春分，又称"日中""日夜分"，时间为每年 3 月 21 日。这天，太阳到达黄经零度。春分是反映四季变化的节气之一，表示处于春季的中间。春分这天，昼夜时间相等，又称"日夜分"。民间有"春分秋分，昼夜平分"和"春分麦起身，肥水要紧跟"的谚语。一场春雨一场暖，过了春分，春忙就要开始，春耕、春种、春管便紧锣密鼓地开展。

十二、真武寿诞

农历三月三日，是道教真武大帝的寿诞。这一天，各地的道教宫观都要举行盛大的法会，烧香祈福，或在家里诵经布道，为真武大帝祝寿过生日。

鄂西北区域有三月三开武当山庙会的习俗。"三月三"庙会是融道家文化、武当武术、民俗风情于一体的民间文化活动。庙会期间，要举行斋醮大法会，拜龙头香、信物开光、撞吉祥钟等独具道教特色的宗教系列活动。同时还要举行武当功夫、武当道茶、皮影戏、民间歌舞、地方戏曲、杂技表演、剑河灯会等活动。

十三、清明节

清明节是我国传统节日，也是重要的祭祀节日。清明节的活动较多，除了祭祖、上坟扫墓外，还有一些十分有趣的民间活动如：踏青、荡秋千、放风筝、蹴鞠、打马球、插柳、栽柳等。清《风俗》记："清明节，折柳插户，簪鬓，各处家墓拜扫纷纭，城南梳妆台尤盛。染纸帛剪幡罗系竹竿插坟上。游人载酒寻芳，设障行厨，满耳笙歌，盈眸罗绮，与莺燕相和，花柳争妍，乃谓之踏青。少年竞放风鸢，或走马较射，斗草踢球。向有封培古墓，收掩遗骸，亦见古道犹存。"

第二节 夏 季

一、浴佛节

农历四月初八为佛祖诞辰，称浴佛节。这天是中国佛教徒纪念教主释迦牟尼佛诞辰的一个重要节日，也叫佛诞节。相传在 2600 多年前，释迦牟尼从摩耶夫人的肋下降生时，一手指天，一手指地。说："天上天下，唯我独尊。"于是，大地为之震动，九龙吐水为其沐浴。佛教徒在此日必隆重朝拜，斋戒集会，诵经祈福。

二、端午节

农历五月初五为端阳，人称"端午节"。另外，端午节还有许多别称，如：午日节、五月节、浴兰节、女儿节、天中节、诗人节、龙日、艾节、端午、夏节、重午、午日等。虽名称不同，但各地人们过节的习俗同多异少。现在，端午节仍是民间一个非常盛行的节日。

五月是午月，五日是毒日，五日的中午又是毒时，居三毒之端，因此又叫"五月端"。此时，毒蛇开始活跃，魑魅魍魉也会猖獗，它们直接给无抵抗力的小孩带来灾难，因此，必须在五月端阳这天，为孩子们消灾防毒。根据这个习俗，也把端午节说成"小孩节"或"娃娃节"的。

端午节时，家家门口放艾蒿，妇女以彩绸做香袋，挂在孩子胸前。人们吃粽子、煮鸡鸭鹅蛋、挂艾叶、戴香包、系五色线、悬钟馗像、饮雄黄酒。长江、汉江两岸地方政府届时会组织划龙船，举行龙舟比赛。

端午节在郧县一些地方还有特殊的习俗传说。如韩家洲在堵河与汉江交汇处，有个叫乌江(鸟水河)的地方，这里传播着项羽和刘邦战争的故事，其中有在乌江口一个悬崖峭壁上，项羽跳江而亡的说法。

郧县的大堰乡有个伍子胥堰，端午时，人们不仅在这里纪念屈原，同时纪念伍子胥。春秋晚期的吴国大臣伍子胥，因力谏吴王夫差要勤理国政，防备外患，吴王不听，并在农历五月五日将其诛杀，抛尸于江。但伍子胥肉身入江后化为涛神(或江神、潮神)，人们痛惜他的不幸，敬仰他的忠义，每年五月五日端午节，就驾舟在江上奏乐起舞，悼念其亡灵。

三、雨节

农历五月十三，俗称雨节，传说是黄帝的生日。

农历每年五月十三日，处于夏至和小暑节气前后，降雨频率高。民间传说，这一天是关老爷磨刀的时间。因磨刀要用水，所以必定下雨，同时还伴有雷声，雷声便是关老爷磨刀的声音。磨刀的用水从南天门处降下凡间，雨越大越好，预示着吉祥和"风调雨顺，国泰民安"。若此日不下雨，则属不祥之兆，预示有"自然灾害肆虐"和"社会动荡"。

长期以来，人们在此日观察天气迹象，并以此分析社会动态，留下了许多口头谚语。如："五月十三，关老爷磨刀杀许三"；"大旱三年，忘不了五月十三"；"五月十三磨刀雨，六月初六龙晒衣"等。

四、大端阳

农历五月十五为"大端阳"。值五月十五，各家各户备足佳肴，接女儿、女婿回家"过大端阳"，一直玩到五月二十五"末端阳"。这期间主要有划龙舟、投粽子、办诗会等活动。大端阳在郧阳俗称女儿节，这天出嫁的女儿都要接回娘家，一方面为躲灾、避邪，另一方面在繁忙的夏收之前，以探亲的名义，进行休闲休整。

第三节　秋　季

一、乞巧节

农历七月七日为乞巧节或女儿节，亦称"乞巧日"。七月七日，传说是牛郎织女从鹊桥渡天河的日子。因牛郎织女的故事感天动地，现代青年把这天当做中国的情人节。因七夕节与女事关联密切，所以也称"女儿节"。七夕节有吃巧食的风俗，巧食有瓜果和各式各样的面点。巧食做成后，先要放在庭院的几案上，邀请天上的织女品评，然后大家一边观赏无际的夜空，一边吃着各种巧食，期望自己变得聪明灵巧。

二、中元节

农历七月十五为中元节，俗称鬼节。相传这天夜间地府开门放鬼。民间在这天办盂兰盆会，然后讲述一些忠奸、顺逆、善恶、因果报应等故事劝民向善。至晚，放飞河灯，诵经超度亡魂。这天祭祖若坟地较远的，便寻一块僻静空地，用炭灰画圈，面向先人坟地，在圈内烧纸祭奠。传说中元节夜里百鬼夜行，大多人家闭门不出。

三、中秋节

农历八月十五为中秋节，是中国民间传统的节日。在郧县，人们习惯在八月十二三日就接姑娘回家。十五这天，人们中午吃蒸饭，晚上先以瓜果、月饼祭拜月亮神，再吃瓜果、月饼赏月。老人会给孩子讲嫦娥奔月、五杀鞑子的故事。

中秋节的起源，据说是农历八月十五这天，正好稻子成熟，人们便形成中秋报丰收的习俗。这天，人们习惯"尝新"，就是品尝用新米做的新米饭。

四、重阳节

农历九月九日为重阳节。在古代，民间有重阳登高的习俗，故重阳节又叫登高节。相传此风俗始于东汉，在唐代，以重阳登高为内容的诗很多，大都反映的是重阳节登高的习俗。另外，重阳节还有吃重阳糕、赏菊等习俗。

五、武当庙会

每年农历九月初九，为传统的道教节日。相传这一天是真武大帝，在武当山修炼42年后，得道升天的日子，因此道教信士以最高的礼仪为其庆贺。

第四节　冬　　季

一、下元节

下元节，中国传统节日，为农历十月十五，亦称"下元日""下元"。

下元节的来历与道教有关。道家有三官：天官、地官、水官。三官的诞生日分别为农历的正月十五天官赐福、七月十五地官赦罪、十月十五水官解厄，这三天被称为"上元节""中元节""下元节"。下元节，就是水官解厄旸谷帝君解厄之辰，俗谓下元日。

二、冬至日

冬至是"二十四节气"之第22个节气，于每年公历12月21—23日交节。

冬至日，民间有拾落地桑叶为药的习俗。还有在这天吃饺子、吃羊肉、吃狗肉的习俗。因为冬至过后，天气进入最冷的时期，中医认为羊肉狗肉都有壮阳补体之功效，因此，冬至进补的习俗传继至今。

三、腊八节

农历十二月初八为腊八节(由古代的腊祭转化而来)。人们在这天要吃用杂粮做成的腊八粥。腊八粥各地做法不一,一般是用八种当年收获的新鲜粮食和瓜果组成,大多为甜味粥,也有一些地区的人家喜欢吃腊八咸粥。相传这一天是释迦牟尼成佛日,因此腊八粥亦称"佛粥"。腊八粥除了自己食用外,有的农民还将"腊八粥"甩洒在门、篱笆、柴垛等上面,以祭祀五谷之神。

四、杀年猪

腊月二十杀年猪。杀年猪是郧县人忙年中最重要的内容之一。郧县民歌《十二月》唱道:"腊月二十腊,家家把猪杀,砍上肉一吊,拎到姐姐家。"杀猪的当天,猪主人起得很早,在房头场地垒起柴灶,架上大铁锅,劈柴烧水,最后给猪喂一瓢好的食物。然后一请杀猪匠,二请帮手,三请喝杀猪酒(猪血汤)的亲朋邻居捧场。

五、过小年

在郧县,过小年各家的日期不同。有的腊月二十三过,有的腊月二十四过。有谚曰:"军三民四,霸王二十五"(霸王指晚归的出征军人)。郧县民歌《情歌》中有:"腊月二十三,家家过小年,嘱告灶王上青天,保佑郎回还。"其实,腊月二十三主要是祭灶神,人们便把它当小年过。

六、祭灶王

到腊月二十三这天,即为春节开始的第一天,一定要祭拜灶王神。相传灶王神是掌管天下收成的神,之所以要拜祭他,是因为要祈求五谷丰登,过上好生活。送灶神上天言好事,必由男主人主持祭送。如男主人不在家,可延至二十五到二十六日。另外,这一天郧县还有打囤的习俗。打囤就是用面粉在地上画一个或数个圆形,意表囤住粮食,并祈求神明保护庄稼,秋季丰收,粮食装满囤子。

七、扫尘

"腊月二十四,掸尘扫房子。"据《吕氏春秋》记载,我国在上古尧舜时代,就有春节扫尘的风俗。因"尘"与"陈"谐音,新春扫尘有"除陈布新"的涵义。这一习俗,寄托着人们破旧立新的愿望和辞旧迎新的祈求。

每逢腊月二十四日这一天，家家户户都要打扫房子，清洗各种器具，拆洗被褥窗帘，疏通明渠暗沟。家家户户洋溢着欢欢喜喜搞卫生、干干净净迎新春的欢乐气氛。

八、赶嫁娶

腊月二十四日，司命爷上天了，人间便无神管，全是"黄道吉日"。这天娶媳妇、嫁姑娘，民俗叫"赶乱婚"。其实，小年以后直到腊月二十九日，不论城乡，娶媳妇、嫁姑娘的喜事儿到处都有，处处都可听到锣鼓、喇叭、鞭炮声。偶有新娘的花轿相对而遇，两新娘子从轿中相互交换礼物，称"交喜礼"，以示互相贺喜。

九、打豆腐

腊月二十五打豆腐。居民一般选择在腊月二十五日前后打豆腐，因为豆腐打得过早会发酸，过晚又忙不过来。有郧县民歌《小郎上四川》唱道："腊月二十五，家家打豆腐，想起我郎在外头，一天一场哭。"为何而哭？一是望郎归，二是一个人打豆腐忙不过来。打豆腐时，豆腐开锅后，去沫，表面冷却结成一层膜，用竹杆揭起，就是豆油皮，操作过程叫"揭豆油"。豆腐还可做成豆腐块、冻豆腐、熏豆干、千张皮、油炸豆腐菜、懒豆腐等。"团年离不开豆腐菜"，就是指豆腐做菜，具有多样性的特点。

十、闹年

（一）祭祖

腊月二十六日闹年，就是每年除夕前祭祖，表示与祖先一同过年。农历腊月二十六日后，家家户户都要带上酒菜，陆续到祖坟祭祖。祭祖时在坟前大树下选块地方，铺上草席，摆上酒菜、果品、供馍，上坟人代表全家给祖宗拜年、敬酒，以示阴阳团聚，表达怀念之情。

（二）蒸馐馍

郧县人一般在腊月二十六日左右蒸馍馍。民歌云："二十六日家家忙，面盆端到火炉旁，剁油渣，拌面糖，劈柴架笼蒸供馐。"过年的馐馍，一种用炼猪油后的油渣子，加上豆腐、萝卜、粉条、豆干等做馅，既有油，又有肉香味儿。一种把面粉炒熟后拌在糖里蒸糖馍。供飨馍分大、中、小三等，每种十个。大的飨馍敬家神，从除夕团年一直供到正月十七日。中等的飨馍祭祖坟，意在请祖宗保佑免灾，可随祭随吃。小的飨馍敬土地爷，敬后收回。所有的供飨馍顶部，都要点上五点梅花红，或在馍里包上大红枣。供飨馍蒸裂了叫"笑"，意味着这一年有好事出现。

十一、过大年

农历腊月三十（间或二十九），是农历年的最后一天，又是新旧交替的一天，也称除夕，主要习俗有团年、包饺子、扫墓和压岁等。

（一）团年

团年就是腊月三十这一天，家人们团聚在一起吃团年饭。吃团年饭的时间，各个家族时间不一样，有的早晨，有的中午，有的则在晚上。团年饭很有讲究，有凉拌菜，炒熟菜，蒸扣菜，炖汤菜，还有的上花生、瓜子等。团年饭必须要有两样菜：一是豆芽，因长得快，寓意常在。二是鱼，象征年年有鱼（余）。汤菜以莲藕熬猪蹄、牛羊肉萝卜汤为主。汉江两岸的人家，还有蒸盆鱼的习俗。吃团年饭之前，家人们会燃放鞭炮烟花。鞭炮越是响亮，越带来喜气。然后全家拜神，并在欢笑声中，开始吃团年饭。饮料主要是老黄酒和苞谷酒。坐定后，在家长的带领下，全家人依次举杯向长辈敬酒，祝长辈幸福长寿，然后开始觥筹交错，相互欢闹吃喝。

（二）包饺子

过年吃饺子，也叫"吃元宝"。因饺子很像金元宝，意味着"添才进宝"。吃元宝也与郧县的流放文化有关。以前流放到郧县的王公贵族，总是提心吊胆怕被杀，因饺子与"绞死"谐音，为避讳，过年吃饺子变为"吃元宝"。吃饺子时一般只吃双，不吃单。还有习俗，在一锅饺子里包一个有特别馅的饺子，谁吃到这个饺子，谁就在新一年里大吉大利，万事如意。

（三）扫墓

吃过团年饭后，家人就会一起为先人扫墓。在郊外先人的坟头前，烧纸钱，点蜡烛，放鞭炮。有路远不能到达时，则在夜间道路旁用炭灰画圈，在圈中焚烧纸钱，以怀念先人。

（四）压岁

压岁又称压祟，中国的年俗，寓意辟邪驱鬼，保佑平安。"祟"是一种小妖的名字，每年的大年三十夜里出来伤害孩子，为了不让孩子受到伤害，人们便把"祟"压住，借与"岁"谐音，便称"压岁"。另有习俗，晚辈给长辈拜年后，长辈要给晚辈压岁钱。压岁钱又称压胜钱、押岁钱、守岁钱等，这是年俗的节物之一，寄托了各地人们一种祛邪、避灾、祈福的美好愿望。

十二、筵酒习俗

（一）合碗席

合碗席是秦巴地区、汉水流域一带有着非常悠久历史的饮食习俗。时至今日，人们凡有重大宴请，必设此席招待来宾。合碗席起源于春秋战国。每有重大事宜和重要节令，各家各户均献上自家的酒食，合而烹制、合坐于席，故称"合碗席"。随着历史的演变，合碗席逐渐流传于秦巴地区、汉水流域。传说，郧县清咸丰年间形成的"八大件""十大碗"就是由合碗席演变而成的。

合碗席的食材选自秦巴山野、汉水之滨，其制法以蒸为主，武火上气，文火慢蒸。合碗席讲究原汁原味，保持食物的本质，非常符合现代人的饮食需求。

（二）席位座次

合碗席，坐席讲究，上席为大、左侧为重、下座次之、亦左侧为重，两边为晚辈，主人依上席左侧最受敬重的长者旁坐，为的是方便为上席奉菜、敬酒。

合碗席座次"尚左尊东""面朝大门为尊"。若是圆桌，正对大门的为主客，主客左右手的位置以距离渐次，并左侧尊于右侧。若是八仙桌，正对大门一侧的右位为主客。如果不正对大门，则面东一侧的右位为首席。若逢大宴，桌与桌的排列，首席居前居中，左边依次2、4、6席，右边为3、5、7席，根据主、次客身份、地位、亲疏分坐。

（三）敬酒规矩

开席后，合碗席的敬酒顺序为，首先是主人敬主宾，接着是陪客敬主宾，其次是主宾回敬，最后是陪客互敬。敬酒时，一般以年龄大小、职位高低先后进行。如果是平辈，则按座位逆时针方向从左至右进行。

第三章 地方名吃简介

一、郧县老黄酒

郧县的老黄酒，独具特色，口感别致。据说，郧县老黄酒起源于春秋时期。雍正、乾隆时期，郧县出现了南酒、黄酒之分，但酿造技术并无二致。只是南酒贮藏时间长些，度数高些。黄酒贮藏时间短些，度数低些。黄酒的酿造离不开酒曲。酒曲分大曲、小曲、麸曲三种。制作也不一样。大曲以小麦、大麦、黄豆等为原料，制成砖状，在一定温度中发酵、自熟，制成后冷藏备用。而农历九月九日隔年的腊水，是制作黄酒的最佳原料。因此，郧阳人大都选在每年农历九月九日酿造黄酒。制作黄酒，以糯米为佳，粳稻米、糯小米、糯高粱、糯玉米、大麦仁、红心苕亦可。因拌曲不同，分过曲酒和混曲酒两种。黄酒的制作一般有浸、蒸、凉、拌、贮五道程序。贮存发酵半月后开瓮，即成香气浓郁的老黄酒。

二、三合汤

三合汤是郧县本地特色膳食品种中的一绝。三合汤的主要配料有：粉条、饺子、牛肉片。粉条用纯手工制作，地道的红薯粉。饺子用上等的牛肉做馅儿，制成鸽子蛋大小的小饺子。牛肉片是用特制汤料卤制而成。如今"郧阳王氏三合汤"独领风骚，制作者王光友在传承原三合汤的同时，融入了自己的想法，创造出现在风味独特的"王氏三合汤"。

三、酸浆面

酸浆面是郧县人喜爱的一种小吃。相传，酸浆面是因为郧县人爱吃酸菜而逐渐沿袭形成的，流传至今已有 100 多年历史。

酸浆面制作方法为三步。制浆汤：制汤的原料为腊菜、白菜、芹菜、包菜叶、嫩豇豆、花椒叶。制作时，先把这些原料放在锅里微煮一下后，捞出来放在干净的桶或盆里放好，再将烧开的面条汤兑到原料中，然后用一块"油光青石"将原料压住，之后在常温下发酵，待闻到酸香时，美味的酸浆汤就制成了。炒浆料：炒浆料的原料有葱花、姜末、香油、猪油等。具体做法是：把香油、猪油烧到 80 度时，下葱花、姜末、辣面、食盐，炒成红黄色后铲起来，倒进煮好的浆汤，然后配入五香粉、味精等调料。制浆面：酸浆面的面条要求是手工擀切的细面。和面时，里面要加点盐、碱和鸡蛋清，用于保证面条的筋道。食用时，将面条下锅煮熟，捞起除水散热，在碗底里垫绿豆芽、酸菜末，并撒上炒熟的芝麻末，然后浇上制作好的酸浆汤便可食用。

四、"赫蟆咕嘟"

"赫蟆咕嘟"是郧县有名的小吃，食物形状如小蝌蚪，因郧县人称蝌蚪为"赫蟆（音 he ma）咕嘟"，因此地方话称这个民间小吃亦为"赫蟆咕嘟"，是郧县人夏天清热、消暑、解饥的较好面食。它以白面和红薯面为原料，制作时，先煮一盆开水凉透待用；将白面和红薯面按一定比例混合，加入适量清水调和成面糊，放进热锅中加热搅拌，直至变得粘稠熟透，然后将面糊倒入钻了孔的葫芦瓢内，在凉好的水盆上方不断抖动葫芦瓢，使面糊从瓢的窟窿眼儿中渗漏到凉水里，待定型呈蝌蚪状之后，用漏勺捞入碗中，再配上酸辣可口的汤料，一碗清凉、顺滑、止渴、解饿、可口的"赫蟆咕嘟"就做好了。

五、糊辣汤

糊辣汤是郧北山区独有的一种风味小吃。糊辣汤用料讲究，佐料齐全，主料有本地红薯粉条、面筋、山药、黄花、海带丝、牛肉丁等。佐料有胡椒、丁香、肉桂、草果、辣椒粉等，制作前，要先把这些佐料混合碾碎。糊辣汤的做法是：先把主料煮熟，其次用糖酱加色，并用洗面筋的水粉打黄，然后倒入一口大锅里煮 30 分钟左右，放入磨碎的佐料和油盐即可。做好后的糊辣汤，呈粉红透明的糊状，喷香、微辣而味长，营养丰富，容易消化，是郧县与河南交界地区百姓最喜爱吃的食物。

六、郧阳大鸡

郧阳大鸡是郧县的名特食品。郧阳大鸡相传是明代武当山道观的司晨鸡，与当地小型鸡杂交，经长期选育和孵化而成，原称"打鸡"。经专家考证，认为"打鸡"为"大鸡"的谐音，于是将"打鸡"更名为"郧阳大鸡"。郧阳大鸡羽毛疏松，体质强健，肌肉发达。此鸡颈长、胫长、形式鸵鸟。郧阳大鸡和野生天麻炖成天麻大鸡汤，有强身壮体、滋阴补肾、舒经活络的功效，长年食用可延年益寿。

七、高炉烤饼

高炉烤饼是郧县的传统名吃。传说春秋时期，楚平王之子太子建欲吃烧饼，但看到那些烧饼，是在低炉灶内烘烤出来的，感觉是"下人之食"。一家烧饼店听说此事后，便请木匠做了一个五条腿的木架，其中四条腿把炉架得高出人头，剩下的一条搭上洁白的毛巾。五腿炉灶上覆铁锅，下面生火。做饼时，把做好的饼胚，放在手背上，举过头顶，贴在锅底上烤制。烤熟时，烤饼醇香扑鼻，这就是高炉烤饼。太子建听说后，便欣然品尝，并赞不绝口。高炉烤饼既不同于烧饼，也不同于炕饼。高炉烤饼色黄味香，外酥里嫩，热、冷都好吃。这种古老的制作方法和独特的香味，深受郧县人喜爱。因此，高炉烤饼流传至今。

八、网油砂

网油砂为郧县的一道高贵名菜。据说始于北宋的汴京，是当时皇亲国戚盛宴上的佳品。

网油砂的用料和做法非常考究。他的里馅，选用上好的红豇豆，经大火煮小火煨，剥壳去水用其肉。做好的里馅，一年四季清香四溢。它的肤面是洁白、无破绽的猪网油皮。制作时，将里馅卷成条状，涂以鲜鸡蛋清加黄，经麻油温炸后，用刀切成型，并撒上白糖面和青红菜丝点缀。做好的网油砂摆在盘里，像一朵盛开的雪莲，又似雪地上的点点梅花，吃到嘴里外层香脆，中层柔软，馅味纯甜。

九、荷包鸭

荷包鸭是郧县名菜之一。主料：肥鸭一只、莲米、火腿、香菌、山芋、豆米、肥肉、鸡蛋若干。调料：葱节、姜末、五香粉、胡椒、辣椒、味精、淀粉、麻油、盐。

制作方法：将鸭宰杀去毛，在鸭腹下破一小口，掏出内脏洗净擦干水分，再从腹下小口里拆去鸭骨(鸭骨另做汤)。然后把香菌、山芋、火腿、肥肉切成三分见方的丁，和莲米、豆米一起，拌上葱节、姜末、五香粉、胡椒、辣椒(切碎)、盐装入鸭腹内。最后按鸭的坐卧形态摆入凹盘，上笼蒸两个小时，出笼后，将味精、淀粉、麻油做成调汁，浇到鸭身上。荷包鸭入盘后，将煮熟的鸡蛋切成两半，摆于鸭身后两侧，再把青菜叶少许，放到鸭头左右，荷包鸭即成。荷包鸭色鲜态美，味道清香。

第四章　约定俗成的民间礼仪

一、通礼

通礼，意指通行的礼仪，出自《大清通礼》。旧时民间晚辈见长辈、学生见先生、徒弟见师父和故人相见，均行通礼。如：春节拜年时，晚辈要给长辈作揖叩头；拜师要磕头。向陌生人问路或请教事情，要视年龄长幼称呼大爷、大叔、老太太、大娘、大哥、大嫂、大姐、小兄弟等。客人进门先问候"稀客"，再让座、沏茶、奉烟。客人离去出门时要招呼"慢走"。旧社会时熟人相见，双方要互相作揖问候（有的脱帽鞠躬），新中国成立后，多以握手问安。宴请宾客要讲究坐次之礼，一般长者为上座，客分左右座，主人为下座。无长者，客为上，左右为陪，主人为下。圆桌座次，长者迎门而作为上席，其他按年龄大小左右交错而坐，或以情意相投者并肩而坐。

二、婚嫁

旧社会，男女成婚遵父母之命，依媒妁之言。男女双方既不能见面，又没有成婚权。成婚主要通过拿八字（问名）、订婚（纳吉）、结婚（嫁娶）的程序办理。1952年我国第一部《婚姻法》颁布实行后，旧的婚嫁习俗被取消。

（一）拿八字（问名）

旧时，男女订立婚约，一般为5～15岁之间。在这个时间段，父母就可以请媒人拿八字（俩人出生的年、月、日、时，各由天干地支相配，每项两字，共八个字），若八字相合，婚姻就可成立，双方便互换龙凤帖为证。

（二）订婚（纳吉）

拿八字后，男方要选择良辰吉日，向女方家送礼订婚。订婚后（也可与订婚同时）男方要到女方叔父、舅父和分家的同胞哥弟家里送礼认亲。礼物最少四样，一般都用篮子装，称四色礼、五色礼等。不管几色礼，礼吊（猪肉）不可少。女方亲属收礼后，要以绿豆、白米、青菜、葱、竹叶等作为回礼，以示女孩子清白干净和双方亲戚关系长青。这种习惯，至今仍在不少地方沿袭。

（三）迎亲

迎亲为汉族传统婚姻习俗之一。迎亲又叫"迎娶""娶媳妇"等，通常是由新郎亲自到女家迎娶新娘，也有媒人或小叔子带领迎亲队伍前往迎娶，而新郎在家坐候的。迎亲前一天，男方设酒席谢媒，并以糖果分赠邻里。入晚，新郎由"郎头"（指未婚少年）陪伴睡觉。迎亲之日，"望娘盘"担子先行，"望娘盘"必有一只鹅。有鹅的习俗，出自古时以雁向女方正式求婚，因雁的配偶终身专一，象征婚姻坚贞和谐，后以鹅代雁。女方回赠礼物，必有状如手帕的五色布袋，寓意五代见面。古时大都以花轿迎娶新娘，花轿由四人抬着前往，后面跟着专侍新娘的送嫂，到新娘家时，女方放鞭炮迎接。但新娘要按惯例拖延上轿时间，俗称"捱上轿"。在迎亲者"三请""四请"后，新娘才穿霞帔、戴凤冠，盖大红方巾，由兄长抱上轿，或由其弟领上轿。临上轿前，其母喂一口"上轿饭"，意不忘养育之恩。接着母女俩纵声大哭。有谚曰："娘家哭得震天响，婆家家当嗒嗒涨。"新娘上轿坐定后，不可移动座位。座下放只铜火熜，内燃炭火及绒香，然后由两个男青年"压轿"缓缓前行。轿子将到，新郎家要安排人前去接轿。相遇时，男方向女方赠糕点，以示敬意。这时压轿者，从火熜内点一袋烟，慢慢地吸着回去，此谓"接香火"。

（四）拜堂

拜堂是见证婚姻成功的礼仪，一般由执客主持进行。新娘下轿后脚不落地，踩青石板或红地毯直接入正堂。然后按执客的口令面北叩拜：一拜天地，二拜高堂，夫妻对拜。正堂摆有天地桌，上置花烛、斗、秤、粮食、柏枝、酒曲、铜镜、大葱、棉包头等物，以示祝愿新婚夫妇同心同德，白头偕老，生活幸福美满，生子聪明智慧等。铜镜是避邪的"照妖镜"，斗、秤是指夫妻为人处事要有分寸，要平等公正。拜堂后，新郎入洞房，向"床头神"磕头。床上放置红枣、桂枝、花生之类干鲜果，预示早生贵子。

（五）回门

回门是指新娘结婚三天后，要回娘家一次。婚后三日，新郎新娘同去祖坟瞻墓，认亲拜祖，以示新娘正式成为家庭成员。然后新郎新娘备礼去女方娘家，拜见二位高堂，名曰"回门"。拜后，按民间"婚后三日不留空房"的习俗，不在新娘娘家过夜。8日后，女方娘家再来人接回娘家，至此，婚礼全部结束。

三、治丧

治丧，顾名思义就是办理丧事。在治丧方面有着流传下来的习俗，包括灵堂布置、出殡、下葬等过程都有较为特殊的讲究。郧县治丧事宜一般三天完成。第一天，通知亲朋好友，请风水先生看地，请乐器班子闹夜，布置灵堂，做入土安葬的准备工作。第二三天，请有儿有女的人挖墓坑，并于当天晚上到"十字"路上报庙和在孝家"打待尸"，主人家要给吊丧的儿孙辈发孝手巾，还要烧更纸。晚饭时间，长子由执客带着向每席客人，跪拜后敬酒，以示答谢。饭后，乐器班子要到墓坑上去暖坑。坑内要点灯并栓一只公鸡，坑上用篱笆或晒席覆盖。暖坑回家要唱待尸歌，锣鼓要敲到五更，中途(半夜)还要吃一顿饭(叫消夜)。天明时"掩口"(棺材缝用石灰泥糊住)。掩口前，要打开棺盖，让亲朋好友看最后一眼。出棺时，长子头顶老盆，次子抱灵牌，其他孝男孝女随即跪拜迎棺。棺出大门后，长子择坚硬之地甩碎老盆，火炮锣鼓引路，一路嚎啕不绝，前往茔地。棺材下坑后，用抬杠拨正方向，先由孝子扒三下土入坑，接着大家一起将坑填满，之后回家吃回山席。下午由女婿、外甥和侄儿们去砌坟。之后要圆坟和立碑(立碑也可晚一些时间)。从死者断气之日算起，每七天为一期。七七四十九天尽期，每期要烧纸、上供品，其中五七时，亲生儿女要到坟上大哭一场。死者到百日时，要上坟祭奠。

四、生育

生育是指女性在体内孕育后代并分娩，也指生长、哺育、生日。《淮南子·原道训》对此有相关记载。妇女怀孕足月后，便会一朝分娩。婴儿出生第一天，丈夫要到岳母家报喜。7天后产妇开始吃大荤(猪油)，前半个月补嘴(调胃口)，后半个月补腿，吃鸡、猪腿等(强身体)。产妇在月子里禁吃酸、冷、硬、生的食物。同时要避风，避用冷水，以免落下月子病。产妇未满月，禁止外人入屋。满月要吃满月酒，以示庆贺。婴儿出生百日后，可坐轿椅。满周岁时，要进行抓周。

五、祝寿

祝寿是晚辈在长辈过生日时的一种祝贺礼节。平辈或朋友之间一般叫"过生"。祝寿的礼仪，只能年龄较大，并且父母双亡时才能进行，因为老辈子在世，儿女年龄再大也是孩子，不能祝寿。祝寿的礼品有寿桃、寿面、寿酒、寿点(果汁包或生日蛋糕等)。祝寿或过生日，要迎前不迎后，即在生日前一天中午或晚上和亲朋好友共同进餐。席间，过生日者坐上席，所有宾客和家人都要向过生日者敬酒，以示酒酒(九九)长寿，每人都要吃长寿面条，以示一起长寿。

六、过继

过继是指把自己的儿子，送给没有儿子的兄弟或亲戚做儿子，也指没有儿子的人，以兄弟或亲戚的儿子，做自己的儿子。过继礼仪由舅父主持，宴请部分亲友，并从中选定中人，立下过继文字，遍告同族、相邻周知。过继的习俗农村较多，为续立门户，经同族长者牵线，双方同意，立字为约，过继成立。新中国成立以后，此俗已不多见，但法律中可称之为继子女或养子女。

七、结拜

结拜(以下称结义)，雅称为结金兰，俗称为换帖等。结义指志趣、性格等相近，互相投缘的人，通过一定的形式结为兄弟般的关系。结义后，要互相关心、支持、帮助，肝胆相照，有的甚至同生死，共患难。因此，结义有明显的人性色彩习俗。结义有规范性的礼仪程序。结义仪式的地点，一般选择在结义者共同认可的地方。结义时，首先上挂关公等神像，下摆三牲祭品，并宰杀一只鸡，将鸡血滴入酒中，其次结义者扎破自己的手指，将血也滴入酒中，然后按年龄大小为序，每人喝一口，剩下的放在关公神像前。这种形式的结义，叫"歃血立盟"。结拜仪式后，参加结拜的人之间，即以兄弟相称，有的在称呼前加"契""兰""谊"等字，也有的称老大、老二、老三的，意味着生死与共，有福同享，有难同当。另外，结义者不分男女老少，人数多少，但必须是奇数。

八、建房乔迁

建房和乔迁是相互关联的一种生活习俗。建房是乔迁的基础，乔迁是建房的目的。分开来述，建房和乔迁有很多讲究。郧县的房屋建设，有一个从土木结构、砖木结构到预制结构的发展过程。一般来讲，建房首先要选准屋基，确定方向，然后，择吉日破土动工。建房从开工到完工，要经过架板、过门、封山、上梁等工序。架板、过门、封山比较重要，上梁最为隆重。上梁事先要采梁，梁以榆树为最佳，选准后，盖房者出钱购买，并披红挂彩，运回至建房工地。房子完工后，房主人要装修、打扫卫生、修灶、贴画，并择吉日迁居(搬家)，此为乔迁之喜。乔迁时，各个门上都要贴上乔迁对联。搬家时，主妇端上面盆里的发面，提着炭火很旺的烘笼，以示住进新房后红火发家，人财两旺。另外，郧阳地区还有"六、腊"不搬家的习俗，就是农历六月和腊月的日子不好，不能搬家，以避灾祸。乔迁，旧时不仅表示搬家，还表示官职高升。现在乔迁就是搬家的意思，源于《诗经·小雅·伐木》中：出自幽谷，迁于乔木。乔迁之喜是一个成语，原意是"鸟儿飞离深谷，迁到高大的树木上去"。后来，古人用来贺人迁居或贺人官职升迁。乔迁之喜，现在也经常用在商业搬迁时的祝贺上，尤其是住宅、办公室搬家等。乔迁新居主要有三个方面的讲究，一是要选择一个良辰吉日，二是要选好一条路线，保证顺利完成，三是要在日落之前搬家完毕。

九、庙会赶集

旧时，郧县的赶集活动，一般在冬季进行。冬季为农闲季节，农民便趁这个时间建新房、给儿女送八字(旧时办婚姻的一种手续)、办喜事和购买年货，为来年春耕生产购置农具、肥料、农药等。过去郧阳地盘辽阔，分汉江南北两大片，南北地域不同，物产各异，人们生活习惯也大不相同。因此，郧县人的冬季赶集，分汉江南北两个地域。

(一)江北冬集

江北是指原郧县境内，汉江以北的区域，主要包括南化塘、刘洞、梅铺、白桑关等乡镇。江北冬集是指每年冬季这些地方的民众进行的集市贸易活动。交易的产品主要有三种：一是棉制品，如棉衣、棉袄、棉袜、棉鞋等。二是生产和生活用品，如柳条编织的篮子、簸箩、簸箕、粪筐子、桐油水桶、小孩玩具等。三是红薯粉条。另外，江北冬集时还产生了两种闻名鄂、豫、陕的特色小吃。第一种是石子馍，就是把瓜子石放在油锅里反复炒热，再把面饼放在灼热的油石子里，焖炕十分钟拿出，外焦内绵的石子馍就做成了。第二种是杂面条。这是江北人祖传的主食，就是用七升麦子、三升豆类磨成杂面粉，然后擀成手工面条，煮熟后，加葱姜调料即可食用。江北冬集时，还有河南曲剧团的表演活动。表演时，演员们会演唱一些当地人们喜爱的豫剧剧目，以增添集市热闹的气氛。

（二）江南冬集

原郧县江南主要有十堰区、白浪区、花果乡、黄龙镇，并以十堰区为中心。由于这四个地区盛产水稻、小麦、黄豆、桐油、生漆、花菇、五味子、中药材、银炭和各种兽皮等，被称为郧县的"宝库"。因此，江南的冬集生意兴隆，异常热闹。每逢江南赶集的日子，四乡八道的赶集者，带着自己的货物如期而至。农民带着糯米、黄豆、包谷；手工匠挑着桐油、生漆，村民背着木耳、香菇、草药；猎人带着野猪肉、羚羊、锦鸡、鹿茸、穿山甲和各种兽皮；卖木炭的山民，挑着上好银炭。他们相互交易，至夕阳西下，各自才满意而归。

十、寄死窑葬

在风景秀丽的秦岭山脉和大巴山脉之间的鄂西北地区，曾经存在一种神秘而又恐怖的习俗——"寄死窑葬"，又称"自死窑"或者"老人洞"。这些洞大都开挖在悬崖峭壁上，用来寄放年龄大并失去劳动能力的老人。说好听点叫寄放，其实就是把老人扔在里面，放点食物就不管了，让老人在里面自生自灭，大都被活活饿死。这样一种残忍至极、毫无人性的习俗，随着后来社会生产力逐步提高，产出的食物越来越多，可以养活更多的人时，才被取缔。新社会大力提倡"老有所养，老有所乐"的孝道精神，充分尊重和发挥老年人的智慧，老年人能够幸福地安度晚年。

第五章　肃然生敬的禁忌风俗

第一节　图腾禁忌

原始部落对大自然的崇拜是图腾产生的基础。运用图腾解释神话、古典记载及民俗民风，是人类历史上最早的一种文化现象。

一、天象禁忌

自古以来，人们对天象中的日月星辰和风雨雷电都存在着禁忌。郧县人称流星为亡星，称彗星为扫帚星。只要流星和扫帚星一出现，当地就有灾祸发生。若天上有一星辰陨落，地上就有一人死亡，此谓"天上一颗星，地下一口丁"。

在农业生产中，郧县人忌讳暮冬打雷，认为"正月雷声发，大旱一百八（天）"。天旱缺水，庄稼必歉收，日子就不好过，这使人们对自然灾害产生畏惧。为避免冲犯雷神，就要停止耕田播种，以表示对雷神的敬重。于是，正月初一到初五不能动工劳动。

人们对雨后天边出现的虹也有禁忌。在郧阳地区，如果天空的南面和北面出现彩虹，则预兆灾难即将来临。如果天空的东方和西方出现彩虹，则预示着有大风大雨来到。有流传的俗谚曰："东虹呼雪西虹雨，南虹出来卖儿女，北虹出来大杀大砍。"虹是一种自然的气候现象，但人们对它产生的神秘感和敬畏心理长期存在。

雷电，也是郧阳民众忌讳的天象。人们对雷电在自然界中的巨大威力，感到十分恐惧，尤其在不该打雷的季节，若出现雷电，更是讳莫如深。谚曰："正月打雷土谷堆，二月打雷麦谷堆。""谷堆"为方言，既有"丘"的含义，又有"多"的含义。土谷堆，表面指土丘，实则指坟包。正月打雷兆示疫病将流行，死人多，坟头成堆出现。

另外，民众对"冰雪"也有所忌讳。有谚曰："十月雪，阎王不得闲。""十月雪，人死用耙推。"农历十月刚进入冬季，但还不到下雪的季节，若此时下雪，则预示瘟疫要大范围流行，因此要大量死人。死人之多居然阎王都没时间管，直接用耙推走。

对天象的禁忌，反映出民众在历史上受到大自然条件制约，而无法掌控命运的心理状况。当自然界中的一些天气现象，给人们带来灾难和痛苦时，他们因怕而敬，并用敬的方式祈祷天神，希望其不再降灾于民。

二、神鬼禁忌

神鬼禁忌是指人们在社会生活中，对于一些无法解释的现象，寄托于神鬼的帮助，进而对神鬼产生禁忌的习俗。神鬼禁忌主要有以下几种。

(1)戒鬼字挂口边。"小鬼""衰鬼""鬼理你"是不少人的口头禅。记住，这类话不宜多说，如果你常把"鬼"字挂口边，鬼要惩戒你。

(2)长走廊，要安灯。很多家里都有长走廊，若长走廊经常不见阳光，会造成阴盛阳衰的局面，这是鬼怪灵异最爱藏匿之处，因此，要在家里长走廊中，装一盏长明灯增强阳气，免得鬼怪停留不走。

(3)爬山戴玉器。登山是不错的健身活动，但由于山高湿气重，加上很多动物死后，尸体腐化于此，强化了阴森之气。因此，应佩戴一些玉器饰物，借此增强个人的阳刚之气与之对抗。

(4)八卦挡邪气。殡仪馆是亡人出殡的地方，弥漫着哀伤氛围，邪气旺盛。家住殡仪馆附近的朋友，要在窗外挂一八卦图，代表正气，阻止邪气入屋。

(5)住酒店忌住尾房。旅行时住酒店，有尾房不宜住的习俗。因尾房通常日照不足，欠缺阳气，且鬼怪最喜欢流连此类阴暗之地，所以酒店尾房不宜住宿。

(6)住酒店要避开忌讳的门牌号码。在风水学上"二"和"五"均属忌讳的数字。故住酒店时，房间号尾数不宜有"二"或"五"，不然容易引起鬼神注意，造成灾祸。

据说，鬼神禁忌习俗很早就流传于中国。这个习俗认为，鬼忌光。因为人生活在"阳间"，鬼生活在"阴间"，阴阳对立，所以鬼怕光。鬼忌镜。旧时婚嫁，新媳妇上轿前，胸前要装一面古铜镜，谓之"照妖镜"，有了铜镜，就能防止魔鬼的侵扰。鬼忌灯、忌火、忌爆竹。民间常以火驱鬼、烧鬼，以燃放爆竹、鞭炮、土火炮驱鬼辟邪。鬼忌鸡鸣，忌虎形。俗云：鬼闻鸡鸣会"缩短阴寿"；民间人们多有画虎于门，用以驱邪避鬼。鬼忌米。有人认为小米能驱除鬼魅。许多地方，产妇满月回娘家途中，每个路口都撒一把米，以禁止鬼神危害路人。民间还有"撒盐米"的习俗，小孩跌倒时，用盐米撒在跌倒处，小孩就不会被鬼伤害。此外，鬼还忌桃木、忌符咒、忌尿、忌豆、忌恶人、忌革带等。

三、奇观禁忌

奇观禁忌是指民间生活中出现的，被人们普遍接受的新奇怪异的禁忌习俗。奇观禁忌主要有以下内容。

（1）下雨天打雷的时候，要向门外丢一把刀或剪子，防止被雷惊吓的邪物跑进屋里。

（2）不要带幼儿参加葬礼或去上坟。因为小孩子天灵盖未闭合，阳气不旺，灵光少存，容易被阴气侵扰而得病。

（3）半夜或雾天，有熟悉的人叫你名字，要等到叫三次后才能答应。

（4）半夜不能照镜子。在民间，老百姓家里的镜子，在夜里都是扣着放的。

（5）新居的房门上，要挂一块镜子，相当于照妖镜。此举现在已经不多见了。

（6）天黑回家进门后，要转过身来关好门，不能直接带上门，原因不详。

（7）半夜起来去厕所或进入其他没有人的地方，要先大声咳嗽，以提示阴阳互相回避。

（8）正午时分，是一天中的凶时，这个时候，不要独自去野外乱走。

（9）人穿红衣而死，会变成厉鬼。所以，不要给将死之人穿红衣。

（10）独自在野外，遇到旋风，要在风的中央，连吐两口唾液。原因不详。

（11）人的中拇指的血液有先天纯阳之气，可以辟邪，关键时刻，可咬破中指。

（12）在旷野中，遇单独妇女、老人、孩子，不可随便搭话，也不可随便帮助他们。

（13）辟邪之物有：官服、砚台、婴儿褓褓、屠夫刀、中指血、杨柳、桃木等。

（14）辟邪之人有：武士、屠夫、毛发浓重的壮年男子、功成名就的学子、有修为的僧道、过八旬的老人、初生的婴儿、善人等。

第二节　居住禁忌

居住的房屋是人们赖以生活的基础。自古以来，人们对居住的家、场所、环境都有特殊的要求，其建造、布局、庭院前后植树栽花等，都有一些禁忌。

在平地建筑民宅，讲究背风向阳，忌前高后低，俗称："前低后高，世出英豪。"在山冈建筑的民宅，忌前宽后窄，谚云："前宽后窄，必出妖怪。"反之："前窄后宽，必定做官。"民宅在山冈丘地建筑时，地基必须深挖见土，忌建在石板上，还忌"喝风向"（东北方向和正北方向）。喝风向为，东进冷风，无阳光，房屋阴冷有邪气。民宅院中植树，宜栽枣不栽桃，忌栽桃又栽枣，因枣、桃谐音意为"早逃"，预示有灾难要"早逃"。分家另居忌住乱。应长辈居正，晚辈居偏。偏房的门、窗、檐忌高于正房。宅院门的方向有三忌：一是忌直对大路为"路箭"，二是忌直对大树为"木箭"，三是忌直对纵向墙头为"土箭"。若无法回避，则在"石"或"砖"上刻上"姜太公在此"等字，嵌于对面以镇之。新建住房，忌讳选在干燥无润处和潮湿背阴的地方，应选在向阳有水的地方，便于人们生活。建造宅屋，忌呈簸箕形，就是左右偏房向外展开，俗以为会失财，而左右偏房内收，则为聚财。还忌讳呈四边形，尤忌三角形，俗谓"三条腿的院子"。三条腿意味着不稳定、不平安，也预兆着不安定、出灾祸。

第三节　婚　姻　禁　忌

　　婚姻是男女之间建立的一种社会公认的夫妇关系，是家庭和子嗣合法存在的基础。
　　婚姻属于吉事、喜事、终身大事，要讲究章法，要回避忌讳。因此，从择婚、议婚、订婚到嫁娶乃至离婚、再婚等方面，形成了许多禁忌事项。男女婚配要讲究，注意属相的穿、冲、刑、破。禁忌歌曰："自古白马怕青牛，鼠羊相逢一旦休，虎见青蛇如刀割，猿猴遇猪结怨仇，辰龙见兔泪汪汪，鸡狗相配可到头。"寡妇改嫁，忌在娘家白天出门，也不许走正门，一怕违反清规戒律，二怕族人拉截出丑。清明节和农历十月一日为鬼节，是祭祀之日，不得嫁娶。一个家族内禁忌通婚，因为有伤伦理道德。外甥女儿不能嫁给舅家表兄弟，谚曰："骨血倒流，一辈子发愁。""姨娘亲，打断筋，侄女当媳姑是婆，近亲害处多又多。"同一家族通婚为大忌。同姓之间，禁忌结婚，因为同姓之人"五百年前是一家"，同属一个宗祖。这种婚俗禁忌，至今仍然存在。有血缘关系的异辈之间的通婚，是民间最典型的乱伦行为，为大忌，特别是有直系血缘关系的禁忌最甚。男女结婚，忌由女方主动要求嫁娶。俗话说："典当勿催赎，女子勿催嫁。"婚期由男方提出意见，表示尊重女方。送亲忌讳寡妇、孕妇。因为被认为"不吉利"。结婚送新娘的轿子和车辆不走回头路，有"东来西走，不走重路"的规约，避免重婚。

第四节　生　育　禁　忌

孕育乃生命之"摇篮"，怀孕则为生命之开端。

生育为传宗接代、延续宗族的重大事情。人是社会生活之本，是改造和创造世界的主体。因此，人们很讲究生育禁忌。孕妇忌吃兔肉，怕小孩嘴豁，忌吃辣椒，怕小孩烂眼，忌与丈夫同床，怕小孩生疮。孕妇禁洗冷水澡，一怕伤胎气，二怕伤身体。孕妇忌坐房檐下面，以防自己和胎儿中风。孕妇禁止接触丧葬方面的各种事情，俗称"凶冲喜"。孕妇忌食驴、马肉，以防延长孕期造成难产，有"食驴马肉，令子延月"的禁忌之说。孕妇禁止在娘家和他人家中分娩，一是怕一旦出现差错，他人家难担此责，二是分娩乃"不洁"之事，恐怕血污、脏物给他人家带来"血光之灾"。产妇在产期，忌入邻家，恐血气扑门，使邻居不吉。产妇在三个月中，禁用冷水冲洗，以免落下月子病。

第五节　丧亡禁忌

死亡对于人们来说，是最可怕的灾祸，又是每个人最终不可避免的结果。有人认为，人死后，有一种无形且神秘的力量，能保佑或危害活着的人们，因此，有许多丧亡禁忌。

人死后用的棺材，忌用榆木、桑木。榆木与"愚"谐音，恐怕后代愚昧无知。桑木与"丧"同音，忌犯重丧。死人的寿衣忌用缎子，因"缎"和"断"同音，恐怕断子绝孙。抬棺材所借用的檩、椽等物，归还时，要以红麻相捆，以免主人不高兴。人亡了忌说"死了"，应说"老了""走了""不在了"。翁、妪一方死之，要择单日下葬。双亡者不讲单、双日。服孝期间，禁忌亲人穿红挂绿、涂脂抹粉。讣告丧贴，禁用有颜色的纸书写发送。孝子女服孝期间，忌戴孝帽、穿孝服进入别人家宅院。给死者穿"殓衣"时，忌孕妇走近，以防死者的亡灵扑着胎儿。死者的"寿衣"忌讳双数，用五、七、九件单数等为好。因双数预示灾祸再次降临。下葬用的棺材，禁用柳木，应用松、柏木。因为松柏象征长寿，柳树不结子，会导致断绝后嗣。孝子女守灵期间，只谈丧事，禁洗面垢。死者遗体下葬停放期间，妇女忌讳涂脂抹粉，男子忌讳理发、剃须，以配合悲伤的气氛。

第六节　节庆禁忌

一年四季，人们的社会生活中，都有喜庆的节日，有值得庆贺的时间。为了防止乐极生悲，在这些喜庆的日子，产生了许多禁忌习俗。虽然中国喜庆的节日，庆祝活动很热闹，但也有很多不能做的禁忌，一旦触犯，就有可能惹祸上身。

一、春节期间的五大禁忌

(1)大年初一，不要赖床。大年初一，是一年中最重要的一天，千万不能赖床，因为这样会把懒惰带到一整年，影响整年事业运气。

(2)过年期间，不要吃稀饭。因为在古代，只有穷人才吃稀饭，所以如果在新年吃稀饭，会招致一整年财运不顺。

(3)过年期间，忌叫他人姓名催人起床。如果你在新年催促别人起床，会引起别人的极度反感，因为这样连名带姓地叫人起床，会让他一整年都被人催促做事，不能休息。

(4)初一、初二忌洗头、洗澡、洗衣物。因为初一、初二是水神的生日，如果在这两天洗头或洗衣物，会把一整年的财运都冲洗干净。

(5)新年红包袋，不能重复使用。如果长辈没有在红包袋上写下祝福的话，很多人就会为了环保、省钱，将看起来还很新的红包袋留下来重新使用，但这样就犯了大忌。因为这样做，表示红包上的好运，已经被别人拿走了。

二、元宵节期间的六大禁忌

(1)吃汤圆不能敲碗。元宵节人们一般都要吃汤圆，但在享用汤圆的时候，不能敲碗。因为乞丐才会敲碗进行乞讨，所以在吃汤圆的时候，敲碗声是非常晦气的，并且可能影响一年的财运。

(2)元宵节期间，要避免和家人吵架起冲突。因为元宵节是天官大帝的诞辰日，所以应当高高兴兴地度过，如果和家里人闹矛盾或打骂小孩，可能会给家里带来霉运。

(3)元宵节不能穿黑白相间的条纹衣。据说，这两种颜色与牢狱及死亡有关联，所以在元宵节穿这两种颜色衣服，会容易让接下来的日子不能事事如愿。

(4)元宵节家里的米缸、米袋、米盒不能见底。就像过年不吃剩饭一样，象征家里丰盛有余。元宵节时，也不要让家中米缸见底，以免造成断炊、钱财见底的情况。

(5)元宵节灯笼勿放镜子前，避免招惹鬼怪。元宵节常常会带着漂亮的灯笼回家，但千万要注意摆放的位置，镜子前摆放灯笼为大忌。因为镜子属于阴的物品，如果在镜子前面摆放灯笼，意为给阴间的亡灵指路，会直接招来灾祸。

（6）元宵节不能吃冰冷的食物。元宵节不能吃冰冷食物，是因为传说寒单爷怕冷，而寒单爷又属武财神，如果你在元宵节吃冰冷食物，就意味着财富会离你而去。

三、清明节期间的五大禁忌

（1）慎选扫墓时间。清明节扫墓，最佳前往时间为早上五点到七点，但由于现代人较为忙碌，可能没办法一大早就将扫墓工作完成，也可在下午三点之前完成。扫墓千万别因为怕热，拖到太阳要下山时进行，因为随着阳气的衰退，阴气的上升，就会沾染上不好的灵气。

（2）妇女在孕期或经期期间，不能在清明节扫墓。古人认为，经血是不洁之物，清明节期间，妇女如果月经来潮，要避免到坟墓祭祀。另一个原因还有，妇女在月经期间身体通常较为虚弱，扫墓又是需要耗费大量体力的活动，因此也不宜前往。另外，还有人认为，墓地属阴，阴气对孕妇肚里的胎儿成长影响较大，抑或碰到阴间的鬼魂，会造成胎儿受惊变异或夭折，因此，孕妇不能扫墓。

（3）清明节出门祭祖扫墓时，要先看看自己的额头。如果在出门前，发现自己额头乌黑，就代表当日的时运较差，宜待在家休息。身体不好者，可以取消扫墓，否则会容易招致晦气。

（4）清明节扫墓时，不可拍照。因为扫墓是去纪念祖先，并非玩乐，拍照的行为显得不够庄重。如果嬉笑玩闹还留影纪念，定会招来厄运。

（5）清明节扫墓，要穿深色衣物。为了表现对祖先的尊重，扫墓时，千万不要穿得大红大紫，要以朴素庄重的深色衣物为主，发型也建议不要用刘海遮住额头。

四、端午节期间的四大禁忌

（1）不能送别人成串的粽子。中国习俗中，送礼的数量多少，代表心意的轻重，但这个意思在端午节时不能表达。在端午节拜访亲戚，用粽子作为礼物时，不能成串送人，如果想要多送些，要将粽子剪开变成散装才行。因为在俗语中，吊肉粽有上吊轻身的意思，非常不吉利。

（2）忌到河边戏水。端午节时通常较热，又逢放连假，许多人就想趁假期较长的机会，去海边、河边戏水游泳。这时，水里的人很多，水鬼便可趁机在水里抓人，因此，端午节不要下水玩耍游泳。

（3）别弄丢香包。在端午节时，大人会为小孩制作香包佩戴。佩戴香包的习俗，是一个富有童趣的活动，但香包也有驱邪护身的含意。有传说，如果在端午节当天弄丢香包，会为自己招来灾害及厄运。

（4）不宜行房。五月在古代被称为恶月，五日又称为恶日，因此，在端午节当天，是一年中邪气最重的日子。若在这天行房，会容易遭邪气入侵，对身体的阳气造成严重损害。

五、中元节的五大禁忌

（1）祭拜时间宜选下午为好。和清明节相反，中元节时，一般要在下午进行祭祀活动。因为上午阳气较重，亲人无法出来，所以，下午一点过后到黄昏这个时段祭祀最佳。祭拜位置也要选在室外恰当的地点。

（2）祭品要拆开，忌整箱摆放。这样做，逝者能各自拿取，避免抢成一团，或整箱抱走，独占祭品。

（3）祭祀时要有清水及毛巾。因为逝者和人一样，在用餐前后也需洗手、洗脸，所以在祭拜前，要摆放一盆清水和毛巾供亲人使用。祭祀后，一定要记着，脸盆和毛巾都不能再拿回家使用，以免招来晦气。

（4）不可燃放鞭炮。在中元节放鞭炮为大忌，因为炮声会吓走逝者，让他们找不到去鬼门关的路。

（5）纸钱、酒水要绕三圈。烧给逝者的纸钱，必须在焚烧前绕逝者转三圈，这样才能让逝者在这里享用供品和接收纸钱。同时，纸钱必须打开后才能丢入焚炉，避免逝者抢成一团。另外，烧完纸钱后，祭拜的酒水，也要在炉边洒绕三圈，才能代表祭祀圆满结束。

第七节　饮　食　禁　忌

关于忌口的禁忌，主要是指患某种疾病，要忌什么食物，才能祛病健身。例如：心力衰竭的病人，要忌食肥肉、鱼子、奶油、动物内脏和鳗鱼等含有高胆固醇的食物。患慢性肾炎、肾功能减退的病人，要限制进食含蛋白质丰富的食物。患肝炎、胆囊炎、胆结石症的病人，要忌食高脂肪和油腻食物。患痔疮、肛裂的病人，要忌食辛辣食物。总之，忌口要根据发病原因、发病情况和药物的作用特点，酌情禁食。

关于食物"相克"的禁忌，就是指两种食物不能同时进食，否则，会产生坏的作用，甚至造成严重的后果。相克的食物有：西瓜忌羊肉，咸鱼忌甘草，柿子忌螃蟹，狗肉忌绿豆，李子忌鸭肉，兔肉忌芥菜，甲鱼忌花菜等。这些相克的食物，是人们在长期的饮食过程中，亲身体验出来的，必须在饮食时坚决禁止，以保证健康。

第八节　出　行　禁　忌

出行禁忌也叫行旅禁忌，是指出家到外面旅行、游玩需要禁忌的事项。讲究外出禁忌，方能保自己一路平安。

人云："行要好伴，住要好邻""在家千般好，出门一时难"，说的就是这个道理。离家外出或回家，有"七不出门，八不回家"的禁忌。每月的初七、十七、二十七不能外出，因与"丧事"中的"七"日相符，故避之。每月初八、十八、二十八不宜回家，因"八"与"爬"谐音，意为跌倒。外出乘船，艄公最忌话中带"翻、坎、落、沉"等字。

离家外出，应择善日而出行。因此，每月的初五、十四、二十三日，是不宜外出的忌日。而每月的三、六、九日，是出发的良辰佳期。谚云："遇上三六九，顺利往外走。"有的地方忌讳正月初五出行，认为初五为破五，恐有不吉。进而，有的地方见"五"就忌，每逢农历"五"字日(初五、十五、二十五)都不出远门。

出门看望病人，忌讳在下午或晚上。因为上午属阳，下午属阴，下午以后看望病人，恐使病人的病情加重。和别人一起外出时，禁忌一人不进庙，二人不看井。一个人进入庙宇和院落，最怕有意外之事，孤立一人，无人相救。两人同时看井，万一碰上心怀叵测的歹人，容易造成落井之灾。外出前忌讳与家人争吵，以免造成情绪烦乱，心神不宁，容易发生差错。外出时，最忌财帛外露。俗话说："出门不露百，露百会失财。"一旦露出财帛，很容易招惹贼人抢劫，甚至有性命危险。

第九节　商　贸　禁　忌

汉水流域的郧阳地区，商贸方面主要有两大类别的禁忌：一类是开店经营坐商的禁忌，一类是运输送货或挑担卖货行商的禁忌。这两类禁忌，各有特色。

坐商为求开市大吉，最忌早上第一个顾客不成交。尤其是当这个顾客讨价还价，最终难成交时，店主怕犯忌。往往做出让步，求得成交。在门店或商场，不论有无客户，从经理到售货员，都忌伸懒腰、打哈欠、坐门槛、敲击账桌，更忌脊背朝外、反搁计算工具等。这些举动，都表示对财神的不恭。旧时，伙计清洁店堂时，忌由里向外打扫，应由外向里，意为聚财。打扫店堂时，若发现地上掉有钞票，忌讳捡起来后，放在桌面上，应随垃圾倒出，以示店家钱财丰盈。需要退货的顾客，忌上午退换货物，店主应烦请客户在下午或晚上来作退换处理，以避免其他顾客看见，影响店铺生意。售货员在闲谈时，不能跨坐于柜台之上，以免给储藏钱币的地方留下污秽。

　　出门行商时，禁忌遇见的第一个动物是乌鸦，更忌遇见尼姑和和尚，若不能避免，应当即折返回家，另择吉日出门。挑货的扁担忌讳别人尤其是妇女从上面跨过，避免染上污秽，影响财运。卖牲畜的农民，禁忌把拴牲畜的绳索一起卖出，以便拴住好运，避免卖走。购买神像的人，要忌讳说"买"，应说"请"。购买棺材的人，不能为价钱的多少而讨价还价。

第六章　承续千年的民俗文艺

第一节　郧县的民俗灯艺表演

一、郧阳凤凰灯舞

郧阳凤凰灯舞是全国独一无二的凤凰灯舞表演形式，是楚人崇凤的活化石，具有多种本土文化综合特性和汉民族文化特征，有重要的艺术研究价值，已被列为国家级非物质文化遗产项目。凤凰灯用竹篾扎骨架，用细布、彩纸裱糊，从头到尾长约8米，两翼展开，宽约2米，表演时双尾能扇动、翘起。每年到春节、元宵节，在街头、宅前、场院演出，尤以正月十五、十六最盛，又称"玩凤凰""凤凰舞"。

凤凰灯舞的表演按照"百花咏凤出巢—凤凰游园—凤凰寻花—凤凰戏牡丹—凤舞—凤凰理羽—凤凰打盹—凤凰展翅—凤凰朝阳—凤凰点头—凤凰回巢"等顺序依次进行。凤凰灯舞古朴典雅，舞姿优美，栩栩如生，配以独特风格的凤凰灯舞曲调，激越欢快，凸显出浓郁的地方特色。凤凰灯舞的伴奏乐器是双唢呐、双笙和民间打击乐。曲调为"凤凰点子"，这些曲调大都出自本地戏剧曲牌和民间吹打乐小调，是以联曲为主的综合体，其旋律幽默柔和，欢快热烈。

二、踩龙船

踩龙船又称踩花船、踩莲船。明朝时，由外地流民带入郧县，经多年演变，成为郧县比较有名的地方表演舞蹈之一。踩龙船旧时的表演者，有太公一人，后摇婆一人，坐船姑娘一人，丫鬟1至2人，共4~5人表演，均为男扮女装。后来演变为4个丫鬟，共7人表演，后摇婆仍男扮女装。踩龙船的核心道具是一条繁花似锦的彩船，全身有小彩旗、大莲花，有坐船姑娘的假腿脚，船棚上有棚帘，四角吊有彩灯，有剪贴图案，还有姹紫嫣红的鲜花。

踩龙船是一个热烈欢快、幽默风趣的情绪舞。踩龙船的"太公"，是引船领舞者，

第六章 承续千年的民俗文艺

其他六人以坐船姑娘为核心，按既定的各种队形表演跑船、扎四门(也叫拜四门)、原地划梢、调蒿头、跑风、上滩、摇橹、卧滩、下滩等各种动作。踩龙船表演时，有唱有白，中间有两次原地划船演唱，曲调歌词用郧县四六句和其他灯歌小调。演唱内容多为历史人物、故事、戏曲。演唱以后摇婆为主，太公、坐船姑娘、丫鬟帮唱。

三、渔翁捕蚌

渔翁捕蚌又称蚌壳舞、和尚戏蚌、白鹤戏蚌。表演者为一个渔翁(老生)，一个蚌壳精(武旦)。旧时蚌壳精为男扮女装，现男女均可扮演。渔翁捕蚌在每年春节、元宵节表演。

渔翁捕蚌的道具有：一个篾扎纸糊的彩色蚌壳，双剑，渔网，鱼篓等。主要场景为：渔翁拖蚌壳上场，蚌壳摆脱渔翁后，持双剑起舞。渔翁和蚌壳再次重逢后，相互搏斗。蚌壳回到壳内，渔翁下水再捕蚌壳，蚌壳戏耍渔翁。最后，渔翁几经周折，用网把蚌壳捕住。渔翁捕蚌，情节生动，妙趣横生。

渔翁捕蚌是一个民间神话舞蹈，也是一个反映水上渔民劳动生活的舞蹈。该舞侧重表现蚌壳精的舞姿舞态，而老渔翁多为哑剧动作。没有道白和唱词，伴奏与采船舞曲基本相同，用地方戏"二棚子"的曲调，由主琴"蛤蟆翁"主奏，民间打击乐同奏。曲调多采用采茶舞中的浪板，后加进唢呐，以增添热烈欢快的气氛。

四、踩高跷

踩高跷在郧县历史悠久，高跷的高度从70多厘米到一米左右不等。踩高跷的演员大多扮成《三国演义》《杨家将》《水浒》《聊斋》《封神榜》《西游记》里的人物，也有"八仙"中的人物。踩高跷的舞蹈姿态，反映的都是这些书里的内容。踩高跷的人数不一，但必须是双数。踩走时，用民间流行的乐曲"凤凰点子"伴奏。踩出的各种步伐、各种动作端庄稳健，惟妙惟肖。后来，还出现了高跷毛驴、高跷捕蝶等。

五、赶毛驴

赶毛驴是一种反映青年夫妇爱情生活的哑剧舞蹈。毛驴道具的前身和后身，用篾扎、纸糊后成型，头尾能活动，表演时系在演员腰部。赶毛驴由一丑一旦二人表演，旧时多为男扮女装者坐毛驴。赶毛驴的内容是新郎送新媳妇儿回娘家拜年，在回娘家的路上，用各种动作表演翻山越岭、上坡下坡、淌水过桥、越涧跳沟等。赶毛驴的伴

403

奏用郧县"二棚子"曲调，由主琴"蛤蟆翁"和民间打击乐合奏。赶毛驴后来可以男女分扮，用于时装表演，并加道白或唱词。

六、耍龙灯

郧县的龙灯，分倒龙灯和滚龙灯。倒龙灯为道家所兴，滚龙灯为民间自创。倒龙灯龙头大，龙身粗而长，又称为火龙(红色)。倒龙灯每节内装蜡烛，表演时跟随"宝珠"从头到尾一起左右摆动。玩倒龙灯时，用专制的大鼓和大锣伴奏，声音粗犷豪壮，气势磅礴，加上放炮、放花，演出场面非常热闹。新春佳节时，谁家门前有倒龙灯表演，就会视为兴旺吉祥。现在，倒龙灯逐渐衰落。滚龙灯却遍及郧县城乡。滚龙灯一般分15节左右，分黄龙、红龙(也叫火龙)、黑龙多种。表演时跟随"宝珠"从头到尾耍杆滚动，伴奏与倒龙灯相同。

七、狮子舞

狮子舞是一种以狮子的威武勇猛，来压邪防瘟的祭祀舞蹈。狮子舞集武术、杂技、舞蹈于一体，广泛流传于郧县城乡。

狮子舞分单狮舞、双狮舞、群狮舞。表演内容有：狮子登高、狮子翻滚、狮子咬痒、狮子参堂，还有狮子滚绣球、狮子滚单刀、狮子滚双刀、狮子耍大刀、狮子耍火球、狮子耍三节棍等。伴奏乐器用大鼓、大钹。狮子舞多在元宵节前后表演。狮子参堂，是狮子舞中最吉祥的节目，需要者要提前邀请。表演者进门时，要边舞边行，边说吉语。如："狮子登门，万事兴隆"，"狮子参堂，福寿泰康"。表演者进门后，首先在堂舞起舞"参堂"，其次走完每个房间，最后回到堂屋卸妆，并把狮子停放在堂屋正中，主人家随后设宴招待致谢。

八、老背少

老背少是郧县的一种民间趣味性舞蹈。老背少来源于郧县《大闹花灯》剧目，表演是由一人运用假体表演二人的动作，始为古装装扮，内容是老父亲(老生)背女儿(小旦)看花灯。后经不断流传，不断变异，有改变为"公公背儿媳""和尚背尼姑""猪八戒背媳妇""少背老"等形式。

九、竹马子

走马子又称跑竹马。竹马用竹篾制作，把竹篾扎制成马型后，剪画裱糊，马颈上系一圈小铜铃，马的颜色各异。做成的竹马为，一马分两节，前半节系人前，后半节系人后。

竹马子表演时由五人五马或七人七马组成。演出时，由一匹红鬃烈马领队，一男一女或三男三女进行，装扮者多为少男少女。男骑手要打扮成宫廷卫士，手提马缰，身佩刀剑。女骑手要打扮成金枝玉叶，披红挂绿，浓妆艳抹的样子。

跑竹马是一种广场舞蹈，每年元宵节前后表演。音乐根据表演节奏，时快时慢。曲调用郧县民歌《十绣》的基调。该舞活泼，明快，热情，奔放。

第二节　流传在郧县的民歌小调

一、民间歌谣

流传的民间歌谣主要有情歌、劳动歌、锣鼓歌等。

（一）情歌

"情歌"的曲牌丰富，每种曲牌兼有不同的曲调。郧阳的"情歌"一边顺应大流，一边转化视角，不时加入方言俗语，增强了地方特色，主要有晓白陈情类和隐约含情类。

晓白陈情类，倾向于直接表白感情，诉说男女相爱之意。如："姐在后院掐荆芥，那边有个小伙来。姐在墙里掐荆芥，哥在墙外咋过来？不怪小妹心肠狠，只怪爹妈管得紧"等。

隐约含情类，常用比兴、比喻等修辞手法，较为含蓄地表述男女间的相悦相爱。如："这山望到那山高，望到乖姐捡柴烧，没得柴烧我来砍，没有水吃我来挑，莫把乖姐晒黑了"等。

（二）劳动歌

郧县人自古以来都有一边劳动一边唱歌的习俗。在劳动中，到处都有劳动歌：搬运劳动中，有装卸号子、板车号子；水上劳动中，有行船号子、捕鱼号子，建筑劳动中，有打夯号子、伐木号子等。随着生产力的提高、社会的进步，劳动歌不仅是一种单纯的呼喊号令，而且还歌唱劳动的过程，赞美与劳动者的思想感情相关的生活情态和风俗特征。

作为一种语言艺术，劳动歌最突出的艺术特点，就是它那强烈的节奏感。每一首劳动歌，都有与劳动动作相配合的节奏，因而充满了热火朝天的劳动气氛，同时加深了劳动者之间的情感交流。

（三）锣鼓歌

由锣鼓伴奏或边打锣鼓边唱的歌曲为锣鼓歌。郧阳的锣鼓歌主要有"阴锣鼓""花鼓穗""薅草锣鼓"三大类。

郧县锣鼓歌在曲牌上，分为"水波浪""七岔子""步步高""朝王见驾"等30种；在板路上，分为"郧阳板""扬州板""秧歌板"等四类。

"阴锣鼓"就是"丧鼓"。"丧鼓"与吟唱配合的歌叫"丧鼓歌"，由两部分组成。第一部分（段），只有三句，又叫"三句头"；第二部分（段）的歌词为对偶句，可长可短，但最短不少于四句。

"花鼓穗"是鄂西北锣鼓歌中最活跃的曲种之一，后又演化出载歌载舞的"秧歌锣鼓"和只打不唱的"威风锣鼓"。"花鼓穗"的唱腔和形式以"水波浪""八岔子""三句半""扭秧歌"为主，也可穿插其他的板路，演唱时可不拘一格，灵活多样。花鼓穗常用的歌词有"你不来了我又来，莫叫花鼓冷了台，花鼓冷台不打紧，锣鼓冷台打不起来，笑坏了几条街"（地方话中，"街"同"该"音）。

"薅草锣鼓"又叫"打闹歌"。以前农民在田地薅草时，有随着锣鼓声边吼边唱的习惯。"薅草锣鼓"最初为三人组合，一人敲鼓，一人打锣，一人专唱。鼓者起头，唱者开腔，锣者陪唱。演唱时快时慢，随心而为。后来，"薅草锣鼓"演变为群体性的活动，一起薅草的人们，可以不拘形式边薅草边唱歌。"薅草锣鼓"有相对固定的格式，通常由"歌头"（引子）、"请神"、"扬歌"、"送神"几部分组成。歌手必须经过专业学习，熟知其中的套路，以保证演唱效果。

另外，流行于郧县的民歌还有"风俗歌""仪式歌""儿歌"等种类。

二、民歌小调

"小调"又叫"小曲""小令"，是人们在茶余饭后，或风俗节日集会时，演唱的曲调。演唱者不仅有职业艺人，还有群众歌手。

"小调"的唱词，因艺人和唱本的传播相对固定，常用"四季""五更""十二个月"等时间序列，连缀起前后内容，分节演唱。

"小调"分为"吟唱调""谣曲""时调"三类。

(一)吟唱调

"吟唱调"大多取材于人们的日常生活内容，使用广泛，实用性较强。

郧县民众在酒席上常用的"划拳辞令"就属"吟唱调"。如："一枝梅，两相好，三桃园，四季发，五魁首，六位高，七巧妹，八抬轿，九长寿，满十(实)在。"

"吟唱调"以朗诵为主要特征，略加音乐修饰，说唱旋律趋近自然语言形态，因而结构简单，不具备专业性和完整性。

(二)谣曲

谣曲是指那些流传在某些相对固定地区的小调，因为流传范围的限制，没有产生较多的变体。

"谣曲"比"吟唱调"成熟一些，篇幅不是很大，乐段结构较为完整，节拍比较规范，主要有"诉苦歌""生活歌""嬉游歌"。

1. 诉苦歌

以诉说生活中的苦难为内容。如：拉纤谣："问天问地又问山，问佛问道又问仙，人生富贵都有份，船工为啥这可怜？一无所有无所恋，一系搭肩把船纤，遇山我们翻山道，遇坎我们越个弯，脚不穿鞋石烙肉，日照当头汗涟涟，世上哪有纤夫苦，祖辈低头不见天！"

2. 生活歌

以日常琐事和风土人情为主要内容，曲调大多清新活泼，情趣盎然。

3. 嬉游歌

通常涉及嬉戏逗趣、问答启智等内容。这类"小调"旨在发掘和填补生活乐趣，因而格调轻松诙谐，娱悦性较强。如："你唱歌来我这接，我这接唱你歇歇。唱的本是一样的歌，歌声嘹亮笑开怀。春季里来春光美，夫妻双双去赶集，买只肥大老母鸡，给我二老尽孝意。树上的鸟儿成双对，夫妻双双把家回，你种田来我织布，我来做饭你洗衣。你那不唱我这来，白花不开红花开，一朵玫瑰胸前带，我想郎哥早日来。"

(三)时调

在"小调"中，"时调"的艺术形式最为规范和成熟，它具有严谨完整的结构，丰富多彩的节奏和音调，以及约定俗成的润腔方式。

　　"时调"的内容广泛，涉及历史、生活、人物、故事、戏曲等多方面。"时调"在多年的传承中，保持了基本稳定的旋律，表现形式与全国各地大同小异，没有郧县的特异性，故不再赘述。

　　　　　　　（撰稿：杨郧生　黄忠富　编审：柳长毅　傅广典　蓝云军）

参 考 资 料

1. 孙希旦：《礼记集解》，商务印书馆 1933 年版。

2. 乌丙安：《风俗学丛话》，上海文艺出版社 1983 年版。

3. (清)梁章钜：《称谓录》，天津市古籍书店 1987 年版。

4. 陶立璠：《风俗学概论》，中央民族学院出版社 1987 年版。

5. 冯俊科：《中外婚俗奇观》，职工教育出版社 1988 年版。

6. 许嘉璐：《中国古代衣食住行》，北京出版社 1988 年版。

7. 刘稚、秦榕：《宗教与风俗》，人民出版社 1991 年版。

8. 张殿英：《东方风俗文化辞典》，黄山书社 1991 年版。

9. 严昌洪：《中国近代社会风俗史》，浙江人民出版社 1992 年版。

10. 董家遵：《中国古代婚姻史研究》，广东人民出版社 1995 年版。

11. 张宪周、张泽琪：《中外节庆大观》，江西高校出版社 1996 年版。

12. 刘晔原、郑惠坚：《中国古代的祭祀》，商务印书馆 1996 年版。

13. 杜家骥：《中国古代人际交往礼俗》，商务印书馆 1996 年版。

14. 乔继堂、朱瑞平：《中国岁时节令辞典》，中国社会科学出版社 1998 年版。

15. 赵世瑜：《眼光向下的革命：中国现代风俗学思想史论：1918—1937》，北京师范大学出版社 1999 年版。

16. 陈高华、徐吉军：《中国风俗通史·辽金西夏卷》，上海文艺出版社 2001 年版。

17. 杨郧生：《汉水流域民俗文化》，湖北人民出版社 2018 年版。

第十篇　国政文化域

第一章　部落方国时期

第一节　远古部落酋长国时期

一、"三皇""五帝"与部落酋长国的产生

部落酋长国时期指的是华夏人类进入原始农耕文明的时期，即距今 8000 年至公元前 21 世纪的夏代。根据文献记载和田野考古，华夏大地经历了三皇五帝时期才进入 5000 年文明史的。三皇指的是燧人氏、伏羲氏和神农氏；五帝则是黄帝、颛顼、帝喾、尧、舜。

在距今一万年前后，地质时代的第四纪后冰期结束。这时全球冰川消融、大地回暖，温暖的阳光照耀在湿润的土地上。充足的阳光与冰川融化的丰富的水分，使得万物生长、百草丰茂，一片欣欣向荣的景象。这时人类从阴冷的穴居地走向了丘陵、河谷、平原，开始取植物为食，栽种五谷、制作农具、耕种土地、驯养牲畜。人类农耕文化出现了，这就到了历史传说中伏羲、神农时代。这时人类社会以血缘氏族为单位的部落集团出现了。随着农业的发展，各部落族群为开拓土地、扩张地盘、掠夺财富，必然产生摩擦和战争，而这种扩张不断突破自身的领地，指向了更广的地域。大规模的扩张需要更加强大的族群力量，这样，以氏族部落族群为主体的部落酋长国联盟形成。可以想见，进入部落酋长国时代的华夏大地上的古人类社会是一幅怎样的景象：部落云集、人声鼎沸、生机勃勃，于是我国古人类社会就进入了信史传说中的三皇五帝时期。

燧人氏时代是远古人类发现了钻木取火，人类进入运用火种繁衍生息的时代。伏羲氏时期远古人类开始探索自然规律，取牲畜以供庖厨，做八卦以观天地。神农氏做耒耜始教民耕作，教民耕种五谷(稻、黍、稷、麦、菽)而食之。从文献记载的远古时代的传说和田野考古发现，我国的农耕文明史至少可以追溯到距今 8000 年以前，而汉江中上游地区的农耕文明史也与华夏民族同步。据信史记载，早在距今 8000 年左右的

伏羲时代，伏羲氏就建立了风国。《易·系辞》记载："古者包牺氏之王天下也，仰则观象于天，俯则观法于地，观鸟兽之文与地之宜，近取诸身，远取诸物，于是始作八卦，以通神明之德，以类万物之情。"《帝王世纪》记载："伏羲氏仰则观象于天，俯则观法于地，观鸟兽之文与地之宜，近取诸身，远取诸物，于是造书契以代结绳之政，画八卦以通神明之德，以类万物之情。"

远古时代，汉江流域就出现了三皇时期的文化遗存：伏羲在汉江流域建风国，女娲遗存保留在汉江支流——堵河流域，神农炎帝在汉江流域的文化遗存更加丰厚。

据古籍记载，五帝时期的华夏大地上出现了不少部落联盟酋长集团。黄河中游的中原地区居住着黄帝族和炎帝的部落联盟，北方(内蒙古至大兴安岭地区一带)居住着狄人部落联盟，西方(甘肃及以西)居住着羌人部落联盟，南方江汉地域居住着三苗族部落联盟，东方(山东至江浙沿海一带)居住着东夷部落联盟。这些部落联盟为了各盟国的利益不断向外扩张和掠夺，于是便出现了信史所记载的黄帝与炎帝战于阪泉(今河北涿鹿东南)，黄帝与蚩尤战于涿鹿(今河北涿鹿南)，以及夷人首领蚩尤与羌人英雄共工的战争。长期的大规模的部落之间的战争，打破了氏族部落狭隘的地域界限，推动了各氏族部落的大融合，逐步形成古老的华夏族。《史记》等史籍记载：相传黄帝战胜诸夷后，诸侯尊他为天子，于是黄帝以云为官名，置左右大监监督万国。可见当时部落方国林立。

从文献与考古实物中我们可以认定，五帝时期在距今 4500—5000 年之间，所以说我国有五千年的文明史毫不夸张。世界划定的人类进入文明时代的三大标志"文字、青铜器、城邦"，我国五帝时期都已具备。有的标志还早出现几千年，如汉江下游的江汉平原上仰韶文化的代表——屈家岭文化城邦的出现，距今 6000—7000 年以上，还有天门市境内的石家河城邦遗址等，都是远古部落方国遗址。这表明江汉流域的文明时代比黄河流域出现得更早。

二、三苗族

在五帝时期，郧县一带地处三苗族的西北边陲，属于三苗族集团的势力范围。三苗又叫"苗人""有苗""苗蛮""南蛮"。这是以华夏为正统的王国集团对南方民族的称呼。尧、舜、禹时期，由于三苗族非常强大，不服从于华夏族。因此，三代时期均有与三苗的战争。《吕氏春秋·召类》记载："尧战于丹水之浦，以服南蛮；舜却苗民，更易其俗。"丹水指汉江中游的支流——丹江。由此我们可以认定这个区域属三苗族的西部领地。这是现鄂西北地域有文献记载的最早的区划属地。

三、丹朱封于房陵

尧、舜时期，尧接替了他同父异母兄弟挚的帝位后，公正办事，体恤人民，被视为仁君的典范。他在位 50 多年后，感到自己老了，为了国家和人民利益，他不想把帝位传给儿子丹朱，就征询四岳部落首领们说："唉，谁能顺应四时变化抓好全国农事而可获得重用啊?"臣子齐放回答说："您的儿子丹朱聪明能干，可以让他担当此重任。"尧说："唉，像他那愚笨而不守忠信的人，怎能担当此重任呢?"(《尚书·尧典》)不久后，尧命令大臣后稷将儿子丹朱流放到了丹水之浦(今丹江流域)。尧在位 70 年时，采纳四岳的举荐禅位于舜，佐舜摄政。舜谦让要丹朱承帝位，丹朱不接受。于是舜封丹朱于房，"为虞宾，三年，舜即天子位"(《竹书纪年》)。"为虞宾"的意思就是做虞舜的邻邦，即为分封诸侯国。这是中国历史上第一个分封国家。从此，汉江上中游地域(包括郧县)属房国(房子国)的领地。至今房县、保康县还遗存有丹朱坟、尧子垭和尧子河的地名。

四、辽瓦店子聚落

辽瓦店子聚落遗址是 2005 年国家南水北调中线工程启动前，抢救性地发掘出的古人类聚落遗址。2006 年至 2009 年，湖北省文物考古研究所和武汉大学考古学系对该遗址的东西两区进行了多次大规模的发掘，发现该遗址为华夏古人类夏商周聚落遗址。考古学者在分布的两百多个遗迹中，发现了古人类新石器晚期的灰坑、灰沟、土坑墓、瓮棺葬及鬲、罐、盆、盘、钵、缸、豆、瓮、鼎等陶制品和完整的陶窑遗址。这些遗迹表明辽瓦店子早在夏代以前就是原始人类居住和繁衍生息的地方，形成了居住固定的原始聚落或部落。

第二节　古方国时期

夏、商、周时期是中国历史上的方国时期(有学者亦称其为"王国时代")。这一时期中国处在奴隶制社会时期，国家行政建置是王国与分封部落方国并存。这个时期，在汉江中上游广大地区出现了众多的方国。

一、庸、彭、微、濮方国

汉江中上游地区，北面是秦岭山脉，南面是大巴山东段山脉，因其独特的地理位置，在夏、商、周三代时期，成了上古部落方国的云集之地。

至少是在商代中期以后，汉江中上游地区出现了庸、彭、微、濮等部落方国。庸国在今竹山县的上庸镇；彭国在今房县城一带；微国在今十堰市张湾区的黄龙镇，黄龙镇过去是郧县的一个乡镇；濮国是一个散居民族，分布在竹山、竹溪县南部边沿的大巴山区。这些部落方国中，有的是土著部落方国，如庸、濮等方国；有的是外来方国，如彭、微等国。"庸、彭、微、濮"四国最早出现于《尚书》的记载中。《尚书·牧誓》记载：（公元前1046年）二月五日的黎明时刻，周武王（姬发）率领军队到了商朝的首都朝歌郊外举行誓师大会，参会者有庸、蜀、羌、髳、微、卢、彭、濮等八国。学者们考证注解这"庸、蜀、羌、髳、微、卢、彭、濮"诸国都在汉江中上游地区，所以武王称"西土之人"，或"西土八国"。

从四国的名号看，彭、微两国是外来部族国家，有着显赫的身世。"庸、彭、微、濮"四国均在汉江流域麇（锡）国周边，对这里的社会影响不言而喻。

二、麇、锡、缯、绞等方国

从文献的记载和当今田野考古发现，仅现代的郧县（古称麇、锡）一带，在春秋时期就有麇、锡、缯、绞等方国在这块土地上生存过。

（一）麇国、锡国与缯国

1. 麇国

麇国是一个子爵方国，它的爵号是周王室封的还是楚国封的无法定论。根据文献记载，麇国都邑在今郧阳区五峰乡肖家河村的汉江南岸岗地上。

麇国是《左传》里记载的郧阳地域汉江边的一个小国，它是以楚国附庸国的身份出现在历史舞台的。公元前617年，楚穆王和郑穆公在息地（今河南息县）相会。这年的冬天，楚穆王带着他的附庸国麇子国等与蔡庄侯驻军于厥貉（今河南项城境），与陈、郑等国会盟。而"厥貉之会、麇子逃归"，就在这次会盟的中途，麇国君悄悄逃回了本国，这样惹怒了楚国，《左传》载："文公十一年（前616年），楚子伐麇，成大心败麇师于防渚。潘崇复伐麇，至于锡穴。"即公元前616年的春天，楚穆王就攻打麇国，成大心在防渚(今房县)打败了麇国军队，楚太师潘崇再次攻打麇国，到了锡穴。锡穴是麇国都邑所在地。楚国这次攻打麇国没签城下之盟，而是把麇国灭亡。

2. 锡国与缰国

锡国和缰国都是郧县一带在文献史籍上没有记载的东周时期的方国。

1990年，郧县五峰乡肖家河村农民在村后二级台地上挖土淘金时，在一个古墓(一号墓，标为 M1 墓)里挖出了铜鼎(2件)、铜缶(2件)、铜匜(1件)、铜簠(2件)、铜戈等20多件青铜器陪葬品。其中两件铜簠的盖、底均有同样的铭文(三行19字)："缰王之孙叔姜，自作□□，其眉寿无期，永保之用。"从铭文看这是缰王的孙子叔姜的墓地。这表明肖家河村在春秋时期曾经出现过缰氏方国，这个缰氏方国还胆敢僭越称王。然而这座墓主叔姜自己不称缰王叔姜，而称缰王之孙叔姜，这也给人产生疑惑。那时期的中国只有楚国敢自称为王国，这里的缰国给我们留下了不解之谜，有待今后进一步去考证研究。

2001年，就在距缰王之孙叔姜墓西边约千米处，南水北调中线工程考古队发掘了春秋时期二号墓，出土青铜礼器5件，即铜鼎、铜钲、铜匜、铜盘、铜盏各一件，还出土了剑、矛、镞等兵器。出土的5件青铜礼器中，其中铜钲、铜匜、铜盘上都有铭文，而且三个铜器上的铭文都有"锡子中瀕"的名号。

2006年，为配合南水北调中线工程，湖北省文物考古研究所对肖家河乔家院地区进行勘测，勘探出春秋至明代墓葬64座，发掘了8座，其中4座为春秋时期墓葬，不仅出土了一批青铜礼器，而且各墓皆有殉人，可见墓主至少是国君级的人物。春秋四号墓的铜戈上，镌刻着"锡子斨之用"的铭文。由此可证，五峰乡肖家河村一带春秋时期曾经有个锡子国，至少经历了若干代的国君。这里，我们又可将春秋时期楚国在公元前616年灭掉麇国的历史联系起来。锡的本义是指赤铜，五峰乡肖家河及其周边地带，上古时代盛产金、铜，古人们挖掘了许多矿穴，所以古人称此地叫锡穴。锡穴即在肖家河村至东峰村一带，这就证明了锡穴就是锡子国的国都，也是麇国的都邑。为什么这里叫锡子国，这或与上古时代此地就发现了丰富的铜矿有关。五峰乡肖家河村一带的汉江边的绵延山岭上，至今还残留着无数铜矿开采遗址。锡子国应该是西周时期被分封的子爵国家，而且应该是因向周王室进贡青铜(当时称"金")而得到分封的。西周时期，青铜的发掘与使用是非常稀缺的，早在周康王和周昭王时期，许多青铜器上都记载了周王室多次出兵到江汉流域来"伐荆(楚)"，以到楚国来获得大量的"金(青铜)"作为战利品而荣耀不已。所以锡子国也可能是西周初因产铜而被周王室分封为子爵国家。可以推测，楚国在春秋中期的前616年灭了麇国，又以麇国之地改封为锡子国，并建立了锡县，一直延伸到魏晋时期。

（二）绞国

东周的春秋早期，在麇国东北部，居住着另一个部落方国——绞国。

绞国最早见于文献的是在战国初期成书的《左传》中。公元前701年，楚国大夫屈瑕准备与贰（今广水市）、轸（今应城市西）两国结盟。居住在今安陆市的郧国人知道后，害怕楚国经过他们国家时将他们灭国，就陈兵于蒲骚（今应城市西北部），准备联合随（今随州）、绞（郧县东北部）、州（今洪湖市）、蓼（今河南唐河县湖阳镇）等国的军队一起攻打楚国，结果在蒲骚被楚国打败。

这里助郧的四国中的绞国，《左传》注释在今湖北郧县，实地考证应该在今丹江口习家店和郧县安阳境内，今天习家店镇还有上绞村和左绞村地名。楚国灭郧国时期，正是楚武王的强权扩张时期。灭郧以后的第二年（前700年），楚国就出兵讨伐绞国，将军队驻扎在绞都邑的南门外，同时在山下设埋伏，见绞人出城，趁机攻击，大败绞军，与绞国订了城下之盟而还。绞国最后融入楚国版图。

第二章 春秋战国时期

春秋时期出现了"县"的建置，战国时期出现了"郡"的建置。郧县(时称锡)地域是中国出现郡县建置较早的地域之一。从春秋中期至战国晚期，楚国在汉江中上游地区一共设置了六个县，这六县即上庸县、房陵县、锡县、武陵县、武当县和旬阳县。

一、上庸县

公元前 611 年楚灭庸以后所设。西晋时的大经学家、大军事家杜预在注《左传》批注时说："楚灭国，皆以为县。"上庸县应当是楚侵占十堰地区后设的第一个县。

二、锡县

因其地有锡穴，盛产金、铜而得名。锡穴为麇国都邑。楚灭麇后不久，就锡穴之地名设置了锡县，位于后来的郧县五峰乡。

三、房陵县

公元前 616 年楚子伐麇时还提出了"成大心败麇师于防渚"。防渚即今天的房县，最早称房陵。楚在防渚打败麇国后，见其地开阔便以占地名房陵为其县名。

四、武陵县和武当县

两县应为秦楚纷争时期的产物。公元前 451 年秦厉公时期，秦国开始越过秦岭向南扩张，在其西南越过秦岭到了褒中盆地(今汉中盆地)，赶走了蜀人，筑了南郑城。蜀是蜀王杜宇时期灭掉褒国后进入汉中盆地的。秦人这时又从秦岭东段越过峣关(也称蓝关)占领了商地，并在商(今丹凤县)的东南部筑武关以挡楚。公元前 340 年，秦孝公封卫鞅于商(今丹凤县城北)，为商君。《史记》有"秦封卫鞅于商，南侵楚"的记载。因此为阻挡秦人南侵，楚国借秦人武关之意在句澨(今丹江口市均县镇)设置了武当县，取以武挡秦之意。为防备秦人从汉中盆地东进，楚在今竹溪县水坪镇一带设置了武陵县，取以武临敌之意。

五、旬阳县

该县本为庸国领地。楚灭庸后，以此地设旬关，县因在洵水之阳而名。旬阳县现属今陕西安康市。

综上所述，汉江中上游郧县一带是中国历史上较早建立郡县的地区之一。春秋战国时期楚国夺地建县之举，为后来的秦帝国实行郡县制提供了启迪和鉴用之用。郡县制的出现，一直传承到了今天。

第三章 封建帝国时期

第一节 秦、汉时期

一、地方行政建置

秦始皇统一六国后，在行政治国上实行郡县制，郧县一带的锡县属汉中郡（郡治今安康市城区）管辖。锡县县治在郧县五峰乡汉江边的肖家河村一带，辖现代的郧县和郧西县全境。

西汉汉武帝时期，武帝将全国划分为 13 部州。锡县、长利县属汉中郡，长利县治今郧西县观音镇，乃西汉时从锡县分割出来增设的新县，辖境相当于今天的郧县汉江以北和郧西县的全部地域。《汉书·地理志》载："汉中郡，秦置，属益州，县十二：……房陵，锡，武陵，上庸，长利（有郧关）。"郧关即今郧县城区汉江边。由此可证，秦朝的锡县地域在西汉时期以汉江划界，汉北为长利县，汉南为锡县。今郧县城区是郧关，属长利县的辖地。

东汉将全国划分为 12 个部州，锡县和长利县属益州（治今四川广汉）之汉中郡（治今安康市城区）。西汉时期撤销了长利县，并于锡县。锡县恢复了秦代的辖域。

二、帝国宫廷政治缓冲地

郧县一带地处秦岭南坡、汉水中上游地区。因其独特的地理位置，自从尧舜时期尧子丹朱流放于丹水之浦、封于房陵开始，这一带就成了历代帝王宫廷政治的缓冲地带，成为皇亲国戚流放和安置的地方，虽然比较集中地流放或安置在房县和上庸，但郧县与房县和上庸毗邻，而且县域疆界时常变更，在社会学上有高度的同构性，文化学上有高度的融合性。

第二节　三国至南北朝时期

一、行政建置的演变

(一)三国时期

东汉时期的锡县(县治在今郧阳区五峰乡)分割成了锡县、平阳县和建始县,三县同属魏兴郡管辖。魏兴郡为魏文帝曹丕设置,郡治在今陕西安康市旬阳县。平阳县县治在今郧西县上津镇,建始县县治在今十堰市张湾区黄龙镇。平阳县、建始县均为魏文帝曹丕设置。魏国后又在锡县设立锡郡,辖锡县、建始县和平阳县。

(二)两晋时期

东汉时期的锡县又分割演变成了锡县、微阳县、晋兴县、长利县和郧乡县。锡县县治在今郧县五峰乡依旧。

微阳县改三国建制始置县,县治在今张湾区黄龙镇。

长利县为晋代重设县,县治在观音镇(今郧西县辖)。

郧乡县为晋代新设县,县治即今郧县城区。这里在秦汉时期是锡县的一个乡,因郧关而得名。魏武帝曹操来到汉江中上游地区与刘备的蜀汉争夺时,频频增设小郡,在上庸(今竹山县上庸镇)设立了上庸郡,任命申耽为上庸太守,封员(郧)乡侯(员与郧通),郧乡由此出现。魏文帝封孟达为平阳亭侯,平阳(今郧县上津)由此出现,平阳当时是长利县的一个亭级地方行政单位。秦汉时期在县以下设乡、亭、里基层行政单位以管理地方百姓,有十里一亭之说。

(三)南北朝时期

南朝刘宋时期,东汉锡县地域设有:郧乡县,治今郧北大部。锡县,治今郧县五峰乡和郧南一部。兴晋县,原晋兴县,治今郧西县上津镇。微阳县,县治在今张湾区黄龙镇。

南朝萧齐时期,今郧县一带设有:郧乡县、锡县和安富县,均属梁州(州治今汉中市)齐兴郡管辖。齐兴郡治所在郧乡县,郧乡县治今郧县城。锡县县治仍今五峰乡。安富县，在郧县东南境，今考，安富县当在今郧县安阳镇一带。《中国历史地名大辞典》载："安富县，三国魏置，属锡郡。治所在今湖北郧县东南。晋景初元年（237年）属上庸郡。南齐属齐兴郡。梁为安富郡。隋属均州，仁寿初（601年）为安福县。"

南朝萧梁时期，在郧乡县一带设有：兴州，改齐兴郡置，治所在郧乡县。兴州辖郧乡县、锡县、安富县和堵阳县。郧乡县治在现郧县城，锡县治郧县五峰乡，安富县治郧县安阳镇，堵阳县治今堵河口郧县柳陂镇韩家洲一带。《中国历史地名大辞典》载："堵阳县，南朝梁置，属魏兴郡，治今湖北郧县西南。……唐武德初复置，属南丰州（治郧乡县）。贞观元年（627年）废。"

二、蜀汉、曹魏在郧乡一带的纷争

公元219年，刘备命宜都太守孟达从秭归北伐房陵、上庸，又命副军中郎将刘封从汉中顺汉江东下与孟达会攻上庸。就在此时，关羽被曹军围在襄阳、樊城，连呼刘封、孟达发兵相助。孟达与刘封都推辞刚取上庸不安定，没能发兵相助。后来关羽被杀，刘备对他们心怀怨恨。孟达感到恐惧，加上又与刘封不和，第二年（220年）就向刘备写了封告辞信投奔了曹魏。魏文帝任命孟达为散骑常侍建武将军，封平阳亭侯（平阳亭即今上津），将房陵、上庸、西城三郡合并建立新城郡（治房陵），任命孟达为新城太守。又遣征南将军夏侯尚、右将军徐晃与孟达共袭刘封。刘封败归蜀，后被刘备赐死。这时申耽、申仪也跟着降魏。魏文帝将申耽加官后徒居南阳，改西城郡为魏兴郡，任申仪为魏兴太守，并改封申仪为郧乡侯，驻洵口（今旬阳）。

第三节　隋唐至宋元时期

隋统一全国后，隋文帝在全国实行州县制，后隋炀帝又改州为郡，将全国划分为190个郡。汉江中游设有房州和均州。房州治房陵县（今房县），辖上庸（今竹山县上庸镇）、竹山（今竹山县）、永清（今保康县北）三县。均州（治武当县，今丹江口均县镇），辖郧乡县、武当县和丰利县（治今郧西县观音镇）。隋炀帝改州设郡，郧乡县、武当县均属淅阳郡管辖。淅阳郡治今南阳淅川县丹江边。郧乡县治仍旧在汉江边老郧县城（20世纪60年代淹没在丹江口库区），武当县治在今丹江口市均县镇汉江边。

唐朝实行道、州、县三级地方行政管理体制。唐太宗贞观时期，将全国划分为10道，郧乡县属山南道（道治今襄阳市）均州管辖。唐玄宗开元年间又将全国划分为15

道，郧乡县属山南东道(道治今襄阳市)均州所辖。

五代十国时期，郧乡县仍为均州所辖。

两宋时期，宋太宗赵光义将道改为路，将全国划分为 15 路，宋神宗时又增加到 23 路。郧乡县属西京南路(治今襄阳市)均州管辖。均州治武当县(今丹江口均县镇)，郧乡县治如旧。

元朝时期，改路为行省，完善了中国封建社会后期的省、路、州、县四级地方行政建制。元朝将全国设立为 11 个行中书省，行省之名至此开始，一直沿用至今。至元二十七年(1290 年)，元朝将全国地方行政单位划分为 11 行省，15 安抚司，180 路，33 府，309 州，1127 县。

元至元十四年(1277 年)，元世祖忽必烈改郧乡县为郧县，上津县从商州分出，并撤销划入郧县。郧县属河南江北等处行中书省(治汴梁，今开封市)襄阳路(治今襄阳市)均州管辖。

第四节　明、清时期

一、建置演变

明朝将地方最高行政单位由元朝的行中书省改为承宣布政使司，也俗称行省。全国划分为十三布政使司(行省)，地方实行布政使司(行省)、道、府、县四级行政建制。

明成化十二年(1476 年)以前，郧县属湖广布政使司襄阳府管辖。成化十二年，朝廷为处理荆襄地区流民问题，在郧县城设立郧阳府，将襄阳府所辖的郧县、房县、竹山县、上津县划归郧阳府管辖，并析分郧县、上津、竹山三县新设郧西、竹溪二县。新设的郧阳府辖郧县、房县、竹山县、竹溪县、上津县和郧西县等六县。

与此同时，朝廷还在郧县城设立了郧阳巡抚、湖广行都司，将湖广下荆南道从均州移驻郧县。

清朝时期，郧县承明代旧制，属湖北承宣布政使司郧阳府管辖。清康熙十九年(1680 年)，在郧县建立了 205 年的郧阳抚治撤销。清雍正六年(1728 年)，湖北下荆南道从郧县移驻襄阳。地方行政机构亦承明旧制，实行保甲制度，据清同治五年(1866 年)《郧县志》记载，郧县地域划分为 19 里、4 乡、115 保、369 甲。

二、郧阳抚治

(一) 郧阳抚治的建立

郧阳抚治的设置记载了中国古代官吏制度的演变，对后世乃至今天都有着深远的影响。

郧阳区域地处汉水中上游的深山老林，是鄂、豫、陕、渝四省的毗邻地区。这一带群山绵延、峡谷纵横，历来是流遹啸聚之地。在元朝时期，这里盗匪纵横、百姓遭殃。元朝曾派兵多次剿伐，都没平定。元廷因此深感头痛。

元末明初，朱元璋派大将军邓愈平定了汉水中上游地区，对这一地区实行了封禁。明永乐时期也对这一地区采取过封禁行动。到了明中叶初，地主豪强和宗藩仕族兴起，他们纷纷兼并土地，农民拥有的土地多被宗藩豪强占有，而且失去土地的农民还要承担赋税和徭役。一遇天灾人祸，农民便相率逃亡。

这时的汉江中上游地区经过上百年的封禁后，人口稀少，土地广阔，自然成为流民的首选之地。明英宗正统八年(1443年)，各地的流民开始进入郧阳地域。河南巡抚于谦曾奏请"敕湖广、河南三司(两省的布政使司、按察使司和都指挥使司称三司)官常巡视其地，但有啸聚或为不法者，即收治之"。到了英宗天顺八年(1464年)，进山流民已达180多万。明廷深感不安，蓄谋驱逐，矛盾日益激化。于是河南流民刘通纠集5万流民在房县大木厂举行起义。成化元年(1465年)，朝廷命靖房将军抚宁伯朱永充总兵官、工部尚书白圭提督军务会同进剿。第二年湖广总兵官李震会同河南巡抚都御史王恕合兵进剿。明靖房将军抚宁伯朱永及工部尚书白圭等在南漳大败起义军，首领刘通被俘后拘京斩首。成化六年(1470年)，刘通余部李原、小王洪等在南漳起义，势漫鄂、豫、陕。朝廷派右都御史项忠总督河南、湖广军务，率25万军，由湖广总兵官李震协同分八路进兵围剿。成化七年(1471年)秋，官兵扑灭李原义军。朝廷命项忠对流民多以安抚，而项忠一意孤行驱逐，解往湖、贵充军者舟覆，溺死者无数，被遣还者又逢当时瘟疫流行，因病"死者无算，尽弃尸于江浒，绵延数百里腐臭不可闻"。这年全国各地频频发生地震，因此朝廷官员和民间议论是"忠等滥杀无辜，天怒人怨"。项忠因此受到处罚。而不数年，荆襄地区流民"复聚如故"，而且比前几次聚众更多，明廷忧心如焚。

这时，南京祭酒周洪谟著《流民图说》："东晋时庐松(今安徽境)之民流至荆州，乃侨设松滋县于荆江之间；陕西雍州之民流聚襄阳，乃置南雍州于襄水之侧。其后松滋隶于荆州，南雍州隶于襄阳，垂千余年静谧如故。此前代处置流民者，甚得其道。今若听其近诸县者附籍，远诸县者设州县以抚之，置官吏、宽徭役，使安生理，则流民皆齐民矣，何以逐为？"《流民图说》几经辗转，最后通过都御史李宾转奏到明宪宗那里，宪宗称其善，采纳了此建议。成化十二年（1476 年）初，命左副都御史原杰前往荆襄抚治流民。之后，朝廷接受原杰提议，在郧阳府设立郧阳抚治，移湖广行都司和下荆道于郧县城。郧阳抚治辖湖广、河南、陕西、四川交界相邻地区的郧阳、襄阳、南阳、安陆府（承天府）、荆州、夔州、汉中、西安（商州）等八府、九道、九州、六十五县。抚治地包括江汉平原大部、南阳盆地及汉江三千里流域地区。郧阳抚治从明成化十二年（1476 年）开府至清康熙十九年（1680 年）裁汰，经历了 205 年的辉煌历程。其间明、清两代有 120 名朝廷重臣抚治郧阳。

（二）郧阳抚治留下的珍贵历史文化

郧阳抚治的出现是郧县历史上光辉的一页，它给郧县留存下来了丰厚的历史文化，也给我们今天治国理域、勤政为民以借鉴与启示。归结起来郧阳抚治留下的有价值的历史文化有以下几个方面：

1. 反映了封建王朝比较科学实用的抚巡制度

巡抚制度是明朝治国安民所偶然发明的一种官制。洪武二十四年（1391 年），朱元璋派遣太子朱标巡抚陕西，"巡抚"一词第一次出现。起初巡抚都是由皇帝临时指派大臣充当，到地方安抚军民，事情完了回朝向皇帝复命。到了明宣宗宣德五年（1430 年），朝廷开始在浙江、江西、河南等省陆续专设巡抚，地方三司（承宣布政使司、提刑按察使司、都指挥使司）官员都要听其号令。巡抚便从临时差遣转化为封疆大吏。弘治、正德以后，巡抚统辖各省三司，全国十三布政使司均设巡抚。巡抚一般由三品以上的官吏担任。郧阳抚治是在特定的地区设置，对于处理数省之间的军民事务等意义重大，不失为一个治国的好办法。

2. 反映了封建王朝官吏任用理念

从万历《郧台志》《明史》等记载看，明清两代对巡抚的任用有如下特点：

一是所有抚臣均为进士出身。如西方汉学家评价的中国古代官吏都是"博士官"。历时 205 年的郧阳抚治所任 120 名巡抚均为进士出身。

二是异地为官，所有抚臣均为外省籍人，包括知府、知县大部分也是如此。这样为官可避免官吏谋私和搞腐败。

三是每任巡抚的任期一般是两年左右。因为巡抚是一地的军、政长官，既掌民政也掌军队，短期轮换可以避免藩镇割据。所以有明一代没出现唐、五代藩镇乱国之祸。

因此，郧阳抚治出现了不少治世能臣。郧阳巡抚的职责弘治皇帝朱祐樘在对都御史沈晖的敕谕中说得详尽："今特命尔前去提都抚治，于郧阳府驻扎，专一往来地方，巡察奸贪，抚安人民，整饬兵备，区划粮储，修理城池，禁防盗贼，作兴学校，清理狱讼。"可见巡抚职责非常广泛。这些朝廷大臣来到抚治地，勤政为民、殚精竭虑，出现了许多治世能臣和官吏楷模。

第一任郧阳巡抚原杰，山西阳城人，正统年间进士，抚郧前曾任山东布政使和江西按察使，早有英名。到荆襄大半年时间，处理好了明廷几十年没解决的流民问题。在他主政短短几个月内，新设郧阳府和竹溪、南召、商南、桐柏等七个新县，至今这些县名仍在使用。原杰安抚好了荆襄地区，朝廷升他为南京兵部尚书。回京上任的路途中，原杰因积劳成疾，在南阳驿站病逝。当原杰病逝的消息传出后，南阳百姓为之恸哭。明代汉中、郧阳、襄阳、南阳各府县人民都为他建有原公祠以示纪念。今天陕西汉中市的城固县还保存有以原杰命名的原公镇。封建王朝的官吏能有这样的声名实属可贵。原杰也是我们今天为政者的楷模。

郧阳第九任巡抚戴珊，江西浮梁人（今江西浮梁县），明天顺年间进士，因吏部尚书王恕举荐于弘治二年（1489年）从福建左布政使调任郧阳巡抚。戴珊初到任就遇上了四川野王刚率众劫竹山、平利的动乱。平乱后，按明律大多数人都要被处死。戴珊只处理了首犯，其他人赦免，此举被当地老百姓誉为德政。戴珊在任中还根据抚治地域的实际，建议复设荆州府兴山县，奏请割房县的修文、宜阳置保康县。保康县在弘治十一年（1498年）因戴珊建议设置，此县一直保留至今。

第十一任郧阳巡抚沈晖，南直隶宜兴人（今江苏宜兴市），明天顺年间进士。弘治七年（1494年）抚治郧阳。他到任后鼓励耕种，命许多无田者耕种废弃耕地和开垦荒地数千顷，并免租三年，使郧阳抚治区新增田地数千顷，对改善民生政绩卓著。为解决郧城饮水困难，沈晖组织人员在郧城增凿了四口水井。沈晖治郧有德政，弘治九年（1496年）改任湖广巡抚。

郧阳抚治两百年间有较大作为的巡抚还有吴道宏、樊莹、王鉴之、凌云翼、王世贞、裴应章、卢象升、徐启元，以及清代的佟国瑶等20多人。

3. 郧阳抚治体现的民本思想

修筑城池、防盗抚民，鼓励农耕、减负安民，兴办学府、教化人民是郧阳抚治的一个重要特点。

明代中叶，各地盗贼四起，郧阳地域除外来流民扰乱外，本地也匪盗四起。郧阳开府时，首任巡抚原杰就号令各府、县修葺城池，许多府、县城池都筑上了砖城。

兴办学校是郧阳抚治又一德政，这与明廷倡导有关。郧阳抚治后，各任抚臣都注重办学兴教。各府、县都办起府学和县学。县学又叫儒学。郧阳府学教学设施较完备：设乐器，教生员乐礼；购置各类典籍，供师生教学；建名宦乡贤祠、五贤祠，让生员尊奉先贤楷模；设教授、教谕、训导等教官专门抓教育。明嘉靖中期建起了郧山书院。历届都御史都重视府、县学教育。如两度抚郧的都御史孙应鳌，为府学购置四书、五经、兵书、史志、地理、诗文图书等书籍200多部。王世贞在抚郧期间，建"清美堂"、筑"牡丹亭"、题"春雪楼"，并捐出自己的俸金，从三吴、两浙、燕赵间购置九十二部计三十卷书籍置于清美堂，倡导诸生读书。从郧阳设府到万历十八年（1590年）的114年间，郧阳各府县考中进士6名、举人48名。

4. 郧阳抚治留下了宝贵的文化财富

郧阳抚治期间，所产生的具有珍贵历史价值的文化史籍非常丰富。

一是朝廷敕书、疏奏、勘札等文献极为丰厚，其中皇帝的敕谕诏书120多篇，大臣疏奏66篇（其中《郧台志》载35篇），兵部、工部、吏部等勘札20多篇。

二是历届抚臣在抚郧期间留下了丰富的诗文。初步统计，郧阳抚臣在郧阳留下诗文1000多篇。其中明代文学巨匠王世贞抚郧期间，创作诗文400多篇、30多万字。这些诗文都是当时郧抚地域政治经济、民俗民风、人民生活的记录和写照，是我们研究郧阳乃至汉江流域明清政治、经济文化状况的宝贵资料。

三、明清农民起义军对郧阳地域的影响

郧阳设府到清末的四百多年间，本地区没有出现农民起义，这与其为抚治所在地息息相关。

一是明末的崇祯六年（1633年）至崇祯十七年（1644年）的11年间，郧阳府辖区诸县都遭到张献忠、李自成率领的农民军的破坏。1633年（崇祯六年）腊月，张献忠部起义军进入郧阳地区，到第二年三月间，郧阳府诸县除郧县城外全被攻陷。据崇祯时期来郧阳抚治任职的都御史卢象升上奏朝廷的疏奏中记载："郧阳被寇占十年，邑属有七（郧县、房县、竹山县、竹溪县、上津县、郧西县、保康县），居民不满四千，数百里荆榛……一望荒野，百里不见炊烟，不逢人迹，即有一、二鹄面鸠行之辈，寄息山岩

石窟之间，所食皆草根树皮。迄今地亩抛荒，庐舍煨烬，几乎千里不毛。"

二是清代中后期王聪儿白莲教起义。白莲教也称白莲社、白莲会，是混合佛教、明教、弥勒教于一体的秘密宗教组织。起源宋代。教义崇尚光明，认为光明一定能战胜黑暗，提倡"不杀、不盗、不淫、不妄语、不饮酒"等"五戒"。乾隆末期，白莲教得到迅速发展并出现了鲜明的反清倾向，引起清廷惊慌。乾隆五十九年(1794年)，清廷开始搜捕白莲教头。湖北各地的白莲教首领商定第二年四月起义反清，官府知道后准备前往缉拿首领。嘉庆元年(1796年)正月初十，荆州的白莲教徒提前起义。同时，襄阳的白莲教首领齐林被杀，教徒发动起义，并推举其妻王聪儿为首领(总教师)。王聪儿江湖艺人出身，襄阳人，她组织了四五万教徒起义。一度率众进逼孝感、武昌，后北上屡败清军，经河南入陕西。第二年夏天在川东与四川各路起义军会师。王聪儿后来与姚之富同为襄阳黄号首领，转战四川、湖北、陕西三省。嘉庆三年(1798年)，王聪儿与清军战于郧西县境，被清军包围于郧西茅山(一作卸花坡，或作阎王扁)，最后与姚之富跳崖而死。

第四章　近现代时期

第一节　民国时期

一、建置演变

1911年10月10日(宣统三年八月十九日),驻守武昌城的新军发动了震撼世界的武昌起义,推翻了长达二千多年的中国封建帝制。1912年元旦,孙中山在南京宣誓就任临时大总统,正式宣告中华民国临时政府成立,定本年为民国元年。

民国时期的郧阳行政建置:根据孙中山于1912年3月11日宣布的《临时约法》总纲第3条规定,全国设22行省、10个特别行政区。行省下设道制、县制,并开创了市制。郧阳地区属湖北省襄阳道管辖,本地区有郧县、郧西县、房县、竹山县、竹溪县、保康县、均县(此时均州改为均县)。

1924年6月,中华民国政府内务部通令各省裁撤道尹,废止道制。郧阳地区诸县直接属湖北省管辖。

1932年,民国政府将湖北省划分为11个行政督察区。郧县属第十一行政督察区辖,公署设郧县。原郧阳府辖的保康县划属第八行政督察区管辖(公署设襄阳)

1936年3月27日,第十一行政督察区改为第八行政督察区,公署设郧县。第八行政督察区辖郧县、郧西县、房县、竹山县、竹溪县、均县。

民国初年,郧县划分为11个区,辖109个保,后调整为115个保。1922年,郧县11个区合并为7个区:一区驻城关,二区驻安阳镇,三区驻刘家洞,四区驻大堰,五区驻鲍家店,六区驻黄龙镇,七区驻十堰镇。7个区共辖124个联保、814个保。第三区因辖地辽阔,于1934年析设第八区,第八区驻南化塘。1947年4月10日,郧县又划为1镇即城关镇,18乡:杨武乡、桑麻乡、龙安乡、青曲乡、叶大乡、将军乡、黄龙乡、砖塔乡、普柳乡、南化乡、仁爱乡、五峰乡、十堰乡、信义乡、民治乡、花园乡、双梅乡、和平乡。

二、民国时期郧县红色文化记忆

（一）中共党组织在郧县的创立和发展

1926 年 6 月，在武汉崇实中学读书的郧县籍学生、中共党员詹邦经受中共湖北地委负责人陈潭秋的派遣，回到郧县在安阳、城关等地建立了三个中共党校。11 月，在郧县城成立了中共郧阳支部委员会，建立起来的中共党组织在郧县地区开展了"打土豪分田地"的农民运动。

大革命失败后，1927 年 8 月，中共湖北省委派遣在武昌农民运动讲习所学习的郧县籍共产党员燕若痴，以特派员的身份回郧县恢复成立了中共郧县支部，隶属中共鄂北特委领导。1930 年 4 月，中共鄂北特委决定成立中共郧县特委，特委书记为燕若痴。1937 年 9 月，经中共中央长江局和中共湖北省委的批准，由董必武亲自安排，左觉农以中共湖北省委特派员的秘密身份赴鄂西北指导和恢复中共地方组织，并赴郧阳恢复了中共郧县支部，任燕若痴为支部书记。中共郧县支部成立后，积极开展了抗日救亡运动。1939 年 10 月，燕若痴被国民党抓捕入狱，受尽摧残，1940 年 4 月地下党组织设法保外医治无效，于当年 6 月在郧县去世，年仅 34 岁。

（二）红军在郧阳地区的活动

1932 年 10 月中旬，中国工农红军第四方面军（简称红四方面军）第十师、十一师、十二师、七十三师和少年国际团，共 13 个团，2 万余人，携枪 1.5 万支，在中共鄂豫皖中央分局书记兼革命委员会主席张国焘、总指挥徐向前、政治委员陈昌浩率领下，于 11 月初从河南淅川县城南涉丹江，溯淘河而上，到达鄂豫陕三省交界的湖北省郧县南化塘，准备在这里创建鄂豫陕革命根据地。然而，部队在南化塘刚休整了三天，胡宗南率部十多万大军尾随红四方面军从东、南、北三面对红军形成了合围之势，红四方面军被迫在郧县鲍鱼岭、化山坪、泰山庙、南化塘等地与敌军进行了殊死激战。由于敌众我寡，红军总部决定暂时放弃南化塘鄂豫陕革命根据地，向北越过秦岭，进入关中平原，后来转战四川、陕西交界地区，创建了川陕革命根据地。

红四方面军在南化塘进行鄂豫陕革命根据地建设虽然短暂，但在此撒下了革命的火种。在红四方面军转战郧县期间，郧县地下党组织许致远等共产党员积极为红军当向导、送情报，达半年之久。

1935 年 1 月中旬，以徐海东为军长的红二十五军由陕西洛南进入了郧西县地域，2 月，创建了以郧西为中心，包括郧县在内的七个县域的鄂豫陕革命根据地。6 月 16 日，红二十五军巧取鄂豫陕三省交界的荆紫关，获得敌军大批军用物资。6 月 17 日，红二十五军进入郧县南化塘地区，再度进入陕南，将尾随之敌、国民党第六十七军的三个师和警卫一旅拖得筋疲力尽。红二十五军沿着秦岭西进，7 月，红二十五军长征到达了陕甘宁边区，与刘志丹率领的工农红军会师。

（三）中原突围部队转战郧阳

抗日战争胜利后，中国进入了两种命运、两种前途的大决战。蒋介石调集重兵围攻中国共产党领导的中原人民解放军，以此挑起全面的内战。中原军区主力部队遵照中共中央的指示，于 1946 年 6 月 26 日晚分南北两路向西实施战略突围。

1. 北路突围

在李先念、王震等率领下，解放军于 1946 年 7 月 11 日跨越豫西南平原，到达内乡以南的师岗地区。由于胡宗南部整编第九十师的堵击，突围部队为缩小目标，又兵分左右两路西进。李先念、郑位三率中原局、中原军区机关及十三旅、十五旅四十五团为左路，取道郧县南化塘、陕西漫川关一线向宁陕方向前进。王震率三五九旅、干部旅为右路，取道荆紫关、山阳，向镇安、柞水前进。14 日，左右两路部队分别渡过丹江，于 17 日先后到达郧县南化塘一带。17 日晨王震率右路部队经鲍鱼岭激战，冲出敌军堵击圈，进入陕南。同日上午，李先念率北路部队经玉皇顶激战，击溃了号称"天下第一军"的胡宗南守敌，挺进陕南。北路突围部队历时 38 天，行程 2000 余里，突破敌军 5 道防线，胜利实现了战略转移，同时牵制敌 9 个整编师 16 个旅 15 万人的兵力，并创建了豫鄂陕革命根据地，地域包括河南的淅川、西峡、卢氏、洛亭、栾川、灵宝、嵩乡；湖北的郧西、郧县（大部）；陕西的山阳、商南、丹凤、商县、洛南、镇安、柞水、宁陕、蓝田、长安等 19 个县，面积为 7600 余平方公里。其中的郧西、郧县大部分属于豫鄂陕一、三地委、专署所辖。两郧在陕西边境建有郧山、郧商、镇郧旬、南宽坪、茅坪五个县（工）委和政府。

南路突围部队在王树声的率领下，于 7 月 11 日突破平汉铁路封锁线，强渡襄河，突进武当山，于 8 月 27 日在房县上龛与所辖江汉军区部队胜利会师，随即决定成立中共鄂西北区党委、军区和行署，建立了鄂西北革命根据地。9 月 1 日，报中央批准，王树声任区党委书记兼军区司令员、政委，刘昌毅、罗厚福任军区副司令员，刘子久、文敏生任军区党委副书记、军区副政委，张才千任军区参谋长，吕振球任政治部主任，刘子久兼任行署主任。区党委成立后，先后组建了 5 个地委、专署和军分区，范围包括湖北省的房县、保康、南漳、竹山、竹溪、郧县、均县、谷城、荆门、当阳、宜昌、远安、兴山、秭归、巴东、宜城、襄阳、钟祥、神农架和陕西省的镇平、平利、白河等广大地区。

2. 陕南军区及陕南公署

1947 年秋，解放战争由战略防御转入战略反攻。在刘邓大军挺进大别山时，陈谢（陈赓、谢富治）兵团作为"品"字形战略部署的另一翼奉命挺进豫西，其所属的四纵十二旅和西北民主联军十七师迅速南下，建立鄂豫陕革命根据地。

1947 年 11 月 12 日，十二旅三十四团解放了山阳县重镇漫川关和郧西重镇上津，16 日，三十四团解放了郧西县城，11 月 24 日，组建了中共豫陕鄂第四地委、专署和军分区（亦称鄂陕地委、专署、军分区）。12 月 30 日，三十四团、三十六团解放郧县县城，中共郧县县委和县民主政府随即成立。三十四团副政委黄文仲任县委书记，侯锋任县长。1948 年 3 月 21 日，均县城解放。5 月初，十二旅、十七师及上关县独立团奉命配合四纵主力参加中原野战军发起的宛西（南阳）战役，先后解放了豫西十几座城镇。宛西地区的解放，使鄂陕根据地与豫西解放区连成一片。

鄂豫陕地区军事斗争的胜利，部分地、县政权的建立，地方武装的发展，形成了较为完整的作战区域，为部队的独立作战和解放区的扩大创造了条件。1948 年 5 月 29 日，经中共中央批准，中原局和中原军区在解放战争不断取得胜利的基础上，对中原区的行政区划作了调整，将原辖鄂豫、皖西、豫皖苏、桐柏、江汉和豫陕五个行政区中的豫陕鄂划分为陕南和豫西两个省级行政区，均属中原局、中原临时人民政府领导。

6 月 7 日，陕南区党委、行署、军区在郧县城关正式成立，汪锋任区党委书记、军区政委兼任行署主任，刘金轩任陕南军区司令员，陈先瑞任第一副政委（后改任副司令员），李耀任第二副政委。同年 11 月，时逸之调任陕南行署主任，魏今非任副主任，均为区党委委员。11 月 27 日，中央通知张邦英任区党委书记兼军区政委，汪锋为第二书记、第二政委。陕南区下辖一、二、四地委、专署、军分区（即由原豫陕鄂一、二、四地委、专署、军分区改属。陕南一地委、专署、军分区于 7 月又改由豫西区所辖），人口 200 万，军事组织有十二旅、十七师共 1.5 万人。地方武装有 5 个独立团、8 个独立营（县大队）、47 个区干队、民兵等万余人。陕南区的成立，进一步牵制了国民党的大量兵力，在战略上继续配合西北、中原人民解放军作战，并使其成为以后解放全陕南的后方基地。

陕南区党委在郧县成立后，第四地委、专署及军分区机关仍驻郧西土门。地委机关设组织部、宣传部、民运部；专署机关设秘书处、财政科、民政科、经济局、工商局、税务局、公安局，下辖郧西、郧县、均县、上关、镇安、山阳、山商（8月撤销）、白河8个县级政权；军分区下辖郧白、上关、郧均3个独立团、8个独立营、48个区干队和民兵等地方武装近万人。

1949年1月5日，根据中原局关于各地委一律以地名命名的决定，陕南二、四地委分别更名为商洛地委、两郧地委；专署和军分区也随之更名，仍属陕南区党委领导。两郧地委、专署、军分区机关于同年7月迁至郧县城关。军分区辖郧白、上关、郧均独立团及各县独立营（县大队）。

1949年1月10日，十二旅三十六团，郧均、郧白独立团和十七师五十团解放房县。1月20日十七师五十团解放了竹山县城，随即建立了县级政权，

1949年5月1日，奉中原军区令，以陕南军区为基础成立了中国人民解放军第十九军。十九军成立不久，其隶属关系发生新变化。5月8日和11日，中央军委和第二野指示，十九军（兼陕南军区）归一野和西北军区指挥，陕南区党委划归西北局领导。5月30日，十九军五十七师解放竹溪。至此，郧阳地区全部解放。

1949年10月，陕南行署划归陕甘宁边区政府所辖，陕南行政主任公署改称陕南人民行政公署。此时陕南地区下辖两郧、商洛、安康地区（安康还未解放，地委、专署、军分区机构已在郧县成立）。两郧地区党政军首脑机关仍设在郧县城关，地委设组织部、宣传部、社会部、武装部、秘书处；专署设秘书处、经济局、工商局、税务局、交通局、公安处，下辖郧西、郧县、均县、房县、竹山、上关、山阳、镇安8县。两郧军分区下辖的郧白独立团改编为十九军五十七师一七一团，郧均独立团改称两郧独立一团，均县独立团改称两郧独立二团，郧县独立团为三团，上关独立团划归安康军分区所辖。

第二节 共和国时期

一、1949年后郧县的行政建置

中华人民共和国于1949年10月1日成立，全国划分为29个省市自治区。1950年

1月，陕西省人民政府成立，郧阳地区由新中国成立前中共设置的两郧专署划属陕西省所辖。同年2月，中央人民政府政务院电令将两郧地区划归湖北省人民政府管辖。湖北省改两郧专署为郧阳专署，专署机关驻郧县城，辖郧县、均县、郧西县、竹山县、竹溪县、房县等六县。

1950年5月29日，郧县共设15个区：第一区杨溪区，第二区黄门区，第三区柳陂区，第四区南化区，第五区白桑区，第六区茶店区，第七区十堰区，第八区花果区，第九区黄龙区，第十区大柳区，第十一区梅铺区，第十二区安阳区，第十三区五峰区，第十四区鲍峡区，第十五区城关区。

1952年12月18日，湖北省政府出台文件，撤销郧阳专署，郧阳专署所辖郧县、均县、郧西县、竹山县、竹溪县、房县等六县并入襄阳专署管辖。郧县区划调整为18个区：杨溪区，黄门区，柳陂区，南化区，白桑区，茶店区，十堰区，花果区，黄龙区，大柳区，梅铺区，安阳区，五峰区，鲍峡区，城关区，刘洞区，叶大区，白浪区。1956年合并为11个区。

1958年初，襄阳专署决定，将郧县11个区改设19个乡镇（场），同年9月10日，19个乡镇改建为18个人民公社：杨溪乡改为卫星人民公社，安阳乡改为幸福人民公社，大堰乡改为火箭人民公社，大柳乡改为鹏程人民公社，柳陂乡改为宏伟人民公社，南化乡改为踊跃人民公社，梅铺乡改为红专人民公社，刘洞乡改为前锋人民公社，白桑乡改为万能人民公社，茶店乡改为东方红人民公社，十堰乡改为五星人民公社，白浪乡改为英雄人民公社，黄龙乡改为东风人民公社，五峰乡改为先锋人民公社，陈庄乡改为跃进人民公社，鲍峡乡改为红旗人民公社，叶大乡改为飞轮人民公社，城关镇改为城关人民公社。公社以下设生产大队和大队所辖的生产小队。

1961年6月，湖北省襄阳专署下令在县以下设区、公社、大队、小队四级基层建置，将郧县的18个人民公社分解合并为15个区（镇），将原来的小管理区和公社改建成102个小人民公社，分属15个区镇管辖。

1965年6月11日，中共湖北省委通知，经中央批准增设郧阳地委，成立郧阳地委办事处。同年7月24日，湖北省委通知设郧阳专员公署，公署机关驻郧县。1965年8月6日，湖北省人委办公厅通知：郧阳专区辖郧县、郧西、房县、竹山、竹溪、均县等六县。

1966年6月6日，湖北省下发文件，为支持第二汽车制造厂建设，同意设立郧县十堰办事处。1967年7月，经湖北省委批准，将郧县的十堰、黄龙两区和茶店区的茅坪公社划出，成立十堰办事处，隶属郧阳地委、专署领导。同年 12 月 10 日，湖北省军区批复同意将郧县十堰办事处更名为郧阳十堰办事处，仍隶属郧阳地区领导。

1969 年 12 月 1 日，湖北省革命委员会下发文件，决定撤销"郧阳十堰办事处"，成立湖北省十堰市，属郧阳地区所辖县级市。郧阳地区辖郧县、十堰市、均县、郧西、房县、竹山、竹溪等六县一市。郧阳地委从郧县移驻十堰。

1973 年 2 月 17 日，经国务院和湖北省革命委员会批准，十堰市升格为省辖市，与郧阳地区并存。升格后的十堰市辖原郧县所属的十堰、茅箭、白浪、大川、土门、花果、黄龙、大峡等八大公社。郧阳地区辖六县不变。

1984 年，郧县将原 26 个人民公社(镇)改建为 14 个区，2 个镇，85 个乡。1987 年 9 月，将原来 14 个区撤销，改建为 26 个乡镇，其中镇 12 个，乡 14 个。12 个镇即杨溪铺、安阳、青曲、白桑关、南化塘、刘洞、柳陂、梅铺、茶店、鲍峡、胡家营、城关。14 个乡即大堰、黄柿、高庙、白浪、辽瓦、谭山、青山、大柳、桂花、五峰、安城、东河、叶大、叶滩。至 1994 年 12 月 31 日，全县辖 12 个镇，14 个乡，518 个村，84 个管理区，4 个街道办事处，23 个居民委员会，125 个居民小组，4134 个村民小组。

1994 年 10 月 22 日，湖北省政府根据国函〔1994〕8 号批复文件，下发《关于郧阳地区与十堰市合并实行市领导县体制的通知》(鄂政发〔1994〕142 号)，组成新十堰市。十堰市辖五县一市两区，即郧县、郧西县、竹山县、竹溪县、房县、茅箭区、张湾区，代管丹江口市。

2014 年 9 月 9 日，中华人民共和国国务院以《关于同意湖北省调整十堰市部分行政区划的批复》(国函〔2014〕118 号)文件，对郧县撤县设区做出正式批复：同意撤销郧县，设立十堰市郧阳区，以原郧县的行政区域为郧阳区的行政区域，郧阳区人民政府驻城关镇。

二、郧县在丹江口水利枢纽工程和南水北调中线工程中的贡献

在国家丹江口水利枢纽工程与南水北调工程的建设中，郧县人民为国家建设做出了巨大牺牲和奉献。1950 年，国家开始组织治理汉江。1952 年 10 月，毛泽东说："南方水多，北方水少，如有可能，借点水来也是可以的。"1954 年，水利部确定将丹江口作为汉江梯级开发坝址之一。1956 年 3 月，水利部同意将丹江口水利枢纽作为治理开发汉江的第一期工程。1958 年 9 月 1 日工程动工。1968 年 10 月第一台机组发电。

1973 年底初期工程竣工。鄂豫皖三省近 10 万建设大军为工程建设做出了巨大贡献。初期工程总投资 10.2 亿元。工程最高蓄水位 157 米，水域面积 126 万亩，蓄水总量 81 亿立方米。共淹没郧阳地区境内县城郧县、均县二座，集镇 20 个，农田 30 万亩，迁移淹没区居民 38.2 万人。其中郧县境内动迁 23.2 万人，其中 14 万人就近后靠安置，9.2 万人外迁。

丹江口水电站和 1969 年始建的十堰黄龙滩水电站建设，郧县淹没古县城一座，区镇 8 个，国有林场 1 个，社镇 32 个，大队 140 个，生产队 558 个。房屋拆迁 63269 间，淹没耕地 6401 公顷、经济林 2280 公顷、山林 11667 公顷、水利设施 304 处、客货码头 28 个、公路及人行道 846 公里。移民 25142 户、121244 人。其中外迁至本省京山、汉阳、武昌、嘉鱼、沔阳等县移民 3663 户、19191 人。

1958 年，中共中央在两次重要会议上研究南水北调问题，"南水北调"一词也第一次见于中央正式文献。1991 年 4 月，七届全国人大四次会议将南水北调列入"八五"计划和十年规划。2002 年 12 月 27 日，南水北调工程举行开工典礼。2005 年 9 月 26 日，南水北调中线标志性工程——丹江大坝加高工程正式开工。丹江大坝加高后，蓄水位达到 176.6 米，库区面积将达到 1050 平方公里，蓄水量 290 亿立方米，成为亚洲最大的人工湖。工程淹没区涉及十堰市 4 个县市区，30 个乡镇，将淹没全市 436 个单位，121 家工矿企业，158.7 平方公里土地，需动迁移民 17.4 万人。中线工程近期调水量 95 亿立方米，远期 120 亿~140 亿立方米，供水目标城市包括北京、天津两个直辖市，石家庄、郑州两个省会城市以及冀、豫两省的 15 个省辖市、104 个县级市。

2014 年 12 月初，丹江口水库的水正式输送到北京。这次加高工程，郧县淹没区涉及郧县城关(含原大堰乡)、青曲、杨溪、茶店、安阳、青山、柳陂(含原辽瓦)、五峰(含原安城)、原种场、梅铺等 10 个乡镇(场)，企业 26 个、部分被淹企业 19 个，118 个村(居委会)、606 个村(居)民小组、9910 户 39090 人(其中农村人口 29053 人、城镇居民 6490 人、工矿企业 2516 人、特殊人口 1031 人)。新增淹没版图 50.42 平方千米。淹没区移民搬迁采取就地靠山内部安置和国家组织外迁安置两种办法，其中内安居民 7229 户、28817 人，外迁 7453 户、31667 人，外迁移民迁至本省江汉平原的潜江、仙桃、公安、石首、南漳、宜城、洪湖、黄湖(襄阳北)农场和武汉市的新洲、蔡甸、汉南等地。

三、第二汽车制造厂(东风汽车公司)选址郧县

继丹江口水利建设工程之后，20 世纪 60 年代中期，郧县又迎来了一次历史性的

发展机遇，即中国第二汽车制造厂选址于郧县南部的十堰镇及其周边地区。

　　1966 年以前，十堰只是郧县南部山区的一个小镇。十堰的地名来历产生于明朝郧阳抚治时期。1476 年，郧阳抚治在郧县建立后，历任抚臣来到这里"巡察奸贪、筹划粮储、鼓励耕作、安抚人民"。明朝初期，郧县地域山地连绵、沟壑纵横，农业生产自然条件极为恶劣，农田灌溉水利设施一片空白，人民饮水和农耕灌溉用水只能靠天吃饭，生活极为困苦。郧阳建府和郧阳抚治后，打井、筑堰等水利工程开始启动。弘治七年（1494 年），都御史沈晖见郧阳城内百姓吃水都要到汉江里去挑，百姓困苦不堪，他就组织人员在城中开凿了十口水井，从此郧城百姓告别了挑水之苦。为确保当地农民耕作田地旱涝保收，历任巡抚任上都组织人民开展了围堰造田、筑堰建塘的农田水利建设。在郧阳城南北两边创建了盛水、武阳二堰，以供百姓灌溉田地；在郧阳城西南边的今十堰地区，沿着百二河、犟河、神定河等纵横交错的河川地带，纷纷筑起了堰塘。在明嘉靖年间，"十堰"作为地名出现了，而且成为郧县的一个乡镇建置——十堰里，一直沿用到清代。

　　十堰市的诞生全赖于中国第二汽车制造厂的建设。它是国家 1960 年代国防"三线建设"战略布局的产物。

　　1964 年 5 月，在北京召开的中共中央工作会议上，以毛泽东为首的国家领导人认真分析世界政治形势，认为当时存在着新的世界大战的危险性，因此把全国从地理上划分为一、二、三线的战略布局。一线指东北及沿海各省。三线指长城以南、京广线以西的内陆地区。二线即一、三线之间地带。1965 年 9 月，中央批准国家计委提出的"三五"发展纲要，同意"以国防建设第一，加速三线建设，逐步改变工业布局"的方针。因此 60 年代后期及以后，国家在陕西、鄂西、湘西以及山西、四川等西部地区纷纷进行了宝成铁路、焦柳铁路、襄渝铁路等基础设施建设，为三线国防建设作好了后勤保障。

　　第二汽车制造厂的建设在 20 世纪 50 年代国家就有初步设想。1952 年，毛泽东主席在视察长春第一汽车厂时，就提出"要建设第二汽车厂"。1953 年国家第一机械工业部制定了建设二汽方案。同年 8 月，在武汉成立了第二汽车制造厂筹备处。1964 年，毛泽东又提到建设第二汽车制造厂的项目。随后第一机械工业部部长段君毅便指定饶斌等负责筹建二汽。1965 年 4 月，一机部提出在中国的内地建一个年生产能力 1 吨至8 吨的各种载重和中型汽车生产基地的设想。1966 年 5 月，国家建委按照"靠山、隐蔽、扎大营"的原则选址，将第二汽车制造厂址定在郧县十堰到陕西旬阳一带，经中央批准，确定以十堰为中心建设第二汽车制造厂。

1967年7月，湖北省下发文件，将郧县的十堰、黄龙两区和茶店区的茅坪公社划出，成立十堰办事处，隶属郧阳地委、专署领导，其主要职能就是为二汽建设服务。1967年12月，湖北省军区批复同意将郧县十堰办事处更名为郧阳十堰办事处，隶属郧阳地区领导。

1967年4月1日，国家第一机械工业部在十堰大炉子沟召开开工典礼大会，第二汽车制造厂建设正式破土动工。

1969年12月1日，湖北省革命委员会下发〔69〕第152号文件，决定成立十堰市，仍隶属郧阳地区领导。

1969年12月30日，二汽第一辆两吨半军用越野车（EQ245）样车试制成功。1971年6月21日，二汽总装厂第一条总装配线正式装配汽车。

1973年2月17日，国务院（国发〔1972〕116号）和湖北省革委会（鄂革〔1973〕19号批准十堰市升格为省辖市。

1992年9月1日，第二汽车制造厂更名为东风汽车公司。

1994年10月，国务院批准郧阳地区与十堰市合并，组建了新的十堰市，辖郧县、郧西县、竹溪县、竹山县、房县和丹江口市、张湾区、茅箭区等五县一市两区。

今天的十堰城区，已发展建设成为拥有近80万人口，城区占地面积80多平方公里，全市汽车年生产量达50万辆，国内生产总值551亿的现代化的工业城市（2009年数据）。

四、郧县撤县设区

（一）从战略构想到以下促上、主动对接

郧县撤县设区可以说是共和国时代地方行政治域的一个成功范例。它的设区成功，不仅提升了郧县的政治、经济、文化地位，更重要的是极大地扩展了车城十堰市的发展空间，并从根本上改变了十堰市作为区域性中心城市的发展格局。

郧县能够撤县设区主要得益于一个人，他就是曾任郧县县长、县委书记和湖北省扶贫办副主任的柳长毅。2002年10月，柳长毅从十堰市委宣传部常务副部长岗位出任郧县县委副书记、郧县人民政府代县长，上任之初经过调研，他就萌生了将郧县并为十堰城区的想法。

2003 年元月，在郧县人代会政府工作报告中，柳长毅提出了郧县经济工作的指导思想——依托东风公司，依托十堰城区，依托本地资源，优先发展二、三产业，优先发展特色农业，优先发展外向型经济。郧县经济的发展模式为：市郊型城镇经济，生态型库区经济，开放型招商经济。目的就是提高与十堰城区的经济融合度，依托十堰发展郧县。此后，郧县每年的经济工作中，无论是招商引资、产业布局，还是城市规划建设，都主动贴近十堰。到 2008 年底，郧县和市区的经济融合度超过 80%。

2003 年初，在主持修订郧县城市规划建设总体规划时，柳长毅提出了"一江二桥三镇"规划建设的战略目标(一江：汉江；二桥：汉江一桥、汉江二桥；三镇：城关镇、茶店镇、柳陂镇)。2004 年 10 月修订的总体规划通过了省建设厅主持的评审，并得到县人大常委会审议通过和十堰市政府的批准。

2004 年 6 月，郧县人民政府向十堰市政府正式提出申请，要求将郧县长岭经济开发区作为十堰市新工业基地纳入市区整体规划；同时向东风集团公司提出申请，要求将长岭经济开发区作为东风公司商用车建设基地。

2007 年，郧县自筹资金主动启动了"郧十"一级路(郧县至十堰市区)一期工程建设(长岭段)；2008 年 9 月县自筹大部资金，开始动工修建市县对接的"龙头工程"——郧县汉江二桥(2012 年改名为郧阳汉江大桥)；2009 年又自筹资金启动了"郧十"一级路二期工程建设(后更名为十堰大道)，率先打通郧县到十堰市区的高标准快车道。

2008 年 9 月，郧县县委、县人民政府再次向十堰市政府提出《关于将郧县县城总体规划纳入十堰城区总体规划》的要求。

2009 年 9 月，县委书记柳长毅主持县委全会，根据科学发展观的理念，对郧县发展格局提出了"一区两带"的经济社会发展战略，即"生态经济示范区、沿汉江生态经济带，沿国道城镇经济带"。

(二)市县对接，一体化发展

2009 年元月至 3 月，时任县委书记柳长毅多次专程到十堰市委、市政府汇报，邀请十堰市委、市政府主要领导到郧县考察，因此促成了当年 4 月 22 日，中共十堰市委书记陈天会在考察郧县经济技术开发区和"郧十"一级路建设现场后，专门召开会议，发表了"支持市县对接，实现一体化发展"的重要意见(郧县称之为"4.22 讲话")。

2009 年 5 月，郧县县委召开全会，做出《关于加快与十堰城区对接发展，将郧县打造成十堰区域性中心城市重要支撑的决定》，动员全县干部群众进一步统一思想、转变观念，积极投入到市县对接、一体化发展上来；2009 年 7 月初，十堰市委政策研究室向市委市政府提交了《关于郧县县改区的调研报告》。

2010 年 7 月 7 日，十堰市委、市政府在郧县召开市县对接发展工作会议，对相关工作进行安排部署；2010 年 7 月 28 日，中共郧县县委再次召开全委(扩大)会议，研究出台了《关于落实市县对接发展会议精神，切实抓好市县对接发展相关工作的意见》，对具体工作和项目推进做出全面安排。

2010 年 8 月 23 日，十堰市委、市政府正式出台《关于加快推进市县对接发展的意见》，提出了"优先实施规划一体化、加快城市基础设施一体化、加快推进产业一体化"的对接发展工作重点；成立"十堰市市县对接工作领导小组"，十堰市委秘书长陈家义为组长、郧县县委书记柳长毅为副组长，办公室设在十堰市发改委，具体负责五大对接项目的规划与落实。同时，郧县县委、县政府在十堰城区举办了市县对接发展高峰论坛。同年 10 月，十堰市正式启动了以"东环路"(后分别改名"十堰大道"和"发展大道")建设为标志的市县对接各项工作。

(三)省市县共同争取，实现撤县改区

2010 年秋，柳长毅代表郧县县委、县政府专程邀请时任国家民政部常务副部长李建国(分管区划)，到郧县考察了郧县经济技术开发区和柳陂镇，并向李建国副部长提出了希望将郧县撤县改区并入十堰市的建议，得到初步认可。

2011 年 5 月，湖北省县域经济现场会在十堰市召开，郧县经济技术开发区作为全体代表参观现场列入会议议程。在陪同新任省委书记李鸿忠调研时，柳长毅向李鸿忠提出建议，希望撤县改区，得到李鸿忠"跨过江南、融入十堰"的充分肯定。

2011 年夏秋，十堰市和郧县成立联合调查组，专程到湖南长沙、湖北襄阳、宜昌等地调查县改区的情况，形成了一系列考察报告、调研报告，并在此基础上形成了十堰市人大议案。

2012 年，十堰市政府向湖北省政府申报了郧县撤县改区的请示；2013 年湖北省人民政府以《关于十堰市撤销郧县设立郧阳区的请示》(鄂政文〔2013〕42 号)文件申报于国务院。

2014 年 9 月 9 日，国务院以《关于同意湖北省调整十堰市部分行政区划的批复》(国函〔2014〕118 号)文件，对郧县撤县设区做出正式批复：同意撤销郧县，设立十堰市郧阳区，以原郧县的行政区域为郧阳区的行政区域，郧阳区人民政府驻城关镇金沙

路 1 号。上述行政区划调整涉及的各类机构要按照"精简、统一、效能"的原则设置，涉及的行政区域界线要按规定及时勘定，所需人员编制和经费由你省自行解决。要严格按照国务院"约法三章"的要求，不新建政府性楼堂馆所，不增加财政供养人员，不增加"三公"经费。要严格执行中央关于厉行节约的规定和国家土地管理法规政策，加大区域资源整合力度，优化总体布局，促进区域经济协调健康发展。

根据国务院《批复》要求，2014 年 11 月 15 日，湖北省人民政府下发《关于调整十堰市部分行政区划的通知》文件。通知指出：一、撤销郧县，设立十堰市郧阳区，以原郧县的行政区域为郧阳区的行政区域，郧阳区人民政府驻城关镇金沙路 1 号。二、行政区划调整涉及的各类机构要按照"精简、统一、效能"的原则设置，涉及的行政区域界线要按规定及时勘定，所需人员编制和经费自行解决。三、严格按照国务院"约法三章"的要求，不新建政府性楼堂馆所，不增加财政供养人员，不增加"三公"经费。四、严格执行中央关于厉行节约的规定和国家土地管理法规政策，加大区域资源整合力度，优化总体布局，促进区域经济社会协调健康发展。五、按规定及时勘定涉及的行政区域界线，做好有关行政区域界线的界桩更换，按法定程序办理郧阳区设立街道办事处工作。六、加强领导、统筹安排、珍惜机遇、加快发展。切实做好干部群众思想工作，实现行政区划调整的平稳过渡，保证各项工作正常运转，维护社会和谐稳定。省直各有关部门要支持、配合十堰市做好有关工作。

郧县撤县设区的可行性有四点：一是有深厚的历史渊源。十堰城区与郧县历史上属于同一建制，十堰城区于 20 世纪 60 年代后期由郧县析置。郧县三面环绕十堰城区，两者版图犬牙交错，地相近、人相亲，有着共同的历史文化。郧县撤县设区，符合地方群众传统心理习惯，有利于保持社会稳定。二是有高度的经济融合。郧县已纳入十堰城市总体发展规划，正在逐步实现市县规划对接、项目对接、市场对接和公共设施对接。十堰工业园区、扶贫产业示范区、水厂等项目已布局到郧县，城区管网、路网、公交、供气、供暖等基础设施已延伸到郧县，特别是郧县城关镇和茶店、柳陂、杨溪铺镇已与十堰城区连成一体。三是有广泛的群众基础。经郧县县委、县政府长期宣传和主动实施各项对接工作，郧县干部群众热切期盼融入十堰城区，共享城市文明建设成果。十堰城区干部群众也期盼郧县划为城区，以便做大做强十堰经济。四是有得力的保障措施。十堰市委、市政府高度重视郧县撤县设区工作，对相关问题已制定了对策措施。国家和省有关部门对郧县改区大力支持，明确承诺对郧县各项扶持政策不变，确保区划调整平稳过渡。

　　撤县设区是推动十堰跨越式发展的一个重大举措，对郧县抢抓机遇、加快发展具有重大意义。但是由于郧县既是一个集老少边贫库于一体的山区县和移民大县，面积大、人口多、底子薄，导致城乡发展不平衡，建设和管理任务十分繁重。郧县撤县设区后，与一般城市型辖区不同，是一个具有明显县级体制特征的市辖区，因此其享有的国家与省扶持政策及其职能定位、机构设置、管理权限等，都与城市型辖区相比有明显区别。为确保撤县设区工作顺利推进，促进新区经济社会持续健康发展，结合县、区职能差异及郧县特殊县情，国家有关部门和湖北省政府明确指出：郧县改设郧阳区之后，一是省管县的计划、财政管理体制保持不变；二是政府各职能部门在省级相关部门的独立户头及相关优惠政策保持不变；三是享受新阶段国家扶贫开发工作重点县和秦巴片区扶贫攻坚重点县政策和有关待遇保持不变。

　　2014 年 12 月，中共郧阳区委、区人大、区政府、区政协以及区属各部门正式挂牌运行。从此，郧县一百万年的人类史以及五千年的文明史，经过了从岩疆、麇国、锡国到锡县、郧乡、郧县、郧阳府（治郧县），一直到 2014 年撤郧县改为十堰市郧阳区，2600 多年的行政区划和建置演变，古老悠久的郧县凤凰涅槃，从此迈入了现代工业城市发展的新时期。

（撰稿：潘彦文　徐生坤　　编审：傅广典　柳长毅）

参考资料

1.（汉）司马迁：《史记·五帝本纪》，中华书局 2000 年版。

2.（晋）皇甫谧：《帝王世纪》，齐鲁书社 2000 年版。

3.《尚书·尧典·舜典·牧誓》，上海古籍出版社 2004 年版。

4.《湖北南水北调工程考古报告集》，科学出版社 2015 年版。

5.《鄂西北考古与研究》，长江出版社 2009 年版。

6.（晋）常璩：《华阳国志校补图注》，上海古籍出版社 1987 年版。

7.（东汉）班固：《汉书·地理志》，中华书局 2000 年版。

8.（唐）房玄龄等：《晋书·宣帝纪》，中华书局 2000 年版。

9.（唐）房玄龄等：《晋书·地理志》，中华书局 2000 年版。

10.（北魏）郦道元著、陈桥驿校：《水经注校证·沔水·堵水》，中华书局 2013 年版。

11. 裴应章、彭尊古修纂，潘彦文、郭鹏校注：《郧台志（校注本）》，长江出版社 2013 年版。

12. 赵尔巽等：《清史稿》，中州古籍出版社 2014 年版。

13.（后晋）刘昫：《旧唐书·濮王泰传》，中华书局 2000 年版。

14.（后晋）刘昫：《旧唐书·中宗李显纪》，中华书局 2000 年版。

15.（后晋）刘昫：《旧唐书·地理志》，中华书局 2000 年版。

16.《中国共产党郧县历史》（卷一、卷二）。

17. 2001 年 6 月第 1 版《郧县志》。

18. 2014 年 12 月第 1 版《十堰市志》。

19. 2015 年 12 月第 1 版《十堰文史·三线建设·二汽卷》。

后　记

　　编纂《中国县域文化史·湖北·郧县卷(先秦时期—公元 2014 年)》动议于 2022 年4 月。当时中国地域文化研究会在全国选择了一部分县市,率先启动"中国县域文化史"编纂工程。十堰市郧阳区(原湖北省郧县)因其 2600 多年悠久的建县历史、丰富的地方文化和对国家建设巨大的贡献,被选为编纂"中国县域文化史"的首批县市,为此中国地域文化研究会还十分慎重地专致公函征得郧阳区委和政府同意。经过较长时间筹备,在郧阳区委、区政府及区委宣传部等有关部门大力支持下,由原郧县县委书记柳长毅同志和中国地域文化研究会主任傅广典先生牵头策划,由原郧县县委宣传部副部长徐堂根同志和原郧县宣传战线两位老同志组成的编辑部联络协调,组织了十堰市和郧阳区的 20 多位老专家、老同志成立了该书的编委会,于 2022 年 6 月 30 日在十堰市召开了编委全体会议,进行了题纲讲解和篇章分工,随即就开始了文稿的编撰工作。

　　文稿编纂时间适逢七月流火酷暑时节,同时又处于全国抗击"新冠"病毒感染疫情拉锯战期间,大家战酷暑、熬长夜,本着对历史负责、对后人负责、对自己负责的态度,走访了许多单位,收集了如山的资料,参阅了大量文献,克服了许多困难。有些编委已过花甲之年,依然不辞劳苦"爬格子";有些编委还没退休,白天认真履职,晚上加班加点写稿子;有些编委身体有恙,依然带病坚持工作。从领受任务到初稿完成,经历了小半年的时间。初稿成型后,又经过了三起三落的网上交流、切磋修改,最后由主修和总编审两度审改把关,书稿日臻完善。傅广典先生在对稿件作评定时说:"《中国县域文化史·湖北·郧县卷(先秦时期—公元 2014 年)》编纂在全国是首卷,具有试点意义和示范作用。该书稿信息量充足,各个时期、各个领域的历史事件和重大事变都收录其中,其全面性、概括性前所未有。该卷编纂的组织工作也极富示范性,编纂班子由 20 余人组成,设立编辑部,确立主修、统稿、审定人员,其中大多数是在职或退休的各领域和部门的主管。尤其是主修柳长毅同志,是本卷编纂的不二人选。他曾在原郧县任县长、县委书记长达 10 个年头,此前曾是十堰市委宣传部副部长,多

442

有文化建树。他对郧县具有全面的话语权,在纂修主题思想、题纲完善、事件定位与选择、观点表达以及组织程序等方面都有独到的见解,由此保证了郧县文化史纂修的独立性、独特性和独具性。郧县卷将是鄂西北地区县域文化研究史上里程碑式的文献。"

古人云"以史为鉴,可知兴替"。在中华民族的历史长河里,郧县以其"恐龙的故乡、人类的发祥地、汉文化的摇篮、汽车城的培养基、南水北调核心水源区"等五张"名片",成为汉江流域、秦巴腹地的一颗耀眼"明星"。一部郧县的历史就是一部活生生的百万年人类史、一万年文化史、五千多年文明史。能以文化史的体裁呈现郧县这块热土"人类没断代,文化没断层"的发展过程、反映这里的人民对历史文化尤其是对新中国建设的贡献,十分必要、十分有益。

在这里需要说明的一个问题是,书名最后定为《中国县域文化史·湖北·郧县卷(先秦时期—公元 2014 年)》而不是"郧阳卷",主要基于三点考虑:第一,作为县级的郧阳区从批准成立到目前仅有八年时间,而其前身"郧县"自战国时期楚灭麇设锡县至今,历经 2600 多年,其历史文化丰厚程度全国少见,本书主要研究的是"县域文化史",故以郧县作研究对象实至名归。第二,如果书名用"郧阳卷",容易引起历史学家和原郧阳地区其他各县读者的误解。从明成化年间朝廷在郧县城设郧阳抚台和郧阳府衙之后直到清朝撤抚台、民国撤府设郧阳公署、再到中华人民共和国成立后设陕南公署、"两郧地委"及郧阳行署,其间"府""公署""行署"等建制数度改变,管辖范围多数为 6 个县(也曾经撤销行署归置于襄阳),1971 年后,郧阳行署迁至十堰市,郧县不再是行署所在地也长达 20 多年,因此,郧县的历史文化不能完全涵盖原郧阳府或郧阳地区的文化。而研究郧阳府和郧阳地区的文化,则远远超出了此卷"县域文化史"研究的范围。按照"存史不谬"的原则,只能将书名客观表述为"郧县卷"。第三,郧县这块热土在远古时代是古人类繁衍之地,从古麇国开始一直到新中国建立,这里为汉江流域文明发展的贡献特别突出。新中国建设时期,郧县 60 多万人民为国家建设,尤其是东风汽车公司建设、十堰市建设、丹江口水库枢纽工程、南水北调中线工程等重大工程建设都做出了巨大的贡献,值得为它大书特书,特别是它在 2014 年撤县设区之后,需要用一种形式将原郧县人民的历史贡献和文明成果记载下来、宣传出去、传承下去。

后 记

这次编委中的大部分作者虽然在各自领域都是专家和领军人物，但对编纂地域文化史，多数人都是初次涉及。对于跨度数千年的文化史，郧县虽有天然优势，但是对于作者而言，获得第一手资料还是相当不易的。据说在 1948 年前，原郧阳公署和郧县的档案资料还是比较全的，但在 1947 年 12 月郧县解放前夕，国民党执政者从郧县撤退时，把原郧阳公署收藏的历史档案资料悉数装船运往襄阳，途中因故船翻沉江，大量资料丢失无法寻回，导致解放以后历届政府在编辑郧县史志时，总是存在资料不全的问题。此次在编纂本书的初期，也遇到一些历史事件有明确线索但缺乏充分证据的障碍。好在新千年之初，南水北调中线工程启动后，国家文物部门集中全国考古力量对郧县境内的文物进行了抢救性发掘，出土了大量的考古文物和遗迹，也出版了很多这方面的研究成果和文集资料，总算是有迹可循，可以按图索骥，通过大家的努力，积沙成塔、集腋成裘，终于成书。

本书初稿是由团队内分工完成的。第一篇聚落文化域由周兴明、王诗礼撰写；第二篇产业文化域由张海彦、王贤文、常奎林、徐生坤、王涛、徐堂根、蓝云军撰写；第三篇商贸文化域由王贤九撰写；第四篇国学文化域由李占富、赵天奎、冰客撰写；第五篇医药文化域由李显友、高存彦、袁长宏撰写；第六篇科教文化域由蓝善清撰写；第七篇法德文化域由邢方贵、赵天奎撰写；第八篇宗教文化域由邢方贵撰写；第九篇民俗文化域由杨郧生、黄忠富撰写；第十篇国政文化域由潘彦文、徐生坤撰写。在撰写期间，主修和总编审经常提点大家，各个篇目的主笔也相互讨教，反复打磨。全书各篇章初稿完成后，先由赵天奎、蓝云军二人统筹，然后交由柳长毅、傅广典和十堰市文联主席李占富、原郧县作协主席蓝善清等几位同志一审提出修改建议，反馈给各篇作者，大家修改汇总后，再由李占富同志统稿、由傅广典先生再审，最后由柳长毅同志定夺把关。总之，为了确保本卷的编纂质量，撰稿者字斟句酌、多次修改，"编、统、审"通盘运筹、反复打磨，可谓下足了"绣花"功夫。虽然因为涉及作者多、受疫情限制相互难以见面沟通，但由于主修组织得当、总编审指点及时、大家积极认真，加之当代信息技术发达、线上交流比较方便，从而使该卷编纂工作得以顺利进行。

在本卷正式付梓之际，编委会要特别感谢各个方面的大力支持：一是要特别感谢郧阳区委、区政府主要领导以及相关部门负责同志，对搜集资料，接受采访咨询提供的便利和支持，尤其是郧阳区委胡先平书记和陈茹副书记自始至终对本书的编辑出版给予了高度关注和支持；感谢区委宣传部，为了便于作者采访，专门出台文件，协调各方关系；二是感谢受访的各个单位、各界人士给予的支持和配合，让编者及时收集到有用的素材资料；三是感谢傅广典先生在创意策划、提纲拟定、撰写指导以及书稿审改全过程中的辛勤付出；四是感谢原十堰市地方志办公室主任潘彦文和原十堰市作协主席杨郧生两位同志，他们都是年过花甲之人，但都凭着对郧阳文化的热爱担纲了本卷重要篇章的撰写；五是感谢赞助单位湖北中合电力科技有限公司、湖北绿道农业发展有限公司的经费支持，正是他们的倾力相助，才使得《中国县域文化史·湖北·郧县卷(先秦时期—公元 2014 年)》顺利编纂面世。我们对他们热爱文化、支持文化工作的古道热肠深表敬意！

　　编纂这本书的初衷，是为了展示郧县 2600 多年悠久的历史文化，也算作给 2014 年被撤销的"郧县"树碑立传。作者们扒梳罗列数月，费尽千辛万苦，终于汇集成卷。但是，毕竟多数编委成员不是历史学专家，受教育程度和学术水平也不太平衡，因此该卷受编委成员研究能力所限，疏漏和谬误之处在所难免。如读者发现不足之处，敬请谅解并予以批评指正。

　　　　　　　　　　《中国县域文化史·湖北·郧县卷(先秦时期—公元 2014 年)》编委会

　　　　　　　　　　　　　　　　　　2022 年 11 月 20 日

随卷论坛

语言学学科体系规范

——兼论语言演化史

傅广典

按语：中国县域文化史纂修涉及全国所有县（市），民族不同，地域不同，工程浩大，旨意深远。纂修体系囊括了社会各个领域，涉及语言学、历史学和地域文化学等多个学科。为此，在卷后特设《随卷论坛》，专发对纂修具有学科价值和指导意义的文章，亦作一爿史学飞地，发表与文化史相关但未必与本卷直接相关的学术文章。

本卷专发傅广典先生语言学研究文论《语言学学科体系规范——兼论语言演化史》，亦可谓文化史之语言史，作为纂修必读，以资后续各卷纂修者有语言学的自觉与共识，在语言学的学科体系、学术体系和话语体系的宏观统筹下，重语文、重语境，做到词汇恰当、用语规范、语法正确、行文标准、修辞完美，以期各卷均成为精品图书、传世经典。

语言学是研究语言的学科，研究的重心在于语言本身的生成机制、结构机理和演化过程，而不在于语言的应用领域，也不在于语言的使用学科。它是独立的学科，不接受语言应用领域或语言使用学科以其领域或学科的逻辑规则和结构方式对它的体系的唯我设计。此为并非语言学的学科封闭主义，而是基于语言学的学科规范和学科尊严。

语言学与语言相生相伴，但是作为一门学科，语言学要大大迟于语言的产生，依据学科逻辑，也是先有语言后有语言学。语言是活态的，它的产生与形成是一个相当漫长的过程。因而与之相生相伴的语言学也是活态的，它的学科创立与完善，也是一个相当漫长的过程。这个过程是持久化的过程，也是学科化的过程。持久化过程是持久演化的过程，学科化过程是趋向科学化的过程。语言学的学科化，正在由静态化转向动态化，由形式化转向功能化。

　　语言是人类的语言，人是语言的主体，研究语言，必须回到对话现场。只有依靠人的内在语言能力、语言习得过程和语言运用机制才能诠释语言现象。由于研究者和诠释者的学识水平、认知能力和逻辑思维的差异，对于语言学的学科创立与构建，存在着结构学、分类学和逻辑学的差别。这种差别在同时代是横向层面的，属于共时语言学范畴；在不同时代是纵向层次的，属于历时语言学范畴。

　　1916 年，瑞士语言学家费迪南·德·索绪尔出版了《普通语言学教程》，由此而被认定为现代语言学创始人。索绪尔从结构学观念出发，认定语言学的主旨是"确立构成语言系统的单位及其组合规则"，并将语言设定为语言和言语二元结构。这就暗示语言是静态的，言语是动态的；语言是形式的，言语是功能的；语言是本体的、社会的，言语是个体的、派生的，从而为语言研究悄然打开了两个维度。若以索绪尔的《普通语言学教程》作为现代语言学范式的首个节点，那么现代语言学的学科创立，也就一百零几年的时间。

　　当然，这一百零几年，是现代语言学全面创立的黄金时期，特别是进入 21 世纪，语言学著述汗牛充栋。由于学科的本体与交叉、历时与共时、理论与应用、分支与流派等原因，语言学的种种称谓也令人目不暇接，诸如普通语言学、个别语言学、专语语言学、应用语言学、结构语言学、比较语言学、文学语言学、描写语言学、心理语言学、神经语言学、认知语言学、计算语言学、语料库语言学等有数十种之多，甚至还有语言语言学，名称五彩缤纷，体系纵横交错。在眼花缭乱的称谓面前，对语言学类本质的准确把握却越来越困难。

　　我国在 20 世纪之前，没有建立独立的语言学学科。20 世纪 20 年代西学东渐，学界缺乏原创意识，借鉴演变为照搬，忽略"华文所独"的汉语本质标识性概念创建，"反向格义"以西方话语体系与国际学界对话，造成语言学术内伤。高校教学一直按照以时代为依据的学科分类法，将语言学科分为古代汉语和现代汉语两部分，间或有语言学理论课程，重心在于句式、语法、词汇和修辞，没有语言学的学科体系、学术体系和话语体系的创建愿景。即使对欧美功能语言学、生成语言学和认知语言学研究方法的借鉴，目的也仅在于语法，而不在于语言学学科体系创建。古代汉语课程是古文的训诂和释义，以辞章学为主，语言学知识作为常识介绍。现代汉语教材的第一章是语音，依次是文字、词汇、语法、修辞，非学科体系序列。语言之根是语义，语言之本是语法，语言学科教学注重句式、语法、词汇和修辞，理所当然。遗憾的是相沿成习，长期以来教学与研究沉溺在语言学内部的次级学科，没有浮到语言学上层水面，语言学科研究取向一直缺乏学科海拔高度，以致许多人认为中国只有语言研究而没有语言学学科。自 20 世纪 80 年代开始，学界参照国际语言学界通行的学科构建，逐步将语音学、音系学、句法学、词汇学、方言学、历史语言学、社会语言学、心理语言学等作为语言学的分支学科，并心照不宣地视为学科体系。

进入 21 世纪，语言学学科建设获得长足发展。然而，学科建设缺乏内在机理和逻辑规范，致使语言学构建失却学科秩序，忽而把外在联系作为内在结构，如把发声的生理结构描述以语音学名义作为语言学体系结构，把语言运用的语用学直接纳入语言学学科体系；忽而把学科概念无等级、无层次、无门类地混搭使用，如许多语言学者照搬套用美国现代符号学家莫里斯将符号学归于语言学的做法。更多的则是由于偏重语言的功能性研究而忽略了语言的本体性研究。功能性即应用性，语用学应运而生，于是与语用学相关的思维、文学、科学、信息等非语言因素，也以种种方式忝列语言学范畴。人有心理，是生理之人，美国语言学家乔布斯基用人的大脑机理解释人的内在语言能力，这并不等于可以以大脑皮层语言区的存在，作为将生理学和心理学纳入语言学学科体系的根据。学科可交叉、可融入，但不可失体。之所以出现这样的问题，与统制和瞰制相关。没有统制广度，没有瞰制高度，难有高屋建瓴的创见。目前学界所认同的由句法学、语义学、语用学、历史语言学、实验语音学、音系学、计算语言学、社会语言学、心理语言学所构成的语言学学科体系，依然缺乏体系的纲领性和统制性，缺乏体系构建的纵向逻辑性和横向类属性。

提升学科海拔高度，规范语言学学科体系，已成为 21 世纪语言学发展的时代性诉求。规范语言学学科体系，重在以体系凸显语言学的类本质。所谓类本质，即决定类属的那种本质。人是有生命的，生命是人的本质属性，但生命不是人的类本质，因为世间一切生物都有生命，生命是生物的类本质。人类的本质才是人的类本质。人类中的男人有男人的类本质，女人有女人的类本质。只有对类本质有本质性的类的认知与把握，方可区别事物类属。如若认知理论不伦不类，类边界不明晰，则无法区别事物的类属，无法研究事物的结构与体系。目前语言学学科体系规范化所面临的正是类属问题。

一、语言和语言学的产生

语言和语言学的产生，是人类进化和社会演化的必然。但是，语言究竟在人类进化史的哪个节点上产生，由于无法得到考古学的直接支持，至今也没有定论，甚至一度成为死结，导致学界放弃了对语言产生的探究。1886 年法国语言协会曾拒绝关于语言起源的讨论和论文发表。然而，考古是探究人类进化的唯一途径，只要不孤立地解读考古资料，就可以从中获取人类进化心智发展的信息。获取了心智发展信息，假以逻辑学力量，举一反三触类旁通地推断人类语言产生与发展的种种概率，即使得不到精准的数据，也可以获得理性认知和逻辑判定。

（一）语言的产生

人类在长期生理进化中，随着心智水平的提高、表达欲望的强化，感知的愿望与交流越来越强烈，越来越广泛；群居所必需的社会交际和生产协作的实际需要，使人类表达和交流的欲望日益强烈。生理因素和社会因素共同孕育了语言的产生。

1. "能人始话"假说

"能人"是人类进化史上的一个特定阶段，判定能人的主要标志是工具制造。人类从能人这个时期开始感知、认识、打制和运用工具。最初的工具是石器类的砍砸器，砍砸器使人类有了砍、砸的实验和体会，进而有了"锋利"义的思索，有了"刃"义的思考。在塔桑尼亚奥杜韦峡谷发现能人遗址后，考古学将人类的能人时期命名为奥杜韦文化时期。有研究表明，人类在能人阶段智商有了突破性的提高，可以敏锐地观察和判断周围环境，有了基本的运算能力和一般的计划行为。观察一般依靠 3 个维度：静止维度、运动（包括平面与垂直）维度、关联维度。起码能够同时运用两个维度进行观察，才能产生判断能力；只有能够同时运用 3 个维度进行观察，才能具备运算能力。综合分析和判定考古资料，人类的语言最起码产生于能人时期，无论这时的语言多么原始，也许多少万年一直只有一个音节，甚至发音也只有一个音调，但起码是语言的萌芽时期。可以断言，如若没有语言的交流，人类不可能在这个时期普遍性地打制、使用石器，具备运算能力和计划行为。1989 年在湖北郧县发掘出 100 万年前的"郧县人"遗址，出土了双刃双面中轴对称的石斧。石斧是人类最早的标准化工具，是早期人类心智发育水平的标志，表明人类具备了前所未有的认知力和规划性，因而是能人趋向智人的标志性器物。"郧县人"石斧的中轴线，表明人类在 100 万年前就有了中轴意识和对称审美意识，而且石斧的选材都是硬度高、易开刃的燧石或硅质岩砾石，这一点又可以表明此时人类有了对石材本质和属性的准确认知。若没有语言行为，这一切是不可想象的。

2. 声义与示义

声义是发声的意义，是发声所表达被感知指号的本义。发声是人类生存的生理反应和生理机能。初始发声是自成音节的单音节、单声调，随着身体的进化，认知能力的提高，声义逐渐增多，语音的音节也由自成音节的单音节逐渐增多至两拼音节和三拼音节，声调也随之发生变化。兴奋、悲伤、愤怒、痛苦等心情的表达需要被他人认同的时候，情感的表达就有了社会属性。最初的情感和欲望都是比较单一和简约的，爱、恨、占有，都比较粗浅和粗放，随着认知能力的提高，意识的增强，爱、恨、占有，均分裂出多个层面，多个层次，形成七情六欲。这个时候，声义就变得多元、多样，指号空前广泛，由自然到社会、由躯体到情感、由时间到空间，进而大千广宇，无所不包。

示义是在表达声义受限，或者为了强化表达意图时的肢体的指向性动作，包括手势和表情。示义在语言不发达的时期，尤其必要，同声义如影随形。可以说，示义和声义是孪生的，是同步产生的。

3. 语言

语言是由声义和声调以及音节所构成的语音、语汇、语序和语句的组合体。

（1）初始的语言　原始人类使用的语言的原始程度尽管没有考古资料的考证，但是若与人类进化程度和社会演化程度联系起来思考，则可以想见原始人类使用的原始语言，在几万年甚至几十万年间，是没有飞跃式进展的，声义单纯、音节单一、语音单调，甚至没有稳定的语序，辅助以简单、概略的手势，进行着以揣摩为主要交流形式的粗放性交流。

揣摩是心理活动。在这个时期，揣摩是重要的心智运动。在交流中，双方都是希望对方能够快速地准确地明白自己声义的表达，所以各自都需要首先揣摩能够最准确地表达声义的词语，此时的交流是高速率的心智运动。同时，对于听者，为了对对方的声义做出最快、最准确的应对，也需要快速地揣摩对方的声义。于是，交流的双方都在交流应对的环境压力下，心智运动加快，长此以往，促使脑容量增大。脑容量增大，心智发育增快，思维能力增强，认知能力增进，辨识能力增长，语言逐渐成熟。正是语言最初的局限性，促使了语言表达精准性的快速提高。

（2）语言形态　语言有口头语言、肢体语言和文字语言 3 种形态。

口头语言。所谓口头语言，是用口发声的语言，是人类的第一种语言形态，也是原初的本真的语言形态。口头语言与人类的进化和社会的演化一起从简陋走向成熟。正是由于口头语言是以口发声，故而口的发声的生理机制成为语言研究的不可或缺的课题。在许多语言学著述中，都把语音的研究作为首要章节，研究语音的物理属性和生理基础。语音的物理属性包括音高、音强、音长、音色，认定语音同任何声音一样，都是音高、音强、音长和音色的统一体。语音的生理基础包括肺和气管、喉头和声带、口腔和鼻腔。由于人类居住的地方效应，口头语言具有地方性，形成不同地域、不同群体的地方语言，称之为方言。

肢体语言。所谓肢体语言，是以肢体部位配合表示声义的情态示义和动作示义达成的效果语言。肢体示义与口头声义有血缘般的亲和性与一致性，是与口头语言并行发展的肢体语言。直到今天，肢体语言以更丰富、更达意的方式发展着，捶胸顿足、手舞足蹈、指手画脚，都是人类最初的肢体语言。因此，肢体语言理所当然天经地义地是语言的基本形态。相对于口头语言的发声称之为语音，肢体语言的示义可称之为语示。

在语言处于初级阶段语音都是单音节的时候，语示十分必要，它不仅是语音的辅助形式，而且时常就是语言的本身，如同哑语。语言和语示，言示互补，是同生共存的关系。语言最初的自成单音节发声"啊"，无论是惊讶还是惊恐，都伴有相应的面部表情和情感手势。表情和手势虽然没有声音，却是发声的情感辅助，渲染了声音的调形和调性。在今天，生动的演讲离不开手势的辅助。在这方面，特殊人群聋哑人是对语言形态学有着特殊贡献的群体。他们因聋哑，只有靠手势进行交流与沟通，由此产生了手语。在手语的内涵与外延里，普通人的表情和手势也属于手语范畴。

文字语言。所谓文字语言，是在符号学意义上将语言以表音和表意的方式转换成文字，用文字记录的口头语言，或直接以文字表达的书面语言。与口头语言和肢体语言相比，文字语言是历史最短的语言形态。

人类最初的文字，有苏美尔人的泥板文字、古埃及人的纸草文字、古印度人的印章文字、中国人的甲骨文字。在世界最古老的文字中，中国的文字当是首屈一指的。在甲骨文出现之前，我国就已经产生了表意的象形刻符。刻符是比照实物的刻画，在技术上属于绘画，在功用上属于文字。在山东大汶口遗址考古发现的"山"刻符，距今6000多年，在河南舞阳县贾湖遗址考古发现的"目"刻符，距今8000多年。在贾湖遗址还出土了七孔骨笛，表明"贾湖人"已经掌握了音律。这无论在音乐学上还是在语音学上，都具有重大的文化人类学意义。

全世界的文字大致分为两类：一类是表意文字。中国汉字是表意文字，文字的字义直接对应着语义，这种对应是造字时就规定的。另一类是表音文字，也就是字母文字，是世界上使用十分广泛的文字。

早在西汉时期，经学家刘歆在其《七略》一书中，将汉字构造法称为六书：象形、象事、象意、象声、转注、假借。前四书是造字之法，后来概括为象形、指事、会意、声形。后两书是用字之法，转注是将相同或相近的偏旁部首和读音及意义有共同点的字编为一组，假借是用同音字替代当时还没有确切表达所需表达的语义的文字。

人类文化史证明，只有语言发展到特定的时期，才有可能产生文字；只有文字成熟之后，才有可能产生由语文作为体系构建的语言学。

语言的产生、语音的产生、语示的产生，在宽泛的意义上三者是同步的。语言最初的表达形式就是发声和示义。到了现代人阶段，人类定居，聚落形成，聚落形成标志着社会形成，社会形成标志着语言的社会属性形成。语言的社会属性，使语言获得广阔而深入的社会性发展。正是在这个时期，语言日臻成熟，语言体系初步形成，语音的音节和声调基本定型。在古代汉语中，把声调归纳为4个调类：平声、上声、去声、入声。今天普通话声调的阴平、阳平、上声、去声，正是由古代汉语的4个调类沿袭而来。声调包括调值和调类，调值亦称调形，指的是声调高低、升降和曲直的变化音度值；调类指的是调值相同的音归纳起来的声调的类别。

口头语言和肢体语言在人生下来后经耳濡目染即可掌握，可谓无师自通。而文字语言的使用，必须经过专门的教育和训练，而且所受教育和训练的程度，直接决定着文字语言的使用水平。因此，文字语言是受过文化教育人群的语言。

(3)世界早期的4种语言　人类早期的4种语言，基本是参照文字语言产生的早晚而判定的，因为语音在最初那个时代，无论如何也留不下可供后人考古的信息。苏美尔、古埃及、古印度、中国是最早产生文字的国家和地区，人们由此判定苏美尔语、古埃及语、古印度语和中国汉语，是世界上早期的4种语言。文字语言是人类文明之后的语言，不是最原始的口头语言，所以以文字判定语言产生早晚仅仅是一种参照。

苏美尔语言产生于居住在西亚幼发拉底河和底格里斯河两河流域美索不达米亚平原的苏美尔人族群，古埃及语言产生于非洲北部尼罗河中下游的埃及人族群，古印度语言产生于古达罗毗荼语和雅利安语。达罗毗荼人是印度河流域早期人类，而雅利安人原属远古中亚的游牧部落，于公元前2000—前1000年分3支进入印度、波斯和小亚细亚地区。

　　中国的语言产生时期不会晚于苏美尔、古埃及和古印度，但是在人类进化的普遍规律里，也不可能早出许多。当然，中国的 100 万年前"郧县人"的对称的双刃双面有中轴线的石斧，承载了判定语言起源的信息，这是不容置疑的。

　　美国有研究者以基因测定方法，断定人类最古老的第一种语言是起源于非洲的舌语。舌语是以舌头发出不同的"嗒嗒"声表达语义。目前使用这种语言的只有坦桑尼亚的哈德扎人、博茨瓦纳和纳米比亚两国的桑人。

　　追求"最早"是人们序次习惯，有一定的意义，却也未必有预想的意义那样至关重要。我们目前认定的最早未必就是最早，起码未必都是最早。在东南亚深山里，在非洲刚果河和南美洲亚马逊河的热带雨林里，居住的与世隔绝、过着石器时代生活的部落，他们都有自己的语言，而这些语言并不都被现代人们所知晓，他们语言的古老程度同样并不都被现代人所认识。

　　(4)语言的相似性与同祖性　一种语言产生后，有可能分裂出多个语种，每个语种再度分裂语种，多个语种汇成语支，多个语支汇成语族，多个语族汇成语系。按照这种衍生逻辑，语系中的语种都是原初的那个语种，有共同的语祖，具有同祖性。世界语言与全球人类一样，是多地起源，是多元的，故而有多个语系。既然是语言，无论什么语种，都会有类属的相似性。所以，同类属的语言具有相似性却未必就有同祖性。坦桑尼亚的奥杜韦人创造了砍砸器文化，中国的泥河湾人也创造了砍砸器文化。奥杜韦人距今 175 万年，泥河湾人距今 200 万年，两者没有行为交集，却创造了相同的文化。法国 150 万年前的阿舍利手斧与中国 100 万年前的郧县手斧同为扁桃形，左右对称，刃缘规整，"阿舍利人"与"郧县人"没有行为交集，却创造了相同的手斧文化。显然，这种相同是相似，而非同祖。印欧语系中的雅利安语种可以溯源至雅利安人部落，安纳托利亚语种可以追溯到土耳其族群，历史比较语言学判断两者具有同祖性，但并不是一个语系中的所有语种都是同源的，尽管具备共同的形态成分和基本词汇等同祖条件。有相同的本质，有相同的本质属性，在分类学上就是同类。同祖一定同类，但同类未必同祖。印欧语系、汉藏语系，都有 400 多个语种，它们有共同的语系，但并非都是同祖。

　　同语系和同语族的不同语种有指号的语义和语音的相似性，往往不在于同祖，而在于融合。氏族部落融合时期，也是语言的融合时期。在黄河流域，上游大地湾文化和中游裴李岗文化是同时期的考古学文化，但两者的文化是不同祖的。大地湾文化时期的语言与裴李岗文化时期的语言也是不同祖的，各自的语言独立发展。后来部落融合，语言融合，语义、语法、语音也在融合中相互作用，吸纳与排斥，派生与淘汰，大地湾语言的某个或某些词语被裴李岗吸纳，裴李岗语言的某个或某些词语被大地湾吸纳，最终成为两地共同词语，出现同源同祖貌。在仰韶文化和大汶口文化中，鸟、雀指号相同，对于捉鸟的行为动词，捉、抓、逮、捕、擒、打，字义相同，多字一义，或许这正是语言融合的结果，不可因此而断定同源同祖。在今天语义相同的普通话语种中，"大夫"原是北京方言，"医生"原是南京方言；"搞"是湖南方言，"整"是东北方言，"弄"是河北方言，而三者又同为四川大邑地区方言。夫人、妻子、爱人、老婆，也是多种方言词语在普通话中的通用。这些同义的方言既不同源，也不同祖，而是融合的结果。一个指号怎么叫都行，一个行为怎么说都行，往往正是不同语种融合所形成的互认共存、通行共用的语言现象，不可以此轻率地做出同源同祖的判定。

还有一种特别情况，语义不同、语音不同，但文字同源。日本国直到奈良时代仍没有自己的文字，借用中国汉字发明了万叶假名，继而改进为平假名和片假名，形成"话说日语文用汉字"的日本国文化。在发生学视域里，文字分为自源和他源两种，通常认为自源文字只有埃及文字、楔形文字、玛雅文字和中国汉字四种，余者皆为他源文字 。除玛雅文字之外，其他三种自源文字都是他源文字产生的蓝本或母体，所以"语不同源文同源"是一种世界性语言学现象。

世界语言有八九个语系、数十个语族、数百个语支、数千个语种，研究语言的同系同族不同祖，对于语言学科分类的标准化和类属的确定性具有重要意义。

(二)语言学的产生

语言的产生意味着语言学的滥觞。滥觞时期的语言学的原始体系只有语义、语音、语示 3 种元素。这里的"语义"就是语言单位的基本含义，是发声成为语言后的声义，是语言行为的初始动机和原生动力。是此时此地诞生的与本文语境相匹配的原初概念，既不是从已有的语言学中引用的概念，也不是从某国某人那里借用的概念，虽然字面完全相同。它是纯粹的专一语言类属概念，不可发生多学科联想，不可与当前在语言学里运用的语义概念等量齐观。当语言本体成熟后，在研究语言本体结构规则的学科语法和语法规制下，语汇产生。此时，发生学逻辑主义的语言学学科体系由语义、语音、语示、语体和语法 5 种元素亦可视为 5 个支系构成；当文字出现后，应用学结构

454

主义的语言学学科体系则是由语义、语法、语体、语音、语示和语文 6 种元素或 6 个支系构成。语义、语法和语体是语言的生成系统，语音、语示和语文是语言的达成系统。

普通语言学的形成，普遍认同三大策源地的说法：一是古希腊—罗马，二是古印度，三是中国。古希腊—罗马的传统语言研究重视语法，古印度传统语言研究重视语音和构词，中国传统语言研究重视文字和音韵。

中国的语言学滥觞于春秋时期，其论说与章句，像万泉奔涌于山川，如星火闪烁于原野，散见于古代典籍之中。荀子在其《正名》中提出"名无固宜，约之以命""名定而实辨，道行而志通"的观点，是春秋时期哲学关于名称与事物之间关系"名实"论辩的著名观点。到了战国时期出现通用语雅言，强调语言的通用性和规范性。随之出现释言、释诂和释训等学说和主张，至西汉之初形成我国历史上首部规范化的辞典《尔雅》。"尔"意为"近"，是接近雅言的意思，故而又称"迩雅"。东汉中期许慎编辑字典《说文解字》，东汉末年刘熙编辑解释词语的《释名》。两汉时期，相对于儒家经学，出现了以研究文字、声韵和训诂作为学科体系的小学。小学可以视为最初的学科语言学。自此，文字研究蔚然成风，以研究语音和文字为主体的语言学蓬蓬勃勃地发展起来，清朝乾隆年间成书的《五体清文鉴》，可谓是发展的新高峰。到 19 世纪末的 1898 年江苏人氏马建忠借鉴拉丁文语法体系，建立汉语词类系统，编纂出版了《马氏文通》，是中国首部现代语法学的专著。20 世纪初叶，湖南人氏北京高等师范学校语言文字学家黎锦熙编纂出版了《新著国语文法》，是汉语语法的新发展。

中国语言学学科的建立，经过了两个时期：附庸时期和自主时期。所谓附庸时期，是语言学学科建立基于读经的需要，服务于经学、依附于经学，没有独立的学科体系。自主时期是语言学成为独立学科时期。这个时期语言学开始注重学科体系创立和学科的全面建设。自 1915 年开始的新文化运动，反对旧文学，提倡新文学，放弃文言文，采用白话文，1920 年教育部下令，将教科书一律改为白话文。就学科创建而言，文言文的语言学和白话文的语言学，两者的学科体系应该不会有悖论式冲突，然而白话文与文言文毕竟是不同的语言形式和文体样式，改变语言形式和文体样式，不能斩断语言的文脉，如若要保证白话文与文言文的文脉相通，训诂学自然是纽带与桥梁，因而新文化运动之后的语言学学科建设继承秦汉传统偏重训诂学，训诂学一时大兴。

（三）语言学产生的因素

语言学的产生因素大致可以概括为 4 种：语言自身因素、经典因素、社会因素和国家因素。

1. 语言自身因素

语言自身因素是语言学产生的内因，一是语言自身的发展需要规范，建立规范化的学科体系，以适应规范化交际的需要；二是人类语言从一开始就不是单一的语种，不同的社区、不同的族群，有不同的语言，在跨社区、跨族群交际时，多种语言同时存在，难免引起语义冲突，需要规范化，以适应跨社区、跨族群交际的需要。

2. 经典因素

经典因素主要指文献学范畴的学说、学派、学家的思想观点和学术主张等对语言学发展的激励作用。宗教教义也是经典。在中国，主要是儒家典籍和宗教教义。

（1）儒家典籍　四书五经是儒家典籍。四书中的《论语》，五经中的《易经》，都是最早的一批文化经典。尤其《易经》，是中国最早解释天地万象变化的自然哲学经典。就文字学而言，易经成书使用的是我国初期的文字。由于《易经》思想宏阔，含万有、盖群伦、包罗万象，初成的文字显然难以满足表达的需求，许多语义的表达受到字量和字义的限制，故而《易经》中的文字有许多在当时就是生僻字、罕见字，还有借用的同音字，甚至有生造的替代字。许多在当世都无法通读的文字，到后世就更难辨识了。另有三坟、五典、八索、九丘，也是以早期文字所著的重要文献，其文字后世亦难以辨识通读，释诂、释言，通古今之字，释义、释训，通古今之辞，训诂产生就成为必然。训诂产生、《尔雅》问世、小学横空，语言学喷薄欲出。

（2）宗教教义　在对天地世间万生万物没有科学认知的远古，宗教是人类"合理"解释这些现象的"权威"。在中国，红山文化和大汶口文化，可以视为宗教文化的源头。黄帝之学和老子之学，是道学渊薮，以修行、经世和致用为学派思想主题。到战国时期，黄老学说、儒家学说、墨家学说和阴阳家学说以及玄学，得到了空前弘扬与发展，为道教的产生创立了宗教文化基础。时至东汉，张道陵创立道教。

有了道教文化基础，世界三大宗教佛教、基督教和伊斯兰教先后传入中国。尤其是佛教，很快与中国宗教相结合并转化为中国佛教，石窟、石像遍及全国，莫高窟、云冈、龙门和麦积山等石窟，是佛教中国化方向的重要象征。与佛教直接相关联的梵语和梵文，对中国语言学产生了深刻影响。

3. 社会因素

人类定居后，部落、城邦、方国产生，人类生存活动首次出现了社会疆界，语言和文化首次出现社会圈属。这种疆界和圈属造成的隔离，强化了语言和文化的本土性和封闭性，因而形成了不同的语种、语支、语族和语系。不同的语系、语族、语支和语种，在各自的演化与发展中，形成各自的语言学科。

从部落联盟时期开始，人类圈属不断发生改变，总量越来越小，疆域越来越大，隔离越来越弱，融合越来越强。在这种趋势下，语言的学科建设越来越显得必要而不可或缺。于是，方言语言学、民族语言学、国家语言学，渐次孕育。

哲学的根本问题是思维与存在的关系问题。语言学的产生正在于思维与存在关系的作用。思维谓之名，存在谓之实。在哲学上，思维是存在之名，存在是思维之实；在语言学上，名是实的所说，实是名的所见；名见之于客观，实见之于主观。名实既是哲学的基础，也是语言学的基础，所不同的是，哲学之实是客观实在，不依赖于名；而语言学之实是主观所见，是名之实，无名则无实。

惟其如此，语言学的滥觞和哲学的产生几乎是同期的，而且哲学正是语言学学科创立的思想原则和理论基础。春秋战国时期是名实理论创建的论辩时期，最初孔子提出"正名说"，名以制义、义以出礼、礼以体政、政以正民；此后墨子主张"取名予实"，著有言有"三表"的《非命》；公孙龙主张"以名谓实"，著有形而上的《名实论》；荀子提出"制名以指实"的观点，著有以"名"指谓"实"的《正名》。荀子指出：形体、色理以目异，声音、清浊、调竽、奇声以耳异，甘、苦、咸、淡、辛、酸、奇味以口异，香臭芬郁、腥臊洒酸、奇臭以鼻异，疾、痒、沧、热、滑、铍、轻、重以形体异，说、故、喜、怒、哀、乐、爱、恶、欲以心异。名指谓实，实即本质、实体。名实论辩历时300多年，起因属于社会学范畴、论点属于哲学范畴、用语属于语言学范畴，不仅促进了春秋战国时期的社会发展，也推动了哲学和语言学的学科创立。

4. 国家因素

国家因素是国家语言学产生的根本因素。在中国，五帝时期史官发明文字记事，夏朝设置专职记事史官，殷商时期官学产生，春秋时期私学兴起，此后学、校、庠、序广泛建立，文字水平日益提高。春秋时期施行"君举必书"的记君言君事制度，使文字和记事更加规范化。这种规范化，促使语言学萌生。西周灭亡，平王东迁，周王朝的一统天下土崩瓦解，各诸侯国纷纷摆脱周王朝而自立。这些诸侯国依照周王朝的做法，建立自己的世系，自纂国家编年史，秦国的《秦记》、鲁国的《春秋》、楚国的《梼杌》、晋国的《乘》等，都是这种产物。更有甚者，这些诸侯国连文字都要摆脱周王朝系统，自成一统，形成了齐系、燕系、楚系、晋系和秦系等 5 个文字系统，加深了各国的语言隔离，言语异声，文字异形。当然，这 5 个文字系统，极大地丰富了中国文字学和语言学内涵。为了消除这种隔离，一些学人在对自身的历史演变所导致的语言与文字的变异而自觉释诂的同时，开始了训诂学的培育。《尔雅》正是这个时期训诂学创立、语言学滥觞的标志性著作。

二、语言学的体系构建

语言分为口头语言、肢体语言和文字语言 3 个类别，也是语言的 3 种形态。因而语言学的建构应由口语学、语示学和文字学三部分组成。

由于语示离不开语境，而且表意模糊，故而至今学界并不认为语示是语言的一种形态。然而，肢体的手势和表情等语示，如果不是语言形态，那么一切辅助语言表达的体态是无法理解的，运用于聋哑人这个特殊群体的手语也是不可理解的。语示是语言的一种特殊形态，无论从学理上还是事实上，都应该予以充分认同。

语言学学科体系是建立在发生学和应用学基础上的。发生学基础重在逻辑，应用学基础重在结构。因而，规范的语言学学科体系分为发生学逻辑主义语言学学科体系和应用学结构主义语言学学科体系。

（一）发生学逻辑主义语言学学科体系

普通意义上的语言学，依据发生学逻辑规制，其核心体系是由语义、语音、语示、语法、语体和语文六大元素或 6 个支系构成的。由于语言有口头语言形式和文字语言形式，所以语言学的语义和语法，在文字语言学里对应的是词义和词法。

1. 语义

语义产生于能指的具象感知，形成于所指的具体事物。人类在大自然中生存，必然与自然界万生万物有着千丝万缕的联系。在最初的采集生存时期，人类要逐步认识可吃与不可吃的浆果和根块。对具象的事物，依照形状、动态或声响来描述其性状而进行的表达与交流，就构成语义。

语言是说话人以话语所表达的指号，也包括说话人的说话动意。在语言学中，语义是语言的最小的意义单位。同时语义自身又是一个完整体系，包括义素、语素义、义位、义丛、义句等 5 种要素。语素是最小的语音语义结合体，语素构成词，词构成句子。体现基本意义的词叫词根，附加在词根上的语素叫词缀。词根是实词，词缀是虚词。由一个语素构成的词叫单纯词，由两个以上的语素构成的词叫合成词。合成词有复合式、附加式和重叠式等形式，复合式有联合型、偏正型、补充型、述宾型和主谓型等形式。

义素是语义基本要素的最小单位，语素义是语素的意义内容，义位是语义系统中最小的能够独立运用的语义单位，义丛是词组的意义内容，义句是句子的意义内容。

由此可见，语义是语言之根，是语言学的基础，语义学是语言学的基础学科。

2. 语音

语音是人类说话时由人体发音器官发出的用以表达特定语义的声音，因而语音具有声响的物理属性和发声的生理基础。

作为话语的语音，主要有两个部分：音素和音位。音素是音节中最小的语音单位，分为元音和辅音两类。元音的发音体是声带；辅音的发音体是整个发音器官，有 10 多个部位。音位是在同一语音系统中具有区别意义的最小语音单位。

不言而喻，语音是紧傍语义的语音学的基础，语音学是紧傍语义学的语言学的基础学科。

3. 语示

语示是在语言不足以达意或强调情感色彩时而产生的具有达意辅助作用的肢体动作和表情动作。肢体动作包括手、脚、头和整个身体的动作，如摆手、跺脚、摇头、扭动身体等。以手的语示为例：张开五指，示义为数量"五"；双手合十，示义为虔诚与恭敬；攥紧拳头，示义为决心和信心。表情动作包括眉、眼、鼻、嘴等的相关动作，如蹙眉示义为忧愁，眨眼示义为暗示，耸鼻示义为鄙视，撇嘴示义为轻蔑。还有诸多以语示形成的成语：眉来眼去、嗤之以鼻、不屑一顾、点头哈腰、奴颜婢膝、摇头摆尾、趾高气扬、张牙舞爪等。手语是语示的典型样式。语示贯穿于语言的行为过程，是语言学不可或缺的基础学科。

4. 语法

语法是语言的结构法则，是语言中由小的音义结合体组合成大的音义结合体的结合规制。其中有语义构成规则和语音结构规则，有语义中的义素、语素义、义位、义丛、义句等结构规则，有语音中的音素和音位结构规则等。

在语言学中，语法是最为繁复的学科。世界各国对语言的研究几乎都是从语法开始的，著名的语言学家也几乎都是以语法研究而成为语言学大家的。

中国汉语语法的最初框架是马建忠在其《马氏文通》中设定的。他首先提出实词和虚词的概念，也就是文中所说的实字和虚字。语法不仅是语言的结构方法，也是语言的表达方法。语法是语言内在联系法则，语法学是语言学的核心学科。自马建忠的《马氏文通》到吕叔湘的《中国文法要略》，再到沈家煊2006年出版的《认知与汉语语法研究》，100多年间语言学科一直致力于语法研究与教学，使语法学科实现了百年持续发展。

5. 语体

语体是完整的语言形体。语体是语义、语音、语法规制下的语汇和语句构成的整体。语体构成的基本单位是语句，语句是句子和句群的组合及总称。在语体中，语法的演变和排列组合逻辑规则、语言内在结构、语义精准表达、语汇臻美形式和语言行为优雅的语体形态，可借修辞学加以概括和描述。修辞学是语体的美学导师，直接关乎语体的形态、品质和文貌的美学设计。语体是语言学的学科本体，语体学是语言学的本体学科。

6. 语文

《马氏文通》中有3句定义语文的话：一曰，依类象形之谓文，形声相宜之谓字；二曰，凡字有事理可解者曰实字，无解而惟以助实字之情态者曰虚字；三曰，文者，集句而成如锦绣然，故谓之文。这3句话，不仅定义了语文的概念，也定义了字与文的关系。

语文的既定含义是用于表达和记录语言的文字。在本规范的语言学学科体系中的"语文"，是一个偏正词，"文"是词根，"语"是词缀。这里的语文，是语之文，是语言的文字符号，相对于语言的语音学而言，是用文字表达语言的学科，并不是"语言+文字"的联合词，也不是"语音+文字"的联合词，而单指表达语言的文字符号。语文是语言学的学科文体，语文学是语言学的文体学科。

在中国语言学历史上，语文的通识概念出现得很晚，新文化运动致使语言和文字都发生了改变，中华人民共和国建国初期，从教育角度出发，将国语和国文合二为一并称为语文，所以现在通用的"语文"，是一个"语言+文字"的联合词。

语文实际上是语义、语音、语法和文字综合运用的统一体，属于结构语用学范畴。当代公认语用学是语言学的分支。语用学是在现代数理逻辑符号学范畴内建立的，在符号学范畴里给出的定义是关于符号或语言符号与其解释者关系的学科。美国莫里斯于1938年在语言学范畴里对语用学与语形学、语义学作学科区分时，将语用学定义为对指号和解释者关系的研究。德国美籍哲学家卡尔纳普认为，如果一种研究明确地涉及说话者或语言作用者，就应把这种研究归于语用学领域。显然，语用学是研究语言实际应用的学科。在宏观上，语言学是语言的理论学科，而语用学是语言的应用学科，一个是理论问题，一个是应用问题。将语用学充当语言学学科体系构件是不妥的。

有鉴于此，本书所谓的语用学，简而言之就是语言的应用学科，包括运用语法规则对语言语体进行平面建构，其主旨是语言在实践中的使用和实践对语言的规范，确保学用一致，学科与应用一致；言行一致，语言与行为一致。格物致知，应用语言的本身，也是在创造语言、创新规则、丰富语汇、进化语体。

(二) 应用学结构主义语言学学科体系

依据应用学结构主义原理，语言学的核心六要素(语义、语法、语体、语音、语示和语文)，可以分为语言的生成和达成两个系统，也即语言的能指系统和所指系统。语义是语言生成的基本意义单位，语法是语言生成的构成法则，语体是语言生成的本体；语音是达成语言的声音，语示是达成语言的体态，语文是达成语言的文字。其中语义和语法是语体的内核，谓之里，是语言的生成系统；语音、语示和语文是表达，谓之表，是语言的达成系统。这样，从语义到语体是生成系统，语义决定语法，语法决定语汇、语句，生成语体；语体依据语音达成口语、依据语示达成手语、依据语文达成书面语，形成语言的声音、语示、文字3种形态。在这3种语言形态中，语音是语言的声音表达，属于信号系统；语示是语言的体态表达，属于指号系统，指号系统也是语音的辅助系统；语文是语言的文字表达，属于符号系统。一般说来，语言不能够被笼统说属于符号系统，语言属于信息系统，其中口头语言属于信号系统，文字语言属于符号系统。

1. 生成系统

语言学的生成系统有三级，第一级是语义生成级，第二级是语法生成级，第三级是语体生成级。

(1)语义生成级　语义是语言的内核，是语言学的核心元素。在语言生成系统中是基础级，是语言的源泉，一切语言都是语义和语义表达的结合体。

语义有双层意义，一是自身意义，二是社会意义。自身意义是语言所蕴含、所表示的能指意义，社会意义是语言传达的所指所产生的社会意义。

在发生学逻辑里，任何生成和出现的事物都有其特定的起因。泉水涌出地面，起因在于地下水的丰盈；江河奔流，起因在于源头之水不枯竭。语言的产生在于语义，语义的产生在于话语者的表达意义和意义表达后的社会意义。人类在原始时期，一个人偶尔发现树上向阳一面的果子比背阴一面的果子好吃，又脆又甜，他要把这个发现告诉同伴。所要告诉的内容，是语义的自身意义；告诉同伴后的效应是大家都可以学会选择树的向阳面的果子吃，是语义的社会意义。1956年2月6日，国家下发《国务院关于推广普通话的指示》文件，在语义概念里，这个文件内容是语义的自身意义，也就是"以北京语音为标准音、以北方话为基础方言、以典范的现代白话文著作为语法规范的普通话"。文件施行后，"消除了方言分歧造成的不同地区人们交谈的障碍和社会主义建设事业中的许多不便。政治、经济、文化和国防的利益得到进一步发展"，这是文件语义的社会意义。而在语言学范畴里所定义的语义，专指语义的自身意义。

语义也是一个系统，故而有研究语义系统的语义学。语义系统是由语义单位构成的。语义单位由语素构成。语素是语言最小的意义单位。"素"是构成事物的真值成分，相当于化学概念中的元素、物理学概念中的粒子。说是相当于，是基于比照，物理学概念中的粒子是可分的，而语义学概念中的"素"是不可分的。

语义学创建于数理逻辑符号学。但是由于涉及语言学、逻辑学、计算机科学、自然语言处理、认知科学、心理学等诸多领域，语义学在不同领域有不同的称谓。

在现代语言学的语义学中，有多个学科的语义学。如结构主义语义学、生成语言学语义学、逻辑语义学、形式语义学等。这些学科，对于现代语言学的语义学研究，无疑是有帮助的，但是同时也造成了学科体系的庞杂与紊乱。内容不是体系。体系犹如纲领，并非越细越好，有时就是宜粗不宜细。粗则简，细则紊；粗则显，细则隐。纲是纲，目是目，纲领之理不在于目细。

(2)语法生成级　语法产生于语义，语义本质决定着语法规则。语义和语法是语言学的内核，如同物理学的原子，原子由原子核和围绕原子核运动的电子构成。语义相当于原子核，语法相当于绕核运动的电子，语法的运行状态受制于语义的本质属性。

就汉语而论，以语义演绎出语法，以语法演绎出语素、语根和语汇，演绎出词素、词根和词汇。语义和语法共同演绎出单词、复词、单句、复句，演绎出具有词汇意义和语法意义的实词和只有语法意义的虚词，演绎出实词类的名词、动词、形容词、数词、量词、代词，演绎出虚词类的副词、介词、连词、助词、拟声词、叹词等。词类的划分标准不是绝对的，有形态标准、有意义标准也有功能标准等。根据设定的具体标准，还可以分出状态词和区别词等类别。

文字学的语法与口语学的语法有差异性，不可直接画等号。文字学的语法比口语学的语法更为严谨、更为规范，并有语法专门学科即修辞学。例如"非"字之义为"否"，"非同一般"的"非"字在口语学和文字学用法是一致的，但"非去""非要"之类则不同。在口语中，"非去"、"非要"并不是不去、不要的意思，而是执意去、执意要，"非"字是"偏偏"的意思。这不合乎语法，而且字义自相矛盾。它的规范用法，无论在口语学还是文字学中，应该加"不可"，是一个否定之否定的句式。其中词汇也不直接等于语汇，有同有异，有泛有专。

语法是词、短句等语体的结构规律。从语言的逻辑决定论到语法规定论，都是在论述语法对于语体结构的法定意义。语法学分为词法学和句法学。词法学的研究范围是词的结构、词形变化和词类；句法学研究范围是短语、句子的结构规律和类型。语法包含着语序，语序决定着词句的排列次序，其中包括时体概念。语法学还包括词汇学和修辞学。修辞的旨意就是要准确地把握语义的内涵与外延，以最精当的语法对语汇或词汇进行最达意最完美的排列组合，使话语和文章具有艺术和文采。如荀子《劝学》中语句："无冥冥之志者，无昭昭之明；无惛惛之事者，无赫赫之功"；"螣蛇无足而飞，鼫鼠五技而穷"。这种修辞效果，无论是在语义还是在语法上，都是精美绝伦、超凡脱俗的。

与语法学有学科共同体关系的是词汇学、修辞学和语境学。词汇学与语法学有同属性，但它是语法规则下的文字组合体。语法决定词汇结构，词汇体现语法规则。修辞学完全是研究语法的精妙使用，或保证语法的精妙使用，身份倾向于语用学。语境学属于语用学体系，但是在语用环境中，语法会在语境中发生常规改变。语境大致分为三类：言内语境、情景语境和背景语境。言内语境是会话之内的环境；情景语境是语言交际具体场景中的非语言因素，包括时间、地点、人物等构成的语境；背景语境是由语言交际的社会文化、社会地位、时代特征等构成的语境。语法在语境中的常规改变，大多发生在言内语境，主要形式是上下句的承前省略。下句的应答语在没有十分必要的情况下，不再涉及上句的引发语。比如，上句引发语："不再讨论。"下句可将其省略，直接应答："好。"而不必再重复"不再讨论"这句话。应答语承接了引发语的语义，省略了引发语的语体。离开语境，一个字的应答语不能直接体现语法规则。

在语言使用中，有成语、谚语、俚语和歇后语等特别语法现象，这些语法现象是一种特殊的语法习俗。

(3)语体生成级　语体是由语义和语法以实词与虚词共同建构的语言完整体。语体是语义达成体，只要是依据语法规则达成语义的建构，就是一个语义的语体。一个句子也可以称作语体，是语体的个体。一席讲话，一篇文章，是语体，也是语体的个体集合。语言的本体结构有语形、语句、语汇等。如单句：明天去北京。把这个单句扩展为复句式语体：机票已经定好了，明天上午9点启程，和单位的两位同事带着最新研究成果去北京。再如："我想"是语体，由主语"我"和谓语"想"组成，是典型的主谓结构。在特定的语境里，如在言内语境里，上下句承前省略，一个词或一个字，都可能是语体。在讨论谁能把电脑程序升级的语境里，作承前省略回答："我。""我"就是语体。在征询想不想参加语言学讲座的语境里，作承前省略回答："想。""想"就是语体。这是语法的规定，是特殊的约定俗成的语法规则。这种语法现象通常发生在引发语和应答语密切相接的"相邻对"的说应对话现场。

语体有多种类型。不同领域、不同学科，语体是不同的。政治、经济、文化、军事、科技等领域，语体都是不同的。语体的文字形式分为不同体裁，如在文学体裁中，诗歌、散文、小说，都是不同的语体。

2. 达成系统

语言的达成系统，由语音、语示和语文构成，三者没有纵向相叠的递进关系。语音学、语示学和语文学，是语言达成系统的结构学科，是语言的语音语体、语示语体和语文语体研究的基础学科。

(1)语音语体　语音是人类说话时发出的声音，是语言的声响语体，是语言的声音，或具有声音的语言，语音语体的基本学科是语音学。

语汇、词汇、句子，除了受语法规制，也受语音的声调和音韵的规制。由于人类的情感起伏、强弱，表达曲线不是平直的，有抑、有扬、有顿、有挫，抑扬顿挫跌宕起伏，于是就产生了声调和音韵，有了研究声调和音韵的语音学。

　　传统的语音研究凭借模仿和音标，当代的语音研究则凭借仪器，相应地传统语音学也就让位于实验语音学。实验语音学包括 3 个学科：生理语音学、声学语音学和听觉语音学。这 3 个学科，是实验语音学完整的学科体系。

　　但是，从语言学本质上讲，声韵学是语音学的重要学科，是研究语音语体的主体学科。声韵学研究的内容是语音规则、语音演变和语音系统，曾经与研究清代之前汉语语音的音韵学混称。以汉字的字音分析语音，可以清楚地分辨出，单个汉字的字音在听觉上分为前后两部分，前部分叫作"声"，后部分叫作"韵"。例如，保、北、班，前部分都是"b"，叫作"声"；古、湖、著，后部分都是"u"，叫作"韵"。声母、韵母、声调，是语音、字音的基本声学结构。

　　声韵的出现是在语音有了类型学意义之后的事情，直到战国时期，汉语尚无出现声韵的记载。声韵的专门著述出现在三国之后，三国李登编著《声类》；晋代吕静编著《韵集》；南北朝时期沈约发现汉语有"平上去入"4 个声调；隋朝陆法言编著韵书《切韵》，分别取两个字的声母和韵母及声调，拼出一个字的读音；五代时期僧人守温发明 30 个声母，到宋代学人在 30 个字母基础上又增加了 6 个，形成较为完整的"三十六字母"语音系统。诗经、楚辞、汉赋、唐诗、宋词，都是以声调韵律为特征的文学语言样式，对汉语语言声韵的发展产生了重大作用，丰富了语言学的语音系统。到了隋唐，有了五音之说。五音指的是唇音、舌音、齿音、牙音和喉音。到了宋代，在五音基础上增加了半舌音和半齿音，称为七音。后来出现记音的声母表和韵母表，用以文字注音。1888 年国际音标产生，一个音素一个音标，一一对应。

　　通常语法与声韵是互为一体的。连声的应承，同是一个字，却不是一个声调，如连声称赞"好！好！好！"第一个"好"是阴平，第二个"好"是阳平，第三个"好"是上声。这样的感情表达，就比同是一个阴平声更有情感色彩，更富交际意义。诗歌最大的特征是句子有韵脚，通常是首句入韵，偶句押韵。韵有 13 个韵部，称十三辙。同时，诗句也注意到声调问题，格律诗用平仄加以规范，甚至成语也有鲜明的平仄规制和音韵结构，如：街谈巷议，是平平仄仄结构；弱肉强食，是仄仄平平结构；千载一遇，是平仄平仄结构；夏虫语冰，是仄平仄平结构。"大漠孤烟直，长河落日圆"更是平仄格律的经典词句，脍炙人口，经久不衰。

　　语音的标准化，对于当代语音识别科技应用具有重要意义。语音识别系统已经成为当代人工智能科技的重要部分，语音传输的数字化是全数字化通信系统中的重要环节。语音识别与语音学密切相关，人工智能语音充分利用语音学研究的最新成果，成为当代最新的语言行为。

（2）语示语体　在广义上，凡是以某种非语音、非文字方式实现语言表达的，都属于语示范畴。由这些方式达成的语言形式，也都可以称作语示语体。

在非语音和非文字方式的语示语体中，最常见的是手语。手语有自身的系统，手语教学在全国已经非常普遍，在传媒中，常常也有手语应用。

语示语体还有其他样式。1684 年英国人悬挂具有指示意义的符号进行通信，后来演化为使用旗子，成为旗语。在没有现代通信技术之前，陆地两地之间，海洋船只之间，进行语言交流广泛采用旗语。信号员双手各执一面手旗，以不同的姿势代表不同的语义，进行旗语对话，达成语言交流。1933 年国际手旗信号通信普遍实行，1961 年政府间海事咨询组织做出国际手旗信号通信规则。信号旗语虽然得到广泛应用，但一直属于通信系统，属于通信信号范畴，并没有进入语言学范畴。

语示语体由于它自身的辅助性和运用的局限性，一直没有学科的建立，作为语言学的要素，也是见仁见智，无法达成一致的认同。但是不能否认，在本文中，它具有逻辑的合法性和结构的合理性。因此，起码在本文中，它是与语音、语文，有着同样语体名分和语体地位的。

（3）语文语体　语文是语言的符号语形。如同语音语体的本质特征是声韵一样，语文语体的本质特征是文字。正因为如此，文字是语文语体的主体部分。

文字学主要有 3 个基本学科构件：字义、字形、字音。由于语文产生于语言之后，所以文字的字义基于语义，文字的字形基于语义指号的形态，文字的字音基于语义的发音。文字有符号属性，可以在符号学中讨论文字，而且以符号学定义文字，文字就是符号。但是，语言学的规范学科体系不包括符号学。

语义、语法、语音和语文，都是偏正词。但是，语义之"语"和语法之"语"，都暗含着音与文；语音之"语"和语文之"语"，既不暗含着音，也不暗含着文，只是一个类属指代。语义是语言的声音之义和文字之义，语法是语言的声音之法和文字之法，语音则仅是语言的声响，语文则仅是语言的文字。这是建立语言学规范体系所特设的逻辑法则和结构限定。

汉字最大的复杂性是一字多音多义多声调，甚至同字不同义，同音不同调，同音同调不同义，判断读音往往需看语境和词缀。如，"行"有 3 个读音：自行车、银行、道行；"看"有两个声调："看书"和"看守"；同是"看好"，语境不同，声调也不同；腐烂和煮烂，同是一个"烂"字，词缀不同，字义不同。话音"我出不了 jing"，离开语境和对话现场无法判定 jing 是哪个字。如果商讨拍电视片，jing 为"镜"；如果商讨出国，jing 则为"境"。（皇）后、（以）后，现在是同一个字，文字改革前，"后"仅作后王、皇后用字，以后的后是"後"。"假"，两个本义：借、不真。先秦时期，语句多为单音节，假、借通用，通常单用。现代语句多为双音节，假借联用，实际就是一个义：借。但是，有时假借就是假意借，两个假借词义完全不同。字形也有特点，如"大"，下加一点为"太"，右上角加一点为"犬"，顶部加一横为"天"，近顶部处加一横为"夫"；"丘"，左下加一撇为"乒"，右下加一点为"乓"，下加一撇一点为"兵"。也有两字一义的特例，分开后两个字都没有字义，如葡萄、玻璃等。

　　词性复杂也是汉字复杂性的一个方面。一个字作为词具有多种词性，本是动词词性，在特定情况下可能成为形容词；本是形容词词性，在特定情况下也可能变为动词。尤其是表示心理活动的动词和表示状态的形容词更是如此，如，爱、绿等。爱是动词词性，既是心理活动，也是心理状态，当用于表示心理状态时，就是形容词。爱你，"爱"是动词；很爱你，"爱"是形容词。绿是形容词词性，绿满江岸，"绿"是名词；江岸绿了，"绿"是形容词；"春风又绿江南岸"，"绿"又成为动词。再如"子"。"子"既是实词，也是虚词。是实词时，可作名词、动词、形容词，如父子、子庶民、棋子等。是虚词时，可作副词、连词、助词。作助词时，通常是以后缀角色出现的，使用非常广泛，组词成千上万，如，身子、儿子、被子、鞋子、厨子、碟子、房子、桌子、车子、钉子、稿子、集子、曲子、号子、笛子、法子、棱子、苗子、枣子、骡子、虫子、鸽子、影子、台子、半吊子、一下子、两口子等，不一而足。在金属类中，金子和铜子的"子"词性不同，金子的"子"是助词，是名词的后缀；铜子的"子"是名词，是铜币，分大子儿和小子儿两种（大子儿为二十文，小子儿为十文）。在动物类中，兔子和虎子的"子"词性不同，兔子的"子"是助词，是名词的后缀；虎子的"子"是名词，是虎崽。在器物类中，篙子和枪子的"子"词性不同，篙子的"子"是助词，是名词的后缀；枪子的"子"是名词，是枪的子弹，同时又是形容词，是枪弹的形状。一个字，怎么用，用在哪儿，何样关联，词性往往不同。这种不同，或迥然，大相径庭；或微妙，似是而非。

虚化词的词性，更为奇异。介词多数是由动词虚化而来的，虚化的介词本应只有一种词性，但有的却保留原来的动词词性，场合不同词性不同。如：在商言商，"在"是动词；在东边，"在"是介词；比大小，"比"是动词；比你小，"比"是介词；他给我的，"给"是动词；他给我做的，"给"是介词。还有的字连词介词难以界定，如：和。我和他一起讨论，"和"是连词；我曾经和他说过，"和"是介词。一个词有几个语法特征，一个语法特征同时存在于数个词类，极易混淆视听。

还有一些词，同是一个词义，却是不同词性。如，已经、曾经、过去、以前，词义都是过去完成时，但是，"已经""曾经"是副词，"过去""以前"是名词。更为特别的是叠字和叠词，一个字或一个词，一旦相叠就会出现奇奇妙妙一言难尽的情况。如，盖盖，或动宾结构，一个动词，一个名词：盖上盖子；或两个动词：盖一盖；或一个名词：盖子。又如，道道，或量词：一道道；或一个名词：有道道（心计）。再如，人人，虽然依旧是名词，但有了形容词的涵义：广众；同时又有具象特指义：每一个人。正因为如此，对字义、词义、词性的理解要透切，认知不当，把握不准，易生谬误。

有些流行语、常用语，缺乏严格的词义甄别。"最"字义为极致，是惟一，因而"最"字之前或之后，不可能还有"最"字。现在流行的语句"最……之一"，开口是"惟一"，闭口就成了"之一"。"一直以来"是方位结构，"一直"的词义是无始无终，没有端点。所以语用"一直"，前边总要有始点标定或语境端点。"以来"的"以"是助词，表示时间、长度和数量的起始界限，语义中含有既定端点，句式是"自……以来"。"一直以来"的"以"无端点可以"自"。语句"会坏了事"，语法有误，"会"是将来完成时，"了"是过去完成时，时态矛盾。在北方方言的语汇里，描述蛹和尺蠖等虫类蠕动，叫蛄蛹。绝大多数人只会说，并不知道这两个字。知道字者，也不知道词的来历。这个词是"拱"字的上下两个反切字。用反切字组成词，也是东汉以来汉语词汇生成方式之一。

这一切，足见汉语的复杂性非其他语种堪比。这是汉语语言学具有不同于其他语别语言学的自身特点。

还有一个攸关汉语语言学学科建设的中国化问题。在中国，语言学原本是建立在语文学的小学基础上的，格局虽小，然学科本真。新文化运动伊始，"疑古"之风甚嚣尘上，语言文脉细若游丝。西方创立了语言学学科体系后，中国语言学在西方殖民文化后遗症里邯郸学步，如同一个青芒履者发现了西方马靴，合脚与否不察，套在自己脚上装腔作势。后人望着地上的脚印，神色诧异："西方人来过?"自己走的路，留下的却是他人的脚印。丢弃青芒履的原创性，工于学步效颦的模仿性，难免中国近代语言学领域遍地都是"西方马靴印"。

作为完整的学科体系，在既定的 6 个支系上可再增加语言的形成和演化两个支系，那么语言学的完整体系就有形成、语义、语法、语体、语音、语示、语文、演化等 8 个支系。这样，完整的语言学学科，由语言学的形成、语言学的结构和语言学的演化这样 3 个部分即可建成。语言学有语别之分，但有异有同，语义仍是语义，是语别语的语义；语法仍是语法，是语别语的语法；语体仍是语体，是语别语的语体；语音仍是语音，是语别语的语音；语示仍是语示，是语别语的语示；语文仍是语文，是语别语的语文。

在语言学中，语义学包括语素学；语法学包括语汇学、修辞学，语汇学包括词汇学；语音学包括口语学、音韵学，也包括实验语音学的生理语音学、声学语音学和听觉语音学；语文学包括文字学，文字学包括字形学、结构学、书写学、训诂学和符号学。整体的语言学，干有枝，枝有丫，枝枝丫丫，盘根错节。在已有的语言学著述中，泛泛而作的东西多如牛毛，从内在逻辑上建构语言学学科体系的著作凤毛麟角。或许，语言学学科本质越来越不纯粹，甚至体系越来越庞杂臃繁，正是内在逻辑松弛、学术边界模糊造成的。在语言学之中，许多关于语言的学科相互交叉，多重叠，多交集，孰主孰从难以甄别，最终导致语言学学科体系的紊乱。

三、语言学的演化趋向

当代语言学发展的动态化、功能化走向，导致语言学倍加倚重于语言行为环境，既倚重于语言行为的内在环境，也倚重于语言行为的外在环境。语言行为的内在环境与语言素质有关，语义、语音、语法、语体等元素愈加臻美，语言行为也就愈加合乎语言经济学原则。语言行为的外在环境，在微观上是对话现场，在宏观上是时代背景，在今天就是语言行为的全球化，人类交际的密度和广度前所未有，正如那个形象语句：地球村。把全球凝聚成一座村落，全球人如同一座村落里的村民，这样，在村落视域里判定语言的全球发展，如同光学聚焦，也就不难判定语言学全球演化趋向。

语言随着社会的全球化发展和文明的全球性提高，不断产生出新语义、新语言。表达新语义和新语言的新字和新词不断涌现。体现在语言学中，就是语义不断丰富，词性不断嬗变，语法不断演化。这也是语言学全球化演变的新特点。中国的字典和词典，自 21 世纪以来，将大量的新字和新词增进其中，增加了高频词、流行词和网络词。全球化时代的文化交流与互鉴，对中国语言产生着直接或间接的影响，甚至出现"杂交"字和"混血"词。口语夹外语现象非常普遍，甚至汉语和外语混用成为语言交流的时尚。

文化全球化，全球网络化，不同语系和语种，在不断地交流与融汇，隔离与反隔离，形成一股语言嬗变的洪流。守住词根，吸纳词汇，语法、词缀与时俱进，这是应对语言学演化的基本原则。现在世界各国都在捍卫本国的语言传统，甚至抢救濒危语言，以保证语言多样性。但是，全球化时代语言的融合发展是语言演化的既定模式，因此，既要保护语言多样性，又要促进语言融合性，实现两者的辩证统一。语言学的学科建设，显然应该与时俱进，全面加强语言学的学科体系、学术体系和话语体系建设，顺应全球化时代发展的新趋势，适应全球化时代发展的新需要。

（一）语言学演化的必然性

语言有类似考古学的文化层，利用考古学逻辑可以从语言文化层上看到语言学演化的必然性。从目前所认定的语言学三大发源地的语言学诞生起因来看，语言学的诞生都是出于一种特定的目的：古希腊语语言学诞生起因于哲学，古梵语语言学诞生起因于佛学，汉语语言学诞生起因于经学。语言从语音最初的单音节到复合句，从语文最初的单字到文章，一直是在发展着、演化着。发展有淘汰，演化有变异，这是必然的规律。语言的演化必然引起语言学的演化，包括发生、发展、进化、衰退、变异等。

古希腊的语言学建立基于亚里士多德的著述《修辞学》，此前他的老师柏拉图著有《克拉底鲁篇》，提及了语言和语法研究的可能性；古罗马语法学家瓦罗的著述《论拉丁语》，把语言研究分为词源学、形态学和句法学三部分。古印度语言学建立基于梵语研究，文法学家巴尼尼研究吠陀梵语著有《梵语语法》，主要研究其语音和词法，分析出词根、词干、词尾、前缀、后缀、派生词、复合词等。中国语言学建立基于老子的《道德经》、孔子的《论语》和荀子的《正名》等著作对语言的论述。

语言学出现雏形的时期，一般认为在公元元年前后。在古希腊以特雷克斯所著的《希腊语法》为代表，在古印度以巴尼尼所著的《梵语语法》为代表，在中国以《尔雅》《说文解字》和小学为代表。

随着社会的发展，语义、语法等语言学的要素都会发生演化，其中的词性和词汇都会发生变异，表达语义的文字也在不断演化。例如，时体助词"着"在先秦时期是动词，为"附着"义，汉魏时期逐步虚化为介词，唐代有了表示状态持续的含义；时体助词"了"，在魏晋南北朝时期，一般放置在补语位置表示动作完成，到了宋代才定位于动词后面，成为时体助词。唐代之前，没有第三人称的文字，需要表达第三人称时，用"之""其""厥""彼""夫""渠"等字，唐代首次出现第三人称词"他"，"他"字在春秋时期已经出现，只作"别的""其他"所用；"们"在汉代以后出现，此前当第一第二人称出现复数形式时在其后面加"属""曹""辈"等字；南北朝出现"底"字，字义同"何"；"那"字产生于汉末，至唐代才被普遍使用。字义、词义的演化可见一斑。

自唐以来，语言逐步趋于现代化，语法不断完善，语序基本确立，形成主语在前，谓语在后；动词在前，宾语在后；状语、定语在中心语前，补语在中心语后等语言行为规则。

全球化时代的地理空间一体化、网络应用、太空技术、新领域、新科技，必然产生新语义，新语义必然产生新语音、新语法和新语汇。同时也必然淘汰过时的、不适用的或者完全失去意义的语汇和词汇。

(二) 对语言学演化的预判

依照一般规律判断，语言学的演化不在于主体，而在于体系各要素。通常在于语义学、语音学、语法学和语体学的语汇学。

1. 对语义学演化预判

语义在语言学中，是比较稳定的元素，比如，"天"的语义，"地"的语义，亘古未变。但是在全球化时代，语义的意义单位增多、义项增多是大趋势，语义的指号也越来越广泛，越来越深切。如，芯片、3D 打印、大数据、碳排放、基因编辑、斜杠青年、内卷、网购、热搜等。同时，语言的字和词必然会发生着转义。字的转义如酷、秒、嗨等。"酷"的本义是极点，转义为帅气；"秒"的本义是时间单位，转义为极速；"嗨"的本义为拟声词，转义为给力。词的转义如八卦、奇葩、阳光等。"八卦"的本义是易经推算规则，转义为妄议；"奇葩"本义为优秀，转义为不靠谱；"阳光"本义为太阳光芒，转义为磊落、爽朗。这些由转义所形成的语义，假以时日，多数会成为语义学的新语义而被固定下来。

2. 对语音学演化预判

语音在语言学中相较于语义，是容易发生变异的。由于语音有物理属性和生理基础，所以受物理学因素和生理学因素双重的影响与制约。音素的元音和辅音，会随着人类语音偏好而变异，特别是官话与方言、本土与异域之间的音素，极易发生混融与杂交。有的韵母在长期语用中，会发生单韵母脱落或丢失现象。如，对、断、脆、乱、暖、算、随、团、推、嘴的单韵母"u"，在多地域发生脱落或丢失，发音由 dui、duan、cui、luan、nuan、suan、sui、tuan、tui、zui，变成了 dei、dan、cei、lan、nan、san、sei、tan、tei、zei。这一现象在胶东方言中尤为明显。

在欧洲，德语和荷兰语，都与英语的语音有混融和杂交现象。德语、荷兰语与英语是不同的语种，但同属日耳曼语，3 种语言的语音相似性原本就存在，同形异义词、同义异形词，将会随着 3 种语言的交融而日益增多。在亚洲，汉语与印地语是中国和印度各自的官方语言，这两个大国在全球化中的大国地位日益提高，因此有分析预测，汉语和印地语将在世界新兴市场中成为国际商务活动的通用语言，最终打破英语在国际上的支配地位。因此，汉语和印地语的语音在其国际地位改变中必将发生适应性的改变。

3. 对语法学演化预判

社会发展迅速，生活节奏加快，需要语言能够快速做出应答，语言经济原则空前凸显。语法的结构、语位和语序，都会发生改变，尤其是主谓倒置、宾语前置、介词悬空等语法变动现象，最为普遍。

语法规则的主谓结构是主语在前，谓语在后；动词在前，宾语在后。语序颠倒主要是主谓倒置，宾语前置。这种状况发生在情急之时或语境需要最先说出最重要的信息的前提下，先说出作为谓语的结果，后补出主语。这种语法现象通常多发生于疑问句、祈使句和感叹句中。如，主谓倒置：入轨了卫星！宾语前置：船开了吧？

介词悬空作为国内外语法研究，是近年来一个热点议题。介词悬空是指介词不带宾语，介词所介引的宾语不紧随其后，而是出现在句子或语境的其他位置，使介词成悬置状态。如，别给弄坏了。"给"后面没有介引的宾语。介词悬空出现的主要原因有两个：第一，介引对象的话题化和承前省略；第二，介词是虚词，只有语法意义，而不像实词既有词汇意义又有语法意义。正因为如此，介词悬空现象多出现在口语和方言中，是语法的区域性、随机性和变异性的属性所致。

4. 对语汇学演化预判

语汇的演变，重在词语的构成，古今有很大的不同。古代多为单音节词，现代多为双音节词。湖北大冶方言被称为古汉语活化石，只要了解一下大冶方言，就可以看到古今的语汇和词汇发生了怎样的演化。在大冶方言中，百分之七八十词语找不到现代汉语的对应词汇，但其语义、语音都在先秦时期的语言里，比如"依"和"渠"两个字或词，无论在字典或词典里，看不到"依"为"母亲"、"渠"为第三人称的字条或词条。而"他"字，在今天的大冶依然是先秦时期的语音，读"kei"的入声和"qu"的平声。"qu"正是"渠"的读音，字义即"他"。

现在，学界形成共识，从土语或方言中考证汉语字义和语义、字音和语音的演变，因为土语或方言限于地理和人口的原因，语言的演变要比分布地域广大、使用人口众多的官话慢得多，甚至古今没有显著变化。当代使用的词语，有的在土语和方言中数千年没有变，由此可以找到汉语数千年前的词义和发音。然而不得不注意到这种方法可能造成的误区，也就是土语和方言不管演化多慢都有自身的某些或某种演变，不可直接对号入座。比如，吃饭。在土语和方言中即使能找到对应的发音，但"吃饭"在汉语里是动宾语法结构，在那么多不同的土语和方言中能够都是动宾结构吗？不可注意到语音，而忽略了语法。

还有一些语汇和词汇，具有历史性和时代性，时过境迁，已失去了现实交流意义。例如"自由恋爱"，如今恋爱本身就是自由的，不是封建时期需加定语框定恋爱的性质。再如"斗地主"一词，已经逸出现代语境成为历史词，同时又变成一种游戏的名称，语义发生了截然不同的改变。

亟须改变的是，有一些字义至今还带着历史的局限。如，危，既作危险义，也作高耸义；掉，既作脱落义，也作转向义。危楼可称高楼，但危房绝对是要坍塌的旧房屋。掉头是掉脑袋，但车辆掉头是转向。房地产广告语称"危楼"，公路告示牌的"此处掉头"，无论如何都给人怪怪的感觉。

(三) 对语言学演化的应对

对语言学演化的应对，基本原则是顺应、守本、融入。

1. 顺应

在语用中演化，在演化中发展，是语言从原始走向现代的自然规律。语言的演化通常有两个动因：自然动因和社会动因。自然动因是内因，受制于语言自身规律；社会动因是外因，受制于语言的环境规律。而且，顺应规律是唯物主义的发展观。目前，许多语言学家都在利用比较语言学来积极探索语言诞生与发展的演化规律。

世界近 7000 种语言，无时无刻不在语用中演化。这种演化，无时无刻不在导致语言学的演化。最具典型意义的是印欧语系的演化。印欧语系的演化经历了自然演化与社会演化两个时期。自然演化时期是自公元前 6000 年至公元 15 世纪。公元 15 世纪至今是社会演化时期。在印欧语系中，分为西部 K 类语群和东部 S 类语群，其中有 144 种语言共同起源于 8000 年前的土耳其安纳托利亚地域。

15 世纪开启了大航海时代，同时也开启了全球殖民时代，那是人类语言的第一次社会性全球化。殖民主义者把自己的母语推向他国，推向全球。自此英语、西班牙语、荷兰语和法语等强力推动着全球的语言大融合，使普通语言学和个别语言学都发生了显著的或潜移默化的演变。

2. 守本

在生物学上，物种多样性是物种持续繁衍的生态学保证；在文化学上，文化多样性是文化繁荣的生态学保证。世界不是单一的世界，文化不是单质的文化。文化生态系统与生物生态系统，是人类社会的两大生态系统。语言多样性是文化多样性的重要方面，保护语言多样性是保护文化多样性的首要前提，要保证文化多样性，守本是关键。守本就是守住本质不被异化。当前，要建立完善的语言学的学科体系、学术体系和话语体系，形成中国化的语言学学科品质。要普遍建立语言的生态理念，像保护物种多样性一样保护语种多样性。世界上许多语言学家注重语言异同的描写，着眼于语言之间的共性与差异，设立合理参数，为保护语言多样性提供学术支持。

要重视语用的选择性对语言的多样性的影响。全球近 7000 种语言的语用学发展问题分两部分，一部分是 5600 种独立语言的语用学发展，一部分是 1400 种非独立语言的语用学发展。在发展与消亡的比率中，后者的比值高于前者。在墨西哥有一种古老的印第安语言阿亚帕涅科语，使用人口仅在一个名叫阿雅帕的小村庄，村里的孩子从小接受西班牙语教育，这种语言已经濒临消亡。还有印度的阿卡语，使用者不足 2000 人；克里米亚半岛的卡拉姆语，使用者仅五六十人，如此等等。一方面，要发展完善独立语言，更好地解决语用学问题；另一方面要发现非独立语言中的语言学价值，许多语言工作者不辞辛苦地去发现新语种，研究新语言，抢救濒危的语言，以保证语言生态的多样性。独立语言也面临持续发展的问题。中国有 130 多种语言，其中 68 种语言使用人口不过万。联合国教科文组织声明，全世界语种有 40% 已濒危，每两个星期消失 1 个语种。2018 年 9 月首届世界语言资源保护大会在中国长沙举行，主题是保护语言多样性，并发布了《保护和促进世界语言多样性〈岳麓宣言〉》。

全球化正由自在全球化转向自为全球化。自在全球化是全球化的自然过程，自为全球化是全球化的社会过程。语言的生态学也正发生着由自在全球化到自为全球化的改变。现在社会全球化正在削弱国家主权至上的世界无政府主义体系，同时又力避世界政府的一球一国的国家政府模式，主张多边的全球治理。全球治理的多边主义，在本质上就是文化的多样性。

语言是人类重要的文化财富。任何一种语言都是人类的文化创造和文化智慧，是语言使用人群的文化特质。从这个意义上讲，人类的任何语言，无论是独立语言还是非独立语言，无论是大语种还是小语种，都不能任其消亡。即使不可抗拒地消亡，也要在其消亡之前保留下核心的信息。这是人类的语言责任、文化义务和生态意识。

3. 融入

有类型就有类属，有类属就有类的相交和相融的可能性。语言按照声调分类，分为声调语言和非声调语言；依照结构化方式分类，分为话题结构化语言和焦点结构化语言；依照语法结构分类，分为屈折语、分析语、黏着语和复综语。语言的这些类属如同物种，既独立存在，又不可能独立进化。语言种类的杂交是自然而然的文化现象。杂交是形态的融合，基因的融入。印欧语系的类型学特点是语言多以词型变化体现语法意义，汉藏语系的类型学特点是语言多以虚词和语序表达语法意义。拉丁语、俄语、德语和荷兰语等是较为典型的屈折语，汉语是典型的分析语，日语是典型的黏着语，但是任何一种语类都是概率学的，总有某些其他语言类属掺杂其中，这是语言演化的内在因素。这些内在因素的此消彼长，决定了语言演化的趋向。汉语就是由屈折语类属演化为分析语类属的。古代英语为屈折语类属，现代英语已经在向分析语类属转化。有研究者认为法语和保加利亚语的变格规则已经简化，语法正朝着分析语方向发展。这让我们能够从语言演化的内在因素上把握语言演化的趋向，从而把握语言学的演化规律。

中国是文化古国、文化大国，从《诗经》到诸子百家学说，从汉书到唐书，从永乐大典到四库全书，从《资治通鉴》到二十四史，言如群山，文似瀚海。文字学、语法学、语文学，在其中孕育、发展、创新、完善。我们应发扬青芒履原创精神，兼收并蓄，走自己的路，谱写中国化语言学的经典篇章。

全球化时代的经济全球化、文化全球化，使语言学的全球化意义空前广大，一边是语言的种系性在消解，语种杂交、语族混血、语系融合，致使语言越来越只具相似性而不具同祖性；另一边是语言正在出现新的语义、新的语音、新的语法和新的语汇，这构成了语言发展的新时期和语言学的新面貌。这是当代语言学演化的大趋势，是当代语言学研究的大课题。惟其如此，规范语言学体系既是语言学学科建设中国化的必要，也是语言学学科建设全球化之必须。

参 考 资 料

1. 张树铮主编：《语言学概论》，武汉大学出版社 2022 年版。

2. 黄伯荣、廖序东主编：《现代汉语(上、下)》，高等教育出版社 1991 年版。

3. 荆贵生主编：《古代汉语(上、下)》，武汉大学出版社 2011 年版。

4. (清)马建忠著：《马氏文通》，商务印书馆 2010 年版。

5. 吕叔湘著：《中国文法要略》，商务印书馆 1982 年版。

6. [瑞士]费尔迪南·德·索绪尔著：《普通语言学教程》，中国社会科学出版社 2009 年版。

7. 沈家煊著：《认知与汉语语法研究》，商务印书馆 2006 年版。

8. 沈家煊著：《当代语言学》，外语教学与研究出版社 2010 年版。

9. 周大璞主编：《训诂学初稿》，武汉大学出版社 2015 年版。

10. 万迪军著：《唐五代写本韵书中的〈切韵〉原貌研究》，武汉大学出版社 2019 年版。

11. 《中国语文》编辑部：《中国语言学的体系建设和时代使命》，《中国语文》2021 年第 3 期。

12. 刘丹清：《中国语言学研究 70 年》，《光明日报》2019 年 8 月 26 日。